Edelsteinwasser

Herstellung von Edelsteinwasser 88

Edelsteinwasser – eine Chance für unsere Gesundheit!

*»Wer durch üble Säfte Herzweh, Magenbeschwerden oder Bauchschmerzen hat, erwärme den Bergkristall an der Sonne und gieße Wasser über den warmen Stein. Dann lege er diesen Stein für eine kurze Stunde in das Wasser, nehme ihn wieder heraus und trinke das Wasser regelmäßig, so wird es ihm im Herz, Magen und Bauch besser gehen.« Hildegard von Bingen**

Hildegard von Bingen ist die Ahnherrin des Edelsteinwassers. Sie hat es zwar nicht erfunden – schon antike Quellen belegen den Brauch, Edelsteine ins Trinkwasser zu legen** –, doch ihren Schriften ist es zu verdanken, daß wir uns heute wieder auf diese Methode der Trinkwasserverbesserung und Heilmittelherstellung besinnen. Der moderne Gebrauch des Edelsteinwassers begann ganz allmählich mit

* Vgl. Michael Gienger, »Die Heilsteine der Hildegard von Bingen«, Neue Erde, Saarbrücken 2004
** Vgl. Dioskurides, »Arzneimittellehre« (1. Jhd. n. Chr.), übersetzt von J. Berendes, Stuttgart 1902, Nachdruck 1988 – vollständige deutsche Übersetzung s. a. www.heilpflanzen-welt.de/dioskurides

dem oben zitierten Bergkristallwasser und breitete sich um die Jahrtausendwende immer mehr aus. In vielen Haushalten stehen heute Trinkwasserkrüge mit buntem Calcit oder der inzwischen beliebten »Grundmischung« aus Amethyst, Bergkristall und Rosenquarz. Doch was bewirkt das Einlegen von Edelsteinen in Wasser? Kurzgefaßt können wir feststellen:

- Edelsteine verbessern die Wasserqualität des Trinkwassers. Sie machen dieses verträglicher.
- Edelsteine halten Trinkwasser frisch und verbessern den Geschmack.
- Edelsteine neutralisieren negative Folgen technischer Trinkwasseraufbereitung.
- Edelsteine »beleben« das Trinkwasser und verstärken dessen lebensfördernde Eigenschaften.
- Edelsteine bringen Heilwasser mit spezifischen Eigenschaften hervor.

Genaugenommen müßten wir hier natürlich stets »bestimmte Edelsteine« sagen. Da Edelsteine sehr verschiedene Wirkungen haben, ist nicht jeder zur Trinkwasserverbesserung geeignet. Und auch als Heilmittel macht natürlich jeweils nur der Edelstein Sinn, dessen Wirkung wir gerade brauchen. Nur dann ist er für uns ein »Heilstein«.

Was ist Edelsteinwasser?

Sardonyxwasser gegen Tinnitus, Chrysopraswasser zur Entgiftung und Entschlakkung, Smaragdwasser bei Entzündungen, Aquamarinwasser bei Allergien ... Die Liste der Edelsteinwasser, die heute erfolgreich bei Beschwerden und Erkrankungen unterschiedlichster Art eingesetzt werden, ist lang – und wird ständig länger! Nachdem die äußere Anwendung, das Tragen und Auflegen von Heilsteinen, in der Steinheilkunde lange Zeit dominierend war, wenden sich viele Menschen heute der inneren Einnahme in Form von Edelsteinelixieren und Edelsteinwasser zu. Denn häufig wird das Edelsteinwasser als noch intensiver und wirkungsvoller erlebt als die Edelsteine selbst.

Doch wie ist das möglich? Was geschieht, wenn wir Edelsteine in Wasser einlegen? Wodurch verändert sich das Wasser, so daß sich die Trinkwasserqualität verbessert oder sogar ein Heilmittel entsteht?

Die Herstellung von Edelsteinwasser beruht auf zwei Faktoren:

1. Edelsteine geben Informationen ab.
2. Wasser nimmt Informationen auf und speichert sie eine gewisse Zeit.

Edelsteinwasser ist also ein durch Edelsteine informiertes Wasser, das ähnliche Wirkungen besitzt, wie die Steine selbst!

Mit Edelsteinen informiertes Wasser

Was ist Information?

Hier stellt sich die Frage: Was ist eigentlich »Information«? Kaum ein Begriff wird heute so häufig verwendet – schließlich leben wir im »Informationszeitalter« – und dennoch so selten definiert. Das Wort »Information« geht auf lateinisch »informare« zurück und bedeutet »eine Gestalt geben, formen, bilden«. Wir dürfen »In-Formation« also durchaus wörtlich nehmen als etwas, das »in Form bringt«, das gestaltet, ordnet und Entwicklungen lenkt. Information ist dabei weder Energie, noch Materie, sondern eher als »geistige Idee, geistiges Konzept oder geistiger Impuls« zu verstehen.

Auch die moderne Naturwissenschaft kommt heute nicht umhin, das Vorhandensein geistiger Impulse anzuerkennen. Zwar dominiert noch immer das Newton'sche Weltbild (das Universum als mechanisch ablaufendes Uhrwerk), doch diese Ansicht ist längst überholt, wie ein Zitat von Max Planck belegt:

»Als Physiker, also als Mann, der sein ganzes Leben der nüchternen Wissenschaft von der Erforschung der Materie widmete, bin ich sicher von dem Verdacht frei, für einen Schwarmgeist gehalten zu werden. Und so sage ich nach meinen Erforschungen des Atoms folgendes: Es gibt keine Materie an sich! Alle Materie entsteht und besteht nur durch eine Kraft, welche die Atomteilchen in Schwingungen

Strukturinformation: Die Teilchen, aus denen Edelsteine und Mineralien bestehen, sind bestrebt, den zur Verfügung stehenden Raum möglichst optimal auszufüllen. Aus diesem Bestreben entstehen bestimmte Ordnungsmuster und Strukturen, die dem Stein als typische Information innewohnen.

Substanzinformation: Jedes Element und jede Verbindung in einem Stein bringt eigene Informationen mit sich. Diese Substanzinformationen begründen das typische »Verhalten« der verschiedenen chemischen Stoffe und damit auch die grundlegenden Eigenschaften des Steins wie Härte, Dichte, Transparenz, Spaltbarkeit u. a.

Farbinformation: Farben sind Teile des Lichtspektrums und damit spezifische Energiequalitäten. Als solche bestimmen sie physikalische, chemische und biologische Vorgänge und wirken sogar auf den seelischen und geistigen Bereich aller Lebewesen ein. Farbinformationen sind daher bestimmend für alle Erscheinungsformen der Natur.*

Feueropal: Farbinformation, die nicht unberührt läßt!

Diese Informationen der »Grundidee eines Steins« sowie seiner Entstehung, Struktur, Substanz und Farbe ergeben jene Gesamtinformation, die ein Stein beständig an seine Umgebung abgibt und die dort mit ähnlichen Faktoren in Resonanz gehen kann.

Steine senden elektromagnetische Schwingungen und Klangwellen aus, mit denen sie ihre Informationen verbreiten. Wir können sie daher bildhaft als kleine Radiosender und Lautsprecher verstehen, deren Intensität zwar zu leise für unsere Ohren und Sinne ist, jedoch laut und stark genug für unser feinstofflich-energetisches Feld. Dieses nimmt die »Steininformationen« auf und reagiert darauf. Und diese »Reaktion« ist genau das, was wir dann als »Wirkung« erleben.

* Mehr zu diesen letztgenannten vier Edelstein-Informationen und deren Bedeutung für die Heilwirkung der Steine finden Sie in Michael Gienger, »Die Steinheilkunde«, Neue Erde, Saarbrücken 1995

Wasser-Informierung

Wasser ist nun eine ganz besondere Substanz, da es Informationen *aller Art* aufnehmen und zeitweilig speichern kann. Das gelingt nur, weil es selbst sehr neutral ist: Formlos, farblos, geruchs- und geschmacklos läßt sich Wasser sehr gut »informieren«. Es ist sozusagen die »leere Leinwand« der Natur, die alles andere widerspiegeln kann. Die Fähigkeit des Wassers, Information aufzunehmen, ist sogar so groß, daß es nirgendwo »nicht-informiertes« Wasser gibt! Nicht einmal für den Bruchteil einer Sekunde – ebenso, wie auch ein Spiegel niemals »leer« anzutreffen ist.

Wasser ist daher das wichtigste Informations-Medium der Natur! Es ist das universelle Kommunikationsmittel, sowohl im großen Kreislauf der Natur als auch in den Gesteinen und den Organismen von Pflanzen, Tieren und Menschen.

Wasser – das universelle Kommunikationsmittel der Natur

Viele Naturheilverfahren wie die Homöopathie, die Bach-Blütentherapie u. a. nutzen diese Informationsfähigkeit des Wassers. Wasser ist hier das Trägermedium für die Heilinformationen von Pflanzen, Tieren, Mineralien und anderen Substanzen. Dank der bereits seit 1981 bekannten Edelstein-Elixiere bestehen auch innerhalb der modernen Steinheilkunde vergleichbare Methoden. Doch erst seit Beginn des 21. Jahrhunderts findet Wasser als Träger von Edelstein-Informationen immer größeren Zuspruch.

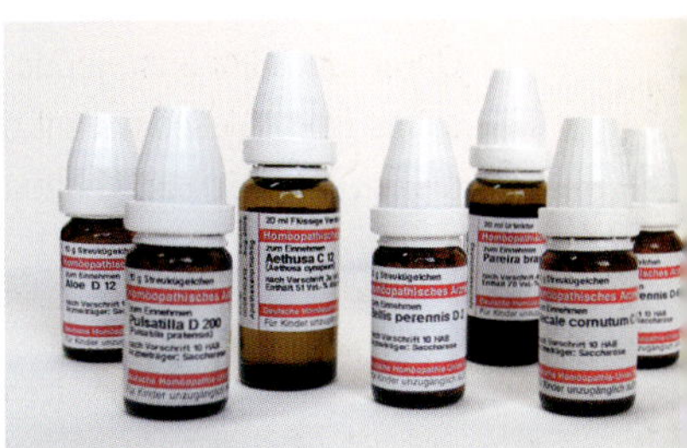

Homöopathische Medikamente: Auch hier dient Wasser als Trägermedium der Heilinformation

Möglicherweise ist ein Grund dafür, daß uns bei Erkrankungen das »Einnehmen« so vertraut ist. Wo andere Kulturen auf Waschungen, Räucherungen, Talismane, Gebete und zeremonielle Handlungen vertrauen, kennen wir in unserer Kultur fast nur noch das Ritual der Medikamenten-Einnahme. Unabhängig davon, ob wir auf die Schulmedizin oder auf naturheilkundliche Verfahren wie die Pflanzenheilkunde, Homöopathie, Blütenessenzen oder ähnliches bauen. Die große Skepsis, die der Steinheilkunde lange Zeit entgegengebracht wurde, bezog sich oft lediglich darauf, daß einem »nur« äußerlich getragenen Stein einfach keine Heilwirkung zugetraut wurde. Um so größer ist jetzt plötzlich das Vertrauen in das innerlich einzunehmende Edelsteinwasser. – Und das zu Recht, denn Edelsteinwasser sind äußerst wirkungsvoll!

Ein anderer Grund ist sicherlich das heutzutage große Interesse an einer ganzheitlichen Wasserforschung. Die Erkenntnis, daß Wasser eine Art »Gedächtnis« besitzt, ist inzwischen weit verbreitet und durch viele Untersuchungen belegt (siehe Anhang). Wasser als Informationsträger wird vorstellbar und erklärbar – und Edelsteinwasser ebenso!

Edelsteinwasser – Trinkwasser und Heilmittel

Als Heilmittel hat Edelsteinwasser eine jahrtausendealte Tradition. Als Trinkwasser findet es dagegen erst in jüngster Zeit Verwendung. Ist diese »neue« Methode der Trinkwasser-Verbesserung nun einfach eine neu erkannte Chance oder gehen wir dabei möglicherweise zu leichtfertig mit einem potentiellen Heilmittel um?

Um die Antwort gleich vorwegzunehmen: Beides kann der Fall sein! Es hängt ganz einfach davon ab, welche Edelsteine wir verwenden.

Heilsteine mit spezifischen Wirkungen

Viele der modernen »Heilsteine« besitzen ganz ausgeprägte und spezifische Wirkungen: Rhodochrosit z. B. regt den Kreislauf an und steigert den Blutdruck, ganz egal, ob uns das gut tut oder nicht! Ebenso mobilisiert Peridot die Entgiftung und Entschlackung, auch wenn wir zu wenig trinken und daher Kopfschmerzen bekommen. Und Obsidian kann tief in unserer Seelenwelt graben, auch wenn uns die aufgewirbelten Bilder und Erinnerungen eher belasten als erfreuen.

Rhodochrosit / Peridot / Obsidian

Edelsteinwasser mit intensiv und spezifisch wirkenden Heilsteinen sollten also gezielt und mit Bedacht eingesetzt werden. Sie dienen in erster Linie als Heilmittel!

Heilsteine mit ausgewogenen Wirkungen

Auf der anderen Seite gibt es dagegen Edelsteine mit sanften, ausgewogenen und harmonischen Heilwirkungen. Viele (nicht alle!) Quarze zum Beispiel gehen in ihren Wirkungen nicht über das gesunde Maß hinaus. Amethyst wirkt beruhigend, entspannend und blutdrucksenkend – doch nur ganz selten wird letzteres zu viel.

Amethyst / Bergkristall / Rosenquarz

Rosenquarz dagegen wirkt belebend und anregend – jedoch auf ganz sanfte Weise und selten zu sehr. Und Bergkristall? Er gilt als der neutralste aller Heilsteine, der das Bestehende stärkt und auf angenehme Weise Klarheit, Struktur und Energie vermittelt.

Edelsteinwasser mit sanften und ausgewogen wirkenden Heilsteinen können über längere Zeit als Trinkwasser verwendet werden.

Allerdings dürfen wir dabei den Gewöhnungsaspekt nicht vergessen:

So, wie ein täglich getrunkener Kräutertee durch Gewöhnung vom Heilmittel zum Getränk wird, kann auch die langfristige Einnahme bestimmter Edelsteinwasser dazu führen, daß wir auf die Heilwirkung der entsprechenden Edelsteine nicht mehr reagieren.

Der Umgang mit Edelsteinwasser will also wohl bedacht sein! Welche Edelsteine vorwiegend als Heilmittel eingesetzt werden sollten und welche auch zur unspezifischen Trinkwasserverbesserung geeignet sind, können Sie im Kapitel »Wirkungen von Edelsteinwasser« nachschlagen.

Edelsteinwasser als Trinkwasser

Im Trinkwasser verfolgen wir mit Edelsteinen eine ganz andere Absicht als bei der Herstellung spezifischer Heilmittel. Hier sollen Edelsteine das Wasser beleben und vitalisieren, d. h. mit »Energie« anregen, wohlschmeckender und bekömmlicher machen, negative Informationen neutralisieren und die Haltbarkeit verlängern. Letzteres vor allem auch zur Stabilisierung von sensiblem Quellwasser (manche Quellwasser verlieren ihre besonderen Eigenschaften sehr schnell, wenn sie gelagert werden) und behandeltem Trinkwasser (insbesondere nach der Verwirbelung). – Doch können Edelsteine diese Erwartungen erfüllen? Machen sie Trinkwasser tatsächlich haltbarer?

Edelsteinwasser als Trinkwasser

Verkeimung

Mikrobiologische Untersuchungen bestätigen, daß bestimmte Edelsteine die Verkeimung des Wassers reduzieren und damit seine Frische und Haltbarkeit verbessern. In einer speziell für dieses Buch angefertigten Studie der Hygieneberatung Pestel* wurden mehrere Edelsteinwasser getestet. Die Wasserproben mit den eingelegten Steinen standen zwei Wochen bei Zimmertemperatur in offenen Glasgefäßen und wurden wiederholt mikrobiologisch untersucht. Die Gefäße waren absichtlich unverschlossen, um die »Haushaltssituation« zu simulieren, da Wassersteine häufig in offenen Glaskrügen eingelegt werden. Die Glasgefäße waren zu Beginn steril und das eingefüllte Leitungswasser keimfrei.

Getestet wurden u. a. folgende Wassersteine und Edelstein-Kombinationen: Amethyst, Bergkristall, Rosenquarz, die Grundmischung (Amethyst + Bergkristall + Rosenquarz gemeinsam) sowie Chrysopras + Bergkristall. Nach einer Woche waren alle Edelsteinwasser noch keimfrei, nach der zweiten Woche zeigte sich nur in der Rosenquarz-Probe eine geringfügige, jedoch noch immer unbedenkliche Verkeimung!

Die Keimentwicklung in den Edelsteinwassern von Amethyst, Bergkristall und Rosenquarz sowie deren Mischung verläuft eindeutig langsamer als üblicherweise im offenstehenden Leitungswasser. Es entstehen also weniger Bakterien, Algen und andere Mikroorganismen. Das Wasser bleibt frischer und ist haltbarer!

Insbesondere die häufig verwendeten Wassersteine Amethyst, Bergkristall und Rosenquarz haben offensichtlich einen positiven Einfluß auf die Haltbarkeit des Trinkwassers.

* Studie im Februar/März 2006 der Hygieneberatung Emil Pestel in Schwäbisch Gmünd (Adresse siehe Anhang)

Edelstein-Information im Trinkwasser

Wenn Edelsteine die Entwicklung von Mikroorganismen beeinflussen, dann liegt nahe, daß auch unsere Körperzellen vom Edelsteinwasser beeinflußt werden. Insofern ist es wichtig, darauf zu achten, welches Wasser wir wann und wofür verwenden. Welche Steine sind zum Ansetzen von Edelsteinwasser geeignet, wenn wir keine spezifischen Wirkungen erzielen, sondern einfach »nur« ein frisches, lebendiges und bekömmliches Trinkwasser wünschen? Tatsächlich gibt es einen Stein, der sich aufgrund seiner Reinheit und Neutralität hierfür besonders eignet: *Bergkristall.*

Bergkristall als »Universalstein«

Bergkristall wird in der Steinheilkunde zu recht als »Universalstein« betrachtet. »Klarheit« und »Neutralität« sind seine zentralen Themen, die ihn fast für alles einsetzbar machen: Bergkristall kann einerseits Schmerzen lindern, Schwellungen und Hitze reduzieren oder Fieber senken. Andererseits versorgt er taube oder gefühllose Körperstellen mit Energie und wärmt bei Kälteempfindlichkeit. Er wird eingesetzt, um Gehirn und Nerven zu harmonisieren oder die Drüsen des Körpers zu regulieren. Auch für Haut, Haare, Nägel und die Funktion der Sinnesorgane wird er verwendet. Zusammenfassend läßt sich feststellen, daß Bergkristall energieausgleichend und leicht anregend wirkt. Er stärkt und verstärkt das Vorhandene.

Diese neutrale, aber stets fördernde, belebende und stärkende Universalwirkung macht Bergkristall zu einem Wesensverwandten des Wassers selbst. Auch Wasser ist ja gerade aufgrund seiner Neutralität (keine Farbe, kein Geschmack, weder sauer noch basisch usw.) die universelle, lebensspendende Flüssigkeit.

Zwar entsteht Bergkristall aus Kieselsäure und nicht aus reinem tiefgefrorenem Wasser, wie in der Antike vermutet wurde, doch seinen Namen (griech. »krystallos« = »Eis«) trägt er zu recht. Er ist der Edelstein, der in seinen Eigenschaften dem Wasser entspricht.

Bergkristallwasser

Bergkristall kann das Wasser tatsächlich beleben, geschmacklich verbessern (Bergkristallwasser schmeckt neutraler, was wir als »frischer« empfinden), verträglicher machen (Bergkristall fördert das natürliche Durstgefühl) und auch die Haltbarkeit verlängern.

Einen einfachen Test dazu können Sie jederzeit durchführen: Stellen Sie zwei identische Gläser mit Ihrem gewohnten Trinkwasser an einen guten »Wasserplatz« (siehe Seite 110). Geben Sie einen gereinigten Bergkristall in eines der Gläser und lassen Sie die beiden Gläser offen einen Tag stehen. Probieren Sie dann einen kleinen Schluck aus jedem Glas – Sie werden den Unterschied schmecken!

Bergkristallwasser fördert unsere Vitalität, gibt Kraft und innere Stabilität. Es erinnert an lebendiges Quellwasser und läßt sich leichter trinken. Bergkristallwasser bringt Klarheit, macht unsere Sinne wach und schärft unsere Wahrnehmung. Es hilft uns, die Dinge so zu sehen, wie sie sind. Aber es bleibt neutral und lenkt unsere Sinne, unser Denken und Handeln in keine spezielle Richtung.

Wird Bergkristall zu anderen Heilsteinen hinzugegeben, verstärkt er deren Wirkung. Ebenso wirkt Bergkristall, wenn er in Wasser eingelegt wird: Auch hier erhöht er das Energieniveau und verstärkt dessen Eigenschaften, beläßt das Wasser in seiner grundlegenden Eigenart aber so, wie es ist. Bergkristall ist daher ein Stein, dessen Edelsteinwasser über lange Zeit getrunken werden kann.

Außerdem bestärkt und bewahrt Bergkristall die erfrischenden und lebensfördernden Qualitäten des Wassers. Er ist also der optimale Stein zur Qualitätswahrung und -verbesserung unseres Trinkwassers. Sehr schön verdeutlicht dies auch die Hagalis-Kristallanalyse des

Bergkristallwasser

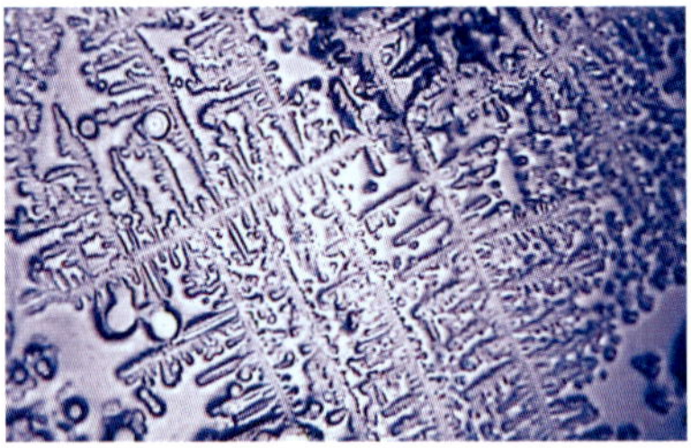

Trinkwasserverbesserung mit Bergkristall: Links Leitungswasser ohne Bergkristall, rechts dasselbe Wasser mit Bergkristall informiert (Kristallanalyse der Hagalis AG Überlingen).

Bergkristallwassers (siehe die obigen Abbildungen). Die Information des Wassers durch Bergkristall wird hier im wahrsten Sinne des Wortes *sichtbar*.

Die Kristallklar-Kombination

Neben dem reinen Bergkristallwasser hat sich auch die Kombination der nahe verwandten Kristallquarze Amethyst und Bergkristall sehr bewährt. Amethyst als Stein der Reinigung und Klärung befreit das Wasser von aufgenommenen negativen Informationen, hält es rein und von Störungen frei. Bergkristall bringt hierzu Klarheit, Energie, Vitalität und Lebendigkeit.

Aus der Kombination von Amethyst und Bergkristall entsteht ein Edelsteinwasser, das geistige Klärung fördert und die bestehende Klarheit des Geistes stärkt und schützt. Es bringt Wachheit, Bewußtheit, eine gute Beobachtungsgabe und zugleich die Fähigkeit zur Versöhnung und zur friedlichen Beilegung von Konflikten. Daher werden Amethyst und Bergkristall auch die »Kristallklar-Kombination« genannt.

»Kristallklar-Kombination« aus Bergkristall und Amethyst

Die Kombination von Amethyst und Bergkristall findet sich manchmal auch in einem Kristall! So z. B. in den Amethysten von Las Vigas, Vera Cruz, Mexiko (ganz rechts), welche die Eigenschaften beider Kristallquarze vereinen.

Dank dieser Eigenschaften wirken sich die beiden Edelsteine auch bei der technischen Wasserbehandlung positiv aus: Wenn wir Wasser mit Amethyst informieren, *bevor* es gefiltert wird, nimmt es deutlich weniger »Filterinformationen« auf, welche die energetische Qualität oft beeinträchtigen! Informieren wir dieses Wasser dann *nach* der Filterung noch zusätzlich mit Bergkristall, bringt dieser so viel Klarheit und Energie hinzu, daß sich das gereinigte Wasser mit sehr guten Quellwassern messen kann!

Amethyst und Bergkristall verbessern also die energetische Qualität gefilterten Wassers. Idealerweise sollte die Informierung mit Amethyst vor der Filterung erfolgen (Reinigung und Schutz vor unerwünschten Informationen) und die Informierung mit Bergkristall danach (Vitalisierung und Belebung).

Mehr dazu finden Sie im Kapitel »Voraussetzungen in der Wasserqualität«.

Informierung mit Amethyst vor der Filterung und mit Bergkristall danach

Die Grundmischung

Wird den beiden bereits erwähnten Kristallquarzen Amethyst und Bergkristall als drittes Rosenquarz hinzugefügt, erhalten wir die sogenannte »Grundmischung«. Diese hat sich bereits seit geraumer Zeit als Beigabe zum Trinkwasser etabliert. Zwar besitzt die »Grundmischung« nicht mehr die universelle Neutralität des Bergkristallwassers oder die Klarheit der Amethyst-Bergkristall-Kombination, doch bringt Rosenquarz hier eine »Wohlfühl-Komponente« hinzu, die diese Mischung zu einem beliebten »Wellness-Wasser« macht.

Amethyst, Bergkristall und Rosenquarz als »Grundmischung«

Dank ihrer engen mineralogischen Verwandtschaft können die drei Quarze gut miteinander kombiniert werden: Amethyst stellt in diesem Trio den beruhigenden Pol (gewissermaßen den Yin-Aspekt) dar, Bergkristall die neutrale Mitte und Rosenquarz den anregenden Pol (den Yang-Aspekt).

In der chinesischen Medizin stellen Yin und Yang die relativen Gegensätze allen Seins dar. »Yin« steht für »dunkler, passiver, kälter, verdichteter, weicher usw.«, »Yang« für »heller, aktiver, wärmer, ausgedehnter, härter usw.«. Harmonie herrscht in dieser Betrachtung überall dort und immer dann, wenn diese Gegensätze in einem ausgewogenen Verhältnis stehen und sich fließend ineinander wandeln.

Der Rhythmus von Tag und Nacht oder der Wandel der vier Jahreszeiten sind Beispiele für ein harmonisches Verhältnis von Yin und Yang. Ebenso der beständige Herzschlag oder der Rhythmus des Atmens.

Die Grundmischung Amethyst, Bergkristall und Rosenquarz fördert den Ausgleich von Yin und Yang. Sie kann also in sehr aktiven Phasen (Yang) ruhiger und entspannter machen (Yin), umgekehrt jedoch auch in passiven, lethargischen Phasen (Yin) aktivieren und beleben (Yang). Harmonie wäre in diesem Zusammenhang dann der ausgewogene, fließende Wechsel von Aktivität und Ruhe.

Doch Yin und Yang sind hier keine weit auseinanderliegenden Pole. Alle drei Quarze haben auch vieles gemeinsam:

Die Verbesserung der Wahrnehmung: Amethyst fördert die geistige Wahrnehmung und die Inspiration, Bergkristall die Sinne und den Instinkt, Rosenquarz die Intuition und das Einfühlungsvermögen. Gemeinsam ergibt das eine ganzheitliche Wahrnehmungsfähigkeit auf allen Ebenen.

Belebung und Vitalität: Diese Grundeigenschaft der Kristallquarze (Amethyst und Bergkristall) und derben Quarze (Rosenquarz) richtet sich im Amethyst eher nach innen. Er hilft, Trauer und innere Krisen zu überwinden. Bergkristall lenkt diese Eigenschaft in die Beobachtungsgabe, Aufmerksamkeit und Konzentration, Rosenquarz in das extrovertierte Handeln und den sinnlichen Genuß. Gemeinsam machen die drei das Leben lebenswerter.

Eine stabile innere Mitte: Diese Grundeigenschaft vieler trigonaler* Mineralien zeigt sich bei Quarzen besonders deutlich: Amethyst hilft, die innere Mitte zu finden, indem er zu geistiger Weite und innerem Frieden führt. Bergkristall stärkt die innere Mitte durch Neutralität, die unbeeinflußbar gegenüber vielen Einwirkungen macht. Und Rosenquarz fördert die seelische Erfüllung und die daraus resultierende Ruhe des Gemüts. Gemeinsam entsteht so ein ruhiger, aber wacher Zustand der Sammlung und Stärke.

Edelsteinwasser-Grundmischung

Regulation des Organismus: Alle drei Quarze stimulieren und harmonisieren zentrale Regulationsmechanismen des

* Trigonale Mineralien haben ein dreieckig strukturiertes Kristallgitter. Sie fördern die Beständigkeit und innere Stabilität.

Körpers. Amethyst harmonisiert Gehirn und Nervensystem, Bergkristall zusätzlich den Energie- und Wasserhaushalt sowie das Hormonsystem und Rosenquarz schließlich Kreislauf und Herz. Gemeinsam sorgen sie dadurch für eine Balance aller Körperfunktionen.

Die Grundmischung Amethyst, Bergkristall und Rosenquarz wird also durch ihre umfassende und harmonisierende Wirkung zu einer Universal-Mischung für Edelsteinwasser.

Da sie jedoch deutliche Wirkungen verursachen kann, sollte die Grundmischung nicht so »unbegrenzt« eingesetzt werden wie reines Bergkristallwasser. Ein bis drei Monate sind der als Trinkwasser akzeptable Rahmen, danach empfiehlt sich eine Pause. Wenn plötzlich Desinteresse am weiteren Ansetzen dieses Edelsteinwassers aufkommt oder gar eine deutliche Abneigung, ist dies ebenfalls ein Zeichen, die Grundmischung abzusetzen.

Edelsteinwasser als Heilmittel

Stellen wir Edelsteinwasser als Heilmittel her, geschieht das in einer gänzlich anderen Absicht als bei der Trinkwasser-Behandlung. Nicht die Verbesserung der Wasserqualität, sondern die Verbesserung unseres Gesundheitszustandes (oder dem einer anderen Person) steht hier im Mittelpunkt. Ein solches Edelsteinwasser soll in erster Linie »wirken« und wird nicht ständig als Getränk konsumiert, sondern wohldosiert eingenommen.

Damit rücken die Edelsteine und ihre Heilwirkungen ins Zentrum des Interesses:

Edelsteinwasser als Heilmittel

- Besitzt Edelsteinwasser die gleichen Wirkungen wie die Edelsteine selbst?
- Was sind die Vor- und Nachteile beim Einsatz von Edelsteinwasser gegenüber der alleinigen Verwendung von Heilsteinen?
- Was ist beim Umgang mit Edelsteinwassern als Heilmittel generell zu beachten?
- Gibt es Edelsteine, Mineralien oder Gesteine, die nicht als Edelsteinwasser angesetzt werden dürfen?
- Welche Qualitätskriterien gelten für Heilsteine, die als Edelsteinwasser angesetzt werden?

Wirkungsunterschiede zwischen Heilsteinen und Edelsteinwasser

Edelsteinwasser nimmt zwar Informationen der Steine auf und wirkt daher ähnlich wie die Steine selbst – jedoch nicht ganz identisch! Viele Faktoren beeinflussen hier die Abweichungen in der Heilwirkung des Edelsteinwassers: Die Qualität des verwendeten Edelsteins, die Art und Dauer des Ansetzens und natürlich die Qualität des Ausgangswassers. Um möglichst ähnliche Wirkungen zu erzielen, sollten Sie daher die Hinweise in den folgenden Kapiteln »Voraussetzungen in der Edelsteinqualität«, »Voraussetzungen in der Wasserqualität« und »Herstellung von Edelsteinwasser« unbedingt beachten.

Doch selbst unter »idealen« Voraussetzungen bleiben Wirkungsunterschiede zwischen vielen Heilsteinen und deren Edelsteinwasser bestehen. Offenbar »bevorzugt« das Wasser aufgrund seiner Eigennatur bestimmte Informationen, während andere etwas in den Hintergrund treten. Die »Natur der Steine« scheint hier den Ausschlag zu geben.

Heilsteine »wäßriger Natur«: Heilsteine mit einem engen Bezug zum wäßrigen System des Körpers wie z. B. Mondstein oder die ganze Chalcedonfamilie (Chalcedon, Chrysopras, Heliotrop, Karneol, Moosachat, Ozeanachat, Onyx, Sardonyx usw.) entfalten ihre Wirkungen auch im Edelsteinwasser fast unverändert.

Sardonyx, bei Hildegard von Bingen der »Stein für alle Sinne«, hilft z. B. auch als Edelsteinwasser hervorragend bei Beeinträchtigungen des Geruchs- und Geschmackssinns, der Augen und der Ohren. In letzterem Falle sogar bei Tinnitus und Hörsturz (wobei hier natürlich immer zuerst der HNO-Arzt konsultiert werden sollte!).

Eine Steinheilkunde-Ausbildungsteilnehmerin versuchte das Sardonyxwasser einmal nach jahrelangem Tinnitusleiden, das sich bei ihr in sehr irritierenden Ohrgeräuschen äußerte. Alle anderen Behandlungsversuche waren bis zu diesem Zeitpunkt fehlgeschlagen. Unmittelbar mit der Einnahme des Sardonyxwassers ließen die Ohrgeräusche nach und waren innerhalb weniger Tage ganz verschwunden. Als sie das Wasser jedoch nach vier Wochen absetzen wollte, kamen die Geräusche wieder. Daraufhin nahm sie es einige Monate regelmäßig ein, bis die Beschwerden endgültig verschwunden blieben.

Sardonyxwasser – ein hervorragendes Begleitmittel bei der Tinnitustherapie

Heilsteine »energetischer Natur«: Heilsteine, deren Wirkungen dagegen eher das energetische System des Körpers (Nerven, Meridiane, Chakren) ansprechen, zeigen als Edelsteinwasser oft deutlich veränderte Wirkungen. Was jedoch keinesfalls ein Nachteil sein muß: Diamant z. B. hilft als Edelsteinwasser bei Schlaganfall – eine Wirkung, die mit äußerlich angewandten Diamanten kaum zu erzielen ist. Das Diamantwasser selbst, das ebenfalls auf Hildegard von Bingen zurückgeht, hat jedoch schon zu manchem »medizinischen Wunder« geführt!

Sehr berührend war für mich (M. G.) hier der Fall eines älteren Mannes, von dem ich erst im Nachhinein erfuhr. Nach einem Schlaganfall war der Seniorchef eines Familienunternehmens halbseitig gelähmt und erkannte selbst seine nächsten Familienmitglieder nicht mehr. Die Familie, die der Hildegard-Medizin kundig war, versorgte ihn daraufhin rund um die Uhr mit Diamantwasser. Innerhalb von nur sechs Monaten genas er fast vollständig. Lediglich bei bestimmten Bewegungen des rechten Arms blieb eine gewisse Einschränkung zurück, die mir jedoch erst beim genauen Hinsehen auffiel (nachdem ich von dem Schlaganfall erfahren hatte).

Dies ist nicht die einzige Erfahrung dieser Art! Daher lohnt es sich auf jeden Fall, das Diamantwasser nach Möglichkeit *zusätzlich* zur schulmedizinischen Therapie einzusetzen! Siehe hierzu auch das Kapitel »Anwendungen von Edelsteinwasser«.

*Diamantwasser – **das** Edelsteinwasser bei Schlaganfall!*

Natürlich spielt dabei auch eine Rolle, daß wir mit Edelsteinwasser eine schnelle Verteilung der Edelsteininformation im ganzen Körper bewirken. Im Gegensatz zum aufgelegten Stein, der zunächst lokal wirkt und dessen Wirkung sich dann allmählich ausbreitet, ist die Einnahme von Edelsteinwasser vergleichbar mit einem sinnbildlichen »Anfüllen mit der Steinwirkung« im ganzen Organismus. Das hat Vor- und Nachteile.

Schnelle, umfassende Wirkungen: Vorteile bestehen hier insbesondere bei »generalisierten« Beschwerden, d. h. Beschwerden, die nicht lokal auftreten, sondern ein ganzes »Körpersystem« betreffen. So lassen sich Kreislaufbeschwerden, Durchblutungsstörungen, Nervenbeschwerden, Störungen des Hormonzyklus, Hautprobleme, Verdauungsbeschwerden, Stoffwechselstörungen, Immunschwäche und Allergien sehr gut mit Edelsteinwasser behandeln. Auch die Reinigung und Entschlackung des Bindegewebes läßt sich auf diese Weise besser anregen als mit lokal aufgelegten Heilsteinen.

Ein eindrückliches Beispiel hierfür konnten wir bei einem Familienseminar erleben, das an Ostern in den südlichen Cevennen stattfand. Bleich aus dem deutschen Winter kommend, fanden wir uns unter einer strahlenden südländischen Sonne am blauen Himmel wieder. Als Vorbeugung gegen Sonnenbrand und Sonnenstich wurde ein Edelsteinwasser angesetzt, von dem vor unserer ersten geologischen Exkursion alle tranken – bis auf zwei Kinder, die schon im Gelände unterwegs waren. Nach neunstündiger Tour im Freien kamen schließlich alle wohlbehalten ohne Sonnenbrand zurück. Bis auf eben jene beiden Jungs, von denen einer sogar einen Sonnenstich hatte! Doch auch das ließ sich glücklicherweise mit dem Prasemwasser erfolgreich behandeln.

Prasemwasser – Sonnenschutz von innen

Natürlich soll dies nicht dazu verleiten, sich ohne Hut und Sonnencreme in Spanien in den »Teutonengrill« zu legen. Doch es ist erstaunlich, was Prasemwasser ausrichten kann. Vor allem Menschen mit sonnenempfindlicher Haut wissen es als zusätzlichen Schutz sehr zu schätzen. Am besten wirkt es übrigens, wenn zugleich mit der inneren Einnahme ein Prasem-Anhänger im Bereich des Thymus (Mitte zwischen Herz und Kehlkopf) getragen wird.

Intensive, durchgreifende Wirkungen: Ebenfalls ein Vorteil, in manchen Situationen aber auch ein Nachteil, kann die intensive Wirkung des Edelsteinwassers sein. Durch das bereits erwähnte »Anfüllen mit der Edelsteininformation« treten bestimmte Wirkungen oft schneller und deutlich stärker als bei der äußeren Verwendung der Heilsteine ein. Bei der Linderung von Allergien mit Aquamarin kann dies z. B. äußerst hilfreich sein. Aquamarin hilft in vielen Fällen bei Heuschnupfen, wenn er schon rechtzeitig vor der Pollenflugsaison als Halskette oder

Aquamarinwasser – ein wichtiges steinheilkundliches Heuschnupfen-Mittel

Anhänger angelegt und über die ganze »kritische Saison« hinweg getragen wird. Haben wir diesen »rechtzeitigen Start« verpaßt und die Heuschnupfen-Symptome sind bereits aufgetreten, hilft oft nur noch die innere Einnahme des Aquamarinwassers oder, noch besser, das äußerliche Tragen des Steins mit zeitgleicher innerer Einnahme des Wassers.

Nachteilig wird die intensive und durchgreifende Wirkung des Edelsteinwassers vor allem bei zu hoch dosierter Anwendung. Bei einem äußerlich getragenen Heilstein können wir auf eventuell auftretende Erstverschlimmerungen schnell reagieren, indem wir den Stein abnehmen, eine Pause einlegen und dann erneut einsetzen. Äußerlich getragene Heilsteine werden über die Dauer und den Rhythmus des Tragens »dosiert«.

Anders ist es beim Edelsteinwasser. Ist dieses einmal getrunken, ist es zunächst »drin«, und es kann einige Zeit dauern, bis eventuell auftretende Reaktionen wieder abklingen – ähnlich wie z. B. bei einem homöopathischen Mittel. Daher sollten Sie sich sicher sein, daß Sie – vor allem bei intensiv wirkenden Steinen – das ausgewählte Edelsteinwasser *tatsächlich* brauchen. Als Experiment sollten Sie den Stein besser nur äußerlich verwenden. Ansonsten können Sie das Edelsteinwasser auch kinesiologisch bzw. radiästhetisch austesten* – oder Fachleute (ÄrztInnen, HeilpraktikerInnen oder EdelsteintherapeutInnen) mit Ihrem Anliegen konsultieren.

Ein eindrückliches Beispiel für die intensive Wirkung von Edelsteinwasser gab es einmal nach einem Vortrag in Zürich. In diesem Vortrag hatte ich die entschlakkende Wirkung von Chrysopraswasser erwähnt, aber zugleich davor gewarnt, zu Beginn der »Entschlackungskur« mehr als ein Schnapsglas davon pro Tag zu trinken. Kurze Zeit später erhielt ich eine eMail von einer Gesundheitsberaterin, die beim Vortrag anwesend war. Sie hatte ein solches Chrysopraswasser angesetzt. Nachdem bei der genannten Dosierung zwei Tage lang keine Reaktionen erkennbar waren, trank sie ein ganzes Trinkglas (200 ml) auf einmal. – Die Reaktion kam prompt: Sie durfte den Rest des Tages auf der Toilette zubringen (der Darm nahm

* »Radiästhesie« bedeutet »Strahlenwahrnehmung« (lat. »radius« = »Strahl« und griech. »aisthesis« = »Wahrnehmung, Empfindungsvermögen«). Radiästhetische Tests werden mit Pendeln, Ruten oder ähnlichen Instrumenten durchgeführt. Literatur hierzu: Rainer Strebel/Michael Gienger, »Die Individuelle Therapie«, AT-Verlag Baden (CH) 2005

seine Ausscheidungsfunktion plötzlich ***sehr*** *ernst) und noch dazu traten rote Flecken im Gesicht auf. Nun, auch die Haut versuchte offenbar, beim Entschlacken mitzuhelfen, nur leider sind rote Flecken im Gesicht bei einer Tätigkeit als Gesundheitsberaterin nicht gerade das ideale Erscheinungsbild.*

Chrysopraswasser – Entschlackungs- und Entgiftungsmittel Nr. 1!

Nach dem natürlich umgehend erfolgten Absetzen des Edelsteinwassers klangen die Symptome (die man durchaus als schlichte Erstreaktion einer sehr heftig einsetzenden Entschlackung betrachten kann) glücklicherweise innerhalb eines Tages wieder ab. Doch zwei Tage später fand unsere »unfreiwillige Versuchsperson« eine wunderschöne Chrysopras-Kette in einem Fachgeschäft. Sie konnte nicht anders, kaufte die Kette und hängte sie um. – Und am Abend waren die roten Flecken im Gesicht wieder da!

Und die Moral von der Geschicht'? Chrysopras putzt kräftig durch. Und Chrysopraswasser um so mehr! Natürlich sind die Reaktionen beileibe nicht immer so heftig. Viele Menschen vertragen Chrysopras ganz wunderbar, völlig ohne derartige Symptome. Doch nicht umsonst gilt Chrysopras in der Steinheilkunde als der Entschlackungs- und Entgiftungsstein Nr. 1!

Unerwünschte Wirkungen: Der letzte – mitunter gravierende – Wirkungsunterschied zwischen äußerlich angewandten Heilsteinen und innerlich eingenommenem Edelsteinwasser liegt darin, daß wir bei der inneren Einnahme viel mehr auf die Giftigkeit bestimmter Steine achten müssen als bei der rein äußerlichen Anwendung. Manche Heilsteine (sehr wenige und überwiegend eher sehr selten eingesetzte Steine) geben Giftstoffe ans Wasser ab. Diese dürfen natürlich nicht direkt ins Wasser eingelegt werden! Edelsteinwasser aus solchen Steinen muß mit anderen Verfahren hergestellt werden. Bitte lesen Sie daher unbedingt das folgende

Kapitel »Voraussetzungen in der Edelsteinqualität« sowie die entsprechenden Abschnitte im Kapitel »Herstellung von Edelsteinwasser«.

Zusammenfassend läßt sich zum Wirkungsunterschied zwischen Edelsteinwassern und mit Körperkontakt getragenen Heilsteinen sagen:

1. Edelsteinwasser besitzen ähnliche Wirkungen wie die entsprechenden Heilsteine. Jedoch sind die Wirkungen oft nicht 100%ig identisch. Um möglichst ähnliche Wirkungen zu erzielen, sollten Sie die Kapitel »Voraussetzungen in der Edelsteinqualität«, »Voraussetzungen in der Wasserqualität« und »Herstellung von Edelsteinwasser« beachten.

2. Die abweichenden Wirkungen des Edelsteinwassers können für dessen gezielten Einsatz bei bestimmten Beschwerden auch von Vorteil sein. Siehe dazu auch das Kapitel »Wirkungen von Edelsteinwasser«.

3. Ein großer Vorteil des Edelsteinwassers liegt in der Behandlung von Beschwerden, die den ganzen Körper oder umfassende Körpersysteme (Kreislauf, Nerven, Hormone, Immunsystem usw.) betreffen. Hier wirkt Edelsteinwasser manchmal schneller und besser als der lokal getragene oder aufgelegte Heilstein.

4. Nachteil des Edelsteinwassers ist der Umstand, daß es bei heftigen Erstreaktionen nicht wie äußerlich angewandte Heilsteine »entfernt« werden kann. Daher sollte es nur gezielt eingesetzt oder ggf. ausgetestet werden. Mehr dazu finden Sie im Kapitel »Anwendungen von Edelsteinwasser«. Zum Experimentieren eignen sich die Steine selbst besser.

5. Edelsteinwasser wirkt oft intensiver als die äußere Anwendung entsprechender Heilsteine. Daher sollte Edelsteinwasser nur gezielt und vor allem zu Beginn vorsichtig dosiert eingesetzt werden. Lesen Sie dazu bitte die Anwendungshinweise im Kapitel »Anwendungen von Edelsteinwasser«.

Welche Steine nicht oder nur mit bestimmten Methoden zum Edelsteinwasser angesetzt werden dürfen, erfahren Sie nun im folgenden Kapitel »Voraussetzungen in der Edelsteinqualität«.

Voraussetzungen in der Edelsteinqualität

Wie im vorangegangenen Kapitel schon deutlich wurde, ist nicht jeder Stein gleichermaßen zur Herstellung von Edelsteinwasser geeignet. Qualität und Wirksamkeit, aber auch Nutzen oder Schädlichkeit hängen von der sorgfältigen Auswahl der richtigen Edelsteine ab.

Qualitativ hochwertige Edelsteine

Da die Wirkung eines Heilsteins beim Edelsteinwasser oft intensiver ist als beim Stein selbst, kommen auch qualitative Unterschiede deutlicher zum Tragen. Ein für das Edelsteinwasser ausgewählter Stein sollte die ihn charakterisierenden natürlichen Eigenschaften anschaulich zeigen. Je ausgeprägter (je nach Art des Steins)

Farbe, Zeichnung, Reinheit, Transparenz, Brillanz oder spezielle Eigenschaften wie Magnetismus, Kristallform, optische Effekte usw. sind, desto deutlicher wird die typische Wirkung des Edelsteinwassers.

Von einem Rosenquarz, dessen Farbe so blaß ist, daß sie selbst auf weißem Hintergrund kaum erkennbar ist, können wir nicht das volle Wirkungsspektrum dieser Steinsorte erwarten. Die Wirkung wird eher dem farblosen derben Schneequarz ähneln. Ebenso ist ein sehr trüber »Bergkristall« eher als Milchquarz zu betrachten und ein »Labradorit« ohne Farbenspiel schlicht als Feldspat. Auch bei Edelsteinen mit Wirkungsunterschieden bestimmter Varietäten sollten wir darauf achten, die richtige Varietät zu wählen*. So hilft heller, klarer Amethyst z. B., Träume zu klären, während sehr dunkler und eher undurchsichtiger Amethyst diese einfach anregt. Das kann ein gewaltiger Unterschied sein!

Achten Sie daher auf die Qualität der Edelsteine, die Sie zum Ansetzen von Edelsteinwasser verwenden! Es müssen nicht die teuersten Exemplare sein, aber sie sollten die typischen Merkmale des jeweiligen Edelsteins deutlich zeigen.

Echte und unbehandelte Edelsteine

Daß Fälschungen und Imitationen auch im Edelsteinwasser nicht die gewünschten Heilwirkungen erzielen, versteht sich von selbst. Viele Behandlungen wie z. B. das Färben von Achatscheiben verändern die heilkundlichen Eigenschaften eines Steins, da die eingesetzten Farbstoffe (oft giftige Schwermetalle) eigene Wirkungen verursachen. Folgende Manipulationen sollten daher kategorisch ausgeschlossen werden:

Gefärbte Edelsteine

Unabhängig davon, mit welchem Farbstoff gefärbt wird (Kunststoffe, organische Substanzen, Schwermetalle), sollten derart behandelte Edelsteine nicht verwendet werden. Bei oberflächlichem Färben mit Öl, Wachs oder Lack können außerdem unerwünschte Substanzen ins Edelsteinwasser gelangen!

* Wirkungsunterschiede verschiedener Varietäten erläutert das Buch: Michael Gienger, »Heilsteine – 430 Steine von A bis Z«, Neue Erde, Saarbrücken 2003

Gebrannte Edelsteine

Links gebrannter Amethyst als Citrin-Imitation, rechts Naturcitrin

Viele Edelsteine werden zur Farbverbesserung oder -veränderung hoch erhitzt. Durch ein solches Brennen erhalten z. B. manche Rubine eine schönere Farbe, oder Amethyste werden gelb und dienen dann als Citrin-Imitation. Die Auswirkungen sind sehr unterschiedlich: Bei Rubinen, die auch in der Natur unter hohen Temperaturen entstehen, sind bislang keine Wirkungsunterschiede bekanntgeworden. Der gebrannte Amethyst dagegen, der als Citrin-Imitation verkauft wird, unterscheidet sich jedoch gewaltig vom Naturcitrin. Zur Sicherheit sollte daher auch auf gebrannte Steine verzichtet werden.

Bestrahlte Edelsteine

Auch künstliche radioaktive Bestrahlung »verschönert« manche Edelsteine. Bekanntestes Beispiel sind hier die blauen Topase. Natürlicherweise wird ein Topas nicht blauer als Himmelblau. Ganz dunkle Steine (»Londonblau«, »Englischblau«) erhalten ihre Farbe durch Neutronenstrahlung im Kernkraftwerk und strahlen anschließend selbst! Aber auch bestrahlte Steine, die selbst keine Strahlung abgeben, wie z. B. Rauchquarz-Imitationen aus bestrahltem Bergkristall, wirken negativ auf den Organismus. Beim Bestrahlen ist es eindeutig: Diese Steine sollten in keinem Fall für Edelsteinwasser verwendet werden!

Imprägnierte Edelsteine

Mit Kunstharz imprägnierter Aquamarin in 8facher Vergrößerung. Das »alternde« Kunstharz ist als gelbe Masse im Stein zu erkennen.

Weiche, poröse Steine oder Steine mit losem Korngefüge werden gerne durch Kunstharz-Imprägnierungen »stabilisiert«. In transparenten Edelsteinen lassen sich dadurch auch Risse zum »Verschwinden« bringen. Leider bringt auch dieses Kunstharz unerwünschte Wirkungen mit sich, zumal es auch im Laufe der Zeit »altert« und sich zersetzt. Stabilisierte Edelsteine sollten daher ebenfalls nicht für Edelsteinwasser eingesetzt werden.

Dubletten und Tripletten

Zusammengesetzte Steine aus zwei Schichten werden Dubletten, aus drei Schichten Tripletten genannt. Diese vor allem bei Opal gebräuchlichen Kunstprodukte wirken ganz anders, als der eigentliche Stein, kommen doch andere Materialien und Klebstoffe mit ins Spiel. Fürs Edelsteinwasser daher nicht zu gebrauchen!

Imitationen

Imitationen können vielfältigster Natur sein. Es kann sich hierbei um »Rekonstruktionen« handeln (durch Schmelzen, Sintern oder Binden hergestellte Kunstprodukte), um »Preßprodukte« (unter hohem Druck zusammengefügte Kunstprodukte), um Gläser (der älteste Trick der Imitation) oder um andere, meist günstigere Steine. Da Imitationen jedoch allesamt nicht das sind, was sie darstellen sollen, erübrigt sich jedes weitere Wort: Für Edelsteinwasser unbrauchbar!

Synthesen

Synthesen sind künstlich hergestellte Edelsteine, deren Eigenschaften (chemische Zusammensetzung, Farbe, Dichte, Härte usw.) den natürlichen Vorbildern entsprechen. Daher wird oft argumentiert, daß auch Synthesen steinheilkundlich wie natürliche Edelsteine wirken müßten. Das ist jedoch falsch. Synthesen können zwar durchaus Heilwirkungen besitzen, aber sie unterscheiden sich deutlich von ihren natürlichen Vorbildern. Grund dafür ist die unterschiedliche Entstehung! Der Bildeprozeß eines Edelsteins spielt eine maßgebliche Rolle für dessen Heilwirkung*. Daher ist es ein großer Unterschied, ob ein Edelstein der Natur oder dem Labor entstammt! Synthesen sollten also nicht mit falschen Erwartungen als Edelsteinwasser angesetzt werden. In der Wirkung unterscheiden sich Synthesen deutlich von den natürlichen Edelsteinen!

Geölte und gewachste Edelsteine

Bei äußerer Anwendung ist das Ölen und Wachsen von Edelsteinen meist kein Problem. Beides wird sehr häufig auch bei günstigeren Steinen wie z. B. »Trommelsteinen« eingesetzt. Trommelsteine werden in Schleiftrommeln zu kieselähnlichen Handschmeichlern rundgeschliffen und poliert. Durch Wachs werden dabei vor der letzten Politur die Poren der Steine verschlossen, damit sich kein (möglicherweise

* Literatur hierzu: Michael Gienger, »Die Steinheilkunde«; Michael Gienger, »Lexikon der Heilsteine«, beide Neue Erde, Saarbrücken 1995/2000

färbendes) Poliermittel darin festsetzt. Aber auch Rohsteine oder handgeschliffene Steine werden oft geölt oder gewachst, um Risse zu verschließen und den Stein attraktiver zu machen. Ölen und Wachsen ist so weit verbreitet, daß es in der Steinheilkunde bisher in Kauf genommen wurde. Bei äußerer Anwendung ist es - wie gesagt - auch kein Problem, solange nicht allzu minderwertige Öle eingesetzt werden.

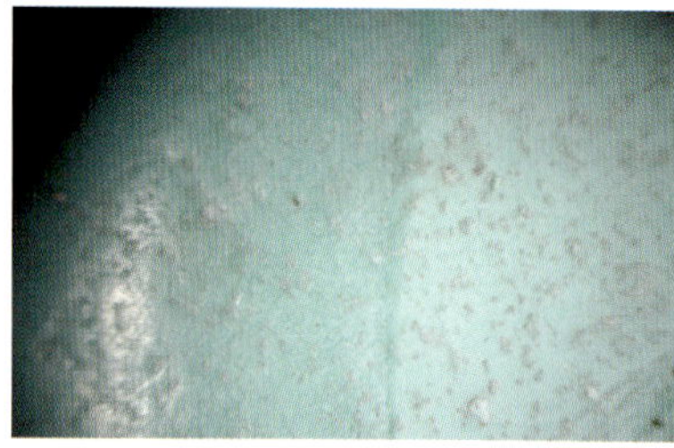

Türkis auf der linken Seite gewachst, auf der rechten unbehandelt (Aufnahme mit 3facher Vergrößerung)

Bei der Herstellung von Edelsteinwasser wird das Ölen und Wachsen allerdings zum Problem. Minderwertige Öle geben hier unerwünschte, mitunter sogar giftige Substanzen ab (in Ländern der »Dritten Welt« wird ab und an auch mal mit altem Maschinenöl geölt ...) und selbst das reine Paraffin, das in deutschen Schleifereien z. B. bei Trommelsteinen eingesetzt wird, mindert die Wasserqualität. Daher sollten keine geölten und gewachsten Edelsteine zum Ansetzen von Edelsteinwasser verwendet werden!

Als Abhilfe werden geölte und gewachste Steine mitunter ausgekocht, um das Öl oder Wachs abzuscheiden. Das ist auf jeden Fall besser, als Öl im Edelsteinwasser zu haben. Dennoch ist diese Methode leider nicht ganz perfekt:

- Trotz mitunter deutlichen »Fettaugen« auf dem Wasser ist damit nicht gewährleistet, daß alles Öl oder Wachs entfernt wurde. Gerade in Rissen und Poren der Steine sitzt es oft hartnäckig fest.
- Außerdem muß das Auskochen sehr behutsam durchgeführt werden (die Temperatur ganz langsam steigern und wieder senken!), um die Steine nicht zu beschädigen.
- Zum dritten ist diese Methode fast nur für Quarze, Silikate und manche hitzebeständigen, wasserunlöslichen Oxide geeignet, da diese in der Regel das Auskochen gut überstehen. Edelsteine anderer Mineralklassen werden vom Kochvorgang oft angegriffen.* Es sollten daher spezielle »Wassersteine« sein und nicht teure oder besondere Schmucksteine!

- Manche Edelsteine »leiden« auch energetisch durch den Kochvorgang und verlieren daher an Wirkung.

Auskochen von Edelsteinen

Am allerbesten ist es daher, für Edelsteinwasser von vorneherein keine gewachsten oder geölten Steine zu verwenden! Naturbelassene Kristalle und Rohsteine, unbehandelte geschliffene Steine oder vorgetrommelte, nicht polierte Steine sind für Edelsteinwasser die erste und beste Wahl.

Kleiner Tip!

Erkundigen Sie sich daher im Fachhandel nach speziellen »Wassersteinen«. Vorgetrommelte, ungewachste Steine oder muttergesteinsfreie Rohsteine werden bereits von vielen Firmen speziell zum Einlegen ins Wasser angeboten. Lassen Sie sich dabei jedoch bestätigen, daß die Steine den folgenden Kriterien entsprechen:

1. **Steine fürs Edelsteinwasser sollten natürlichen Ursprungs, echt und vor allem *unbehandelt* sein. Insbesondere gefärbte, gebrannte und bestrahlte Steine sowie Imitationen, Kunstprodukte und Synthesen sind auszuschließen.**

2. **Geeignet sind natürliche Kristalle, naturbelassene Rohsteine, vorgetrommelte Steine sowie Trommelsteine und geschliffene Steine, wenn diese außer dem Schleifen selbst keiner weiteren Behandlung unterzogen wurden.**

* Welche Edelsteine zu welchen Mineralklassen gehören, finden Sie in folgenden Büchern: Michael Gienger, »Die Steinheilkunde«; Michael Gienger, »Lexikon der Heilsteine«, beide Neue Erde, Saarbrücken 1995/2000

3. Aufgrund der Beeinträchtigung der Wasserqualität und der eventuellen Abgabe unerwünschter Substanzen sind auch geölte und gewachste Steine auszuschließen.

4. Das Auskochen der Steine zum Entfernen von Wachs oder Öl sollte nur im Notfall und nur für geeignete Steine eingesetzt werden, wenn keine Alternativen bestehen.

Bei der Auswahl der Wassersteine ist Sorgfalt geboten. Erkundigen Sie sich daher genau! Detaillierte Informationen zur »Behandlung« von Edelsteinen finden Sie auch in dem Buch »Geschönte Steine« von Bernhard Bruder*.

In diesem Zusammenhang eine Bitte an alle Mineralien- und Edelstein-HändlerInnen: Geben Sie bei Anfragen bitte ehrliche Auskunft – gerade auch, wenn Sie etwas nicht wissen! Bei Falschaussagen sind Sie sonst unter Umständen für Folgen haftbar.

Dies gilt insbesondere bei der Abgabe giftiger Steine! Bitte lesen Sie daher unbedingt auch den folgenden Abschnitt.

Giftige Edelsteine und Mineralien

Es gibt nur wenige Edelsteine und Mineralien, die so giftig oder anderweitig schädlich sind, daß man sie nicht einmal in die Hand nehmen sollte. Das stark radioaktive Uranerz »Pechblende« (das durchaus immer wieder auf Mineralienbörsen auftaucht) ist z. B. ein solch seltener Fall! Es sieht nicht nur aus wie Pech, sondern bringt auch Pech!

Unter den Heilsteinen sind giftige Steine sehr selten. Doch es gibt sie! Manche sind deshalb in Gebrauch, weil in anderen naturheilkundlichen Disziplinen gute Erfolge mit ihnen verzeichnet wurden: So ist z. B. Zinnober ein wichtiges Mineral der traditionellen chinesischen Medizin, Antimonit ein wichtiger Rohstoff der Spagyrik, und der arsenhaltige Realgar wurde beliebt, da in der Homöopathie die sexuell stimulierende Wirkung des Arsens festgestellt wurde, die dieser Stein ebenfalls besitzt.

* Bernhard Bruder, »Geschönte Steine«, überarbeitete Neuausgabe 2005, Neue Erde, Saarbrücken

Wie giftig oder gesundheitsschädlich können Heilsteine sein?

Generelle Giftigkeit: In der Regel können wir alle als giftig oder gesundheitsschädlich eingestuften Heilsteine* ohne negative Auswirkungen kurze Zeit in die Hand nehmen. Manche Steine wie Azurit, Malachit, Cuprit oder Psilomelan können wir sogar lange Zeit am Körper tragen.

Giftige Heilsteine: arsenhaltiger Auripigment, quecksilberhaltiger Zinnober, arsenhaltiger Realgar (von links)

Vorsicht bei Nickel: Bestimmte nickelhaltige Steine wie Eisenmeteoriten, Nikkelin (Rotnickelkies) oder Gaspeit sollten auf keinen Fall direkt ins Wasser gelegt werden! Nicht nur bei bestehenden Nikkelallergien ist davon abzuraten – unter Umständen kann ein solches Edelsteinwasser gerade erst zur Sensibilisierung gegen Nickel und damit zur Allergie führen! Diese Steine sollten auch nicht zu lange Hautkontakt haben, insbesondere bei starkem Hautschweiß. Nickelhaltige Quarze wie Chrysopras oder Silikate wie Peridot sind dagegen unbedenklich, da das Nickel hier fest gebunden ist.

Giftige Dämpfe: Nur ganz wenige Heilsteine wie Zinnober oder Realgar müssen immer in gut verschlossenen Gefäßen aufbewahrt werden, da sie unter Umständen giftige Dämpfe abgeben. Vor allem pulverige Zinnoberaggregate (oder daraus hergestellte Trommelsteine!) können Quecksilberdämpfe abgeben. Und Realgar zerfällt im Sonnenlicht und gibt dabei Arsendämpfe ab (daher dunkel lagern!).

Zinnober als Trommelstein aus einem pulverigen Aggregat: Diese Variante ist nur mit Vorsicht zu gebrauchen! Ungefährlicher sind die kompakten Kristalle wie in der vorangegangenen Abbildung.

* Bitte beachten, daß wir hier nur von den als ***Heilsteine*** bekannten Steinen sprechen und nicht von der Gesamtheit aller Edelsteine, Mineralien und Gesteine! Weniger als 10% der Mineralien und Gesteine sind als Heilsteine in Gebrauch.

Keine innerliche Anwendung: Alle als giftig oder gesundheitsschädlich eingestuften Heilsteine sollten keinesfalls in den Mund genommen oder gar verschluckt werden! Speichelsubstanzen, Magensäure, Verdauungssäfte u. a. lösen sonst Giftstoffe aus den Steinen heraus. Absolut gefährlich ist hier die innere Einnahme (oder auch das Einatmen) pulverisierter Steine! Nichtsdestotrotz gibt es Anbieter, die selbst Azurit- oder Malachit-Pulver für sog. »Gesundheitszwecke« anbieten. Das ist unverantwortlich! Wir können nur raten: Finger weg!

Vor Kindern schützen: Alle giftigen oder gesundheitsschädlichen Heilsteine sollten auf jeden Fall sicher und für kleine Kinder unzugänglich aufbewahrt werden!

Nicht ins Wasser legen: Viele (nicht alle!) als giftig oder gesundheitsschädlich eingestuften Heilsteine sind zum direkten Einlegen ins Wasser nicht geeignet.

Ausnahmen: Heilsteine, die nur unter bestimmten Bedingungen (innere Einnahme) als »gesundheitsschädlich« gelten, im kalten (!) Wasser jedoch unlöslich sind, wie z. B. Antimonit, Azurit, Malachit und deren Verwandte (Azurit-Malachit, Azurit-Pseudomalachit und Eilatstein), sind eingeschränkt zum direkten Einlegen in kaltes (!) Wasser geeignet. Edelsteinwasser sollte mit diesen Steinen jedoch maximal acht Stunden angesetzt werden.

Um sicherzugehen, sollten Sie zur Herstellung von Edelsteinwasser keine giftigen oder gesundheitsschädlichen Mineralien (mit Ausnahme der obengenannten) direkt ins Wasser legen. Verwenden Sie hier besser die ungefährlichen Herstellungsmethoden wie die »Reagenzglasmethode« oder das »Einleiten mit Kristallen« (siehe das Kapitel »Herstellung von Edelsteinwasser«).

Mitunter wird gegen diese Vorsichtsmaßnahmen mit den Worten argumentiert: »Ich habe schon dieses und jenes Edelsteinwasser mit giftigen Steinen ausprobiert, und es hat mir nicht geschadet!« Das ist jedoch möglicherweise ein Irrtum! Nur wenige Mineralien lösen sofort unangenehme Reaktionen aus wie z. B. der brechreizerregende Chalkanthit. Bei vielen Giftstoffen besteht leider die Gefahr »kumulativer Wirkungen«: Das bedeutet, die Substanzen sammeln sich ganz allmählich im Körper an (lat. »cumulatio« = »Anhäufung, Sammlung, Speicherung«), und es entwickelt sich eine schleichende Vergiftung, deren Symptome erst viel später auftreten und oft gar nicht mehr mit der auslösenden Substanz in Verbindung gebracht werden. Beachten Sie daher unbedingt die folgenden Hinweise und gehen Sie bitte nicht zu nachlässig mit diesen Steinen um!

Übersicht der Heilsteine, die zum direkten Einlegen in Wasser nicht oder nur eingeschränkt geeignet sind

Neben den giftigen und gesundheitsschädlichen Heilsteinen haben wir hier auch drei »harmlose« Mineralien in die Liste aufgenommen, da sich diese möglicherweise im Wasser auflösen: Alunit (Alaun), Halit (Steinsalz) und Ulexit. Diese sind zwar nicht giftig, aber es wäre schade um die schönen Steine ...

Ansonsten haben wir alle giftigen oder gesundheitsschädlichen Mineralien in die folgende Liste aufgenommen, die irgendwo in der Literatur als Heilsteine beschrieben sind. Einige in der amerikanischen Literatur erwähnten Steine sind in Europa (noch) nicht in Gebrauch, werden aber vorsichtshalber ebenfalls erwähnt.*

Wir haben bei dieser Liste einen sehr strengen Sicherheitsstandard angesetzt und vorsichtshalber auch Heilsteine wie Atacamit, Erythrin, Jamesonit u. a. aufgenommen, die beim Einlegen ins Wasser nur »möglicherweise« giftig sind. Doch hier gilt: »Im Zweifelsfall ***für*** die Gesundheit!«

Alunit (Alaun): Ungiftiges, aber wasserlösliches Kalium-Aluminium-Sulfat, daher zum direkten Einlegen in Wasser nicht geeignet. Bei äußerer Anwendung unbedenklich.

Anglesit: Giftiges und schwach wasserlösliches Bleisulfat. Zum direkten Einlegen in Wasser ungeeignet. Vorsicht auch bei äußerer Anwendung!

Antimonit (Antimonglanz, Stibnit): Gesundheitsschädliches Antimonsulfid, daher nur eingeschränkt zum direkten Einlegen in Wasser geeignet. Bei äußerer Anwendung unbedenklich.

Arsenopyrit: Möglicherweise giftiges Eisenarsenid. Zum direkten Einlegen in Wasser ungeeignet. Vorsicht auch bei äußerer Anwendung!

* Bitte beachten, daß wir auch hier nur von den als ***Heilsteine*** bekannten Steinen sprechen und nicht von der Gesamtheit aller Edelsteine, Mineralien und Gesteine!

Atacamit: Möglicherweise gesundheitschädliches Kupferchlorid. Zum direkten Einlegen in Wasser ungeeignet. Vorsicht auch bei äußerer Anwendung!

Auripigment: Giftiges Arsensulfid. Zum direkten Einlegen in Wasser ungeeignet. Vorsicht auch bei äußerer Anwendung!

Azurit: Gesundheitsschädliches Kupfercarbonat, daher nur eingeschränkt zum direkten Einlegen in Wasser geeignet. Bei äußerer Anwendung unbedenklich.

Azurit-Malachit: Gesundheitsschädliches Kupfercarbonat, daher nur eingeschränkt zum direkten Einlegen in Wasser geeignet. Bei äußerer Anwendung unbedenklich.

Azurit-Pseudomalachit: Gesundheitsschädliches Kupfercarbonat/-phosphat, daher nur eingeschränkt zum direkten Einlegen in Wasser geeignet. Bei äußerer Anwendung unbedenklich.

Bunsenit: Giftiges Nickeloxid. Nickel ist zudem ein häufiges Allergen. Daher direkten Hautkontakt vermeiden. Zum direkten Einlegen in Wasser ungeeignet.

Cerussit (Weißbleierz): Giftiges Bleicarbonat. Zum direkten Einlegen in Wasser ungeeignet. Vorsicht auch bei äußerer Anwendung!

Chalkanthit (Kupfervitriol): Gesundheitsschädliches und gut wasserlösliches Kupfersulfat. Zum direkten Einlegen in Wasser ungeeignet. Vorsicht auch bei äußerer Anwendung!

Cuprit: Gesundheitsschädliches Kupferoxid. Zum direkten Einlegen in Wasser ungeeignet. Bei äußerer Anwendung unbedenklich.

Durangit: Möglicherweise giftiges Natrium-Aluminium-Arsenat. Zum direkten Einlegen in Wasser ungeeignet. Vorsicht auch bei äußerer Anwendung!

Eilatstein (Chrysokoll-Malachit-Azurit): Gesundheitsschädliches Kupfermineralien-Gemenge, daher nur eingeschränkt zum direkten Einlegen in Wasser geeignet. Bei äußerer Anwendung unbedenklich.

Eisen-Nickel-Meteorit: Gesundheitsschädliche Eisen-Nickel-Legierung. Nickel ist ein häufiges Allergen. Daher direkten Hautkontakt vermeiden. Zum direkten Einlegen in Wasser ungeeignet.

Erythrin: Möglicherweise giftiges Kobaltarsenat. Zum direkten Einlegen in Wasser ungeeignet. Vorsicht auch bei äußerer Anwendung!

Fiedlerit: Giftiges Bleichlorid. Zum direkten Einlegen in Wasser ungeeignet. Vorsicht auch bei äußerer Anwendung!

Fluorit (Varietät »Stinkspat«): Möglicherweise gesundheitsschädliche Varietät. Die violette Varietät »Stinkspat« ist zum direkten Einlegen ins Wasser nicht geeignet, da sie aus Poren des Steins Fluor abgibt. Stinkspat ist identifizierbar, wenn man ihn unter fließend warmes Wasser hält. Das freiwerdende Fluor riecht nach fauligen Eiern!

Galenit (Bleiglanz): Giftiges und schwach wasserlösliches Bleisulfid, daher zum direkten Einlegen in Wasser ungeeignet. Bei äußerer Anwendung unbedenklich. Längeren Kontakt mit der Haut jedoch vermeiden (Reaktion mit Schweiß!).

Gaspeit: Gesundheitsschädliches magnesiumhaltiges Nickelcarbonat. Nickel ist ein häufiges Allergen. Daher direkten Hautkontakt vermeiden. Zum direkten Einlegen in Wasser ungeeignet.

Greenockit: Giftiges Cadmiumsulfid. Zum direkten Einlegen in Wasser ungeeignet. Vorsicht auch bei äußerer Anwendung!

Halit (Steinsalz, Kristallsalz): Ungiftiges Natriumchlorid, jedoch gut wasserlöslich, daher nicht zum direkten Einlegen in Wasser geeignet.

Jamesonit: Möglicherweise giftiges Blei-Antimon-Sulfid. Zum direkten Einlegen in Wasser ungeeignet. Vorsicht auch bei äußerer Anwendung!

Kalomel: Gesundheitsschädliches, schwach wasserlösliches Quecksilberchlorid. Zum direkten Einlegen in Wasser ungeeignet. Vorsicht auch bei äußerer Anwendung!

Krokoit: Giftiges, schwach wasserlösliches Bleichromat. Zum direkten Einlegen in Wasser ungeeignet. Vorsicht auch bei äußerer Anwendung!

Lopezit: Sehr giftiges, gut wasserlösliches Kaliumchromat. Gesundheitsschädlich bei Berührung mit der Haut! Zum direkten Einlegen in Wasser ungeeignet. Große Vorsicht auch bei äußerer Anwendung! Dieser Stein entstammt der amerikanischen Literatur. Wir würden ganz die Finger von ihm lassen!

Malachit: Gesundheitsschädliches Kupfercarbonat, daher nur eingeschränkt zum direkten Einlegen in Wasser geeignet. Bei äußerer Anwendung unbedenklich.

Millerit (Gelbnickelkies): Giftiges Nickelsulfid. Zudem ist Nickel ein häufiges Allergen. Daher direkten Hautkontakt vermeiden! Zum direkten Einlegen in Wasser ungeeignet.

Minium: Giftiges Bleioxid. Zum direkten Einlegen in Wasser ungeeignet. Vorsicht auch bei äußerer Anwendung!

Nickelin (Rotnickelkies): Giftiges Nickelarsenid. Zudem ist Nickel ein häufiges Allergen. Daher direkten Hautkontakt vermeiden! Zum direkten Einlegen in Wasser ungeeignet.

Olivenit: Möglicherweise giftiges Kupferarsenat. Zum direkten Einlegen in Wasser ungeeignet. Vorsicht auch bei äußerer Anwendung!

Proustit: Möglicherweise giftiges arsenhaltiges Silbersulfid. Zum direkten Einlegen in Wasser ungeeignet. Vorsicht auch bei äußerer Anwendung!

Psilomelan und Pyrolusit: Gesundheitsschädliche Manganoxide. Zum direkten Einlegen in Wasser ungeeignet. Bei äußerer Anwendung unbedenklich.

Pyromorphit: Möglicherweise giftiges Bleiphosphat. Zum direkten Einlegen in Wasser ungeeignet. Vorsicht auch bei äußerer Anwendung!

Rauenthalit: Giftiges Calciumarsenat. Zum direkten Einlegen in Wasser ungeeignet. Vorsicht auch bei äußerer Anwendung!

Realgar: Giftiges Arsensulfid. Zum direkten Einlegen in Wasser ungeeignet. Vorsicht auch bei äußerer Anwendung! Zersetzt sich im Sonnenlicht unter Abgabe von Arsendämpfen. Dunkel und verschlossen aufbewahren!

Skorodit: Möglicherweise giftiges Eisenarsenat. Zum direkten Einlegen in Wasser ungeeignet. Vorsicht auch bei äußerer Anwendung!

Spherocobaltit: Gesundheitsschädliches Kobaltcarbonat. Zum direkten Einlegen in Wasser ungeeignet. Vorsicht auch bei äußerer Anwendung, Hautkontakt vermeiden. (Gefahr allergischer Sensibilisierung!)

Tetraedrit: Möglicherweise gesundheitsschädliches Kupfer-Antimon-Sulfid. Zum direkten Einlegen in Wasser ungeeignet. Vorsicht auch bei äußerer Anwendung!

Ulexit: Ungiftiges Hydrogenborat, in warmem Wasser oder bei Anwesenheit von Säuren und anderen Elektrolyten schwach wasserlöslich. Zum direkten Einlegen in Wasser ungeeignet. Bei äußerer Anwendung unbedenklich.

Valentinit (Antimonblüte) und Senarmontit: Gesundheitsschädliche Antimonoxide. Zum direkten Einlegen in Wasser ungeeignet. Vorsicht auch bei äußerer Anwendung!

Vanadinit: Giftiges Bleivanadat! Zum direkten Einlegen in Wasser ungeeignet. Bei äußerer Anwendung unbedenklich.

Wulfenit (Gelbbleierz): Möglicherweise giftiges Bleimolybdat! Zum direkten Einlegen in Wasser ungeeignet. Bei äußerer Anwendung unbedenklich.

Zinnober (Cinnabarit): Sehr giftiges Quecksilbersulfid! Zum direkten Einlegen in Wasser ungeeignet. Feinkörnige Rohsteine und entsprechende Trommelsteine können Quecksilberdämpfe abgeben! Nur kompakte Kristalle ausschließlich äußerlich anwenden (kurzzeitiges Auflegen).

Zinnober-Opal: Das im Opal eingelagerte Zinnober ist giftig! Vom direkten Einlegen ins Wasser ist daher sicherheitshalber abzuraten. Bei äußerer Anwendung unbedenklich.

Zitronenchrysopras (Nickel-Magnesit): Möglicherweise gesundheitsschädliches Nickelmagnesit-Chalcedon-Gemenge. Unkritisch, wenn gut von Chalcedon durchdrungen und gebunden, kritisch bei geringem Chalcedongehalt. Nickel ist ein häufiges Allergen. Daher im Zweifelsfall direkten Hautkontakt vermeiden. Von direktem Einlegen in Wasser wird sicherheitshalber abgeraten.

Genauere Hinweise zur Giftigkeit dieser Mineralien finden Sie auf den Internetseiten des Steinheilkunde e.V.* und des Instituts für Edelstein Prüfung (EPI).** Von der Homepage des Steinheilkunde e.V. können Sie auch Sicherheitsdatenblätter für den Umgang mit diesen Steinen herunterladen. Fachhändler sind sogar dazu verpflichtet, diese Mineralien nur mit Sicherheitsdatenblatt zu verkaufen. *Aktualisierungen veröffentlichen wir unter www.edelstein-wasser.de.*

Grundsätzlich gilt jedoch: Wenn Sie sich nicht sicher sind, ob ein Stein tatsächlich ungiftig ist, so legen Sie ihn zum Ansetzen von Edelsteinwasser keinesfalls direkt ins Wasser! Verwenden Sie dann besser die sicheren Herstellungsmethoden wie die »Reagenzglasmethode« oder das »Einleiten mit Kristallen«. Mehr dazu im Kapitel »Herstellung von Edelsteinwasser«.

* Steinheilkunde e.V.: www.steinheilkunde-ev.de (Postadresse und Telefon im Anhang).
** Institut für Edelstein Prüfung (EPI): www.epigem.de (Postadresse und Telefon im Anhang).

Art, Größe und Verarbeitung der Edelsteine

Neben den bisher genannten Kriterien der ausgeprägten Eigenschaften, Echtheit und Ungiftigkeit gibt es weitere Faktoren, von denen die Qualität eines Edelsteinwassers beeinflußt wird:

Steine ohne Muttergestein

Edelsteine zum Ansetzen von Edelsteinwasser sollten frei von anhängendem Muttergestein sein. Zum einen aus Gründen der Reinheit, da im Muttergestein möglicherweise lösliche Substanzen enthalten sein können, die im Edelsteinwasser unerwünscht sind; zum anderen aus Gründen der Wirksamkeit, da selbst unlösliche und »unschädliche« Substanzen des Muttergesteins ihre eigenen Wirkungen mitbringen und das erwartete Resultat des Edelsteinwassers möglicherweise verfälschen.

Achten Sie daher darauf, daß Sie die Edelsteine oder Mineralien zum Ansetzen von Edelsteinwasser ausschließlich »pur« verwenden, d. h. gereinigt und frei von Muttergestein!

Steine ohne Muttergestein (rechts) sind fürs Edelsteinwasser besser!

Die Größe der Steine

Je nach Herstellungsverfahren sind unterschiedliche Steingrößen für das Edelsteinwasser von Vorteil. Beim direkten Einlegen ins Wasser wird das Edelsteinwasser wirkungsvoller, wenn mehrere kleine Steine verwendet werden. Hier spielt die Oberfläche der Steine als Kontaktfläche zum Wasser eine Rolle. Bei mehreren kleinen Steinen ist diese Fläche und damit der »Austauschbereich« der Information deutlich größer als bei *einem* kompakten Stück.

Beim direkten Einlegen ins Wasser ergeben mehrere kleine Steine oft ein intensiveres Edelsteinwasser als größere Einzelstücke. Ähnliches gilt auch für die später erläuterte »Wasserdampfmethode« oder die »Kochmethode«. Bei anderen Herstellungsverfahren wie der »Reagenzglasmethode« oder dem »Einleiten mit Kristallen« ist es oft umgekehrt: Da hier kein direkter Kontakt besteht, ist die Gesamtmasse ausschlaggebender als die Oberfläche.

Mehrere kleine Stücke ergeben beim Einlegen ins Wasser ein wirkungsvolleres Edelsteinwasser als wenige große.

Die Art der Oberfläche

Aus demselben Grund spielt es beim direkten Einlegen der Steine ins Wasser auch eine Rolle, ob die Oberfläche eines Steins rauh oder glatt ist. Rauhe Oberflächen sind bei denselben Abmessungen eines Steins wesentlich größer als glattpolierte. Die Vergrößerungen anbei machen dies deutlich: Im nebenstehenden Foto sehen Sie links ein Chaldedon-Bruchstück und rechts einen polierten Trommelstein. Schon hier ist die Oberfläche des linken Steins vergleichsweise größer. Noch deutlicher wird es im folgenden Bild: Hier sehen Sie links die natürliche Oberfläche eines unbearbeiteten Rauchquarzes und rechts einen polierten Trommelstein. Der rauhe Naturstein bietet hier ganz eindeutig viel mehr Oberfläche als der polierte Trommelstein.

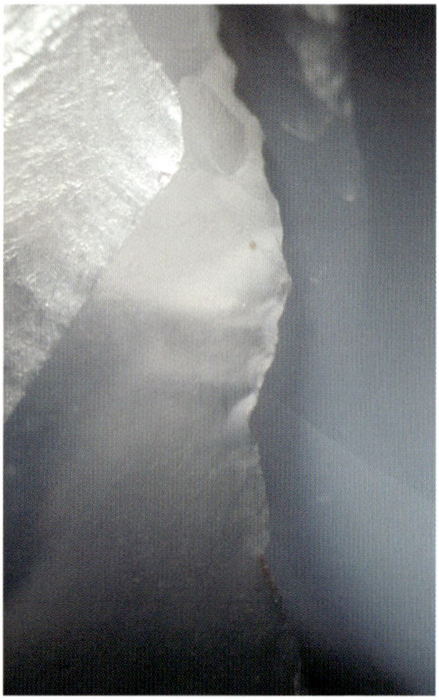

Chalcedon-Rohstein und Trommelstein (8,5fache Vergrößerung)

Rauchquarz-Rohstein und Trommelstein (8,5fache Vergrößerung)

Beim direkten Einlegen der Steine ins Wasser sowie bei der »Kochmethode« oder der »Wasserdampfmethode« erzeugen Steine mit rauher Oberfläche oft ein intensiveres Edelsteinwasser als glattpolierte Steine. Bei anderen Herstellungsverfahren wie der »Reagenzglasmethode« oder dem »Einleiten mit Kristallen« spielt die Oberfläche dagegen keine gravierende Rolle.

Klassisches Beispiel hierfür ist das Amethystwasser nach Hildegard von Bingen, das am besten mit Amethyst-Drusenstücken hergestellt wird. Der Wirkungsunterschied zu polierten Amethystscheiben ist gravierend und für jeden nachvollziehbar. Mehr dazu im später folgenden Kapitel »Herstellung von Edelsteinwasser«.

Werden Steine direkt ins Wasser bzw. in den Wasserdampf gegeben, sind Rohsteine oder spezielle angetrommelte »Wassersteine« mit rauher Oberfläche also den polierten Trommelsteinen vorzuziehen. Aber diese Kriterien sind im Vergleich zu den ausgeprägten Eigenschaften, der Echtheit und Ungiftigkeit sekundär. Sie steuern nur die Intensität der Wirkung, nicht die Wirkung selbst. Hauptsache bleibt also, daß man den »richtigen« Stein und natürlich auch das »richtige« Wasser verwendet. Und darum dreht sich nun das folgende Kapitel ...

Glattpolierte Steine oder Steine mit größerer Oberfläche? Diese Kriterien entscheiden über die Intensität der Wirkung, nicht über die Art der Wirkung selbst.

Voraussetzungen in der Wasserqualität

Wie das vorangegangene Kapitel zeigt, ist nicht jeder Edelstein gleichermaßen zur Herstellung von Edelsteinwasser geeignet. Ähnlich steht es um das Wasser selbst. Auch hier gibt es qualitative Unterschiede, von denen die Art oder Intensität des Edelsteinwassers beeinflußt wird. Dazu sollten wir einen Blick auf die Natur des Wassers werfen:

Das »Gedächtnis« des Wassers

Daß Wasser überhaupt Informationen von Steinen (oder anderen Stoffen bzw. Einflüssen) aufnehmen und speichern kann, liegt an seinen besonderen Eigenschaften. Wasser besitzt in der Tat eine Art »Gedächtnis«. Dieses ist jedoch nicht vergleichbar mit unserer Erinnerung oder der elektronischen Datenspeicherung unserer Computer. Das Gedächtnis des Wassers ist eher vergleichbar mit der unbewußten Prägung durch Erfahrungen, die wir im Laufe unseres Lebens sammeln. Erfahrungen verändern uns. Sie beeinflussen unsere Art zu fühlen, zu denken, zu sprechen, zu handeln, zu bewegen u.v.m. Auch wenn wir äußerlich als dieselbe Person erscheinen, verändern wir uns ständig von Augenblick zu Augenblick.

Ähnlich ist es mit Wasser. Auch Wasser nimmt unglaublich viele Eindrücke auf: von Stoffen, mit denen es in Berührung kommt; von Strahlungen, die es durchströmen; von Klängen und Schwingungen, die es anregen; von Bewegungen, Strömungen und Wirbeln, die es verwandeln; von Lebewesen, denen es begegnet und und und ... Auch Wasser macht ständig »Erfahrungen«, und diese »Einflüsse und Eindrücke« prägen es. Allerdings – und das ist der wesentliche Unterschied zu unserem Gedächtnis – verliert es Informationen auch wieder bzw. ersetzt diese durch neue. Wasser ist immer aufnahmebereit für Neues! Selbst wenn es chemisch identisch bleibt, verändert es doch fortwährend seine Eigenschaften!

Auch Wasser sammelt Erfahrungen ...

Beobachten wir Wasser in der Natur aufmerksam, können wir diese Unterschiede wahrnehmen. Sie sind erkennbar in der Brillanz fließender und in der Farbe stehender Gewässer, sichtbar in Wirbeln und Strömungsformen und sogar hörbar im Plätschern, Gluckern und Rauschen der Bäche. Ganz besonders deutlich werden die qualitativen Unterschiede des Wassers jedoch in den faszinierenden Gestaltbildungen des Eises. Die Sprache des Wassers ist durchaus erlernbar, jedoch nur in meditativer Ruhe und mit wachen Sinnen.

Gestaltbildung im Eis:
Eis aus naturbelassenem, reinem Wasser / Eis aus belastetem Wasser

Systematische Untersuchungen

Angelehnt an die Beobachtungen der Natur wurden in den vergangenen 80 Jahren verschiedenste bildschaffende Methoden entwickelt, welche die Bewegungen, Struktur- und Gestaltbildungen des Wassers in einem systematisierten Rahmen erfaßbar und dadurch vergleichbar machen. Hierzu zählen die Tropfbilder des Instituts für Strömungswissenschaften in Herrischried, die anthroposophischen Steigbilder, die Wasserkristalle Masaru Emotos, die Hagalis Kristallanalyse oder die von Ruth Kübler initiierte und an der Universität Stuttgart weiterentwickelte Auftropfmethode. Diese der Natur abgelauschten Untersuchungen zeigen deutlich die Informationsaufnahme und -verarbeitung des Wassers. Eine kleine Übersicht zu diesen Untersuchungen mit ihren sensationellen Entdeckungen finden Sie im Anhang.

Selbstversuche

Aber testen Sie doch einmal selbst die Informationsfähigkeit des Wassers! Dazu benötigen Sie nicht einmal ein Labor oder aufwendige Geräte. Eine »sensible wäßrige Flüssigkeit«, die leicht ihren Charakter verändert, genügt. Ein beliebtes Experiment, das sich auch als Partygag eignet und dennoch nicht weniger aussagefähig ist, können Sie z. B. mit Sekt durchführen.

Füllen Sie Sekt aus derselben Flasche in zwei identische, gut (und auf dieselbe Weise) gereinigte Gläser. Betrachten Sie nun das Perlen in den beiden Gläsern, das nie ganz identisch, aber doch sehr ähnlich sein wird. Fassen Sie nun eines der beiden Gläser mit den Fingerspitzen und halten Sie sich das Glas drei Minuten mit etwa 10 cm Abstand vor den Bauch. Atmen Sie ruhig, und entspannen Sie sich wie in einer Meditation.

Stellen Sie dann die Gläser wieder nebeneinander und beobachten Sie das Perlen. Es werden sich nun höchstwahrscheinlich deutliche Unterschiede zeigen. Und wenn Sie an beiden Gläsern nippen, wird der Sekt wahrscheinlich sogar verschieden schmecken. Je besser das Tröpfchen, desto deutlicher die Unterschiede!

Sekt frisch eingeschenkt – drei Minuten in den Fingerspitzen gehalten – Sekt nach dem Experiment (links das zuvor in der Hand gehaltene Glas).

Am besten laden Sie die größten Skeptiker, die Sie kennen, zu einer Party und wiederholen das Experiment mit möglichst vielen Personen. Stellen Sie die Gläser in eine Reihe, beobachten Sie gemeinsam das Perlen, lassen Sie jeden Gast ein Glas nehmen und achten Sie darauf, daß ein paar »Referenzproben« zum Vergleich stehenbleiben. Nun hält jeder drei Minuten ruhig sein Glas und stellt es dann an den Ausgangsort zurück. Dann können Sie das Resultat überprüfen. Zuerst optisch, dann geschmacklich! Nicht selten finden sich stark perlende Proben direkt neben anderen, die das Perlen ganz eingestellt haben. Und derselbe Ausgangssekt liefert plötzlich alle Geschmacksrichtungen von herb bis lieblich. Doch was die Party besonders belustigen wird, ist die Frage: Wer schmeckt wie?

Auch wenn dieser kleine Selbstversuch natürlich in der Genauigkeit meilenweit von jeglicher wissenschaftlichen Vorgehensweise entfernt ist, hat er doch schon manchen Skeptiker zum Nachdenken gebracht. Denn es läßt sich auch bei diesem Experiment nicht von der Hand weisen, daß Wasser oder wäßrige Flüssigkeiten eindeutig Information aufnehmen und auf uns reagieren!

Fazit

Die im Anhang genannten Untersuchungen beweisen ebenso wie der vorangegangene simple Selbstversuch, daß Wasser oder wäßrige Flüssigkeiten zwar chemisch identisch, aber in ihrem Verhalten doch unterschiedlich sein können. Und dafür gibt es nur eine Erklärung: Unterschiedliche Information!

Damit läßt sich auch die Frage beantworten, ob Wasser Edelstein-Informationen aufnehmen kann: Dies ist ganz eindeutig der Fall, denn Wasser nimmt Information von allem auf, mit dem es in Berührung kommt.

Doch mit dieser Antwort stellen sich sofort viele neue Fragen:

- Ist jedes Wasser geeignet, Edelstein-Informationen aufzunehmen?
- Gibt es bzgl. der Aufnahmekapazität Unterschiede je nach Art des Wassers?
- Wie lange müssen Edelsteine im Wasser eingelegt sein, bis eine maximale »Informationssättigung« erreicht ist?
- Wie lange kann Wasser diese Informationen speichern und bewahren?
- Gibt es fördernde oder beeinträchtigende Faktoren bei der Herstellung von Edelsteinwasser?
- Gibt es Einflüsse, die aufgenommene Informationen wieder löschen oder zerstören?
- Gibt es Möglichkeiten, die aufgenommenen Informationen zu sichern oder zu konservieren?

Wasser kann Edelstein-Informationen aufnehmen!

Der Einfluß der Wasserqualität

In der Tat kann nicht jedes Wasser gleichermaßen Edelstein-Information aufnehmen und bewahren! Wie die im Anhang geschilderten Untersuchungen und Tests belegen, haben sich folgende Grundsätze gezeigt:

Wasser kann Edelstein-Informationen am besten aufnehmen,
- wenn es rein und unbelastet ist,
- wenn es wenig Mineralstoffe enthält,
- wenn es wenig Informationen gespeichert hat,
- wenn es neutral ist, also keine gegensätzlichen Informationen enthält.

Natürlich ist es in vielen Fällen besser, auch mit einem »weniger geeigneten« Ausgangswasser ein Edelsteinwasser herzustellen, als gar keine Möglichkeit dazu zu haben. Doch die Unterschiede in der Art, Intensität und Haltbarkeit sind mitunter gewaltig. Wenn wir also prinzipiell die Möglichkeit haben, ein gut informierbares Wasser zu beschaffen, sollten wir den Aufwand nicht scheuen. Es lohnt sich!

Reines Wasser

Reinheit und Freiheit von belastenden Substanzen ist die Grundvoraussetzung für jegliches Trinkwasser und natürlich auch für Edelsteinwasser. Schädliche Substanzen im Wasser können auch durch Edelstein-Informationen nicht unschädlich gemacht werden. Für schadstoffbelastetes Wasser ist eine Filterung unumgänglich!

Wasser sollte zum Ansetzen von Edelsteinwasser daher immer rein und unbelastet sein.

Reines, unbelastetes Wasser ist die Grundvoraussetzung!

Mineralstoffarmes Wasser

Wasser, in dem sehr viele Stoffe gelöst sind, ist auch mit Informationen »gesättigt«. Daher nimmt es Edelstein-Informationen nur schwer an und hält sie meist nicht lange. Ein starker »Informationsblocker« ist z. B. Kohlensäure!

Wasser sollte zum Ansetzen von Edelsteinwasser daher möglichst mineralarm und auf jeden Fall kohlensäurefrei sein.

Informationsfreies Wasser

Je weniger Informationen das Ausgangswasser enthält, desto mehr Edelstein-Informationen kann es aufnehmen; um so klarer kommen diese Informationen dann auch zur Wirkung. Daher ist Wasser, das mit sogenannten »Informations-Verfahren« aufbereitet wurde, oft nicht mehr oder nur eingeschränkt zum Ansetzen von Edelsteinwasser geeignet. Bei »Informations-Verfahren« wird das chemisch-physikalische Verhalten des Wassers (z. B. die Kalkablagerung) oder die biologische Verträglichkeit durch das gezielte Einbringen von Informationen (nach Angaben bestimmter Hersteller bis zu 9.999 Informationen!) verändert. Dadurch wird Wasser zur hoch informierten Substanz und verliert seine charakteristische Neutralität und Aufnahmefähigkeit.

Zum Ansetzen von Edelsteinwasser sollte Wasser daher möglichst »informationsfrei« sein. Das ist aufgrund der Natur des Wassers natürlich nie zu 100% möglich, aber je weniger, desto besser!

Mineralstoffreiches (z. B. stark kalkhaltiges Wasser) nimmt Edelstein-Informationen nur schwer an.

Informationsfreies und neutrales Wasser ist der Idealfall!

Neutrales Wasser

Selbst wenn nur wenige Informationen im Wasser vorhanden sind, können diese manchmal die Aufnahme von Edelstein-Informationen beeinträchtigen. Dies ist der Fall, wenn die Wasser-Information und die Edelstein-Information gegensätzlicher Natur sind. Ein Quellwasser z. B., das ruhig, nachdenklich und besinnlich macht, verträgt sich oft nicht mit einem Edelstein, der aktivierend und dynamisch den Tatendrang anregt. Die Informationen des Wassers und des Edelsteins stehen in einem Widerspruch – und führen damit zu einem Konflikt!

Typisches Kennzeichen eines solchen »Konflikts« sind unbeständige, schwankende Wirkungen. Während der Edelstein ins Wasser eingelegt ist, setzen sich (meistens) dessen Informationen durch. Nach der Herausnahme verlieren sie sich jedoch oftmals wieder. Dieser Prozeß verläuft in der Regel nicht kontinuierlich, sondern ist von Schwankungen gekennzeichnet, als würden die gegensätzlichen Informationen miteinander »ringen«.

In dem im Anhang vorgestellten radiästhetischen Edelsteinwasser-Test* zeigten sich solche Phänomene ansatzweise bei der »Bruder-Klaus-Quelle« in Oberkirch und der »Odilienquelle« im Elsaß.

Wenn wir z. B. bei einer Heilquelle wissen, wahrnehmen oder radiästhetisch messen, daß diese ganz bestimmte Informationen und Wirkungen besitzt, ist dieses Wasser nicht für jeden Edelstein geeignet! Informationen werden im Wasser nicht einfach wie Bilder in einem Archiv nebeneinander abgelegt, sondern beeinflussen sich gegenseitig. Gegensätze können (im übertragenen Sinne) zu »Konflikten« und »Kämpfen« führen.

Wasser sollte zum Ansetzen von Edelsteinwasser daher möglichst »neutral« sein und keine der Edelstein-Information entgegengesetzten Informationen enthalten.

Doch welches Wasser erfüllt diese vier Bedingungen und ist rein, mineralstoffarm, informationsfrei und neutral? Betrachten wir dazu einmal, was uns eigentlich zur Verfügung steht:

* »Radiästhesie« bedeutet »Strahlenwahrnehmung« (siehe auch die Fußnote Seite 39)

Quellwasser

Eine gute Trinkwasserquelle ist dann geeignet, Edelsteinwasser herzustellen, wenn sie nicht zu viele Mineralstoffe und Informationen enthält. Daher ist es bei Quellwasser gut, folgendes zu berücksichtigen:

Verträglichkeit

Erkundigen Sie sich (beim Landratsamt, Gesundheitsamt, der Gemeinde- oder Kurverwaltung), ob die Quelle gutes Wasser zum Trinken liefert. Das ist die Grundvoraussetzung! Quellen in Kalkgesteinen scheiden z. B. fast immer aus, da Kalkstein zu durchlässig ist und das Wasser nicht ausreichend filtert.

Mineralstoffgehalt

Erkundigen Sie sich dabei auch nach dem Mineralstoffgehalt der Quelle. Der sollte möglichst gering sein (möglichst wenig Stoffe in geringer Konzentration). Als Anhaltspunkt zur Orientierung kann der Gesamtinhalt der Mineralstoffe im Wasser dienen:

Eignung des Ausgangswassers zur Herstellung von Edelsteinwasser nach dem Gesamtinhalt der Mineralstoffe:

Sehr gut:	Mineralstoffgehalt unter 200 mg/l
Gut:	Mineralstoffgehalt unter 500 mg/l
Mäßig:	Mineralstoffgehalt unter 1000 mg/l
Schlecht:	Mineralstoffgehalt über 1000 mg/l

Daher scheiden leider auch viele Quellen in Kurbädern aus, die sehr hohe Mineralstoffkonzentrationen haben.

Informationsgehalt

Der Informationsgehalt des Ausgangswassers läßt sich am besten mit radiästhetischen Untersuchungen* ermitteln oder anhand der im Anhang dargestellten bildschaffenden Methoden beurteilen. Wenn Sie regelmäßig Edelsteinwasser herstellen

* »Radiästhesie« bedeutet »Strahlenwahrnehmung« (siehe auch die Fußnote Seite 39)

wollen, sind solche Untersuchungen anzuraten. Jede Methode hat hierbei ihre eigenen Beurteilungskriterien, daher ist es sinnvoll, eine Expertise von Fachleuten erstellen und erläutern zu lassen.

Die Fragestellung bei den bildschaffenden Methoden lautet: Wie lebendig, reaktionsfreudig und *wandlungsfähig* stellt sich das untersuchte Wasser dar? Je wandlungsfähiger das Wasser ist, desto besser läßt es sich auch durch Edelsteine informieren.

Die Fragestellung bei radiästhetischen Untersuchungen lautet: Welche Informationen sind im Wasser enthalten und wie groß ist die Kapazität des Wassers für weitere Informationen? Daran kann beurteilt werden, ob das Wasser überhaupt zur Informierung mit Edelsteinen geeignet ist. Die Radiästhesie kennt heute Methoden zur detaillierten Identifizierung Tausender Informationen.*

In beiden Fällen ist es natürlich am besten, das Ausgangswasser in der Untersuchung mit dem durch Edelsteine informierten Wasser zu vergleichen. Dadurch läßt sich die Eignung des Ausgangswassers zur Herstellung von Edelsteinwasser am besten beurteilen.

Wenn Sie eine Quelle mit reinem und unbelastetem, mineralstoffarmem und gut informierbarem Wasser gefunden haben, können Sie sich glücklich schätzen! Damit haben Sie Zugang zu hervorragendem Trinkwasser und dem optimalen Ausgangswasser zum Ansetzen von Edelsteinwasser.

Regenwasser

Regenwasser ist durch das Verdunsten und Kondensieren zunächst sehr rein und fast völlig frei von Mineralstoffen, nimmt dann jedoch aus der Atmosphäre viele Substanzen auf. Da wir Menschen die Atmosphäre weltweit vergiftet haben, besitzt Regenwasser in vielen Regionen nicht einmal mehr Trinkwasserqualität. Dort, wo es sehr viel regnet (tropischer Regenwald) ist es natürlich qualitativ besser, als in den gemäßigten Klimazonen der Industrienationen. Ebenso zeigen sich noch

* Adressen siehe Anhang

Regenwasser

immer Unterschiede im ländlichen oder städtischen Raum.

Interessanterweise ist Regenwasser auch bei stofflicher Belastung viel aufnahmefähiger für Informationen als viele Quell- oder Oberflächenwasser (Wasser aus Bächen, Seen usw.). Vielleicht liegt dies daran, daß Regen sehr »junges«, neu gebildetes Wasser darstellt, dessen Prägungen längst nicht so verfestigt sind wie die über lange Zeit ausgereiften Mineralwasser der Quellen.

Reines und unbelastetes Regenwasser (in zivilisationsfernen Gebieten oder tropischen Regenwäldern) ist ein hervorragendes Ausgangswasser zum Ansetzen von Edelsteinen. Dort, wo es jedoch verunreinigt ist (also praktisch überall in den Industrienationen), scheidet es als Edelsteinwasser für den menschlichen Gebrauch aus. Nicht jedoch für den Einsatz bei vielen Pflanzen und manchen Tieren, die ohnehin Regenwasser zu sich nehmen! Für diese können wir aus Regenwasser sehr wirkungsvolle Edelsteinwasser herstellen.

Flaschenwasser

Da viele Menschen zu Recht dem Wasser aus der Leitung nicht mehr trauen, wird immer mehr käufliches Trinkwasser aus Flaschen konsumiert. Ironischerweise sind die gesetzlichen Qualitätskriterien für Leitungswasser jedoch viel strenger als für Mineralwasser oder Tafelwasser! Das bedeutet, in Flaschen darf manches Wasser verkauft werden, das nicht aus der Leitung fließen dürfte! – Entsprechend sind die Qualitätsunterschiede beim Flaschenwasser riesengroß: Vom erstklassigen Heilwasser über neutrales Trinkwasser bis zu manch zweifelhaftem Tafelwasser gibt es alles.

Um ein für Edelsteinwasser taugliches Flaschenwasser zu finden, gelten daher folgende Grundregeln:

Flaschenwasser

Mineralstoffgehalt

Beachten Sie die Mineralstoffanalyse auf dem Etikett und verwenden Sie aus den bereits dargelegten Gründen nur möglichst mineralarmes Wasser ohne Kohlensäure (!). Zählen Sie die Analysewerte zusammen und vergleichen Sie das Ergebnis mit den Angaben im vorangegangenen Abschnitt »Quellwasser«. Die dort angegebenen Kriterien gelten natürlich auch für Flaschenwasser.

Material der Flaschen

Nehmen Sie grundsätzlich nur Wasser aus Glasflaschen. Kunststoffe belasten das Wasser durch die Abgabe von Weichmachern (Substanzen, die verhindern, daß die Flasche spröde und brüchig wird) und ruinieren die Fähigkeit des Wassers zur Aufnahme von Edelstein-Informationen.

Informationsgehalt

Wenn Sie ein bestimmtes Flaschenwasser regelmäßig als Edelsteinwasser ansetzen wollen oder wenn Sie dieses Wasser regelmäßig trinken, empfehlen wir Ihnen eine radiästhetische Untersuchung zu dessen Informationsgehalt. Eine solche Untersuchung lohnt sich bereits im Hinblick auf die eigene Gesundheit und gibt Aufschluß darüber, ob das betreffende Flaschenwasser zur Herstellung von Edelsteinwasser geeignet ist. Auch hier gelten die im vorangegangenen Abschnitt »Quellwasser« dargestellten Kriterien.

Mineralarmes Flaschenwasser aus Glasflaschen ist in der Regel auch zur Herstellung von Edelsteinwasser geeignet. Tiefenquellen vulkanischer Gesteine oder kompakter Sandsteine sind dabei durch ihre Filterwirkung meist besonders gut und häufig auch relativ neutral.

Leitungswasser

Nur wenige Städte und Regionen haben es so gut wie Wien, wo noch immer relativ reines Gebirgswasser aus den Leitungen fließt. Viel häufiger wird heute neben lokalem Grundwasser auch auf aufbereitetes Wasser aus Flüssen und Seen zurückgegriffen. Dieses wird zwar auf die wichtigsten Substanzen untersucht – aber eben nur auf die wichtigsten! Es ist technisch und finanziell nicht durchführbar, alle bekannten chemischen Substanzen (über 26 Millionen!) ständig im Trinkwasser zu kontrollieren. Der Aufwand wäre viel zu teuer.

Was also tatsächlich aus unseren Wasserleitungen fließt, ist reine Lotterie. Ob das Wasser tatsächlich sauber ist oder Medikamenten- und Hormonrückstände enthält, wissen wir nicht. Auch tun alte Leitungen im Gebäude oft ein übriges, unser Leitungswasser mit unerwünschten Stoffen anzureichern.

Es lohnt sich daher auf jeden Fall, das eigene Leitungswasser, das zum Trinken und Kochen verwendet wird, untersuchen zu lassen (Adressen siehe Anhang)! Denn selbst wenn das Wasserwerk gutes Wasser liefert, ist nicht sicher, daß diese Qualität auch unseren Wasserhahn erreicht.

Zur Herstellung von Edelsteinwasser ist Leitungswasser nur in den seltensten Fällen geeignet. Allein die Tatsache, daß es in den Leitungen lange Zeit unter Druck steht, beeinträchtigt seine Aufnahmefähigkeit für Informationen. Um Leitungswasser zum Ansetzen mit Edelsteinen zu verwenden, sollte es auf jeden Fall gefiltert und am besten intensiv verwirbelt werden (siehe auch den folgenden Abschnitt dieses Kapitels).*

* siehe auch: Josef Zerluth/Michael Gienger, »Gutes Wasser«, Neue Erde, Saarbrücken 2004

Behandeltes Trinkwasser

Durch bestimmte Behandlungen läßt sich die Qualität unseres Trink- und Leitungswassers entscheidend verbessern, so daß dieses auch zur Herstellung von Edelsteinwasser verwendbar wird (und natürlich unserer Gesundheit gut tut). Diese Behandlungen sind technische Verfahren, deren Vorbilder der Natur selbst abgeschaut wurden.

Die Natur reguliert die Wasserqualität in vier verschiedenen Vorgängen:

1. Wasser wird im Gestein gefiltert.
2. Wasser verdunstet und kondensiert in der Luft.
3. Wasser wird beim Fließen verwirbelt.
4. Wasser nimmt überall Informationen auf.

Diesen Vorgängen und den daraus resultierenden Wasserbehandlungen werden wir im folgenden etwas auf den Grund gehen:

Filtern

Wasser wird in der Natur gefiltert und von vielen aufgenommenen Substanzen gereinigt, indem es langsam poröse Gesteine durchsickert. Dieses allmähliche Durchdringen der Gesteinsschichten kann Jahre bis Jahrhunderte dauern – je nach Art des Gesteins und der Mächtigkeit der filternden Schicht. Vor allem Vulkangesteine oder kompakte Sandsteine stellen solche gigantischen geologischen Filtersysteme dar.

Die »geologische Filtration« reinigt Wasser von vielen Schadstoffen und Begleitsubstanzen. Wasser wird dadurch bis auf wenige gelöste Mineralstoffe »mechanisch gereinigt«.

Filtration im Gestein

Aktivkohle-Preßfilter

Aktivkohle-Filter

Technisch wird dieser Prozeß durch Filter nachgeahmt, in denen Wasser ebenfalls poröse Substanzen durchströmt. Einen sehr gründlichen Reinigungserfolg haben z. B. Aktivkohle-Preßfilter (in der Abbildung mit der durchgeschnittenen Filterpatrone dargestellt).

Aktivkohle besteht überwiegend aus Kohlenstoff (meist mehr als 90%) mit stark poröser Struktur. Die innere Oberfläche beträgt zwischen 500 und 2000 m^2 pro Gramm. Strömt Wasser durch eine *kompakte* Aktivkohleschicht hindurch, wird es ähnlich wie in den Gesteinsporen gereinigt. Die Schicht muß dabei aber wirklich kompakt sein (»Preßfilter« oder »Monoblockfilter«).

Sogenannte »Aktivkohle-Schüttfilter« mit Aktivkohle-Granulat sind zur Trinkwasserreinigung nicht geeignet! Hier wird das Wasser einerseits kaum gereinigt, da es rasch zwischen den Granulat-Körnern hindurchrinnt, statt durch die Poren zu strömen. Und andererseits gibt das Aktivkohle-Granulat bestimmte Substanzen verstärkt wieder ab, wenn es mit diesen gesättigt wird. Der Preßfilter verliert bei zunehmender Sättigung nur seine Filterleistung – der Schüttfilter gibt dann jedoch schlechteres Wasser ab, als er aufnimmt. Dieses Risiko sollte man nicht eingehen!

Aktivkohle-Preßfilter halten (je nach Fabrikat) 90% bis 99% der meisten Fremdstoffe im Wasser zurück. Die besten Rückhaltewerte haben die Filter der Fa. Carbonit, die bis zu 99,9% großer organischer Moleküle (Pestizide, Medikamente, Hormone) und Mikroorganismen, 99% aggressiver chemischer Elemente (z. B. Chlor) und über 90% der Schwermetalle ausfiltern.

Umkehr-Osmose

Eine vergleichbare Reinigung geschieht bei der »Umkehr-Osmose«. Die »Osmose« ist ein Vorgang, der sich in der Natur an jeder Zellmembran abspielt: Hat eine Zelle in sich mehr gelöste Substanzen als das Umfeld, strömt Wasser durch die Membran hinein, um einen Lösungsausgleich zu schaffen. Befinden sich dagegen im Umfeld mehr gelöste Substanzen, als in der Zelle, strömt Wasser durch die Zellmembran hinaus.

Bei der »Umkehr-Osmose« wird dieser Vorgang umgekehrt. Durch den Leitungsdruck (oder zusätzlichen Druck) strömt reines Wasser durch eine Membran, während die darin gelösten Substanzen zurückgehalten werden. Sind die Poren der Membran klein genug, daß nur Wasser hindurchströmen kann, werden selbst Schwermetalle, Hormone und Medikamentenrückstände zurückgehalten. Das so entstehende Konzentrat wird ins Abwasser gespült, während das gereinigte Wasser genutzt werden kann.

Die Umkehr-Osmose reinigt Trinkwasser sehr gründlich. Schwebstoffe (z. B. Asbest), Keime (Algen, Bakterien, Viren) und große organische Moleküle (Giftstoffe, Medikamente, Hormone) werden praktisch vollständig sowie Schwermetalle und viele Salze bis zu 99% zurückgehalten.

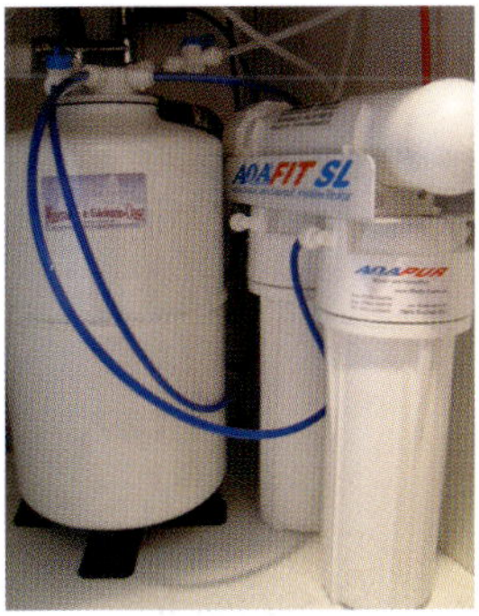

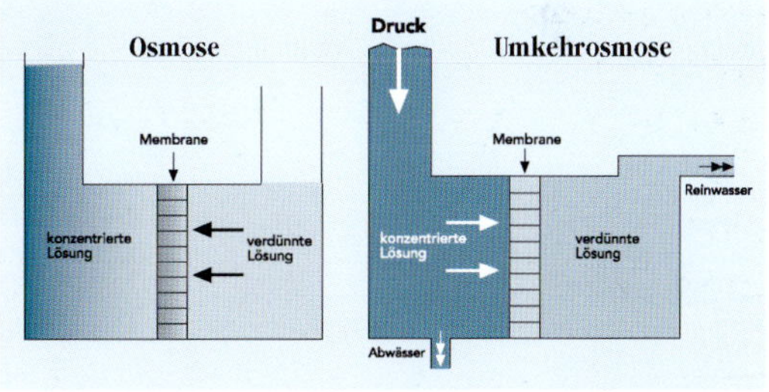

Oben: Schema der Osmose und Umkehr-Osmose
Links: Umkehrosmose-Anlage

Durch Aktivkohle-Preßfilter oder Umkehr-Osmose* gereinigtes Wasser ist aufnahmefähiger für Edelstein-Informationen als das übliche Leitungswasser und hält die aufgenommenen Informationen länger.*

Aktivkohle-Preßfilter oder Umkehrosmose-Anlagen sind daher zur Trinkwasserreinigung sehr zu empfehlen. Beim Edelsteinwasser führt das gereinigte Wasser auf jeden Fall zu einer Qualitätsverbesserung.

Verdampfen, Verdunsten & Kondensieren

Da Wasser beim Verdampfen bis zur Siedetemperatur (ca. 100° C) erhitzt werden muß, kommt dieser Vorgang in der Natur fast nur in vulkanischen Prozessen vor (heiße Quellen, Geysire usw.). Weitaus größere Wassermengen verdunsten täglich, d. h. sie gehen unterhalb des Siedepunkts ganz allmählich in den gasförmigen Zustand über. Je wärmer die Luft dabei ist, desto größere Wassermengen kann sie aufnehmen. Durch Abkühlen kondensiert (lat. »verdichtet sich«) das verdunstete Wasser wieder und bildet feine Tröpfchen. Diese erscheinen als Nebel oder Wolken in der Luft und fallen schließlich als Regen nieder.

Das Verdampfen/Verdunsten und Kondensieren ist ein wichtiger »atmosphärischer Reinigungsprozeß«. Auf diese Weise wird Wasser »chemisch rein« und sehr aufnahmefähig für neue Substanzen und Informationen.

Verdampfen, Verdunsten, Kondensation

* mehr dazu bei: Josef Zerluth/Michael Gienger, »Gutes Wasser«, Neue Erde, Saarbrücken 2004

Destillation

Mit der Destillation (lat. »destillatio« = »Herabträufeln«) ahmen wir den »atmosphärischen Reinigungsprozeß« des Wassers nach. Wasser wird erhitzt, verdampft und kondensiert als »destilliertes Wasser« wieder.

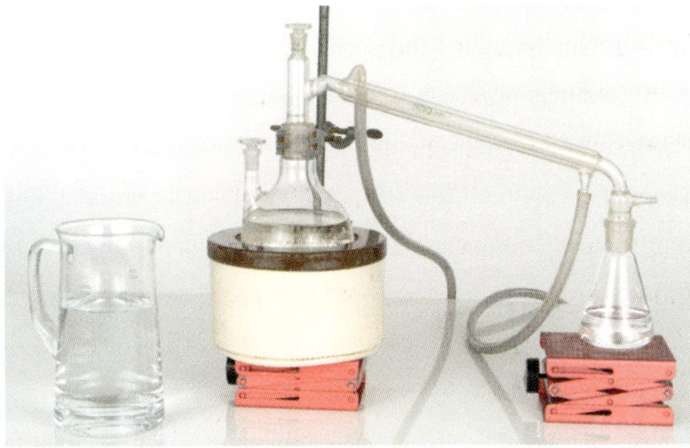

Destillations-Apparatur

Das so gewonnene destillierte Wasser ist (vor allem nach wiederholten Destillationsvorgängen) praktisch »chemisch rein« und ebenfalls sehr aufnahmefähig für Edelstein-Informationen.

Destilliertes Wasser ist jedoch in seiner Herstellung sehr energieintensiv und daher teuer. Käufliches destilliertes Wasser wird darüberhinaus meist in Kunststoffbehältern angeboten und ist dadurch bereits mit Weichmachern und Kunststoff-Informationen belastet. Aus praktischen und ökologischen Erwägungen sollte daher auf destilliertes Wasser zur Edelsteinwasser-Herstellung verzichtet werden.

Verwirbelung

Verwirbeln

Auf der Erdoberfläche wird Wasser immer wieder intensiv verwirbelt: In Bächen, Wasserfällen, Flüssen oder im brandenden Meer bilden sich durch Wellen und Strömungen ständig Wirbel, die das Wasser enorm beschleunigen und in seiner inneren Struktur »auflockern«. Wassermoleküle bilden komplexe Strukturen (»Cluster« genannt), die Anteil an der Informationsspeicherung im Wasser haben. Durch Verwirbelung werden diese Cluster teilweise aufgelöst oder verkleinert. Dadurch werden auch Informationen im Wasser immer wieder gelöscht.

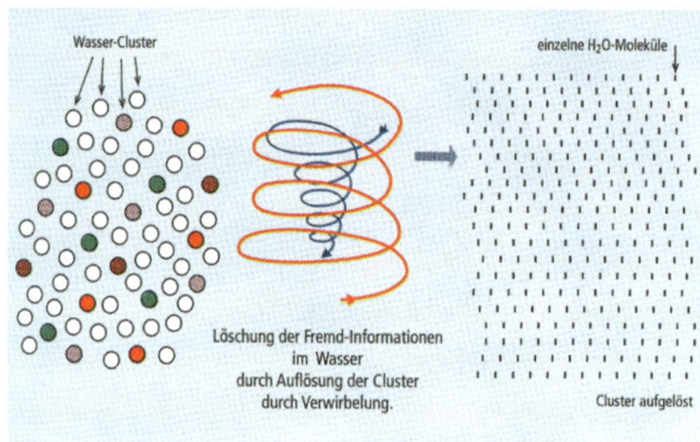

Verwirbelung löscht Informationen im Wasser

Verwirbelung ist daher ein wichtiger »physikalischer Reinigungsprozeß« des Wassers. Durch die Auflösung der Cluster (»Wasserstrukturen«) in der Verwirbelung werden bestehende Informationen gelöscht und das Wasser wird aufnahmefähig für neue Informationen.

Verwirbelungsgeräte

Um diesen Prozeß zur Trinkwasserverbesserung zu nutzen, werden heute viele Verwirbelungsgeräte zur Montage am Wasserhahn oder als Tischgeräte angeboten. Wie tiefgreifend dabei die Informationslöschung ist, hängt direkt mit der Intensität der Verwirbelung zusammen. Verwirbler am Wasserhahn sind dabei mitunter intensiver als mancher Apparat auf Haushaltsgeräte-Basis.

Verschiedene Verwirbler am Wasserhahn

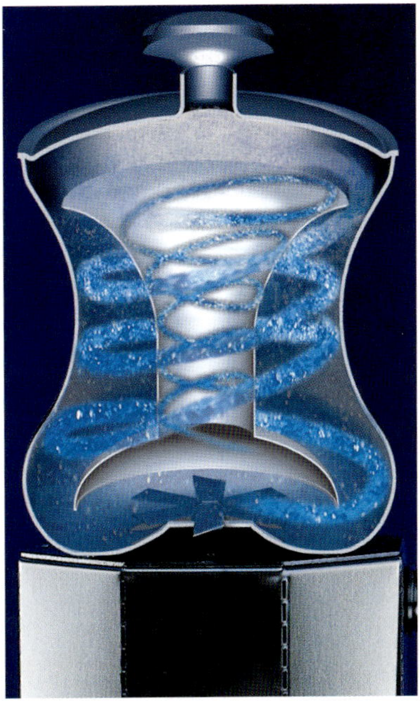

Verwirbelung bei der Ultra-Kolloidation

Die mit Abstand intensivste Verwirbelung bietet jedoch ein Verfahren, das »Ultra-Kolloidation« (engl. »colloidal« = »fein verteilt«) oder »Levitation« (lat. »levitas« = »Leichtigkeit«) genannt wird. Dabei wird Wasser in speziell geformten Behältnissen fast auf Schallgeschwindigkeit beschleunigt und in gegenläufigen auf- und absteigenden Spiralbewegungen verwirbelt.

Dieses Verfahren ist so intensiv, daß von einer sehr tiefgreifenden, fast vollständigen Informationslöschung gesprochen werden kann. Das dabei entstehende »ultra-kolloidale Wasser« ist ausgesprochen aufnahmefähig für Informationen und sollte daher gleich nach Abschluß der Verwirbelung dem Gerät entnommen und in neutralen Glasgefäßen aufbewahrt werden.

Das intensiv verwirbelte ultra-kolloidale bzw. levitierte Wasser ist fast »informationsfrei« und daher extrem aufnahmefähig für Edelstein-Informationen.

Ultrakolloidations-Gerät

Diese intensive Verwirbelung kann mit Ultrakolloidations-Haushaltsgeräten selbst durchgeführt werden.* Ansonsten kann Wasser dieser Art als »levitiertes Wasser« im speziellen Fachhandel erworben werden. Da »ultra-kolloidales« bzw. »levitiertes« Wasser alle Informationen

* mehr dazu bei: Josef Zerluth/Michael Gienger, »Gutes Wasser«, Neue Erde, Saarbrücken 2004

reichhaltig und gerne aufnimmt, ist es als ein »Frische-Produkt« von begrenzter Haltbarkeit zu betrachten. In gutem Violettglas und an guten, möglichst strahlungsfreien Lagerorten kann es jedoch über längere Zeit (Wochen bis Monate) ohne große qualitative Einbußen aufbewahrt werden.

Direkt nach der Verwirbelung ist die Aufnahmekapazität des »ultra-kolloidalen« bzw. »levitierten« Wassers am größten. Setzen wir das Edelsteinwasser in den ersten 10 bis 20 Minuten nach der Verwirbelung an, wird es sehr intensiv.

Information im Wasser

Informieren

Auch in der Natur wechselt die Verwirbelung immer wieder mit Phasen ruhigen Fließens oder Stehens ab, in denen das Wasser neue Informationen aufnimmt. In diesen Phasen führt jeder Kontakt mit anderen Informationen, Kräften, Substanzen und Lebewesen zu einer Veränderung des Wassers.

Durch Informationsaufnahme erhält Wasser seine unendlich vielen verschiedenen Qualitäten, die jeden Wassertropfen, jede Schneeflocke und jeden Eiskristall einzigartig machen.

Hier wird erneut deutlich, daß es »das Wasser« im Sinne einer einheitlichen, überall identischen Flüssigkeit gar nicht gibt. Wasser ist nicht gleich Wasser,

Im Eis wird die Einzigartigkeit des Wassers sichtbar.

daher hatte Heraklit absolut recht, als er sagte: »Man kann nie zweimal in denselben Fluß steigen!«*

Edelstein-Wasser

An dieser Stelle kommen wir nun zum »Edelstein-Wasser«, das – wie gesagt – durch die Informierung aufnahmefähigen Ausgangswassers entsteht.

Die Herstellung von Edelstein-Wasser ist also ein Informationsvorgang – nicht mehr und nicht weniger!

Ausströmende Edelsteininformation im Wasser (fotografisch eingefangen von Ruth Kübler).

Edelsteinwasser kann also keine mechanische Reinigung wie das Filtern (in der Natur oder Technik) ersetzen. Ebensowenig bietet Edelsteinwasser eine chemische Reinigung wie bei der Destillation oder eine physikalische Reinigung und Informationslöschung wie bei der Verwirbelung.

Leider wird heute vielfach behauptet, daß der Zusatz von Edelsteinen zum Trinkwasser die mechanische, chemische und physikalische Reinigung ersetzt. Diese Aussagen sind falsch! Und sie können möglicherweise zu Schaden führen, wenn man belastetes Wasser nur mit Edelsteinen behandelt, statt es sachgerecht zu reinigen!

Im Wasser vorhandene Informationen können durch Edelstein-Informationen überlagert und dadurch auch ganz oder teilweise verdrängt werden. Doch wie die

* Heraklit, griechischer Philosoph aus Ephesos (um 550 - 480 v. Chr.)

Tests im Anhang zeigen, kehren diese Informationen häufig wieder, wenn der Stein aus dem Wasser herausgenommen wird. Wogegen die Edelstein-Informationen möglicherweise wieder schwinden, wenn die ursprüngliche Information noch stark im Wasser verankert ist.

Edelsteine bewirken zwar keine stoffliche Reinigung des Wassers, sie können jedoch andere Informationen im Wasser überlagern, verdrängen und auch löschen. Außerdem können Edelsteine durch ihre Informationen die Neuaufnahme unerwünschter Fremdinformationen im Wasser verhindern, verzögern oder zumindest abschwächen.

Edelsteine bieten also einen gewissen »Informationsschutz«. Und der kann sehr wertvoll sein! Wird Wasser z. B. durch einen Aktivkohlefilter gereinigt, nimmt es oft reichlich »Filterinformationen« auf. Diese können sich unter Umständen schwächend auf unseren Organismus auswirken.

Legen wir nun *nach* der Filterung Edelsteine ins Wasser, können deren Informationen die »Filterinformationen« möglicherweise überlagern oder verdrängen (je nach Art des Steins und Dauer des Ansetzens). Doch dieser Prozeß braucht Zeit und greift womöglich nicht vollständig durch, d. h. ein Teil der Filterinformationen bleibt bestehen und damit auch wirksam. Es gibt aber eine noch bessere Alternative:

Legen wir Edelsteine (wie z. B. Amethyst) *vor* der Filterung ins Wasser, verhindert oder schwächt die Edelsteininformation die Neuaufnahme unerwünschter Filterinformationen. Das gefilterte Wasser ist dadurch besser verträglich. Am allerbesten ist dieser Effekt natürlich, wenn wir bestimmte Edelsteine vor und nach der Filterung ins Wasser geben!*

* Um Edelsteine vor den Wasserfilter zu bringen, bieten verschiedene Wasserfirmen heute bereits edelsteingefüllte »Patronen« an, die in die Wasserleitung eingebaut oder an den Wasserhahn geschraubt werden. ***Auswechselbare Systeme sind dabei auf jeden Fall zu bevorzugen, damit die Steine wahlweise ausgetauscht oder weggelassen sowie regelmäßig energetisch gereinigt werden können.***

Bewährt hat sich z. B. die Kombination von Amethyst und Bergkristall. Wenn wir Amethyst vor dem Filtern ins Wasser geben, nimmt dieses deutlich weniger »Filterinformationen« auf. Geben wir dann nach der Filterung Bergkristall hinzu, bringt dieser so viel Klarheit und Energie, daß sich das gereinigte Wasser mit sehr guten Quellwassern messen kann!

Filterkombination mit Edelsteinen: Links Wasserpatrone mit Amethyst zur Informierung des Wassers vor der Filterung, Mitte Aktivkohle-Preßfilter zur Reinigung des Wassers, rechts Bergkristall zur Energetisierung des Wassers nach der Filterung.

Bei einem Test im März 2006 erhöhten sich die »Bovis-Einheiten« eines minderwertigen Leitungswassers auf diese Weise von 3.500 auf über 10.000 Einheiten. Zugleich wurde das Wasser durch den Filter stofflich gereinigt. »Bovis-Einheiten« sind ein radiästhetisches Maß für lebensfördernde Energie (siehe auch Seite 178). Ab 6.000 Einheiten liegt ein der Gesundheit zuträgliches Energieniveau vor, 10.000 Einheiten oder mehr finden sich bei energetisch kräftigen Heilquellen.*

Die richtige Reihenfolge

Möchten wir nun die verschiedenen Verfahren zur Verbesserung der Wasserqualität (Filtern, Verwirbeln, Informieren) optimal kombinieren, sollten wir die richtige Reihenfolge beachten. Auch hier ist die Natur das beste Vorbild, denn die verschiedenen natürlichen Vorgänge, die in der technischen Wasserbehandlung nachgeahmt werden, treten in der Natur in einer bestimmten Abfolge auf:

* Radiästhetische Messung durch die Fa. Freiraum in der Edelstein- und Wasseroase in Wildberg-Gültlingen. Adressen siehe Anhang.

Wasser wird in der Atmosphäre chemisch gereinigt und im Gestein gefiltert. Durch den Quellaustritt oder Niederschlag wird es zum Oberflächenwasser. Auf seinem Weg zum Meer wird es zunächst in Wasserfällen und schnell fließenden Bächen intensiv verwirbelt und dabei physikalisch gereinigt und von Informationen befreit. In Seen oder langsam strömenden Gewässern tritt anschließend die Informationsaufnahme in den Vordergrund.

Reinigung in der Atmosphäre – Filtern im Gestein – Verwirbelung im Bach – Informierung im ruhigen Gewässer

Natürlich ist diese Beschreibung vereinfacht, denn die verschiedenen Schritte erfolgen in der Natur wieder und wieder, so daß ständig Wasser aus Quellen, Bächen und Regenfällen in Flüssen, Seen und im Meer zusammenströmt – doch die Schwerpunkte zeigen sich in dieser Abfolge: chemische Reinigung (Verdunsten/Kondensieren) – mechanische Reinigung (Filtern) – physikalische Reinigung (Verwirbeln) – neue Informationsaufnahme.

Für die Wasserbehandlung in eigener Regie ist diese Abfolge ebenfalls sinnvoll und wirkungsvoll. Wenn Sie Wasser zuerst informieren (z. B. mit Edelsteinen) und anschließend intensiv verwirbeln, sind die aufgenommenen Informationen wieder gelöscht. Ebenso ist es sinnlos, Wasser zuerst zu verwirbeln (z. B. durch Ultra-Kolloidation) und anschließend zu filtern. Zum einen werden viele Teilchen in der Verwirbelung kleiner und schlüpfen umso leichter durch den Filter – zum anderen nimmt das informationsbefreite verwirbelte Wasser nun herzhaft Filter-Informationen auf.

Für die Wasserbehandlung in eigener Regie ist daher diese Abfolge zu empfehlen:

1. Vor-Informierung (Edelsteine als Informationschutz).
2. Filterung (Aktivkohle-Preßfilter oder Umkehr-Osmose).
3. Verwirbelung (Ultra-Kolloidation oder Levitation).
4. Abschließende Neu-Informierung (Edelstein-Wasser).

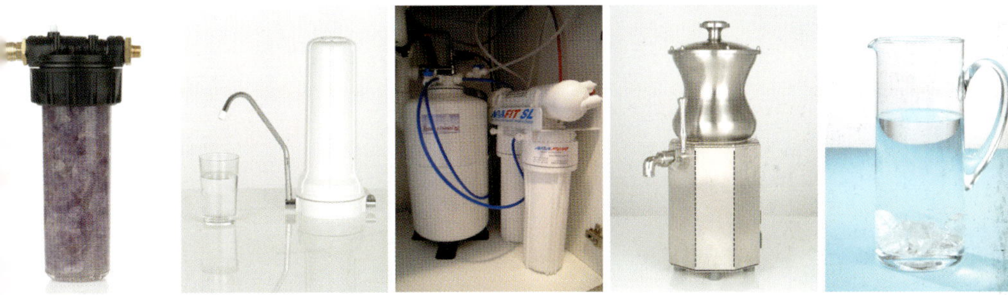

Edelsteinpatrone als Vor-Informierung – Filtern / Umkehr-Osmose – Ultra-Kolloidation – Neu-Informierung mit Edelsteinen

Die Destillation wurde in dieser Abfolge bewußt nicht berücksichtigt, da sie sich bei einer Reinigung mit Aktivkohle-Preßfiltern oder Umkehr-Osmose erübrigt. Sie ist außerdem auch zu aufwendig und durch den hohen Energieverbrauch ökologisch nicht sinnvoll.

Eine Neu-Informierung mit Edelsteinen ist bei der Trinkwasser-Behandlung auf jeden Fall anzuraten. Wird sie direkt nach der Filterung eingesetzt, dient sie dem Ausgleich der Filter-Informationen. Hierzu empfehlen sich Amethyst und Bergkristall oder je nach gewünschter Wirkung eine Steinsorte oder Edelstein-Kombination eigener Wahl.*

Wird die Neu-Informierung mit Edelsteinen nach der Verwirbelung eingesetzt, dient sie wiederum dem »Informationsschutz«. Gerade stark verwirbeltes Wasser (Ultra-Kolloidation oder Levitation) ist sehr aufnahmefähig für neue Informationen.

* Mehr dazu in den Kapiteln »Anwendungen von Edelsteinwasser« und »Wirkungen von Edelsteinwasser«.

Wollen wir eine unkontrollierte Informierung mit »irgendwelchen« Informationen vermeiden, bietet sich vor allem Bergkristall an, um die Informationsaufnahme des gereinigten und verwirbelten Wassers bewußt zu lenken. Bergkristall bewahrt die Neutralität des verwirbelten Wassers und »verschließt« es dennoch nicht völlig für neue Informationen. Er stabilisiert jedoch die natürlichen Eigenschaften des Wassers, so daß dieses nicht übermäßig unerwünschte Informationen aufnimmt.

Die Neu-Informierung mit Edelsteinen ist also eine gelungene Abrundung des Wasserbehandlungs-Vorgangs und führt zu frischem, lebendigem Trinkwasser oder zum gewünschten Heilmittel.

Die Wasserqualität als Voraussetzung für Edelsteinwasser

Zusammenfassend lassen sich für die Wasserqualität des Ausgangswassers bei der Herstellung von Edelsteinwasser also folgende Kriterien feststellen:

Grundkriterien:

- Reines und unbelastetes Wasser.
- Möglichst mineralstoffarmes Wasser ohne Kohlensäure.
- Möglichst informationsfreies Wasser.
- Möglichst neutrales Wasser (keine der Edelstein-Information entgegengesetzten Informationen im Wasser).

Es lohnt sich, das Wasser im Zweifelsfall untersuchen zu lassen, um diese vier Bedingungen zu klären (Adressen im Anhang).

Herkunft des Ausgangswassers:

- Quellwasser: ideal, wenn die o.g. Grundkriterien gegeben sind.
- Regenwasser: ideal, wenn rein und unbelastet, sonst für Pflanzen und manche Tiere geeignet.
- Flaschenwasser: gut geeignet, wenn mineralstoffarm, ohne Kohlensäure und in Glasflaschen gelagert!
- Leitungswasser: nur geeignet, wenn wie beim Quellwasser die o. g. vier Grundkriterien gegeben sind. Um diese Kriterien zu erfüllen, muß heutzutage nahezu jedes Leitungswasser behandelt werden.

Trinkwasserbehandlung:

- Vor-Informierung mit Edelsteinen als Informationsschutz in den weiteren Behandlungsschritten.
- Filterung (Aktivkohle-Preßfilter oder Umkehr-Osmose) zur mechanischen und chemischen Reinigung.
- Verwirbelung (Ultra-Kolloidation oder Levitation) zur physikalischen Regenerierung und Informationslöschung.
- Neu-Informierung mit Edelsteinen als Ausgleich der »Filter-Informationen« oder als »Informationsschutz« für das sehr aufnahmefähige verwirbelte Wasser.

Herstellung von Edelsteinwasser

Die Grundkriterien zur Herstellung von Edelsteinwasser lassen sich auf vier elementare Faktoren reduzieren:

- der richtige Stein
- gutes Wasser
- das passende Herstellungsverfahren
- sorgfältige Durchführung

Über die Voraussetzungen in der Edelstein- und Wasserqualität wurde bereits in den vorangegangenen Kapiteln berichtet. Dieses Kapitel wird sich nun den verschiedenen Herstellungsverfahren widmen. Doch unabhängig davon, welches Verfahren wir wählen, beginnen alle stets mit demselben Schritt: der Auswahl der geeigneten »Wassersteine« oder des richtigen Heilsteins.

Die Wahl des richtigen Steins

Ob wir Edelsteinwasser als Trinkwasser oder als Heilmittel ansetzen, in beiden Fällen ist es wichtig, die »richtigen« Steine zu verwenden. Doch welche Steine sind für uns nun die »richtigen«? Im Grunde ganz einfach: Sie sollten dem Ziel dienen, das wir uns wünschen! Ob das ein gutes Trinkwasser, allgemeine Vitalität, Fitneß, Regeneration oder die Genesung von ganz bestimmten Erkrankungen ist – je genauer wir wissen, was wir wollen, desto besser!

Vier Wege

Unter dieser Voraussetzung stehen uns in der Steinheilkunde vier Wege zum Ermitteln des »richtigen« Steins offen:

Der empirische Weg: Steine, mit denen Sie selbst positive Erfahrungen gemacht haben, stehen natürlich an erster Stelle. Doch darüber hinaus können Sie auch die Erfahrungen anderer nutzen. Die gesamte Steinheilkunde-Literatur birgt inzwischen einen immensen Erfahrungsschatz. Bitte schlagen Sie jedoch nicht nur oberflächlich in den Sachwortregistern der Bücher nach, sondern studieren Sie die Wirkungsbeschreibungen der Steine genau, ob diese wirklich zu Ihnen passen.

Der intuitive Weg: »Richtig« ist für uns immer auch der Stein, der uns anspricht, uns aufmunternd und wohltuend erscheint und sich angenehm anfühlt. Da wir vieles unbewußt viel schneller erfassen als mit dem Verstand, bieten sich zwei Möglichkeiten zur Auswahl des passenden Steines für das Edelsteinwasser an:

- Schauen Sie, welcher Stein Ihnen spontan auffällt. Der Stein, der den Blick unwillkürlich auf sich lenkt, ist oft ein sehr guter Wasserstein für die seelische Balance. Und das unabhängig davon, ob er Ihnen gefällt oder nicht! Auch Mißfallen und Abneigung sind Anzeichen einer Resonanz, und gerade diese Steine können wirkungsvolle Heilsteine sein.

- Erfühlen Sie Ihren Stein mit der Hand bei geschlossenen Augen. Der Stein, der auf diese Weise eine spürbare Empfindung auslöst oder bei dem ihre Hand unwillkürlich zugreifen möchte, vermittelt im Edelsteinwasser ebenfalls hilfreiche Wirkungen.

Der energetische Weg: Wenn Sie mit energetischen Testverfahren wie der Einhandrute, dem Pendel, Biofeedback-Geräten usw. vertraut sind, können Sie diese Instrumente nutzen, um den richtigen Heilstein für das Edelsteinwasser auszuwählen. Mehr dazu finden Sie in dem Buch »Die Individuelle Therapie«.*

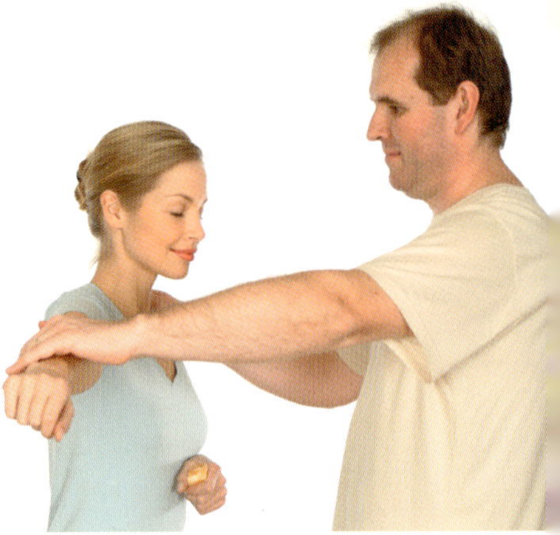

Energetische Tests: Auswahl des passenden Heilsteins mit dem kinesiologischen Armtest.

Der analytische Weg: Die Analytische Steinheilkunde ist ein systematischer Weg, *den einen* Heilstein zu finden, der einem ganz bestimmten Menschen in einer ganz bestimmten Situation und bei ganz bestimmten Beschwerden optimal hilft. Dazu ist die Kenntnis jener Grundlagen zur Entstehung, Struktur, Substanz und Farbe der Steine notwendig, wie sie in dem Buch »Die Steinheilkunde«** beschrieben sind. Wenn Sie sich mit diesen Grundlagen vertraut machen, eröffnet sich ein tieferes Verständnis für die Wirkung der Heilsteine und die Wahl des individuell passenden Steins.

* Rainer Strebel/Michael Gienger, »Die Individuelle Therapie«, AT-Verlag Baden (CH) 2005
** Michael Gienger, »Die Steinheilkunde«, Neue Erde, Saarbrücken 1995

Kleiner Tip!

Am besten kombinieren Sie die verschiedenen Möglichkeiten bei der Auswahl des passenden Steins: Schlagen Sie die Wirkungen eines intuitiv gewählten Steins auch in der Literatur nach – oder achten Sie darauf, ob der aus der Literatur gewählte Stein auch gefühlsmäßig »stimmt«. Trauen Sie Ihrer eigenen Erfahrung, und wenn Sie auch energetische Tests beherrschen, umso besser!

Im Zweifelsfall fragen Sie Fachleute um Rat. Bei körperlichen Erkrankungen oder starken seelischen Beschwerden sollten Sie Edelsteinwasser grundsätzlich nur nach Absprache mit den behandelnden ÄrztInnen, HeilpraktikerInnen oder TherapeutInnen einsetzen.

Die Anzahl der Edelsteine

Wie viele Steine werden zum Ansetzen von Edelsteinwasser benötigt? Diese häufig gestellte Frage ist nicht einfach zu beantworten, da hier mehrere Faktoren eine Rolle spielen:

Die gewünschte Intensität

Wollen Sie ein sanft oder intensiv wirkendes Edelsteinwasser? Diese Frage sollten Sie im Hinblick auf Ihre eigene Konstitution beantworten: Sind Sie eher robuster Natur, darf auch das Edelsteinwasser etwas stärker sein. Sind Sie dagegen sehr empfindsam, sollten Sie ein »sanfteres« Wasser ansetzen. Bitte variieren Sie die Mengenangaben in der später folgenden Tabelle daher entsprechend: Die Intensität des Edelsteinwassers steigt tatsächlich mit der Menge der Steine im Wasser!

Ein weit verbreiteter Irrtum lautet: »Viel hilft viel.« Das ist falsch, denn die »richtige Dosis« hilft am besten. Und diese Dosis kann auch ganz niedrig sein. Beginnen Sie daher im Zweifelsfall besser mit Edelsteinwassern geringerer Intensität. Wenn die Wirkung ausbleibt oder zu schwach ist, können Sie die Intensität immer noch steigern.

Die Steinsorte

Die Steinsorte ist das wichtigste Kriterium: Bei intensiv wirkenden Heilsteinen wie z. B. Diamant genügen schon ein bis drei kleine Rohsteine mit 3 bis 4 mm Durchmesser pro Liter Wasser. Auch bei Peridot genügen drei bis fünf fingernagelgroße

Die notwendigen Mengen können je nach Steinsorte sehr unterschiedlich sein.

Roh- oder Trommelsteine pro Liter. Beim vergleichsweise sanft wirkenden Amethyst können Sie dagegen eine ganze Handvoll Steine ins Wasser geben, und bei Bergkristall gibt es theoretisch keine Mengenbegrenzung.

Die Qualität der Steine

Ein weiterer Faktor ist die Qualität der Steine: Ein dunkelgrüner Aventurin z. B. ist um ein Vielfaches intensiver als ein hellgrüner. Daher genügen in ersterem Fall drei oder vier Trommelsteine – in letzterem Fall darf es dagegen wiederum eine Handvoll sein.

Qualität = Intensität: Bei Aventurin wirken dunkelgrüne Steine stärker als hellgrüne.

Das Herstellungsverfahren

Das Herstellungsverfahren ist das dritte Kriterium für die Anzahl bzw. Menge der Steine:

- Wassergläser auf Edelsteinplatten, direkt ins Wasser gelegte Steine oder Wasser in Edelsteinschalen sind die sanftesten Verfahren. Hier können die Steine entsprechend am »höchsten dosiert« werden.
- Die Wasserdampf- oder die Kochmethode sind bereits deutlich intensiver und bedürfen durchschnittlich nur der halben Menge an Steinen.
- Am intensivsten ist jedoch das Einleiten über Kristalle. Hier wird meist nur ein Stein benötigt, fast unabhängig von der Größe oder Qualität. Die Intensität des Edelsteinwassers bestimmen hier die verwendeten einleitenden Kristalle durch ihre Reinheit, Klarheit und Größe.

Das Einleiten mit Kristallen ist die intensivste Herstellungsmethode

Größe, Art und Verarbeitung

Größe, Art und Verarbeitung beeinflussen ebenfalls die Intensität des Edelsteinwassers, was jedoch stärker zum Tragen kommt, wenn der Stein direkten Kontakt zum Wasser hat. Je größer in diesen Fällen die Kontaktfläche zwischen Stein und Wasser ist, desto intensiver wird das Edelsteinwasser. Von Steinen mit rauher Oberfläche werden daher weniger benötigt als von glattpolierten Steinen. Ebenso sind mehrere kleine Steine intensiver als ein einzelner größerer Stein. Mehr dazu finden Sie im Kapitel »Voraussetzungen in der Edelsteinqualität«.

Übersicht

Es ist offensichtlich, daß allgemeingültige Aussagen bei dieser Vielzahl von Faktoren nur schwer zu treffen sind. Um eine Übersicht zu gewinnen, kann jedoch die folgende (grobe!) Einteilung als Orientierung verwendet werden:

Anzahl/Menge der Heilsteine pro Liter Edelsteinwasser

	Direktes Einlegen	Wasserdampf-/ Kochmethode	Einleiten mit Kristallen
Intensive Steine guter Qualität	einzelne Steine (1-3 Stück)	einzelne Steine (1-3 Stück)	nur 1 Stein!
Intensive Steine mittlerer Qualität	5-25 g je nach Größe*	5-25 g je nach Größe*	nur 1 Stein!
Starke Steine guter Qualität	25-50 g je nach Größe*	10-25 g je nach Größe*	1-3 Steine
Starke Steine mittlerer Qualität	50-100 g je nach Größe*	25-50 g je nach Größe*	1-3 Steine
Sanfte Steine guter Qualität	75-150 g je nach Größe*	50-100 g je nach Größe*	1-3 Steine, ggf. auch mehr
Sanfte Steine mittlerer Qualität	100-200 g je nach Größe*	50-100 g je nach Größe*	1-3 Steine, ggf. auch mehr

* Wenn mehrere Steine in verschiedener Größe verwendbar sind, sind die Mengen der Einfachheit halber in Gramm angegeben.

Bitte beachten: Je kleiner die einzelnen Steine sind, desto weniger werden insgesamt benötigt. Bei glattpolierten größeren Steinen (z. B. größeren Trommelsteinen) kann die Menge auch erhöht werden.

Steine geringer Qualität wurden absichtlich nicht berücksichtigt, da bei diesen die Wirksamkeit des Edelsteinwassers generell in Frage gestellt ist (vgl. Kapitel »Voraussetzungen in der Edelsteinqualität«).

Intensiv wirkende Heilsteine sind Chrysopras, Diamant, Feueropal, roter Granat, Malachit, Obsidian, Peridot, Rhodochrosit, Smaragd, Sonnenstein und Topas Imperial.

Stark wirkende Heilsteine sind Amazonit, Apatit, Apophyllit, Aquamarin, Chrysokoll, Citrin, Fluorit, roter Jaspis, Labradorit, Mondstein, Moosachat, Topas, Türkis und Turmalin (alle Farben).

Sanft wirkende Heilsteine sind Achat, Amethyst, Aragonit, Aventurin, Bergkristall, Bernstein, Calcit, Chalcedon, Dolomit, Dumortierit, Edelopal, Epidot, Heliotrop, Kabamba-Jaspis, Kalkoolith, Karneol, Landschaftsjaspis, Magnesit, Mookait, Nephrit, Ozeanachat (Ozeanjaspis), Prasem/Prasemquarz, Rauchquarz, Rhodonit, Rosenquarz, Rutilquarz, Sardonyx, Serpentin, Sodalith, Thulit, Versteinertes Holz und Zoisit.

Granatwasser, ein intensives Kreislauftonikum

Turmalin – als Heilstein sanft, als Edelsteinwasser stark!

Ozeanachat – sanft, aber wirkungsvoll!

Die Einteilung »intensiv – stark – sanft« bezieht sich hier nur auf das Ansetzen zum Edelsteinwasser. Es leitet sich daraus keinerlei Bewertung der Wirksamkeit auf den Menschen ab! Auch ein sanft wirkender Stein kann bei uns viel bewirken, wenn er optimal paßt!

Bitte betrachten Sie die vorangegangenen Angaben zur Anzahl bzw. Menge der Steine nur als ungefähre Anhaltspunkte. Achten Sie beim Ansetzen des Edelsteinwassers auch immer auf Ihr Gefühl! Intuitiv erfassen wir die richtige Menge bei den vielen verschiedenen Faktoren oft viel besser als mit dem logischen Verstand. Haben Sie das Gefühl, die Menge der Steine genügt nicht, so geben Sie welche hinzu – haben Sie dagegen das Gefühl, es sind zu viele, so nehmen Sie welche weg. Achten Sie auf Ihr Gespür und vertrauen Sie Ihrer eigenen Wahrnehmung!

Kombinationen mehrerer Edelsteine

Lassen sich verschiedene Steine kombinieren? Im Grunde, ja, die Frage ist jedoch: Nach welchen Kriterien? – Vom *willkürlichen* Kombinieren vieler verschiedener Steine beim Ansetzen eines Edelsteinwassers müssen wir jedenfalls dringend abraten: Zu vielen Menschen haben »wilde Mischungen« schon Unbehagen bereitet. Orientieren Sie sich daher lieber an folgenden Grundregeln:

Edelsteine lassen sich beim äußerlichen Tragen ebenso wie zum Ansetzen als Edelsteinwasser am besten kombinieren, wenn sie folgende Voraussetzungen erfüllen:

1. Eine möglichst enge mineralogische Verwandschaft – oder:
2. Möglichst viele übereinstimmende Eigenschaften – oder:
3. Ein wohlgeprüftes, sich ergänzendes Arrangement.

Hinsichtlich des zweiten Kriteriums ist ein beliebter Fehler, daß Steine nicht aufgrund *möglichst vieler* übereinstimmender Eigenschaften, sondern aufgrund *einer einzelnen* übereinstimmenden Eigenschaft kombiniert werden: Da werden dann fünf oder gar zehn »Husten-Steine« in *ein* Edelsteinwasser gegeben, auch wenn diese in vielen anderen Aspekten absolut gegensätzlich sind. Eine solche Mixtur tut selten nur gut!

»Wilde Mischungen« tun selten nur gut!

Das Kombinieren von Heilsteinen ist eine Kunst, die entweder auf umfangreichem Wissen, reichhaltiger Erfahrung, einer guten Intuition oder der Kombination all dieser Faktoren beruht. Gehen Sie daher behutsam vor, wenn Sie noch wenig Erfahrungen mit Heilsteinen haben. Verwenden Sie zunächst nur die in diesem Buch angegebenen Kombinationen (siehe das Kapitel »Anwendungen von Edelsteinwasser«) oder arbeiten Sie sich in die Steinheilkunde ein. Literatur und Adressen für Schulungen finden Sie im Anhang.*

Im Zweifelsfall ist es besser, *den einen* Heilstein zu finden, der zu Ihnen im Moment am besten paßt, als *zu viele* ungefähr passenden Heilsteine zu kombinieren. Denn auch bei Edelsteinwassern gilt wie bei allen Heilmitteln: Im Zweifelsfall ist weniger oftmals mehr!

Vorbereitungen

Nach der Wahl des richtigen Heilsteins sollten Sie die folgenden Utensilien bereitstellen und anschließend die untengenannten Vorkehrungen treffen.

Checkliste zur Edelsteinwasser-Herstellung

Allgemein:

- Glasgefäß mit gut informierbarem Wasser
- Neutrales Glasgefäß zum Ansetzen des Edelsteinwassers (farblos und möglichst ohne Aufdruck oder Gravuren)
- Ausgewählte Edelsteine
- Bürste zur mechanischen Reinigung der Steine
- Hochprozentiger Alkohol zur Desinfektion
- Sauberes Tuch zur Desinfektion
- Amethyst-Drusenstück oder Salzschale zur energetischen Reinigung der Steine
- Holzzange, Pinzette o. ä. zum Hantieren mit den gereinigten Steinen
- Teesieb oder Glastrichter mit Filterpapier zum Abgießen des Edelsteinwassers
- Aufbewahrungsflasche (am besten Blauglas oder Violettglas)
- Alkohol zum Konservieren (nur bei längerer Lagerung)
- Tuch zum Trocknen der Steine

* Buchtip zum Einstieg: Michael Gienger, »Die Steinheilkunde«, Neue Erde, Saarbrücken 1995

Für spezielle Herstellungsverfahren:

- Reagenzglas aus Quarzglas für die »Reagenzglasmethode«
- Kochtopf für die »Kochmethode« oder »Wasserdampfmethode«
- Holzstäbchen zum Auflegen der Steine bei der »Wasserdampfmethode«
- Klare Bergkristalle zum »Einleiten von Information«
- Edelstein-Platten
- Edelstein-Schalen

Reinigung der Steine

Rechtzeitig vor der Herstellung des Edelsteinwassers sollten die Steine umfassend gereinigt werden. Eine gründliche mechanische Reinigung ist insbesondere bei neugekauften Steinen oder lange Zeit nicht verwendeten Steinen sinnvoll. Und in jedem Fall müssen die Steine energetisch gereinigt werden. Am besten gehen Sie daher in folgenden Schritten vor:

Die mechanische Reinigung durch gründliches Bürsten ist der erste Schritt, bis der Stein völlig sauber ist. Setzen Sie bei starker Verschmutzung eventuell auch ein biologisches Spülmittel ein. Anschließend unter fließendem kaltem Wasser gründlich abspülen!

Das Desinfizieren mit hochprozentigem Alkohol verringert eventuelle Verkeimungen. Da Alkohol jedoch die Informationsaufnahme bremst, sollten die Steine anschließend wieder gründlich unter fließend kaltem Wasser abgespült werden. Da Sie die Steine beim nachfolgenden energetischen Reinigen mit den Händen anfassen, sollten Sie Ihre Hände ebenfalls gründlich waschen und evtl. mit biologischem Desinfektionsmittel desinfizieren.

Mechanische Reinigung

Desinfizieren

Die energetische Reinigung beinhaltet das »Entladen« der Steine unter fließendem kaltem Wasser (hier wird aufgenommene Energie abgeleitet) und das anschließende »Reinigen«, bei dem aufgenommene Fremdinformationen im Stein gelöscht werden. Da letzteres eine gewisse Zeit dauert, sollten Sie die gesamte Reinigung der Steine rechtzeitig vor dem Ansetzen zum Edelsteinwasser durchführen.

Zum Entladen wird der Stein etwa eine Minute unter fließendes Wasser gehalten und dabei mit dem Daumen kräftig gerieben. Sie spüren nach einiger Zeit einen Unterschied an der Oberfläche des Steins, auf der Ihr Finger plötzlich nicht mehr so gut gleitet. Spätestens dann ist das Entladen abgeschlossen.

Entladen unter fließendem Wasser

Reinigen auf einem Amethyst-Drusenstück

Zum Löschen aufgenommener Fremdinformationen sind Amethyst-Drusen oder -Drusenstücke am besten geeignet. Die entladenen Steine werden mindestens zwei Stunden auf die Spitzen dieser »Kristallrasen« aufgelegt. Die intensive energetische Ausstrahlung der Amethyst-Spitzen löst aufgenommene Fremdinformationen auf. Die Steine können hier auch länger aufgelegt werden. Acht bis zwölf

Stunden wäre sogar noch besser, nach oben ist hier prinzipiell kein zeitliches Limit gesetzt.

Reinigen in einer Salzschale

Auch Steinsalz hat eine starke energetische Reinigungskraft und löscht aufgenommene Fremdinformationen. Indem wir Salz in eine Glasschale füllen und dann eine zweite Glasschale hineinbetten, erhalten wir eine praktische »Salzschale«, in der Steine schnell und intensiv gereinigt werden können. Zwei Stunden in einer solchen Salzschale sind meist schon genug. Es sollten auch höchstens drei bis vier Stunden sein, da viele Steine sonst »energetisch ausgelaugt« werden und in der Wirkung nachlassen.

Reinigen Sie bitte weder auf einem Amethyst-Drusenstück, noch in einer Salzschale zu viele verschiedene Steine zugleich. Es sei denn, das Drusenstück ist so groß, daß die einzelnen Steine ein paar Zentimeter Abstand voneinander haben. Bei Salzschalen bereiten Sie am besten je eine Schale pro Steinsorte vor.

Wenn Sie ganz gründlich vorgehen wollten, sollten Sie die gereinigten Steine nicht mehr mit bloßen Händen, sondern mit einer kleinen Holzzange, einer Pinzette o. ä. berühren (je nach Größe der Steine).

Persönliche Vorbereitung

Bereiten Sie nach der Reinigung der Steine den Platz vor, an dem das Edelsteinwasser angesetzt wird (auch das »Ambiente« und die »Atmosphäre« sind einwirkende Informationen). Legen Sie sich die gereinigten Steine und alle Hilfsmittel zurecht, die Sie für die folgenden Schritte (je nach Herstellungsverfahren) benötigen. Reinigen Sie auch alle anderen Gegenstände. Gönnen Sie sich einen Moment der Sammlung und kommen Sie innerlich zur Ruhe, denn nun beginnt die eigentliche Herstellung des Edelsteinwassers, die am besten mit Ruhe und Achtsamkeit durchgeführt wird.

Wasser bereitstellen

Stellen Sie zuerst gut informierbares Wasser bereit (siehe Kapitel »Voraussetzungen in der Wasserqualität«); am besten in einem gründlich gereinigten Glasgefäß.

Wasser bereitstellen

Da auch Spülmittel und ähnliche Substanzen im Edelsteinwasser unerwünscht sind, sollten Sie das Gefäß mehrfach mit klarem Wasser ausspülen. Zuletzt am besten mit derselben Art Wasser, das Sie zum Ansetzen der Steine verwenden.

Glasgefäß zum Ansetzen des Edelsteinwassers

Das Glasgefäß zum Ansetzen des Edelsteinwassers sollte möglichst neutral sein, d. h. am besten farblos und möglichst ohne Aufdruck oder Gravuren. Es sei denn, Sie möchten mit bestimmten Worten oder Symbolen gezielt eine zusätzliche Information in das Wasser einbringen. Ist jedoch nur das reine Edelsteinwasser gewünscht, sollte das Gefäß neutral sein. Reinigen Sie auch dieses Glasgefäß gründlich und spülen Sie es dabei zuletzt mit derselben Art Wasser aus, das Sie zum Ansetzen der Steine verwenden.

Nun sind alle Vorbereitungen abgeschlossen und das eigentliche Ansetzen des Edelsteinwassers kann beginnen. Hierzu gibt es verschiedene Verfahren mit speziellen Vor- und Nachteilen.

Verschiedene Herstellungsmethoden

Einlegen ins Wasser

Das direkte Einlegen der Steine ins Wasser ist die verbreitetste Methode zur Herstellung von Edelsteinwasser. Legen Sie die Steine hierzu behutsam in das gereinigte Glasgefäß (evtl. mit einer Holzzange oder Pinzette). Gießen Sie dann das bereitgestellte Wasser auf. Auch bei einem kleinen Gefäß sollten die Steine nach Möglichkeit ganz vom Wasser bedeckt sein.

Aufgießen des Wassers

Stellen Sie das Wassergefäß mit den eingelegten Steinen dann an einen ruhigen, schönen Ort. Wenn Sie keinen wirklich optimalen Platz zur Verfügung haben, legen Sie am besten ein weißes Tuch oder zumindest ein weißes Blatt Papier unter. Schon dadurch reduzieren sich die Fremdinformationen des Untergrunds. Das Gefäß muß nicht verschlossen sein. Wenn Sie es jedoch längere Zeit stehenlassen, lohnt es sich, einen Deckel (bei einem Krug z. B. einen kleinen Teller) darauf zu legen, damit nicht zu viel Staub hineingelangt.

In der nun folgenden Ruhezeit nimmt das Wasser allmählich die Information der eingelegten Steine an. Bis zu einer stabilen »Informierung« sollten Sie bei einem gut informierbaren Wasser (mineralarmes Quellwasser oder Flaschenwasser, gefiltertes Leitungswasser, Umkehrosmose-Wasser, levitiertes bzw. ultra-kolloidiertes Wasser usw.) mindestens zwei Stunden verstreichen lassen. Besser ist es jedoch, wenn Sie mindestens acht bis zwölf Stunden oder mehr Zeit haben.

Herstellung durch direktes Einlegen

Der Vorteil des direkten Einlegens ins Wasser ist, daß es eine ganz einfache und fast überall durchführbare Maßnahme zur Herstellung von Edelsteinwasser ist. Wenn es schnell gehen muß, genügt es schon, einen Stein in ein Trinkglas zu legen.

Der Nachteil des direkten Einlegens besteht darin, daß die Steine unmittelbaren Kontakt mit dem später getrunkenen Wasser haben. Daher sind giftige Mineralien hier kategorisch ausgeschlossen, ebenso die meisten gesundheitsschädlichen (siehe Kapitel »Voraussetzungen in der Edelsteinqualität«).

Kochmethode

Insbesondere in der Hildegardmedizin gibt es etliche Rezepte, in denen Edelsteine in Wasser, Wein oder anderen Flüssigkeiten gekocht werden, um die Information des Steins auf die Flüssigkeit zu übertragen. Indem die »inneren Strukturen« des Wassers im Kochvorgang aufgebrochen und beim Abkühlen wieder neu gebildet werden, findet dabei eine sehr starke Informierung des Wassers durch die eingelegten Edelsteine statt.

Doch wenn Sie Edelsteinwasser mit der Kochmethode herstellen möchten, steigern Sie die Temperatur bitte nur ganz langsam bis zum Siedepunkt und fahren Sie diese ebenso langsam wieder zurück. Bei zu schnellem Temperaturwechsel (bzw. generell beim Auskochen) können Steine zerbrechen.

Kochmethode

Vorteil der Kochmethode ist die Geschwindigkeit: In 30 bis 60 Minuten läßt sich so ein sehr intensives Edelsteinwasser herstellen.

Nachteil der Kochmethode ist die Tatsache, daß viele Steine in diesem Vorgang leiden, d. h. sie werden durch das Auskochen mitunter stumpf und unansehnlich. Kochen Sie daher keine teuren Schmucksteine aus! Schon gar keine edlen Opale – das könnte sehr teuer werden ...

Außerdem geben viele im kalten Wasser unlöslichen Steine beim Kochen doch Stoffe ab, die möglicherweise giftig oder gesundheitsschädlich, aber in jedem Fall unerwünscht sind. Diese Methode sollte daher nur von Fachleuten durchgeführt werden.

Wasserdampfmethode

Wasserdampfmethode

Ebenfalls von Hildegard von Bingen ist die Wasserdampfmethode überliefert, die sie z. B. beim Achat und Amethyst empfiehlt. Hier werden Edelsteine in den Dampf über einem Topf mit kochendem Wasser gehängt. Dadurch kondensiert der Dampf an den Steinen und tropft wieder ins Wasser zurück. Der Topf sollte am besten innen emailliert sein, da der Direktkontakt des Wassers mit Metall die Information beeinträchtigen würde. Diese »Rücklauf-Destillation« wird etwa eine halbe Stunde durchgeführt, dann wird die Hitze abgestellt. Das Kondensieren und Zurücktropfen wird jedoch fortgesetzt, bis das Wasser erkaltet ist. Dieses Verfahren ist etwas schonender als die Kochmethode. Durch die weitgehende Auflösung der Wasserinformationen beim Verdampfen nimmt das kondensierende Wasser am Edelstein sehr stark dessen Informationen auf, was wiederum ein intensives Edelsteinwasser ergibt.

Vorteil der Wasserdampfmethode ist ebenfalls die Geschwindigkeit: In weniger als einer Stunde läßt sich so ein sehr intensives Edelsteinwasser herstellen.

Nachteil der Wasserdampfmethode ist der Umstand, daß empfindlichere Steine auch in diesem Vorgang möglicherweise leiden, also stumpf und unansehnlich werden können. Für Quarze, Silikate und stabile Oxide ist diese Methode jedoch verwendbar*.

Da auch hier ein gewisses »Restrisiko« bleibt, daß unerwünschte Stoffe abgegeben werden, sollten Sie diese Methode nur bei bestimmten Edelsteinen anwenden. Nehmen Sie nur Steine, die in den folgenden Kapiteln »Anwendungen von Edelsteinwasser« oder »Wirkungen von Edelsteinwasser« sowie in der Literatur im Anhang für die Wasserdampfmethode empfohlen werden. Vorsicht bei anderer Literatur. Für die Sicherheit der Rezepturen nicht genannter Autoren und Werke garantieren wir nicht!

* Welche Mineralien zu Quarzen und Silikaten zählen, finden Sie in: Michael Gienger, »Die Steinheilkunde«; Michael Gienger, »Lexikon der Heilsteine«, beide Neue Erde, Saarbrücken 1995/2000

Reagenzglasmethode

Reagenzglasmethode

Die Reagenzglasmethode ist einfach, aber vor allem im Umgang mit kritischen Mineralien genial: Statt den Stein direkt ins Wasser zu legen, wird dieser in ein Reagenzglas aus Quarzglas gelegt, das wiederum ins Wasser gestellt wird. Auf diese Weise findet kein unmittelbarer Kontakt zwischen Stein und Wasser statt, so daß chemische Verunreinigungen ausgeschlossen sind. Die Informationsübertragung findet dennoch statt, sie dauert nur etwas länger. Zur Sicherheit sollten Sie das Edelsteinwasser daher mindestens vier Stunden ansetzen.

Vorteil der Reagenzglasmethode ist der Umstand, daß auf diese Weise auch aus giftigen, geölten oder gewachsten Steinen Edelsteinwasser hergestellt werden kann.

Nachteil der Reagenzglasmethode ist, daß die Herstellung des Edelsteinwassers erfahrungsgemäß etwa doppelt so lange dauert.

Einleiten mit Kristallen

Mit sehr klaren Bergkristallen, deren Spitze in einem Punkt endet (also z. B. Generatorkristallen, Laserkristallen usw.*), lassen sich Informationen von Steinen ins Wasser einleiten. Bergkristalle nehmen Energie an der Basis und den Seiten auf und leiten diese zur Spitze hin. Auch die physikalische Wärmeleitfähigkeit im Kristallgitter eines Bergkristalls ist zur Spitze hin 1,8 mal so groß wie zu den Seiten. Mit diesem Energiefluß wird auch Information transportiert – und durch den Bergkristall sogar noch verstärkt!

Einleiten mit Kristallen

Legt man nun einen Stein an die Basis eines Kristalls und richtet diese auf ein Glasgefäß mit Wasser, so strömt die Information des Steins sehr schnell und intensiv in das Wasser ein. Der Bergkristall sollte jedoch möglichst frei von Trübungen (je klarer, desto besser) und an den Seiten und der Spitze nicht geschliffen oder poliert sein. Die Spitze sollte möglichst makellos sein. Die Basis kann abgeschnitten und poliert werden, so daß sie ebenfalls ganz klar und optimal aufnahmefähig wird.

Kleiner Wasserenergetisierer von Joya®. Die kleine runde Holzscheibe dient als zusätzliche Unterlage bei sehr kleinen Steinen.

Da die Kristalle Informationen des Umfeldes und vor allem des Untergrundes mitleiten, sollte beides beim Einleiten relativ neutral sein (z. B. ein großes weißes Tuch oder zumindest weißes Papier). Es gibt dafür auch spezielle kleine Sockel aus naturbelassenem Holz zum Auflegen der Edelsteine und Kristalle. Dies hat den Vorteil, daß nicht »irgendein« Untergrund einwirkt, sondern angenehm wirkende einheimische Hölzer. Größere »Wasserenergetisierer« dieser Art sind sehr dekorativ

* Informationen zu diesen Kristallformen finden Sie in: Michael Gienger, »Heilsteine – 430 Steine von A bis Z«; M.Gienger, »Lexikon der Heilsteine«, beide Neue Erde, Saarbrücken 2003 u. 2000

und sorgen schon dadurch für das gewünschte angenehme Ambiente. (Bezugsquellen siehe Anhang)

Vorteil des Einleitens mit Kristallen ist die Geschwindigkeit und Intensität des in kurzer Zeit hergestellten Edelsteinwassers. Im Vergleich zum Einlegen der Steine ist eine ähnliche Intensität vier- bis zehnmal schneller erreicht. Der zweite Vorteil besteht darin, daß die Steine keinen direkten Kontakt zum Wasser haben. Auch wenn sie giftig, gewachst oder geölt sind, können keine Schadstoffe ins Wasser übergehen.

Großer Wasserenergetisierer von Joya®

Nachteil des Einleitens mit Kristallen ist der Umstand, daß Kristalle Informationen nicht nur geradeaus über die Spitze leiten, sondern auch über die Kanten abstrahlen. Dadurch verbreitet sich die Information des betreffenden Steins sehr stark im Raum, was nicht immer wünschenswert ist. Es empfiehlt sich daher, diese Methode in solchen Fällen entweder im Freien anzuwenden und die Kristalle evtl. mit Leder, schwarzer Seide oder ähnlichen abschirmenden Stoffen zu umhüllen, so daß nur noch Spitze und Basis frei bleiben.

Wassergläser auf Edelsteinplatten

Einfach, praktisch und ebenfalls wirkungsvoll ist eine ganz simple Methode zur Herstellung von Edelsteinwasser: Wassergläser, die auf Edelsteinplatten oder -scheiben gestellt werden. Viele Mineralien von Achat bis Zoisit sind als Scheiben erhältlich, so daß man sich einen persönlichen »Edelstein-Untersetzer« auswählen kann. Dann nur noch ein Glas mit Wasser darauf – und fertig!

Wasserglas auf Rhodonitplatte

Vorteil der Wassergläser auf Edelsteinplatten ist, daß auch hier kein direkter Kontakt zwischen Stein und Wasser stattfindet, so daß auf diese Weise auch aus giftigen, geölten oder gewachsten Steinen Edelsteinwasser hergestellt werden kann. Wobei es allerdings nur äußerst selten Edelsteinplatten oder -scheiben aus giftigen Mineralien gibt, höchstens aus gesundheitsgefährdenden wie z. B. Malachit.

Nachteil der Wassergläser auf Edelsteinplatten ist, daß die Auswahl verfügbarer Steinsorten sehr begrenzt ist. Das Ausgangsmaterial muß groß genug und stabil genug sein, um so verarbeitet zu werden. Das ist natürlich nur bei einem Teil der bekannten Heilsteine der Fall.

Außerdem dauert die Informierung des Wassers hier meist noch einmal deutlich länger als z. B. bei der Reagenzglasmethode, da Trinkgläser meist größere Wandstärken haben als Reagenzgläser (insbesondere am Boden!). Außerdem enthält das Glas der Trinkgläser meist mehr Mineralstoffe (insbesondere zum Klären zugesetzte Manganoxide), die möglicherweise bestimmte Informationen verändern. Dennoch: auch diese Methode funktioniert!

Wasser in Edelsteinschalen

Edelsteine und Mineralien, die sich durch Größe und Stabilität für das Kunstgewerbe eignen, sind mitunter auch als Edelsteinschalen erhältlich. Hier bietet es sich einfach an, Wasser in solche Schalen zu füllen und dadurch unmittelbar zu »informieren«. Einfacher geht es nicht mehr – und auch diese Methode funktioniert sehr gut. Die Geschwindigkeit der Informierung des Edelsteinwassers ist vergleichbar mit dem Einlegen der Steine.

Wasser in einer Schale aus Kabamba-Jaspis

Der Vorteil von Wasser in Edelsteinschalen liegt darin, daß noch weniger Fremdeinflüsse da sind als bei allen anderen Methoden. Man benötigt nicht einmal ein Glasgefäß mehr, das Wasser ist im Stein selbst völlig eingebettet! Bestimmte Steinsorten (z. B. Jaspis) halten außerdem auch viele weitere Fremdeinflüsse ab.

Der Nachteil von Wasser in Edelsteinschalen liegt ebenfalls im direkten Kontakt von Stein und Wasser. Zwar werden in Edelsteinschalen in der Regel nicht aus giftigen und nur selten aus gesundheitsschädlichen Mineralien wie Malachit hergestellt, doch werden auch sie mitunter zur Stabilisierung kunstharzimprägniert sowie gewachst, geölt oder lackiert. Außerdem ist die Auswahl verfügbarer Steinsorten hier natürlich noch geringer als bei den Edelsteinplatten und -scheiben.

Ansetzen, Abfüllen und Aufbewahrung

Zum sorgfältigen und erfolgreichen Ansetzen eines Edelsteinwassers sollten Sie am besten auch die folgenden Aspekte berücksichtigen.

Dauer des Ansetzens

Je länger die Steine im Wasser verweilen, desto intensiver wird das Edelsteinwasser. Die Steine sollten also so lange im Wasser liegen, bis die Wirkung der aufgenommenen Information spürbar wird und möglichst einige Tage anhält. In gewissem Sinne »reift« die Edelsteinwirkung im Wasser. Sie sollten aber andererseits nicht zu lange darin liegen, denn jedes Wasser wird irgendwann schal und beginnt, zu verkeimen.

Das Ansetzen des Edelsteinwassers ist ein »Reifeprozeß«

Folgende Zeiten haben sich als sinnvoll erwiesen:
Mindestdauer 2 Stunden, dann beginnt die Wirkung sich zu entfalten.
Höchstdauer 2 Tage, mehr ist nicht notwendig.
Kontinuierliches Neuansetzen bis zu 2 Wochen ist möglich.

Diese Zeiten gelten für das direkte Einlegen ins Wasser. Die Abweichungen der anderen Herstellungsmethoden können nach den vorangegangenen Angaben in diesem Kapitel überschlagen werden.

Abgießen durch ein Teesieb

Beim oben erwähnten »kontinuierlichem Neuansetzen« wird mindestens einmal täglich das angesetzte Edelsteinwasser zu 80% in ein Gebrauchsgefäß abgegossen. Anschließend wird mit frischem Wasser neu aufgefüllt. Durch diesen regelmäßigen Austausch kann das Ansetzen auf bis zu zwei Wochen verlängert werden. Das zum Gebrauch abgegossene Wasser wird dabei immer intensiver, da 20% stets im Gefäß verbleiben. Nach etwa einer Woche sollten Gefäß und Steine jedoch gründlich gereinigt werden (s. u.), bei wärmerem Klima deutlich früher!

Abgießen des Edelsteinwassers

Beim Abgießen des Edelsteinwassers muß darauf geachtet werden, daß keine Splitter im Wasser verbleiben, die sich möglicherweise von den Steinen gelöst haben. Gerade bei farblosen, klaren Steinen wie Bergkristall sind diese meist nicht zu sehen. Zur Vorsicht empfiehlt es sich daher,

- das Edelsteinwasser durch ein *Teesieb* zu gießen oder
- das Edelsteinwasser durch *Filterpapier* zu filtern.

Abgießen mit Glastrichter und Filterpapier

Wenn Sie das Edelsteinwasser sicherheitshalber filtern wollen, können Sie auch ungebleichtes Kaffee-Filterpapier nehmen. Verwenden Sie jedoch am besten einen gut gereinigten Glastrichter und keinen Kaffeefilter! Plastiktrichter mindern die Qualität des Edelsteinwassers, und Kaffeereste ruinieren sie ganz!

Aufbewahrung des Edelsteinwassers

Wasser ist sehr aufnahmefähig – verliert Informationen aber auch wieder. Daher ist Edelsteinwasser im Grunde ein »Frischeprodukt« mit begrenzter Haltbarkeit. Je nachdem, wie und wo sie Edelsteinwasser lagern, ist es im verschlossenen Gefäß bis zu einer Woche haltbar. Beachten Sie dabei bitte folgendes:

Ein guter »Wasserplatz« ist vergleichbar mit einem »guten Schlafplatz«: Bewahren Sie Ihr Edelsteinwasser an einem Ort auf, an dem Sie sich selbst wohlfühlen. Intuitiv kennen wir die »guten Plätze« unserer Wohnung. Das Edelsteinwasser, das Sie aktuell gebrauchen, sollten Sie im Blickfeld behalten. Wenn Sie es immer wieder sehen, denken Sie automatisch ans regelmäßige Wassertrinken oder an die Einnahme Ihres Edelsteinwassers.

Zur längeren Lagerung sollten Sie die folgenden Aspekte berücksichtigen, da diese Maßnahmen die Haltbarkeit deutlich verlängern.

Kühl und lichtgeschützt lagern: Je wärmer das Wasser, desto schneller verliert es die Information. Ähnlich wirkt starkes Licht, z. B. direkte Sonneneinstrahlung. Allein durch Kühlung und Lichtschutz ist Edelsteinwasser mindestens doppelt so lange haltbar.

Strahlenfrei lagern: Erdstrahlen und Elektrosmog zerstören Edelstein-Informationen. Lassen Sie gegebenenfalls Ihre Wohnung radiästhetisch untersuchen – das lohnt sich schon der eigenen Gesundheit wegen.

Violettglasflasche zur sicheren Aufbewahrung von Edelsteinwasser. Das Violett dieser Flaschen ist so dunkel, daß es fast schwarz erscheint und nur bei extrem starkem Durchlicht tiefviolett erkennbar wird.

Konservierung mit Alkohol

Geschlossen lagern: Offen sollte Edelsteinwasser maximal einen Tag aufbewahrt werden. Bei längerer Lagerung bitte geschlossene Flaschen verwenden. Gut ist Blauglas, am besten jedoch Violettglas, da dieses vielerlei Einflüsse abschirmt. In guten Violettglasflaschen ist Edelsteinwasser Wochen bis Monate haltbar.

Konservierung: Durch Zugabe von hochprozentigem Alkohol im Verhältnis 1 : 10 (ein Teil Branntwein, Obstler o. ä. auf 10 Teile Edelsteinwasser) kann die Information im Edelsteinwasser für mehrere Monate konserviert werden.

Möchten Sie Wasser mit Edelstein-Informationen jahrelang aufbewahren, sollten Sie ein Edelstein-Elixier herstellen. Edelstein-Elixiere sind durch ihren speziellen Herstellungsprozeß noch besser zur dauerhaften Konservierung geeignet.*

Trocknen der Steine

Die verwendeten Steine sollten nach dem Abgießen des Wassers gereinigt und anschließend gut getrocknet werden. Dadurch wird eine Verkeimung durch Algen und Bakterien verhindert. Bei kontinuierlichem Ansetzen von Edelsteinwasser sollte das *mindestens* alle zwei Wochen erfolgen!

Spülen Sie die verwendeten Steine unter fließendem Wasser gründlich ab.
Trocknen Sie die Steine dann mit einem frischen Handtuch ab.
Legen Sie die Steine an einen warmen Ort, bis sie ganz trocken sind.

Sie müssen die Steine *nach* dem Ansetzen nicht energetisch reinigen, sollten dies aber tun, *bevor* Sie die Steine neu verwenden.

Damit ist die Herstellung des Edelsteinwassers abgeschlossen und der eigentlichen Anwendung steht nichts mehr im Wege. Mehr dazu im folgenden Kapitel ...

* Literatur zur Herstellung von Edelstein-Elixieren: Rolphe Alcide Grimaître, »Edelstein-Elixiere«, Neue Erde, Saarbrücken 2006

Anwendungen von Edelsteinwasser

Tradition und Moderne

Betrachten wir die historische Verwendung von Edelsteinwassern, so stoßen wir auf eine Vielzahl verschiedener Rezepturen. Allein Hildegard von Bingen empfiehlt je nach Stein das Einlegen in kaltes Wasser, das Auskochen oder die Wasserdampfmethode. Auch in allen anderen denkbaren Flüssigkeiten (Milch, Wein, Bier, Essig, Olivenöl, Speichel, Urin u. a.) werden Edelsteine bei ihr angesetzt.

Hildegard von Bingen

Traditionelle Anwendungen

Mit der speziellen Herstellungsmethode gehen bei Hildegard detaillierte Anwendungen einher, ebenfalls steinspezifisch mit genauen Angaben von Menge, Rhythmus und teilweise auch der Tageszeit. Für die Herstellung und Anwendung von Edelsteinwasser ist die Hildegard-Medizin daher ein wertvoller traditioneller Fundus, wenn nicht sogar der wertvollste unserer Kultur!* Denn alle ihre Rezepte wurden vielfach geprüft und funktionieren noch heute!

Moderne Ansprüche

Für die Entwicklung des Umgangs mit Edelsteinwasser innerhalb der modernen Steinheilkunde war Hildegard von Bingen anfangs die maßgebliche Quelle. Allerdings stellen sich heute auch darüber hinausgehende Ansprüche, haben wir zu Beginn des 21. Jahrhunderts doch zwanzigmal mehr Heilsteine, als Hildegard sie beschreibt. Und noch dazu viele, die viel sorgfältiger handzuhaben sind (siehe auch die Kapitel »Was ist Edelsteinwasser?« und »Voraussetzungen in der Edelsteinqualität«). Hildegard von Bingen machte es sich da einfacher: Sie beschrieb in ihrem »Buch von den Steinen« mit Absicht nur ungiftige und ausgewogen wirkende Steine (siehe ihr Nachwort). Das war wahrlich weise – und vielleicht hätte die Steinheilkunde das beibehalten sollen ...

Doch das Rad der Zeit läßt sich nicht mehr zurückdrehen. Ein sorgfältiger Umgang mit unseren »modernen« Heilsteinen ist daher geboten – um so mehr, wenn wir Edelsteinwasser mit ihnen ansetzen und einnehmen! Bitte beachten Sie daher die folgenden Hinweise zur Anwendung von Edelsteinwasser.

Die äußere Anwendung von Edelsteinwasser

Auch in der äußeren Anwendung bietet Edelsteinwasser mitunter Vorteile gegenüber den Steinen selbst. Oft läßt sich ein Stein nicht dort anbringen, wo er benötigt wird, oder er ist zu klein, um einen ganzen Körperbereich »abzudecken«. Edelsteinwasser läßt sich dagegen aufstreichen, als Wickel umbinden, ja, wir können sogar darin baden!

* Mehr dazu bei: Michael Gienger, »Die Heilsteine der Hildegard von Bingen« und »Heilsteine und Lebensrhythmen«, beide Neue Erde, Saarbrücken 2004/2005

Haut- und Gesichtswasser

Traditionelle äußere Anwendungen von Edelsteinwassern sind Haut- und Gesichtswasser. Besonders bewährt haben sich dabei folgende Rezepturen:

Amethystwasser nach Hildegard von Bingen wird mit der Wasserdampfmethode hergestellt. Ein Amethyst-Drusenstück wird mit Hilfe zweier Holzstäbchen über einen Topf mit kochendem Wasser gelegt, so daß der Wasserdampf an den Kristallspitzen kondensiert und in den Topf zurücktropft. Nach einer halben Stunde wird die Hitze abgestellt. Wenn das Wasser handwarm ist, wird das Amethyst-Drusenstück weitere 30 Minuten hineingelegt. Bitte beachten Sie, daß das Amethyst-Drusenstück zum Einlegen ins Wasser muttergesteinsfrei sein muß! Befindet sich noch Muttergestein an der Basis des Drusenstücks, verzichten Sie besser auf das direkte Einlegen. Ihr Amethystwasser ist auch ohne diesen zweiten Schritt schon wirkungsvoll!

Amethystwasser nach Hildegard von Bingen

Auf diese Weise bekommen wir ein sehr intensives Amethystwasser, das hautreinigend, juckreizlindernd und hilfreich bei vielen Hautbeschwerden wirkt. Auch starke Akne oder Couperose, die kleinen »Besenreiserchen« (erweiterte Blutgefäße) in der Haut, können dadurch deutlich zurückgehen. Das Amethystwasser nach Hildegard von Bingen ist sehr mild und führt zu einer weichen, samtigen Haut. Es öffnet die Hautporen, verbessert die Schweißabsonderung (gut für Sauna-Gänge) und erleichtert so die Selbstreinigung der Haut und des darunterliegenden Gewebes.

Amethyst

Auch innerlich eingenommen wirkt dieses Amethystwasser stark reinigend, weshalb höchstens ein bis drei Schnapsgläser täglich eingenommen werden sollten. Höhere Dosierungen können Durchfall erzeugen.

Zur äußeren Anwendung wird das Gesicht oder der gewünschte Körperbereich mit dem Edelsteinwasser eingestrichen und am besten an der Luft getrocknet. Verwenden Sie im Zeitraum der Anwendung am besten keine Seifen oder alkoholischen Hautmittel, da diese die Wirkung mindern.

Edelsteinwasser aus Achat und Bergkristall ist ebenfalls ein sehr gutes Hautwasser. Allerdings steht hier nicht die Reinigung, sondern die Stärkung und Straffung der Haut im Vordergrund. Die Achat-Bergkristall-Kombination fördert die Kieselsäure-Stützfunktionen in der Haut und stärkt das darunterliegende Gewebe. Auf diese Weise wird die Haut strapazierfähiger und altert nicht so schnell. Zur Herstellung dieses Edelsteinwassers werden die Steine direkt ins Wasser gelegt und sechs bis acht Stunden angesetzt.

Links Achat,
rechts Bergkristall

Edelsteinwasser aus Aventurin und Prasem (oder Prasemquarz) hilft sehr schnell bei Sonnenbrand und leichten Verbrennungen. Es wirkt deutlich kühlend (auch wenn man einfach erhitzt ist) und lindert Juckreiz und Entzündungen. Auch bei Schuppenflechte (Psoriasis) wurden Verbesserungen beobachtet. Als Haarspülung hilft Edelsteinwasser aus Aventurin bei Schuppen und fettigem Haar. Zur Herstellung dieser Edelsteinwasser werden die Steine ebenfalls direkt ins Wasser gelegt und sechs bis acht Stunden angesetzt. Wird das Wasser beim Ansetzen in die Sonne gestellt, verkürzt sich die Zeit auf zwei bis vier Stunden.

Links Aventurin,
rechts Prasemquarz

Edelsteinwasser zur Wundheilung

Im Wundbereich ist Edelsteinwasser oft besser einsetzbar als die betreffenden Steine selbst. Es kann direkt aufgebracht oder mit Pumpzerstäubern aufgesprüht werden, es kann Spülungen zugegeben und Verbände können damit getränkt werden. Selbstverständlich ist hier strengstens auf Sauberkeit und die Grundregeln der Wundversorgung zu achten (Blutstillung und ggf. Sterilität gehen vor!). Doch bei kleineren Wunden, Schürfwunden und stumpfen Verletzungen kann Edelsteinwasser eine große Hilfe sein.

Edelsteinwasser aus Rhodonit oder Mookait beschleunigen die Wundheilung enorm. Vor allem bei Schürfwunden sind diese Edelsteinwasser ein Segen. Bei sehr schmerzhaften Wunden oder traumatischen Ursachen kann zunächst ***Obsidian*** zugegeben werden.

Rhodonit, Mookait und Obsidian

Edelsteinwasser aus Chrysokoll und Turmalin sind sehr gut zur besseren Narbenheilung. Chrysokoll verbessert die Gewebsregeneration und Turmalin sorgt für die energetische Entstörung des Narbenbereichs. Die Farbe des Turmalins ist dabei sekundär, speziell für Brandwunden ist jedoch ***blauer Turmalin (Indigolith)*** am besten. Werden die Steine direkt ins Wasser gelegt, ist darauf zu achten, daß ein muttergesteinsfreier Chrysokoll verwendet wird! Aus dem kupferhaltigen Muttergestein des Chrysokolls lösen sich oft unerwünschte Stoffe.

Links Chrysokoll, rechts Turmalin Indigolith

Edelsteinwasser als Badezusatz

Edelsteinwasser läßt sich auch als Badezusatz verwenden. Dazu setzen wir es möglichst lange an, um ein intensives Wasser zu erhalten. Nehmen Sie die im vorangegangenen Kapitel angegebene maximale Menge auf einen Liter Wasser und setzen Sie das Wasser mindestens 12 bis 24 Stunden (bei direktem Einlegen) oder vier bis sechs Stunden (beim Einleiten mit Kristallen) an. Dieses intensive Edelsteinwasser geben Sie dann zu Ihrem Badewasser hinzu (möglichst kurz bevor Sie ins Bad steigen). Je nach Art der verwendeten Steine können wir unterschiedliche Bäder ansetzen:

Entspannungsbad: Aventurin, Magnesit, Prasem, Serpentin, Türkis

Streßminderungsbad: Chrysokoll, Dumortierit, Rauchquarz, Turmalin schwarz (Schörl)

Aufheiterndes Bad: Bernstein, Calcit orange, Citrin, Sonnenstein, Topas Imperial

Vitalisierungsbad: Epidot, Granat rot,Heliotrop, Karneol, Mookait, Zoisit

Bad für die Haut: Achat, Amethyst, Bergkristall, Dumortierit, Fluorit, Rosenquarz

Reinigungsbad: Amazonit, Chalcedon blau, Chrysopras, Kabamba-Jaspis, Moosachat, Nephrit, Ozeanachat (Ozeanjaspis), Smaragd

Sinnliches Bad: Feueropal, Granat rot, Rhodochrosit, Rosenquarz, Thulit, Turmalin rot (Rubellit)

Die obengenannten Edelsteine stellen eine Auswahl dar – ohne jeglichen Anspruch auf Vollständigkeit. Sie können auch mehrere kombinieren, jedoch bitte nicht alle genannten auf einmal! Ein bis drei verschiedene Steine genügen in der Regel. Wählen Sie intuitiv diejenigen, die Sie am meisten ansprechen.

Geben Sie die Steine nicht direkt ins Badewasser hinein, sondern setzen Sie, wie oben beschrieben, diese zuerst als Edelsteinwasser an. Die Wirksamkeit ist dadurch viel besser und die Steine nehmen keinen Schaden. Letzteres gilt insbesondere, wenn Sie ätherische Öle oder andere Badezusätze verwenden. Das warme Wasser und die gelösten Substanzen im Bad bekommen manchen Steinen nicht. Mit dem Edelsteinwasser und anderen Badezusätzen können Sie sich jedoch ein wunderbares Wohlfühlerlebnis verschaffen.

Anwendung als Spray

Füllen wir Edelsteinwasser in Pumpzerstäuber-Flaschen, können wir es auch als Spray einsetzen. Wie bereits im Abschnitt zur Wundheilung erwähnt, kann das Edelsteinwasser so auf bestimmte Körperbereiche aufgesprüht werden, wo es beim Eintrocknen seine Wirkung entfaltet.

Edelsteinwasser als Spray

Sprühen wir das Edelsteinwasser um uns herum, wirkt es auf unser Energiefeld ein. Auch in der Aura, unserem körperumgebenden energetischen Feld, spiegeln sich körperliche, seelische und mentale Störungen wider. Umgekehrt können diese auch über die Aura ausgeglichen oder aufgelöst werden. Edelsteinwasser, das wir in die Aura sprühen, ist daher zugleich sanft und doch sehr wirkungsvoll. Das klingt wie ein Widerspruch, ist es jedoch nicht. Probieren Sie es aus, und Sie werden spüren, wie diese Aussage zu verstehen ist.

Eine gute ***Schutzmischung*** für die Aura ist ein Edelsteinwasser aus Amethyst, Bergkristall und schwarzem Turmalin (Schörl). Gelegentlich in die Aura gesprüht, macht dieses Wasser wach und bewußt und hilft, negative Einflüsse aller Art abzuwehren oder besser zu verarbeiten.

Auch zur ***Raumreinigung*** können wir Edelsteinwasser als Spray einsetzen. Durch das Versprühen im Raum läßt sich eine ganz bestimmte Atmosphäre erzeugen – je nach den Eigenschaften der jeweiligen Steine (vgl. das folgende Kapitel »Wirkungen von Edelsteinwasser«). Zur energetischen Reinigung eines Raums bietet sich eine Mischung aus Amethyst, Diamant, Fluorit, Topas und schwarzem Turmalin (Schörl) an.

Diese Mischung ist sehr kraftvoll und befreit von negativen Informationen im Raum. Aufgrund der intensiv wirkenden Steine empfiehlt es sich jedoch, den Raum nach dem Einsprühen sofort zu verlassen und 15 bis 30 Minuten später gründlich zu lüften. Sonst kann diese Mischung auch zu sehr intensiven körperlichen Reinigungen führen (Durchfall, starker Schweiß usw.), was nicht immer wünschenswert ist.

Die innere Anwendung von Edelsteinwasser

Der wichtigste Aspekt der inneren Anwendung von Edelsteinwasser ist die richtige Dosierung. Da innerlich eingenommenes Edelsteinwasser zunächst im Körper verbleibt und wirkt, kann es nicht wieder »abgelegt werden« wie ein äußerlich getragener Heilstein! Durch die »Verteilung« der Information im ganzen Körper wirkt Edelsteinwasser oft schneller und intensiver als die äußerlich getragenen Heilsteine.

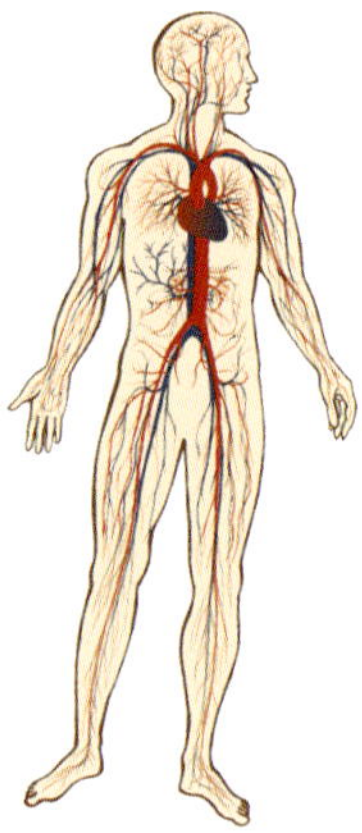

Die Information des Edelsteinwassers verteilt sich sogleich im ganzen Körper

Um sich auf die Wirkung eines Edelsteinwassers einzustellen, ist es ratsam, mit der Einnahme langsam zu beginnen. Am besten sind kleine Mengen in regelmäßigem Rhythmus. So läßt sich die Wirkung gut beobachten und die individuell passende Dosierung ermitteln.

Dosierung

Als Anhaltspunkt für die richtige Dosierung gelten je nach der Wirkungsintensität der Edelsteine (siehe Seite 94) folgende ***Tagesmengen***:

Wirkungsintensität	Anfangsdosis	Maximaldosis
Intensiv wirkende Heilsteine	20 ml (1 Schnapsglas)	0,2 bis 0,5 Liter (1 bis 3 Trinkgläser)
Stark wirkende Heilsteine	0,2 bis 0,5 Liter (1 bis 3 Trinkgläser)	1 Liter
Sanft wirkende Heilsteine	0,5 bis 1 Liter	unbegrenzt

In der Regel wird die o. g. Tagesdosis innerhalb einer Woche von der Anfangsdosis bis zur Maximaldosis gesteigert. Für Kinder unter 14 Jahren gilt die halbe Dosis. Selbstverständlich sollten Sie eine Behandlung von Krankheiten oder seelischen Beschwerden mit Edelsteinwasser nur in Absprache mit den behandelnden ÄrztInnen, HeilpraktikerInnen oder TherapeutInnen durchführen. Folgen Sie in diesem Fall dann den verordneten Dosierungen.

Ausnahmen: Obwohl Diamant als »intensiv wirkender Heilstein« einzustufen ist, kann seine Maximaldosis dennoch bis zur »unbegrenzten Menge« (so viel man trinken kann) gesteigert werden. Bei Erkrankungen wie Schlaganfall sollte sogar gleich mit 0,5 bis 1 Liter täglich begonnen werden.

Unter den »stark wirkenden Heilsteinen« lassen sich Apatit, Aquamarin, Fluorit, Moosachat, Topas und Turmalin bis zur »unbegrenzten Menge« steigern. Allerdings sollten Sie bei diesen Steinen auf jeden Fall behutsam einsteigen.

Rhythmus und Menge

Neben der Menge spielt auch der Rhythmus der Einnahme bei der Dosierung eine wichtige Rolle. Wird die Einnahme der Tagesdosis schluckweise über den Tag verteilt, sind selbst intensiv wirkende Edelsteinwasser am besten verträglich. Außerdem läßt sich bei vielen kleinen Einzelgaben die Dosierung am besten regulieren und individuell anpassen. Wenige Gaben mit großen Mengen führen häufiger zu Überdosierungen und intensiven Erstreaktionen (siehe unten).

Die Tagesflasche

Tagesflasche: Geben Sie daher am besten die Tagesdosis in eine Wasserflasche und füllen Sie diese mit gutem Wasser auf. Aus dieser »Tagesflasche« können Sie das Edelsteinwasser dann über den Tag verteilt schluckweise zu sich nehmen.

Organuhr: Möchten Sie die Wirkung eines Edelsteinwassers zusätzlich intensivieren, so beachten Sie den Rhythmus der verschiedenen Organe. Jedes Organ und die mit ihm verbundenen Funktionen haben zu einer spezifischen Tageszeit Ihren Aktivitätshöhepunkt. Zu diesem Zeitpunkt eingenommenes Edelsteinwasser wirkt sich auf das betreffende Organ und dessen Funktionskreis viel stärker aus, als die Einnahme derselben Dosis zu einer anderen Zeit. Mehr über die Organuhr erfahren Sie in den Büchern »Heilsteine und Lebensrhythmen« und »Die Organuhr«.*

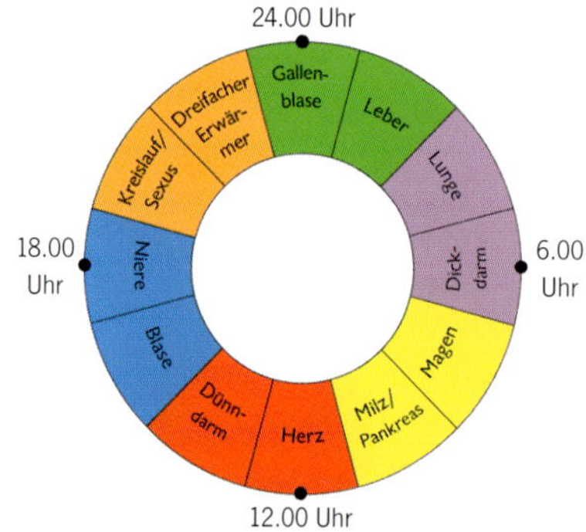

Die Organuhr

Erstreaktionen

Sogenannte »Erstreaktionen«, wie sie von homöopathischen Medikamenten bekannt sind, kann es auch bei Edelsteinwasser geben. Unter »Erstreaktionen« verstehen wir eine vorübergehende Verstärkung von Krankheitssymptomen oder seelischen Befindlichkeiten. Diese kommt daher, daß wir uns nun (geistig und körperlich) mit den vorliegenden Beschwerden auseinandersetzen. »Erstreaktionen« sind daher eigentlich ein gutes Zeichen, sie zeigen die einsetzende Heilung an. Nichtsdestotrotz sind sie manchmal unangenehm und mitunter auch zu heftig! In solchen Fällen ist es ratsam, das Edelsteinwasser zunächst abzusetzen, die Reaktionen abklingen zu lassen und dann die Einnahme niedriger dosiert fortzusetzen.

Anwendungs-Einschränkungen

Körperliche Erkrankungen: Bei allen schweren Erkrankungen, insbesondere bei Herz-Kreislauf-Erkrankungen, Nervenleiden, starken Infektionen und Entzündungen sowie allen Erkrankungen mit der Gefahr lebensbedrohlicher Komplikationen sollten Sie Edelsteinwasser nur in Absprache mit den behandelnden ÄrztInnen und HeilpraktikerInnen einnehmen.

* Michael Gienger, » Heilsteine und Lebensrhythmen« (früher: »Die Edelsteinuhr«), Neue Erde, Saarbrücken 2005; Wolfgang Maier/Michael Gienger, »Die Organuhr«, Neue Erde, Saarbrücken (vorauss. 2007)

Seelische Beschwerden: Auch bei seelischen Leiden sollten Sie den Einsatz von Edelsteinwasser auf jeden Fall mit Ihren TherapeutInnen absprechen. Bei einer labilen Gemütslage können insbesondere stark oder intensiv wirkende Edelsteinwasser Stimmungsschwankungen auslösen.

Schwangerschaft: In der Schwangerschaft empfiehlt es sich ebenfalls, beim Edelsteinwasser eher auf sanft wirkende Heilsteine zurückzugreifen (siehe Seite 94). Bestimmte Heilsteine wie Achat, Bernstein, Chalcedon, Dumortierit, Mondstein, Rosenquarz oder rosa Turmalin (Rubellit) sind förderlich für die Schwangerschaft und können als Edelsteinwasser eingenommen werden. Die Einnahme sollte jedoch langsam mit ein bis drei Trinkgläsern täglich beginnen.

Andere Heilsteine sind oft besser äußerlich anzuwenden. Mehr zu Heilsteinen in der Schwangerschaft finden Sie in der »Heilsteine Hausapotheke«.*

Homöopathische Therapie: Da das klare Bild der Symptome für die Klassische Homöopathie sehr wichtig ist, sollten Sie Edelsteinwasser während homöopathischen Behandlungen nur in Absprache mit den behandelnden ÄrztInnen oder HeilpraktikerInnen einnehmen. Ein durch das Edelsteinwasser verfälschtes Mittelbild kann sonst zu Fehldiagnosen in der Homöopathie führen.

Gegenmaßnahmen: Unerwünschte Reaktionen oder zu starke Wirkungen können Sie durch Bewegung (am besten an der frischen Luft) und das reichliche Trinken von gutem Wasser lindern. Schweißtreibende Betätigungen, Sauna und Sport führen ebenfalls zu einem schnelleren Abklingen der Wirkung, ebenso der äußere Kontakt zu Wasser (Duschen oder Schwimmen).

Kreislaufanregende Heiß-Kalt-Wechselbäder wirken hierbei am intensivsten. Ausschlaggebend ist natürlich, was bei der eigenen Konstitution und in der aktuellen Verfassung möglich ist. Wenden Sie sich daher im Zweifelsfall an ÄrztInnen oder HeilpraktikerInnen Ihres Vertrauens.

* Michael Gienger, »Die Heilsteine Hausapotheke«, Neue Erde, Saarbrücken 1999/2004

Kombinationen von Edelsteinwasser und Heilsteinen

Die gleichzeitige Anwendung von Edelstein-Wasser mit lokal aufgelegten Heilsteinen wirkt gegenseitig verstärkend.

Wird *derselbe Stein* sowohl als Edelsteinwasser eingenommen wie auch als Heilstein äußerlich aufgelegt, wirkt dieser »Doppeleinsatz« fokussierend. Das bedeutet, sowohl die innere als auch die äußere Wirkung konzentrieren sich. Dort, wo sich der Heilstein befindet, wird die Wirkung durch die Resonanz von Edelsteinwasser und Heilstein intensiver als es durch die beiden Maßnahmen im einzelnen möglich wäre. Der »Doppeleinsatz« von Apatit bei Gelenkbeschwerden oder Knochenbrüchen ist hierfür ein gutes Beispiel. Schon oft wurden die immensen Heilerfolge hier als »medizinische Wunder« bezeichnet.

Apatit, Heilstein für Knochen und Gelenke

Werden *unterschiedliche Steine* innerlich als Edelsteinwasser und äußerlich als Heilstein angewandt, läßt sich gut steuern, was im ganzen Körper wirken soll (Edelsteinwasser) und was eher lokal benötigt wird (Heilstein). So kann z. B. bei einer Entzündung das Immunsystem durch die innere Einnahme eines Ozeanachatwassers gestärkt werden. Dadurch wird ein zugleich äußerlich auf die entzündete Stelle aufgelegter Heliotrop noch wirksamer. Diese Kombination ist also wesentlich effizienter als die einzelnen Maßnahmen. Für das Edelsteinwasser gibt es dabei keine Mengenbegrenzung.

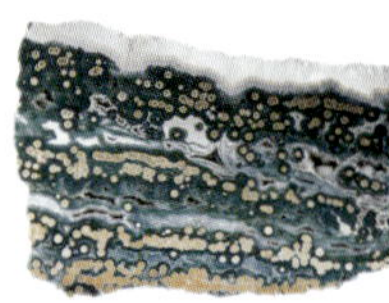

Heliotrop und Ozeanachat (Ozeanjaspis), wichtige Heilsteine für das Immunsystem

Ein weiteres sehr wirkungsvolles Beispiel ist die Kombination von Chrysopras und Rauchquarz bei Pilzinfektionen. Der streßlindernde Rauchquarz, der auch hilft, Strahleneinflüsse besser zu verarbeiten, wird hierbei äußerlich als Edelsteinkette getragen. Der stark entgiftende Chrysopras wird innerlich als Edelsteinwasser eingenommen. Diese Kombination stärkt das Immunsystem so sehr, daß es selbst mit hartnäckigen Pilzinfektionen fertig wird. Natürlich sollten wir das mit einer zuckerarmen Diät und dem reichlichen Trinken von gutem Wasser unterstützen.

Außerdem bitte beachten: Chrysopras wirkt sehr stark! Seine Tagesdosis beträgt am ersten Tag ein Schnapsglas, am zweiten zwei, am dritten drei usw.

Rauchquarz und Chrysopras: Bewährtes steinheilkundliches Hausmittel gegen Pilzinfektionen

Spezielle Rezepturen

Das Diamantwasser bei Schlaganfall

»Wer an der Gicht erkrankt ist oder einen Schlaganfall hatte, jene Krankheit, die eine Körperhälfte befällt, so daß sich der Mensch nicht mehr bewegen kann, lege den Diamant einen ganzen Tag in Wein oder Wasser und trinke davon. Auf diese Weise wird die Gicht von ihm weichen, auch wenn sie so stark ist, daß seine Glieder zu zerreißen drohen. Und auch die Auswirkung des Schlaganfalls wird gelindert werden.« Hildegard von Bingen

Dem ist eigentlich nichts hinzuzufügen – außer der Bestätigung, daß die von Hildegard beschriebenen Wirkungen des Diamantwassers auch in der Moderne vielfach beobachtet wurden. Gerade bei Schlaganfällen ist Diamantwasser ein wahrer Segen! Vom Einlegen in Wein möchten wir hier allerdings abraten. Die mittelalterlichen Weine waren viel wäßriger, als unsere heutigen ... Für die Einnahme des Diamantwassers gibt es keine Mengenbegrenzung.

Diamant im Wasser (Foto Ruth Kübler)

Die Wachstumsmischung Apatit-Aragonit-Calcit

Calciumhaltige Mineralien sind wachstumsfördernd oder -regulierend: ***Apatit*** (hexagonales Calciumphosphat) bringt Energie, regt das Wachstum an und sorgt für die Regeneration der Knorpel und einen festen Knochenbau. ***Aragonit*** (rhombisches Calciumcarbonat) reguliert das Wachstum und bringt es insbesondere bei zu schnellen Vorgängen wieder in Balance. Außerdem ist er sehr gut für Meniscus und Bandscheiben. ***Calcit*** (trigonales Calciumcarbonat) stärkt das Wachstum durch einen gesunden Stoffwechsel und bringt Stabilität.

Gemeinsam sorgen diese drei Steine als Edelsteinwasser für ein gesundes, harmonisches Wachstum. Die Steine werden dazu direkt ins Wasser eingelegt. Diese »Wachstumsmischung« ist sehr gut für Kinder in Wachstumsphasen sowie für Erwachsene bei Problemen mit Knochen und Gelenken. Sie kann in unbegrenzter Menge getrunken werden. Auch die geistige Wirkung dieser Mischung entspricht der körperlichen: Apatit regt geistige Entwicklungen an, Aragonit balanciert sie aus und Calcit stabilisiert sie.

Wird der Wachstumsmischung noch ***Fluorit*** (Calciumfluorid) hinzugegeben, wird die regulierende Komponente verstärkt. Fluorit korrigiert fehlgegangene Entwicklungen und bringt sie wieder »in Ordnung«. Daher hilft die mit Fluorit ergänzte Wachstumsmischung z. B. bei Überbeinen oder steif gewordenen Gelenken. Ordnung und Beweglichkeit sind auch die geistigen Themen des Fluorits.

Die Wachstumsmischung: Apatit, Aragonit, Calcit und Fluorit

Die Darmsanierung mit Calcit

Calcit ist ein wichtiger Heilstein für den Darm, da er die Symbiose* der Darmbakterien (die sogenannte »Darmflora«) günstig beeinflußt. Das Zusammenwirken der 400 verschiedenen Bakterienstämme in der Darmflora ist für die abschließenden Verdauungsprozesse sehr wichtig. Ist die Darmflora gestört, kommt es zu Fäulnis und Gärungsprozessen im Darm. Dabei entstehen Giftstoffe, die ins Blut aufgenommen werden und die Leber und andere Organe schwächen. Der Volksmund hat also durchaus recht: »Ist der Darm gesund, ist der Mensch gesund!«

* Symbiose = Zusammenleben zu gegenseitigem Nutzen (griech. »sym« = »zusammen«, »bios« = »Leben«)

Die Calcit-Mischung zur Darmsanierung

Als darmsanierendes Edelsteinwasser hat sich eine Mischung verschiedenfarbiger Calcite bewährt. Zur stoffwechselregulierenden Wirkung des Calcits kommen hier noch die verschiedenen Farbinformationen dazu: Grün wirkt entgiftend, Gelb stärkt die Verdauung, Blau reguliert den Wasserhaushalt, Rot fördert die Durchblutung und Braun verbessert die Ausscheidung. Die Calcite werden am besten direkt ins Wasser gelegt. Das Calcitwasser kann in unbegrenzter Menge getrunken werden.

Das Lymphwasser Chalcedon-Moosachat-Opal

Alle Gewebe im Körper werden von der Gewebsflüssigkeit durchdrungen, die aus feinen Blutgefäßen ins Gewebe strömt. Diese Flüssigkeit bringt Sauerstoff und Nährstoffe zu den Körperzellen und nimmt deren Abfallprodukte auf. Sie sammelt sich dann als Lymphe in den Lymphbahnen, über die sie in den Blutkreislauf zurückfließt. Die Lymphe ist daher sehr wichtig für die Versorgung und Entsorgung des ganzen Organismus. Auch wichtige Immunprozesse finden in der Gewebsflüssigkeit und in den Lymphbahnen statt.

Unter den Heilsteinen haben vor allem Opale und die Chalcedonfamilie (Chalcedon, Chrysopras, Heliotrop, Karneol, Moosachat, Ozeanachat, Onyx, Sardonyx usw.) engen Bezug zum Lymphsystem. Opale und Chalcedone werden aus Kieselsäure gebildet, die durch Spalten, Risse und Adern im Gestein strömt. Dabei beginnt die Kieselsäure allmählich einzudicken. Von ihrer ursprünglich milchähnlichen Konsistenz geht sie nach und nach in einen Gelzustand über und wird schließlich fest. Auf diese Weise entstehen Opale und Chalcedone als Spalten- und Hohlraumfüllungen.

Nach dem Prinzip »Ähnliches heilt Ähnliches« wirken die aus eingedickter Flüssigkeit entstandenen Opale und Chalcedone nun insbesondere dort, wo Lymphe und Gewebsflüssigkeiten dicker und zähfließender werden. Daher fördern sie den

Abbau von Wassereinlagerungen, die Bewegung der Gewebsflüssigkeit, den Lymphfluß und die wäßrige Ausscheidung über Nieren und Blase.

Die Kombination von ***blauem Chalcedon***, ***Moosachat*** und ***Opal*** (z. B. Edelopal) im Edelsteinwasser hat sich als außergewöhnlich lymphanregend erwiesen. Dieses »Lymphwasser« ist eine gute Unterstützung bei Grippe, Erkältungen und anderen Infektionen, bei Entzündungen, Lymphstau, Gliederschmerzen oder einer generell schlechten Ausleitung. Auch Entgiftungsprozesse werden wirkungsvoll unterstützt und die gesamte Nährstoffversorgung der Gewebe und Organe verbessert. Das Edelsteinwasser kann durch direktes Einlegen der Steine oder durch das Einleiten mit Kristallen hergestellt werden. Es ist ratsam, mit einer Tagesdosis von einem Trinkglas (200 ml) pro Tag zu starten und die Dosis allmählich bis zu einem Liter täglich zu steigern. Wenn die Ausscheidung zu stark wird (Durchfall, starker Schweiß usw.), sollte die Dosis reduziert werden.

Das Lymphwasser: Chalcedon blau, Moosachat, Edelopal

Schmerzlinderung bei Menstruationsbeschwerden durch Chrysokoll-Malachit-Türkis

Kupfermineralien haben einen engen Bezug zu den weiblichen Geschlechtsorganen. Dies ist seit Jahrtausenden bekannt, weshalb Kupfer schon in der Antike der Venus (dem weiblichen Prinzip) zugeordnet wurde. Auch moderne Forschungen haben ergeben, daß bei Frauen der Kupfergehalt im Blut mit dem Einsetzen der Menstruation steigt, während der Eisengehalt sinkt (Eisen ist Mars, dem männlichen Prinzip zugeordnet). Im Klimakterium kehren sich die Verhältnisse wieder um: Der Kupfergehalt sinkt, der Eisengehalt steigt.*

* Siehe Claudia Cardinal, »Kupfer – das warme Metall in Alchemie und Heilkunde«, in »Kupfer und seine Mineralien«, Messethemenheft '97 der Mineralientage München)

Diese Verbindung von Kupfer und Weiblichkeit findet sich bei vielen Heilsteinen wieder: ***Chrysokoll*** (Kupfersilikat) stärkt die weibliche Seite in Frauen und Männern und fördert die Fürsorge und das »Nähren« anderer (die körperliche und seelische Unterstützung). ***Malachit*** (Kupfercarbonat) weckt die verführerischen Talente, die Sinnlichkeit und Neugier und fördert den Sinn für Ästhetik und musische Künste. ***Türkis*** (Kupfer-Aluminium-Phosphat) repräsentiert das Schützen, Umhegen und die eigene Selbstbestimmung.

Körperlich fördern alle drei Kupfermineralien die Gehirntätigkeit, die Sinneswahrnehmung sowie die Entgiftung und Regenerationstätigkeit der Leber. Sie wirken entzündungshemmend, schmerzlindernd und krampflösend – insbesondere bei Menstruationsbeschwerden. Verminderte oder zu starke, unregelmäßige oder schmerzhafte Monatsblutungen sind auch die Hauptindikation dieser Edelsteinwasser-Mischung, die am besten durch das Einleiten mit Kristallen hergestellt wird. Bei akuten Schmerzen beträgt die Tagesdosis etwa 200 ml (ein Trinkglas), ansonsten genügen 20 - 60 ml täglich (ein bis drei Schnapsgläser). Bei starken Krämpfen kann Malachit zusätzlich äußerlich aufgelegt werden. Aufgrund seiner krampflösenden (und auch geburtsfördernden) Wirkung wird er im Alpenraum seit Jahrhunderten schon »Hebammenstein« genannt.

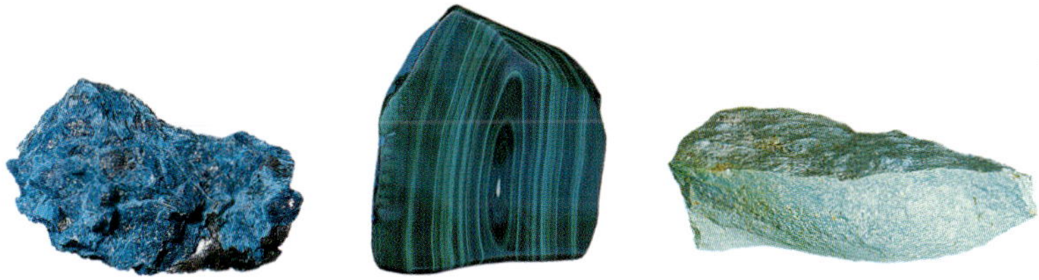

Chrysokoll, Malachit und Türkis: Kupfermineralien für die Frau

Der Muskelbalsam Dolomit-Magnesit-Serpentin

Magnesium ist der Mineralstoff, der die Muskeln entspannt und geschmeidig hält. Magnesiumhaltige Mineralien lösen daher Muskelverspannungen, lindern Schmerzen und verbessern die Durchblutung. Bei Muskelkater und anderen Schmerzen durch Überanstrengung, Zerrung oder Verletzung der Muskulatur sind sie die Heilsteine erster Wahl. Doch nicht nur auf der körperlichen Ebene, auch seelisch wirken Magnesiummineralien entspannend, beruhigend und streßlindernd.

Edelsteinwasser mit den Magnesiummineralien Dolomit, Magnesit und Serpentin ist daher das Wasser für Feierabend, Wochenende und Urlaub – oder nach dem Sport! ***Dolomit*** (Calcium-Magnesium-Carbonat) sorgt für Ausgeglichenheit und Zufriedenheit. ***Magnesit*** (Magnesiumcarbonat) bringt Entspannung, Geduld und Friedfertigkeit. ***Serpentin*** lindert Nervosität und Streß und schützt gegen Negativität von außen. Gemeinsam im Edelsteinwasser machen diese drei Magnesiummineralien locker und gelöst. Und als »Muskelbalsam« ist diese Mischung unübertroffen. Das Edelsteinwasser wird durch direktes Einlegen der Steine oder durch Einleiten mit Kristallen hergestellt. Die Tagesdosis beginnt mit ein bis drei Trinkgläsern (200 bis 600 ml) und kann bis zur »unbegrenzen Menge« gesteigert werden.

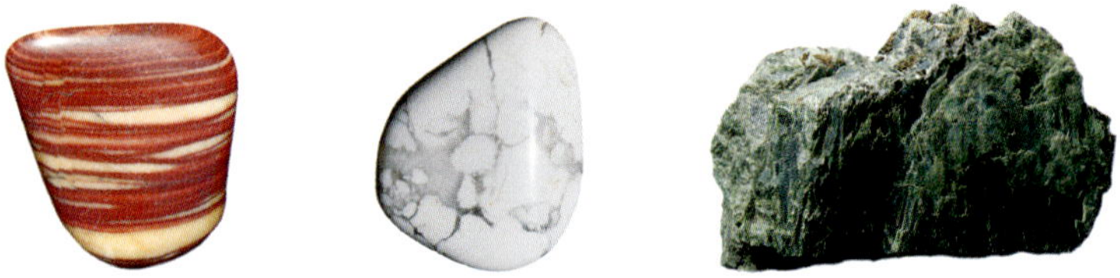

Dolomit, Magnesit und Serpentin – der Muskelbalsam!

Das Notfallwasser Obsidian-Rhodonit-Amethyst-Bergkristall

Zugegebenermaßen ist Edelsteinwasser in Notsituationen oft nicht das Mittel erster Wahl, da man es ja blitzschnell fertig angesetzt zur Hand haben müßte. Käufliche Edelstein-Elixiere, Bachblüten-Notfalltropfen oder auch das homöopathische Notfallmittel Arnica sind da schneller zur Hand – sofern in der Hausapotheke vorhanden.

Wenn jedoch nichts anderes greifbar ist oder sowieso Zeit bleibt (nach einem weniger dramatischen Unfall, dessen Verletzungen bereits versorgt sind), lohnt es sich, schnell ein Edelsteinwasser anzusetzen. Empfehlenswert ist hier das Einleiten mit Kristallen, da diese Methode schon in 10 Minuten zu einem wirkungsvollen »Notfallwasser« führt. Eine bewährte Notfallmischung ist Obsidian, Rhodonit, Bergkristall und Amethyst:

Obsidian hilft bei Unfällen, Schock und anderen gravierenden Notfällen, geistesgegenwärtig zu bleiben (oder zu werden). Er wirkt schmerzlindernd, hilft Angst zu überwinden und bringt uns geistig aus dem (bereits vergangenen) Ereignis heraus in die Gegenwart. Außerdem löst er Schocks auf der Zellebene auf, die ansonsten den Heilungsprozeß behindern. Gemeinsam mit Rhodonit fördert er den raschen Abbau von Blutergüssen.

Rhodonit ermöglicht ebenfalls bei Ängsten, Panik, Unfall und Schock, geistig klar und bewußt zu bleiben. Darüber hinaus hilft er jedoch, körperliche und seelische Verletzungen und Schmerzen vollständig zu heilen. Rhodonit erleichtert, das Erlebnis zu verarbeiten, er hilft zu verzeihen und loszulassen. Körperlich beschleunigt er die Wundheilung und vermindert Narbenbildungen.

Amethyst löst beim Unfall entstandene geistige Verwirrung auf und hilft, sich wieder zu sammeln. Er trägt dazu bei, die seelischen Folgen des Unfalls zu überwinden, sich gegebenenfalls durch Weinen Erleichterung zu verschaffen, ermöglicht aber auch die Bewältigung der Trauer. Körperlich hilft er bei Prellungen und Schwellungen und lindert die damit verbundenen Schmerzen.

Bergkristall bringt Klarheit. Er hilft, das Geschehen so zu sehen, wie es ist, und aus einer höheren Warte zu verstehen, was geschehen ist. Das gibt uns die Chance, Wiederholungen ähnlicher Situationen zu vermeiden. Körperlich bringt Bergkristall blockierte Energie wieder in Fluß und harmonisiert Gehirn und Nerven. Auch er lindert Schmerzen und Schwellungen.

Rhodonit, Obsidian, Amethyst und Bergkristall als Notfallwasser

Vom »Notfallwasser« sollten 100 bis 200 ml in kleinen Schlucken eingenommen werden, am besten langsam und mit Pausen, bis eine deutliche Verbesserung (geistige Anwesenheit, Schmerzlinderung, Auflösen des Schocks, verbessertes Allgemeinbefinden) erkennbar wird. Wenn das nicht möglich ist, kann das Edelsteinwasser auch in eine Pumpzerstäuberflasche eingefüllt und mehrfach »in die Aura«, also rund um den Körper gesprüht werden.

Die Fünf-Elemente-Mischung

Die traditionelle chinesische Philosophie und Medizin beschreibt das Leben als einen ewigen Wandel, der beständig fünf Phasen durchläuft:

- ***Die Wandlungsphase Holz*** als Neubeginn und Wachstum.
- ***Die Wandlungsphase Feuer*** als Ausdehnung und Entwicklung.
- ***Die Wandlungsphase Erde*** als Höhepunkt und Gleichgewicht.
- ***Die Wandlungsphase Metall*** als Rückzug und Kontakt.
- ***Die Wandlungsphase Wasser*** als Lebenskraft und Essenz.

Alle Dinge durchlaufen immer wieder diese fünf Phasen: Sie treten in Erscheinung, entwickeln und verwirklichen sich, bilden sich dann wieder zurück und werden zu einer Essenz der Erfahrung, einer Erinnerung und Idee, aus der die nächste Erscheinung hervorgeht. Sind die fünf Wandlungsphasen oder »Fünf Elemente« im Einklang, verlaufen Entwicklungen in einem lebendigen, harmonischen Fluß. Ist ihr Verhältnis jedoch gestört durch Übermächtigkeit oder Mangel einzelner Elemente, entsteht Disharmonie und Chaos. Dann wird die Wandlungsfähigkeit blockiert. Probleme und Schwierigkeiten treten auf.

Daher sagt ein alter Sinnspruch der chinesischen Medizin:
»Leben ist Wandlung – Stillstand ist Tod!«

Die Fünf-Elemente-Mischung beinhaltet für jedes Element bzw. jede Wandlungsphase einen ausgewählten Edelstein, der die jeweilige Qualität des Elements verkörpert, aber auch mit den anderen Steinen in Harmonie ist. Daher handelt es sich bei den fünf Steinen ausnahmslos um Quarze. Die stoffliche Verwandschaft (Silikate) und strukturelle Übereinstimmung (trigonale Mineralien) schafft die gemeinsame Basis einer harmonischen Beziehung. Zur Herstellung des Edelsteinwassers können die fünf Edelsteine direkt ins Wasser eingelegt oder die Informationen mit Kristallen eingeleitet werden.

Die Fünf-Elemente-Mischung: Ozeanachat (Ozeanjaspis), Rosenquarz, versteinertes Holz, Amethyst und blauer Chalcedon

- ***Die Wandlungsphase Holz*** repräsentiert der ***Ozeanachat (Ozeanjaspis)*** als Stein für das »Prinzip Hoffnung«, für die Erneuerung, den Aufbau und Regeneration.
- ***Die Wandlungsphase Feuer*** repräsentiert der ***Rosenquarz*** als Stein der Liebe, Herzlichkeit, Lebensfreude, Sinnlichkeit und Sexualität.
- ***Die Wandlungsphase Erde*** repräsentiert das ***versteinerte Holz*** als Stein des Ausgleichs, der wandelbaren (rhythmischen) Stabilität und der festen Verwurzelung.
- ***Die Wandlungsphase Metall*** repräsentiert der ***Amethyst*** als Stein für den inneren Frieden und die Meditation sowie für Wachheit und Bewußtheit.
- ***Die Wandlungsphase Wasser*** repräsentiert der ***blaue Chalcedon*** als Stein der inneren Beweglichkeit und jener Lebenskraft, die spielerisch fließend (wie das Wasser) stets ihr Ziel erreicht.

In Kombination führen die fünf Edelsteine Ozeanachat (Ozeanjaspis), Rosenquarz, versteinertes Holz, Amethyst und blauer Chalcedon zu einer Harmonie der Fünf Elemente und damit zur Wandlungsfähigkeit, Lebendigkeit und Lebensfreude.

Sie führen zu einer wohltuenden Balance von Aktivität und Entspannung und stärken genau den im Moment notwendigen Impuls: Tatkraft (Holz), Begeisterung (Feuer), Ausgeglichenheit (Erde), Kontakt (Metall) oder Lebenskraft (Wasser). Dadurch verlaufen Entwicklungen harmonischer und führen zu einer positiven Lebenshaltung. Eine Bejahung des Lebens mit allen Herausforderungen ist jedoch die Grundvoraussetzung für die Bewältigung vieler Probleme und für das Genießen eines erfüllten Lebens. Zwar nehmen uns die Steine die eigene Lebensbewältigung und Lebensgestaltung in keiner Weise ab, doch können sie helfen, im Fluß zu bleiben und Entwicklungen positiv zu lenken.

Wirkungen von Edelsteinwasser

Grundsätzliches

Die Wirkungen von Edelsteinwassern und Heilsteinen sind ähnlich, häufig sogar fast identisch. Weshalb es hier manchmal zu Abweichungen kommt, wurde bereits im Kapitel »Was ist Edelsteinwasser« (Abschnitt »Edelsteinwasser als Heilmittel«) besprochen. Aus diesem Grund werden in den folgenden Beschreibungen der Edelsteinwasser auch nicht alle denkbaren Heilwirkungen genannt. Diese sind der allgemeinen Heilsteine-Literatur zu entnehmen.*

* Michael Gienger, » Heilsteine – 430 Steine von A-Z«, Neue Erde, Saarbrücken 2003; Michael Gienger, »Lexikon der Heilsteine«, Neue Erde, Saarbrücken 2000; Michael Gienger, »Die Heilsteine Hausapotheke«, Neue Erde, Saarbrücken 1999

Übersicht gebräuchlicher Edelsteinwasser

Die folgende Liste ist eine Übersicht von Edelsteinwassern, mit denen bereits reichhaltige Erfahrungen vorliegen. In dieser Liste sind besonders jene Wirkungen hervorgehoben, für die sich speziell eine Anwendung als Edelsteinwasser eignet. Die Liste hat weder in der Zahl der Steine noch bezüglich der genannten Wirkungen Anspruch auf Vollständigkeit.* Der Gebrauch der Edelsteinwasser entwickelt sich derzeit so rapide, daß fast täglich neue Entdeckungen und Erkenntnisse entstehen. Ergänzungen und aktuelle Informationen finden Sie daher im Internet unter www.edelstein-wasser.de

Achat – Sammlung und Reife

Indikationen: Schutz, seelische Stabilität, innere Geborgenheit, geistige Sammlung und Reife. Für eine ruhige und beschauliche Lebensbetrachtung und Lebensgestaltung. Fördert Realitätssinn, die Verarbeitung von Lebenserfahrungen und führt dadurch zu geistigem Wachstum, Stärke und Sicherheit. Hilft, Probleme einfach-pragmatisch zu lösen, sich auf das Wesentliche zu konzentrieren und Ablenkungen zu vermeiden. Bei Beschwerden von Hohlorganen (Magen, Darm, Blase, Gebärmutter usw.), Haut, Schleimhäuten und Augen. Stärkt Blutgefäße und Bindegewebe (sehr gut in Kombination mit Bergkristall!), daher auch hilfreich bei Krampfadern und Hämorrhoiden. Verbessert die Ver- und Entsorgung der Körperzellen, fördert Verdauung, Ausscheidung, Wachstum und Regeneration. Schwangerschaftsschutzstein.

Einstufung: Sanft wirkender Heilstein.

Herstellung: Alle Methoden möglich.

Amazonit – Stimmungsausgleich und Harmonie

Indikationen: Selbstbestimmung, Selbstverantwortung, Ausgleich, innere Harmonie, Vertrauen. Hilft aus Ohnmacht und Opferhaltung heraus, ermöglicht das Erkennen der eigenen inneren Stärke und regt an, das eigene Leben selbst in die Hand zu nehmen. Löst Trauer und Beklemmungen, hilft bei Alpträumen und extremen Stimmungsschwankungen. Stärkt Leber (auch als Reinigungsbad), Sehnen und Gelenke (Karpaltunnelsyndrom, Tennisellenbogen, Sehnenscheidenentzündung), hilft bei Stoffwechselstörungen. Wirkt entspannend und krampflösend, auch in der Geburtshilfe bei der Ausdehnung des Muttermundes. Wirkt nervenstärkend, hilft bei Gehirnerkrankungen, harmonisiert Hypophyse, Thymusdrüse und das vegetative Nervensystem. Lindert durch Kummer verursachte Herzbeschwerden.

Einstufung: Stark wirkender Heilstein.

Herstellung: Direktes Einlegen, Einleiten mit Kristallen.

Amethyst – Wachheit und Frieden

Indikationen: Wachheit, Bewußtheit, geistige Klarheit, Weisheit, Wahrnehmung, Inspiration, Gerechtigkeitssinn, Urteilsvermögen, Ehrlichkeit, Aufrichtigkeit. Klären der Träume (heller Amethyst!), Trauerbewältigung, Versöhnung, Konfliktbewältigung, innerer Frieden. Beruhigung, Entspannung, gegen Bluthochdruck. Für Gehirn, Nerven und Darm, bei Hautbeschwerden und Juckreiz (äußerlich aufbringen oder als Bad). Mit Bergkristall und schwarzem Turmalin als Schutzmischung für die Aura (siehe dort). Als Spray zur energetischen Reinigung von Räumen. Bestandteil des Notfallwassers und der »Kristallklar-Kombination« (siehe dort). Lindert Schmerzen, Prellungen und Schwellungen. In der »Fünf-Elemente-Mischung« (siehe dort) für die Wandlungsphase Metall. Auch als »Informationsschutz« bei der Wasserfilterung (siehe Seite 82/83).

Einstufung: Sanft wirkender Heilstein.

Herstellung: Direktes Einlegen, Wasserdampfmethode, Einleiten mit Kristallen, Wassergläser auf Amethyst-Drusenstücken.

Apatit – Antrieb und Motivation

Indikationen: Offenheit, Kontaktfreude, Lebendigkeit, Energie. Regt geistige Entwicklungen an, bringt Antrieb und Motivation (Apatit gegen Apathie!). Mobilisiert Energiereserven, sorgt für gesunden Appetit. Hilft bei Erschöpfung, besonders, wenn übermäßige Aktivität und Antriebslosigkeit stets abwechseln. Vermindert Reizbarkeit und Aggressionen. Fördert körperliches Wachstum, festigt Zähne und Knochen (auch bei Rachitis und Osteoporose), beschleunigt die Heilung von Knochenbrüchen, Arthrose und Gelenkbeschwerden (verbessert die Knorpelregeneration). Mit Aragonit und Calcit Bestandteil der Wachstumsmischung (siehe dort).

Einstufung: Stark wirkender Heilstein. Die Einnahmemenge kann aber dennoch von 200 ml (1 Trinkglas) bis zur »unbegrenzten« Menge gesteigert werden.

Herstellung: Direktes Einlegen, Reagenzglasmethode (bei bröselnden Rohsteinen), Einleiten mit Kristallen.

Apophyllit – Befreiung und Aufrichtigkeit

Indikationen: Gelassenheit, Ruhe, Ehrlichkeit, Offenheit, Erleichterung. Befreiung von Unsicherheit, Sorgen, Ängsten, innerem Druck und Beklemmungen. Hilft, sich zu zeigen, wie man ist, ohne Verstecken, Zurückhaltung und schlechtes Gewissen. Befreit durch starke Beherrschung unterdrückte Gefühle. Hilft, Verhaftungen und Verhaltensmuster loszulassen, insbesondere alle Gedanken des »Haben-Wollens«. Hilft bei Nerven-, Haut und Atemwegsbeschwerden (insbesondere Halsschmerzen und Bronchitis) sowie Allergien. Das wichtigste Edelsteinwasser bei Asthma!

Einstufung: Stark wirkender Heilstein.

Herstellung: Direktes Einlegen, Einleiten mit Kristallen.

Aquamarin – Weitblick und Disziplin

Indikationen: Geistiges Wachstum, Weitblick, Voraussicht, Medialität und Konzentration. Macht aufrichtig, zielstrebig, dynamisch, ausdauernd und erfolgreich. Fördert das konsequente Verfolgen begonnener Vorhaben. Bringt zugleich Leichtigkeit und heitere Gelassenheit in dem Bewußtsein, daß sich alles fließend und schnell entwickelt. Klärt Verwirrung, regt an, Ordnung zu schaffen und Unerledigtes aufzuarbeiten. Hilft bei Hyperaktivität, Augenleiden (Kurz- und Weitsichtigkeit), Halsschmerzen, Nieren- und Blasenbeschwerden, Übelkeit und Bauchschmerzen. Bei Schilddrüsenbeschwerden, Autoimmunerkrankungen und Allergien (wichtigstes Edelsteinwasser bei Heuschnupfen).

Einstufung: Stark wirkender Heilstein. Die Einnahmemenge kann aber dennoch von 200 ml (1 Trinkglas) bis zur »unbegrenzten« Menge gesteigert werden.

Herstellung: Direktes Einlegen, Einleiten mit Kristallen.

Aragonit – Wachstum und Entlastung

Indikationen: Regulation von Wachstumsprozessen, Ausbalancieren zu schneller Entwicklungen. Hilft bei Überforderung, Überempfindlichkeit, innerer Unruhe und nervösem Zittern. Für Flexibilität und Toleranz, jedoch Konsequenz bei eigenen Vorhaben. Bringt Wohlgefühl im eigenen Körper. Reguliert den Calcium-Stoffwechsel, fördert die Verdauung und hilft bei Beschwerden von Magen und Darm. Das beste Edelsteinwasser für Bandscheiben und Meniskus. Mit Apatit und Calcit Bestandteil der Wachstumsmischung (siehe dort). Verwendbar ist hier auch »Onyx-Marmor«, ein gebändertes Gestein aus ca. 80% Aragonit und 20% Calcit.

Einstufung: Sanft wirkender Heilstein.

Herstellung: Direktes Einlegen, Wasserdampfmethode, Einleiten mit Kristallen, Wassergläser auf Aragonitscheiben oder Platten aus Onyx-Marmor.

Aventurin grün – Unbeschwertheit und Entspannung

Indikationen: Selbstbestimmung, Individualität, Ideenreichtum, Interesse, Begeisterung, Toleranz und Akzeptanz. Regt an, zu träumen und Träume wahr werden zu lassen. Fördert Entspannung, Erholung und Regeneration, lindert Wut und Ärger. Für guten Schlaf, gegen Nervosität und Streß. Stärkt das Bindegewebe, regt den Fettstoffwechsel an und senkt den Cholesterinspiegel, daher auch vorbeugend gegen Arteriosklerose und Herzinfarkt. Lindert Hautkrankheiten (auch Psoriasis), Juckreiz, Ausschläge, Allergien, Entzündungen, Sonnenbrand und Sonnenstich. Wirkt schmerzlindernd. Als Haarspülung gut bei Schuppen und fettigem Haar. Sehr gut als Entspannungsbad am Abend.

Einstufung: Sanft wirkender Heilstein.

Herstellung: Alle Methoden möglich.

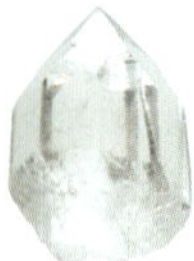

Bergkristall – Klarheit und Energie

Indikationen: Selbsterkenntnis, geistige Klarheit und Neutralität, stärkt den eigenen Standpunkt, verbessert Wahrnehmung, Aufmerksamkeit und Verstehen. Stärkt die Sinne, Konzentration, Erinnerung und Beobachtungsgabe. Bringt Vitalität, innere Stabilität und gute Energieverteilung: Belebt taube und gefühllose Körperbereiche, hilft bei Gelenkbeschwerden, wirkt erwärmend bei Kälteempfindlichkeit – jedoch fiebersenkend und schmerzlindernd. Stärkt das Vorhandene. Fördert die Regulation der Drüsen, Hormone und des Wasserhaushaltes sowie die Harmonisierung von Gehirn und Nerven. Gut für Haut, Haare, Nägel (hier gut in Kombination mit Achat). Bestandteil der »Kristallklar-Kombination« und des Notfallwassers (siehe dort), hilft gegen Schwellungen. Sehr gut zur unspezifischen Verbesserung der Wasserqualität. Verstärkt in Kombinationen die Wirkung anderer Heilsteine. Mit Amethyst und schwarzem Turmalin als Schutzmischung für die Aura (siehe dort).

Einstufung: Sanft wirkender Heilstein.

Herstellung: Alle Methoden möglich.

Bernstein – Sorglosigkeit

Indikationen: Selbstbewußtsein, Lebensfreude, Sorglosigkeit, Glück und Fröhlichkeit (aufheiternd auch als Bad!). Macht friedliebend und vertrauensvoll, bringt Erfolg durch Glauben an sich selbst. Fördert Kreativität, Spontaneität und gibt Motivation durch den Abbau von Widerständen. Hilft bei Leber-, Gallen-, Magen-, Milz- und Darmbeschwerden, gegen Allergien, Diabetes, Übelkeit, Gliederschmerzen, Rheuma, Gicht, Gelenkbeschwerden und Verspannungen. Gut für Nerven, Schilddrüse, Bauchspeicheldrüse (Pankreas), Stoffwechsel, Verdauung, Ausscheidung, Entgiftung, Haut, Schleimhäute und Zahnfleisch. Als Hilfe beim Zahnen kleiner Kinder sind jedoch Bernsteinkettchen besser geeignet als das Edelsteinwasser.

Einstufung: Sanft wirkender Heilstein.

Herstellung: Direktes Einlegen, Reagenzglasmethode (ist als hygienische Methode mitunter zu empfehlen, da Bernstein als organische Substanz ein guter Nährboden für Mikroorganismen ist), Einleiten mit Kristallen, Wassergläser auf Bernsteinscheiben.

Calcit – Selbstvertrauen und Entwicklung

Indikationen: Stabilität, Selbstvertrauen und Standhaftigkeit, beschleunigt und stabilisiert Wachstum und Entwicklungen. Wirkt gegen Trägheit und stärkt die Fähigkeit zur Überwindung. Regt an, Ideen in die Tat umzusetzen und macht tüchtig und erfolgreich. Stärkt und reguliert Stoffwechsel, Verdauung und Ausscheidung. Gut für Knochen, Bindegewebe, Haut, Schleimhäute und Darm. Die Kombination verschiedenfarbiger Calcite fördert die Darmflora (siehe Seite 127/128). Bestandteil der Wachstumsmischung (siehe dort). Orangencalcit auch als aufheiterndes Bad.

Einstufung: Sanft wirkender Heilstein.

Herstellung: Direktes Einlegen, Wasserdampfmethode, Einleiten mit Kristallen, Wassergläser auf Calcitscheiben.

Chalcedon blau – Kommunikation und Fließen

Indikationen: Kommunikation, Geistesgegenwart, Hinhören, Verständnis, Kontakt, Leichtigkeit, Beweglichkeit, spielerischer Erfolg. Hilft, sich mitzuteilen und auszudrücken (Rednerstein). Blutdruck- und fiebersenkend, gut für Atemwege, Schleimhäute, Schilddrüse, Nieren und Blase sowie bei Wetterfühligkeit, Heiserkeit, Husten, Erkältungen, Gliederschmerzen, Entzündungen, Allergien und Diabetes. Fördert die Milchbildung bei stillenden Müttern (Chalcedon ohne Bänderung) sowie den Lymphfluß, den Abbau von Ödemen und die Ausleitung von Schlacken (gebänderter Chalcedon). Als Reinigungsbad oder mit Moosachat und Opal Bestandteil des Lymphwassers (siehe dort). In der »Fünf-Elemente-Mischung« (siehe dort) für die Wandlungsphase Wasser.

Einstufung: Sanft wirkender Heilstein.

Herstellung: Direktes Einlegen, Kochmethode, Wasserdampfmethode, Einleiten mit Kristallen.

Chrysokoll – Ausgeglichenheit und klarer Kopf

Indikationen: Ausgeglichenheit, Selbstbeobachtung, Ästhetik, Fürsorge und Unterstützung. Antrieb bei Trägheit, gegen Nervosität und Überreiztheit. Bewahrt kühlen Kopf bei Streß und starken Emotionen, hilft bei Stimmungsschwankungen. Stärkt Leber und Gehirn, kühlt, entspannt, entgiftet, wirkt blutdrucksenkend. Hilft bei Infektionen, Halsentzündung, Fieber, Schmerzen, streßbedingten Verdauungsstörungen, Krämpfen und Menstruationsbeschwerden. Für letzteres auch in Kombination mit Malachit und Türkis. Erleichtert die Geburt. Gemeinsam mit Turmalin (z. B. Schörl) zur besseren Narbenheilung und Gewebsregeneration, mit blauem Turmalin (Indigolith) bei Brandwunden. Gutes Streßminderungsbad.

Einstufung: Stark wirkender Heilstein.

Herstellung: Direktes Einlegen (nur wenn absolut muttergesteinsfrei!), Reagenzglasmethode, Einleiten mit Kristallen, Wassergläser auf Chrysokollscheiben.

Chrysopras – Entgiftung und Geborgenheit

Indikationen: Geborgenheit, geistiges Da-Sein, Kommunikation schwieriger Themen, Konfliktlösung, Vertrauen, Geduld. Bei Eifersucht, Liebeskummer, Beziehungsproblemen, Heimweh, Alpträumen, seelischen Belastungen, sexuellen Problemen. Gegen negative Geisteshaltungen, zwanghafte Handlungen und Verhaltensmuster. Fördert die Entgiftung und Entschlackung, stärkt Leber und Nieren. Hilft bei Epilepsie, wenn die Anfälle vorwiegend nachts auftreten (sonst besser Smaragd). Wirksam bei Allergien, Rheuma, Gicht, Beschwerden von Galle und Darm, Hautkrankheiten, Herpes, Neurodermitis und Psoriasis. In Kombination mit äußerlich getragenem Rauchquarz auch bei Pilzinfektionen. Fördert die Fruchtbarkeit der Frau. Gutes Reinigungsbad.

Einstufung: Intensiv wirkender Heilstein.

Herstellung: Direktes Einlegen, Wasserdampfmethode, Reagenzglasmethode (wenn nicht ganz muttergesteinsfrei), Einleiten mit Kristallen, Wassergläser auf Chrysoprasscheiben.

Citrin – Lebensmut und Selbstausdruck

Indikationen: Selbstausdruck, Selbstsicherheit, Lebensmut und Lebensfreude. Fördert Individualität, Abwechslung und Dynamik, die Verarbeitung von Erfahrungen und das Verstehen. Hilft bei Kummer, Depression, Bettnässen und Wachstumsstörungen. Stärkt Nerven und Verdauung, fördert Magen, Milz und Bauchspeicheldrüse (Pankreas), daher auch gut bei Diabetes. Wirkt erwärmend und gut als aufheiterndes Bad.

Einstufung: Stark wirkender Heilstein.

Herstellung: Direktes Einlegen, Kochmethode, Wasserdampfmethode, Einleiten mit Kristallen.

Diamant – Unbezwingbarkeit und Charakter

Indikationen: Unbezwingbarkeit, Kontrolle, Neutralität, Reinigung, Ethik, Gerechtigkeit, Befreiung von Zwängen, Tugendhaftigkeit, Stärke. Klare Erkenntnis, Aufrichtigkeit, Charakterstärke, Ordnung, Selbstbestimmung, Treue zu sich selbst und Freunden, geistige Freiheit. Gegen Angst, Depression, Gefühle der Sinnlosigkeit, hilfreich in Krisen durch gescheiterte Pläne und Ziele. Fördert Lernfähigkeit, logisches Denken, Konsequenz, Problemlösung, Entscheidungsfähigkeit und Verantwortung. Verbessert die Reinigung und Kontrolle des Körpers, gut für Sinnesorgane, Hormondrüsen, Blutgefäße, Nerven und Gehirn, wichtigstes Heilmittel nach Schlaganfällen! In Kombination mit Amethyst, Fluorit, Topas und schwarzem Turmalin (Schörl) zur energetischen Raumreinigung.

Einstufung: Intensiv wirkender Heilstein, kann aber dennoch in größeren Mengen (täglich 1 Liter bis unbegrenzt) eingenommen werden.

Herstellung: Direktes Einlegen, Einleiten mit Kristallen.

Dolomit – Begabung und Selbstfindung

Indikationen: Selbstverwirklichung, Selbstfindung, Stabilität, Gemeinschaftssinn, Traditionsbewußtsein. Bringt Gelassenheit, Ausgeglichenheit, Geduld und Zufriedenheit. Hilft, Begabungen zu entwickeln, fördert den gesunden Menschenverstand, schenkt Ruhe und pragmatisches Geschick zur Problemlösung und ermöglicht so, eigene Ziele leicht und unkompliziert zu realisieren. Entspannt, entsäuert, hält vital und gesund, wirkt schmerzlindernd und krampflösend. Hilft bei Muskelkater, stoffwechselbedingten Kopfschmerzen und ist gut für Blut, Herz, Kreislauf und Blutgefäße. Vermindert Gefäßablagerungen und Thromboseneigung. Mit Magnesit und Serpentin Bestandteil des »Muskelbalsams« (siehe dort).

Einstufung: Sanft wirkender Heilstein.

Herstellung: Direktes Einlegen, Wasserdampfmethode, Reagenzglasmethode (bei bröseligen Gesteinsbrocken), Einleiten mit Kristallen, Wassergläser auf Dolomitscheiben.

Dumortierit – Zuversicht und Gelassenheit

Indikationen: Leichtigkeit, Losgelöstheit, Gelassenheit, Mut und Zuversicht (»Take it easy-Stein«). Fördert eine positive Lebenseinstellung und die spielerische Kontrolle über das eigene Leben. Ermöglicht, Nervosität, Streß, zwanghafte Verhaltensmuster und Sucht zu überwinden und schwierige Situationen leichter zu meistern. Hilft bei Folgen von Ärger und zurückgehaltenen Emotionen, bei Panik, Ängsten, Heimweh, Kummer und Depression, fördert Harmonie und Vertrauen. Sehr gut bei Reisekrankheit, Übelkeit, Erbrechen, Durchfall, Koliken und Krämpfen. Hilft bei Gallen- und Darmbeschwerden, Kopfschmerzen, Nervenleiden, Epilepsie und Wahrnehmungsstörungen. Auch bei Hautbeschwerden durch den Kontakt mit Giftstoffen oder Strahlung (UV-Licht). Gut als Haut- oder Streßminderungsbad.

Einstufung: Sanft wirkender Heilstein.

Herstellung: Alle Methoden möglich.

Edelopal – Heiterkeit und Lebensfreude

Indikationen: Ausgelassenheit, Lebensfreude, Glück, macht das Leben bunt und interessant, läßt die schönen Seiten des Lebens genießen, fördert Phantasie, Sinnlichkeit und Erotik. Macht emotional, verführerisch, geistreich, unkonventionell, optimistisch und »leichten Sinnes« (manchmal auch leichtsinnig). Bringt Humor und Heiterkeit (»Lachwasser«), Spontaneität, Begeisterung, Ideenfülle und Kreativität. Hilft bei Trauer, Kummer, Heimweh und Depression. Wirkt durch die Stärkung des Lebenswillens generell gesundheitsfördernd, auch bei sehr schweren Erkrankungen wie z. B. Krebs. Fördert Nährstoffversorgung, Stoffwechsel und das harmonische Wachstum der Zellen, stärkt das Immunsystem, entschlackt, mobilisiert den Lymphfluß, hilft bei Husten und Atemwegserkrankungen sowie bei Augenleiden durch Störungen des Wasserhaushaltes. Gemeinsam mit Chalcedon und Moosachat Bestandteil des Lymphwassers (siehe dort). Edelopal hält jung und gesund.

Einstufung: Sanft wirkender Heilstein.

Herstellung: Direktes Einlegen, Reagenzglasmethode (bei Opalen mit Muttergestein), Einleiten mit Kristallen.

Epidot – Genesung und Erholung

Indikationen: Erholung, Regeneration, Geduld, Selbsterkenntnis, Realitätssinn, stabile Entwicklung. Fördert die Genesung und Erholung nach schweren Erkrankungen oder großer Erschöpfung. Hilft bei Überarbeitung, Belastung, Folgen schmerzhafter Erlebnisse, Trauer, Kummer, Selbstmitleid, Gram und Frustrationen aufgrund von Fehlschlägen. Wirkt aufbauend und stärkend, lehrt, sich selbst nicht zu überfordern, und verbessert die Leistungsfähigkeit. Fördert die körperliche Konstitution und Kondition, stärkt Leber, Galle und Verdauung, verbessert die Regenerationskraft, stärkt das Immunsystem und beschleunigt Heilungsprozesse. Kann zu anderen Heilsteinen hinzugegeben werden, wenn deren Wahl zwar richtig ist, die Wirkung wegen zu großer Schwäche jedoch ausbleibt oder nicht ausreicht. Gut als Vitalisierungsbad.

Einstufung: Sanft wirkender Heilstein.

Herstellung: Alle Methoden möglich. Statt reinem Epidot kann hier auch das Epidot-Feldspat-Gemenge »Unakit« verwendet werden. Die Wirkungen unterscheiden sich nur unwesentlich.

Feueropal – Lebenslust und Vergnügen

Indikationen: Lebensfreude, Begeisterung, Dynamik, Initiative, Ideenreichtum, Spontaneität, Fröhlichkeit, Lebenslust, Vergnügen, Erotik, Spaß an der Sexualität. Hilft Hemmungen abzubauen, macht impulsiv, emotional, lebendig, aufgeschlossen und risikofreudig, wirkt aufmunternd und hilft, andere mit der eigenen Stimmung anzustecken. Regt an, loszulegen und Ideen sofort in die Tat umzusetzen, bringt eine rasche Auffassungsgabe und läßt Herausforderungen zum Anreiz werden. Behebt sehr schnell alle Energie-Mangelerscheinungen und fördert Kreislauf, Durchblutung, Potenz und Fruchtbarkeit. Hilft bei Müdigkeit, Schwäche und niedrigem Blutdruck, regt die Geschlechtsorgane an und aktiviert die Nebennieren (Adrenalinproduktion). Sehr schön als sinnliches Bad.

Einstufung: Intensiv wirkender Heilstein.

Herstellung: Direktes Einlegen (nur Steine ohne Muttergestein), Reagenzglasmethode, Einleiten mit Kristallen.

Fluorit – Ordnung und Freigeist

Indikationen: Ordnung, Selbstbestimmung, Beweglichkeit (geistig und körperlich), Interesse, Gerechtigkeit, Freigeist. Auflösung einschränkender Verhaftungen, Gedanken- und Verhaltensmuster. Emotional stabilisierend, klärt Verwirrung. Fördert Kreativität, Konzentration, schnelles Denken und rasche Auffassungsgabe, guter Lernstein. Für geistige und körperliche Reinigung. Reguliert das Wachstum und korrigiert fehlgegangene Entwicklungen. Hilft bei brüchigen Knochen, Überbeinen und Gelenkbeschwerden, auch bei Arthritis (Gelenkentzündung). Stärkt die Zähne, regt die Regeneration von Haut und Schleimhäuten an, insbesondere in Lunge und Atemwegen. Daher gut bei trockenem Husten. Hilfreich bei Darmbeschwerden, Allergien und Beeinträchtigungen von Nerven und Gehirn. Gut als Bad für die Haut sowie mit Amethyst, Diamant, Topas und schwarzem Turmalin (Schörl) als Raumreinigungs-Spray.

Einstufung: Stark wirkender Heilstein. Die Einnahmemenge kann aber dennoch von 200 ml (1 Trinkglas) bis zur »unbegrenzten« Menge gesteigert werden.

Herstellung: Alle Methoden möglich, jedoch achtgeben, daß es kein violetter »Stinkspat« ist. Stinkspate beginnen in warmem Wasser durch Fluorausdünstung nach fauligen Eiern zu stinken. Vorher kontrollieren! Bei Stinkspaten scheiden das direkte Einlegen, die Kochmethode und die Wasserdampfmethode aus.

Granat rot – Lebensqualität und Krisenbewältigung

Indikationen: Lebensfreude, Selbstvertrauen, Selbstüberwindung, Willensstärke, Mut, Hoffnung, Zuversicht. Steigert das Engagement zur Verbesserung der Lebensqualität (für sich und andere), hilft, Krisen zu überwinden und selbst in aussichtslosen Situationen nie aufzugeben. Mobilisiert immense Kräfte in schwierigen Situationen, bei Widerständen oder großen Herausforderungen, hilft bei Müdigkeit, Schwäche und Erschöpfung. Beseitigt unnötige Hemmungen und Tabus, fördert eine aktive, ausgeglichene Sexualität und hilft bei Potenzproblemen. Stärkt die Widerstandskraft des Körpers, fördert die Muskelkraft und Regeneration. Regt Stoffwechsel, Kreislauf und Durchblutung an (auch bei Ohrenbeschwerden durch mangelnde Durchblutung wie z. B. Tinnitus), fördert die Nährstoffaufnahme im Darm und verbessert die Blutqualität. Stärkt das Immunsystem und die Wundheilung. Gut als Vitalisierungs- und sinnliches Bad.
Einstufung: Intensiv wirkender Heilstein.
Herstellung: Direktes Einlegen, Wasserdampfmethode, Einleiten mit Kristallen, Wassergläser auf Granatscheiben. Die Kochmethode wäre theoretisch auch möglich, schadet vielen Granaten jedoch, da diese oft Risse haben und zerspringen können.

Heliotrop – Abgrenzung und Kontrolle

Indikationen: Schutz, Abgrenzung, Abwehr unerwünschter Einflüsse. Verbessert die Kontrolle über das eigene Leben, beruhigt bei Gereiztheit, Aggressivität und Ungeduld, vitalisiert bei Erschöpfung und Müdigkeit. Bester immunstärkender Stein bei akuten Infektionen, Grippe, Erkältungen und Entzündungen aller Art. Heliotrope mit gelben Flecken auch bei Vereiterungen und Abszessen. Gut für Augen, Ohren, Atemwege, Darm, Leber, Galle, Blase und Blutgefäße. Fördert Stoffwechsel, Entgiftung, Entschlakkung, Entsäuerung und Lymphfluß. Hilft bei Angina, Halsschmerzen, Husten, Schnupfen, Nebenhöhlen- und Mittelohrentzündungen, Hämorrhoiden, Blasenentzündung und Inkontinenz. Gegen Arteriosklerose (Arterienverkalkung), daher auch vorbeugend gegen Herzinfarkt. Hilfreich bei vielen Herzbeschwerden. Bringt Erleichterung im Geburtsvorgang. Äußerlich angewandt auch bei Insektenstichen und zur Zeckenabwehr. Gutes Vitalisierungsbad. Wirkung wird durch die Kombination mit Ozeanachat (Ozeanjaspis) deutlich verstärkt.
Einstufung: Sanft wirkender Heilstein.
Herstellung: Alle Methoden möglich.

Jaspis rot – Willenskraft und Stärke

Indikationen: Willenskraft, Mut, Konfliktbereitschaft, Aufrichtigkeit, innere Stärke, Standfestigkeit. Regt an, Herausforderungen mit Schwung und Engagement in Angriff zu nehmen und sich selbst unangenehmen Aufgaben zu stellen. Macht lebendig, dynamisch, couragiert, geistig rege, geradlinig und direkt, bringt Energie und fördert die Kriegernatur. Hilft, Ideen tatkräftig zu realisieren. Fördert die Energieverteilung und Wärmeregulierung des Körpers, regt den Kreislauf an und verbessert die Durchblutung. Wirkt fiebertreibend und hilft bei Schwäche und Müdigkeit.

Einstufung: Stark wirkender Heilstein.

Herstellung: Alle Methoden möglich.

Kabamba-Jaspis – Lebenskraft und Belastbarkeit

Indikationen: Aufbruch, Neubeginn, Lebenskraft, Besonnenheit, Belastbarkeit, Schutz. Hilft, die eigenen Lebenswünsche durchzusetzen, zu realisieren und notfalls zu schützen. Bringt Widerstandskraft gegen äußeren Druck, Fremdbestimmung und Vereinnahmungsversuche. Öffnet für neue Impulse und hilft, diese mit bestehenden Absichten zu vereinbaren. Hilft bei Ängsten, Zweifeln und Sorgen. Entgiftet, entschlackt, stärkt das Immunsystem und hilft bei schweren Erkrankungen und Infektionen. Wirksam bei Grippe, Erkältungen und Entzündungen innerer Organe (Lunge, Darm, Magen, Nieren, Blase). Fördert die Funktion der Körperflüssigkeiten, Schleimhäute und der Haut. Öffnet die Hautporen, verbessert die Schweißabsonderung und die damit verbundene Entsäuerung und Entgiftung. Daher sehr gutes Edelsteinwasser für die Sauna oder Entschlakkungsbäder.

Einstufung: Sanft wirkender Heilstein.

Herstellung: Alle Methoden möglich, außer der Kochmethode. Von dieser wird abgeraten, da beim Erhitzen möglicherweise Bestandteile dieses Gesteins in Lösung gehen.

Kalkoolith - Katerstein und Reinigung

Indikationen: Reinigung, Klärung, Aufbau, Sicherheit, (sanfte) Kraft. Befreit von seelischem und mentalem Ballast, bringt Verdrängtes auf sanfte Weise ans Licht und hilft, sich behutsam mit einem Seelenthema nach dem anderen auseinanderzusetzen. Schützt daher gegen Überlastung durch zu viele innere und äußere Auseinandersetzungen. Stabilisiert emotional, hilft bei Überempfindlichkeit, trägt zur seelischen Reinigung und Reinheit bei. Hilft, nachts besser durchzuschlafen, befreit von drängenden Gedanken und »Kopfzerbrechen«. Entschlackt, entgiftet, mobilisiert die körperlichen Reinigungskräfte und hilft daher auch bei stoffwechselbedingten Kopfschmerzen (selbst beim »Kater« nach abendlichen Ausschweifungen). Stärkt Leber, Magen und Darm, fördert die Ausscheidung und wirkt fiebersenkend.

Einstufung: Sanft wirkender Heilstein.

Herstellung: Direktes Einlegen (Rohsteine sehr gründlich putzen!), Reagenzglasmethode, Einleiten mit Kristallen, Wassergläser auf Kalkoolithscheiben oder Rohsteinen.

Karneol – Mut und Überwindung (Kontaktfreude)

Indikationen: Hilfsbereitschaft, Motivation, Kontaktfreude, Tatkraft, Mut, Standfestigkeit, Überwindungskraft. Fördert Idealismus und Gemeinschaftssinn, hilft, Hemmungen abzubauen und sich zu trauen. Gibt Kraft, sich Schwierigkeiten zu stellen und energisch für etwas einzutreten. Bringt Realitätssinn bei Verwirrung, hilft, Probleme unverzüglich und pragmatisch zu lösen, Begonnenes zu Ende zu führen und seine Pflicht zu erfüllen. Hebt die Stimmung und bringt gute Laune. Stabilisiert den Kreislauf, hilft bei niedrigem Blutdruck, regt die Nährstoffaufnahme im Dünndarm an, verbessert die Blutqualität und Durchblutung, hilft bei offenen Beinen und leichten Blutungen (auch Nasenbluten). Wirkt fiebertreibend, regt den Stoffwechsel an und lindert rheumatische Beschwerden. Gut als Vitalisierungsbad.

Einstufung: Sanft wirkender Heilstein.

Herstellung: Direktes Einlegen, Kochmethode, Reagenzglasmethode, Einleiten mit Kristallen.

Labradorit – Phantasie und Illusion

Indikationen: Phantasie, Kreativität, Ideenfülle, Begeisterung, Betrachten der Welt mit staunenden Augen. Vermittelt Gefühlstiefe, stärkt die Feinfühligkeit und Empfindungsfähigkeit. Bringt vergessene Erinnerungen hervor, fördert Intuition, Medialität und künstlerische Begabung, insbesondere das Gefühl für stimmige Zusammenhänge. Ist genau deshalb jedoch ein Illusionskiller: Läßt Vorstellungen und Ideen zunächst plastisch und bunt werden, führt dann in der Reflektion jedoch deren wahren Gehalt vor Augen – befreiend oder enttäuschend. Verbessert das Körpergefühl, vermindert Kälteempfindlichkeit, hilft bei Erkältungen, Rheuma und Gicht. Wirkt beruhigend und blutdrucksenkend. Weißer Labradorit reguliert darüber hinaus den weiblichen Hormonzyklus und hilft bei Menstruationsbeschwerden.

Einstufung: Stark wirkender Heilstein.

Herstellung: Alle Methoden möglich.

Landschaftsjaspis – Ausdauer und Durchhaltevermögen

Indikationen: Ausdauer, Standfestigkeit, Beharrlichkeit, Durchhaltevermögen, Bescheidenheit, Einfachheit. Gibt Kraft bei langanhaltender Belastung, hilft, Schwierigkeiten zu ertragen und Mißerfolge zu überwinden. Regt die Verarbeitung von Erfahrungen an und bringt Tatkraft und Sicherheit. Gut für Magen, Milz, Bauchspeicheldrüse (Pankreas) und Darm. Fördert die Verdauung und Ausscheidung, das Immunsystem und die Reinigung des Bindegewebes. Daher auch hilfreich bei Nahrungsmittelunverträglichkeiten, Allergien und Heuschnupfen.

Einstufung: Sanft wirkender Heilstein.

Herstellung: Alle Methoden möglich.

Magnesit – Entspannung und Nachgiebigkeit

Indikationen: Selbstannahme, Selbstliebe, Entspannung, innere Ruhe, Geduld, Friedfertigkeit, Nachgiebigkeit (ohne Selbstverleugnung!). Hilft hinzuhören und sich selbst etwas in den Hintergrund zu stellen. Wirkt beruhigend, hilft bei Nervosität, Ängstlichkeit und Gereiztheit, lindert Streß. Regt an, Dinge einfach »geschehen zu lassen« statt großen Aufwand zu betreiben. Entgiftet, entsäuert, lindert Schmerzen, Verspannungen, Koliken und Krämpfe, hilft bei Magnesiummangel (z. B. bei Wadenkrämpfen), Migräne, Kopfschmerzen, nächtlichem Zähneknirschen, Muskelkater und Zerrungen. Beugt Gefäßablagerungen und Herzinfarkt vor. Gut für Magen, Darm und Gallenblase, hilft bei Sodbrennen, Übelkeit und Gliederschmerzen. Regt den Stoffwechsel an und hilft daher auch beim Abnehmen. Gut als Entspannungsbad. Mit Dolomit und Serpentin Bestandteil des »Muskelbalsams« (siehe dort).

Einstufung: Sanft wirkender Heilstein.

Herstellung: Direktes Einlegen, Reagenzglasmethode (bei bröseligen Rohsteinen), Einleiten mit Kristallen, Wassergläser auf Magnesitscheiben.

Malachit – Intensität und Abenteuer

Indikationen: Intensives Leben, Abenteuerlust, Risikofreude, Interesse, Neugier, Ästhetik, Schönheit, Verführung, Sinnlichkeit, Freundschaft und Gerechtigkeit. Macht Wünsche, Bedürfnisse und Ideale bewußt, weckt Träume und Erinnerungen, bringt Gefühlstiefe, nimmt Hemmungen und fördert den Gefühlsausdruck. Hilft bei sexuellen Schwierigkeiten durch vergangene negative Erfahrungen. Stärkt die Beobachtungsgabe, Konfrontationsfähigkeit und die Verarbeitung von Wahrnehmungen. Regt die Gehirntätigkeit an, stärkt die Nerven, entgiftet, entsäuert, fördert Leber und Galle, hilft bei Übelkeit und Erbrechen, Rheuma und Gicht. Unterstützt die Entwicklung der weiblichen Geschlechtsorgane, erleichtert die Geburt (»Hebammenstein«) und hilft bei Menstruationsbeschwerden. Hier auch sehr gut in Kombination mit Chrysokoll und Türkis.

Einstufung: Intensiv wirkender Heilstein.

Herstellung: Direktes Einlegen (nur in kaltes Wasser und nur zwei bis vier Stunden!), Reagenzglasmethode, Einleiten mit Kristallen, Wassergläser auf Malachitscheiben.

Mondstein – Intuition und Gefühlstiefe

Indikationen: Gefühlstiefe, verfeinerte Wahrnehmung, Einfühlungsvermögen, Offenheit für Eingebungen und Impulse. Steigert die Intuition bis zur Hellsichtigkeit, fördert luzides Träumen (insbesondere zu Vollmond) und die Traumerinnerung. Hilft bei Mondsüchtigkeit, wenn das Edelsteinwasser bereits ab Neumond eingenommen wird. Bringt Hormonzyklen und Naturrhythmen in Einklang, erleichtert Hormonumstellungen und hilft daher bei Beschwerden in der Pubertät (auch bei Pubertätsakne), während der Menstruation, zu Beginn der Schwangerschaft, nach Geburten und im Klimakterium. Fördert die Fruchtbarkeit der Frau. Regt die Tätigkeit der Zirbeldrüse an, unterstützt die Normalisierung des eigenen Tag- und Nachtrhythmus und hilft bei Schlafstörungen.

Einstufung: Stark wirkender Heilstein.

Herstellung: Direktes Einlegen, Kochmethode, Wasserdampfmethode, Einleiten mit Kristallen. Mondsteinwasser variiert in der Intensität mit dem Mondzyklus. Am stärksten wirkt das zu Vollmond angesetzte Wasser.

Mookait – Spaß und Abwechslung

Indikationen: Wunsch nach Abwechslung, Spaß und neuen Erlebnissen. Hilft, Erfahrungen innerlich zu verarbeiten. Bringt in die Mitte, verbindet innere Ruhe und Abenteuerlust zur aktiven Meditation im Alltag. Fördert Beweglichkeit, Flexibilität und kreative Problemlösung durch die Fähigkeit, verschiedene Standpunkte einzunehmen. Stärkt das Immunsystem, verbessert die Blutreinigung in Leber und Milz. Fördert die Wundheilung, hilft bei Vereiterungen. Stärkt die Verdauung und hilft bei Magen- und Darmbeschwerden, Übelkeit und Verstopfung. Gutes Vitalisierungsbad.

Einstufung: Sanft wirkender Heilstein.

Herstellung: Alle Methoden möglich.

Moosachat – Befreiung und Inspiration

Indikationen: Befreiung von geistigen Ketten und Verhaftungen, Zuversicht, Hoffnung, Inspiration und neue Initiative. Erholung, Auflösung von Ängsten, Druck und Belastungen, tiefgreifende Reinigung (geistig, seelisch und körperlich). Fördert Bewußtheit, Kommunikationsfähigkeit und regen Verstand. Reinigt Bindegewebe, Schleimhäute (Atemwege) und Lymphe. Wirkt stark anregend auf den Lymphfluß, verbessert die Ausleitung von Giften und Schlacken. Hilft bei Diabetes, Grippe, Erkältungen, Husten, hartnäckigen Infekten, Allergien, Entzündungen, Lymphstau, Lymphknotenschwellungen und Gliederschmerzen, wirkt immunstärkend, fiebersenkend und lindert Wetterfühligkeit. Gut als Reinigungsbad sowie mit Chalcedon und Opal Bestandteil des Lymphwassers (siehe dort).

Einstufung: Stark wirkender Heilstein. Die Einnahmemenge kann aber dennoch von 200 ml (1 Trinkglas) bis zur »unbegrenzten« Menge gesteigert werden.

Herstellung: Alle Methoden möglich.

Nephrit – Harmonie und Balance

Indikationen: Ausgeglichenheit, Harmonie, innere Balance, Sicherheit, Neutralität und Toleranz. Schutzstein gegen aggressive Einflüsse, ermöglicht, die eigene Identität zu wahren und äußerem Druck zu widerstehen. Hilft, Spannungen, Kummer und heftige Emotionen abzubauen, inneren Frieden zu finden und mildert Aggressivität. Hilft bei Unentschlossenheit, Zweifel und sinnlosem Grübeln. Macht entscheidungsfreudig, kreativ, entschlossen und handlungsfähig. Hilfreich, wenn Schwierigkeiten und Probleme »an die Nieren gehen«. Verbessert auch körperlich die Nierenfunktion, lindert Nierenentzündungen, beugt Ablagerungen in den Harnwegen und Nierensteinen vor. Hilft bei Blasenbeschwerden (Harnverhalten), reguliert den Wasserhaushalt und fördert die Entgiftung der Körperflüssigkeiten und Gewebe. Hilft bei Ohrenbeschwerden wie Tinnitus und Gleichgewichtsstörungen. Gut als Reinigungsbad.

Einstufung: Sanft wirkender Heilstein.

Herstellung: Alle Methoden möglich.

Obsidian – Bewußtsein und Hellsichtigkeit

Indikationen: Selbsterkenntnis, Bewußtheit, Integration der eigenen Schattenanteile, Auflösen von Tabus und festgefahrenen Glaubens-, Kommunikations- und Verhaltensmustern. Schärft Verstand und Sinne, fördert die Hellsichtigkeit (Aurasehen, Wahrnehmung energetischer Phänomene). Löst Schocks, Blockaden, Angst und Traumatisierungen auf. Vertieft die Empfindungsfähigkeit, bringt verborgene Erinnerungen, innere Bilder und vergessene Fähigkeiten ans Licht. Löst Schmerzen, Verspannungen und Gefäßverengungen auf, verbessert Wärmeregulierung, Durchblutung (selbst bei Raucherbein!), Blutstillung, Wundheilung und die Auflösung von Blutergüssen. Wichtig bei Unfällen, Verletzungen, Zerrungen und Verstauchungen, daher Bestandteil des Notfallwassers (siehe dort).

Einstufung: Intensiv wirkender Heilstein.

Herstellung: Alle Methoden möglich. Bei der Kochmethode können Gold-, Silber- und Regenbogenobsidiane möglicherweise Ihre speziellen Lichteffekte verlieren.

Ozeanachat (Ozeanjaspis) – Hoffnung und Erneuerung

Indikationen: Lebenskraft, Hoffnung, Erneuerung, Regeneration, Bewußtsein der Fülle und unbegrenzten Möglichkeiten, Tatkraft, Kreativität, Verbesserung des Lebens. Macht positiv, belastbar, gelassen, hilft Konflikte zu lösen, gut bei Erschöpfung, fördert guten Schlaf. Stärkt das Immunsystem, fördert Entgiftung und Entschlackung, verbessert den Lymphfluß sowie die Ver- und Entsorgung aller Körperzellen, Gewebe und Organe. Hilft bei Migräne, Diabetes, Schilddrüsenbeschwerden, Allergien, Neurodermitis, Grippe, Erkältungen, Husten, Lymphknotenschwellungen, Ödemen, Gliederschmerzen, Fieber, hartnäckigen Infektionen (Bakterien, Viren und Pilze), Entzündungen, Vereiterungen, offenen Beinen, Zysten, Myomen und Tumoren, auch bei Krebs. Gut für Haut, Schleimhäute, Atemwege, Ohren, Augen und Hohlorgane (Magen, Darm, Blase, Prostata, Gebärmutter), Nieren, Leber, Gallenblase, Prostata, Keimdrüsen (Hoden und Eierstöcke), Fruchtbarkeit, Zellerneuerung und -regeneration. Kann zur Immunstärkung gut mit äußerlich getragenem Heliotrop oder Moosachat kombiniert werden. Auch als Bad zur Reinigung und Regeneration. In der »Fünf-Elemente-Mischung« (siehe dort) für die Wandlungsphase Holz.

Einstufung: Sanft wirkender Heilstein.

Herstellung: Alle Methoden möglich.

Peridot – Unabhängigkeit und Selbstbestimmung

Indikationen: Regt an, das eigene Leben zu leben und Weisheit durch Lebenserfahrung zu erlangen. Hilft aus Fremdbestimmung, löst Belastungen aus Selbstvorwürfen, schlechtem Gewissen und Schuldgefühlen auf. Fördert die Entladung von aufgestautem Ärger und Wut. Ermöglicht, Fehler einzugestehen und zu verzeihen. Macht Versäumnisse bewußt und hilft, Schaden wieder gut zu machen. Regt Entgiftung und Entschlackung an (speziell auch des Fettgewebes), fördert Leber, Galle, Dünndarm und Stoffwechsel. Hilft bei Hautproblemen, auch gegen Warzen und Pilzinfektionen.

Einstufung: Intensiv wirkender Heilstein.

Herstellung: Direktes Einlegen, Kochmethode, Einleiten mit Kristallen.

Prasem/Prasemquarz – Loslassen und Gelassenheit

Indikationen: Sanftmut, Balance zwischen Beherrschung und Kontrolle sowie Loslassen und Gelassenheit. Lindert hitziges Gemüt, Zorn und Wutausbrüche, wirkt beruhigend, hilft nachtragenden Menschen, sich wieder zu versöhnen. Ermöglicht bei heftigen Emotionen die Kontrolle zu wahren. Macht ruhiger, einfacher und pragmatischer. Wirkt schmerzlindernd und fiebersenkend, läßt Schwellungen und Prellungen abklingen, hilft bei Blasenbeschwerden, insbesondere Harnverhalten. Äußerlich angewandt auch bei Insektenstichen. Wichtigster Heilstein bei Hitzschlag, Sonnenbrand und Sonnenstich, hier auch in Kombination mit Aventurin. Auch wirksam bei leichten Verbrennungen (sonst besser blauer Turmalin). Gemeinsam mit Aventurin auch bei Schuppenflechte (Psoriasis). Gutes Entspannungsbad.

Einstufung: Sanft wirkender Heilstein.

Herstellung: Alle Methoden möglich (Prasemquarz).

Rauchquarz – Streßabbau und Schmerzlinderung

Indikationen: Entspannung, Streßabbau, Belastbarkeit, Handlungsfähigkeit, Selbstbeherrschung, Entschlossenheit, Durchhaltevermögen. Hilft, Schmerzen, Sorgen, Leid, Anstrengung und schwierige Situationen zu ertragen. Gibt die Kraft, große Herausforderungen zu meistern. Macht realitätsbewußt, hilft, Begonnenes zu Ende zu führen und Ziele zu erreichen. Verbessert die Kontrolle über das eigene Leben, macht das Denken klar, nüchtern und pragmatisch, fördert die Konzentration. Lindert Schmerzen und löst Verspannungen und Verkrampfungen, insbesondere bei Nacken- und Rückenbeschwerden. Hilft bei Darmbeschwerden durch große Anspannung sowie bei streßbedingter Immunschwäche (in Kombination mit Chrysopras daher auch bei Pilzinfektionen). Stärkt die Nerven, hilft Strahleneinflüsse zu verarbeiten und lindert Strahlenschäden. Sehr gut bei häufigen Belastungen durch hochfrequente Strahlungen (z. B. Röntgen) – bei Elektrosmog dagegen ist schwarzer Turmalin (Schörl) besser. Gut als Streßminderungsbad.

Einstufung: Sanft wirkender Heilstein.

Herstellung: Direktes Einlegen, Wasserdampfmethode, Einleiten mit Kristallen, Wassergläser auf Rauchquarzscheiben.

Rhodochrosit – Aktivität und Enthusiasmus

Indikationen: Aktivität, Lebendigkeit, Liebe, Erotik, Sexualität, Dynamik, Wachheit, Geschäftigkeit, Ideenreichtum, Arbeitsfreude, positive Lebenseinstellung, Enthusiasmus. Bringt Energie, wirkt stimmungsaufhellend, macht leicht und beschwingt, hilft bei Müdigkeit, Schwäche und Erschöpfung. Daher auch beliebtes steinheilkundliches »Dopingmittel«. Regt Kreislauf, Blutdruck, Nieren und Keimdrüsen (Hoden und Eierstöcke) an. Macht Blutgefäße elastisch, hilft bei Migräne, Unterleibsbeschwerden und Durchblutungsstörungen. Auch als sinnliches Bad.

Warnung: Als Edelsteinwasser nicht bei Bluthochdruck! Müdigkeit und Erschöpfung nicht zu lange mit Rhodochrosit überspielen, Gefahr der völligen Verausgabung!

Einstufung: Intensiv wirkender Heilstein.

Herstellung: Direktes Einlegen, Reagenzglasmethode (bei empfindlichen Rohsteinen oder kalkhaltigem Wasser, denn Rhodochrosit setzt gerne Kalk an!), Einleiten mit Kristallen, Wassergläser auf Rhodochrositscheiben.

Rhodonit – Heilung und Verzeihen

Indikationen: Versöhnung, Verzeihen, Verständnis, Freundschaft. Fördert konstruktive Konfliktlösung statt Streit sowie Besonnenheit in Extremsituationen. Ermöglicht, seelische Verletzungen, Unrecht, Beleidigungen, gärende Wut und Ärger, Rachegedanken, Leid, Frustration, Angst, Panik, Verwirrung und Ohnmachtsgefühle zu überwinden und loszulassen. Hilft, das Leben anzunehmen, bringt geistige Klarheit und Bewußtheit. Stärkt Herz und Kreislauf und fördert die Fruchtbarkeit. Hilft bei Muskelschwäche, Zahnfleischerkrankungen, Magengeschwüren, Autoimmunerkrankungen, Multipler Sklerose, offenen Beinen, Blutergüssen, Hämorrhoiden und körperlichen Verletzungen aller Art. Rhodonit ist der Wundheilstein Nr. 1, wirkt schmerzlindernd, löst Schocks auf und vermindert Narbenbildungen. Daher Bestandteil des Notfallwassers (siehe dort). Äußerlich angewandt auch bei Akne, Herpes, Insektenstichen und zur Zeckenabwehr.

Einstufung: Sanft wirkender Heilstein.

Herstellung: Alle Methoden möglich, die Kochmethode jedoch nur, wenn keine schwarzen Manganoxid-Einschlüsse im Stein sind.

Rosenquarz – Herzlichkeit und Mitgefühl

Indikationen: Herzenskraft, Herzlichkeit, Liebe (Liebesfähigkeit und Selbstliebe), Mitgefühl, Empfindsamkeit, Einfühlungsvermögen, Intuition, Sinnlichkeit, Romantik, Genußfreude, Wohlgefühl. Macht die eigenen Bedürfnisse bewußt, bringt Vitalität und Tatkraft, aber auch Gemütsruhe. Fördert das Streben nach seelischer Erfüllung. Reguliert die Funktionen von Herz und Kreislauf, stärkt das Herz, verbessert die Gewebsdurchblutung, kräftigt die Geschlechtsorgane und fördert die Fruchtbarkeit der Frau. Hilft bei sexuellen Schwierigkeiten. Gut als sinnliches Bad. In der »Fünf-Elemente-Mischung« (siehe dort) für die Wandlungsphase Feuer. Macht die Haut weich und samtig, daher auch gutes Bad für die Haut.

Einstufung: Sanft wirkender Heilstein.

Herstellung: Alle Methoden möglich.

Rutilquarz – Unabhängigkeit und Weite

Indikationen: Freiheit, Weite, Aufrichtigkeit, Unabhängigkeit, geistige Größe, Visionskraft. Wirkt stimmungsaufhellend und antidepressiv, befreit von Beklemmungen und uneingestandenen Ängsten. Regt an, sich von Verstrickungen in vermeintliche Sachzwänge zu lösen, hilft, »groß zu denken« und den eigenen Visionen zu folgen, neue Lebenskonzepte zu entwickeln und der Zukunft mit Hoffnung und Zuversicht zu begegnen. Hilft bei sexuellen Problemen durch Anspannung, wie z. B. Potenzstörungen und vorzeitigem Samenerguß. Regt die Zellregeneration an und hilft bei Verstopfung und Darmbeschwerden. Wirkt schleimlösend bei Husten, hilft bei Allergien, chronischer Bronchitis, Asthma, Atem- und Herzbeschwerden. Fördert das Wachstum, eine aufrechte Haltung und hilft daher bei Haltungsschäden, Rücken- und Wirbelsäulenproblemen.

Einstufung: Sanft wirkender Heilstein.

Herstellung: Direktes Einlegen, Kochmethode, Wasserdampfmethode, Einleiten mit Kristallen, Wassergläser auf Rutilquarzscheiben.

Sardonyx – Sinneswahrnehmung und Tugend

Indikationen: Selbstüberwindung, Aufrichtigkeit, Tugend, Freundlichkeit, Hilfsbereitschaft, Zuversicht, Freude und Selbstvertrauen. Intensiviert die Wahrnehmung, fördert alle Sinnesorgane: Verbessert Geruchs- und Geschmackssinn, Sehfähigkeit und Gehör. Hilft auch bei Tinnitus (Ohrgeräuschen). Regt alle Körperflüssigkeiten an, fördert Lymphfluß und Durchblutung sowie die Tätigkeit von Milz und Darm. Stärkt das Immunsystem und hilft, Krankheiten richtig auszuheilen (verhindert Rückfälle!). Daher auch gut bei Grippe, Erkältungen, Halsschmerzen, Mittelohrentzündungen und Gliederschmerzen. Verbessert Nährstoffaufnahme, Zellstoffwechsel und Ausscheidung.

Einstufung: Sanft wirkender Heilstein.

Herstellung: Alle Methoden möglich (auch Achate mit der *natürlichen* Farbkombination schwarz-weiß-rot gelten als Sardonyx).

Serpentin – Schutz und Frieden

Indikationen: Selbstbestimmung, Schutz, Abgrenzung, innerer Frieden, Versöhnung, Kompromißbereitschaft, Toleranz, Fürsorge, Unterstützung, gegenseitige Hilfe. Schützt gegen Fremdbeeinflussung, lindert Nervosität, Streß und Anspannung, gleicht Stimmungsschwankungen aus. Hilft bei sexuellen Schwierigkeiten und Orgasmusblockaden durch innere Anspannung. Macht locker und gelöst, hält die Muskeln geschmeidig, hilft bei Magnesiummangel, Muskelverspannungen und Folgen von Überanstrengung, Verletzungen oder Zerrungen. Entspannt, lindert Schmerzen, Krämpfe und Koliken, hilft auch bei Menstruationsbeschwerden und Migräne. Entgiftet und entsäuert, hilft bei Herzrhythmusstörungen, Nieren-, Magen-, Gallen- und Darmbeschwerden, Durchfall und Verstopfung. Gut als Entspannungsbad. Mit Dolomit und Magnesit Bestandteil des »Muskelbalsams« (siehe dort). Äußerlich angewandt auch zur Zeckenabwehr.

Einstufung: Sanft wirkender Heilstein.

Herstellung: Direktes Einlegen, Wasserdampfmethode, Reagenzglasmethode (bei der asbesthaltigen Varietät »Silberauge«), Einleiten mit Kristallen, Wassergläser auf Serpentinscheiben, Wasser in Serpentinschalen.

Smaragd – Orientierung und Sinnfindung

Indikationen: Geistiges Wachstum, Zielstrebigkeit, Schönheit, Harmonie, Gerechtigkeit, Freundschaft, Liebe, Einigkeit zwischen Partnern. Regt an, intensiv zu leben, hält geistig jung und bringt Klarheit, Wachheit, Weitblick, Teamgeist, Ausgeglichenheit, Offenheit, Erholung und Regeneration. Hilft, Schicksalsschläge zu überwinden sowie Orientierung und Sinn im Leben zu finden. Stärkt das Immunsystem und hilft bei Infektionen und Entzündungen (insbesondere der Atemwege, Nasennebenhöhlen, Augen und Ohren, aber auch in allen anderen Körperbereichen). Smaragdwasser ist ein hervorragendes Schnupfen- und Erkältungsmittel! Stärkt Herz, Leber, Galle und Darm, wirkt entgiftend und hilft bei Rheuma und Gicht. Guter Augenheilstein, hilft bei Schmerzen, Krämpfen, Kopfweh, Wachstumsstörungen, Neurodermitis und Epilepsie. Gut auch als Reinigungsbad.

Einstufung: Intensiv wirkender Heilstein.

Herstellung: Direktes Einlegen, Wasserdampfmethode, Einleiten mit Kristallen.

Sodalith – Idealismus und Wahrheitssuche

Indikationen: Bewußtheit, Wahrheitsstreben, Idealismus, Selbstannahme, Treue zu sich selbst, Wahrung der eigenen Selbstbestimmung und Wahlfreiheit. Löst Schuldgefühle, unbewußte Verhaltensmuster sowie einengende Vorstellungen, Dogmen und fixe Ideen auf. Hilft, zu sich selbst zu stehen, ehrlich nach Verbesserung zu streben, Ordnung zu schaffen und der eigenen Überzeugung in Worten und Taten Ausdruck zu verleihen. Stärkt die Sehnsucht nach Freiheit. Heilt Beschwerden von Hals, Kehlkopf und Stimmbändern (Heiserkeit oder Stimmverlust), wirkt kühlend und fiebersenkend, hilft bei Bluthochdruck und reguliert den Wasserhaushalt. Daher auch gut für Nieren und Blase sowie bei trockenen Augen, Schleimhäuten und trockener Haut. Fördert die Flüssigkeitsaufnahme und bringt als Edelsteinwasser das natürliche Durstgefühl wieder.

Einstufung: Sanft wirkender Heilstein.

Herstellung: Alle Methoden möglich.

Sonnenstein – Optimismus und Lebensbejahung

Indikationen: Lebensfreude, Lebensbejahung, Glück, Optimismus, Selbstvertrauen, Selbstannahme, Erkennen der eigenen Fähigkeiten und Stärken durch wohlwollende Selbstwahrnehmung. Hilft, an sich selbst zu glauben und Gefühle der Benachteiligung und des Versagens aufzulösen. Wirkt stimmungsaufhellend, antidepressiv und steigert das Selbstwertgefühl. Hilft bei Ängsten und Sorgen, bringt Zuversicht und Mut nach dem Motto »Frechheit siegt!«. Stimuliert das vegetative Nervensystem und harmonisiert das Zusammenspiel aller inneren Organe. Stärkt dadurch insbesondere Stoffwechsel und Verdauung, verbessert die Blutqualität und stabilisiert den Kreislauf. Regt die Selbstheilkräfte an. Gut als aufheiterndes Bad.

Einstufung: Intensiv wirkender Heilstein.

Herstellung: Direktes Einlegen, Einleiten mit Kristallen.

Thulit – Lust und Sexualität

Indikationen: Lebenskraft, Lust, Sinnlichkeit, Neugier und Erfindungsgabe. Bringt Freude an der Sexualität sowie an Schönheit, Abenteuer und Romantik. Vermittelt Stärke und Mut und regt an, die eigene Kreativität durch Widerstände und Herausforderungen nicht mindern, sondern inspirieren zu lassen. Animiert, das Leben in vollen Zügen zu genießen, in Gefühlen zu schwelgen und sich hemmungslos auszuleben. Fördert die Fruchtbarkeit, hilft bei Potenzstörungen und Erkrankungen der Hoden, Eierstöcke und Geschlechtsorgane. Regt die Regeneration an und stärkt bei Müdigkeit, Schwäche und Erschöpfung, insbesondere nach starker Verausgabung. Fördert die Blutbildung und Blutreinigung in Leber und Milz, verbessert die Blutqualität und die Durchblutung. Sehr gut als sinnliches Bad.

Einstufung: Intensiv wirkender Heilstein.

Herstellung: Alle Methoden möglich.

Topas – Selbstverwirklichung und innerer Reichtum

Indikationen: Selbstverwirklichung, Offenheit, Ehrlichkeit, erfülltes Leben, innerer Reichtum, Wunscherfüllung, Verläßlichkeit, Selbstvertrauen, Autorität, Durchbruch in der geistigen Entwicklung, Weisheit durch Lebenserfahrung. Hilft, den eigenen Wünschen und Bedürfnissen Raum zu geben und diesen zu wahren. Stärkt die Nerven, verbessert die Verdauung, regt den Stoffwechsel und die Verbrennungsprozesse im Organismus an, steigert den Energiefluß in den Meridianen. Hilft bei Sehschwäche, Bauchschmerzen, Magen- und Darmbeschwerden, Gewichtsverlust und Eßstörungen (mitunter auch bei Magersucht). Kann gemeinsam mit Amethyst, Diamant, Fluorit und schwarzem Turmalin (Schörl) als Raumreinigungs-Spray eingesetzt werden.

Einstufung: Stark wirkender Heilstein. Die Einnahmemenge kann aber dennoch von 200 ml (1 Trinkglas) bis zur »unbegrenzten« Menge gesteigert werden.

Herstellung: Direktes Einlegen, Kochmethode, Wasserdampfmethode, Einleiten mit Kristallen.

Topas Imperial – Selbstbewußtsein und Großmut

Indikationen: Selbstverwirklichung, Selbstbewußtsein, Selbstsicherheit und Selbstwert. Hilft, sich selbst und die eigenen Fähigkeiten ins richtige Licht zu stellen. Großmut, Charisma, positive Lebenshaltung, gegen Depressionen, für Zuversicht, Mut und Erfolg. Hilft, »große Ideen« zu verwirklichen. Stärkt die Nerven, hilft bei Nervosität und Erschöpfung, macht aktiv und reaktionsfreudiger, regt den Appetit an und hilft bei Wachstums-, Verdauungs- und Eßstörungen (mitunter auch bei Magersucht). Aktiviert die Lebensenergie, die Verbrennungsprozesse des Körpers und den ganzen Stoffwechsel. Fördert die Fruchtbarkeit der Frau. Sehr gut auch als aufheiterndes Bad.

Einstufung: Intensiv wirkender Heilstein.

Herstellung: Direktes Einlegen, Kochmethode, Wasserdampfmethode, Einleiten mit Kristallen.

Türkis – Schutz und Schicksalsmeisterung

Indikationen: Selbstbestimmung, Verantwortung für das eigene Leben, Intuition, Voraussicht, Schutz. Macht die selbstgesetzten Ursachen des eigenen Schicksals bewußt und ermöglicht, des eigenen Glückes Schmied zu sein. Hilft aus Opferhaltung heraus und gleicht extreme Stimmungsschwankungen aus. Muntert auf bei Müdigkeit, Niedergeschlagenheit und Erschöpfung. Hilft bei Asthma, Ohrenbeschwerden (auch Tinnitus), Übersäuerung, Rheuma, Gicht und Magenbeschwerden (Übelkeit, Sodbrennen). Wirkt schmerzlindernd, krampflösend und entzündungshemmend, stärkt Leber und Gehirntätigkeit. In Kombination mit Chrysokoll und Malachit sehr gut bei Menstruationsbeschwerden. Gut als Entspannungsbad.

Einstufung: Stark wirkender Heilstein.

Herstellung: Direktes Einlegen, Reagenzglasmethode (vor allem bei nicht ganz muttergesteinsfreien oder gewachsten Steinen), Einleiten mit Kristallen, Wassergläser auf Türkisscheiben.

Turmalin blau (Indigolith) – Treue und Ethik

Indikationen: Streben nach geistiger Freiheit, Wahrheitsliebe, Treue, Ethik, Verantwortungsbewußtsein und Toleranz. Hilft bei Hyperaktivität, Wachstums- und Entwicklungsstörungen. Bringt Erleichterung, löst Trauer und blockierte Gefühle. Regt den Wasserhaushalt sowie Nieren und Blase an. Beruhigt die Nerven, wirkt bei Augenleiden wie Schielen und Schwachsichtigkeit sowie bei Blasenbildung. Hilft, daß Brandwunden narbenlos verheilen (hier auch in Kombination mit Chrysokoll) sowie bei Gelenkbeschwerden und Taubheitsgefühlen in den Gliedmaßen.

Einstufung: Stark wirkender Heilstein. Die Einnahmemenge kann aber dennoch von 200 ml (1 Trinkglas) bis zur »unbegrenzten« Menge gesteigert werden.

Herstellung: Direktes Einlegen, Wasserdampfmethode, Einleiten mit Kristallen, Wassergläser auf Turmalinscheiben. Die Kochmethode wäre theoretisch auch möglich, schadet vielen Turmalinen jedoch, da diese in der Hitze leicht zerspringen.

Turmalin grün (Verdelith) – Interesse und Dankbarkeit

Indikationen: Interesse, Lebensfreude, Dankbarkeit für die Wunder des Lebens, Aufgeschlossenheit, Geduld. Für eine positive Lebenseinstellung, auch in schwierigen Umständen. Hilft bei Hyperaktivität, fördert die Zuwendung zu Mitmenschen und Umwelt und ermöglicht, Probleme kreativ zu lösen. Entgiftet, fördert die Ausscheidung (hilft sowohl bei Verstopfung, als auch Durchfall), stärkt Herz, Darm und Funktionsgewebe (Parenchym), hilft bei Rheuma, degenerativen Prozessen und Tumoren. Auch zur Narbenentstörung, bei Augenleiden sowie Gelenkbeschwerden und Taubheitsgefühlen in den Gliedmaßen. Wichtiger Heilstein bei Nervenleiden, idealerweise als »Wassermelonenturmalin« (Turmaline mit rotem Kern und grüner Hülle).

Einstufung: Stark wirkender Heilstein. Die Einnahmemenge kann aber dennoch von 200 ml (1 Trinkglas) bis zur »unbegrenzten« Menge gesteigert werden.

Herstellung: Direktes Einlegen, Wasserdampfmethode, Einleiten mit Kristallen, Wassergläser auf Turmalinscheiben. Die Kochmethode wäre theoretisch auch möglich, schadet vielen Turmalinen jedoch, da diese in der Hitze leicht zerspringen.

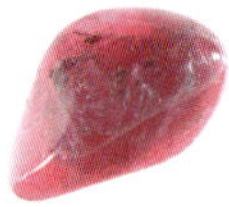

Turmalin rot (Rubellit) – Lebendigkeit und Freude

Indikationen: Lebendigkeit, Freude, Hingabe, Herzlichkeit, Mitgefühl, Zielstrebigkeit, Flexibilität, Fähigkeit zur Korrektur geistiger Zielsetzungen, Unternehmungslust, Kontaktfreude, Charme, Wärme, Sexualität. Stärkt die Funktion von Nerven, Blut, Milz, Leber, Herz und Geschlechtsorganen. Hilft wie alle Turmaline bei der Narbenentstörung, sehnervbedingten Augenleiden sowie Gelenkbeschwerden und Taubheitsgefühlen in den Gliedmaßen. Fördert die seelische und körperliche Stabilität in der Schwangerschaft und bringt guten Kontakt zum ungeborenen Kind. Wunderbar auch als sinnliches Bad.

Einstufung: Stark wirkender Heilstein. Die Einnahmemenge kann aber dennoch von 200 ml (1 Trinkglas) bis zur »unbegrenzten« Menge gesteigert werden.

Herstellung: Direktes Einlegen, Wasserdampfmethode, Einleiten mit Kristallen, Wassergläser auf Turmalinscheiben. Die Kochmethode wäre theoretisch auch möglich, schadet vielen Turmalinen jedoch, da diese in der Hitze leicht zerspringen.

Turmalin schwarz (Schörl) – Schutz und Neutralität

Indikationen: Gelassenheit, Neutralität, Wachheit, Bewußtheit, Unbeeinflußbarkeit, Schutz. Hilft, geistige Beeinflussung abzuwehren und den eigenen Raum frei zu halten. Daher auch mit Amethyst und Bergkristall Bestandteil der Schutzmischung (siehe dort) sowie zur energetischen Raumreinigung. Lindert Streß, verbessert den Schlaf, macht nüchtern, klar, logisch und rational. Hilft bei Strahleneinflüssen, Schmerzen, Verspannungen, Gelenkbeschwerden und Taubheitsgefühlen in den Gliedmaßen. Gut zur Narbenentstörung (hier auch in Kombination mit Chrysokoll), löst energetische Blockaden und verbessert den Energiefluß in den Meridianen. Hilft bei Darmbeschwerden, insbesondere Blähungen und Verstopfung. Gutes Streßminderungsbad.

Einstufung: Stark wirkender Heilstein. Die Einnahmemenge kann aber dennoch von 200 ml (1 Trinkglas) bis zur »unbegrenzten« Menge gesteigert werden.

Herstellung: Direktes Einlegen, Wasserdampfmethode, Einleiten mit Kristallen, Wassergläser auf Turmalinscheiben. Die Kochmethode wäre theoretisch auch möglich, schadet vielen Turmalinen jedoch, da diese in der Hitze leicht zerspringen.

Versteinertes Holz – Erdung und Verwurzelung

Indikationen: Erdung, Stabilität, feste Verwurzelung, Realitätssinn, Wandlungsfähigkeit. Fördert die Harmonie rhythmischer Prozesse und Entwicklungen, hilft, zur rechten Zeit am rechten Ort zu sein. Bringt Zufriedenheit, Erholung, Wohlbefinden und ein gutes Körpergefühl. Hilft, »in die Mitte« zu kommen und sich selbst und das Leben zu akzeptieren. Gut gegen Heimweh. Wirksam zur Nervenberuhigung, für Verdauung, Stoffwechsel und Ausscheidung sowie gegen Übergewicht durch mangelnde Erdung. In der »Fünf-Elemente-Mischung« (siehe dort) für die Wandlungsphase Erde.

Einstufung: Sanft wirkender Heilstein.

Herstellung: Alle Methoden möglich.

Zoisit – Aufbau und Regeneration

Indikationen: Selbstbestimmung, Selbstverwirklichung, Aufbau, Regeneration. Umsetzung der eigenen Wünsche und Ideen. Schöpferische Kreativität, Ideenfülle, seelische Erfüllung. Ermöglicht, destruktive Einstellungen in eine konstruktive Lebensweise umzuwandeln. Hilft, verschüttete Gefühle wiederzuentdecken und auszudrücken. Bringt Erholung nach Krankheiten oder schweren Belastungen. Fördert die Fruchtbarkeit, hilft bei Erkrankungen der Prostata, Hoden und Eierstöcke. Zoisit mit Rubin stärkt die Potenz. Wirkt immunstärkend, entzündungshemmend, entgiftend und entsäuernd, stärkt die Leber und Nieren, fördert die Zellerneuerung. Hilft auch bei Schuppenflechte (Psoriasis). Gut als Vitalisierungsbad.

Einstufung: Sanft wirkender Heilstein.

Herstellung: Alle Methoden möglich.

Anhang

Nachweise zum »Gedächtnis« des Wassers

Die Formulierung »Gedächtnis des Wassers« ist nicht korrekt, wenn wir dabei an ein andauerndes Erinnerungsvermögen in der Art des menschlichen Gedächtnisses denken. In diesem Vergleich hat Wasser nur ein »Kurzzeitgedächtnis«: Es speichert Informationen (je nach Situation) für Stunden, Tage oder manchmal auch Wochen. Außerdem werden diese Informationen nicht selektiert und nach Ähnlichkeit und »Zugangsdatum« sortiert, wie in unserem Gedächtnis. Im Wasser werden neue Informationen einfach integriert und mit bestehenden vermengt, so daß eine die andere überlagern oder verdrängen kann. Wasser ist und bleibt immer offen für Neues!

Gerade das macht Wasser jedoch so »informationsfreudig«, daß es *kein* Wasser ohne Informationsgehalt gibt, weder in der Natur, noch im Labor! Dieser Umstand begründet, weshalb Wasser auch Edelstein-Informationen aufnehmen kann. Und die Konsequenzen sollten uns bewußt sein, wenn wir selbst Edelsteinwasser herstellen. Daher möchten wir uns zur Vertiefung hier im Anhang noch einmal detaillierter der Natur des Wassers widmen und die verschiedenen Nachweise darstellen, welche die »Informierbarkeit« des Wassers erkennbar machen.

Tropfbilder

Schon seit 45 Jahren erforscht das Institut für Strömungswissenschaften in Herrischried die ganzheitliche Qualität des Wassers mit der von Theodor Schwenk entwickelten Tropfbildmethode. Hier wird die Beweglichkeit des Wassers als Ausdruck seiner über das Stoffliche hinausgehenden Qualität untersucht. Wird Wasser durch einfallende Tropfen angeregt, breiten sich charakteristische Wellen und Wirbel aus, die je nach Wasserprobe ganz unterschiedlich ausfallen können. Wasser guter Qualität zeichnet sich dabei durch lebendige, schnell wandelnde und zerfließende Strömungsformen aus (Wirbel, Rosetten, Girlanden), während belastetes Wasser vergleichsweise eintönige Strukturen bildet. Stark belastetes Wasser verliert seine Formkraft völlig, so daß simple Scheibenformen ohne Gestaltbildungen entstehen. Die Tropfbildmethode ist eine sehr sensible Methode, Wasserqualitäten bildhaft darzustellen. Schon feinste Einflüsse wie der Kontakt mit bestimmten Stoffen oder astronomische Konstellationen ergeben hier mitunter schon Veränderungen. Das fotografische Festhalten der Strömungsbilder ermöglicht dabei den Vergleich und die Auswertung der verschiedenen Wasserproben.*

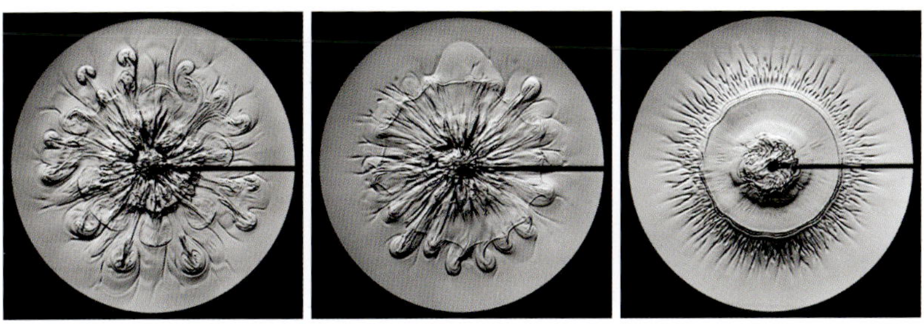

Tropfbilder: Unbelastetes Wasser mit lebendigen Strömungsformen (Tropfbild von reinem Quellwasser); belastetes Wasser mit eintönigeren Strukturen (Tropfbild von Trinkwasser aus Uferfiltrat); stark belastetes Wasser mit simplen Scheibenformen (Waschmittelspuren im Wasser).

* Siehe hierzu im Anhang die Literatur des Instituts für Strömungswissenschaften, Herrischried.

Steigbilder

Eine andere Möglichkeit, die Beweglichkeit und Fließfähigkeit von Wasser zur qualitativen Untersuchung zu nutzen, sind Steigbilder. Diese bildschaffende Methode geht auf eine Anregung Rudolf Steiners an Lili Kolisko und Ehrenfried Pfeiffer im Jahr 1923 zurück. Mit Steigbildern werden in der anthroposophischen Forschung seither Pflanzenextrakte, Medikamente, landwirtschaftliche Produkte oder Lebensmittel auf ihre Qualität untersucht. Dazu wird Löschpapier in die zu untersuchende Flüssigkeit gestellt und das Aufsteigen der Lösung beobachtet. Dabei ist erkennbar, daß dieses Aufsteigen meist nicht gleichmäßig über die ganze Fläche des Löschpapiers erfolgt. Stattdessen zeigen sich oft pflanzenartige Gestaltbildungen, deren Ausdruck deutlich die Bildekräfte und -prozesse in der zu untersuchenden Flüssigkeit widerspiegelt. Wasser kann auf diese Weise ebenfalls untersucht werden, wenn ihm zur Sichtbarmachung Farbstoffe beigemengt werden. Auch Steigbilder offenbaren feinste Veränderungen und Einflüsse bis hin zu den Einwirkungen astronomischer Konstellationen.*

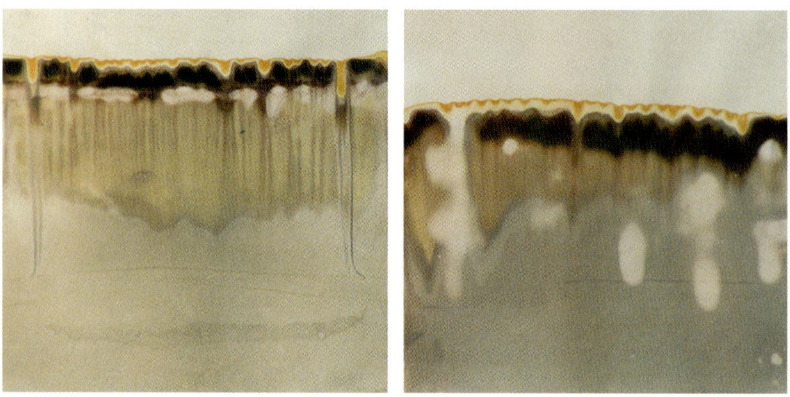

Steigbilder: Gutes Trinkwasser – belastetes Wasser.
Fotos entnommen aus Zerluth/Gienger, »Gutes Wasser«, Neue Erde, Saarbrücken.

* Veröffentlichungen hierzu: Heidi Flückiger, »Bildschaffende Methoden«, Kooperative Dürnau; »Sondernummer zur Steigbildmethode«, Elemente der Naturwissenschaft Nr. 46/1987, Goetheanum Dornach.

Wasserkristalle

Ebenfalls sehr eindrücklich ist die unterschiedliche Gestaltbildung, wenn Wasser gefriert und dabei auskristallisiert. Selbst chemisch identisches Wasser kann dabei ganz unterschiedliche Kristallformen hervorbringen. International bekannt geworden sind hier die Forschungen des japanischen Wissenschaftlers Masaru Emoto, dessen Veröffentlichung »Die Botschaft des Wassers« große Aufmerksamkeit fand. In seinen Fotografien unzähliger an Schneeflocken erinnernder Wasserkristalle zeigte Emoto, daß Wasser auf verschiedenste Einflüsse reagiert und diese über lange Zeit speichert: Wasser verändert sich durch stoffliche Lösungen, durch energetische Einflüsse, durch Klänge, durch Worte, durch Gedanken und Stimmungen, ja, letztendlich durch das Bewußtsein der Wesen, denen es begegnet. Dieser Informationsaustausch auf allen Ebenen prägt das Wasser und verleiht ihm neue Eigenschaften, die in der Kristallisation sichtbar werden.*

Wasserkristalle von Masaru Emoto. Kristalle desselben Wassers während der »Vier Jahreszeiten« von Vivaldi.
Von links nach rechts: Frühling, Sommer, Herbst und Winter.
Fotos entnommen aus Masaru Emoto, »Die Antwort des Wassers Bd. 1«, KOHA-Verlag, Burgrain.

* Veröffentlichungen hierzu: Masaru Emoto, »Die Botschaft des Wassers«; »Die Antwort des Wassers« (Band 1 + 2); »Wasserkristalle«; Masaru Emoto/Jürgen Fliege, »Die Heilkraft des Wassers«; alle KOHA-Verlag Burgrain

Kristallanalyse

Auf einer etwas anderen Basis, durch eine spezielle Aufbereitung, entwickelte das Hagalis-Institut in Überlingen die »Kristallanalyse« als bildschaffende Methode zur Untersuchung der Wasserqualität. Dabei werden aus der Wasserprobe zunächst die flüssigen und mineralischen Anteile gesondert extrahiert. Anschließend werden beide Extraktionen vereinigt und durch Trocknung auskristallisiert. Die dabei entstehenden Kristallisationen zeigen unter dem Mikroskop deutliche Strukturmerkmale, die mit anderen dokumentierten Proben verglichen werden. Auf diese Weise läßt sich die Qualität einer Wasserprobe anschaulich darstellen und bewerten, wie die nebenstehenden Abbildungen zeigen. Interessant ist, daß auch Veränderungen der Wasserqualität durch Aufbereitungsmaßnahmen (hier durch Umkehr-Osmose) sofort erkennbar werden. Die Kristallanalyse arbeitet auf wissenschaftlicher Basis und führt daher zu reproduzierbaren Ergebnissen. Die Strukturmerkmale der Kristallisationen zeigen sich bei wiederholten Versuchen immer wieder.*

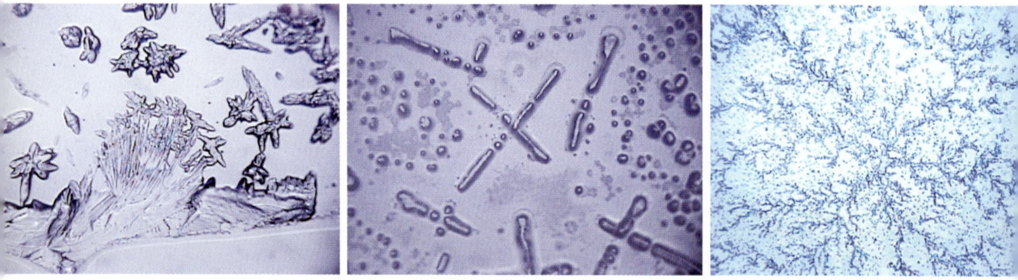

Hagalis Kristallanalyse: Kristallbild von reinem Quellwasser aus den Alpen; Stadtwasser aus Stuttgart; durch Umkehrosmose gereinigtes Stadtwasser.
Fotos und Copyright: Hagalis AG, Überlingen.

Tropfenphänomene

1988 entwickelte die Stuttgarter Künstlerin und Forscherin Ruth Kübler die vergleichsweise einfache, aber sehr aussagekräftige Auftropfmethode zur Sichtbarmachung schöpferischer Prozesse im Wasser und anderen Flüssigkeiten. Mit einer Einwegspritze trägt sie Tropfen auf einen gläsernen Objektträger auf und betrachtet

* Veröffentlichungen hierzu: Andreas Schulz, »Wasser Kristall Welten«, AT-Verlag Baden (CH); » Wasserstudie aktuell« und »Ausführliche Information zur Kristallanalyse«, Hagalis AG Überlingen 2006.

diese beim Eintrocknen unter dem Dunkelfeld-Mikroskop. Dabei werden rhythmische Entwicklungsprozesse ähnlich zellulären Vorgängen erkennbar. Teilchen, die sich eigenständig bewegen, tauchen auf, Verdichtungen und Trocknungsgrenzen werden sichtbar und wandeln sich. Der ganze Verdunstungsvorgang erfolgt von außen nach innen in Schüben und führt letztendlich zu einem Bild mit einer ausdrucksstarken Bildersprache. Im gesamten Trocknungsprozeß und im abschließenden Trockenbild zeigt jede Wasserprobe eine eigene, typische Gestalt. Diese typische Gestalt ist ein immer wiederkehrendes Merkmal des betreffenden Wassers und damit eine bildhafte Darstellung von dessen Eigenschaften.

Ganz besonders deutlich wird dies bei homöopathischen Mitteln. Da diese Mittel in jedem Potenzierungsschritt mit Wasser verdünnt werden, wird oft bezweifelt, ob Hochpotenzen über D24 (24 x im Verhältnis 1 : 10 verdünnt) oder C12 (12 x im Verhältnis 1 : 100 verdünnt) überhaupt noch Informationen enthalten. Die Potenzen D24 und C12 entsprechen einer Verdünnung von 1 : 10^{24}. An diesem Punkt ist theoretisch kein einziges Teilchen der ursprünglichen Substanz mehr in der Flüssigkeit vorhanden. Dennoch: Die Information bleibt! Und wie die Fotos von Ruth Kübler hier am Beispiel des Homöopathicums »Thuja« zeigen, bleibt die Information nicht nur – sie entwickelt sich sogar immer deutlicher, selbst weit über die Grenze des Stofflichen hinaus. Dies demonstriert eindrücklich, daß Wasser Information aufnimmt – und daß Information nicht an Substanz gebunden ist!*

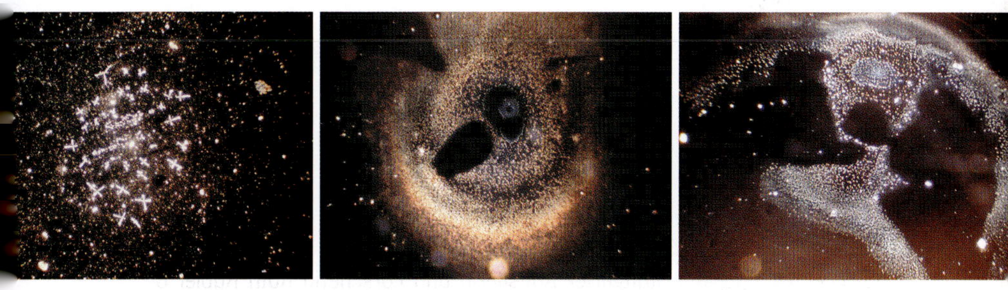

Tropfenphänomene: Dasselbe homöopathische Mittel in unterschiedlicher Potenz: Thuja D2 – Thuja D20 – Thuja D47 (ab D24 ist die Substanz der Thuja aus der Flüssigkeit verschwunden!). Fotos und Copyright: Ruth Kübler, Stuttgart.

* Veröffentlichungen hierzu: Ruth Kübler, »Der Kosmos im Wassertropfen«, AT-Verlag Baden (CH)

Trockenbildmethode

Die von Ruth Kübler entwickelte Auftropfmethode wurde 1997 von Prof. Dr. Bernd Kröplin für ein Forschungsprojekt an der Universität Stuttgart übernommen und dort insbesondere durch Minnie Hein weiterentwickelt. Im Institut für Statik und Dynamik der Luft- und Raumfahrtkonstruktionen wurden die Auftropfungen unter möglichst gleichbleibenden Bedingungen durchgeführt, wiederholt, beobachtet und fotografiert. Dabei wurde deutlich, daß gewisse Grundcharakteristika verschiedener Wasserproben oder anderer Flüssigkeiten zwar konstant bleiben, daß deren Ausprägung jedoch variiert, wenn das Auftropfen durch einen anderen Experimentator durchgeführt wird – oder selbst wenn der Experimentator in einer anderen Stimmung ist.

So zeigen die nebenstehenden Abbildungen Tropfen eines peruanischen Wassers (»Hongo Colorado«), das zur selben Zeit am selben Ort aus derselben Spritze aufgetropft wurde.

Die oberen beiden Fotos zeigen Tropfen, die von verschiedenen Personen aufgetropft wurden. Diese unterscheiden sich zunächst kaum.

In der Vergrößerung jedoch (mittlere Fotos) wird die Verschiedenheit sichtbar, die für jede Person charakteristisch war.

Die unteren beiden Fotos schließlich zeigen Tropfen, die von derselben Person aufgetropft wurden, die links verstimmt und rechts »in ihrer Mitte« war.

In diesen Versuchsreihen gelang der Nachweis zweier wichtiger Faktoren: Wasser kann Information speichern und zeigt dadurch im Trockenbild eine charakteristische Erscheinung – doch zugleich ist Wasser auch so sensibel, daß es das energetische Feld des Experimentierenden und selbst dessen Stimmung aufnimmt.

Ein weiteres wichtiges Resultat der Forschungen von Minnie Hein war die Beobachtung, daß Wassertropfen miteinander kommunizieren. Die Interaktionen verschiedener Wassertropfen sind ebenso individuell wie die Begegnungen von Menschen. Es gibt Tropfen, die selbst bei Berührung nicht ineinanderfließen, während andere sofort verschmelzen. Und in wiederum anderen Fällen öffnet sich ein Tropfen dem anderen, noch bevor sich die beiden überhaupt berühren. Dabei kann sogar die Bildung von Pünktchen und Linien zwischen den Tropfen beobachtet werden. Es gibt also auch beim Wasser »verschlossene Typen« und »offene, aufnahmebereite

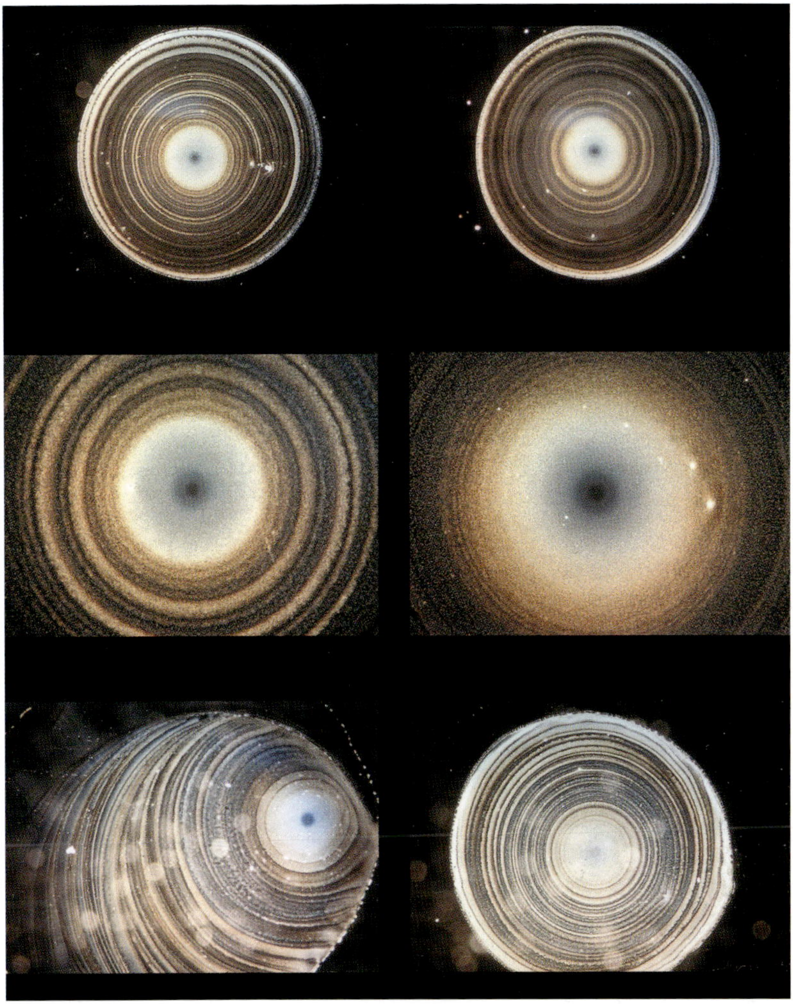

Oben: Von verschiedenen Personen zur selben Zeit am selben Ort aus derselben Spritze aufgetropftes Wasser.
Mitte: Dieselben Tropfen in der Vergrößerung.
Unten: Zwei Tropfen von derselben Person aufgetropft, die links verstimmt und rechts »in ihrer Mitte« war.
Fotos und Copyright: GutesBuch Verlag, Filderstadt

Individuen«. Und: Die Kommunikation zwischen Wassertropfen kann stattfinden, ohne daß sich die Tropfen berühren!*

Die Experimentatorin beeinflußt das Wasser durch ihre Ausstrahlung und Stimmung.

Abgrenzung: Die sich berührenden Tropfen öffnen sich nicht! Links Wasser aus dem Ganges, Indien; rechts Wasser aus einem ehemaligen Braunkohletagebau in Berlin.

Kontakt: Noch vor der Berührung findet eine Öffnung der Tropfen statt, und es schwärmen sogar Partikel von einem Tropfen dem anderen zu. Links das Wasser »Hongo Colorado« aus Peru; rechts wiederum Wasser aus dem ehemaligen Braunkohletagebau in Berlin.
Fotos und Copyright: GutesBuch Verlag, Filderstadt

* Veröffentlichungen hierzu: Bernd Kröplin, »Welt im Tropfen«; »Apollo IV –Bericht über mikrooptische Untersuchungen von Wasser und wäßrigen Lösungen«; »Apollo V – »Mikrooptische Untersuchungen zum Einfluß von elektromagnetischen Feldern, Magneten und Handys auf Wasser«; alle Universität Stuttgart/GutesBuch Verlag Filderstadt. Aktuelle Informationen zur Forschung, Literatur, Ausstellungen u.v.m.: www.weltimtropfen.de

Edelstein-Informationen im Wasser

Daß Wasser offenkundig keine tumbe Flüssigkeit namens H_2O ist, sondern eine sensible, aufnahmefähige und kommunikative Wesenheit, dürfte durch die genannten Untersuchungen und bildschaffenden Methoden deutlich belegt sein. Doch was bedeutet dies nun für das Edelsteinwasser? Wenn Wasser auch Informationen von Edelsteinen aufnimmt, was wird da aufgenommen und was nicht? Und wie lange werden diese Informationen gespeichert? Und inwiefern unterscheiden sich dabei verschiedene Ausgangswasser?

Um diese Fragen zu klären, haben wir – die Autoren – auf radiästhetische Methoden zurückgegriffen. Die Radiästhesie geht davon aus, daß auch wir Menschen feinste Reize wahrnehmen, wie z. B. Einflüsse unsichtbarer Strahlungen oder unhörbarer Schwingungen. Unser (wassergefüllter!) Körper ist dabei der Resonanzraum für diese Schwingungen, die mit einem radiästhetischen Instrument (Pendel oder Rute) sichtbar gemacht werden. Wohlgemerkt: Das Instrument ist dabei nicht mehr als der Zeiger eines Meßgeräts! Die eigentliche Wahrnehmung findet in uns statt!*

Insofern sind radiästhetische Messungen nicht mit physikalischen Untersuchungen vergleichbar, sie bleiben immer abhängig von der messenden Person. Auch hier beeinflußt der Experimentator das Ergebnis. Aber werden Messungen mit genügend Übung, Erfahrung und Sorgfalt durchgeführt, kommen geschulte Radiästheten in unabhängigen Untersuchungen durchaus zu übereinstimmenden bzw. zumindest ähnlichen Ergebnissen. Daher erschien uns die radiästhetische Methode zur ersten Sondierung des Themas ausreichend.

Von den verschiedenen durchgeführten Untersuchungen wollen wir eine an dieser Stelle exemplarisch vorstellen. Sie wurde am 5. Mai 2005 im Beisein von 30 Personen durchgeführt. In sechs Proben verschiedener Ausgangswasser wurden sechs qualitativ und in der Größe gleichwertige Rhodochrosit-Trommelsteine eingelegt.

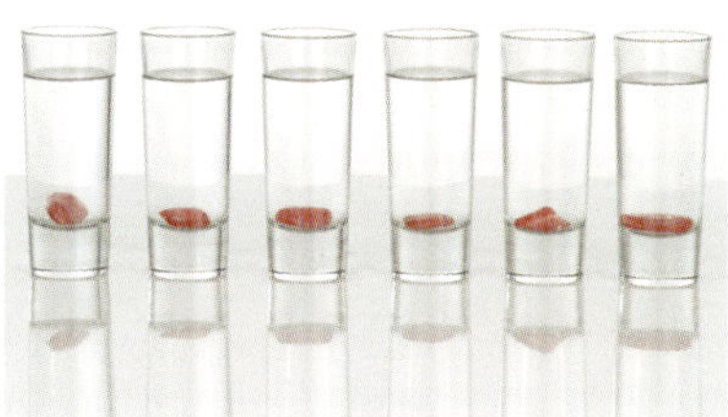

Sechs Wasserproben mit Rhodochrosit

* Literatur hierzu: Rainer Strebel/Michael Gienger, »Die Individuelle Therapie«, AT-Verlag Baden (CH)

Zuvor wurden die »Bovis-Einheiten« als quantitative Größe des Energiegehalts der Proben ermittelt. Vereinfacht ausgedrückt stellen die Bovis-Einheiten das Gesamtenergieniveau eines Gegenstandes, eines Ortes, eines Lebensmittels etc. dar. 6.000 Einheiten gelten dabei als der Gesundheit zuträglich, Werte darunter als mehr oder minder abträglich, Werte darüber als zunehmend gesundheitsfördernd. Hohe Werte (über 12.000 – 30.000 B) können auch ein »Zuviel« an Energie darstellen, aber über die genaue Grenze in diesem Bereich streiten sich die Geister. Der Wert von 6.000 Einheiten als »Normalniveau« ist dagegen unter Experten allgemein akzeptiert.

Als qualitative Größen zur Beobachtung der Informationsaufnahme und -speicherung wurden zwei Eigenschaften gewählt, die bei den betreffenden Edelsteinen in sehr hoher Intensität und bei den vorliegenden Wasserproben dagegen gar nicht bzw. nur mit vergleichsweise minimaler Intensität meßbar waren. Wir wählten als typische »Rhodochrosit-Qualitäten« die Eigenschaften »Feuriger Äther« und »Lebensenergie«, die mit der »PR 35 ätherrute« von axis mundi systems* gemessen wurden.

Der »Feurige Äther« repräsentiert eine stark anregende, erwärmende, expansive Eigenschaft. Die »Lebensenergie« stellt die Summe aller Ätherkräfte dar und ist damit eine allgemein belebende und in Fluß bringende Qualität, welche Entwicklung, Wachstum und alle Lebensfunktionen stärkt. Beide Qualitäten besitzt Rhodochrosit sehr ausgeprägt, weshalb er auch als das »Dopingmittel« der Steinheilkunde gilt.

Bei der qualitativen Messung gibt es keine Vergleichs-Skala wie bei den Bovis-Einheiten, sondern relative Werte: Hier gilt der Wert 1 als »maximale Intensität« (im Bezug zum Testobjekt und der testenden Person), der Wert 2 bedeutet dann die »halbe Intensität«, der Wert 3 »ein Viertel der Intensität«, der Wert 4 »ein Achtel der Intensität« usw.

* axis mundi systems, Hans-Jörg Müller, Moltkestr. 12, 84453 Mühldorf/Inn, www.axis-mundi.info

Test Edelsteinwasser 05.05.05

Aufgabenstellung:

1. Überprüfen, ob Wasser Informationen von Edelsteinen aufnimmt.
2. Überprüfen, ob verschiedene Wasserproben diese Informationen unterschiedlich aufnehmen.
3. Überprüfen, wie lange das Wasser die aufgenommenen Informationen hält.

Umsetzung:

Die vorgereinigten Teststeine werden zeitgleich für zwei Stunden in die verschiedenen Wasserproben eingebracht. Nach zwei Stunden wird das informierte Wasser umgefüllt. Während des gesamten Zeitraums werden die Proben wiederholt vermessen.

Getestete Wasserproben:

1. Leitungswasser Tübingen (unbehandelt), entnommen am 05.05.05 um 7.00 Uhr, Aufbewahrung in Glasflasche.
2. Dasselbe, gereinigt durch Umkehr-Osmose, entnommen am 05.05.05 um 7.01 Uhr, Aufbewahrung in Glasflasche.
3. Wie 2., zusätzlich behandelt mit Ultra-Kolloidation, behandelt am 05.05.05 um 7.05 Uhr, Aufbewahrung in Glasflasche.
4. Wie 3., jedoch bereits entnommen und mit Ultra-Kolloidation behandelt am 02.05.05 um 14.35 Uhr, Aufbewahrung in Glasflasche.
5. Bruder-Klaus-Quelle bei Oberkirch, entnommen am 04.05.05, Aufbewahrung in Plastikkanister.
6. Odilienquelle Elsaß, entnommen 01.05.05, Aufbewahrung in Glasflasche.

»Äthermessung« an den Wasserproben

Testfaktoren:
1. Bovis-Einheiten (unspezifische Energiemenge quantitativ), Test mit Einhandrute.
2. Lebensenergie (spezifische Information qualitativ), Test mit Ätherrute.
3. Feuriger Äther (spezifische Information qualitativ), Test mit Ätherrute.

Durchführung:
Test wurde durchgeführt vom 05.05.05 um 14.15 Uhr bis 06.05.05 um 08.15 Uhr im Beisein von 30 Personen.

Testergebnisse:
1. Die verschiedenen Wasserproben zeigen signifikante Veränderungen durch die Steininformation!
2. Der Wert der Bovis-Einheiten kehrt beim Leitungswasser und ultrakolloidierten Wasser allmählich zum Ausgangwert zurück. Das Umkehr-Osmosewasser und das (zuvor im Plastikkanister aufbewahrte) Wasser der Bruder-Klaus-Quelle zeigen eine andauernde Erhöhung des Werts. Auffällig sind die Werte der Odilienquelle, die mit dem Stein zunächst sinken, dann deutlich steigen, nach dem Umfüllen wieder fallen und zuletzt wieder in Richtung Ausgangswert steigen. Dieser Verlauf erscheint wie eine »Auseinandersetzung gegensätzlicher Informationen«.
3. Die aufgenommenen Informationen bleiben (mit Ausnahme des unbehandelten Leitungswassers) deutlich auf hoher (2) bzw. mittlerer (3) Intensität gespeichert. Lediglich der Wert des Feurigen Äthers beim Wasser der Bruder-Klaus-Quelle fällt ab. Deren ursprüngliche Qualität scheint der des Steins in diesem Punkt gegenläufig zu sein. Spätere Messungen ergaben bei dieser Quelle eine hohe Intensität »Wäßrigen Äthers«.
4. Das unbehandelte Leitungswasser kann die aufgenommenen Informationen nicht lange halten!

Fazit:
Wasser kann eindeutig Informationen aufnehmen! Die Intensität und Haltbarkeit der aufgenommenen Information schwankt jedoch je nach Ausgangswasser. Details siehe Meßwerte und Grafik anbei.

Frühere und spätere Tests kamen wiederholt zu ähnlichen Ergebnissen mit spezifischen Abweichungen je nach Art des Wassers, der Steine und der Rahmenbedingungen, so daß wir als gesichert annehmen können:

1. Wasser speichert Informationen.
2. Qualität und Eigenschaften des Wassers bestimmt die Art, Intensität und Dauer der Informationsaufnahme.

Im folgenden nun die Details des Tests.

Testauswertung Edelsteinwasser

Bovis-Einheiten

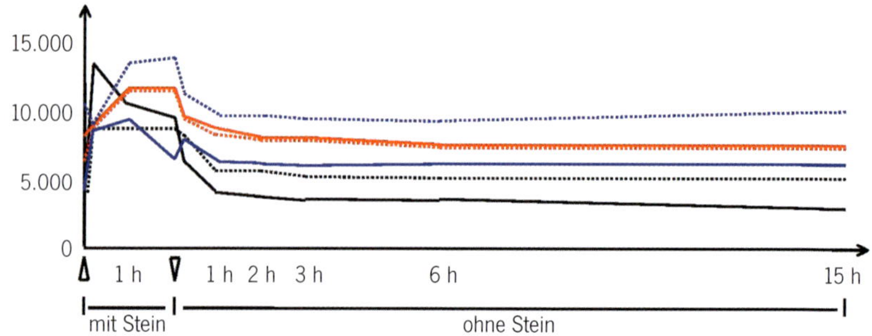

Lebensenergie

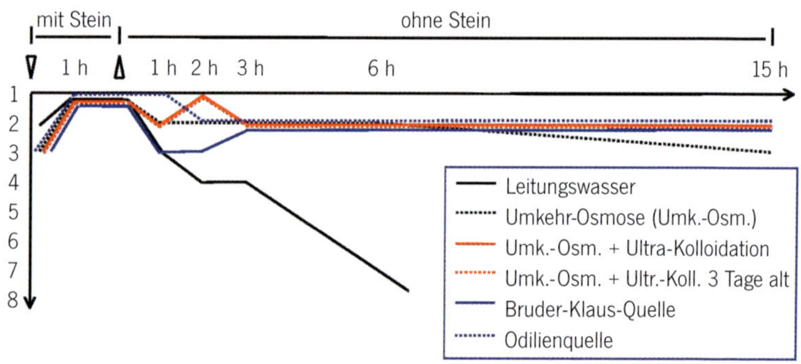

Feuriger Äther

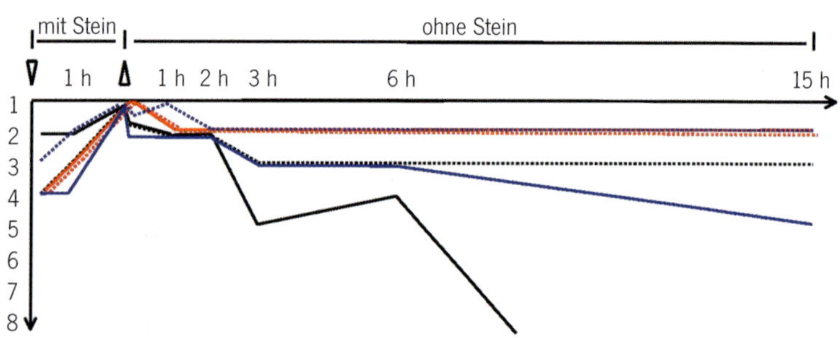

Test »Edelsteinwasser«: Auswertung

Testauswertung Edelsteinwasser

	Leitungswasser			UO. frisch			UO. + UK. frisch			UO. + UK. 3T.			Bruder Klaus Qu.			Odilienquelle		
	B	**L**	**FÄ**	**B**	**L**	**FÄ**	**B**	**L**	**FÄ**	**B**	**L**	**FÄ**	**B**	**L**	**FÄ**	**B**	**L**	**FÄ**
Wasser vor dem Test	3300	–	–	4300	–	–	8050	–	–	7000	–	–	4600	–	–	10800	–	–
Stein vor dem Test	13600	1,6	1,6	9050	2	2	9050	2	2	9050	2	2	9050	2	2	9050	2	2
Wasser mit Stein 10 min	13600	2	2	9050	3	4	9050	3	4	9050	3	4	9050	3	4	9050	3	3
Wasser mit Stein 1 Std.	11000	1	2	9050	1	3	12000	1	3	12000	1	3	9900	1	4	13600	1	2
Wasser mit Stein 2 Std.	10000	1	1	9050	1	1	12000	1	1	12000	1	1	6850	1	1	13900	1	1
Wasser ohne Stein 10 min	7000	1	1,5	8600	1	1,5	10000	1	1	10000	1	1	8000	1	2	11600	1	1,5
Wasser ohne Stein 1 Std.	4500	3	2	6100	2	2	8700	2	2	8600	2	2	6900	3	2	10000	1	1
Wasser ohne Stein 2 Std.	4350	4	2	6100	2	2	8000	1	2	8000	1	2	6800	3	2	10000	2	2
Wasser ohne Stein 3 Std.	4050	4	5	5600	2	3	8000	2	2	8000	2	2	6700	2	3	9800	2	2
Wasser ohne Stein 6 Std.	4000	7	4	5500	2	3	7800	2	2	7800	2	2	6800	2	3	9500	2	2
Wasser ohne Stein 15 Std.	3000	–	–	5500	3	3	7800	2	2	7800	2	2	6800	2	5	10300	2	2

Abkürzungen/Bedeutungen:

UO.: Umkehr-Osmose – Chemische Wasserreinigung an einer halbdurchlässigen Membran

UK.: Ultra-Kolloidation – Physikalische Wasserbehandlung durch intensive Verwirbelung

frisch: Umkehr-Osmose und Ultra-Kolloidation wurden »frisch«, d. h. am selben Tag / 8 Std. vor dem Test durchgeführt

3T.: Umkehr-Osmose und Ultra-Kolloidation wurden drei Tage vor dem Test durchgeführt

B: Bovis-Einheiten (quantitative unspezifische Messung)

L: Lebensenergie (qualitative spezifische Messung)

FÄ: Feuriger Äther (qualitative spezifische Messung)

Die Autoren

Michael Gienger

Michael Gienger versteht sich selbst als Naturforscher. Für ihn ist die Natur ein großes Buch, in dem sich durch die beobachtende Wahrnehmung viele Geheimnisse des Lebens erkennen und verstehen lassen. Er ist Autodidakt und hat sich mit seinen Beiträgen zur Steinheilkunde internationales Ansehen erworben. Seine Forschungstätigkeit erstreckt sich jedoch auf den gesamten Bereich der Naturkunde und Naturheilkunde. Insbesondere das Thema Wasser begleitet ihn dabei seit seiner Jugendzeit. Schon im Vorwort seines ersten Buches, der »Steinheilkunde«, schrieb er 1995: »In meinen frühesten Erinnerungen sind Steine immer untrennbar verbunden mit fließendem Wasser, Gebirgsbächen insbesondere, deren Fluß ich mit Hilfe der Bachkiesel immer zu lenken versuchte.« Sowohl die Steinheilkunde, als auch die Wasserkunde waren in den vergangenen 20 Jahren stets ein fester Bestandteil seiner Forschung und Tätigkeit. Im vorliegenden Buch konnte er nun seine beiden »großen« Forschungsbereiche vereinen, um einem neuen Zweig der Steinheilkunde eine fundierte Basis zu schaffen.

Mehr zu Michael Gienger und seinen Projekten finden Sie im Internet unter www.steinheilkunde.de, www.michael-gienger.de, www.fairtrademinerals.de, www.cairn-elen.de u. a.

Joachim Goebel

Joachim Goebel war ebenfalls ein »Wasserkind« und schon in früher Kindheit von diesem Element magisch angezogen. Der spielerische Umgang mit Wasser in seiner Jugend führte zu immer größerer naturkundlicher Neugier. Gleichzeitig entstand das Interesse an der Heilkunde. Joachim Goebel studierte klassische Schulmedizin, Ayurveda und verschiedenste Naturheilverfahren. In diesem Zusammenhang erkannte er Wasser als das Lebenselixier unseres irdischen Daseins. Er widmete sich immer intensiver der ganzheitlichen Wasserforschung. 1996 begegnete er der Steinheilkunde. Inspiriert durch Hildegard von Bingen, begann Joachim Goebel bereits 1998 seine »Edelstein-Wasser-Forschung«. Zu einem Zeitpunkt, als von »Edelsteinwasser« noch nicht die Rede war, begann er seine ersten Untersuchungen und Tests. Diese waren so erfolgreich, daß das Thema »Edelsteinwasser« zum Schwerpunkt seiner beruflichen Tätigkeit als Dozent und Industrieberater wurde. Er ist Dozent für Steinheilkunde und ganzheitlicher Trinkwasserberater. Joachim Goebel bietet international Vorträge, Seminare und Schulungen sowie persönliche Beratungen an.

Mehr zu Joachim Goebel und seinen Projekten finden Sie im Internet unter www.edelstein-wasser.de. Auf dieser Homepage veröffentlichen die Autoren alle Ergänzungen und Aktualisierungen zu diesem Buch.

Dank

Wir danken all jenen von Herzen, die einen Beitrag zu diesem Buch geleistet haben. Ohne Eure Mithilfe wäre dieses Buch niemals möglich geworden! Allen voran geht unser herzlicher Dank an Carmen Maier für die Unterstützung in der »heißen Phase« dieses Manuskripts und an Anja Gienger, die ihr möglichstes tat, ihren Mann beim explodierenden Arbeitspensum an diesem Buch auf den Beinen zu halten. Walter von Holst, Kerstin Wagner, Dagmar Fleck und Marco Schreier danken wir für ihre Unterstützung und die »Wassersteine« sowie Ulrich Metz für das Ausleihen der Wassergerätschaften. Ein ganz herzliches Dankeschön geht an Bernhard Bruder vom Institut für Edelstein Prüfung (EPI) für das Erarbeiten der dringend notwendigen Liste »giftiger und gesundheitsschädlicher Steine«. Barbara Newerla danken wir für die radiästhetischen Messungen und Herrn Emil Pestel für die speziell für dieses Buch durchgeführten hygienischen Untersuchungen. Und schließlich danken wir dem Institut für Strömungswissenschaften in Herrischried, der Hagalis AG in Überlingen, dem Koha-Verlag in Burgrain, Prof. Bernd Kröplin von der Universität Stuttgart und dem GutesBuchVerlag in Filderstadt sowie der Künstlerin Ruth Kübler aus Stuttgart für die wunderbaren Fotos, die unseres Erachtens das »Gedächtnis des Wassers« sichtbar machen.

Auch Thomas Diener, Heike Dunkel, Gaby Gad, Anja Gienger, Annette Jakobi, Johannes Keilmann, Franz Späth, Andreas Stadtmüller, Waltraud Wagner und Josef Zerluth danken wir für die zur Verfügung gestellten Fotos. Karola Sieber danken wir ganz besonders für die extra für dieses Buch erstellten Mikroskopaufnahmen. Die meisten Aufnahmen in diesem Buch stammen von Ines Blersch, der wir an dieser Stelle für die künstlerische Begleitung und gute Beratung beim gesamten Projekt danken möchte. Michaela Wersebe danken wir fürs Modellstehen,

Annette Jakobi, Stefan Masel und Sabine Schneider-Kühnle für die gründliche und kritische Durchsicht des Manuskripts, Fred Hageneder für die gelungene Gestaltung und Andreas Lentz, unserem Verleger, für die spontane Zustimmung zu diesem Projekt.

Und wir danken all den Menschen, die uns von ihren Erfahrungen mit Edelsteinwassern berichtet und damit die Basis zu diesem Buch geschaffen haben. Ihnen allen herzlichen Dank und alles Gute!

Die Autoren

Literatur

Edelsteine / Steinheilkunde

Michael Gienger, *Die Heilsteine der Hildegard von Bingen*, Neue Erde Saarbrücken 2004

Michael Gienger, *Die Heilsteine Hausapotheke*, Neue Erde Saarbrücken 1999 (überarbeitete Neuauflage 2004)

Michael Gienger, *Die Steinheilkunde*, Neue Erde Saarbrücken 1995

Michael Gienger, *Heilsteine – 430 Steine von A bis Z*, Neue Erde Saarbrücken 2003

Michael Gienger, *Heilsteine und Lebensrhythmen*, Neue Erde Saarbrücken 2005

Michael Gienger, *Lexikon der Heilsteine*, Neue Erde Saarbrücken 2000

Michael Gienger/Gisela Glaser, *Salz*, Neue Erde Saarbrücken 2003

Michael Gienger/Luna Miesala-Sellin, *Stein und Blüte*, Neue Erde Saarbrücken 2000

Rolphe Alcide Grimaître, *Edelstein-Elixiere*, Neue Erde Saarbrücken 2006

Rainer Strebel/Michael Gienger, *Die Individuelle Therapie*, AT-Verlag Baden (CH) 2005

Wasser / Bildschaffende Methoden

Masaru Emoto, *Die Botschaft des Wassers*, Koha Verlag Burgrain 2002

Masaru Emoto, *Die Antwort des Wassers* (Band 1 + 2), Koha Verlag Burgrain 2002

Masaru Emoto, *Wasserkristalle*, Koha Verlag Burgrain 2002

Masaru Emoto/Jürgen Fliege, *Die Heilkraft des Wassers*, Koha Verlag Burgrain 2004

Magda Engqvist, *Die Steigbildmethode*, Vittorio Klostermann Verlag, Frankfurt a.M. 1977

Heidi Flückiger, *Bildschaffende Methoden*, Kooperative Dürnau 1987

Hagalis, *Ausführliche Information zur Kristallanalyse*, Hagalis AG Überlingen 2002

Hagalis, *Wasserstudie aktuell*, Hagalis AG Überlingen 2004

Bernd Kröplin, *Welt im Tropfen*, Universität Stuttgart/GutesBuch Verlag Filderstadt 2001

Bernd Kröplin, *Apollo IV –Bericht über mikrooptische Untersuchungen von Wasser und wässrigen Lösungen*, Universität Stuttgart/GutesBuch Verlag Filderstadt 2000
Bernd Kröplin, *Apollo V – Mikrooptische Untersuchungen zum Einfluss von elektromagnetischen Feldern, Magneten und Handys auf Wasser*, Universität Stuttgart / GutesBuch Verlag Filderstadt 2003
Ruth Kübler, *Der Kosmos im Wassertropfen*, AT-Verlag Baden (CH) 2006
Franz Metzler (Hrsg), *Wasser verstehen – Zeichen setzen*, Institut für Strömungswissenschaften, Herrischried 2001
Heinz-Michael Peter, *Das Strömungsverhalten des Wassers in der biologischen Selbstreinigungsstrecke des Schwarzwaldbaches Mettma*, Institut für Strömungswissenschaften, Herrischried 1994
Andreas Schulz, *Wasser Kristall Welten*, AT-Verlag Baden (CH) 2003
Theodor Schwenk, *Das Wasser, eine Herausforderung an das moderne Bewusstsein*, Institut für Strömungswissenschaften Herrischried 1985
Wolfram Schwenk (Hrsg), *Schritte zur positiven Charakterisierung des Wassers als Lebensvermittler*, Institut für Strömungswissenschaften Herrischried 2001
Sondernummer zur Steigbildmethode in *Elemente der Naturwissenschaft* Nr. 46/1987, Goetheanum Dornach
Beatrice Voigt (Hrsg.), *Wasser. Schatz der Zukunft*, oekom verlag München 2004
Waltraud Wagner, *Tanzendes Wasser*, Neue Erde, Saarbrücken 1993
Wilkens/Jacobi/Schwenk, *Wasser verstehen lernen*, Institut für Strömungswissenschaften Herrischried 1995
Josef Zerluth/Michael Gienger, *Gutes Wasser*, Neue Erde, Saarbrücken 2004

Sonstiges / Grundlagen

Friedrich Benesch, *Der Turmalin*, Verlag Urachhaus Stuttgart 1990
Marco Bischof, *Biophotonen*, Verlag Zweitausendeins 1995
Claudia Cardinal, »Kupfer – das warme Metall in Alchemie und Heilkunde«, in *Kupfer und seine Mineralien*, Messethemenheft 1997 der Mineralientage München
Rudolf Hauschka, *Substanzlehre*, Vittorio Klostermann Verlag Frankfurt a.M. 1950
Barbara & Peter Newerla, *Strahlung und Elektrosmog*, Neue Erde, Saarbrücken 2003
Rupert Sheldrake, *Das Gedächtnis der Natur*, Scherz Verlag München 1990

Abbildungsnachweis

Ines Blersch: Alle Fotos außer den folgenden
Thomas Diener: Seite 66 oben
Heike Dunkel: Seite 68, 76 links, 76 rechts oben, 84 / 2. von links
Masaru Emoto/KOHA-Verlag: Seite 169
Gaby Gad: Seite 23 oben / 2. + 3. von links, 60, 70
Anja Gienger: Seite 23 unten, 75 links, 85 Mitte
Michael Gienger: Seite 73, 84 links, 166
Hagalis AG: Seite 30 oben, 170
Fred Hageneder: Seite 120, 122
Institut für Statik und Dynamik der Luft- und Raumfahrtkonstruktionen/GutesBuch Verlag: Seite 173, 174 Mitte + unten
Institut für Strömungswissenschaften: Seite 167
Annette Jakobi: Seite 76 rechts unten
Ruth Kübler: Seite 81, 125 unten, 171
Johannes Keilmann: Seite 61 / 5. von links
Roemelt MV: Seite 75 rechts, 78 oben, 79 oben
Karola Sieber: Seite 44 unten, 45 oben, 58 unten, 59 oben
Franz Späth: Seite 77 unten
Andreas Stadtmüller: Seite 80 unten
Waltraud Wagner: Seite 62 links
Josef Zerluth: Seite 61 / 1. – 3. von links, 62 rechts, 65, 66 unten, 72, 78 unten, 80 oben, 84 / 3. + 4. von links, 168
www.pixelquelle.de: Seite 23 oben / 1., 4. + 5. von links, 61 / 4. von links

Adressen

Wasserforschung / Wasseruntersuchung

Institut für Strömungswissenschaften
Stutzhofweg 11
D-79737 Herrischried
Tel.: 07764/9333-0
Fax: 07764/9333-22
sekretariat@stroemungsinstitut.de
www.stroemungsinstitut.de

Hado.net
Masaru Emoto
Essanestr. 164
LI-9492 Eschen/Liechtenstein
Tel.: 432/3730 220
Fax: 432/3730 222
office@hado-life-europe.com
www.hado-life-europe.com

Fotos/Bücher Masaru Emoto
KOHA-Verlag GmbH
Almstr. 4
D-84424 Burgrain
Tel.: 08083-1443
Fax: 08083-9416
info@koha-verlag.de
www.koha-verlag.de

Hagalis AG
Andreas Schulz
Goldbacher Str. 8
D-88662 Überlingen
Tel.: 07551-301 99-90
Fax: 07551-301 99-95
info@hagalis.de
www.hagalis.de

Welt im Tropfen
Bernd Kröplin / Regine C. Henschel
Institut für Statik und Dynamik der Luft- und Raumfahrtkonstruktionen
Pfaffenwaldring 27
D-70569 Stuttgart
Tel.: 0172-612 3432
info@weltimtropfen.com
www.weltimtropfen.de

Fotos/Buch »Welt im Tropfen«
GutesBuch Verlag
Prof. Dr.-Ing. Bernd Kröplin
Narzissenweg 7
D-70794 Filderstadt
Tel.: 0711-685-8085
Fax: 0711-685-3706
schoeck@isd.uni-stuttgart.de
www.weltimtropfen.com

Tropfenphänomene
Ruth Kübler
Fridinger Str. 47
70619 Stuttgart
w.r.kuebler@t-online.de

Hygieneberatung
Emil Pestel
Rektor Klaus Str. 59
73525 Schwäbisch Gmünd
Tel.: 07171-928 737
Fax: 07171-928 736
hygieneberatung@t-online.de

Radiästhetische Messungen

Mit radiäthetischen Messungen kann Wasser auf folgende Faktoren getestet werden:

* Allgemeiner Energiegehalt (Bovis)
* Eingekoppelte Informationen
* Belastungen
* Individuelle Verträglichkeit
* Verbesserungsmöglichkeiten (energetisch und physikalisch)

Weitere Informationen erhalten Sie bei folgenden Firmen und Personen:

FreiRaum
Barbara & Peter Newerla
Hegelstraße 38
D-72108 Rottenburg
Tel.: 07472-282 238
Fax: 07472-916 418
post@newerla.de
www.newerla.de

Johann Haslbeck
Gießen 5
D-84570 Polling
Tel.: 08631-8666
Fax: 08631-186 4102
kristallquelle@freenet.de
www.kristallquelle.de

axis mundi
Hans-Jörg Müller
Moltkestr. 12
D-84453 Mühldorf
Tel.: 08631-165 777
Fax: 08631-165 778
mail@axis-mundi.info
www.axis-mundi.info

Forschungen zu Edelsteinwasser

Die Forschungen zur Herstellung, Verträglichkeit und Anwendung von Edelsteinwasser stehen erst in ihren Anfängen. Für Fragen, Erfahrungsberichte und Informationsmaterial wenden Sie sich bitte an:

Joachim Goebel
Nägeleseestr. 25
D-79102 Freiburg
Tel.: 0761-707 6940
info@edelstein-wasser.de
www.edelstein-wasser.de

Equipment für Edelsteinwasser

Wassersteine

Spezielle Wassersteine (meist Rohsteine oder vorgetrommelte Steine ohne Wachspolitur) finden Sie im Mineralienfachhandel. Listen von Fachhändlern bieten folgende Verbände und Vereine:

DMF international
Verband des deutschen Mineralien- und Fossilien-Fachhandels DMF e.V.
www.dmf-international.org

Steinheilkunde e.V.
Verbraucherschutz und GKS-Siegel
www.steinheilkunde-ev.de

Wasser-Energetisierer von Joya®

Speziell zum Einleiten mit Kristallen entwickelte Hilfsmittel aus einheimischen Hölzern:

Joya® Deutschland
Ulrich Metz
Sandwiesenstr. 11
D-64665 Alsbach
Tel.: 06257-99 15 51
Fax: 06257-99 15 52
Mail: info@joya-online.de
www.joya-online.de

Edelsteine

Institut für Edelsteinprüfung (EPI)
Riesenwaldstr. 6
D-77797 Ohlsbach
Tel.: 07803-600 808
Fax: 07803-600 809
eMail: lab@epigem.de
Net: www.epigem.de

Fachlabor für gemmologische Untersuchungen und Echtheitsprüfungen von Edelsteinen und Mineralien

Steinheilkunde

Forschung, Öffentlichkeitsarbeit, Verbraucherschutz

Steinheilkunde e.V., Sitz Stuttgart
Forschungsprojekt Steinheilkunde
Obere Stadt 8
D-95326 Kulmbach
Tel.: 09221-69 19 660
Fax: 09221-69 19 836
info@steinheilkunde-ev.de
www.steinheilkunde-ev.de

Seminare, Ausbildungen und Fortbildungen

Cairn Elen Lebensschule Tübingen
Annette Jakobi
Bachstraße 87
D-72810 Gomaringen
Tel.: 07072-504 329
info@edelstein-massagen.de
www.edelstein-massagen.de/tuebingen

Cairn Elen Lebensschule Schwäbische Alb
Dagmar Fleck
Roßgumpenstraße 10
D-72336 Balingen-Zillhausen
Tel.: 07435-91 99 32
Fax: 07435-91 99 31
info@cairn-elen.de
www.cairn-elen.de

Cairn Elen Lebensschule Ostalb
Franca Bauer
Lehmstr. 12
D-89520 Heidenheim
Tel.: 07321-35 34 74
Fax: 07321-35 34 75
info@cairn-elen.de
www.cairn-elen.de

Akademie Lapis Vitalis
Im Osterholz 1
D-71636 Ludwigsburg
Tel.: 07141-4412-88
Fax: 07141-4412-66
info@lapisvitalis.de
www.lapisvitalis.de

Edition Cairn Elen

»Nachdem Elen ihre Wanderung durch die Welt vollendet hatte, setzte sie einen Cairn ans Ende des Sarn Elen. Dann wandte sich ihr Weg zurück ins Land zwischen Abend und Morgen. Aus diesem Cairn stammen alle Steine, die bis heute an den Kreuzungen der Wege die Richtung weisen.« *

(aus einer keltischen Sage)

»Cairn Elen« – so werden im gälischen Sprachraum die alten Steinsetzungen am Wegesrand genannt. Sie markieren die geistigen Pfade, sowohl die Pfade der Erde als auch die Pfade des Wissens.

Diese Pfade geraten zunehmend in Vergessenheit. So wie die alten Pfade der Erde unter modernen Asphaltstraßen verschwinden, so verschwindet auch manch altes Wissen unter der Datenflut moderner Erkenntnisse. Wunsch und Anspruch der Edition Cairn Elen ist es daher, Wissen aus alter Zeit zu bewahren und mit modernen Erkenntnissen zu verbinden – für eine blühende Zukunft!

Die Edition Cairn Elen im Neue Erde Verlag wird von Anja und Michael Gienger herausgegeben. Ziel der Edition ist es, bislang unveröffentlichtes Wissen aus Forschung und Tradition vorzustellen. Schwerpunkte sind Natur, Heilkunde und Gesundheit sowie Bewußtsein und geistige Freiheit.

Neben aktueller Fachliteratur werden im Rahmen der Edition Cairn Elen auch Erzählungen, Märchen, Romane, Lyrik und künstlerische Veröffentlichungen publiziert. Das vermittelte Wissen wendet sich nicht nur an den Kopf, sondern auch an das Herz der Menschen.

Edition Cairn Elen, Anja & Michael Gienger, Stäudach 58/1, D-72074 Tübingen,
Tel./Fax: 070 71 - 364 720, buecher@michael-gienger.de, www.michael-gienger.de

* kelt. »cairn [sprich: kärn]« = »Stein«, »sarn« = »Weg«, »Elen, Helen« = »Göttin der Wege«

Michael Gienger

Die Heilsteine der Hildegard von Bingen

Dieses Buch bietet die Texte Hildegards von Bingen in ungekürzter Länge samt mineralogischen und heilkundlichen Erläuterungen von Michael Gienger. Hier werden erstmals alle Steinnamen Hildegards richtig übersetzt und mit modernen Erkenntnissen verglichen.
144 Seiten, A5, 80 Farbfotos, ISBN 978-3-89060-224-0

Michael Gienger

Heilsteine und Lebensrhythmen

Neue Erkenntnisse zu den Heilsteinen der Hildegard von Bingen! Dieses Buch zeigt, wie wir durch Veränderungen von Gewohnheiten und den Einsatz von Heilsteinen zum richtigen Zeitpunkt Krankheiten vorbeugen und vermeiden können (früherer Titel: »Die Edelsteinuhr«). *160 Seiten, A5, 83 Abbildungen (47 in Farbe), ISBN 978-3-89060-086-4*

Michael Gienger

Die Heilsteine Hausapotheke

Hier gesucht, heißt schnell gefunden! In diesem zuverlässigen, praxiserprobten Ratgeber werden über 160 Erkrankungen bzw. seelische Beschwerden besprochen sowie die Möglichkeiten und Grenzen ihrer steinheilkundlichen Therapie erläutert.
Erweiterte Neuausgabe, 320 Seiten, A5, ISBN 978-3-89060-078-9

Rolphe A. Grimaître

Edelstein-Elixiere

Dieses Buch beschreibt, was Edelstein-Elixiere eigentlich sind, wie man sie herstellt und anwendet, und es enthält Beschreibungen aller wichtigen Edelstein-Elixiere. Das erste Buch, das wirklich offenlegt, wie die Herstellung von Edelstein-Elixieren funktioniert!
112 Seiten, A5, durchgehend farbig, ISBN 978-3-89060-099-4

Bernhard Bruder

Geschönte Steine

Dieses Buch erläutert alle Behandlungs- und Manipulationsverfahren, die an Edelsteinen durchgeführt werden, und bietet wertvolle Hinweise, wie wir uns vor Fälschungen schützen können. Der Autor ist Mineraloge, Gemmologe und Leiter des Instituts für Edelstein Prüfung (EPI). *128 Seiten, A5, durchgehend farbig, ISBN 978-3-89060-079-6*

Luna S. Miesala-Sellin, Michael Gienger
Stein und Blüte
Ein Ratgeber für die seelisch-geistige Gesundheit: Ängste, Sorgen, Streß, Enttäuschung, Kummer, Probleme mit Kontakt und Nähe – dieses Buch zeigt Lösungsmöglichkeiten durch neue Blickwinkel, unterstützt von Heilsteinen und Bachblüten.
224 Seiten, A5, durchgehend farbig,ISBN 978-3-89060-042-0

Michael Gienger
Heilsteine – 430 Steine von A bis Z
Das kleine Verzeichnis für den schnellen Überblick: Die wichtigsten mineralogischen und heilkundlichen Informationen zu 430 Heilsteinen werden hier knapp und übersichtlich und doch sorgfältig und genau in Wort und Bild dargestellt.
96 Seiten, 430 Farbfotos, Taschenbuchformat A6, ISBN 978-3-89060-059-8

Michael Gienger
Die Steinheilkunde
Das erste Handbuch, das die Steinheilkunde als eigenständige Heilweise vorstellt und einen Schlüssel bietet, mit dem jede/r selbst den passenden Heilstein für sich finden kann. Nach wie vor das Grundlagen- und Standardwerk zur Steinheilkunde!
420 Seiten, A5, über 100 Farbabbildungen, ISBN 978-3-89060-015-4

Michael Gienger
Lexikon der Heilsteine
Das nach wie vor verläßlichste Nachschlagewerk der Steinheilkunde. Mehr als 450 Gesteine, Mineralien und Varietäten werden präzise in ihren mineralogischen und heilkundlichen Eigenschaften beschrieben. Eine gut verständliche Einführung sowie ein umfangreicher Index runden das Werk ab. *576 Seiten, 311 Abbildungen (250 in Farbe), ISBN 978-3-89060-032-1*

Michael Gienger, Gisela Glaser
SALZ – Nahrungsmittel, Heilmittel oder Gift?
In diesem kleinen Ratgeber erfahren Sie alles Wissenswerte über Salz: Seine Herkunft, Heilkraft, Wirkung und vor allem die richtige Anwendung! Salz kann tatsächlich ein Heilmittel für viele Beschwerden sein, wenn wir wissen, wie!
128 Seiten, A6, durchgehend farbig, ISBN 978-3-89060-060-4

Bücher von NEUE ERDE im Buchhandel

Im deutschen Buchhandel gibt es mancherorts Lieferschwierigkeiten bei den Büchern von NEUE ERDE. Dann wird Ihnen gesagt, dieses oder jenes Buch sei vergriffen. Oft ist das gar nicht der Fall, sondern in der Buchhandlung wird nur im Katalog des Großhändlers nachgeschaut. Der führt aber allenfalls 50% aller lieferbaren Bücher. Deshalb: Lassen Sie immer im VLB (Verzeichnis lieferbarer Bücher) nachsehen, im Internet unter **www.buchhandel.de**

Alle lieferbaren Titel des Verlags sind für den Buchhandel verfügbar.

Sie finden unsere Bücher in Ihrer Buchhandlung oder im Internet unter **www.neue-erde.de**

Bücher suchen unter: **www.buchhandel.de**. (Hier finden Sie alle lieferbaren Bücher und eine Bestellmöglichkeit über eine Buchhandlung Ihrer Wahl.)

Bitte fordern Sie unser Gesamtverzeichnis an unter

NEUE ERDE GmbH
Cecilienstr. 29 · D-66111 Saarbrücken
Fax: 0681 390 41 02 · info@neue-erde.de

NEUE ERDE

du palais. Nizam se retourna en l'entendant arriver. Son visage était plus fermé que jamais.

— Émir, commença-t-elle.

Mais Kalawun ne fit pas attention à elle et se rua au pied du lit, où gisait un corps. Il baissa les yeux sur le visage de sa fille et il eut l'impression que son cœur se glaçait. Les yeux bruns d'Aisha, grands ouverts, fixaient le vide. À la lumière des lampes à huile, son teint était de cire, avec des reflets bleuâtres. Il l'examina de bas en haut, remarquant ses membres raidis et ses mains crispées. Puis il reporta son regard sur son visage révulsé, sa bouche ouverte, sa langue pendante, enflée et pourpre. Sa première pensée, qui suivit le choc initial avec un étrange détachement, fut qu'elle avait été étranglée. Mais il n'y avait aucune marque sur son cou. Il tendit la main vers elle, puis la retira en sursautant quand ses doigts touchèrent sa peau. Elle était froide.

— Avez-vous prononcé la Chahâda ? demanda-t-il dans un souffle sans regarder autour de lui.

— Nous ne l'avons découverte qu'il y a peu, répondit Nizam.

Le médecin s'avança.

— Selon mes estimations, émir Kalawun, elle est morte depuis un moment, peut-être quatre heures. J'ai peur que votre fille ne se soit étouffée avec de la nourriture.

Kalawun ne tint aucun compte de lui. Il se pencha et murmura les mots dans l'oreille de sa fille.

— *Ashhadu an lâ ilâha illa-llâh. Wa ashhadu anna Muhammadan rasûlu-llâh.*

— Où est mon fils ? demanda Nizam à quelqu'un derrière lui. Les domestiques ne l'ont toujours pas trouvé ? Baraka devrait être ici.

Outre les voix de Nizam et de l'autre femme, Kalawun entendait des cris, mais son esprit s'effondrait sur lui-même, se repliant sur son angoisse, et il ne savait pas qui hurlait ainsi, ni ne s'en souciait, car il serrait dans ses bras le corps sans vie de sa fille. Il avait l'impression qu'on arrachait les pleurs de ses yeux, chacun d'entre eux contenant un chagrin et une perte immenses, douloureux à l'extrême. Aveuglé par ses larmes, il berçait doucement sa fille. Mais les hurlements continuaient et il entendit, au loin, la voix de Nizam.

— Sortez-moi ça de là ! ordonna-t-elle.

À travers ses larmes, Kalawun aperçut une petite forme brune perchée sur le rebord de la fenêtre. Le singe tremblait de tout son corps, ses billes d'ambre roulaient follement dans leurs orbites. Terrorisé, il hurlait. Un eunuque approcha et essaya de l'attraper, mais le singe recula et s'agrippa à la grille de la fenêtre, à laquelle il grimpa d'un air misérable. En détournant son regard, Kalawun aperçut une assiette de nourriture et une coupe sur un plateau près de la tête du lit. Il donnait l'impression d'avoir été mis de côté à la hâte, la coupe était posée sur une pile à moitié mangée de riz sec. L'eunuque essayait toujours de capturer le singe. Quelque chose traversa l'esprit de Kalawun, le pâle fantôme d'une pensée. Puis le spectre s'intensifia et se détacha, noir sur fond blanc. D'un geste abrupt, il laissa Aisha retomber sur le lit et se redressa.

— Qui lui a amené la nourriture ?

Sa voix était faible et au début personne ne l'entendit au milieu des cris du singe et des ordres lancés tous les côtés par Nizam.

— Qui ? hurla-t-il en voyant qu'on ne lui répondait pas.

Tous se tournèrent vers lui.

— Qui a amené ce plateau ?

— Un eunuque, répondit Nizam. Avant salat, elle a demandé à ce qu'on la laisse seule. Une des filles est venue récupérer le plateau et l'a trouvée étendue sur le sol.

— Elle s'est retirée tôt pour se mettre au lit, ajouta Fatima sans croiser les yeux de Kalawun. Elle disait qu'elle ne se sentait pas très bien.

— Avant d'avoir mangé la nourriture ou après ?

Nizam fronça les sourcils.

— Je ne comprends pas ce que tu...

— Réponds-moi ! s'emporta Kalawun, ce qui la fit sursauter et reculer d'un pas. A-t-elle dit qu'elle se sentait mal avant ou après avoir mangé ?

— Avant, répondit Fatima.

Kalawun accusa le coup, puis secoua la tête.

— Trouvez-moi l'eunuque qui lui a amené la nourriture. Je veux l'interroger.

Il se tourna vers le médecin.

— Vous, vérifiez s'il n'y a pas de traces de poison.

— Du poison ? s'étonna le médecin.

— Ça n'est pas possible, intervint fermement Nizam en retrouvant son aplomb. Quand je suis arrivée, j'ai vu cette vermine manger la nourriture.

Elle désignait le singe, que l'eunuque avait renoncé à attraper.

— Depuis le temps, il serait mort si la nourriture était empoisonnée.

— La boisson, alors ?

Kalawun se baissa et récupéra la coupe vide ; il renifla à l'intérieur, puis la tendit au médecin.

— Je veux que vous vérifiiez. Tout de suite !

— Émir, avec tout le respect que je vous dois, sans présence de liquide, aucune preuve ne peut être établie avec précision.

Mais Kalawun sortait déjà de la chambre. Les femmes qui se tenaient dans l'entrée reculèrent, nerveuses et craintives. Son visage était empli d'une rage meurtrière pendant qu'il quittait le harem et traversait la cour pour se rendre au palais principal. Son soupçon était devenu une certitude et sa douleur culminait maintenant comme un vaste mur d'eau derrière une digue de fureur. Il marchait très vite et dévala quatre à quatre les escaliers menant aux étages inférieurs. Kalawun trouva Khadir dans son repaire, recroquevillé sous une couverture miteuse et ronflant. Il réveilla le devin d'un coup de pied. Khadir se releva et hurla tout à trac lorsque Kalawun le plaqua contre le mur.

— *Qu'est-ce que tu lui as fait ?*

Khadir poussa un cri strident, ses yeux blancs agrandis par la peur, ses bras maigres ballants, luttant vainement pour repousser le corps musculeux de Kalawun. Dans le couloir, un domestique attiré par l'agitation vint jeter un œil à la réserve. Voyant Kalawun attaquer le devin, il détala. Les yeux de l'émir se posèrent sur l'étagère en bois, où reposaient d'étranges objets et des pots contenant des poudres de toutes les couleurs. Balançant Khadir au sol sans ménagement, il saisit les pots et ôta le tissu qui leur servait de capuchon. Khadir protesta en geignant tandis que Kalawun les portait un à un à son nez avant de les jeter, déversant une poussière ocre et or sur le sol et les couvertures. Les pots se fracassèrent tandis qu'il se débarrassait ainsi de la cannelle, des clous de girofle, de la cardamome et du gingembre. Il reporta alors son attention sur les autres objets alignés sur l'étagère, les projetant tous au sol, les crânes et les fioles de verre retombant avec fracas et se brisant pour la plupart. Comme Khadir se jetait sur lui, Kalawun le projeta au sol d'un revers du bras où il le cloua, ses mains s'enroulant autour du cou squelettique du vieillard.

Kalawun n'entendait pas les cris dans le couloir, ni les bruits de courses affolées, il n'entendait que les gargouillis étouffés de Khadir essayant vainement de respirer. Il se sentit soudain tiré en arrière.

— Non ! mugit-il, ses mains pressant toujours le cou de Khadir.

Le visage du devin était écarlate et ses yeux saillaient. Kalawun sentit un bras musclé serrer son propre cou, appuyant sur sa trachée et bloquant sa respiration. Instinctivement, il relâcha Khadir, qui retomba sur les couvertures en suffoquant, l'air désespéré. Attrapant le bras qui le serrait, il réussit à tourner assez la tête pour voir que c'était Baybars qui le maintenait.

— Ça suffit, Kalawun, dit le sultan.

— Il l'a tuée, s'insurgea Kalawun, les yeux fous. Ma fille est morte et c'est lui qui l'a tuée !

— Je suis arrivé au harem quelques instants après que tu en es parti. Nizam m'a dit qu'elle s'était étouffée avec de la nourriture.

Kalawun fit non de la tête.

— C'était lui. J'ai trouvé Baraka dehors, ton fils a avoué que le devin l'avait aidé. J'ai démasqué ce traître. Khadir était un Assassin, Baybars. Il sait se servir des poisons. C'était lui.

Khadir roulait à même le sol, agité de soubresauts.

— Et il sera puni pour sa participation à ce meurtre, répondit Baybars avec fermeté, mais pas pour quelque chose qu'il n'a pas fait.

— Je veux qu'on vérifie la nourriture. La moindre miette, je veux qu'on la contrôle.

— Ce sera fait. Mais même si l'on trouvait du poison, et je ne pense pas que ce sera le cas, il viendrait plus probablement de l'intérieur du harem. Aisha était la femme de mon fils, l'épouse de l'héritier du royaume. D'après mon expérience, les femmes peuvent être aussi avides de pouvoir que les hommes, et parfois même plus impitoyables quand elles le recherchent. Ce ne serait pas le premier meurtre entre ces murs.

Kalawun fulminait, une diatribe virulente brûlant de sortir de sa bouche. Baybars posa son autre bras sur l'émir vacillant et le regarda avec compassion.

— Je suis navré, mon ami, murmura-t-il. Crois-moi, je le suis. Nous avons tous les deux perdu une fille aujourd'hui. Le royaume la pleurera.

En entendant ces derniers mots, une digue en Kalawun se brisa et sa douleur le submergea comme un raz-de-marée déferle. Khadir rampa jusqu'au mur où il s'adossa, savourant âprement chacun des sanglots de l'émir.

Baraka Khan marchait d'un pas mal assuré dans la nuit, passant sans s'en apercevoir devant les gardes du harem. Le vent s'était levé et balayait un air chaud et poussiéreux autour de lui, séchant la sueur sur son visage. L'image d'Aisha gisant raide sur son lit s'imprima dans son esprit : son visage convulsé, livide, et sa langue pendant hideusement entre ses dents. Baraka s'arrêta près d'un des palmiers qui bordaient la cour, posant sa main contre son tronc solide et rêche. Il se plia en deux, eut un haut-le-cœur et vomit. Ses yeux pleurèrent tandis que ses nausées diminuaient. Puis, lentement, il se releva et reprit sa marche. Maintenant qu'il s'était purgé, il se sentait mieux.

20

La rue Sainte-Anne, Acre

27 mai 1276 après J.-C.

— Eh bien, trouve-moi quelqu'un qui sait où il se trouve ! Je ne te donnerai pas l'argent pour rien.

Garin serra les dents en regardant le jeune serviteur traverser la rue et s'engouffrer dans la commanderie.

Il appuya son dos au mur de l'échoppe et tenta de refouler sa colère. Cela faisait plus de deux heures que l'heure à laquelle Will avait promis de le retrouver à la taverne était passée. Maintenant que le roi Hugues avait signé le document autorisant Édouard à utiliser Chypre comme base pour la guerre sainte et assurant qu'il livrerait une belle somme d'argent – la moitié maintenant et l'autre lorsque Édouard aurait parlé au pape, telles étaient les conditions –, Garin était presque prêt à retourner en Angleterre. Il ne lui restait plus qu'à récupérer l'or d'Everard, et il en aurait fini avec ses affaires ici.

Il leva les yeux quand s'ouvrit la petite porte pratiquée dans les grands vantaux de l'entrée de la commanderie, et il maugréa avec irritation en reconnaissant la silhouette familière, ronde comme une barrique, qui venait à grands pas dans sa direction. Il n'y avait aucun signe du domestique.

Le visage massif de Simon trahissait sa mauvaise humeur.

— Qu'est-ce que tu veux ?

Garin réussit à se forcer à sourire en faisant un gros effort sur lui-même.

— Simon...

— Épargne-moi ta comédie. Je ne suis pas là pour avoir une petite conversation avec toi. Laisse les serviteurs tranquilles. Ce n'est pas toi qui les commandes et ils n'ont pas le droit d'accepter d'argent. Ce garçon se serait fait battre si tu l'avais payé et qu'on l'avait découvert.

— Je suis désolé, le rassura Garin d'un air contrit. J'ai oublié. Mais peut-être que tu peux m'aider. Will devait me retrouver cet après-midi, mais il n'est pas venu et comme il était au courant de l'importance de notre rencontre, je ne peux que supposer qu'il a été retardé par quelque chose de très sérieux. Peut-être pourrais-tu me dire où je serais susceptible de le trouver ?

Simon approcha tout près de Garin.

— Will a peut-être oublié ce que tu lui as fait à Paris, mais ce n'est pas mon cas. Tu es un chien et si on m'avait laissé faire, on t'aurait mis hors d'état de nuire il y a des années. Tu n'as aucune conscience du bien et du mal et tous tes sourires ne me trompent pas. Tu es transparent à mes yeux. Quoi que tu veuilles de Will, tu ne l'obtiendras pas. J'en fais mon affaire.

Le sourire de Garin disparut.

— Je pense que c'est à Will de juger, non ? souffla-t-il. Tu n'es pas sa nounou, Tanner, ni son chef. Tu es un garçon d'écurie sans aucun quartier de noblesse. Tu ferais mieux de laisser les hommes de rang prendre les décisions importantes et t'en tenir à ce que tu connais le mieux, la crotte et la paille.

— Je ne demande pas mieux, si toi-même tu te cantonnes à ce que tu maîtrises le mieux, la bière et les putains.

Faisant demi-tour, Simon repartit en sens inverse.

— Tu n'es pas tout seul au Temple, lança Garin en le poursuivant. Je corromprai une douzaine de serviteurs s'il le faut, mais je ne partirai pas sans avoir vu Will.

— Tu devras t'armer de patience, dans ce cas, répliqua Simon en jetant un regard derrière lui, une fois parvenu à la porte. Le commandeur Campbell n'est pas en ville, des affaires l'appelaient ailleurs. Et il sera absent pendant des semaines, voire des mois.

Il fit une pause avant de poursuivre, afin de voir l'effet de ses paroles sur Garin.

— Quoi que tu cherches, tu peux l'oublier. Will est parti. Retourne en Angleterre. Personne ne veut de toi ici.

Sur ces dernières paroles, Simon entra dans la commanderie et ferma la porte.

Garin resta dans la rue, tremblant de rage. Alors qu'il se tournait, une jeune femme chargée d'un panier rempli de fruits se trouva sur son chemin et il la poussa sans ménagement. Elle trébucha en criant et lâcha son panier, envoyant les fruits rouler par terre. Un homme cria contre Garin et se précipita pour aider la jeune femme, mais Garin était déjà loin. Il continua d'avancer quelques minutes avant de bifurquer soudain dans une étroite allée entre deux boutiques de boulangers. Tout en poussant un cri rauque, il frappa de son poing contre le mur. La peau sur ses phalanges se déchira et la douleur fut instantanée, mais il donna un second coup de poing, dégustant presque la souffrance. Puis il posa ses mains à plat et sa tête contre le mur. Et au bout d'un moment, il se redressa. Si Simon ne voulait pas lui parler, il connaissait quelqu'un qui le ferait.

Le Temple, Acre, 27 mai 1276 après J.-C.

— Entrez, lança Everard d'une voix fatiguée en entendant frapper à sa porte.

Il posa sa plume sur sa chronique. Sa mémoire n'était plus ce qu'elle était et il en était venu à craindre d'oublier les choses s'il ne les mettait pas par écrit. Il ne voulait pas que les autres doutent de lui. Il avait commis assez d'erreurs.

Le sénéchal entra.

— Qu'avez-vous fait, Everard ?

Everard leva les yeux avec surprise.

— Frère Thomas vient de tout me raconter, dit le sénéchal d'un air tourmenté. Pourquoi ne m'avez-vous pas attendu ? Il fallait me mettre au courant.

— Vous n'étiez pas là, mon ami, répondit Everard de manière factuelle. Je devais prendre une décision. Nous ne pouvions pas nous permettre de perdre du temps.

— Et vous avez envoyé Campbell tout seul au Caire ? Dans la gueule du lion, et Dieu sait dans quel pétrin il va se retrouver ? Je n'aurais jamais approuvé cette manœuvre si j'avais été là.

— Campbell a déjà traité avec Kalawun par le passé. Ils se sont rencontrés une fois, lorsqu'il a convoyé le traité de paix à Baybars. Beaujeu est informé qu'il emmène un traité de la plus haute importance pour le Temple en Syrie, de sorte que son absence ne provoquera aucun soupçon. Sans lui, frère, nous ne saurions rien de ce qui est en train de se passer.

— Selon ce que le frère Thomas m'a dit, Campbell ne nous aurait peut-être pas du tout informés s'il n'avait été incapable de déchiffrer le message. Il avait besoin de votre aide.

— Mais il nous en a parlé, répondit Everard avec lassitude, et maintenant nous savons. Nous devons mettre nos différences de côté. Cette affaire éclipse tout le reste. Rien ne compte que d'y mettre fin.

Le sénéchal resta silencieux un instant, puis il tira un tabouret et s'assit.

— Sclavo est mort, annonça-t-il d'une voix sourde. C'est arrivé peu de temps après qu'on l'a amené ici.

— Comment ? Pourquoi aucun d'entre nous n'en a-t-il entendu parler ?

— Il n'y avait pas grand-chose à dire. Tout le monde avait les yeux tournés vers Soranzo à ce moment-là, et personne ne se souciait d'un petit criminel insignifiant.

— Comment est-il mort ?

— On ne sait pas. Il s'est écroulé après avoir cessé son jeûne un matin. Le médecin a dit que son cœur s'était arrêté.

— Du poison ?

— À ce moment-là, je n'ai pas trouvé sa mort suspecte mais, d'après ce que frère Thomas m'a dit, il semblerait qu'il puisse y avoir une explication. Quelqu'un aurait pu craindre qu'il parle. Pourquoi voulais-tu t'entretenir avec lui, d'ailleurs ?

— Il a traité avec Soranzo, qui était au courant de l'implication du grand maître dans la conjuration visant à voler la Pierre noire. Il en savait peut-être davantage sur le complot lui-même. J'avais espéré l'interroger.

— Je pense que nous devrions nous concentrer sur le grand maître, répondit le sénéchal après quelques secondes de réflexion. Il est évident qu'il est au centre de tout cela.

— Nous ne sommes pas du tout certains que Beaujeu soit au courant du plan, frère. Le message de Kaysan ne semble pas lui être adressé.

— Soranzo a dit à Campbell que le grand maître brûlerait à cause de la Pierre, Beaujeu a confié à Campbell le rouleau et lui a dit de retrouver Kaysan, et ce rouleau parle apparemment de chevaliers qui entreront à La Mecque avec ces chiites pour la voler. En vérité, je serais très surpris qu'il ne sache rien de tout cela.

— Je suis d'accord, mais il nous faut plus d'informations avant de pouvoir agir.

— Et cet homme, Angelo Vitturi ? Est-ce qu'il est impliqué ? Que le grand maître envoie un marchand interroger Soranzo n'était pas très orthodoxe. Peut-être devrions-nous nous intéresser à lui, à ses affaires en ville, à ses liens avec Beaujeu ?

— Pas encore. Pas tant que nous n'en saurons pas plus. S'il est impliqué, je ne veux pas l'alarmer. Pour le moment, nous devons faire comme si le temps jouait en notre faveur. À en croire le rouleau, le vol n'aura pas lieu avant le mois de mouharram, ce qui nous emmène à peu près en avril de l'année prochaine. Je suis convaincu que ça nous laissera d'autres occasions pour agir, conclut-il en reposant ses mains sur la table.

Le sénéchal secouait la tête.

— Espérons que ce soit le cas, Everard. Sinon, que Dieu nous vienne en aide.

Le marché vénitien, Acre, 27 mai 1276 après J.-C.

Elwen ferma la porte bleue derrière elle et sortit, indolente, dans la rue. Elle portait, jeté sur l'épaule, un sac en cuir contenant les registres qu'Andreas lui avait demandé de ramener au magasin. Un couple de jeunes gens passa à côté d'elle bras dessus, bras dessous. L'homme se pencha et murmura quelque chose qui fit rire la jeune femme. Quand celle-ci croisa son regard, Elwen détourna les yeux en réalisant qu'elle avait fixé les amoureux un long moment. Elle poursuivit sa marche, tête baissée.

La brève euphorie qu'elle avait ressentie la nuit dernière avec Will avait rapidement disparu. C'était toujours la même vieille histoire. Ils faisaient l'amour, puis il partait. Il n'y avait pas de ces moments langoureux, tendres, pas de silences confortables ou de rires partagés, juste la passion, frénétique et vite assouvie, et un sentiment de vide qui reprenait ses droits dès qu'il lui échappait. Il avait été honnête avec elle cette fois ; il lui avait parlé, et c'était déjà quelque chose, mais rien n'avait changé pour autant. Elle avait l'impression de s'être fait avoir.

Elwen fut tirée de ses pensées par quelqu'un qui criait son nom. Elle pensa un instant que c'était Will et elle se retourna, pleine d'un espoir fervent. Mais ce n'était pas lui, seulement un homme blond et grand qui lui souriait en s'approchant.

— Elwen, répéta-t-il.

Elle l'observa un moment avant de le reconnaître.

— Garin, murmura-t-elle.

— Comment vas-tu ? Ça fait… combien de temps ?

La surprise initiale d'Elwen se transforma vite en hostilité.

— Qu'est-ce que tu fais ici ?

Garin parut étonné.

— Will ne t'a pas dit que j'étais en ville ?

— Non. Qu'est-ce que tu veux ?

— En fait, je voulais te voir.

Elwen jeta un regard alentour.

— Comment as-tu su où me trouver ?

— Will m'a dit où tu habitais, répondit-il d'un air désinvolte. Je t'ai vue sortir.

— Je suis occupée, le coupa Elwen, confuse et mal à l'aise que Will lui ait donné cette information.

— Je n'ai pas l'intention de te retenir, fit Garin en la suivant. Je veux juste savoir où est Will. Il a promis de me retrouver quelque part un peu plus tôt, mais il n'est pas venu.

— Il promet beaucoup de choses.

Garin perçut la colère dans sa voix.

— Mais tu sais où il est.

— Non.

Il sentit qu'elle mentait.

— Elwen, c'est important. S'il te plaît. Je sais que nous n'avons jamais été bons amis, mais tu me connais. Tu peux quand même me le dire, non ?

Elwen s'immobilisa.

— Je te connais, oui, répondit-elle, glaciale. Je sais que tu as attiré Will dans ce bordel à Paris avec un message prétendument de moi. Je sais que tu l'as regardé se faire ligoter et battre, puis que tu l'as forcé à te dire ce que tu voulais savoir en lui faisant croire que tu m'avais capturée et que tu me ferais du mal s'il n'obéissait pas. Je sais aussi que tu l'as drogué et attaché à un lit, et que tu as laissé cette femme…

Elwen s'interrompit au beau milieu de sa phrase.

— Je n'ai rien à te dire.

— T'a-t-il dit pourquoi ? demanda Garin avant qu'elle ne parte. T'a-t-il dit que quelqu'un me menaçait ? Cet homme, Rook, menaçait de tuer ma mère si je ne me pliais pas à ses exigences. Et avant ça, il me disait qu'il la *violerait.*

Il appuya délibérément sur ce mot pour exacerber sa peur féminine du viol et fut satisfait de l'expression d'épouvante qui se peignit sur ses traits.

— Je ne l'ai laissé au lit avec personne, Elwen, poursuivit-il d'une voix plus tranquille. Ce qui s'est passé avec cette femme était une erreur. J'ai voulu lui sauver la vie en le droguant. Rook avait décidé de le tuer. Je suis désolé. J'aimerais pouvoir tout changer.

En prononçant ces dernières phrases, il s'était passé la main dans les cheveux d'un air contrit. Mais Elwen tressaillit en apercevant ses phalanges ensanglantées.

— Qu'est-ce qui t'est arrivé ?

Garin jeta un coup d'œil à sa main et essaya de la cacher dans son dos.

— Ce n'est rien, grogna-t-il avant de rire, à demi-conscient. J'ai frappé un mur.

Elwen voulut dire quelque chose, mais elle se contenta de secouer la tête.

— Je dois y aller.

— Écoute, j'étais sur le point d'aller boire un verre ? Pourquoi ne m'accompagnerais-tu pas ? Il y a une taverne là-bas, dit-il en désignant le bout de la rue.

C'était maintenant au tour d'Elwen de rire, d'étonnement.

— Même si j'étais d'accord pour partager un moment avec toi, ce qui n'est pas le cas, penses-tu qu'il serait approprié pour une femme comme moi de boire du vin avec un homme dans une vulgaire taverne ?

— Et c'est une femme qui s'est embarquée en cachette à bord d'un bateau du Temple qui dit ça ? répliqua Garin.

Elwen eut un léger sourire à ce souvenir, puis elle détourna les yeux.

— C'était il y a longtemps, répondit-elle avant de se remettre à marcher.

Garin la suivit, l'esprit désespérément fixé sur son dernier argument. Il fallait qu'il sache si Will était bien parti ou si Simon lui avait menti.

— Dis-moi juste une chose, l'implora-t-il. Est-ce que l'absence de Will a quelque chose à voir avec Everard et l'Anima Templi ?

Il réprima une envie de sourire en voyant ses sourcils s'arquer.

— Le quoi ?

— Oh, fit-il vivement, rien ! Écoute, quand Will revient, fais-lui savoir que je le cherche.

Et il fit mine de partir.

— Attends, le rappela Elwen. Explique-moi ce que tu viens de dire.

Garin s'arrêta.

— D'accord. Mais pas dans la rue. Et ce n'est pas moi qui te l'ai appris. Là-bas, ajouta-t-il en pointant du doigt vers la taverne.

Il lui ouvrit la porte lorsqu'ils y arrivèrent. Elwen s'immobilisa sur le seuil, jetant des regards à droite et à gauche dans la rue, terrifiée à l'idée qu'une de ses connaissances la voie pénétrer dans ce lieu infâme. Mais Garin était derrière elle, la pressant d'entrer, et, en proie à la nervosité, elle se résolut donc à franchir le pas de la porte.

Elwen garda la tête baissée tandis que Garin la conduisait vers une table.

Il commanda deux coupes de vin avant de revenir s'asseoir avec elle.

— Bois ça, dit-il en poussant la coupe devant elle.

Elle avala plusieurs gorgées.

— Parle-moi.

Elwen resta silencieuse le temps qu'il lui explique d'une voix de conspirateur l'existence d'une organisation secrète au sein du Temple, connue sous le nom d'Anima Templi. L'Âme du Temple avait été établie un siècle plus tôt et de nombreux hommes s'étaient voués à sa cause. Son principal objectif était la réconciliation des musulmans, des chrétiens et des juifs, et elle nouait des relations avec des hommes d'origine et de religion diverses afin de promouvoir son idéal, tout cela dans le plus grand secret, en laissant dans l'ignorance les autres frères du Temple. Il lui raconta que le père de Will, James, en était membre, de même que son propre oncle, Jacques, qui était mort des années plus tôt en France avec l'oncle d'Elwen, Owein, au cours d'une attaque de mercenaires. Il lui dévoila que Will, à l'époque où il vivait à Paris, avait été initié par Everard, leur chef, et qu'il travaillait désormais contre son Ordre, au mépris de tous les serments qu'il avait prêtés lorsqu'il était devenu chevalier. Il lui expliqua aussi que Will, après la mort de son père, avait agi dans le dos d'Everard et payé la secte des Assassins pour le meurtre de Baybars, afin de se venger de l'exécution de James.

Quand il eut fini, le visage d'Elwen était tendu, sinistre. En se rasseyant, elle renversa sa coupe de vin. Elle s'en aperçut à peine. Elle essaya de faire apparaître dans son esprit l'image de Will, mais elle était floue et obscure. Elle savait qu'Everard et lui participaient à des choses qu'elle ne s'expliquait pas. Mais ça ? Elle avait du mal à comprendre. Ça changeait complètement sa perception de la personne, de l'homme qu'elle pensait connaître. Il avait payé pour qu'on assassine quelqu'un. Comment avait-il pu lui cacher une chose pareille ? Et s'il mentait avec autant de facilité, chaque jour, à ses maîtres et à ses amis au Temple, en quoi lui mentir, à elle, aurait été difficile ? Toutes ces promesses d'amour étaient-elles réelles, ou voulait-il juste une putain gratuite et crédule à sa convenance ? Était-ce pour cela qu'il ne voulait pas l'épouser ? *Tu ne le connais pas*, lui chuchotait une petite voix intérieure. *Tu ne l'as jamais connu.*

— Je n'arrive pas à croire qu'il ne t'en ait jamais parlé, dit Garin.

— Est-ce que tout ça, ce sont des mensonges ? Est-ce qu'il a inventé toute l'histoire de la Pierre et de la guerre ? Est-ce qu'il m'a dit tout ça juste pour que je ne le quitte pas ?

— La Pierre ?

— La Pierre noire de La Mecque, répondit Elwen sans réfléchir. Il a dit que le grand maître était impliqué dans un complot visant à la voler. C'est une sainte relique des Sarrasins, et son vol engendrerait une guerre. Tu es au courant ? demanda-t-elle.

— Je...

— Il a dit qu'il était le seul à pouvoir l'empêcher, le coupa Elwen avec un rire amer, qu'il devait prévenir un contact dans l'armée mamelouke au Caire pour nous sauver. Est-ce qu'il m'a vraiment prise pour une idiote ? J'ai besoin de savoir. Est-ce qu'il y avait quelque chose de vrai dans tout ça ? Ou est-ce qu'il a raconté tout ça simplement pour que je...

Mais elle ne put finir, tant elle se sentait mal. Elle se leva, les traits déliquescents.

— Je ne sais pas, dit Garin d'un air distrait avant de lever les yeux vers elle. Je sais qu'il doit mentir parfois pour couvrir ses activités, mais je ne peux pas te répondre sur cette histoire en particulier. Je suppose que la raison pour laquelle il n'est pas venu me voir est claire, en tout cas.

Elwen voulut dire quelque chose, mais elle se ravisa et récupéra le sac en cuir posé sur la table. Il buta contre la coupe renversée, qui roula et alla s'écraser sur le sol de pierre.

Garin la regarda quitter la taverne. Il vida le reste de sa coupe tandis qu'une serveuse s'approchait pour ramasser les débris et que son esprit se penchait sur les paroles d'Elwen comme un vautour sur une carcasse.

21

Le palais royal, Acre

27 mai 1276 après J.-C.

La soirée était bien avancée lorsque Garin revint au palais royal. Il avait passé plusieurs heures à la taverne après qu'Elwen s'en fut allée, puis plusieurs autres à déambuler jusqu'à ce que l'alcool se soit dissipé et que ses pensées, opérant des cercles concentriques de plus en plus réduits, recouvrent leur clarté. Il trouva le roi Hugues dans la salle du trône, s'occupant d'une pile de papiers entassée sur la table de travail qui servait d'ordinaire à son clerc. L'un des domestiques l'introduisit.

— Alors ? fit Hugues en levant les yeux vers Garin tandis que celui-ci s'avançait, avant de replonger le nez dans ses documents. Vos autres affaires sont-elles réglées ? Guy vous a trouvé une place sur un bateau en partance pour l'Angleterre dans deux jours.

— J'ai bien peur de n'avoir pu rencontrer l'homme que je voulais voir.

Hugues plissa les yeux et reposa les papiers.

— Comment ?

— Je n'en ai pas fini ici.

La colère empourpra le visage du roi.

— J'en ai assez de vos excuses. J'ai signé ce satané document et j'exige que vous retourniez sur-le-champ le porter à Édouard. Beaujeu a commencé une campagne de dénigrement à mon encontre et mes sujets ne me montrent plus le respect auquel j'ai droit.

Hugues s'emportait, c'était perceptible au ton de sa voix.

— Il n'a peut-être pas encore mon trône, mais les partisans d'Anjou œuvrent chaque jour davantage à lui assurer un soutien populaire. Je n'ai plus de temps à perdre ! s'énerva-t-il en jetant les papiers au sol et en se dirigeant jusqu'à son trône, où il s'assit en se prenant la tête entre les mains. Je ne peux pas y arriver tout seul, par Dieu ! Pourquoi sont-ils tous contre moi ? Qu'ai-je fait pour mériter leur trahison ?

— Je pourrais peut-être vous aider, Votre Majesté.

Hugues regarda Garin comme s'il avait oublié qu'il était là. Il agita la main.

— Allez-vous-en !

— J'ai découvert que l'un de vos ennemis est impliqué dans quelque chose dont vous pourriez tirer avantage.

— Je vous ai dit de me laisser.

Sans l'écouter, Garin se rapprocha du trône.

— Beaujeu prévoit de voler la Pierre noire de La Mecque.

Hugues reposa la main sur le bras du trône et se redressa aussitôt.

— Qu'est-ce que vous avez dit ?

— La Pierre noire de La Mecque. Ce serait une relique des Sarrasins…

— Je sais ce que c'est, l'interrompit Hugues. Dites-moi comment vous le savez.

— L'homme que je devais rencontrer aujourd'hui est parti au Caire pour prévenir les Mamelouks. C'est pour cela que je ne l'ai pas rencontré.

— Cet homme ? C'est un Sarrasin ?

— Non, c'est un Templier. Son identité importe peu pour le moment. Tout ce que vous devez savoir, poursuivit Garin en voyant la confusion du roi, c'est qu'il a des alliés à l'intérieur de l'armée mamelouke. Je suppose qu'il essaie d'empêcher le vol.

— Mieux vaut qu'il y arrive, dit Hugues. Un tel acte signerait notre destruction.

Il se leva de son trône.

— Pourquoi Beaujeu ferait-il ça ? Ça n'a aucun sens. Il doit savoir que nous n'avons pas les moyens de contenir les forces sarrasines.

— Je ne sais pas. Mais je crois que vous pourriez en profiter.

Hugues remuait la tête sans l'écouter.

— Je suis très loin d'avoir assez d'hommes pour combattre les Mamelouks. Même si tous mes vassaux de Chypre nous venaient en aide, ça ne suffirait pas. Baybars aurait des milliers, des *centaines de milliers* d'hommes. Et s'ils ne combattent pas pour l'homme, ils combattront certainement pour la cause. Nous serions massacrés. Les Sarrasins nous *effaceraient* de la surface de la Terre.

— Ce n'est pas sûr, intervint Garin, ce qui fit lever la tête à Hugues. Et si Beaujeu volait la Pierre, Votre Majesté, et qu'à notre tour nous la lui volions pour la rendre à Baybars ?

Hugues fronçait les sourcils, mais ses yeux noirs ne lâchaient pas Garin qui faisait les cent pas. Le visage de l'ancien chevalier était animé et il agitait ses mains tout en parlant. Il avait réfléchi à tout cela durant l'après-midi, repassant tous les détails plusieurs fois dans son esprit, à s'en rendre fiévreux.

— Il faut que nous en découvrions davantage sur ce plan, nous devons savoir quand il sera exécuté et qui le mettra en œuvre. Nous récupérons la Pierre et nous disons à Baybars que nous avons sauvé la relique des musulmans et que nous sommes prêts à la lui restituer en échange de certaines faveurs.

— Quelles faveurs ?

— Ce que nous voulons. Votre trône, par exemple ?

Hugues resta songeur quelques instants.

— Baybars pourrait intervenir, dit-il lentement. Mais ça ne veut pas dire qu'Anjou l'écoutera.

— Sauf si le sultan menaçait de nous détruire, ce qui, vous l'avez dit vous-même, sera le cas si la Pierre est volée. Anjou n'aura aucune envie de gouverner un royaume en ruine. Il serait dans son intérêt de se soumettre. Et ce n'est pas simplement votre trône que nous sauverions, poursuivit Garin en voyant que Hugues restait circonspect : et si vous étiez le roi qui reprenait Jérusalem ?

Les mains de Hugues se crispèrent sur les bras du trône et Garin remarqua qu'il avait éveillé son intérêt.

— Nous pourrions demander à Baybars la Ville sainte en échange de la Pierre. Votre trône, Majesté, retrouverait le joyau qui lui revient de plein droit. J'imagine que vos sujets se rendraient vite compte que leur jugement était erroné, si ça devait se produire. Je doute que même Anjou oserait vous défier si vous regagniez Jérusalem. Et le pape ? ajouta Garin en souriant. Je pense que vous n'arriveriez même pas à offrir assez longtemps votre main à ses baisers pour qu'il vous démontre toute sa reconnaissance.

Hugues semblait captivé. Mais il secoua néanmoins la tête.

— Baybars pourrait choisir de venir malgré tout. Il pourrait reprendre la Pierre et tous nous tuer. Il en serait capable.

— Baybars n'est pas stupide, Majesté. Cela prendrait du temps et de l'argent, un effort considérable pour s'emparer d'Acre. Et nous aurions tout pouvoir de détruire la Pierre avant qu'il y parvienne. Ce serait plus simple et plus sûr pour lui de consentir à nos exigences. Je suis certain que les Sarrasins essaieraient de reprendre Jérusalem le moment venu, mais nos chances de garder la ville sont plus grandes que de la reconquérir. Alors, mon maître Édouard pourrait revenir sur ces rivages à la tête d'une armée et lancer une nouvelle croisade contre les Infidèles, avec votre aide, depuis les portes de la Ville sainte elle-même. Ce serait comme la première croisade. Les hommes se rassembleraient sous votre bannière. Plus de tributs, Majesté, plus de soumission aux exigences des infidèles.

Garin observait la manière dont Hugues recevait ses paroles. Il fallait qu'il voie à quel point son plan était audacieux. Qu'importait que Will fût un commandeur du Temple ? Lui, Garin, sauverait Jérusalem. Les troubadours le célébreraient. Son nom entrerait dans l'histoire. Et Édouard ? C'en serait fini des promesses rompues, des chambres misérables dans des tours à l'écart de tous, des menaces voilées. Édouard lui donnerait la seigneurie et le domaine dont il rêvait. Il en était sûr.

Hugues reprit la parole :

— Et comment cela se déroulerait-il ?

Garin releva les yeux, distrait dans ses pensées.

— D'abord, nous devons en apprendre davantage. Connaître les détails.

— Et comment y arriverons-nous ?

— Je crois avoir trouvé quelqu'un qui peut nous y aider. Il faut encore que je la travaille un peu plus.

Les portes s'ouvrirent et un homme se précipita dans la salle du trône. C'était Guy.

— Monseigneur, salua-t-il en jetant un coup d'œil suspicieux à Garin.

— Vous ne frappez plus, Guy ? se cabra Hugues.

— C'est important, sire.

Guy tourna à nouveau les yeux vers Garin, qui soutint son regard.

— Allez-y, s'impatienta Hugues. Parlez.

Guy hésita, puis il se tourna vers le roi :

— J'ai reçu des nouvelles de l'un des hommes que nous avons envoyés surveiller Beaujeu. Il s'est tenu une réunion hier entre le grand maître du Temple et plusieurs de vos vassaux. Notre homme a réussi à découvrir de quoi il retournait, un des domestiques lui a raconté ce qu'il savait. Beaujeu s'apprête à acheter la fauconnerie au seigneur qui la détient. Ils ont signé la convention hier. Le village appartient maintenant au Temple.

— Quoi ?

— Quand le seigneur a demandé à Beaujeu s'il avait obtenu votre permission pour la vente, continua Guy d'un air indigné, la propriété étant dans votre domaine, sous votre contrôle, le grand maître a répondu qu'il avait le consentement du véritable roi, Charles d'Anjou. Ils se moquent de vous, sire. Tous autant qu'ils sont ! Vous devez réagir sans délai. Exigez que la transaction autour du village soit suspendue tant que votre permission n'est pas accordée, ou refusée. Et châtiez-les sévèrement pour leur insolence s'ils n'obtempèrent pas.

Guy s'efforça de se calmer.

— Je vous en conjure, Votre Majesté, agissez le plus vite possible, ou vous perdrez le respect de ceux qui vous soutiennent encore. Ils ont besoin d'un homme fort à leur tête. Ils ont besoin de voir que vous valez mieux que Charles d'Anjou, qu'ils ont raison de continuer à vous soutenir malgré le venin que répand sournoisement le maître du Temple de la part de son cousin.

Hugues se leva de son trône et descendit de l'estrade. Il s'approcha de la table, où les papiers étaient toujours éparpillés au sol.

— J'ai fait de mon mieux, murmura-t-il en posant ses mains à plat sur la table. J'ai lu leurs doléances et leurs requêtes et j'y ai toujours répondu avec célérité. J'administre la justice avec équité et je travaille dans l'intérêt de la ville et de mes gens, dit-il en saisissant quelques papiers dans sa main. Que veulent-ils de plus ? Veulent-ils un tyran sur le trône ?

Il écrasa les papiers dans ses poings.

— Alors, qu'il en soit ainsi ! rugit-il en soulevant le coin de la table et en la renversant, faisant voler rouleaux, plumes et flacons d'encre. Je ne resterai pas là où personne ne veut de moi. Je ne gouvernerai pas des gens qui cherchent sans cesse à me tourner en ridicule.

Sa voix s'était faite aussi faible qu'un murmure. Il se drapa dans sa robe dorée et se mit à marcher vers les portes.

— Faites emballer mes affaires, Guy. Nous partons pour Chypre. Je retourne voir mes gens. Leur roi est absent depuis trop longtemps.

Il s'arrêta un instant, songeur.

— Et les Templiers ne seront plus les bienvenus sur mes terres. Beaujeu croit pouvoir me voler mes propriétés ? dit-il avant de lancer un rire amer. Nous verrons comment il réagit si je lui prends les siennes. Les Templiers seront interdits à Chypre, leurs domaines seront brûlés jusqu'à la dernière poutre et leur bétail détruit. Il n'en restera rien, conclut-il d'une voix monocorde, glaciale.

Guy écoutait bouche bée le roi prononcer cette menace. Garin fut plus prompt à intervenir.

— Majesté, fit-il à brûle-pourpoint en voyant ses plans s'écrouler avant même qu'il ait pu les mettre en branle.

Puis il approcha du roi pour pouvoir lui parler à l'oreille, à l'écart de celles de Guy.

— Ne faites pas ça, chuchota-t-il. Pas quand il reste de l'espoir. Notre plan peut fonctionner.

Hugues secoua la tête.

— Je ne resterai pas.

Il repartit vers les portes mais, avant de les franchir, il s'arrêta soudain et se retourna :

— Agissez comme nous en avons discuté, Lyons. Faites ce que vous avez suggéré. Si vous réussissez, je reviendrai pour négocier les termes avec Baybars. Mais pas avant.

— Je ne peux pas faire ça tout seul, Majesté, sans hommes, sans argent, sans endroit où rester.

— Ce palais m'appartient toujours. Vous pouvez y demeurer. Je vais mettre quelques-uns de mes hommes à votre disposition, mais je ne veux plus rien avoir à y faire.

Garin regarda le roi se diriger vers les portes et Guy le suivre.

— Majesté, s'il vous plaît, écoutez votre raison.

— Non, Guy. J'en ai assez de ce pays. Je veux rentrer chez moi.

— Au moins, restez en ville jusqu'à ce que vous ayez désigné un bailli approprié pour gouverner en votre absence. Les États marchands, les chevaliers et la cour des bourgeois vont se disputer pour savoir qui doit diriger la ville. Ils vont tous vouloir prendre votre place. Ce sera le chaos !

— Ils se rendront peut-être compte alors de l'erreur qu'ils ont faite ! lança Hugues en claquant les portes, laissant Garin seul dans la salle du trône.

22

Fustât Misr, Le Caire

16 juin 1276 après J.-C.

Après avoir attaché son cheval sur une petite place au cœur du vieux Caire, Will déambula jusqu'aux marches d'une minuscule église copte. Quand il était passé une première fois sur cette place, un marché animé l'occupait. Maintenant, elle était déserte, en dehors de quelques enfants jouant autour d'un puits. C'était le début de soirée et la plupart des gens, rentrés à la maison, se préparaient pour les prières du soir. En s'asseyant sur les marches de l'église, Will se demanda quelle était la vie des chrétiens qui vivaient au sein de l'Empire musulman, hommes et femmes qui vivaient là depuis des générations, bien avant que les Mamelouks ne parviennent au pouvoir. Étaient-ils membres à part entière de la communauté, comme c'était le cas des juifs et des musulmans d'Acre sous la domination des Francs, ou étaient-ils exclus, voire maltraités ?

L'église semblait encore plus petite à côté des immeubles de six étages qui l'entouraient, avec leurs façades peintes de zébrures bleu, rose et jaune. Des inscriptions arabes flottaient sur les murs, à l'intérieur des bandes de couleur, comme autant de messages de dévotion à Allah. Will avait entendu parler du Caire et en avait lu des descriptions dans les livres, mais rien ne le préparait à son immensité et à son élégance : la citadelle surplombant les quartiers fortifiés ; le Nil, large et bleu ; les mosquées couronnées de dômes argent et bleu ; les minarets s'élevant en spirale. Et, au loin, visibles depuis les collines qu'il avait descendues à cheval, les pyramides, jaillissant étranges et gigantesques au milieu du désert, dieux anciens pris dans le sable.

Will étira ses jambes en grimaçant. Sa chevauchée avait duré vingt jours et ses muscles étaient endoloris. La dernière partie du voyage, la traversée du Sinaï, avait été la plus dure. La robe blanche et le turban qu'il portait l'avaient aidé à se préserver de la chaleur, mais le soleil réussissait quand même à brûler sa peau. Plongeant la main dans le sac qu'il avait posé à côté de lui sur les marches, il en sortit une chemise en lin roulée en boule, qu'il déplia pour sortir deux morceaux de pastèque. Il l'avait achetée la veille à un garçon, sur le bord de la route, qui avait tout un tas de ce fruit renflé et lumineux et, pour quelques pièces, avait découpé en quelques instants quatre tranches roses en forme de sourire. Will finissait de manger et réajustait son keffieh quand quelqu'un arriva sur la place. C'était un homme de grande taille vêtu d'une robe bleue, le bas de son visage dissimulé, comme l'était celui de Will, par une bande de tissu appartenant au turban et passant d'une oreille à l'autre. Comme il approchait, Will se leva avec précaution.

La main de l'homme entourait le pommeau de la dague accrochée à sa ceinture.

— Qui êtes-vous ? demanda-t-il en arabe.

Voilà quatre ans qu'il avait rencontré cet homme, cependant Will reconnut immédiatement sa voix puissante et déterminée.

— Émir, le salua-t-il en baissant le rabat qui cachait son visage.

Les yeux de Kalawun s'agrandirent lorsqu'il le reconnut, puis ils s'étrécirent jusqu'à n'être plus que des fentes. Il s'avança en retirant la main de sa dague. Lorsqu'il répondit, ce fut d'une voix sourde où perçait la colère :

— Vous n'auriez pas dû venir. Nous avions un accord. Votre maître m'avait promis que ni lui ni ses partisans ne viendraient me trouver. Nous ne pouvons pas être vus ensemble. Cela signerait notre mort à tous les deux.

— Il était impératif que je vous parle.

— Vous n'aviez qu'à suivre les procédures que nous avons mises au point. Vous auriez dû contacter mon serviteur et organiser une rencontre.

— Nous n'avions pas le temps, tenta de l'apaiser Will, puis il désigna l'église. Venez. S'il vous plaît. Vous comprendrez quand je vous aurai dit ce qui m'amène ici.

Ramassant son sac, il grimpa les marches. Kalawun hésita en regardant la croix clouée à la porte, puis il inspecta la place et le suivit à l'intérieur.

— Qu'est-ce que nous faisons ici ? demanda-t-il tandis que Will fermait les portes.

— Nous pourrons parler en privé.

Will alla jusqu'à l'un des bancs délabrés du fond. Kalawun observa alentour avant de s'asseoir à côté de Will. Soulagé de les savoir seuls, il ôta à son tour la bande de tissu qui cachait son visage. Will fut surpris de constater à quel point le visage de l'émir avait vieilli. Il était blême, hagard, et un voile de tristesse et de découragement semblait s'être abattu sur lui. Ses yeux bruns paraissaient vides.

— Est-ce que c'est en rapport avec l'attaque sur Kaboul ? demanda Kalawun. Les Francs d'Acre doivent avoir reçu notre compensation maintenant.

Will hésita un moment, fixant son regard absent, puis il commença à parler à voix basse dans l'église déserte. Kalawun l'écouta sans l'interrompre. Quand les explications furent terminées, son visage avait changé. Ses joues avaient repris des couleurs et son expression était alerte, vivante. Il ressemblait à un homme qui s'éveille après un long sommeil. Il secoua la tête et regarda en direction de l'autel. Il ne disait rien. Will sentait la colère qui l'envahissait, il voyait la tension dans son corps et dans ses traits tandis qu'il luttait pour maîtriser son émotion. Quand il prit la parole, sa voix ferme ne laissa rien transpirer :

— Vous dites que le message était écrit par cet homme, Kaysan, pour quelqu'un au Caire ? Un chiite ?

— C'est ce que pense Everard, oui.

— Mais vous n'avez pas de nom ?

— Non. Le message n'était adressé à personne.

Kalawun reporta son regard sur Will.

— Et ce sont vos chevaliers qui vont faire ça ? Ce sont eux qui vont voler la Pierre ?

— Le message parle simplement de chevaliers occidentaux, mais comme notre grand maître semble impliqué, il est probable que le vol sera exécuté par des Templiers. D'après ce que dit le message, les chevaliers retrouveront Kaysan au village d'al-Ula durant la dernière semaine de mars, avant mouharram, et que ses hommes et lui les emmèneront à La Mecque.

— Nous ne pouvons pas laisser faire ça. Je ne peux même pas vous expliquer la gravité de la situation.

— Nous en sommes conscients, répondit Will.

— Non. Vous ne savez rien. Qu'un chrétien touche la Pierre serait un outrage, la pire des profanations. Mon peuple vous égorgerait. Et pas seulement les chevaliers, ou les Francs d'Acre, mais *tous* les chrétiens, fit Kalawun avec un geste large pour embrasser l'église. Partout mourraient des innocents, et avec eux tout espoir de paix. Pour le moment, Baybars ne cherche pas à se confronter à vous. Si ce vol se produisait, tout changerait à l'instant même. Il vous *anéantirait.*

Kalawun garda le silence quelques instants, puis il lança à Will un regard sans concession.

— D'ailleurs, je l'y aiderais.

Il observa l'effet de ces paroles sur Will avant de poursuivre :

— Je préférerais ne pas avoir à le faire mais, si votre peuple détruit la Pierre de La Mecque, je participerai à leur destruction. Face à une telle action, je ne pourrais plus appartenir à votre confrérie, je ne pourrais plus œuvrer avec vous à la réconciliation.

Will hocha légèrement la tête.

— Je comprends. C'est la raison pour laquelle nous devons à tout prix empêcher que cela se produise.

— Qu'est-ce que vous proposez ?

— L'Anima Templi se consacre entièrement à cette affaire et essaie de connaître les détails du plan et qui, au juste, y participe. Quand nous le saurons, nous pourrons déterminer le meilleur moyen d'agir. Nous sommes confiants quant à notre capacité à y parvenir. Mais Everard et moi voulions que vous sachiez que ce complot n'est mené que par un petit groupe de gens. Notre Ordre n'est pas impliqué là-dedans, ni le gouvernement d'Acre.

— Je le comprends, répondit Kalawun. Mais ça ne change pas le fait que tout votre peuple en supporterait les conséquences. Ces hommes ont, semble-t-il, l'intention de déclencher une guerre, quelle que soit leur motivation. Et ils l'obtiendront s'ils arrivent à leurs fins. Je ne pourrai rien y faire.

— Peut-être que non, fit Will, mais vous pouvez nous aider aujourd'hui, avant que ça n'aille trop loin. Comme je vous l'ai dit, il apparaît que quelqu'un au Caire travaille avec ces hommes. Pourriez-vous trouver les relations de ce chiite, Kaysan, en ville ? Je sais que c'est une piste un peu mince, mais ça vaut le coup d'essayer.

— J'ai déjà quelques idées, l'informa d'un ton neutre Kalawun.

Will était surpris.

— Vraiment ?

Mais, voyant que Kalawun ne lui en dirait pas plus, Will poursuivit :

— Si vous vous occupez de trouver ses complices ici, au Caire, je vais m'efforcer de mon côté d'empêcher le vol.

— Je demanderai à l'un de mes officiers de m'aider, murmura Kalawun d'une voix distraite. L'importance de cette histoire dépasse à mon sens notre obligation mutuelle de secret, et je sais que je peux lui faire confiance pour n'en parler à personne. Mais on l'a envoyé à la recherche des Assassins qui ont tenté de tuer le sultan Baybars et il pourrait être absent encore un long moment. Ce sera difficile pour moi d'agir seul, soupira Kalawun.

Dans les yeux de Will s'était allumée une lueur d'inquiétude.

— Les Assassins ? Je pensais... nous avions entendu dire qu'ils avaient été tués au cours de leur tentative de meurtre ?

— Ils l'ont été, répondit Kalawun avec indifférence, mais ceux qui ont ordonné le meurtre sont encore libres, ou c'est du moins ce que nous croyons. Baybars veut connaître le nom des Francs qui ont proposé de l'argent aux Assassins pour tuer le sultan. Après tout ce temps, il veut se venger.

Kalawun, qui fixait l'autel, ne remarqua pas l'immobilité soudaine de Will. Pour finir, il se tourna vers lui :

— Est-ce tout ? Je ne peux pas m'attarder. J'ai des choses à faire, et ces informations m'obligent à quelques recherches.

— Oui, fit Will d'une voix sombre. C'est tout.

Kalawun se leva et tira la bande de son turban sur son visage.

— Dans ce cas, je m'en vais, dit-il en tendant la main. Je vous remercie de m'avoir prévenu.

Will saisit la main de l'émir. Sa poignée était ferme et franche.

— Si vous découvrez d'autres choses, suivez la procédure habituelle et envoyez chercher mon serviteur sans tarder. Que la paix soit avec vous.

Will regarda Kalawun quitter l'église, puis il se rassit pesamment sur le banc.

Le quartier vénitien, Acre, 17 juin 1276 après J.-C.

Elwen était au milieu des escaliers, un paquet de linge sale dans les bras, quand elle entendit frapper à la porte d'entrée.

— J'y vais ! J'y vais ! lança une voix chantante.

Catarina allait ouvrir.

— Attends, Catarina, l'appela Elwen en redescendant à vive allure les quelques marches.

La fillette s'arrêta et se retourna en roulant des yeux.

— Je veux juste ouvrir la porte.

— Tu as entendu ce que ton père a dit. Nous devons faire attention.

Catarina recula en boudant. Elwen était toujours stupéfaite de la rapidité avec laquelle la fillette avait surmonté l'épreuve qu'elle avait traversée. Il ne s'était passé que deux mois depuis l'attaque de Kaboul et elle semblait déjà avoir oublié qu'elle avait frôlé la captivité ou la mort, ayant retrouvé son naturel insouciant. Elwen, quant à elle, faisait toujours des cauchemars ; elle revoyait sans cesse les yeux du Mamelouk au moment où elle avait enfoncé la flèche dans sa nuque. Elle se sentait seule, irrémédiablement. Il n'y avait pas que Catarina à avoir oublié l'attaque. Acre aussi avait la mémoire courte.

Deux jours plus tôt, les femmes et les enfants qui avaient été faits prisonniers durant le raid étaient revenus en ville, en même temps que les vingt chrétiens libérés des cachots du Caire, les excuses personnelles de Baybars et plusieurs sacs de dinars. Andreas était rentré à la maison la veille au soir avec cette nouvelle, apprise par l'un de ses clients. Mais en dehors des familles concernées, qui devaient être submergées de joie, la ville en elle-même l'avait à peine remarqué. Malgré l'indignation du gouvernement au moment de l'attaque, l'attention générale avait tout entière été détournée par le départ du roi Hugues, qui avait laissé son trône vacant en Outremer, provoquant le désordre et des luttes de pouvoir parmi les nobles du corps gouvernemental déjà divisé d'Acre. D'après Andreas, le Temple et les Vénitiens manœuvraient pour occuper l'espace tandis que les Hospitaliers, les Génois et les Teutoniques essayaient de les en empêcher. Les groupes et les diverses factions – aristocrates, guildes, marchands, ordres religieux – choisissaient leur camp, en cherchant à se mettre dans la meilleure position politique. On avait envoyé des messages à Chypre suppliant Hugues de revenir, ou au moins de désigner un intendant. Mais il n'avait pas daigné répondre. La nuit dernière, un jeune Vénitien, dont le père était le secrétaire du consul de Venise, avait été brutalement assassiné par trois Génois. On parlait d'imposer un couvre-feu.

Inquiet à cause de cette escalade de violence et toujours bouleversé par la mort et la disparition de Giorgio et Taqsu à Kaboul, Andreas avait réuni les membres de sa famille pour demander de ne plus s'aventurer en dehors du quartier tant que la situation ne se serait pas calmée, insistant sur le fait que les filles ne devaient plus sortir seules. Ainsi, ce fut avec le cœur battant qu'Elwen, les bras toujours chargés de linge sale, ouvrit la porte. Ils n'attendaient pas de visite.

Sur le seuil se tenait Garin. En le voyant, Elwen sentit le rouge lui monter aux joues dans un mélange de surprise, d'agacement et de honte.

— Qu'est-ce que tu fais ici ?

— Je voulais te voir, dit Garin.

— Qui est-ce ? demanda Catarina en essayant de regarder dans son dos.

— Retourne à l'intérieur, la tança Elwen en italien en se retournant. Et rends-moi service, emmène ça à la cuisine.

Elle lui passa le linge.

— Ce n'est pas juste !

— Catarina.

Prenant les draps sales en pivotant, Catarina s'éclipsa.

Elwen sortit dans la chaleur de l'après-midi, tirant la porte derrière elle. La rue était noire de monde.

— Tu n'aurais pas dû venir. Mon maître n'apprécie pas beaucoup les étrangers faisant montre de trop de familiarité avec les femmes de son entourage.

— Il ne doit pas trop aimer Will, alors ?

Les yeux d'Elwen étincelèrent.

— Ce n'est pas ton problème.

— Je suis désolé, dit Garin. C'était idiot de ma part. Mais c'est en partie pour ça que je suis là. Pour Will, je veux dire.

— Tu l'as vu ? demanda vivement Elwen.

Son ton passionné la surprit elle-même. Au départ, après avoir appris la duplicité de Will, la colère d'Elwen avait brûlé comme un feu rageur en elle, consumant tout son amour pour lui. Mais sans rien pour raviver sa flamme depuis plusieurs semaines, il avait faibli, laissant la plaie à vif, puis était né le désir de le voir et de l'entendre expliquer, avec ses propres termes, que tout cela était vrai : qu'il lui avait menti pendant tout ce temps. Le doute s'était insinué en elle aussi, et elle s'était demandé si Garin n'avait pas noirci les faits, voire même tout inventé, bien qu'il ne semblât pas avoir de raison d'agir ainsi.

— Je voulais te demander la même chose, répondit Garin en faisant un signe négatif de la tête.

La déception se peignit sur le visage d'Elwen.

— Non, dit-elle, défaite. Je ne l'ai pas vu.

— Pour être honnête, je ne pensais pas que ce serait le cas. S'il est parti au Caire, il lui faudra encore plusieurs semaines pour rentrer. Mais j'ai préféré vérifier, au cas où il aurait changé ses plans.

— J'ai l'impression que tu en sais davantage sur ses plans que moi, répondit Elwen, sur la défensive.

— À ce sujet, je suis désolé. Je n'aurais pas dû t'en parler. Pour moi, Will est stupide de ne pas t'en avoir parlé. Mais quoi qu'il en soit, ce n'était pas à moi de te le dire.

Elwen rougit à nouveau, de la même honte qu'elle avait ressentie en voyant Garin.

— Tu n'es pas le seul à avoir trahi sa confiance, répondit-elle doucement en baissant les yeux. Je n'étais pas censé dire à quiconque où Will est parti, ni pourquoi. Mais j'ai eu l'impression que tous autant que vous êtes, toi, Will, Everard, ses amis au Temple, vous vous moquiez de moi parce que je ne savais pas. J'étais en colère. C'était comme si tout ce qu'il m'a dit était un mensonge.

Elle releva la tête.

— Et peut-être que c'est le cas. Peut-être qu'il n'est pas du tout au Caire. Mais je n'aurais pas dû t'en parler.

Garin la gratifia soudain d'un sourire de gamin, amical.

— Eh bien, je sais tenir un secret, si tu en es capable.

Elwen lui rendit un faible sourire.

— J'apprécie.

Puis elle leva les yeux au ciel, la lumière du soleil lui brûlant les yeux.

— Il faut que je me remette au travail.

Garin hocha la tête. Il s'approcha et lui tendit la main. Elwen rit franchement de ce geste formel, masculin, mais elle la prit quand même. Sa main était froide. Elle sentait son haleine alcoolisée, et autre chose, quelque chose de doux, d'âcre.

Garin lâcha sa main et recula de quelques pas.

— Quand Will reviendra, pourras-tu lui dire de venir me voir ? Je loge au palais royal.

— Le palais ? Mais le roi est parti ?

— Il m'a dit que je pouvais y rester pendant son absence.

Garin fit quelques pas, puis il se retourna.

— Juste pour que tu saches, je ne me moque pas de toi.

Elwen resta sur le seuil à le regarder s'en aller, puis elle rentra dans la maison.

La forteresse des Assassins, nord de la Syrie,
18 juin 1276 après J.-C.

Nasir s'agenouilla au bord du ruisseau. L'eau courait, vive et transparente, écumant le long des rochers qui saillaient à la surface comme des dents cassées. Nasir y plongea ses mains. Elle était douloureusement glacée. Un flux rouge se propagea dans l'eau tandis qu'il se lavait les mains. Il ferma les yeux et sentit le froid s'insinuer.

— Messire ?

Nasir tourna la tête. Un de ses soldats se tenait derrière lui. Il était à tel point perdu dans ses pensées qu'il ne l'avait pas entendu approcher. Il avait eu en permanence deux hommes en sentinelle ces trois dernières semaines, afin de garder un œil sur les Assassins vivant en haut de la montagne. Ils avaient vu des fedayins arpenter les flancs de la montagne pendant plusieurs jours après qu'ils eurent capturé Idris, mais personne n'avait découvert leur cachette. Cependant, il fallait rester vigilant. Le problème, c'est qu'il était fatigué, que ses souvenirs d'enfance l'accablaient sans cesse ici, et que l'odeur écœurante du sang sur sa peau le rendait malade.

— Qu'y a-t-il ?

— Je crois qu'il est prêt à parler.

Le soldat avait fait un signe de tête en direction de la grotte. Un fourmillement s'empara des mains de Nasir tandis qu'il les secouait pour les égoutter. Il prit son temps. Idris avait déjà dit la même chose, sans jamais rien confesser. L'endurance de cet homme était vraiment incroyable.

Nasir savait que ce ne serait pas facile : la capacité des Assassins à supporter la douleur était connue. Mais tout de même, avoir passé autant de temps à travailler Idris au corps et n'en avoir tiré que du sang, c'était quasi surnaturel, et même effrayant. Il avait presque failli le perdre à deux reprises. Et une fois, Idris avait essayé de se tuer en frappant sa tête contre la colonne rocailleuse à laquelle il était attaché. Par chance, il n'avait réussi qu'à se blesser, mais cela avait eu le don de déconcerter Nasir qui avait demandé aux guides de fixer un tampon de tissu à l'arrière de son crâne pour l'empêcher de recommencer. À la fin de la première semaine, après l'avoir battu et entaillé sur tout le corps, Nasir avait fait appel à d'autres méthodes : affamer Idris pour l'affaiblir, puis le forcer à avaler des plantes vénéneuses pour le rendre malade. Par cette méthode, il espérait pousser l'Assassin au délire afin qu'il parle sans réellement s'en rendre compte. Mais Idris, si enfiévré et inconscient qu'il fût, n'avait pas parlé. Pour finir, Nasir avait été obligé de lui laisser quelques jours pour recouvrer ses forces, jusqu'à ce matin, où il avait recommencé en lui arrachant sauvagement trois doigts et en lui fourrant une bande de lin ensanglantée dans la bouche pour ne pas entendre ses cris.

Empruntant le sous-bois, Nasir pénétra dans la grotte. Idris ne tenait que grâce à ses entraves. Sa main estropiée avait été couverte, mais le tissu était déjà rougi. Sa peau était grisâtre et atone, sauf là où il y avait des coupures et des contusions, et où se mélangeaient des bruns ternes, des pourpres livides et des jaunes sombres.

— Idris.

Il respirait avec difficulté. En entendant son nom, il ouvrit son bon œil et regarda Nasir.

— Mon soldat me dit que tu veux parler, dit Nasir.

Idris le fixait, mais sans rien dire.

— Il faut que tu me parles, Idris, poursuivit Nasir au bout d'un long moment. Toi et moi, nous perdons notre temps. Je dois retourner voir mes maîtres. Ils veulent ce nom. Je dois le leur donner.

Il poussa un long soupir.

— Je n'ai pas envie de faire ça, Idris. Ça me rend malade. Cet endroit, dit-il avec un large geste pour désigner la grotte. Ta souffrance. Tout ça me rend malade.

Idris grogna.

— Donne-moi le nom et je partirai, insista Nasir. Je te laisserai vivre.

Puis sa voix se durcit.

— Sinon, je peux encore te faire plus mal.

Il saisit la main torturée d'Idris et l'écrasa entre ses doigts. Idris émit un cri suraigu. Nasir se pencha et de sa main libre souleva le menton de l'Assassin.

— Je n'ai plus de temps à perdre, Idris. Il faut que je retourne au Caire. *Il le faut !*

La bouche d'Idris bougea légèrement. Nasir s'approcha plus près. Il percevait un murmure rauque. Les lèvres d'Idris bougèrent à nouveau. Cette fois, il entendit un nom. Nasir le lâcha et se releva.

— Nous l'avons, dit-il en entendant quelqu'un entrer dans la grotte.

— Éloigne-toi de lui, lança en retour une voix étrangère.

Pivotant, Nasir se retrouva face à un homme en robe noire. Alors qu'il portait la main à son épée, deux autres hommes apparurent à l'entrée de la grotte. Ils portaient la même robe noire, celle des fedayins. Ils brandissaient tous des dagues, dont l'une, remarqua Nasir, était entachée de sang. L'homme qui avait parlé leva une arbalète et tira avant même que Nasir ait touché son épée. Le carreau le frappa à l'épaule. La douleur le traversa tandis qu'il s'écroulait au sol, sa tête s'écrasant contre le sol pierreux. Il entrevit vaguement qu'on libérait Idris et qu'on l'aidait à se mettre debout. Deux autres hommes entrèrent dans la grotte en tirant les cadavres des Mamelouks et des guides. Une botte se posa sur sa poitrine, vidant ses poumons et accentuant la douleur dans son épaule. En levant les yeux, il vit l'arbalète pointée sur son visage. Au-dessus, l'homme qui la tenait l'observait.

— Sale sunnite, cracha l'Assassin.

— Attends, croassa une voix.

C'était Idris qui venait de parler. Nasir entendit ensuite une toux spasmodique.

— Attends, frère, reprit Idris d'une voix plus assurée. Laisse-le en vie.

— Qu'est-ce que tu dois à cet animal, frère ? demanda l'Assassin à l'arbalète. Regarde ce qu'il t'a fait. Dans leur lâcheté, les Mamelouks n'osent pas s'attaquer ouvertement à nous, alors ils t'ont utilisé pour s'en prendre à nous.

— Non, dit Idris d'une voix faible. Ce n'est pas pour nous qu'ils sont venus, ni pour la forteresse. Celui-là est officier au Caire. C'est Baybars qui l'a envoyé afin de trouver le nom du Franc qui a proposé de l'argent à qui l'assassinerait. Nous pouvons nous servir de lui pour obtenir ce que nous voulons. Pour survivre, nous avons besoin de provende. Nous en tirerons une bonne rançon.

Nasir sentit s'envoler la pression sur sa poitrine quand l'Assassin enleva son pied. Cependant, l'arbalète restait pointée sur lui. Après qu'un ordre eut été donné, on remit Nasir debout sans ménagement. On lui enleva son épée et ses mains furent attachées. Chaque mouvement déplaçait légèrement le carreau dans son épaule et une nouvelle vague de douleur le ravageait. La sueur perlait sur son front et ses yeux clignèrent lorsqu'il fut tiré hors de la grotte, à la lumière aveuglante du soleil. Dans son esprit tourbillonnait le nom murmuré par Idris, nébuleux au début, avec sa forme et sa tonalité étrangères. Puis plus clair, plus défini et se détachant enfin avec netteté.

William Campbell.

23

Le Temple, Acre

8 juillet 1276 après J.-C.

La ville était en feu. Un nuage de fumée s'élevait dans l'air gréseux au-dessus du quartier vénitien, provenant de la rangée de maisons qui brûlaient dans le secteur marchand. Les flammes s'agitaient follement au milieu des volutes, dévorant les poutres et noircissant les pierres. Les enfants hurlaient dans les bras de leurs mères tandis que les hommes, au désespoir, formaient une ligne dans la rue, se passant de bras en bras, depuis les citernes, des seaux d'eau qu'ils déversaient en vain sur l'incendie. Dans le quartier musulman, d'autres foyers, plus petits, s'étaient déclarés sur la place du marché, sans que personne ne cherche à les éteindre, et ravageaient étals et chariots. Le sol était parsemé de pierres et de verre cassé. Le visage couvert, des massues et des torches au poing, des hommes défilaient dans la rue. Certains d'entre eux chantaient tout en marchant, les yeux crépitant de haine. Cachée derrière des fenêtres, la population regarda, la peur au ventre, un deuxième groupe contourner un chariot renversé qui bloquait la rue et se précipiter en hurlant sur la place, à la rencontre des hommes masqués. Les deux groupes se rencontrèrent et le sang ne tarda pas à jaillir.

À travers toute la ville avaient été érigées depuis deux semaines des barricades improvisées, après que la tension et les actes épars de violence provoqués par le départ du roi Hugues se furent accrus et mués en hostilité déclarée. Les portes des différents quartiers étaient maintenant fermées du soir au matin et un couvre-feu avait été imposé. Des gardes patrouillaient dans chaque secteur, mais avec la taille des aires qu'ils devaient couvrir et le grand nombre de factions existantes, les incendies, mises à sac et escarmouches entre groupes rivaux se multipliaient.

La descente en enfer avait commencé lorsqu'un groupe de marchands nestoriens de Mossoul s'était révolté contre leurs confrères musulmans de Bethléem au cours d'un marché. Les Templiers, qui protégeaient les marchands de Bethléem, s'étaient jetés dans l'échauffourée pour contenir la violence, mais plusieurs Nestoriens y avaient néanmoins laissé leur vie. Les chevaliers de Saint-Jean, protecteurs des Nestoriens, étaient intervenus et un Templier avait été blessé, provoquant alors une querelle sans précédent à la Haute Cour entre le grand maître de l'Hôpital et Guillaume de Beaujeu. La violence n'avait cessé de s'accroître par la suite, la paix fragile étant définitivement rompue entre les communautés rivales. Les Templiers se battaient contre les Hospitaliers, les Vénitiens contre les Génois et les Pisans, les chrétiens contre les juifs, les chiites contre les sunnites. Même quand l'hostilité ne dégénérait pas en conflit ouvert, les relations entre les divers chefs étaient si tendues que toute chance de réconcilier les citoyens demeurait impossible.

Ainsi, ce furent l'odeur de soufre et un sentiment pénétrant d'anarchie qui accueillirent Will à son retour. La porte du Temple était barrée et il fallut quelques instants avant que quelqu'un répondît à ses coups répétés.

— Qu'est-ce qui se passe en ville ? demanda Will au sergent qui le laissa finalement entrer.

— C'est comme ça depuis que le roi est parti, sire Campbell, répondit l'homme en claquant des doigts vers le poste de garde, à l'intention d'un sergent plus jeune qui se dépêcha de prendre le cheval de Will.

— Depuis qu'il est parti ?

Will défit ses affaires attachées à la selle tandis que le sergent récupérait les rênes.

— Qu'est-ce que vous voulez dire par là ? Où est-il parti ?

— Il est retourné à Chypre, sire. La Haute Cour a écrit pour lui demander de désigner quelqu'un qui gouvernerait à sa place, mais personne n'est venu.

— Qu'est-ce qui s'est passé ? Pourquoi est-il parti ?

Le sergent parut mal à l'aise. Il baissa la voix.

— D'après la rumeur qui court, il aurait eu des mots avec notre grand maître la veille de son départ.

Will était troublé.

— Merci, fit-il distraitement.

— Sire, intervint à la hâte le sergent avant que Will ne disparaisse. On m'a dit de vous guetter et qu'à votre retour, je devais vous envoyer sur-le-champ voir le grand maître.

Le front de Will se plissa.

— Très bien. J'irai dès que j'aurai posé mes bagages et que je me serai lavé.

— Je vous prie de m'excuser, sire, insista le sergent, mais il a demandé à ce que vous alliez le trouver directement, à toute heure du jour et de la nuit.

Désormais inquiet, Will traversa la cour en direction du palais du grand maître.

Il trouva Guillaume en pleine réunion avec le sénéchal et le grand commandeur Theobald Gaudin, et un commis à l'allure solennelle lui demanda d'attendre. Il s'assit sur un banc dans le couloir et déposa son sac au sol. Son esprit était assailli par des pensées inquiétantes : l'urgence de la requête du grand maître ; la fumée tourbillonnant autour de la ville et les rues désertées ; la nouvelle que le roi avait quitté Acre. Mais, par-dessus tout, planait l'ombre d'une crainte encore plus terrible, une crainte qui le hantait depuis sa rencontre avec Kalawun, et l'avait poursuivi à travers le désert comme un vautour. *Ils te cherchent. Que se passera-t-il s'ils te trouvent ?* Ces mots, transformés en ritournelle, l'épuisaient au plus haut point. Il se pencha en avant et se prit la tête entre les mains.

— Sire Campbell ?

Will sursauta en sentant une main se poser sur son épaule. Il réalisa qu'il avait failli s'endormir. Il leva les yeux au moment où le sénéchal et le grand commandeur partaient en empruntant le couloir. Le commis à l'air solennel se tenait près de lui. Will se leva à temps pour voir le sénéchal lui jeter un regard noir, puis il ramassa son sac et suivit l'officier dans le réclusoir.

Guillaume était assis à sa table de travail. Il désigna d'un geste un tabouret face à lui quand Will entra.

— Asseyez-vous.

L'officier ferma les portes, le laissant seul avec Beaujeu. Tout en approchant du bureau, Will tourna les yeux vers la fenêtre. Au sud, au-dessus du quartier vénitien, le ciel était empli d'une fumée grisâtre. Guillaume vit son regard.

— Vous êtes revenu en des heures bien sombres, frère.

— Que se passe-t-il, sire ? On m'a dit que le roi Hugues était retourné à Chypre sans désigner d'intendant ?

— On vous a bien informé. Mais la paix sera bientôt restaurée, quand Charles d'Anjou prendra place sur le trône vacant. Alors, tout reviendra enfin à la normale dans ce royaume. Mais pour le moment, j'aimerais discuter d'autres affaires. Je voulais en parler avec vous il y a quelques semaines. Mais bien sûr, vous n'étiez pas là. Je suppose que vous avez trouvé ce traité que frère Everard de Troyes vous a envoyé quérir en Syrie ? Votre voyage a-t-il porté ses fruits ?

Will mentit d'un simple hochement de tête.

— Everard a bien de la chance de vous avoir sous ses ordres, dit Guillaume au bout d'un moment. Son rôle ici est important. On m'a raconté tout ce qu'il a accompli pour l'Ordre dans sa quête de connaissance. Dites-moi, William, depuis combien de temps le connaissez-vous ?

L'esprit de Will travaillait activement. Qu'est-ce que le grand maître insinuait ? Beaujeu savait-il qu'il n'était pas allé en Syrie ? Était-ce un piège ?

— Cela fait seize ans, maître, répondit-il en masquant son anxiété. Everard m'a pris comme apprenti quand je suis arrivé à Paris.

— Pourquoi l'a-t-il fait ?

— Mon maître Owein venait de mourir dans une attaque de mercenaires contre notre compagnie à Honfleur, en France. Nous escortions les joyaux de la couronne d'Angleterre à la commanderie de Paris et ces hommes ont essayé de nous les reprendre. Everard avait besoin d'un scribe. Je savais lire et écrire, et j'avais perdu mon maître. Je suppose que j'étais un choix naturel, marmonna Will pour finir.

— Alors, diriez-vous que vous le connaissez bien ?

— Oui.

— Lui faites-vous confiance ?

Will fut décontenancé par la question.

— Ou… Oui, balbutia-t-il, puis, d'une voix plus forte : Je lui confierais ma vie.

Guillaume ramassa quelque chose sur la table de travail. C'était un bout de parchemin enroulé, qu'il tendit à Will. Celui-ci l'ouvrit et le reconnut immédiatement.

— C'est le rouleau que vous avez ramené d'Arabie, fit Guillaume. J'ai besoin de le traduire.

Le cœur battant, Will choisit ses mots avec le plus grand soin.

— Je croyais que Kaysan était l'un de vos espions.

— C'est exact.

— Dans ce cas, pardonnez-moi, mais comment se fait-il que nous ne puissions pas lire son message ? Pourquoi enverrait-il quelque chose que nous ne comprenons pas ?

— L'homme sur qui je comptais pour la traduction n'est pas libre pour le moment. Mais je ne peux pas attendre. Le talent d'Everard est légendaire dans cette commanderie. Si un homme peut déchiffrer ce message, c'est lui.

Guillaume se leva et alla se placer devant la fenêtre.

— Mais j'ai un problème.

Il resta silencieux un long moment. Il se tourna enfin vers Will.

— Ces derniers mois, vous avez fait la preuve de vos qualités et de votre dévouement à l'Ordre. Sans votre sens de l'observation et vos promptes réactions, l'homme de Soranzo m'aurait probablement tué sur les quais. Vous avez découvert l'identité de mon ennemi et aidé à l'amener devant la justice, même si vous n'étiez pas d'accord avec mes méthodes, et vous avez exécuté une mission importante pour moi en Arabie, en conduisant mes hommes avec autorité. Depuis quelques semaines, je me demande si je dois ou non vous impliquer dans un dessein à l'œuvre depuis presque deux ans maintenant. Ma décision est prise. Nous perdons du terrain, William, chaque jour un peu plus. Nous nous disputons, nous nous battons les uns contre les autres, et nous ignorons l'épée suspendue au-dessus de nos têtes. Que ce soit aujourd'hui, demain, ou dans cinq ans, les Mamelouks finiront par venir nous trouver. Et quand cela arrivera, aucun de nous ne sera capable de les arrêter. Peu d'hommes, en Occident, ont l'estomac pour entreprendre une croisade. La liste de nos alliés raccourcit de plus en plus. Mais nous avons la possibilité d'y remédier. *Une* possibilité.

Guillaume serrait les poings. Au fur et à mesure qu'il parlait, sa voix se faisait plus profonde, plus grave.

— Imaginez les hommes en Occident prenant la Croix par milliers. Imaginez nos soldats traversant les mers pour nous venir en aide, à nous, leurs frères, qui travaillons si dur et depuis si longtemps pour perpétuer le rêve de la Chrétienté sur ces terres. Nous en avons trop fait pour abandonner ceux qui nous ont précédés. Les hommes comme votre père, qui sont morts pour notre cause.

« Baybars et ses Mamelouks se battent pour reconquérir leur territoire. Mais ce n'est pas à eux de réclamer quoi que ce soit ! Ils sont nés à des centaines de kilomètres de la Palestine. Ils disent qu'ils se battent pour reprendre ce que nous leur avons pris, mais ce sont eux qui l'ont pris. Et si cette terre ne leur appartient pas de plein droit, par Dieu je dis qu'elle est à nous. C'est notre Terre sainte. Tant de sang chrétien y a été versé, tant d'hommes y ont perdu la vie. Ça ne peut pas avoir été en vain. Ça n'est pas possible.

Guillaume faisait les cent pas maintenant. Will le regardait en silence.

— Je suis engagé dans un plan qui a pour but de reprendre ce qui nous appartient. À la bataille de Hattin, les Sarrasins ont volé l'une de nos plus saintes reliques : une partie de la Croix sur laquelle le Christ a été crucifié. La Chrétienté déplore ce vol depuis près d'un siècle. Imaginez la jubilation qui s'ensuivrait si nous prenions une des leurs.

— Comment ça ? demanda Will d'une voix ingénue. Que prendrions-nous ?

— La Pierre noire de La Mecque, répliqua Guillaume. Leur plus sainte relique. Tout l'Occident le verrait comme un juste châtiment. Nos forces, ici et en Occident, se rallieraient grâce à une telle victoire, j'en suis certain. Elle leur donnerait de l'espoir et renouvellerait l'appétit nécessaire pour finir ce que nous avons entamé voilà deux siècles. Je suis déjà en contact avec certains monarques, comme le roi Édouard et Charles d'Anjou. Cela fait des mois que je cherche en secret des soutiens pour une nouvelle croisade, en promettant à ces monarques qu'un changement est à venir, qu'ils doivent se tenir prêts. J'ai même envoyé un message aux Mongols.

— Les Mamelouks nous détruiront.

— Non, répondit Guillaume d'une voix ferme, pas immédiatement. Baybars sera enragé, mais il sait qu'il faut organiser soigneusement une campagne contre nous. En brandissant la Pierre comme un symbole de notre triomphe, de la volonté divine de nous voir réclamer ce qui nous appartient, nous pouvons lancer une nouvelle croisade en même temps qu'il lèvera son armée contre nous. Il y a une chance, une bonne chance que nous nous retrouverions à armes égales. Si nous n'agissons pas, William, nous nous éteindrons à petit feu, et finirons anéantis par les Sarrasins. C'est la seule manière de convaincre l'Occident qu'il reste de l'espoir, que nous pouvons atteindre l'ennemi, que nous pouvons leur reprendre ce qu'ils nous ont pris.

Guillaume s'assit. Ses yeux brillaient, mais plus de tristesse que de ferveur, semblait-il. Il attendit de s'être calmé, puis il poursuivit :

— J'ai besoin de votre aide, William. D'abord, en amenant ce rouleau à Everard et en lui demandant de le déchiffrer. Quel que soit son contenu, j'ai besoin que vous vous assuriez que le prêtre n'en parlera à personne. J'aimerais ne pas avoir à le faire, mais je n'ai guère le choix.

— Vous avez dit nous. Y a-t-il d'autres hommes qui vous aident ?

— Oui. Mais ils ne comptent pas pour le moment. Si Everard réussit à le déchiffrer, je vous en dirai plus. Le vol de la Pierre aura lieu au printemps de l'année prochaine. J'ai choisi un petit groupe d'hommes pour l'exécuter. J'aimerais que vous meniez l'opération.

— Voilà. C'est notre chance de l'arrêter !

Everard ne quittait pas Will des yeux tandis que celui-ci faisait les cent pas dans sa chambre. À la main, le prêtre tenait le rouleau que le grand maître avait donné à Will.

— Vous auriez dû l'entendre, continua Will d'une voix où éclatait sa colère. Il est tellement convaincu qu'il accomplit l'œuvre divine ! *Notre Terre sainte*, n'arrêtait-il pas de dire. Il ne connaît pas le concept de paix !

— Et toi ? demanda doucement Everard. Avant qu'on te montre un autre chemin ? Avant qu'on t'incorpore à l'Anima Templi ?

Will fixait le prêtre.

— J'aurais tendance à penser que non, reprit Everard. En vérité, même après que tu as appris que la paix entre nos peuples était possible, que des hommes de différentes religions, de différentes cultures, travaillaient à ce but, tu as rechigné, et tu as tenté de tuer notre prétendu ennemi. Était-ce là ton concept de la paix ?

Will déglutit difficilement au souvenir de cet épisode, la peur se lovant au creux de son estomac. Un bref instant, il pensa raconter à Everard ce que Kalawun lui avait dit au Caire. Il ouvrit la bouche, mais Everard reprit la parole et cette idée s'évanouit.

— Ne sois pas trop dur avec lui, William. La compréhension est nécessaire pour que survienne le changement. Tu dois réaliser que Beaujeu, comme beaucoup d'autres, a été amené à croire qu'il vaut mieux que les musulmans, les juifs et quiconque ne suit pas la loi chrétienne. Ils l'ont appris de leurs pères, de leurs prêtres, de leurs camarades et de leurs maîtres. Est-ce étonnant qu'ils y croient ? Comme je te l'ai souvent dit, le changement n'aura lieu que progressivement, il prendra des années. Aujourd'hui, un homme lira peut-être l'un de nos traités et y trouvera quelque chose qui lui donnera à penser et le conduira à comprendre que nous sommes tous les enfants de Dieu, quel que soit le nom dont on L'appelle. Il l'expliquera alors à ses fils et à ses filles, et leur cœur sera moins haineux quand ils auront grandi. L'Anima Templi joue le rôle du médecin, William, nous extirpons peu à peu le poison, génération après génération. Mais nous devons agir lentement, prudemment, ou nous risquons de perdre nos patients. Si ton père n'avait pas été James, peut-être penserais-tu autrement à l'heure actuelle. Tu serais sans doute tout à fait d'accord avec ce que Beaujeu t'a expliqué.

— Je ne comprends pas, dit Will en s'asseyant sur un siège face au prêtre. Beaujeu a des clercs arabes et je sais qu'il les traite aussi bien que ses serviteurs chrétiens. Et quand nous avons capturé Sclavo, il a fait fermer la taverne et s'est assuré qu'on prenait soin des esclaves qu'il faisait combattre dans l'arène.

— Oui, et certains critiquent même son indulgence vis-à-vis des juifs et des musulmans depuis son arrivée en ville. Ce n'est pas un monstre, ni un idiot. Pour lui, ce n'est pas une question de personne. C'est une question de territoire. La Terre de Dieu, *notre* Terre sainte, comme il l'appelle. Il veut reprendre Jérusalem, William. Comme tant d'autres. Il croit en toute sincérité que Jérusalem appartient de plein droit aux chrétiens. Il ne voit pas que nous avons tous des prétentions équivalentes à ce titre, qu'elle est l'héritage commun de tous les peuples du Livre : l'Ancien et le Nouveau Testaments, ainsi que le Coran. Pour les juifs, elle englobe le site où Dieu a exigé d'Abraham qu'il sacrifie Isaac, là où fut construit le Temple de Salomon, qui abrita l'Arche d'alliance. Pour les chrétiens, c'est l'endroit où Jésus vécut, mourut et ressuscita. Pour les musulmans, c'est de là que Mahomet monta au Ciel. Cette terre est sainte pour nous tous, dit Everard avec un air absent, presque triste. Mais d'une certaine façon, nous sommes incapables de nous réjouir de cette concordance, et à la place nous nous bouchons les oreilles et nous couvrons les yeux, et nous trépignons comme des enfants capricieux en nous entêtant à répéter que *c'est à nous, et à personne d'autre.*

— Nous avons la possibilité d'arrêter cette folie, Everard, répondit Will en désignant le rouleau que le prêtre tenait dans ses mains. Il vous suffit de dire à Beaujeu que vous êtes incapable de le déchiffrer.

Everard le regarda quelques secondes sans rien dire.

— Non, finit-il par répondre avec autorité, ce n'est pas la chose à faire. Tu vas lui amener sa traduction et faire exactement ce qu'il veut.

— Pourquoi ? s'insurgea Will, incrédule.

— D'après toi, que se passera-t-il si j'échoue à traduire ce rouleau ? lui demanda Everard en se levant. Leur contact, sans doute celui-là même à qui est adressé ce message, pourrait réapparaître à n'importe quel moment. Ou ils pourraient très bien trouver quelqu'un d'autre pour réaliser cette traduction. Je ne suis pas le seul homme à en être capable.

— Mais ça les retarderait, peut-être même que leur plan s'écroulerait de lui-même.

— Si le grand maître organise toute l'opération depuis deux ans et qu'il a déjà surmonté tant de difficultés, il ne laissera pas ce problème lui barrer la route. Il trouvera une autre façon de parvenir à ses fins. Et s'il est retardé, alors les informations et les détails que nous avons appris grâce à ce rouleau pourraient être modifiés, et alors nous en saurions encore moins qu'aujourd'hui.

— C'est trop dangereux, maugréa Will. Nous devons à tout prix empêcher ce vol.

— Et nous l'empêcherons, le rassura Everard. Tu es convié dans le cercle des proches de Beaujeu. Tu seras au cœur de l'action. Tu es celui qui a le plus de chances de tout arrêter. Beaujeu n'est pas tout seul dans cette histoire. Rien ne sert de couper la partie pourrie de la pomme, mais de laisser le ver à l'intérieur. Nous devons découvrir qui sont les autres, avec qui Beaujeu travaille, qui est l'homme du Caire. Soranzo le savait, et peut-être Angelo Vitturi le sait-il aussi. Tu dois le découvrir.

Le regard d'Everard était braqué sur Will, inflexible. Malgré ses réserves et son incrédulité, celui-ci se sentait aussi un peu ému. Fier. C'était ce qu'il sollicitait de son père, d'Everard et de l'Anima Templi, et même de Beaujeu dans une certaine mesure : qu'ils soient fiers de lui. Maintenant, il avait une chance d'être le héros, d'être celui qui empêcherait cette catastrophe. Will sentit que ce genre de pensée ne devait pas prendre trop d'importance et il essaya de les ignorer, se répétant qu'il ne faisait que remplir son devoir, qu'il agissait pour la bonne cause. Mais une petite voix, séductrice, lui susurrait qu'il pouvait tous les sauver.

Le quartier vénitien, Acre, 8 juillet 1276 après J.-C.

Elwen traversait le quartier à la hâte. Elle sentait la fumée en suspension dans l'air et entendait au loin les cris des hommes qui essayaient d'éteindre des foyers d'incendie, à quelques rues à peine de la maison d'Andreas. Durant les vêpres, quelques hommes s'étaient levés quand le prêtre avait demandé que l'on prie pour ceux dont la propriété avait été brûlée. Ces hommes exigeaient des châtiments en disant que tout le monde savait qui avait allumé le feu. Que c'étaient les Génois. Qu'il était temps de les débusquer, et pour de bon cette fois. Il avait fallu au prêtre déployer toutes les ruses de la diplomatie pour empêcher le vacarme de s'instaurer.

La sangle du sac en cuir qu'Elwen avait jeté sur son épaule lui pinçait la peau tandis qu'elle se dépêchait d'arriver au magasin de la rue de la Soie. Le sac était rempli d'échantillons. Préoccupé par les troubles, Andreas l'avait oublié sur la table de la cuisine. Il en aurait besoin pour un rendez-vous avec un client. Besina lui avait dit de ne pas y aller : Andreas reviendrait le chercher. Mais Elwen savait que ça lui ferait perdre un temps précieux. La soirée tombait et les rues se vidaient rapidement. La chaleur était étouffante.

Alors qu'elle tournait pour entrer dans la rue de la Soie, deux hommes émergeant d'une ruelle vinrent dans sa direction. Ils avançaient sans se presser, à petits pas chancelants. Elwen devina à leur démarche qu'ils étaient saouls. L'un d'eux, l'avisant, prit son compagnon par l'épaule. L'autre leva les yeux et se mit à rire à quelque chose que lui disait son camarade, et qu'Elwen n'entendit pas. Elle avança en cherchant à les éviter.

— Bonsoir, madame, lança l'un des hommes.

Il s'était exprimé en latin plutôt qu'en dialecte vénitien, mais sa voix était si pâteuse qu'elle en devenait presque incompréhensible.

Elwen accéléra sa marche.

— J'ai dit *bonsoir*, madame, répéta l'homme en s'engageant dans la rue.

Elwen le gratifia d'un sourire glacial, puis elle le dépassa.

— J'ai eu un sourire ! beugla l'homme à son compagnon.

— Je crois qu'elle t'aime bien, dit l'autre en titubant pour barrer la route à Elwen.

Tous deux avaient le visage rougeaud.

— Hé, ma bonne, tu m'en fais un, à moi aussi ?

— Je suis pressée, dit Elwen, dont le cœur battait à tout rompre. S'il vous plaît, laissez-moi passer.

— Où est-ce que tu vas ? demanda le premier.

Il avait des épaules larges et arborait une longue barbe noire.

— Il y a un couvre-feu.

— Je le sais, fit Elwen, dont l'angoisse se doublait d'un certain agacement.

Elle essaya de contourner l'homme qui lui faisait face, et qui était plus gros que son ami, avec une bedaine qui pendait par-dessus sa ceinture, des joues grasses et un double menton qui tremblait lorsqu'il parlait.

— Pas si vite, dit-il en faisant un pas de côté.

Elwen s'aperçut qu'il n'y avait personne d'autre dans la rue. Tandis que le gros au regard concupiscent s'approchait d'elle, toute sa témérité s'envola. Elle se mit à hurler. Elle eut tout juste le temps de voir l'expression du gros passer de l'ivresse et de la lubricité à l'état d'alerte. *Il n'est pas du tout saoul*, pensa-t-elle. Puis les mots s'enfuirent au moment où une main, derrière elle, se posa sur sa bouche en étouffant ses cris. Elle se sentit attirée contre la poitrine du barbu, qui la traîna ensuite dans une allée entre deux magasins. La peur l'envahit comme un nuage suffocant alors qu'on retirait le sac de son épaule, la lanière arrachée à son bras.

— Qu'y a-t-il là-dedans ? demanda le barbu, qui la maintenait toujours, une main rivée sur sa bouche, l'autre bras enroulé autour de sa poitrine et l'empêchant de bouger.

Elle se débattait comme une folle mais il était trop puissant. Déjà épuisée par la chaleur, son énergie se dissipait un peu plus à chaque mouvement désespéré. Elle parvint à libérer sa bouche et à pousser un autre hurlement, mais l'homme barbu eut tôt fait de réajuster sa prise. Pendant ce temps, le gros avait ouvert le sac.

— De la soie ! s'exclama-t-il en gloussant, et sans aucune trace d'ivrognerie dans la voix. Ça nous rapportera bien quelques pièces. Après tout, peut-être bien qu'elle nous a à la bonne.

— Je me méfie, répondit le barbu, je trouve qu'elle pourrait être un poil plus gentille.

Le gros eut une expression lubrique et Elwen se cabra, horrifiée, en sentant la main du barbu glisser sur sa poitrine. Tout son être se révoltait face à cette ignominie. Elle se contorsionna et le repoussa, mais c'était le gros maintenant qui s'avançait et elle n'avait pas la force de les arrêter.

— Lâchez-la !

Le gros tourna sur lui-même, cherchant du regard d'où venait cette voix qui semblait sortie de nulle part.

Elwen eut l'impression de la reconnaître, mais son esprit terrorisé refusait de faire le lien avec quelqu'un et l'emprise de l'homme dans son dos l'empêchait de tourner la tête. Mais elle vit l'expression du gros se muer en dédain.

— Reste en dehors de ça.

— Je vous ai dit de la laisser tranquille.

Le gros eut un léger rire.

— Ça ne sera pas long, ma bonne, murmura-t-il avant de sortir de son champ de vision.

Elwen entendit un bruit sourd, suivi d'un cri.

— Nom de Dieu ! fit le barbu.

Elwen fut projetée contre le mur d'un magasin et s'écroula au sol, tendant les bras pour amortir le choc tandis que, derrière elle, il y avait un autre bruit de coup et un deuxième cri. Puis elle sentit quelqu'un la saisir sous les aisselles et la remettre debout. Elle se débattit violemment et entendit un grognement quand sa main frappa au hasard.

— Elwen, c'est moi !

Elle fit volte-face et se retrouva devant Garin. En regardant derrière lui, elle vit les deux hommes étendus au sol.

— Est-ce qu'ils sont morts ?

Sa voix était suraiguë.

— Viens, dit Garin en la prenant par le bras.

Elwen se laissa conduire à travers plusieurs rues avant de s'arrêter.

— Non, fit-elle, à bout de souffle, attends.

Elle baissa les yeux sur ses mains égratignées par sa chute dans l'allée et couvertes de sang. Des larmes lui montèrent aux yeux, la violence de cette épreuve finissant par la submerger.

— Tout va bien, la rassura Garin en posant la main sur son épaule. Tu es en sécurité.

Sans réfléchir, elle se blottit dans ses bras, enfouissant son visage dans sa chemise, les mains contre sa poitrine.

Garin resta immobile. Elle entendait son cœur battre contre son oreille. Puis elle sentit sa main bouger bizarrement et lui donner une petite tape dans le dos.

— Tout va bien, répéta-t-il.

Il avait l'air embarrassé et Elwen s'écarta soudain de lui.

— Comment le savais-tu ?

— Pardon ?

— Comment savais-tu que j'étais ici ? Qu'est-ce que tu faisais là ?

— Je venais te voir. Je me suis inquiété en voyant la fumée. Je suis allé chez toi et on m'a informé que tu étais parti au magasin. Une fillette m'a dit où te trouver.

— Catarina ? demanda faiblement Elwen.

Garin resta penaud quelques instants.

— Je lui ai dit que je venais du Temple et que j'amenais un message de Will. J'entrais dans la rue de la Soie lorsque j'ai entendu un cri provenant de l'allée. Et je t'ai découverte avec ces hommes. Allez, je te ramène chez toi.

Il la guida dans la rue, la main à nouveau sur son épaule. Arrivés à la maison d'Andreas, ils s'arrêtèrent devant la porte d'entrée.

— Merci, dit Elwen.

Elle avait les yeux rouges et des mèches de cheveux voletaient, libérés de sa coiffe. Garin recula de quelques pas tandis qu'elle se glissait à l'intérieur et refermait la porte. Au bout d'un moment, il repartit. Quand il eut tourné le coin de la rue et qu'il fut hors de portée de la maison, il se dépêcha de suivre le chemin qu'ils avaient emprunté en sens inverse.

Il trouva les deux hommes qui l'attendaient dans l'allée. Le barbu était assis sur une pile de cageots et tenait dans sa main un bout de tissu ensanglanté. Il ne restait plus aucun signe de son ébriété feinte ; son regard était clair, concentré.

— Ce n'était pas la peine de me frapper aussi fort, grogna-t-il d'une voix nasillarde.

— Il fallait que ça ait l'air réel, Bertrand, répondit Garin.

— L'or que tu as promis ferait mieux d'être réel, lui aussi, répliqua Bertrand en tendant la main.

Garin fourra la main dans sa poche et en tira une poignée de besants. Il les compta avec réticence.

— Je croyais que vous m'aidiez parce que votre seigneur vous l'avait ordonné ? s'enquit-il d'une voix pleine d'animosité.

— Le roi Hugues m'a demandé de t'aider à prendre la Pierre, pas à molester des femmes dans des allées, lui rappela Bertrand en grimaçant. Non que ça m'ait déplu, mais quand même, je ne fais gratuitement que ce qu'on m'a ordonné. Pour le reste, tu paies.

— Je trouve que nous devrions avoir une gratification supplémentaire, se plaignit le gros tout en tamponnant son œil poché. Et si elle nous dénonce ? dit-il en regardant Bertrand.

— Elle ne le fera pas, maugréa Garin.

Il était énervé que Hugues ne lui ait laissé que Bertrand et ses soldats. Ils étaient sans doute de bons combattants, mais ils manquaient de subtilité.

— Évitez de venir dans le secteur pendant un moment.

Puis il remarqua le sac en cuir resté au sol.

— C'est ce qu'elle portait ?

Le grassouillet serra le sac contre lui et jeta un regard à Bertrand, qui prit son temps avant de hocher la tête.

— Donne-le-lui, Amaury.

Garin attrapa le sac qu'Amaury lui lançait, après quoi il entreprit de le fouiller, mais il ne contenait que des bandes de soie chatoyante. Il en sortit deux morceaux, en laissant trois à l'intérieur.

— Tenez, dit-il en les jetant à Bertrand. Votre gratification.

Bertrand récupéra la soie et en passa un morceau à Amaury.

— Est-ce qu'elle t'a cru ?

Garin acquiesça tout en nouant la sangle déchirée du sac. Même si Elwen demandait à Catarina s'il était venu à la maison avec un message urgent de la part de Will, son histoire serait corroborée.

— Et maintenant ? demanda Bertrand tandis qu'ils s'éloignaient. Crois-tu vraiment qu'elle va courir te prévenir dès que son chéri sera revenu et te raconter tout ce qu'elle sait ?

— Non, fit calmement Garin en passant le sac sur son épaule. Mais elle me fait confiance, maintenant. C'est de ça que j'ai besoin.

La citadelle, Le Caire, 21 août 1276 après J.-C.

Kalawun étouffa un bâillement. L'air était lourd dans la salle du trône où siégeait le conseil, et cela faisait des heures qu'ils étaient penchés sur des cartes de l'Anatolie et des frontières.

— C'est un point faible, fit remarquer Baybars à Ishandiyar.

Il désignait une partie de la carte qui dépassait de la table, le doigt pointé sur une zone marquée en noir, au nord d'Alep.

— Nous pouvons laisser l'équipement lourd à Alep et lancer une attaque sur les terres de l'Ilkhan. Une fois la base de son territoire mise sous notre coupe, notre infanterie pourra suivre avec les vivres. Nous devons progresser par étapes ou nous risquons d'être désunis.

Ishandiyar et plusieurs autres généraux donnèrent leur accord. Kalawun tendit la main vers une coupe de cordial et porta à ses lèvres la liqueur douceâtre et rafraîchissante. Il regardait Baybars et les hommes discuter. À la suite de l'exécution brutale de Mahmud, les choses avaient brusquement changé à la cour. Il n'y avait pas eu d'autres attaques contre le sultan et tous ceux qui s'étaient auparavant opposés à sa décision de se concentrer sur les Mongols plutôt que sur les Francs avaient réintégré d'eux-mêmes les rangs. La campagne désormais lancée, sans obstacle pour l'entraver, Baybars s'était apaisé et avait réaffirmé sans difficulté son rôle de stratège, un rôle qu'il jouait toujours à merveille.

Alors que Kalawun reposait la coupe sur la table, il vit une lumière s'allumer et s'éteindre sur le mur derrière le trône. Si son regard n'avait pas été tourné dans cette direction, il ne l'aurait pas vu, si infime et bref était le mouvement : un simple tremblement de fantôme. Ses yeux remarquèrent une légère fissure dans les murs blanchis à la chaux, avec une partie plus sombre à l'endroit où elle s'élargissait. La lumière scintilla de nouveau. En même temps qu'il fixait la fissure, Kalawun pouvait presque sentir le regard de Khadir braqué sur lui.

Après son implication dans le complot de Mahmud, Khadir avait perdu la confiance de Baybars. Il passait maintenant le plus clair de son temps caché dans le mur, à écouter les conseils de guerre, et Kalawun supposait qu'il chercherait tôt ou tard à regagner les faveurs de Baybars en lui fournissant des informations et des conseils qu'il n'aurait pas pu connaître à moins de les prophétiser. Mais Baybars ne s'y trompait pas.

Pendant que Khadir essayait de regagner l'attention du sultan, Kalawun avait effectué des recherches. Dès que William Campbell lui avait parlé de l'implication d'un chiite du Caire, Kalawun avait été certain de l'identité du traître. Khadir était un ancien Assassin, un chiite ismaélien, dont on ne connaissait ni l'origine ni la famille, et qui, de son propre aveu, avait déjà comploté pour relancer la guerre contre les chrétiens.

Et bien sûr, il y avait Aisha.

Depuis la mort de sa fille, Kalawun avait l'impression qu'un trou le traversait de part en part. La seule chose qui comblait tant soit peu ce puits de douleur, c'était son désir de revanche. L'enquête autour de sa mort n'avait abouti à rien et, pour tout le monde, la vie avait repris son cours normal. Kalawun avait même entendu

Nizam presser Baybars de trouver une autre femme à leur fils. Mais Baybars, au soulagement de Kalawun, avait refusé d'y réfléchir avant la fin de la campagne d'Anatolie, quand une période convenable de deuil serait passée. Kalawun avait commencé à chercher dans la vie de Khadir le lendemain du départ de Campbell, mais il avait trouvé bien peu de choses. Après son expulsion de l'ordre des Assassins, la rumeur voulait que Khadir ait été ermite un certain temps, vivant dans une grotte au Sinaï, mais il était impossible de trouver quelqu'un pour le confirmer. Kalawun refusait cependant de s'avouer vaincu. Il devait y avoir des réponses quelque part.

— Sultan.

Un officier mamelouk était apparu sur le seuil.

— Qu'y a-t-il ? fit Baybars. J'ai dit que je ne voulais pas qu'on me dérange.

— Je vous demande pardon, maître, mais j'ai pensé que c'était important. Il y a un homme qui veut vous voir, un messager du Jabal Lubnan. Il dit qu'il vient de la part des Assassins.

Le front de Baybars se plissa.

— Faites-le entrer, dit-il finalement.

L'officier disparut.

— Maître, intervint l'un des généraux, est-ce prudent ? Un Assassin ?

Baybars ignora l'avertissement et regarda un homme vêtu d'une cape poussiéreuse pénétrer dans la pièce. Quelques-uns des généraux se levèrent, la main sur le pommeau de leur sabre. Quatre Bahrites, qui s'étaient jusque-là tenus de part et d'autre du trône, s'avancèrent en pointant leur arbalète vers l'étranger. Le messager les regarda, puis il jeta un regard circulaire jusqu'à ce que son regard croise celui de Baybars.

— Sultan ?

N'obtenant pas de réponse, il tendit un rouleau.

— Je vous apporte un message de la part des Assassins.

— Pourquoi n'est-il pas passé par l'intermédiaire de mes lieutenants ? l'interrogea Baybars d'une voix impérieuse.

— Il vient des Assassins de la forteresse près de Qadamus, qui s'opposent toujours à vous, expliqua le messager.

Baybars toussa.

— Lisez ce qu'il dit.

Le messager brisa la cire du rouleau.

— Sultan Baybars d'Égypte, vous prenez la vie de nos hommes. Aujourd'hui, nous détenons l'un des vôtres. L'officier Nasir, que vous avez envoyé nous espionner, a été capturé, et ses hommes tués. En échange de sa liberté, nous exigeons dix mille besants. La moitié sera donnée à l'homme porteur de ce message, l'autre au retour de votre officier. Si vous refusez ces termes, votre homme mourra.

— Dix mille ! s'indigna Yusuf en se levant. C'est ridicule. Maître, vous ne pouvez pas sérieusement envisager de payer une telle somme. Et pour commencer, que faisait cet officier là-bas ? Qui espionnait-il ?

Baybars jeta un regard à Kalawun.

— C'est moi qui l'y ai envoyé.

Au bout d'un moment, il se tourna vers le messager.

— J'accepte les termes.

La fissure derrière le trône laissa transpirer un chuintement sinistre, inaudible pour les hommes qui se trouvaient dans la pièce.

DEUXIÈME PARTIE

24

Le palais royal, Acre

17 février 1277 après J.-C.

Les yeux de Garin étaient fermés. Il transpirait à grosses gouttes, et les draps étaient trempés. Le charbon dans le brasero rougeoyait et les rideaux étaient tirés devant les fenêtres pour interdire l'accès au soleil et à l'air. La faible lumière du feu jouait sur le torse nu de Garin pendant qu'il dormait, les paupières agitées d'une légère palpitation. La douce odeur du qannob, qu'il avait inspiré plus tôt, s'était répandue dans l'atmosphère stagnante de la chambre, se mélangeant avec les encens d'ambre gris et d'aloès qu'il brûlait par habitude, dans un effort inutile pour camoufler l'odeur éloquente de la drogue.

Il était assis avec sa mère sur le gazon, devant leur vieille maison de Rochester. C'était l'été, l'herbe desséchée et brunie en témoignait. Des sauterelles stridulaient et sautillaient dans les futaies. La chaleur semblait pétrifier l'air en une masse poisseuse l'emprisonnant comme un insecte dans l'ambre. Sa mère parlait. Entre ses mains, Cecilia tenait un livre relié en vélin ouvert sur ses genoux. Ses cheveux blond argenté cascadaient dans son dos comme une fontaine, plus lisse qu'il n'était possible, en suivant la courbe de ses épaules maigres et osseuses. Ses lèvres bougeaient, mais aucun son n'en sortait. Tandis qu'il l'écoutait, une perle de sueur translucide coula lentement le long de son cou diaphane. Il la suivit des yeux pendant qu'elle glissait entre ses seins et disparaissait dans le décolleté de sa robe crème. Dans son sommeil, Garin poussa un grognement et serra le drap.

La lumière déclinait et les ombres les environnaient. Garin se retourna et vit des nuages s'amonceler à l'est, comme des tours noires s'élevant à l'horizon. Les futaies avaient disparu et la terre s'étirait devant lui à l'infini. Il n'y avait rien entre la tempête et lui. Elle avançait très vite, prenant toujours plus de vitesse. Il sentait le magnétisme de l'air autour de lui, le goût du métal et de la destruction. Il se retourna vers sa mère en criant son nom. Elle n'était plus là. À sa place se tenait Elwen. Ses yeux verts le fixaient, remplis de ténèbres, alors que la tempête se déchaînait pour les engloutir.

Garin fut tiré de son cauchemar par des coups répétés. Désorienté, il se redressa, peinant à retrouver une vision claire. Son cœur palpitait et un goût désagréable avait envahi sa bouche. Les coups venaient de la porte. Lançant ses jambes hors du lit, il se leva en chancelant. Sous ses pieds nus, le carrelage lui parut glacial quand il traversa la chambre pour ouvrir la porte. Deux hommes se trouvaient là. L'un était un garde du palais, mais Garin le remarqua à peine, toute son attention se portait sur le deuxième homme, à la vue duquel la confusion où l'avait plongé la drogue s'évanouit en une convulsion de surprise et de déplaisir. L'homme portait une cape bleue zébrée de roux : la livrée des messagers personnels du roi Édouard. Dans ses mains, il portait un rouleau.

— Cet homme s'est présenté en demandant à vous voir, sire de Lyons.

Le garde jeta au messager un regard revêche, avant d'adresser le même à Garin.

— Il dit qu'il a un message urgent d'Angleterre et qu'il doit vous le porter en main propre. Il refuse de partir tant que ce ne sera pas fait.

Ignorant l'irritation du garde devant son irruption, le messager tendit le rouleau à Garin, qui le prit avec une appréhension de plus en plus forte. Sans un mot, le messager fit demi-tour et laissa le garde l'escorter dehors. Garin ferma la porte et s'adossa au chambranle, appréciant la fraîcheur du bois sur sa peau couverte de sueur. Le cœur battant incroyablement vite, il brisa le sceau. Ses yeux survolèrent avec impatience les salutations laconiques et allèrent directement à la première ligne.

C'est avec excitation que j'ai reçu ta lettre à la Tour au mois d'octobre, mais sa lecture m'a fait comprendre que mes espoirs étaient prématurés et son contenu m'a laissé en proie à une vive déception.

Garin alla jusqu'à la table et s'empara d'une coupe de vin déjà à moitié vide. Il la termina d'une traite, mais la boisson augmenta sa nausée et il se força à poursuivre la lecture de la lettre.

J'étais certain de t'avoir envoyé en Acre avec des instructions claires et simples. Mais il semble qu'il était mal avisé de placer ma confiance en toi. Dans ta lettre, tu fais régulièrement référence au fait que tu t'es assuré de l'usage du royaume de Chypre comme base pour la croisade que j'ambitionne, j'imagine dans le but de détourner mon attention de tes échecs. La raison principale de ton voyage consistait à me procurer ce dont j'ai un besoin urgent : non une base pour une guerre future, mais des fonds pour des batailles plus immédiates. Tu dis n'avoir acquis que la moitié de ce que le roi a promis de payer et, si je veux bénéficier de sa générosité, il me faut supplier le pape de révoquer la vente prévue des droits à la couronne de Jérusalem. Je ne pensais pas avoir à en faire autant pour cet argent, d'autant que je n'ai pas encore vu le moindre sou. Maintenant, me voilà obligé d'envoyer un émissaire à Rome, et tout cela parce que tu as perdu ton pouvoir de persuasion. Le roi Hugues a grand besoin de mon soutien, c'est pourquoi il m'a imploré de l'aider en premier lieu. Je suis certain qu'un peu plus d'enthousiasme de ta part aurait permis d'obtenir sa pleine et entière gratitude. Ce n'est d'ailleurs pas la seule mission qui reposait entre tes mains et à laquelle tu as failli. En ce qui concerne nos amis du Temple et leur refus d'accéder à mes requêtes répétées, je suis particulièrement mécontent.

À la réception de cette lettre, tu informeras le roi Hugues que j'ai dépêché un émissaire à Rome et il te faudra le convaincre de tenir sa promesse. Ensuite, tu porteras ton attention vers Everard et ses disciples égarés. S'ils persistent à refuser de se soumettre à mes demandes, tu leur rappelleras que le crime d'hérésie est puni par la mort et que si, par quelque dessein malencontreux, leurs blasphèmes étaient divulgués, je ferais en sorte d'être assis au premier rang le jour de leur jugement et de leur exécution. L'heure n'est plus à la subtilité. Je ne laisserai pas des idiots et des fantaisistes ruiner mes plans.

Une fois en possession de ces sommes, tu reviendras sur-le-champ me trouver. Tu seras alors récompensé comme il se doit pour ta loyauté, ou bien tu seras puni pour y avoir manqué.

Garin ravala la boule amère qui s'était formée au fond de sa gorge et s'approcha du lit, sur lequel il jeta la lettre, désormais couverte de sa sueur. Posant ses mains sur la paillasse, il ferma les yeux, agité par des émotions multiples. D'abord, la peur, puis la colère, et enfin l'impuissance. Il avait presque eu l'impression d'entendre Édouard prononcer ces mots du ton glacial et méprisant qui lui donnait le sentiment d'être un imbécile, un moins que rien. Ainsi plongé dans ses pensées, Garin n'entendit pas la porte s'ouvrir derrière lui. Il ne fut ramené à la réalité que par la main pesante qui se posa sur son épaule. Se retournant, stupéfait, il reconnut le visage grimaçant de Bertrand.

— Qu'est-ce que tu fais ici ? cracha-t-il, la colère devant cette intrusion faisant disparaître le choc reçu à la lettre d'Édouard. Ce sont mes appartements privés.

— Ce sont les appartements privés du *roi* Hugues, rectifia Bertrand d'un air bourru.

Il passa ses pouces dans sa ceinture, cette pose donnant l'impression qu'il était encore plus grand et plus athlétique.

— Il faut qu'on parle.

— À quel propos ?

Les sourcils de Bertrand s'arquèrent.

— Cela fait des semaines que nous avons reçu des nouvelles et tu ne fais rien.

Son air renfrogné s'accentua en voyant Garin soupirer et fermer les yeux.

— Tu as donné ta parole à mon roi. Vas-tu t'en dédire ?

Les yeux de Garin se rouvrirent en entendant le ton menaçant de Bertrand.

— Non. J'ai donné au roi Hugues ma parole que je m'assurerai la possession de la Pierre afin qu'il puisse la rendre aux Sarrasins et j'y travaille. Rien n'a changé.

— Rien n'a changé ? s'esclaffa Bertrand. Cette merde que tu n'arrêtes pas de prendre a dû te détraquer le cerveau. La vente est terminée. Comprends-tu ce que ça signifie ?

Garin referma les yeux. Il sentait la pression monter derrière les paupières. Le message du roi Hugues était arrivé un mois plus tôt, les prévenant que Charles d'Anjou avait acheté les droits au trône. Il avait été porté au bailli que Hugues avait fini, malgré ses réticences, par désigner comme son représentant en Acre après les supplications répétées des nobles de la Haute Cour suite aux violences de l'année passée. Le bailli, un homme du nom de Balian d'Ibelin, avait annoncé la mauvaise nouvelle à la cour. Deux jours plus tard, Garin avait reçu de Hugues une lettre personnelle lui disant qu'il comptait sur lui pour l'aider à reconquérir sa couronne et que, s'il y parvenait, il promettait d'honorer l'accord conclu avec Édouard. Voyant que Bertrand lorgnait sur la lettre d'Édouard, Garin s'en saisit et la froissa dans son poing. L'émissaire d'Édouard n'avait pas pu convaincre le pape, ou bien il était arrivé trop tard pour empêcher la vente. Quoi qu'il en soit, ça n'avait plus d'importance. S'il arrivait à s'emparer de la Pierre, il pourrait livrer à Édouard bien plus que quelques sacs d'or : il lui offrirait la Ville sainte elle-même.

— Ce n'est pas moi qui dérobe la Pierre, dit-il en se tournant vers Bertrand. Nous ne pouvons rien faire tant que le vol n'aura pas eu lieu. Quand ce sera le cas, nous serons prêts. Que veux-tu que je te dise ? Tu connais le plan.

— Tout ce que je sais, c'est que tu as passé les huit derniers mois à suivre cette fille. Et pour quel résultat ?

— Comme je ne cesse de te le répéter, dit Garin en parlant avec une lenteur délibérée, comme s'il expliquait quelque chose de très complexe à un enfant, Elwen est notre meilleur moyen d'obtenir l'information dont nous avons besoin.

Il s'approcha d'un des braseros et jeta la lettre d'Édouard sur les charbons, où elle s'enflamma immédiatement.

— Pourquoi est-ce que ça prend autant de temps ? maugréa Bertrand, pas le moins du monde satisfait de ces explications. Quand nous avons monté cette histoire dans l'allée, tu as dit qu'elle te faisait confiance, qu'elle parlerait. C'était il y a sept mois. Nous n'avons pas de temps à perdre.

— Je ne peux risquer d'éveiller ses soupçons et je ne veux pas attirer l'attention de Will. Il croit que je suis resté en Acre pour m'occuper des affaires du roi Édouard, mais ça ne le ravit guère et je sais qu'il a essayé de la persuader de ne pas me parler. Heureusement, elle ne l'a pas écouté, mais plus je me fais discret, moins il s'inquiétera, ce qui signifie que je dois choisir les moments où je vois Elwen et lui soutirer ce dont j'ai besoin avec précaution.

Garin soupira à nouveau en voyant Bertrand le fixer benoîtement. L'homme était un soldat des pieds à la tête. Vous lui pointiez la direction d'une bataille ou l'envoyiez tenir un poste de garde et le travail serait fait, mais si vous attendiez de la ruse et de la finesse, mieux valait chercher ailleurs. Garin s'était vite senti frustré par son manque d'imagination et il ne lui donnait plus maintenant que les quelques détails que ses hommes et lui avaient besoin de connaître. Le reste – la mise au point de la stratégie –, il l'avait fait lui-même en consultant des cartes du Hedjaz et les routes menant à La Mecque, et en s'assurant les services d'un guide. Il préférait procéder ainsi. Et jusqu'à maintenant, tout s'était déroulé comme prévu.

Quand Will était revenu du Caire l'été précédent, Elwen et lui avaient fini par se réconcilier. Inquiet à l'idée qu'Elwen ne pardonne pas au chevalier ses tromperies, Garin l'avait poussée dans ce sens en la persuadant que Will avait essayé de la protéger en lui épargnant tout ce qui concernait l'Anima Templi. Tous deux semblèrent bientôt en revenir à leur manière d'être habituelle, à cette différence que Will, à la grande satisfaction de Garin, parlait plus ouvertement à Elwen maintenant qu'elle était au courant de ce qu'il tramait en réalité au Temple. Ses propres retrouvailles avec Will avaient été un peu moins harmonieuses.

Quelques jours après le retour en Acre du chevalier, ayant découvert ce qu'Elwen avait appris en son absence,

Will était venu trouver Garin en lui demandant d'un air furieux pourquoi il lui avait parlé de l'Anima Templi et de sa tentative d'assassinat sur Baybars. Garin avait feint le remords, puis l'indignation offensée, en expliquant qu'il n'aurait rien dit de tout cela si Will s'était présenté à la rencontre prévue entre eux. Comme personne n'avait été clair sur ses intentions ou même sur la durée de son absence, il n'avait eu d'autre choix que d'essayer une approche directe pour tenter de découvrir la raison de sa disparition. Et comment pouvait-il savoir que Will n'avait jamais parlé à Elwen de ce qu'il faisait en réalité au Temple ? La conversation prit fin de manière abrupte lorsque Will l'informa froidement qu'Everard répondait par la négative aux demandes de fonds supplémentaires d'Édouard avant de lui conseiller de repartir le plus tôt possible pour Londres avec les excuses du prêtre.

— Ne t'inquiète pas, dit Garin à Bertrand. Le moment venu, Elwen nous donnera ce dont nous avons besoin. Nous avons déjà appris quand le vol aura lieu et quand le groupe qui s'en chargera est censé partir.

— Nous avons aussi appris que votre ancien ami, Campbell, fera partie de ce groupe et, comme vous me l'avez dit, il pourrait bien tenter d'empêcher le vol. Qu'est-ce que vous comptez faire de lui ? Et en savez-vous davantage sur les détails de l'opération ? Le nombre d'hommes qui y participeront ? Leur plan d'attaque ?

— Nous ne savons pas si Will essaiera d'empêcher le vol ! s'exclama Garin avec irritation.

Il se sentait cerné, coincé de tous les côtés, par Édouard, par Hugues, par Bertrand.

— En toute sincérité, je ne vois pas bien comment il y parviendrait si Beaujeu donne à tous les autres hommes l'ordre de s'emparer de la Pierre. Tel que je le connais, Will essaiera plutôt de rendre lui-même la Pierre aux Sarrasins, fit pensivement Garin, la lèvre déformée par une grimace. Comme ça, il pourra jouer les héros. Mais nous ferons en sorte que ça n'arrive pas. Quant aux détails, il faut être patient.

Du pied, il tira son pot de chambre de sous le lit.

— Maintenant, laisse-moi. Je veux m'habiller.

Les yeux de Bertrand s'embrasèrent de colère.

— J'en ai plus qu'assez que tu te prennes pour le seigneur dans son château, menaça-t-il. Tu vis là comme un porc dans la fange, et tu me donnes des ordres comme un petit roitelet. Tu es ici pour un travail, tout comme nous autres. Et je te jure devant Dieu que je vais faire en sorte que tu l'accomplisses.

Il s'approcha de Garin avec l'intention de l'obliger à le regarder, mais il n'en eut pas l'occasion. Garin fit volte-face et attrapa son poignet tandis que, de l'autre main, il saisissait Bertrand à la gorge. Puis il accula contre un mur le soldat, qui grognait en haletant.

— Ne me *touche* pas, prononça lentement Garin d'une voix implacable.

Bertrand fixa les yeux bleus impénétrables et il crut y déceler, tout au fond, une lueur féroce, presque démente. Il avait l'impression de regarder dans les yeux un animal trop souvent battu et retourné à l'état sauvage.

— D'accord, l'apaisa-t-il d'une voix étranglée. D'accord.

Garin desserra son étreinte et recula, mais il restait prêt à attaquer de nouveau si le besoin s'en faisait sentir. Un son métallique résonna dans le silence, bref et impérieux. L'expression de Bertrand changea du tout au tout et il quitta Garin des yeux pour se précipiter vers la fenêtre, heurtant au passage une coupe vide. D'un coup sec, il tira les rideaux.

— Qu'est-ce que c'est ?

— La cloche de la barbacane, marmonna Bertrand en se penchant pour mieux voir l'entrée du palais.

Outre la cloche, Garin entendait maintenant des cris et le bruit d'épées s'entrechoquant. Bertrand se redressa et, sans plus faire attention à Garin, il s'en alla en tirant son arme.

Garin s'approcha de la fenêtre. Les murs de la forteresse plongeaient vertigineusement jusqu'aux douves entourant le palais royal. À cause des murailles, il n'arrivait pas à voir la barbacane ou le pont-levis en contrebas, mais les cris et les bruits du combat s'intensifiaient. Il endossa une tunique froissée, enfila ses bottes avec difficulté, puis attrapa son épée posée sur le sol, à côté du lit. La dégainant, il suivit Bertrand. Il n'avait pas la moindre idée de qui pouvait bien oser attaquer le palais royal, mais il n'allait pas se contenter d'attendre que ces maraudeurs viennent s'en prendre à lui.

Les couloirs du palais étaient remplis de soldats qui répondaient à l'alarme en se ruant vers l'entrée du château. Courtisans et domestiques observaient, en groupes, ou couraient dans la direction opposée avec un air angoissé et confus. Garin entendit la voix bourrue de Bertrand plus loin dans le couloir et il le rejoignit. Le soldat était dans le couloir avec Amaury et cinq hommes de sa compagnie.

— Va chercher sire Balian, hurla-t-il à l'un des gardes. Avec moi, ajouta-t-il pour les autres avant de s'élancer.

Garin leur emboîta le pas en restant à faible distance. Il n'allait pas combattre sans nécessité, mais il voulait savoir ce qui se passait.

Ils arrivèrent à proximité de l'entrée où le pont-levis enjambait les douves, reliant le château et la barbacane à la double tour, Bertrand ordonnant à tous les soldats qu'ils croisaient sur leur chemin de se mettre en rangs derrière lui. Depuis le couloir, un passage voûté en pierre, assez large pour laisser passer un chariot, menait à l'entrée principale. Les portes de la forteresse étaient ouvertes et le pont-levis était baissé, comme à l'accoutumée. Au moment même où Bertrand et sa compagnie marchaient dans leur direction, des gardes du palais arrivèrent dans l'autre sens en courant, les armes à la main. Deux d'entre eux étaient blessés et leurs camarades devaient les soutenir.

— Levez le pont-levis ! hurla un Chypriote aux cheveux grisonnants qu'il reconnut comme le capitaine de la garde.

Trois hommes se ruèrent vers le treuil situé à côté des portes.

— Qu'est-ce qui se passe ? demanda Bertrand au capitaine.

— Ils ont pris la barbacane, hurla le capitaine. Nous avons essayé de les repousser, mais c'était impossible. Ils ont capturé huit hommes.

Il regardait vers l'entrée, l'appréhension peinte sur son visage.

— Reculez ! *Reculez !* cria-t-il. Fermez les portes !

— Si vous fermez les portes, vos hommes mourront, proclama d'une voix de stentor quelqu'un à l'extérieur. Rendez-vous !

Le capitaine parut hésiter, puis il recula peu à peu, sa lame toujours dressée vers quelqu'un que lui seul pouvait voir. Il continua de se déplacer, les gardes du palais, Bertrand et sa compagnie regroupés dans son dos, et les soldats partis s'occuper du treuil revenant bientôt se joindre à eux.

Pendant que cette grappe humaine reculait dans sa direction, Garin avisa un escalier étroit sur le côté et monta sur la première marche pour voir par-dessus les soldats. Il les regarda s'engouffrer lentement dans le couloir et le capitaine fini par émerger du passage, son épée toujours brandie. Quelques secondes plus tard apparurent une quinzaine d'hommes dans une livrée que Garin ne reconnut pas. Ils encadraient les huit gardes du palais en les menaçant de leurs armes. Derrière le groupe armé se présentèrent d'autres hommes, vêtus d'habits majestueux. L'un d'eux, au centre, avait particulièrement belle allure : outre son fier maintien et son assurance, il arborait une cape de velours pourpre par-dessus un surcot et des chausses dorées. Il portait en guise de couvre-chef un chapeau en velours orné d'une plume de cygne. Son visage juvénile était recouvert d'une barbe délicatement taillée, et il aurait été avenant sans l'air arrogant qui émanait de sa personne.

La surprise de Garin s'accrut en voyant une dizaine d'hommes supplémentaires s'avancer derrière lui. Cinq d'entre eux étaient des gardes vénitiens, reconnaissables à leur vêtement. Les autres étaient des Templiers. Le cortège était fermé par deux hommes hissant une grande bannière sur laquelle était représenté un bouclier portant des blasons que Garin n'avait jamais vus. Du moins, il les avait déjà vus séparément, mais jamais ensemble. Une moitié du bouclier était décorée d'une croix dorée au centre avec quatre croix argentées plus petites autour, le blason royal du royaume de Jérusalem. L'autre était ornée de fleurs de lys dorées sur un fond d'azur, le blason de France.

— Baissez vos armes, ordonna l'homme à la cape pourpre en regardant le capitaine.

Entendant des bruits de pas dans son dos, Garin tourna la tête. Apparut un homme corpulent, avec des cheveux châtains et une grosse bedaine, flanqué de plusieurs conseillers et de gardes du palais. Balian d'Ibelin, le représentant de Hugues en Acre.

— Êtes-vous le seigneur d'Ibelin ? s'enquit l'homme.

— C'est moi. Ce château et cette ville sont sous mon commandement. Et qui est l'homme qui ose pénétrer ici en attaquant mes hommes ?

— Je suis Roger de San Severino, comte de Marsico. Je viens de la part de Sa Majesté Charles d'Anjou, roi de Sicile et de Jérusalem, prendre votre place de bailli de cette ville et cet État, jusqu'à ce que le roi Charles vienne prendre son trône.

Des murmures de colère et de surprise s'échappèrent des lèvres des conseillers et des gardes autour de Balian. Bertrand semblait enrager.

Roger de San Severino fit un geste à l'intention d'un de ses hommes qui, d'un geste théâtral, sortit de son sac un rouleau.

— J'ai ici une déclaration signée par Sa Majesté le roi Charles, le nouveau pape Jean XXI et Marie d'Antioche, qui renonce à ses droits au trône.

— Marie d'Antioche n'a jamais été l'héritière légitime du trône. La Haute Cour d'Acre est convenue que c'est au roi Hugues de Chypre, mon maître, que le royaume revient de plein droit. Les droits que votre maître a achetés sont obsolètes.

— C'est la décision de la Haute Cour qui est obsolète, rétorqua San Severino d'une voix hautaine qui emplit tout le couloir. Le pape à Rome l'a rejetée. Écartez-vous et laissez-moi prendre le contrôle du palais, ou préparez-vous aux conséquences, dit-il en faisant un geste pour désigner les gardes vénitiens et les Templiers. Le consul de Venise soutient cette décision, de même que le Temple. Ils ont juré allégeance au roi Charles et ils m'aideront par tous les moyens à obtenir la place à laquelle j'ai droit.

Balian regarda les Templiers.

— Le grand maître de Beaujeu est prêt à lever les armes contre moi ? Contre le bailli de cette ville ?

San Severino répondit à leur place :

— Il le ferait.

Balian tourna les yeux vers ses conseillers. Tête basse, la plupart d'entre eux faisaient grise mine. Bertrand et sa compagnie le fixaient sans ciller, mais Balian les regarda à peine et reporta son attention sur San Severino sans les remarquer.

— Dans ce cas, il semble que je n'aie guère le choix, dit-il d'une voix placide.

Il perçut en revanche, sur le visage des hommes assemblés autour de lui, le choc que produisit cette déclaration.

— Que puis-je faire d'autre ? demanda-t-il d'une voix impuissante, mais personne ne lui répondit. Baissez vos armes, ordonna-t-il finalement, obéissez à votre nouveau maître.

Bertrand fut le dernier à baisser son épée. Tandis que le comte Roger de San Severino avançait et que ses hommes désarmaient le capitaine et ses hommes, il balaya du regard l'assemblée et aperçut Garin. Avant d'abandonner son arme et de reculer avec Amaury, il eut une expression farouche. Garin les regarda s'en aller, puis il se glissa dans l'escalier et disparut à son tour avant que San Severino n'essaie de le désarmer.

Un peu moins d'une heure plus tard, les hommes de San Severino grimpèrent sur les toits du palais, où le drapeau du roi Hugues flottait à un poteau. Ils se mirent à plusieurs pour retirer le poteau de sa fixation et le poser avec précaution sur le toit, puis ils y hissèrent la bannière de Charles d'Anjou et redescendirent par la tour en traînant derrière eux le drapeau informe du roi de Chypre. La bannière avec les croix dorées et les fleurs de lys flottait fièrement, avec un air de défi, au-dessus de la ville d'Acre. Charles d'Anjou, le plus grand allié du Temple, tenait maintenant l'Outremer entre ses mains. L'équilibre du pouvoir était encore une fois bouleversé.

Le Temple, Acre, 20 février 1277 après J.-C.

Will regarda Guillaume de Beaujeu dérouler la carte sur la table. Debout à la gauche du grand maître, Zaccaria posa une coupe sur le parchemin pour qu'il cesse de se replier.

— C'est la seule carte que Zaccaria a pu se procurer qui indique les environs du Hedjaz et de La Mecque elle-même. Voici al-Ula, fit Guillaume en désignant une partie dans le coin droit de la carte, vous y retrouverez Kaysan à la mosquée, comme convenu. Vous laisserez votre guide au village et vous rendrez jusqu'à La Mecque avec les chiites.

Will jeta un regard circulaire autour de lui tandis que le grand maître poursuivait son exposé. Les visages de Zaccaria, Carlo, Alessandro et Francesco étaient graves, leurs regards, rivés à la carte, suivaient le doigt de Guillaume leur indiquant les étapes. Le seul à ne pas écouter avec attention les explications du grand maître était Robert de Paris. Quand Will croisa son regard, ce dernier lui fit un signe d'entente. Will détourna le regard.

— D'après ce que nous avons pu apprendre, le voyage d'al-Ula à La Mecque devrait prendre une quinzaine de jours, peut-être plus. Nous n'avons aucun moyen de savoir comment Kaysan vous emmènera jusque-là et sous quel déguisement il vous fera entrer dans la ville, mais il nous faut espérer que ce sera assez efficace pour tromper les soldats mamelouks qui surveillent la route. Nous avons choisi le mois précédant le grand pèlerinage des Sarrasins parce que la route et la ville seront plus tranquilles à ce moment-là, il y aura moins de marchands et peu de pèlerins, la plupart d'entre eux attendant le hadj à cette époque de l'année. Ça ne donnera que plus de poids à la disparition de la Pierre, qui gâchera leur pèlerinage.

La voix de Guillaume était pâteuse. Il se racla la gorge et prit l'un des gobelets disposés devant lui sur la table.

— Mais ça signifie aussi que les groupes empruntant cette route seront plus visibles et peut-être soumis à davantage de contrôles.

Pendant que le grand maître parlait, Will pensait au message qui devait suivre son chemin le long de la côte. Il devrait atteindre Le Caire d'ici quelques jours, espérait-il. Craignant plus que tout de divulguer leur secret, il n'avait pas voulu prendre le risque d'exposer tout en détail dans une lettre et il s'était contenté de rassurer Kalawun en lui disant que l'opération avait bien lieu mais que le vol serait empêché. Mais en écoutant le grand maître, il sentait ses propres doutes s'accroître et son assurance lui paraissait presque excessive eu égard l'épreuve qu'elle allait traverser.

Guillaume, quant à lui, ne semblait pas partager son appréhension. Il termina son discours et leva les yeux vers Zaccaria et Will.

— Mais j'ai foi, mes frères, en votre capacité à venir à bout des difficultés qui pourraient survenir.

Il passa le doigt sur un grand cercle en bas à gauche de la carte, entouré d'inscriptions arabes. Will pencha la tête et réalisa qu'il s'agissait de louanges à Allah. Elles décrivaient la ville sainte de La Mecque. Un cercle avec un point noir en son centre représentait la Grande Mosquée et la Ka'ba.

— La Pierre noire est enchâssée dans un des murs de la Ka'ba. Pour ce que l'on en sait, elle n'est maintenue en place que par un ruban d'argent, donc elle ne devrait pas être trop difficile à enlever.

— Est-ce que nous aurons de quoi la transporter ? demanda Will.

— Sur le chemin d'al-Ula, vous serez de nouveau déguisés en marchands chrétiens. Cette fois, vous transporterez des marchandises. Des épices, dans des paniers portés par les chevaux. L'un de ces paniers sera assez large pour la contenir.

Guillaume les scruta les uns après les autres, son regard s'attardant un peu plus sur Will que sur les autres. Will remarqua qu'il avait l'air fatigué, las.

— Avez-vous des questions ?

Personne ne répondit, et Guillaume hocha la tête d'un air satisfait.

— Très bien. Vous partez dans cinq jours. D'ici là, reposez-vous autant que possible. Le voyage sera exténuant.

Will, Zaccaria et les autres s'inclinèrent, puis se dirigèrent vers les portes. Mais Guillaume les rappela, et les six chevaliers tournèrent la tête.

— Vous savez pourquoi vous allez faire ça ?

Zaccaria regarda Will pour lui demander de répondre en leur nom à tous. Will croisa le regard interrogateur du grand maître.

— Pour sauver la Chrétienté, maître.

— Pour sauver la Chrétienté, lui fit écho Guillaume. Souvenez-vous-en au cours de votre voyage, quelles que soient les circonstances. Souvenez-vous des serments que vous avez faits. Que Dieu vous assiste et vous bénisse.

Will fut le dernier à quitter les appartements du grand maître. Dehors, Robert de Paris l'attendait au coin du couloir. Le chevalier fit un pas dans sa direction.

— Il faut qu'on parle.

— Allons dans mes appartements. Ce sera bientôt l'heure du souper. Ils seront vides.

Ils traversèrent les bâtiments de la commanderie et arrivèrent aux quartiers des chevaliers. Le dortoir, que Will partageait avec quatre autres chevaliers, commandeurs eux aussi, était à l'étage le plus élevé et il était plus spacieux que la plupart des autres appartements. Comme Will l'espérait, l'endroit était désert.

— Je n'arrive pas à croire ce qui se passe. Comment est-ce possible ?

Will ferma la porte derrière eux et regarda Robert marcher jusqu'à la fenêtre. Le chevalier appuya ses mains sur le rebord. Sa bonne humeur habituelle s'était évanouie. Elle avait cédé la place à une anxiété palpable. Will ne l'avait jamais vu dans cet état. Savoir que c'était lui qui avait mis son ami dans cette position, qu'il en était responsable, le rendait mal à l'aise.

Everard et lui avaient eu cette idée en même temps. Ce que devait accomplir Will était déjà assez difficile avec Zaccaria et les autres l'observant sans cesse, mais ce serait encore plus dur s'il devait l'accomplir seul. Pour finir, après des discussions enflammées, ils avaient décidé que Robert participerait. Après qu'ils eurent expliqué au chevalier ce que le grand maître ourdissait et comment ils pouvaient l'en empêcher, il ne restait plus à Will qu'à persuader Beaujeu de le laisser se joindre au groupe. Robert avait déjà été impliqué dans une certaine mesure, avec la capture de Sclavo et le convoi du message à Kaysan, et Will avait expliqué à Beaujeu qu'il connaissait le chevalier depuis qu'il avait quatorze ans et qu'il n'y avait personne au monde en qui il eût plus confiance pour surveiller ses arrières.

— Je ne comprends toujours pas pourquoi le grand maître fait ça, reprit Robert. Il vient de signer notre arrêt de mort. Un arrêt de mort pour chaque chrétien de l'Outremer.

— Il pense que c'est le seul moyen de nous sauver, fit Will en le rejoignant près de la fenêtre. Il sait que l'Occident ne soutiendra pas une nouvelle croisade, à moins de lui fournir de bonnes raisons. L'endoctrinement ne marche plus comme avant. Il faut au peuple des desseins précis pour qu'il se rallie à une bannière. Beaujeu considère le vol de la Pierre noire comme une punition pour celui de la Vraie Croix. Il croit que c'est ainsi que le verra l'Occident.

— Tu crois vraiment que les monarques lanceraient une croisade si nous le faisions ?

— Je ne sais pas, dit Will en soupirant. Peut-être. Grâce à sa position et à ses liens avec la maison royale de France, Beaujeu dispose de beaucoup d'appuis. Je sais qu'il est en discussion avec le roi Édouard et, bien sûr, Charles d'Anjou. Maintenant qu'il a pris le contrôle de l'Outremer, il pourrait bien jouer un rôle plus actif dans sa libération.

Tandis que Robert laissait pendre sa tête en la secouant, Will posa la main sur son épaule.

— Je suis désolé. Je n'aurais peut-être pas dû t'embarquer là-dedans.

Robert leva les yeux vers lui.

— J'essaie simplement de tout digérer, Will. Tu as eu des mois pour y réfléchir. Moi, ça ne fait que trois jours que je suis au courant, dit-il avec un rire avorté. Je vaquais à mes occupations et mon seul souci était de savoir si je prendrais du chevreau ou du sanglier au souper, l'instant d'après on m'envoie à des centaines de kilomètres à travers un désert hostile pour voler la plus sainte des reliques au nez et à la barbe de nos ennemis, dans une ville où les chrétiens n'ont même pas le droit de poser le pied.

Il poussa un bref soupir.

— Je crois que je vais prendre du chevreau, ajouta-t-il en souriant.

— Je t'en aurais volontiers parlé plus tôt, mais Everard et moi voulions garder le secret le plus longtemps possible. Moins il y a de gens au courant, mieux c'est.

— Je le comprends bien, mais il n'est plus temps de rester dans l'ambiguïté. J'y suis jusqu'au cou, maintenant, et sous les ordres du grand maître, pas moins. J'ai besoin de tout savoir. Tu peux commencer par me raconter comment Everard et toi avez bien pu vous retrouver dans cette... trahison.

Will voulut prendre la parole mais il ne le laissa pas faire.

— C'est bien de ça qu'il s'agit. Et nous serons punis pour trahison si le grand maître nous perce à jour. Je sais qu'il m'arrive d'enfreindre la Règle de temps à autre, je ne dis peut-être pas *tous* mes Notre Père, il m'arrive de croiser une fille au marché et de penser à elle pendant un sermon, ou de me couper une part de fromage un peu trop grande au souper. Mais je n'ai jamais désobéi à un ordre direct d'un de mes supérieurs, même si j'étais en désaccord. Vous allez à l'encontre du grand maître du Temple et vous me demandez de me ranger à vos côtés.

— Tu sais quelles seront les conséquences si nous n'agissons pas. Tu l'as dit toi-même. La mort de chaque chrétien en Outremer. Je ne peux pas tout te dire, et en tout cas pas la façon dont Everard et moi-même avons tout découvert. Pas encore. Nous n'en avons pas le temps et ce n'est pas ce qui importe pour le moment. Mais je peux te dire comment nous y mettrons un terme.

— Comment ?

— Avec une copie de la Pierre.

Robert plissa le front d'un air songeur.

— Une copie ?

— Depuis que nous sommes au courant de ce projet de vol, Everard a étudié tous les textes, tous les dessins, toutes les descriptions possibles à la fois de la Ka'ba et de la Pierre noire elle-même. Il a même parlé avec des musulmans qui ont fait leur pèlerinage et qui les ont vues de leurs propres yeux, en prétendant écrire un traité sur les reliques saintes. Après cela, le seul problème a été de trouver une pierre avec les mêmes dimensions et les mêmes caractéristiques. Elle n'est pas très grande, donc nous n'aurons pas trop de mal à la dissimuler durant le voyage. Nous l'avons enduite de poix et laquée pour produire le bon effet. En apparence, la vraie relique ressemble plus à du verre noir qu'à de la pierre.

— Une fausse pierre ? fit Robert d'un air incrédule.

— Nous entrerons dans la Grande Mosquée comme Beaujeu nous l'a demandé, reprit Will. J'ordonnerai à Zaccaria et à ses hommes de faire le guet tandis que toi et moi, nous irons ensemble à la Ka'ba. Là, nous ferons semblant d'accomplir les rituels du pèlerinage, tels qu'Everard me les a expliqués, et durant ce temps ils croiront que nous volons la Pierre noire. Quand nous reviendrons vers les autres, ils penseront que nous l'avons. Mais en réalité, ce que nous rapporterons à Beaujeu ne sera pas plus sacré qu'un morceau de quartz ramassé sur la plage.

— La Pierre noire ne bougera pas d'un centimètre, si je comprends bien ?

— Nous n'y toucherons même pas.

Robert garda le silence quelques instants.

— Et que se passera-t-il quand le grand maître s'apercevra qu'aucune guerre n'est déclarée ? Ne se rendra-t-il pas compte que nous l'avons trompé ?

— Comment le saurait-il ? répondit Will. Pourquoi nous suspecterait-il ? Il aura sa Pierre.

— Et qu'est-ce qui l'empêchera de l'utiliser pour rallier nos troupes comme il en a l'intention ?

— Il pourra difficilement obtenir grand-chose en agitant une relique que les musulmans nieront avoir été volée. Ça provoquera sans doute quelques tensions à court terme, oui, mais dès que les musulmans affirmeront que la Pierre noire n'a pas quitté La Mecque, il aura juste l'air idiot.

— Et c'est là qu'il se retournera vers nous, murmura Robert.

Will secoua la tête.

— Nous lui aurons ramené la Pierre, comme il nous l'a ordonné. Ce n'est pas notre faute si son plan ne se déroule pas comme prévu. Peut-être que les dirigeants de La Mecque étaient trop embarrassés pour admettre que la relique leur a été volée, c'est en tout cas ce que nous dirons. Peut-être qu'ils ont préféré se taire et étouffer l'affaire ? Quoi qu'il en soit, c'est le meilleur plan que nous ayons pu mettre au point, et c'est celui qui a le plus de chances de réussir.

Robert grogna.

— Je n'aimerais pas entendre le pire...

— Nous tuons Zaccaria, Carlo, Alessandro et Francesco, puis nous revenons les mains vides en disant que le vol s'est mal passé et que nous nous sommes fait attraper.

Will prononça ces paroles d'une voix si dépassionnée, si plate et si sérieuse que Robert eut du mal à croire qu'elles venaient de son ami. Il fixa Will en silence et aperçut dans ses yeux quelque chose qui le surprit, une détermination, presque de la ferveur. Will était bien plus investi dans cette affaire, à titre personnel, qu'il ne l'avait réalisé.

S'en rendre compte le dégrisa immédiatement.

— Ce n'est pas vraiment un choix.

— Non, fit Will en détournant les yeux, ce qui dissipa la tension soudaine entre eux. Crois-moi, Everard et moi avons analysé les moindres détails des centaines de fois. La seule manière d'arriver à nos fins sans recourir au meurtre, sans y laisser notre vie ou notre position au Temple, c'est de faire croire à tout le monde que nous avons obéi strictement aux ordres.

— Ça ne va pas être facile, dit Robert en regardant la cour, maintenant plongée dans l'obscurité.

— Non, lui accorda Will, mais nous devons essayer.

Guillaume prit son temps pour rouler la carte sans froisser le parchemin. Dehors, la nuit tombait, emplissant d'ombres la pièce. Le grand maître ne prit pas la peine d'allumer des chandelles neuves. Ses yeux étaient accoutumés au manque de lumière et celle de l'âtre était suffisante pour y voir. Avant de finir de replier la carte, ses yeux tombèrent sur le cercle représentant la ville de La Mecque. Il s'attarda sur le point noir en son centre, l'esprit habité par un pressentiment.

C'était une impression qu'il avait ressentie pour la première fois des mois plus tôt. Mais il était trop préoccupé pour la reconnaître pleinement et il avait fait fi de sa lassitude et de son malaise pour s'occuper des difficultés survenues après le départ du roi Hugues l'été précédent : d'abord les émeutes, puis l'information selon laquelle Hugues, en représailles, avait confisqué plusieurs domaines du Temple à Chypre. Mais avec le comte Roger de San Severino désormais investi de la fonction de bailli, et Charles d'Anjou ayant fait valoir ses droits au trône sans que les partisans de Hugues ou la Haute Cour n'aient réagi pour le moment, Guillaume pensait qu'il aurait eu moins de soucis. En fait, ils s'étaient aggravés et maintenant qu'il pouvait se consacrer au vol de la Pierre, il avait fini par en réaliser la cause.

C'était le vol lui-même.

Au départ, aucun doute ne l'effleurait. Il avait la ferme conviction qu'il agissait dans le meilleur intérêt de la Chrétienté, à la différence de Vitturi et des autres marchands, qui ne voyaient que leur propre bénéfice. Il croyait toujours dans la justesse de sa cause. Mais quelque chose avait changé. L'incertitude avait commencé à faire surface comme un galion échoué qu'une tempête fait remonter. Chaque mois qui passait sans message de l'Occident, elle devenait plus claire, plus visible, jusqu'à devenir aujourd'hui une évidence. Le roi Édouard n'écrivait pas pour lui donner des nouvelles des chantiers navals travaillant à plein rendement, pas plus que le pape n'évoquait des légats prêchant la guerre sainte sur les places de marché les plus fréquentées. Charles ne promettait ni armes ni troupes, et son propre Ordre n'avait pas remis sur le tapis la construction d'une nouvelle flotte à La Rochelle. Autour de lui, tout n'était que silence, peuplé seulement par ses pensées persistantes. Sans croisade, ils ne pourraient espérer vaincre une force musulmane unie. Sans croisade, leur sort était scellé.

Guillaume détourna les yeux de la carte, la roula brusquement et l'attacha par un cordon. Puis il s'approcha de la fenêtre et s'agrippa à son cadre. La brise de cette soirée était un baume calme et apaisant. Quatre jours plus tôt, Angelo Vitturi était venu pour savoir si tout était prêt. Guillaume n'avait pas fait part de ses doutes au Vénitien. À l'heure actuelle, il devait même se les dissimuler, il lui fallait amadouer ses propres convictions. Il devait garder foi en lui-même, et en Dieu. Il savait que cette entreprise était dangereuse, et même téméraire. Mais ne pas agir aurait été tout aussi terrible. De cette manière au moins, ils avaient une chance. Qu'il ne reçoive pas de nouvelles ne signifiait pas pour autant que les hommes qui lui avaient promis d'envoyer des renforts en Terre sainte reniaient leur promesse. Il fallait qu'il ait confiance.

Guillaume se détourna de la fenêtre et regarda la grande tapisserie tendue sur les murs de ses appartements. Ses yeux s'attardèrent sur le Christ en soie blanche accroché sur la Croix, tête penchée, les poignets et les chevilles perforés.

— Tu as failli une fois, murmura Guillaume. Tu as failli une fois et tu as été sauvé.

S'agenouillant devant la tapisserie, Guillaume joignit les mains, serrant ses paumes l'une contre l'autre aussi fort qu'il le pouvait, comme si cela pouvait rendre ses prières plus fortes, plus audibles. Il resta ainsi un long moment, les ténèbres s'épaississant autour de lui tandis que le feu s'éteignait.

25

Les quais, Acre

25 février 1277 après J.-C.

— Tu n'es pas vraiment là, n'est-ce pas ?

Les pensées de Will furent interrompues. Il tourna la tête, surpris par la question, et lut la résignation sur les traits d'Elwen.

Tous deux étaient assis sur un des bancs en pierre devant le poste de douane. Le soleil matinal les aveuglait. Dans le port, l'eau était d'un vert presque translucide et, un peu plus loin, les vagues se brisaient contre la digue ouest en projetant leur écume dorée. Autour d'eux, débardeurs et pêcheurs s'activaient avec force animation à leurs affaires du jour. Mais tout à ses réflexions, Will les avait à peine remarqués.

Il prit Elwen par la main en la serrant fort.

— Je *suis* là, je te promets. Simplement, je suis préoccupé.

— Tu penses à l'Arabie ?

Will ne nota pas la pointe d'anxiété dans la voix d'Elwen.

— Le voyage en lui-même sera déjà difficile, sans même parler de ce que nous devrons faire à la fin, répondit Will, le regard perdu au loin. Il y a tant de choses qui peuvent mal tourner.

— Ne dis pas ça, Will, dit-elle sur un ton qu'elle voulait apaisant. S'il te plaît.

Will leva les yeux vers elle.

— Peut-être que je ne devrais pas du tout en parler.

Il avait prononcé ces mots avec plus de brutalité qu'il ne l'avait voulu.

— Tu ne peux pas me reprocher de m'inquiéter, lui rétorqua Elwen en retirant sa main. Et pour ce qui est d'en parler, on ne peut pas dire que tu en dises beaucoup. Ces derniers temps, en tout cas.

— Parce que, chaque fois que je t'en parle, ça te bouleverse. Et je ne veux pas que tu te fasses du souci.

Il chercha ses yeux mais elle ne voulait pas croiser son regard, il posa alors son doigt sur sa joue et lui fit doucement tourner la tête.

— Tu sais où je vais et pourquoi. Tu n'as pas besoin de connaître les détails.

Elwen posa son regard sur la rangée de bateaux qui dodelinaient sur l'eau comme des vieillards ivres. Elle ne voulait pas le dire à Will mais, en réalité, le fait d'en savoir un peu était pire que de ne rien savoir du tout. C'était comme essayer de regarder à travers une vitre sale, à la fois tentant et frustrant car elle n'avait pas une vue d'ensemble.

Will passa la langue sur ses lèvres, puis il étira ses jambes.

— Alors, qu'est-ce que tu comptes faire les prochaines semaines ? La foire de Pâques approche à grands pas. J'imagine qu'Andreas va te donner de quoi t'occuper.

Elwen acquiesça faiblement. Il y eut quelques instants de silence durant lesquels Will hésita, puis il s'arma de courage.

— Est-ce que tu crois que tu verras Garin ?

Elwen sentit le rouge lui monter aux joues. Elle détourna son visage en faisant semblant de s'intéresser à un groupe de pêcheurs qui hissaient un filet plein de poissons sur un bateau.

— Je ne sais pas, répondit-elle d'un air dégagé. Il est possible que je le croise.

— Ou qu'il vienne à la maison ?

Elwen pivota d'un coup.

— À la maison ? fit-elle, et la culpabilité était perceptible dans sa voix.

— Catarina m'en a parlé il y a quelque temps, expliqua posément Will en remarquant, quelque peu affolé, ses joues empourprées. Elle m'a demandé de qui il s'agissait.

Le cœur d'Elwen battait avec une telle fougue qu'elle croyait Will capable de le sentir. Elle se souvint avec un certain malaise de toutes les fois où Garin était venu la chercher. La semaine dernière encore, il lui avait amené un livre, une romance qu'elle avait envie de lire. Elle avait oublié de le lui mentionner et la surprise l'avait d'autant plus ravie. Ils étaient restés un moment dans la maison, où il faisait frais, à discuter. Il l'avait fait rire et elle s'était confiée à lui comme cela lui arrivait rarement avec quiconque. Il savait déjà tout de l'Anima Templi et avec lui, elle pouvait parler en toute liberté de ses inquiétudes au sujet de Will. Il la comprenait et compatissait, ainsi elle se sentait moins seule. C'est du moins ce qu'elle se disait.

Will continuait à la regarder.

— Je ne t'en ai pas parlé parce que je savais que ça te rendrait furieux, dit Elwen au bout d'un moment. Ce n'est pas moi qui l'invite. Qu'est-ce que j'y peux s'il cherche à me voir ?

— Tu pourrais lui dire de te laisser tranquille.

— Non, fit Elwen en se levant. Tu n'as pas à me dire qui je dois ou ne dois pas voir alors que je n'ai absolument rien à redire sur la façon dont tu mènes ta vie. Je parle à qui je veux, y compris Garin de Lyons.

Will se leva à son tour et se planta devant Elwen.

— Ce n'est pas quelqu'un à fréquenter, Elwen. Je ne lui fais pas confiance.

— Moi, si, répliqua-t-elle avec calme.

— Pourquoi ? demanda Will. Je croyais que tu le haïssais à cause de ce qu'il nous a fait à Paris ? Qu'est-ce qui a changé ?

— Lui.

Will leva les yeux au ciel et Elwen lui lança un regard furieux.

— Garin m'a expliqué pourquoi il a agi comme il l'a fait, Will. Je ne le condamne pas. Et il a été un bon ami pour moi récemment, alors que…

Elle se tut, mais il était trop tard. Will, amer, hochait la tête.

— Alors que moi, je ne le suis pas.

— Est-ce qu'on peut éviter ça ? murmura Elwen. Tu pars demain. Je ne veux pas qu'on se batte. Pas maintenant.

— Moi non plus, répondit Will, à peine calmé.

Il lui reprit la main.

— Rentrons.

Elwen se laissa conduire le long des quais. Elle marchait aux côtés de Will dans une sorte d'hébétude, et tous deux, distraits, gardaient le silence.

Quand Will était revenu du Caire l'été précédent, il s'était laissé fléchir par ses demandes d'explications répétées et avait admis lui avoir menti. Il lui avait alors parlé ouvertement de son travail au Temple et des raisons pour lesquelles il le lui avait caché, c'est-à-dire, comme Garin le lui avait dit, pour sa propre protection. Il avait expliqué comment la mort de son père, alors qu'il était incapable de supporter la douleur et la culpabilité, l'avait poussé à organiser le meurtre du sultan Baybars.

Les mois qui avaient suivi, leur relation fut meilleure qu'elle ne l'avait été depuis des années. Il lui rendait visite plus souvent et faisait preuve d'attention, lui apportait de petits cadeaux : des fleurs sauvages ramassées dans les jardins de la commanderie ; un pot de miel ambré pris dans les réserves, qu'ils se partagèrent jusqu'à ce que sa douceur les écœure. Les derniers jours de l'été furent marqués pour Elwen d'un sentiment d'appartenance comme elle n'en avait jamais fait l'expérience, elle se sentait prise dans un cercle d'amour fervent qui ne se desserrait jamais, même quand ils étaient séparés. Mais avec le retour de l'automne, puis le passage à la nouvelle année, ce sentiment s'était peu à peu évanoui.

Ces derniers mois, les visites, moins fréquentes, étaient écourtées, et Will était toujours plus distrait. Elle se disait que son travail pour Everard et l'Anima Templi était plus important : il fallait qu'il soit concentré pour arrêter ce qui pourrait se terminer par une guerre terrible, mais une fois que ce serait fait, il lui reviendrait. Pourtant elle ne voulait pas se mentir, ou nier le fossé qui se creusait entre eux. Elle en était venue à réaliser pleinement, et douloureusement, qu'elle passerait toujours après son devoir, que ce danger, cette crise, seraient à coup sûr suivis par d'autres qui la tiendraient à l'écart. Elle s'était engagée vis-à-vis de lui. Mais il s'était engagé vis-à-vis de quelque chose de plus grand. Will avait besoin de se sentir dans la peau d'un champion. Il avait besoin de sauver le monde pour sentir qu'il y participait. Tant qu'elle était en sécurité, protégée dans la ville d'Acre, ça le confortait. Il ne voyait pas qu'elle aussi avait besoin d'être sauvée. Ou bien, et c'était difficile à admettre, il le voyait mais choisissait de l'ignorer par convenance : sauver le monde lui vaudrait l'approbation de tous, la sauver, elle, lui vaudrait l'exclusion.

Mais, alors que la distance qu'il mettait chaque jour davantage entre eux aurait pu provoquer sa colère ou ses pleurs, elle aussi avait commencé à s'éloigner.

Le premier signe de cet éloignement l'avait bouleversée. C'était juste après la célébration de Noël. Andreas était une nouvelle fois à Damas, où il achetait de la soie. Will était venu au magasin. Ils s'étaient disputés à propos de quelque chose, elle ne se souvenait plus de quoi, puis, après s'être excusés l'un envers l'autre, ils avaient fait l'amour. Là, tandis qu'elle était allongée sous lui, le dos plaqué contre le sol glacé, l'image de Garin s'était imposée à son esprit. C'était si inattendu qu'elle avait ouvert les yeux. La surprise avait dû se lire sur son visage, car Will avait ralenti le mouvement et avait baissé les yeux pour la regarder. Elle avait souri et posé sa main sur sa nuque pour qu'il se baisse, puis elle lui avait donné un baiser et il avait retrouvé son rythme d'avant. Mais cette histoire l'avait perturbée.

Quand elle avait vu Garin la fois d'après, elle s'était sentie bizarre et une boule avait pris place dans son estomac. Elle avait gardé ce sentiment comme un secret, une perle ou une pièce enfermée dans une boîte dont elle seule aurait la clé. De temps à autre, elle ouvrait la boîte, regardait à l'intérieur et y prenait plaisir. Mais elle n'avait pas imaginé que son air absorbé pût se remarquer. Et surtout par Will.

Elle lui jeta un coup d'œil à la dérobée tandis qu'ils marchaient. Il observait la foule. Savait-il ? Ou était-ce simplement, comme il l'avait dit, qu'il ne faisait pas confiance à Garin ? Jusqu'à maintenant, elle s'était absoute elle-même en regardant son intérêt pour lui comme une curiosité inoffensive, mais voilà qu'elle avait dû faire face à la possibilité d'être découverte, et son attitude défensive lui révélait à quel point ce secret était devenu important pour elle. Elle se sentait déchirée. L'homme à ses côtés, dont la main chaude tenait la sienne, une moitié d'elle l'aimait sans limites. Cette moitié était désemparée à l'idée du danger qu'il affronterait bientôt, et elle brûlait d'envie de le retenir. L'autre moitié était froide, distante, et elle lui disait qu'il avait choisi et que rien d'autre ne l'attendait que davantage de souffrances encore. C'était cette moitié-là qui avait ouvert la boîte.

Bientôt, ils furent devant chez Andreas et Will lui disait au revoir en l'embrassant et en lui répétant de ne pas s'inquiéter. Puis il commença à descendre la rue, silhouette solitaire dans sa cape noire, avec sa démarche pleine d'aplomb, et Elwen éprouva soudain le sentiment foudroyant qu'elle ne le reverrait plus jamais. Et la douleur et le soulagement que cette pensée provoqua en elle furent insupportables.

La citadelle, Le Caire, 25 février 1277

Depuis une promenade couverte qui enjambait la porte entre les deux tours, un homme, recroquevillé, regardait l'armée mamelouke faire les derniers préparatifs. Le visage de Khadir affichait un masque aigre révélant son mépris tandis qu'il observait les hommes regroupés en bas. L'avant-garde, menée par les Bahrites, serait la première à partir, avec les Mansuriyya de Kalawun et deux autres régiments. Le gros des troupes et l'arrière-garde, qui suivraient plus tard dans la journée, seraient composés de deux régiments mamelouks supplémentaires. Avec les esclaves et les serviteurs accompagnant l'armée dans sa longue marche vers le nord, il y aurait au total plus de huit mille hommes. C'était une force impressionnante. Et cela faisait d'autant plus bouillonner Khadir qu'il savait que sa puissance n'était pas dirigée contre les chrétiens en Palestine.

Il avait passé dix-sept ans à regarder Baybars châtier les Infidèles qui souillaient leurs terres. Son maître avait été si proche de détruire les Francs une bonne fois pour toutes. Que Baybars détournât son attention aussi près du but était incompréhensible pour Khadir. Mais ce n'était pas la faute de son maître. Non. C'était la faute de ceux qui l'avaient perverti, le détournant de sa véritable voie. L'infection s'était déclarée après la mort d'Omar et elle s'était répandue telle une gangrène purulente à cause de l'influence de Kalawun. Mais il était encore temps que Baybars accomplisse sa destinée. Il lui fallait seulement trouver le remède à sa maladie, et Khadir pensait l'avoir trouvé.

Nasir était vivant. Quand les Assassins auraient reçu la rançon, il serait libéré et s'il connaissait les noms des responsables du meurtre d'Omar, Baybars exercerait sa vengeance. Et une fois qu'il aurait du sang chrétien sur les mains, il y reprendrait goût, alors les jours des Francs seraient comptés. C'était l'un des remèdes. L'autre, destiné à Kalawun, était bien plus simple.

Depuis la mort d'Aisha, l'émir n'était plus que l'ombre de lui-même, il payait des espions pour le suivre et fouiller sa maison en ville. Khadir ne s'inquiétait pas des soupçons de Kalawun quant à son rôle dans la mort d'Aisha ; à vrai dire, il ressentait une certaine délectation à l'idée que Kalawun *savait* qu'il était responsable, mais sans en avoir la preuve, le désespoir silencieux de l'émir l'amusait. Mais il s'inquiétait de ce que Kalawun enquêtât sur son passé. Il ne savait pas trop ce qu'il espérait y découvrir, mais il n'aimait pas ça.

Khadir baissa les yeux sur les soldats, survolant d'un coup d'œil rapide les Mansuriyya. Il ne voyait pas Kalawun parmi eux, mais aperçut les deux fils de l'émir, Ali et Khalil, montés sur des chevaux et vêtus de capes neuves d'un bleu royal. Âgés de quinze et treize ans, les jeunes gens ne prendraient part à aucune bataille, ils allaient faire le voyage à Alep avec la force principale tandis que la cavalerie, dirigée par Baybars, irait en Anatolie affronter les Mongols. L'attention de Khadir fut attirée par le bruit provenant de l'entrée principale du palais. Devant les portes, accompagné par l'appel des cornes et flanqué par des officiers bahrites, se trouvait Baybars, plus magnifique que jamais dans ses habits de guerre. Sa tête était couverte d'un turban noir avec un ruban d'or, et sa longue cotte de mailles scintilla lorsqu'il s'approcha d'un chargeur noir paré de harnachements dorés. Un peu en retrait se tenait Baraka Khan, le visage pensif et impénétrable. Khadir avait été ravi que Baybars autorisât son fils à se joindre à la campagne. C'était le signe que les relations entre eux revenaient peu à peu à la normale.

Un léger sourire d'orgueil se glissa sur le visage de Khadir en voyant Baraka monter sur sa selle au milieu des guerriers bahrites. Cette dernière année, le garçon s'était vraiment transformé en homme et il ne doutait pas que tous les efforts déployés pour le mettre dans son camp fussent récompensés quand le prince monterait sur le trône.

Voyant l'armée prête à s'ébranler, Khadir quitta à la hâte la promenade et descendit de la tour. Il traversait des couloirs en se dirigeant vers les portes principales quand il entendit un conciliabule à voix basse devant lui. Il s'immobilisa à un angle, jeta un œil et aperçut Kalawun et Ishandiyar. Kalawun était habillé pour la bataille mais Ishandiyar, dont le régiment restait au Caire, portait une simple robe. Les deux hommes lui tournaient le dos et se tenaient près l'un de l'autre. Khadir recula d'un pas pour s'assurer qu'on ne le remarque pas.

— Mais vous dites qu'il a promis de l'empêcher, n'est-ce pas ? fit la voix d'Ishandiyar.

— L'affaire est trop grave pour que nous nous reposions sur une promesse, répondit Kalawun. Quelle que soit l'estime que j'ai pour lui, ce n'est pas l'un des nôtres.

Dehors, les cornes commencèrent à donner le signal du départ, empêchant Khadir d'entendre ce qu'ils racontaient. Dans un moment de silence, Khadir perçut des bruits de pas qui s'éloignaient. Jetant un coup d'œil prudent dans le couloir, il vit Ishandiyar passer une porte. Kalawun atteignit le bout du couloir et disparut dans la cour ensoleillée. Sourcils froncés dans une attitude suspicieuse, Khadir se dépêcha de suivre le même chemin pour prendre sa place dans l'avant-garde. Baybars le salua froidement tandis qu'on l'aidait à monter sur la selle de sa jument, ses jambes osseuses enserrant les flancs de la monture. Khadir s'inclina avec respect devant son maître, puis il chercha Kalawun dans la foule, se demandant ce que fomentait ce rat. En vérité, c'était de peu d'importance.

Alors que la porte al-Mudarraj s'ouvrait pesamment devant eux et que les premières lignes de l'armée mamelouke commençaient à avancer, Khadir porta la main à la poche en soie délavée qui pendait à sa ceinture. Ses ténèbres y accueillaient une collection de pièces, des crânes de petits animaux et des herbes desséchées, ainsi que sa poupée en tissu et son secret mortel. Khadir enverrait le père rejoindre la fille en enfer. À défaut d'autre chose, cette campagne dans le nord lui procurerait au moins ce bonheur.

26

Le palais royal, Acre

26 février 1277 après J.-C.

Tête basse, Elwen traversait les couloirs du palais. Après avoir passé une partie de sa jeunesse comme dame de compagnie à la maison royale de France, elle savait comment passer inaperçue dans un palais tel que celui-ci. Une servante était invisible. Elle avait pensé rencontrer davantage de difficultés à entrer dans le château lui-même, mais le garde au regard concupiscent l'avait à peine remarquée quand elle s'était glissée, telle une ombre, dans le sillage de deux femmes soigneusement habillées. Elwen comptait les portes dans la semi-obscurité. Elle sentait l'encens. Sa respiration était hachée et elle avait chaud au visage. Une petite voix intérieure criait en lui demandant ce qu'elle était en train de faire, au juste. Mais elle en était à la neuvième porte maintenant et il n'était plus question de faire machine arrière. Elle ne le voulait pas. Il y avait du défi en elle, né de la colère et de la frustration. Et, plus que tout, il y avait du besoin.

Elle tendit le bras, prête à frapper à une porte, mais elle se figea en entendant des voix qui se rapprochaient de l'autre côté. Elle s'éloigna aussitôt de quelques pas dans le couloir. Derrière elle, la porte s'ouvrit et une odeur d'encens se répandit.

— Il y a plutôt intérêt que ça marche, fit une voix bourrue qui lui paraissait étrangement familière, mais qu'elle n'arriva pas à attribuer à quelqu'un. Notre maître compte sur nous. Il n'a plus rien à faire sur ces terres à moins que nous ne lui venions en aide.

— Ça marchera, répondit un deuxième homme.

C'était Garin. Elwen risqua un coup d'œil par-dessus son épaule et vit un homme trapu portant la livrée des gardes du palais repartir à travers le couloir mal éclairé. Garin restait là à le regarder s'en aller, le dos tourné. Quand il se retourna pour rentrer, son regard s'arrêta sur elle. En un instant, son expression bascula de l'agacement à la stupeur.

— Mon Dieu !

Il jeta un bref coup d'œil du côté par lequel était parti le garde, mais celui-ci avait disparu, puis il reporta son attention sur Elwen, qui ne bougeait toujours pas. Il s'approcha d'elle et la prit par le bras en la guidant fermement vers la chambre.

— Qu'est-ce que tu fais ici ?

Sa voix était pressante, autoritaire, et il commençait à lui faire mal au bras.

— Je suis désolée, dit Elwen quand il eut fermé la porte. Je...

Elle se tourna vers lui, les yeux pleins de larmes.

— J'ai besoin d'un ami.

Garin avait toujours l'air surpris, et même craintif. Mais à ces mots, la dureté avec laquelle il l'avait introduite dans la chambre sembla fondre.

— Qu'y a-t-il ? demanda-t-il en la prenant doucement par les épaules.

Ce geste de réconfort eut pour effet de briser la retenue d'Elwen et de lui permettre de s'épancher.

— Will est parti, dit-elle dans un sanglot.

— À La Mecque ?

Elwen acquiesça en se prenant la tête entre les mains pour dissimuler sa détresse. Garin l'attira contre lui et la serra dans ses bras. Elle sentit ses muscles tendus et la robustesse de son torse contre elle. La tunique de lin noire qu'il portait était imprégnée de la forte odeur d'encens qui remplissait la pièce. Par-dessous, il y avait aussi son odeur de transpiration, mais elle avait une certaine douceur qui ne la rendait pas déplaisante.

— Quand est-il parti ?

— Hier, murmura-t-elle, la voix étouffée.

Garin réfléchissait à toute allure. Une seule journée d'avance. Il lui serait facile de rattraper Will. Il avait encore le temps. Si leur guide était d'accord, ils pourraient partir dans la soirée, ou le lendemain à l'aube dans le pire des cas. Il avait fait en sorte que Bertrand et les autres soient sur le qui-vive depuis quinze jours. Les vivres étaient préparés, les chevaux prêts. L'agitation qui régnait au palais avait facilité leurs préparatifs. Son seul motif d'inquiétude concernait le départ de Will : comment en serait-il informé ? Il croyait qu'il devrait se rendre chez Elwen à un moment donné. Il ne s'était en tout cas pas attendu à ce qu'elle vienne le trouver. Il expira avec soulagement en songeant qu'elle avait bien failli tout découvrir. Mais tout allait bien, elle n'avait pas reconnu Bertrand.

Garin repensa à la lettre dans laquelle Édouard exigeait qu'il obtienne des fonds de l'Anima Templi. Il avait ignoré l'ordre du roi, ne voulant pas se mettre en travers du chemin de Will pendant que celui-ci préparait le vol de la Pierre. La confiance dans le fait qu'il pourrait offrir à Édouard bien mieux que de l'argent l'avait prémuni de l'inquiétude concernant sa désobéissance. Mais aujourd'hui, il sentait les premiers doutes lui effleurer l'esprit. Et s'il échouait ? Comment pourrait-il retourner vers Édouard les mains vides ?

— Ne t'inquiète pas, dit-il autant à Elwen qu'à lui-même, tout en passant la main dans ses cheveux et en examinant pour la énième fois les dispositions qu'il avait prises pour le voyage. Will ne sera pas parti longtemps.

— Tu n'en sais rien, répondit Elwen en levant les yeux. Tu es au courant de ce qu'il va faire. S'il tente de voler la Pierre, il risque sa vie.

— Je connais Will, dit Garin en s'efforçant de sourire tandis qu'il essuyait du pouce une larme qui roulait sur sa joue. Il sait y faire. Il ira bien.

— Ne me prends pas pour une enfant, marmonna-t-elle d'un air tendu en se dégageant.

Elle se mit à arpenter la pièce, s'enveloppant les épaules de ses bras croisés. Sa robe blanche, nouée aux hanches par un cordon rouge et or, l'affinait davantage. La lumière ténue qui filtrait entre les rideaux soulignait ses traits, les rendant encore plus nets que d'habitude, avec les deux arcs jumeaux de ses lèvres d'une douceur presque irréelle. Du regard, elle balaya le désordre de la chambre : coupes de vin abandonnées, vêtements jetés en boule, encensoir noirci sur la table, draps emmêlés sur le lit. Elle donnait à Garin le sentiment d'être à la fois révoltée et perdue.

— Je ne devrais pas être là.

— Bien sûr que si, dit-il d'un ton apaisant. Viens, prends du vin.

Il alla vers la table, se déplaçant pieds nus sur les tapis. Saisissant une coupe, il versa une mesure en renversant un peu de vin sur le rebord. Elwen s'approcha et, quand elle tendit la main pour la prendre, ses doigts touchèrent les siens. Sa peau était douce. Interdite. Soudain enhardie, elle passa la main sur la sienne, pressant un peu plus fort. Alors elle se dressa sur la pointe des pieds et chercha sa bouche. Écarta les lèvres.

Mais celles de Garin ne bougèrent pas.

Elwen resta ainsi, immobile, contre lui, le temps d'un battement de cœur, puis elle recula aussi vivement que si elle avait été piquée. Elle vit sa stupéfaction, et la honte s'empara d'elle. Elle voulut dire quelque chose, ouvrit la bouche pour parler. Mais le visage de Garin se modifia. Il jeta la coupe, projetant une traînée pourpre de vin sur le tapis, et prit son visage entre ses mains, qu'il enlaça en l'embrassant à pleine bouche. Il lui donna un baiser profond, rude, comme Will ne lui en avait jamais donné, et son désir, brusquement refroidi quelques secondes auparavant, se raviva.

Tenant toujours son visage dans ses mains, ne cessant pas de l'embrasser, Garin fit reculer Elwen. Leurs pieds se prirent dans les vêtements à terre, cognèrent contre des carafes de vin qu'ils renversaient et, au bout de quelques pas, ils atteignirent le lit. Garin la jeta dessus en se retenant d'une main pour ne pas l'écraser en tombant avec elle. De sa main libre, il lui ôta sa coiffe amidonnée, libérant de son écrin immaculé ses cheveux blonds. Il écarta ses lèvres des siennes un instant pour les observer, et réalisa qu'ils n'étaient pas simplement blonds. La lumière leur donnait des reflets cuivre, ambre, écarlate. Il était étonné de ne jamais l'avoir remarqué, avant de s'apercevoir qu'il n'avait jamais auparavant vu Elwen sans sa modeste coiffe posée sur la tête. Elle le scrutait de ses yeux verts intenses. Ses lèvres étaient rougies à cause de la rudesse de leurs baisers et sa poitrine se soulevait avec précipitation. Prenant appui sur ses coudes, il plaça un doigt délicat sur son menton et le fit courir le long de son cou jusqu'au début de sa robe. Il se demanda quels délices celle-ci dissimulait et ne put s'empêcher de sourire tandis que sa main parvenait, impatiente, aux cordons étroitement entremêlés noués à sa taille.

Elwen ferma les yeux pendant que Garin défaisait les nœuds de sa robe. À son esprit se présenta une image culpabilisante de Will, mais elle la rejeta avec violence et colère. Will n'était pas là. Il s'occupait de sauver le monde. Oh, l'ironie de ce pendentif qu'elle lui avait offert ! Comme il jouait bien son rôle, celui du saint. Maintenant, elle jouerait le sien : celui de la mortelle, de la pécheresse.

Elle voulait le terrestre ; des choses qu'elle pouvait voir et sentir. Will cherchait un idéal. Elle l'admirait, elle l'aimait aussi pour ça. Mais l'amour exigeait bien d'autres choses. Elle ne voulait pas passer après le monde, elle souhaitait être la maîtresse, pas la femme. L'amour était un feu, une reddition physique totale. Et elle en avait besoin tout de suite.

Une fois les liens dénoués, la robe s'ouvrit comme un fruit qu'on pèle. En dessous, elle n'avait qu'une chemise blanche toute simple. Garin s'assit sur le lit, à côté d'elle, la gorge sèche. Elle le regarda à nouveau tandis qu'il se baissait pour saisir la chemise et en soulever lentement l'étoffe. Elle frissonna en sentant s'envoler ce dernier rempart et leva les bras pour l'aider à le retirer. Il reçut sa nudité comme un choc : sa peau parcourue par la chair de poule à cause du froid ; les quelques taches de couleurs sur l'une de ses cuisses ; la courbe renflée de ses seins aux pointes roses et dressées. Il se pencha sur elle et en prit un dans la bouche, qu'il mordilla. Elwen poussa un gémissement de plaisir en passant ses mains dans ses cheveux.

— J'ai envie de toi, l'entendit-il dire d'une voix langoureuse.

Garin se redressa et ôta sa tunique avec fièvre avant de tirer les lacets de ses chausses. Puis il fut de nouveau sur elle, et en elle. Il avait l'impression d'être dévoré. Ses jambes remontèrent sur ses hanches pour le faire prisonnier et il s'enfonça davantage, entendant à peine ses cris de plaisir. Tandis qu'il s'abandonnait à ses sensations, les yeux clos, son esprit se noyait dans un torrent d'images.

Il revit Elwen à treize ans, agenouillée près du corps de son oncle Owein, sur les quais de Honfleur. Ses hurlements déchiraient la nuit et quand elle avait levé les mains vers son visage, elles étaient couvertes de sang. Il revit les mercenaires en robe noire qu'Édouard avait envoyés reprendre les joyaux de la couronne, ils fuyaient, leur mission ayant échoué, mais non qu'il y eût un tribut à payer. Et le sang se transmettait des mains d'Elwen aux siennes. Car c'était lui qui avait trahi les chevaliers et avait donné à Édouard les informations nécessaires à l'attaque. L'oncle d'Elwen et le sien, morts tous deux, le fixaient de leurs yeux exorbités, squelettes l'accusant silencieusement. Il la revit devenue femme, assise près de Will dans le jardin du marché, le visage triste, sa peau délicate mise à mal par la morsure du soleil. Il la revit dans l'allée avec Bertrand et Amaury, sa terreur cédant la place au soulagement quand elle s'était tournée et l'avait vu. Enfin, il ouvrit les yeux et la vit allongée sous lui, la peau rougie, lèvres écartées, ses doigts s'enfonçant dans ses reins. Garin ne cessa pas de la regarder tandis qu'il se crispait et jouissait, avant de s'immobiliser tout à fait.

Puis il s'affala sur elle, envahi par l'habituelle somnolence confortable qui s'ensuivait, et il sentit des spasmes dans la poitrine d'Elwen. Il releva la tête en entendant une respiration entrecoupée, croyant qu'elle riait. Sa tête était tournée de côté, les cheveux plaqués sur le visage. Il entendit à nouveau la même respiration convulsive. Garin ébaucha un sourire sans comprendre pourquoi elle riait, puis il écarta ses cheveux pour la voir. Elwen ne bougea pas d'un cil. De ses yeux grands ouverts coulaient des larmes.

La route de La Mecque, Arabie,
14 avril 1277 après J.-C.

Une fine colonne de fumée était suspendue au loin, blanc point d'exclamation sur le prochain point civilisé, ou, pour le groupe de seize hommes sur la route, le prochain point chaud. Les rares moments où ils entretenaient une conversation laconique s'épuisèrent d'eux-mêmes et la tension vint combler le silence. Bientôt, on n'entendit plus que le bruit des pas et des sabots sur la terre sablonneuse, ainsi que celui des bâtons avec lesquels les deux hommes en début d'équipage battaient le sol pour faire fuir serpents et scorpions. L'air était suffocant et chaque inspiration que prenaient les hommes asséchait un peu plus leurs lèvres et leurs gorges, comme s'ils inhalaient le désert et devenaient peu à peu un de ses attributs.

Assis sur l'un des sièges en bois du shugduf harnaché au chameau, bringuebalé d'un côté à l'autre, Will se redressa. Ce serait le dixième poste de garde qu'ils passeraient en quinze jours, mais leur fréquence n'avait pas diminué l'anxiété qui s'emparait de lui chaque fois qu'ils en approchaient un. Un filet de sueur dégoulina dans son dos et trempa un peu plus encore la tunique qu'il portait sous la volumineuse bourka noire, le vêtement des femmes musulmanes qui recouvrait tout son corps et son visage, à l'exception des yeux. Il croisa le regard de Robert. Lui aussi portait une bourka. Il était assis sur le deuxième siège, de l'autre côté du chameau. Au-dessus d'eux était tiré un drap pour les préserver de la chaleur. Robert hocha la tête et baissa les yeux.

Si brutal que soit le voyage, il était encore pis pour Zaccaria et Alessandro, les deux seuls Templiers du groupe à pied. Arrivés à al-Ula sans incident, les six chevaliers s'étaient rendus à la mosquée comme prévu. Là, ils avaient prononcé le nom de Kaysan et on les avait emmenés à la maison où ils avaient été faits prisonniers un an plus tôt. On leur avait accordé une nuit de repos, puis leurs chevaux avaient été remplacés par des chameaux et ils s'étaient débarrassés de leurs costumes de marchands avant de reprendre la route. Zaccaria et Alessandro avaient reçu des vêtements d'hommes et ils devaient marcher avec Kaysan et les chiites, afin de diriger les chameaux transportant les vivres et les chevaliers, déguisés en femmes. Les Mamelouks étaient habitués à voir des musulmans avec différentes couleurs de peau, eux-mêmes étant originaires de tant de régions. Au départ, Will avait douté que les déguisements fussent adéquats. Mais jusqu'ici, le stratagème avait fonctionné.

Ils pouvaient sentir la fumée maintenant, et un groupe de huttes apparut, ainsi que quelques silhouettes d'hommes déformées par la réverbération du soleil au sol. Alors que le groupe avançait vers le poste de garde, quatre soldats mamelouks en sortirent pour les saluer, les autres les observant depuis les huttes, à l'abri. Will fit attention à ne pas regarder les soldats dans les yeux quand ceux-ci arrivèrent à proximité pour les contrôler. Deux soldats se dirigèrent vers le chameau précédant le sien et la main de Will se porta instinctivement à sa hanche, cherchant le fauchon qui ne s'y trouvait pas. L'un des gardes souleva le couvercle d'un panier. Il y plongea un doigt, qui en ressortit couvert de noix muscade. Il le lécha, ferma le couvercle et passa au suivant. La main de Will s'éloigna lentement de sa hanche pendant que le garde poursuivait son inspection sans avoir remarqué le véritable contenu du panier, emmailloté au fond des épices, un petit secret noir et lisse que Robert et lui étaient seuls à connaître.

Satisfaits, les gardes mamelouks leur firent un signal et, quelques heures plus tard, tandis que la nuit étendait son ombre sur la vallée, l'équipage atteignit sa dernière étape. C'est là qu'ils laisseraient les vivres pour se rendre à La Mecque.

— Ça a l'air animé, murmura Robert à Will quand ils pénétrèrent dans le dédale confus de mosquées, de maisons et de tentes marchandes qui semblaient tout droit jaillies de la vallée.

Des torches brûlaient et des étoiles orange brillaient dans les ténèbres grandissantes. Ils entendaient de la musique et des rires.

Will était troublé par l'apparition soudaine d'êtres humains sur cette terre ingrate. Ils avaient déjà croisé quelques pèlerins sur la route, même si d'après Kaysan il ne s'agissait que de quelques gouttes d'eau par rapport au torrent qui inonderait la vallée d'ici un mois, quand le hadj commencerait et que les caravanes de Damas, du Caire et de Bagdad, sinueraient à travers le désert. Will s'était habitué à la solitude ; elle lui semblait favorable.

Kaysan tourna la tête en entendant la voix de Robert.

— Nous avons des amis ici, dit-il dans un latin haché. Nous serons en sécurité. Évitez de parler pour l'instant.

Will et Robert gardèrent le silence tandis qu'ils s'enfonçaient dans un souk bouillonnant. Derrière les étals, une série de piquets en bois, à peine visibles à la lumière des torches, s'élevaient dans le sable comme autant d'étranges arbres nus. Will s'aperçut que des rubans de couleur y étaient attachés, voletant par centaines, alors que leur sommet se perdait dans les ténèbres. L'équipage s'approcha ensuite d'une rangée de maisons face à une mosquée. Après les avoir fait entrer dans une cour fermée à l'arrière d'un bâtiment, Kaysan indiqua un banc en pierre de l'autre côté de la cour.

— Attendez ici, dit-il à Will et aux chevaliers. Nous partons dans six heures.

Will resta seul un moment pendant que les chevaliers étiraient leurs membres endoloris et discutaient entre eux, à l'écart des Arabes. Les étoiles dans le noir étaient comme de la poussière éparpillée sur du velours. Il ne s'était jamais senti aussi loin de chez lui. Le néant hostile du désert lui soulevait l'âme et le sentiment de leur intrusion non désirée lui pesait toujours plus. Fermant les yeux, il murmura le Notre Père et ses paroles familières, scandées à voix basse, le réconfortèrent.

Le Hedjaz, Arabie, 14 avril 1277 après J.-C.

L'après-midi était presque achevé quand le groupe de huit hommes s'arrêta pour observer les contreforts autour du campement situé à environ une lieue de La Mecque.

— Nous devrions y envoyer quelqu'un pour voir s'ils sont arrivés.

Bertrand s'était approché pour lui parler, mais Garin ne tourna pas la tête. Le périple avait rendu rauque et lasse la voix du soldat.

— Envoie Amaury, répondit Garin en scrutant la route qui disparaissait hors de vue entre les montagnes. Mais dis-lui d'être prudent.

Il regarda Bertrand d'un air entendu pour insister sur ce point. Maintenant que le Chypriote avait ôté son keffieh, les effets du voyage étaient visibles sur son visage. Bertrand avait perdu du poids et il avait les traits tirés. Sa barbe mal taillée était pleine de poussière, et son regard s'était durci, en même temps qu'y apparaissait une sorte de secret désespoir. Garin savait qu'il devait donner la même impression, comme tous les hommes. Du moins, ceux qui avaient survécu.

En partant d'Acre deux jours après les Templiers, ils étaient dix. Ils avaient chevauché sans repos et rapidement rattrapé leur retard, comme le leur avait appris l'un des hommes envoyés devant en éclaireur. N'ayant pu obtenir d'informations d'Elwen quant au nombre d'hommes, il avait éprouvé en secret un profond soulagement en constatant qu'il ne s'était pas trompé dans ses estimations, et qu'il disposait de deux fois plus d'hommes que Will. Contre les Templiers, les soldats chypriotes auraient besoin de tous les avantages possibles. Il n'avait pas été difficile de suivre la piste des Templiers à al-Ula. Dissimulé sous d'amples robes et rendu anonyme par un keffieh, Garin les avait suivis jusqu'à la mosquée, puis à la maison. Sa satisfaction initiale avait cependant été mise à mal par l'apparition du groupe d'Arabes, qui faisait plus que doubler celui des Templiers. Mais un problème plus pressant avait vite relégué ce problème au second plan.

En Acre, leur guide, trop heureux de les conduire à al-Ula pour de l'argent, avait négligé de réfléchir à la manière dont ils parviendraient jusqu'à La Mecque alors que la route était sous haute surveillance, leur disant qu'il ne manquerait pas de volontaires prêts à les aider. Il se trouva que c'était loin d'être le cas et, en voyant les Templiers déguisés partir le lendemain matin, Garin eut l'impression que son plan s'écroulait avant même d'avoir pu être mis en œuvre. Finalement, après que Bertrand eut brandi quelques menaces au guide, celui-ci suggéra qu'ils demandent aux Bédouins locaux. Au début, les nomades du désert ne voulurent même pas adresser la parole à Garin. Puis, plus tard dans la soirée, un jeune homme squelettique se présenta et offrit de leur servir de khafir.

Tout le long de la route menant à La Mecque et au-delà, à travers le Hedjaz, les Bédouins possédaient des terres où paissaient leurs animaux. Chaque territoire appartenait à une tribu et personne ne pouvait le traverser sans permission. Un khafir était un membre de la tribu qui acceptait d'escorter ceux qui voulaient traverser le territoire. Quand on passait d'un territoire à l'autre, un nouveau khafir était recruté pour continuer la protection. Les Bédouins n'utilisaient pas les grandes routes, fuyant le danger que représentaient les gardes mamelouks. Et ainsi, Garin et les soldats, abandonnant al-Ula et la civilisation derrière eux, pénétrèrent dans le désert en suivant leur guide qui marchait pieds nus, avec un air solennel. Chaque fois qu'ils passaient sous l'égide d'un nouveau khafir, Garin distribuait de l'or, ce qui lui donnait l'impression de déposer des perles sur le chemin, espérant contre tout espoir qu'il les ramènerait chez eux. Certaines de ces tribus attaquaient les pèlerins du Hedjaz, elles dérobaient leur argent, ainsi que leurs vêtements et leur nourriture, les laissant à la merci des éléments, mais elles semblaient partager une sorte de code d'honneur leur interdisant de voler leurs hôtes. Mais bien que ces peuples eux-mêmes fussent relativement bienveillants, ce n'était pas le cas du territoire où ils vivaient.

Dès les premiers jours, ils déplorèrent un mort. Dans son sommeil, l'un des Chypriotes roula sur un serpent, qui le mordit. Il mourut en vomissant, l'écume aux lèvres. Quatre jours plus tard, il y en eut un deuxième. Ils se traînaient le long d'une crête élevée, aveuglés par le soleil, quand l'un d'eux glissa. Il dégringola une pente pleine d'éboulis, s'arrachant la moitié de la peau du dos et se brisant les deux jambes. Une fois descendus jusqu'à lui, les autres soldats se disputèrent un bon moment au milieu de ses cris sans parvenir à décider ce qu'ils devaient faire de lui, et Bertrand mit un terme à ses souffrances en lui tranchant charitablement la gorge.

Ils avaient cheminé dans ces montagnes en longeant la route qui serpentait dans la vallée, et il avait été assez aisé de suivre la piste des Templiers, d'autant que les routes étaient plutôt tranquilles. Il leur arrivait de ne pas les voir pendant des jours, et Garin devenait alors pensif et irritable jusqu'à ce qu'ils les recroisent. Les khafirs ignoraient la raison pour laquelle ils suivaient ces hommes, et ne semblaient d'ailleurs pas s'en soucier. Tant que l'or continuait à couler, ils marchaient.

— Où as-tu l'intention de tendre le piège ? demanda Bertrand. Ça ne marchera pas au village.

Garin était d'accord. Ils auraient pu être n'importe où.

— Nous devrons les surprendre sur la route.

Il montra la vallée en contrebas, là où la route se rétrécissait, prise en étau entre les montagnes.

— Nous les attendrons là. Ça devrait nous permettre de rester cachés pour surveiller leur arrivée.

— Et les Arabes ? Comment ferons-nous pour nous occuper à la fois d'eux et des Templiers ?

— Nous avons des arcs, répondit Garin. Nous pourrons les éliminer avant de nous attaquer aux chevaliers.

Bertrand hocha la tête, l'air content.

— Alors c'est décidé ? Nous utiliserons la force ?

Garin détourna les yeux. Depuis des semaines, Bertrand ne cessait de lui poser la question, et il évitait d'y répondre depuis des semaines. L'image d'Elwen s'imposa à lui. Il la voyait étendue sous lui, son visage passant de l'extase au désespoir, il entendait les pleurs qu'elle avait versés en silence tout en se rhabillant, avant de quitter sa chambre.

— Oui, murmura-t-il froidement. Nous utiliserons la force.

La Mecque, Arabie, 15 avril 1277 après J.-C.

Encerclée par des montagnes, La Mecque resta invisible jusqu'au bout. Puis, d'un coup, elle fut devant eux, s'étirant sur une plaine poussiéreuse au milieu de cet environnement majestueux. Les tours graciles des minarets découpaient leur silhouette pâle sur le ciel noir et teinté de bleu à l'approche de l'aube. Au sud de la ville, une colline en forme de dôme culminait, tandis qu'à l'est s'étendait un souk impressionnant. Bordées de solides maisons, de bains publics, de boutiques de barbiers ou d'apothicaires, les rues ressemblaient aux fils d'une toile d'araignée géante au centre de laquelle se trouvait la Grande Mosquée.

Arrivant par le nord, Will et les autres virent la mosquée s'élever devant eux au milieu des ténèbres, avec les torches installées partout sur ses murs qui illuminaient les inscriptions arabes dont ils étaient ornés. De grandes portes cintrées en bois étaient ouvertes. Des gardes les contrôlaient. Pendant que Kaysan s'arrêtait pour enlever ses chaussures avant d'entrer dans le lieu saint, Will croisa le regard de Zaccaria. Le Sicilien défit les sangles qui maintenaient les paniers en place tandis que Will et les autres imitaient Kaysan. Deux des chiites réunirent les chaussures et s'éloignèrent avec les chameaux.

— Ils nous retrouveront à la porte, expliqua Kaysan.

Alors qu'ils approchaient pieds nus de la Grande Mosquée, Zaccaria et Alessandro portant chacun un panier, la tension atteignit un nouveau sommet. Kaysan fut le premier à entrer. Il salua les gardes avec respect en passant. Le cœur de Will battait à tout rompre. Il vint se coller à Robert.

— Nous y sommes, murmura-t-il. Tu es prêt ?

Robert hocha la tête et ils passèrent, tête basse, sous l'arche de la porte. Ils n'avaient fait que quelques pas lorsqu'ils entendirent un cri derrière eux. Will se figea. Zaccaria et Alessandro avaient été arrêtés. L'un des gardes parlait en montrant leurs paniers du doigt. Kaysan se hâta de revenir en arrière pour répondre en arabe à ses questions. Au bout d'un moment, le garde leur fit signe d'un geste brusque et Will sentit le soulagement détendre ses nerfs un à un.

Une fois les portes passées, ils suivirent une arcade qui les mena dans une cour impressionnante. Des pavillons y étaient dressés autour d'un bâtiment trapu, de forme cubique, au centre de la cour : la Ka'ba. Le temple était recouvert, comme Everard le lui avait dit, d'un immense brocart noir et or, appelé le kiswa, changé chaque année pendant le hadj. Les paroles de la Chahâda qui y étaient tissées scintillaient à la lumière des torches disposées alentour. Contrairement à ce que Will espérait, l'endroit n'était ni noir de monde ni vide. Dans la cour, des petits groupes de gens étaient couchés, sous des couvertures, pour passer la nuit. Il y avait même ici et là des feux brûlant bas. De petits groupes, des gardes et des pèlerins sans doute, déambulaient le long de l'arcade entourant la cour.

Comme prévu, Kaysan et les chiites s'éclipsèrent, se mêlant aux ombres sous les arcades, d'où ils pourraient surveiller ce qui se passait. Will et Robert prirent le panier de Zaccaria. À eux deux, les chevaliers n'eurent aucune peine à le soulever et ils se dirigèrent vers la Ka'ba, les ourlets de leurs bourkas balayant la terre, tandis que les Siciliens se rendaient à la porte ouest. Will et Robert s'avancèrent vers le temple en silence, au milieu des groupes de pèlerins endormis. Autour de la Ka'ba, le sol était couvert de carreaux noirs douloureusement froids pour leurs pieds nus. Comme Will progressait, il aperçut la relique.

La Pierre noire était une sphère lisse, lustrée, fixée au mur par une bande argentée, à hauteur de poitrine. Elle avait une patine étrange, comme il n'en avait jamais vu, proche du verre, mais plus profonde, et plus sombre, avec une intensité inouïe. Il eut un frisson en se souvenant qu'Everard lui avait expliqué la croyance des musulmans : la Pierre noire consignait tous les péchés de l'humanité et les révélerait le jour du Jugement dernier. Il avait presque l'impression qu'elle l'observait de son œil unique cerclé d'argent, et il détourna le regard.

D'après leur plan, Robert devait attendre pendant que Will commençait la circumambulation autour de la Ka'ba, qu'il fallait répéter sept fois en embrassant à chaque tour la Pierre. Au dernier passage, il était censé s'arrêter devant elle. Les gardes auraient l'impression qu'il prenait son temps pour honorer la relique ; Zaccaria et les autres croiraient qu'il la volait. Quand il reviendrait auprès de Robert, celui-ci ouvrirait le panier et Will se pencherait dessus en faisant semblant d'y déposer quelque chose. Le tour serait joué. Les Templiers postés près de l'entrée ouest étaient trop éloignés pour s'apercevoir que la Pierre n'aurait pas bougé.

À une dizaine de pas du temple, Will et Robert posèrent le panier du côté où se trouvait la Pierre noire. Will n'avait fait qu'un pas vers la Ka'ba quand, soudain, un cri traversa la cour. Autour d'eux, les pèlerins endormis se levèrent et se débarrassèrent de leurs couvertures, faisant apparaître des cottes de mailles argentées et des robes écarlates avec des bandeaux noirs sur les bras. Celui qui avait hurlé l'ordre était un homme puissamment bâti, au teint mat, et son ruban était doré. Tandis que les autres formaient un cercle, il dégaina son épée et avança droit sur Will.

27

Plateau d'Albistan, Anatolie

15 avril 1277 après J.-C.

Sur les hauteurs des monts Taurus, les neiges hivernales s'accrochaient avec obstination aux pics escarpés et formaient des plaques durcies et glissantes dans les profondeurs ombragées des ravins. À l'est et à l'ouest, les crêtes glacées se découpaient, grandioses et infinies, sur le bleu pâle de l'aube. En leur présence, Kalawun se sentait singulièrement petit. L'air était glacial, coupant, et chacune de ses expirations dégageait un nuage brumeux. Il resserra sa cape doublée de peau de lapin et retourna au campement.

L'armée mamelouke s'était installée temporairement sur le plateau. Les chevaux broutaient l'herbe rase à côté des tentes plantées en cercle. Des feux brûlaient dans le demi-jour. Réveillés par les officiers, les hommes s'étiraient, et la rumeur des premières conversations troublait à peine la tranquillité du petit matin. Kalawun fit un signe de tête aux hommes de son régiment, qui lui adressèrent en retour un salut respectueux. Il s'arrêta le temps d'une brève discussion avec quelques-uns de ses officiers, puis il repartit en passant devant la tente de l'infirmerie. À proximité, la terre avait été retournée à plusieurs endroits pour creuser des tombes. Jusqu'ici, ils avaient perdu vingt-huit hommes dans cette campagne, dont cinq à cause de la montagne.

Après Damas, où ils avaient rejoint les troupes syriennes que Kalawun avait prises sous son commandement, les Mamelouks étaient entrés à Alep. Alors qu'il avait fait preuve de résolution et d'assurance jusque-là, Baybars avait paru subjugué par la ville. Dès leur arrivée, il s'était rendu sur la tombe d'Omar. Plus tard, Kalawun avait entendu un des émirs qui avaient accompagné le sultan dire que celui-ci était resté un long moment devant une charpente brûlée, quelque part en ville, sans dire un mot. L'émir n'avait pas pu deviner pourquoi, mais Kalawun savait que Baybars avait passé sa première année d'esclavage à Alep, et il se demandait en son for intérieur si les fantômes de son passé n'étaient pas encore capables de le harceler. Cependant, les souvenirs qui le hantaient ne semblèrent pas avoir prise sur lui, car lorsqu'ils partirent le lendemain, Baybars avait recouvré ses moyens.

Il envoya l'un des émirs à la frontière de l'Euphrate, avec un régiment, pour empêcher les Mongols de les prendre à revers, puis il mena la cavalerie mamelouke vers le nord, en Anatolie, en laissant à Alep l'infanterie, l'équipement lourd et les engins de siège, ainsi que Baraka, Khadir et les fils de Kalawun. D'après les rapports des éclaireurs, l'Ilkhan de Perse, Abaqa, ayant eu vent par ses espions de l'arrivée de Baybars, avait regroupé une force impressionnante. Celle-ci était sous les ordres d'un formidable commandant mongol, Tatawun, et elle comptait en outre dans ses rangs les Seldjoukides du Pervaneh. On pensait qu'ils avaient installé leur campement sur le plateau d'Albistan, au-delà de la grande rivière Jaynan. La stratégie de Baybars consistait à disposer de cette force avant de s'en prendre aux forteresses et aux villes. La route qu'ils empruntaient était trop traîtresse pour laisser passer autre chose que des hommes à cheval. D'ailleurs, même eux étaient à sa merci.

Le défilé des monts Taurus avait pris de nombreuses vies depuis les premiers croisés qui, après avoir traversé le Bosphore depuis Constantinople, avaient fait face à l'imposante barrière montagneuse les séparant encore de la Syrie. Le passage, étroit, sinuait à des hauteurs vertigineuses, sur des pics calcaires recouverts de plaques de glace, et parfois de forêts de pins. De temps à autre, la piste s'enroulait autour de la montagne, donnant en à-pic sur des gouffres de plusieurs centaines de mètres. Un matin, dans le brouillard, après une nuit glaciale, le cheval d'un des hommes avait perdu l'équilibre et plongé dans l'un de ces précipices, emportant son cavalier et un autre Mamelouk dans sa chute. Trois autres avaient eu la malchance d'avancer près du bord quand le chemin s'était écroulé sous eux, les précipitant dans l'abîme où leurs hurlements s'étaient fait entendre pendant de longues secondes. L'armée était toujours dans le défilé quand l'un des éclaireurs était revenu les informer qu'une compagnie de deux mille Mongols les attendait à la sortie. Baybars envoya l'un de ses émirs en avant avec un régiment, renforcé par les troupes de Bédouins, pour s'en occuper. Le temps qu'il redescende avec le reste de l'armée des hauteurs des monts Taurus, les cadavres des Mongols, gisant sur la plaine où ils avaient été décimés, étaient déjà bouffis et mangés par les vers.

Kalawun trouva Baybars au bord du camp, observant la plaine d'Albistan. Plusieurs Bahrites étaient avec lui.

— Sultan ? Vous vouliez me voir ?

Baybars ne tourna pas la tête.

— Les hommes sont-ils prêts ?

— Les officiers ont commencé à les réveiller. Ils seront prêts à partir d'ici une heure.

— Bien.

Kalawun regarda dans la même direction que Baybars. Dans la lumière pâle du matin, la terre s'étirait à perte de vue, pleine de plis et de replis, comme un tissu froissé. Une mince bande argentée la traversait de part en part à la manière d'un ourlet de soie : le Jayhan. Derrière la rivière, le camp mongol se signalait par les feux qu'ils avaient allumés. Kalawun distingua un faible mouvement, des cavaliers passant entre les tentes, sans doute pour réveiller les hommes. Il trouvait toujours dérangeant le miroir que se tendaient deux armées. D'aussi loin, et comme il ne pouvait voir les visages ni entendre les voix, il aurait aussi bien pu regarder ses propres soldats. Mais il écarta vite cette pensée et la lueur d'impatience visible dans les yeux de Baybars se refléta bientôt dans les siens. Car c'étaient les lames mongoles qui avaient tué leurs familles et celles de tant d'autres au cours d'attaques sur les terres des Kipchaks turcs, détruisant tout sur leur passage et condamnant à l'esclavage les survivants. Il y avait des années de cela maintenant, mais les vieux souvenirs étaient comme du bois sec, la moindre étincelle suffisait à les embraser. Les Mongols avaient payé le prix de ces attaques dix-sept ans plus tôt, à Aïn Djalout. Ils en paieraient le prix une nouvelle fois.

— Tu es bien calme depuis le début de la campagne, émir. Qu'est-ce qui t'inquiète ?

Kalawun reporta son regard sur Baybars, qui le scrutait. C'était vrai, il était préoccupé, mais il ne pouvait guère s'en ouvrir au sultan. Avant de répondre, il s'efforça de repousser l'image de la Ka'ba que cette question avait fait naître dans son esprit.

— Je m'inquiète pour Nasir, maître. Je me demande quand il nous reviendra. Cela fait des mois que nous n'avons pas eu de nouvelles des Assassins.

— Ils ne devaient pas savoir que nous quittions Le Caire. J'imagine que nous le retrouverons là-bas à notre retour. Viens, allons nous préparer pour la bataille.

Ensemble, Baybars et Kalawun retournèrent au campement. Deux vieux guerriers marchant ensemble en silence, l'aube avancée teintant leur barbe grise de reflets d'argent.

La Mecque, Arabie, 15 avril 1277 après J.-C.

À seulement quelques pas de la Ka'ba, Will n'eut pas même le temps de tirer son fauchon des plis de sa bourka que déjà l'homme à la robe grenat était sur lui. Un mot lui traversa l'esprit. *Trahi !* Puis il tendit l'épée devant lui pour dévier le coup porté par l'homme au teint mat. Leurs lames se heurtèrent avec une violence telle qu'elles faillirent se voiler. Will contracta tout son corps pour amortir le choc et il entendit Robert, à quelques mètres de là, engagé dans un combat avec l'un des hommes qui, jusque-là, avaient de toute évidence formé un cercle protecteur autour du temple. Tout en portant une botte contre son assaillant, Will aperçut un mot inscrit sur son brassard, les fils d'or scintillant à la lumière des torches. Émir. La seule fois qu'il avait lu ce mot, c'était sur l'uniforme de Kalawun. Ce n'était pas un garde ordinaire, ou un simple soldat. L'homme contre qui il se battait était un commandant mamelouk.

En quelques instants, la cour de la Ka'ba s'emplit du bruit de l'acier contre l'acier et des cris lancés par les Templiers et les chiites accourus pour aider Robert et Will. Les Égyptiens se portèrent à leur rencontre, soutenus par les gardes de la mosquée. L'un des chiites s'écroula, l'épée d'un Mamelouk dans le ventre, et Carlo poussa un cri de douleur quand une lame le frappa aux côtes et se retira dans une éclaboussure sanguinolente, tandis qu'il tombait à genoux. Un second coup s'enfonça dans son estomac, le tuant net. Francesco mourut quelques secondes plus tard, la gorge tranchée. Zaccaria avait éliminé un soldat, mais deux autres l'entouraient et le puissant Sicilien, éprouvé par le voyage, ressentait l'inhabituelle morsure de la peur.

Will entendit Robert hurler et il attaqua l'émir mamelouk qui lui faisait face avec une rage désespérée. Il avait envie de lui crier qu'il n'avait aucune intention de voler la Pierre, mais il ne sortait de sa bouche que son souffle saccadé, et aucun mot n'aurait pu lui sauver la vie.

Soudain, quelque chose de solide vint le percuter à l'arrière des jambes et il tomba à la renverse, avant d'atterrir en criant sur les carreaux noirs, l'épée lui échappant des mains et allant toucher terre plus loin. Il avait trébuché sur le panier. Celui-ci bascula en déversant la noix muscade. Et la pierre, qui avait fait le voyage au fond du panier, roula à côté de Will. L'air triomphal du commandant s'évanouit aussi vite qu'il était apparu. Les yeux braqués sur la pierre noire et ovale jaillie du panier, il sembla hésiter. Son regard se porta sur la vraie relique, toujours fixée au mur de la Ka'ba. Son visage exprimait sa confusion, et ses quelques secondes d'hésitation étaient tout ce dont Will avait besoin. Récupérant son épée, il pivota en tendant le bras vers le Mamelouk. L'émir vit le coup arriver et réussit à l'intercepter avec son arme, mais il ne put l'éviter totalement. Dévié de sa trajectoire, le fauchon de Will alla se ficher dans l'aine de l'émir, à l'endroit précis où sa cotte de mailles laissait la chair sans protection. L'émir poussa un hurlement et chancela avant de mettre un genou à terre. Will se releva et le Mamelouk leva la tête, l'air résigné à mourir. Mais Will, au lieu de l'achever, tourna les talons et partit en courant.

Près de la Ka'ba, Robert était engagé dans un combat à l'issue inévitable. Sa bourka était déchirée et Will remarqua la vilaine estafilade qu'il avait reçue au bras, la chair déchiquetée et le sang qui bouillonnait sur la blessure. La douleur lui faisait presque fermer les yeux et il ne vit pas Will venir dans sa direction. Son adversaire non plus. Will le frappa brutalement à l'arrière des genoux pour lui couper les tendons. Pendant qu'il s'écroulait en hurlant, Will agrippait Robert et l'emmenait au pas de charge vers la porte ouest. Un cri retentit. Zaccaria et Alessandro étaient près de la porte. Quatre Mamelouks et deux gardes étaient à terre, ainsi que trois chiites,

Caro et Francesco. Will aperçut Kaysan qui combattait sauvagement avec deux soldats, trempé de sueur, une grimace farouche tordant son visage, puis Robert et lui arrivèrent à la porte. Deux gardes s'y trouvaient et se battaient avec les deux chiites chargés de s'occuper des chameaux.

— Dégagez de là ! cria-t-il à Zaccaria.

Tirant Robert par le bras, Will se baissa pour esquiver un coup d'épée qui venait dans sa direction, puis il se réfugia sous les arcades et franchit la porte.

— Je ne peux pas, haleta Robert quand ils arrivèrent dans la rue déserte.

Le bruit du combat à l'intérieur de la mosquée leur parvenait encore, mais assourdi. Robert s'effondra en lâchant son épée. Will le souleva par les aisselles et le remit d'aplomb.

— Si, tu peux, lui assena-t-il. Ramasse ton épée.

Tandis que Robert récupérait son arme avec un grognement, Will jeta des regards à droite et à gauche. Leur chameau était attaché à un poteau un peu plus loin. Will passa le bras autour de la taille de son ami et ils se dépêchèrent d'aller retrouver la bête, alors que le ciel prenait une nuance sanguine et que le jour commençait à poindre.

Le plateau d'Albistan, Anatolie, 15 avril 1277 après J.-C.

L'aube opérait sa magie sur la Terre, offrant des reflets d'or aux remous de la large rivière et empourprant la plaine couverte de hautes herbes. Des lambeaux de brume s'attardaient sur les vallons, et dans cette atmosphère spectrale se déplaçaient des milliers d'ombres. Les Mongols avaient traversé le Jayhan.

De l'autre côté du plateau, en bas d'une piste descendant abruptement des montagnes, les Mamelouks avançaient à leur rencontre. Les percussions battaient un rythme monotone et régulier, conduites par des officiers baptisés les Seigneurs des Tambours. Le son roulait sur l'herbe, bas et inquiétant, faisant pulser toute la plaine en contretemps avec les sabots des chevaux et des chameaux.

À moins d'une lieue de la jonction, les deux armées s'arrêtèrent. Dans l'espace vide entre elles s'engouffrait un vent léger. Les deux forces disposèrent leurs troupes, dessinant rapidement les rangs et les sections sous les cris des officiers. Vues d'au-dessus, les armées formaient des motifs au sol, des masses d'hommes se déplaçant en formation. Les ailes étaient des membres s'étirant depuis le torse au centre, et leurs extrémités ressemblaient à des griffes hérissées de milliers de lances, prêtes à sortir et à lacérer l'ennemi, à imprimer leurs marques rouges dans sa chair.

Monté sur son destrier noir, Baybars se trouvait en haut d'une butte, un peu en retrait et à gauche de son armée, avec une compagnie d'un millier de Bahrites. Il regardait Kalawun et le commandant de son propre régiment chevaucher devant les lignes de front en organisant les lignes bleues et dorées composées des troupes de Bahrites et de Mansuriyya, la section la plus puissante de la force mamelouke. Les ailes droite et gauche comprenaient les autres régiments, les troupes syriennes et les soldats du prince Hamah qu'il avait convoqué au cours de leur voyage vers le nord, ainsi que la cavalerie légère bédouine. Ravi de la force tranquille de ses hommes, Baybars prit le temps d'apprécier l'ennemi.

Cette armée était plus importante que celle à laquelle il s'était confronté à Aïn Djalout dix-sept ans plus tôt, et à l'époque il avait eu l'avantage de la surprise, le piège organisé dans les collines s'étant révélé fatal. Aujourd'hui, les deux titans s'affrontaient sur un terrain dégagé, sans avantage perceptible pour l'un ou pour l'autre. Les Mongols, nés dans le sang des conquêtes, fils de Gengis Khan, terreurs des nations et fléaux de l'Orient, contre les guerriers esclaves de l'Égypte, une dynastie bâtie sur les cadavres de leurs anciens maîtres et qui, sous Baybars, disposait désormais d'un territoire allant d'Alexandrie à Alep, des rives du Nil à celles de l'Euphrate. Bien que le terrain ne favorisât pas les Mamelouks cette fois, ils avaient un autre avantage. Baybars le voyait dans les yeux de ses hommes, il le sentait dans le rythme déterminé des tambours.

À Aïn Djalout, les Mongols représentaient une force invincible, toujours victorieuse et sans rivale. Mais plus maintenant. L'homme qui les avait vaincus était à nouveau devant eux sur cette plaine, il les défiait sur leur territoire, le cœur chantant et l'ambition brillant dans ses yeux bleus. En outre, Baybars avait eu vent d'une querelle entre les Seldjoukides et les Mongols, et ils se tenaient à l'écart les uns des autres sur le terrain. Ses espions l'avaient informé que l'Ilkhan n'avait plus confiance en ses sujets et il se disait que le Pervaneh seldjoukide ne combattrait peut-être pas. Baybars sentit le vent remuer sa cape et son cheval piétiner le sol, la tension du cavalier se propageant à sa monture, mais il conservait une attitude calme, sans donner l'ordre à ses hommes d'attaquer. Il laissait aux Mongols le soin de se lancer en premier.

L'instant d'après, le son ronflant d'une corne déchira le silence. Comme il s'évanouissait, le grondement des sabots le remplaça et l'aile gauche de la force mongole se mit en marche. Cinq lignes avancèrent, deux d'entre elles composées de cavalerie lourde portant épées et lances, les trois autres de cavaliers plus légers brandissant des javelots et des arcs. Leurs casques ronds en fer et les pointes de leurs lances reflétaient le soleil brûlant, boule de feu maintenant haut dans le ciel, projetant ses rayons sur toute la plaine d'Albistan, de la rivière aux montagnes. Arrivés à proximité du centre de l'armée mamelouke, les cavaliers légers s'infiltrèrent entre les lignes de la cavalerie lourde et décochèrent flèches et lances sur l'ennemi. C'était une nuée de moustiques qui frappait avant de se replier derrière la cavalerie lourde, celle-ci fondant sur les Mamelouks comme des tigres à l'affût.

Mais leurs piqûres étaient mortelles et, en quelques secondes, nombre de soldats mamelouks tombèrent sous les flèches et les lances, qui traversaient les boucliers et les armures pour frapper hommes et chevaux.

La tension à son comble, Baybars agrippa les rênes de son destrier et regarda attentivement ses commandants hurler des ordres et les rangs se resserrer, les boucliers levés pour former un mur protecteur contre la pluie de projectiles. Quelques instants plus tard, une haie de flèches et de javelots plantés dans l'herbe avait poussé devant les Mamelouks. Leur travail terminé, les cavaliers légers mongols furent rappelés par leurs officiers, puis ce fut au tour de la cavalerie lourde. Les voix de Kalawun et du commandant bahrite s'élevèrent par-dessus le vacarme, et, au son d'une corne, les deux régiments mamelouks s'avancèrent à sa rencontre, les sabots faisant vibrer le sol. Les lances furent levées des deux côtés et maintenues sous les bras. Les yeux se braquèrent sur une cible et ne la quittèrent plus, les âmes des cinq mille hommes s'emplirent de prières, et l'aile gauche mongole chargea au cœur de l'armée mamelouke, la perforant dans un déluge de fer, de rictus grimaçants et de hurlements.

En quelques instants, l'air se chargea de sang et la lutte devint sauvage. Les chevaux hennissaient en sentant les lances s'enfoncer dans leurs flancs et leur couper les tendons. Les hommes se frappaient et s'égorgeaient les uns les autres, ils étaient jetés à bas de leurs montures et mouraient écrasés, piétinés. Le nombre de morts augmenta rapidement et, peu à peu, les Mamelouks furent refoulés. Les Mongols continuaient à briser leurs rangs et à s'enfoncer en leur opposant un barrage d'épées et de lances tourbillonnantes.

Sur la butte, Baybars se redressa sur sa selle, analysant de son regard pénétrant la stratégie d'attaque mongole. La cavalerie lourde mettait la pression sur ses troupes, mais il y avait une faiblesse sur son aile droite, à quelque distance de là.

— À moi ! rugit-il.

Et à cet appel, le sultan descendit le talus au galop, suivi par l'élite mamelouke, tandis qu'un son de corne provenant des lignes mongoles donnait le signal à l'aile droite de s'avancer.

Baybars et les Bahrites firent beaucoup de ravages chez les Mongols quand ils s'engagèrent dans le combat, rafraîchissant les troupes déjà à l'œuvre et insufflant un nouvel état d'esprit, plus conquérant. Kalawun et le sultan se retrouvèrent dans la mêlée quand les Bahrites et les Mansuriyya se rejoignirent. Le sultan et l'émir combattirent côte à côte, éreintant l'ennemi avec leurs épées virevoltantes, leurs visages grimaçant sous l'effort et couverts de sang. Bientôt, les deux armées furent complètement engagées dans le combat, à l'exception des troupes seldjoukides, qui semblaient surveiller l'arrière des forces mongoles et empêcher les Mamelouks de tourner autour pour les prendre à revers.

La bataille était brutale et sans merci. Le centre de l'armée mamelouke s'étira, menaça un moment de rompre, puis resserra de nouveau les rangs. Peu à peu, dans la douleur, les Mamelouks repoussèrent les Mongols. Silhouette imposante dans la forêt d'hommes, avec ses bras ruisselant de sang et son front entaillé, Tatawun hurla un nouvel ordre aux hommes de tête. Un par un, les cavaliers mongols éparpillés mirent pied à terre et formèrent de petits groupes dos à dos, forçant les Mamelouks à les imiter et à les combattre un par un. On mit les lances de côté et on tira les épées, et les cadavres continuèrent à s'entasser au milieu des survivants.

Mais les Mamelouks ne firent pas de quartier et le désespoir commença à s'infiltrer dans les cœurs des valeureux Mongols.

Après presque trois heures d'un combat intense, tout fut terminé. Capturé, vaincu, Tatawun lança l'appel à la reddition et à travers toute la plaine, les survivants mongols, épuisés, déposèrent les armes, battus une nouvelle fois par la puissance de Baybars et des Mamelouks. Le Pervaneh et les troupes seldjoukides ne tinrent pas compte de la reddition et s'enfuirent avant que les Mamelouks ne viennent les chercher.

Plus de neuf mille cadavres, dont au moins sept mille Mongols, recouvraient le plateau d'Albistan. Les hommes – des frères, des fils et des pères – étaient réduits à une masse de chair indistincte et sanglante répandue sur le sol. Et tandis que Baybars étudiait le champ dévasté et l'ennemi réduit à néant, le désir de combattre et la tension afférente refluèrent, laissant derrière eux un espace vide que ne comblait pas la victoire inscrite en rouge sang devant lui.

28

À l'extérieur de La Mecque, Arabie

15 avril 1277 après J.-C.

Un sifflement se fit entendre. Garin leva les yeux vers les rochers au-dessus de lui et vit l'un des soldats chypriotes désigner l'est, en direction de La Mecque.

— Quelqu'un arrive, dit Amaury près de lui.

Garin se tourna prudemment pour scruter la route, collé au rocher qui jouxtait le chemin et formait un goulot dans la vallée. Au loin, à peine visible en raison du soleil éblouissant, quelque chose bougeait. Au bout d'un moment, il réalisa qu'il s'agissait d'un chameau.

— C'est eux ? demanda Bertrand, accroupi derrière des rochers de l'autre côté du chemin.

Avec lui se trouvait l'un des Chypriotes. Trois autres étaient postés sur une saillie, prêts à utiliser leurs arcs. Une corde troquée au camp bédouin par leur khafir, camouflée dans le sol sablonneux, était étendue à travers le chemin comme un serpent crevé.

Garin leva la main pour se protéger les yeux.

— Il n'y en a qu'un… non, attends, ils sont deux.

— Mais est-ce que c'est eux ?

— Comment serait-ce possible s'ils ne sont que deux ? répliqua sèchement Garin.

Il plissa le front en observant les bêtes approcher. Leur rythme était terrifiant. Elles avançaient à toute allure, dodelinant et projetant des nuages de poussière derrière elles. Les cavaliers semblaient supporter le roulis tant bien que mal, s'accrochant aux chameaux comme à leur propre vie. Garin s'efforça de mieux les distinguer. Ils portaient tous les deux des robes noires, mais le premier avait la tête nue. Garin commença à discerner ses traits.

— Je crois que c'est Will, lança-t-il aux autres en se remettant à l'abri.

— Où sont les autres ? demanda Amaury.

— Je ne sais pas, répondit Garin, circonspect. Quelque chose a dû mal tourner.

— Peu importe, intervint Bertrand d'une voix déterminée. Nous agissons. Ils nous donneront les réponses que nous voulons.

Garin regarda de son côté. Il avait enroulé autour de ses poings une extrémité de la corde, qui formait une boucle sur le rocher à côté de lui. Garin hocha la tête.

Bertrand croisa le regard d'Amaury tandis que le martèlement des sabots devenait audible et tous deux agrippèrent la corde. Le bruit augmentait, répercuté par les rochers qui leur bouchaient la vue. Une flèche tomba dans le sable derrière Garin. Le signe des guetteurs en haut.

— Maintenant ! souffla Bertrand

Ensemble, Amaury et lui tirèrent sur la corde, qui se tendit autour des rochers et s'éleva à hauteur de genoux. Les Chypriotes s'arc-boutèrent. À peine quelques secondes plus tard, le chameau se rua dans le passage, droit sur la corde. Ses jambes de devant heurtèrent la barrière à une vitesse folle et il plongea en avant, éjectant les cavaliers de la selle.

Will fut le premier à toucher le sol, mains tendues pour amortir le choc, dans un déluge de poussière et de cailloux. Robert s'écrasa un instant plus tard et roula sur plusieurs mètres avant de s'immobiliser. Le chameau s'était écroulé, la selle défaite. Hagard, il essayait de s'asseoir, mais ses pattes ne le portaient plus. Sonné, Will était étendu au sol. Le choc résonnait en lui comme une cloche convoquant des douleurs localisées chaque fois qu'il essayait de bouger. Sentant des mains s'emparer de lui et le relever, il poussa un cri. Sa bouche était pleine de sang et de sable. Lentement, ses yeux se dessillèrent et il vit quatre hommes formant un cercle autour de lui. Un cinquième le tenait. Tous portaient des robes et des keffiehs de Bédouins. Ce à quoi il ne s'attendait pas, c'était la clarté du latin d'un des hommes portant un masque noir, un athlète.

— Où est la Pierre ?

Will cligna des yeux. Pendant quelques secondes, il fut incapable de parler et on lui répéta la question. Il finit par secouer la tête.

— Je ne sais pas de quoi vous parlez.

L'homme athlétique s'avança et lui assena un coup de poing dans l'estomac. Le souffle coupé, Will voulut se plier en deux pour rendre la douleur supportable, mais l'homme qui le maintenait ne lui en laissa pas la possibilité. Il cracha du sang et tenta faiblement de reprendre sa respiration, avec l'impression que tout son estomac souffrait et que cette douleur lui remontait dans la gorge.

— Où est-elle ? répéta l'homme.

Will prit une courte inspiration, puis il croisa le regard inflexible de l'homme. Il secoua la tête.

— Je… ne… sais… pas, dit-il d'une voix hachée.

L'homme le frappa à nouveau, et la colère augmentait la puissance des coups. Cette fois, il fallut un peu de temps à Will pour récupérer. À travers les larmes qui coulaient de ses yeux, il aperçut l'un des hommes se pencher sur un autre, un petit grassouillet. Il lui chuchota quelque chose.

— Attends, dit le petit à celui qui le martyrisait. Utilisez son ami.

Il désignait Robert, toujours étendu par terre, inanimé.

Will lutta vainement tandis que l'athlète s'approchait de Robert et lui donnait un grand coup de pied dans le dos. Le bras de Robert saignait beaucoup, le sable autour de lui était déjà rouge. Sa bourka avait glissé de sa tête dans la chute, dévoilant son visage cadavérique. Will en fut horrifié en le découvrant ; il le croyait mort et fut rassuré de voir sa poitrine se soulever. Mais son soulagement fut de courte durée, car l'homme tira une épée de sa ceinture.

— Dis-moi où est la Pierre, sinon je le tue.

La menace était prononcée froidement, sans émotion, et rien ne pouvait laisser penser qu'elle était lancée en l'air.

— On nous a pris, répondit Will. À La Mecque. Nous n'avions aucune chance de nous en emparer.

— Où sont les hommes qui étaient avec toi ? demanda le gros.

— Morts, répliqua Will à voix basse, en continuant à fixer l'homme dont la pointe de l'épée était braquée sur la gorge de Robert. Ou ils le seront bientôt.

— Il nous la faut, dit l'homme en se tournant vers ses compagnons. Nous n'avons pas fait tout ce chemin pour rien. Je ne partirai pas sans elle. Allons à La Mecque et prenons-la nous-mêmes !

Au même moment, un sifflement leur parvint d'en haut et il leva la tête.

— Qu'y a-t-il ? cria le gros.

— Des cavaliers arrivent de la ville, lança l'un des hommes en sautant de rocher en rocher. Vite.

L'athlète poussa un juron.

— Qui est-ce ? demanda-t-il à Will.

— Des Mamelouks. Ils en ont après nous. Si vous êtes au courant pour la Pierre, vous savez pourquoi. Vous savez aussi ce qu'ils nous feront, et à vous aussi, quand ils arriveront ici.

L'homme jura à nouveau.

— Il faut qu'on parte, dit le gros. C'est fini.

L'athlète tendit son épée en direction de Will, qui se raidit. Ses yeux indiquaient sa rage. Il leva le bras comme pour frapper.

— Non !

Will chercha des yeux celui qui l'avait sauvé et vit un homme s'avancer en secouant la tête. Jurant à travers son masque, l'athlète rengaina son épée, puis il tourna les talons et s'éloigna.

L'homme derrière lui le lâcha pour suivre ses compagnons et Will tomba à genoux. Ils remontèrent la piste avant de grimper un talus menant aux montagnes. Ils atteignirent des colonnes pierreuses saillant de la façade, par une sorte de sentier à peine visible qui passait derrière elles. En l'espace d'un instant, ils disparurent.

Will fit quelques pas en direction de Robert et posa sa main sur son front moite.

— Robert ?

Les yeux de Robert s'ouvrirent avec difficulté. Il poussa un grognement à travers ses lèvres enflées. À leur gauche, le chameau gisait toujours, râlant de douleur. Will tituba jusqu'à l'entrée du passage. Il entendait un bruit de sabots. Il n'y avait nulle part où se cacher. Deux cavaliers approchaient à vive allure. Derrière eux, au loin, il y en avait encore davantage, il le voyait à l'énorme nuage de poussière qui s'élevait dans le ciel. Désespéré, Will tira son fauchon.

— Dieu, donne-moi la force.

Les premiers cavaliers émergèrent du goulot. Will les regarda, incrédules. C'était Zaccaria, le visage et les vêtements couverts de sang. Derrière lui se trouvait l'un des chiites. Zaccaria tira violemment sur les rênes de son cheval en voyant Will.

— Monte ! cria-t-il tandis que la bête se cabrait.

Rengainant son arme, Will courut jusqu'à Robert et le prit dans ses bras. Zaccaria tira le chevalier à demi inconscient par ses vêtements et le hissa sur la selle devant lui, puis il frappa les flancs de sa monture pendant que Will grimpait derrière le chiite.

— Kaysan ? cria Will en s'agrippant à l'arrière de la selle.

— Mort, répondit le chiite en enfonçant ses talons dans les flancs du cheval. Ils sont tous morts.

La Mecque, Arabie, 15 avril 1277 après J.-C.

Ishandiyar tressaillit. La blessure reçue à la cuisse, à côté d'une autre plus ancienne datant d'al-Bireh, le faisait souffrir.

— Alors ? demanda-t-il aux deux soldats mamelouks arrivant vers lui.

L'un d'eux secoua la tête.

— Je suis désolé, émir, nous n'avons pas pu les capturer. J'ai laissé des hommes au village au cas où ils essaieraient de s'y réfugier, mais je pense qu'ils ont dû s'enfuir par les montagnes.

Ishandiyar répondit d'une voix maussade :

— Bon, ils sont morts de toute façon. Si le désert ne les tue pas, les Bédouins s'en chargeront. Rappelez les autres. Nous resterons ici ce soir. Mais je crois qu'il n'y a plus de danger dans l'immédiat.

Les soldats s'inclinèrent et repartirent à cheval dans le désert. En ce début de matinée, il était sillonné par des marchands et des travailleurs, dont la plupart regardaient avec curiosité le groupe de Mamelouks à proximité de la Grande Mosquée. Ishandiyar rentra en boitant se mettre à l'abri des regards inquisiteurs.

La cour de la mosquée était baignée de lumière. Le prince de La Mecque, qui s'y trouvait, discutait d'un air morose avec quelques-uns des gardes. On avait traîné les cadavres de trois gardes et de cinq Mamelouks à l'ombre, sous les arcades. Non loin de là, les dépouilles des agresseurs avaient été empilées sans cérémonie. Déjà, les mouches tournoyaient avec intérêt autour des corps. Ishandiyar jeta un coup d'œil à la Ka'ba. Des serviteurs à quatre pattes frottaient les carreaux tachés de sang. Ses yeux se portèrent sur la Pierre noire, sombre et silencieuse, et un soulagement bienvenu l'envahit. Il avait honoré la promesse faite à Kalawun, et à Allah. La Pierre n'avait subi aucun dommage. Le voyage avait été pénible, l'attente harassante, et ses hommes avaient accosté nombre de pèlerins les jours précédents. Mais quand il avait aperçu les deux silhouettes en bourka, trop grandes pour être des femmes, s'approcher du temple avec un panier, il avait su immédiatement à qui il avait affaire.

Il approcha du panier, toujours au sol. La pierre qu'il avait contenue gisait sur le sol, où deux mollahs de la mosquée l'étudiaient.

— Qu'est-ce que c'est ? demanda-t-il. L'avez-vous déjà déterminé ?

L'un des mollahs leva les yeux vers lui.

— Nous pensons que c'est une copie, émir. Rien de plus. Peut-être avaient-ils l'intention de la mettre à la place de la sainte relique pour pouvoir s'enfuir sans être remarqués ?

Ishandiyar ne répondit pas. Kalawun l'avait informé que le chevalier chrétien avec qui il était en relation avait un plan pour empêcher le vol. Il se demanda un moment si certains des hommes qu'ils avaient tués étaient des alliés, mais il évita de s'attarder sur cette pensée. Kalawun avait raison : il était de leur responsabilité de préserver la Pierre noire. Rien d'autre ne comptait.

Au bout d'un moment, on emmena les cadavres pour les enterrer et il ne resta plus trace de ce qui venait de se dérouler. Une heure plus tard, tandis que les appels des muezzins retentissaient du haut des minarets de la ville, les portes de la Grande Mosquée s'ouvrirent et les pèlerins, qui attendaient patiemment dehors, entrèrent à la file, le visage frappé d'émerveillement.

29

Damas, Syrie

9 juin 1277 après J.-C.

Telle une vague sonore déferlant à travers la fournaise du désert, la rumeur des tambours s'entendit à Damas bien avant que les Mamelouks n'y arrivent. À la tête de l'armée se trouvait Baybars, dont les Bahrites scandaient le titre avec ferveur.

— *Al-Malik al-Zahir !*

La bannière rouge au lion jaune flottait mollement au-dessus des premières lignes. Les rugissements des soldats pilonnaient les oreilles de Kalawun, qui chevauchait à côté du sultan. Il ne faisait aucun doute qu'ils étaient ravis.

Quelques jours après la victoire à Albistan, les Mamelouks étaient entrés en libérateurs à Kayseri, la capitale du royaume seldjoukide, puisque les Mongols avaient posté là une garnison contre la volonté du peuple. À Kayseri, les musulmans seldjoukides louèrent Baybars, frappèrent une nouvelle pièce à son nom et le firent héritier du trône. Les Mamelouks passèrent plusieurs semaines dans le luxe, avant que Baybars ne se décide à retourner en Syrie. Pour les soldats, c'était une bonne nouvelle. Ils avaient combattu les Mongols et les avaient à nouveau vaincus, avec des pertes assez minimes. Leur travail accompli, ils étaient heureux de retourner dans le confort de Damas, où le sultan les récompenserait certainement en partageant le butin et les esclaves ramenés du champ de bataille. Néanmoins, certains généraux et conseillers avaient un point de vue tout différent.

Pourquoi, demandaient-ils avec autant d'assurance que possible face au sultan et à son regard d'airain, pourquoi s'en aller après s'être emparé de ce territoire ? Ils auraient dû s'installer, renforcer leur position, faire venir d'autres forces. N'était-ce pas là ce qu'il voulait ? Étendre les frontières de l'empire mamelouk et amputer celui des Mongols ? Baybars n'eut aucun mal à répondre à leurs arguments. Des éclaireurs l'avaient informé qu'Abaqa, ulcéré par sa défaite, conduisait une armée de plus de trente mille hommes vers le royaume seldjoukide pour se venger et récupérer son territoire. Baybars ne disposait pas de troupes assez nombreuses pour s'opposer à lui dans ces conditions, il n'avait pas le temps d'en faire venir. Il dit donc aux généraux qu'en restant, ils couraient le risque d'être coupés du reste de l'armée, toujours à Alep.

D'accord avec cette décision, Kalawun avait remarqué l'air de plus en plus las du sultan depuis qu'ils étaient entrés dans la capitale seldjoukide. La victoire sur les Mongols ne semblait pas lui apporter de réelle satisfaction : si ça n'avait pas semblé si improbable, Kalawun aurait pensé qu'au contraire, il la regrettait. On aurait dit que quelque chose en lui, flétri au fil du temps, avait fini par mourir. Tout au long du chemin de Kayseri à Alep, le sultan avait à peine prononcé un mot.

Kalawun l'observa à la dérobée. Les yeux de Baybars étaient fixés sur les murs de Damas, qui s'élevaient au-delà d'un luxurieux verger. Regardant derrière le sultan, il croisa le regard de Khadir. Le devin avait réussi, il ne savait comment, à manœuvrer pour se retrouver à gauche de leur maître, bien qu'il eût été placé de propos délibéré quelques rangées en arrière, avec Baraka Khan. Ces dernières semaines, Khadir avait réussi à s'infiltrer de nouveau dans le cercle des intimes de Baybars, grâce à ses prédictions répétées d'une éclipse de lune, un mauvais présage qui annonçait la mort d'un grand homme. Cette prédiction avait valu à Khadir de reconquérir son ascendant sur Baybars, à qui il conseillait une extrême prudence. Celui-ci écoutait ses avertissements, même s'il ne leur attribuait pas plus d'importance qu'ils n'en méritaient. Comme ses yeux croisaient ceux de Khadir, il vit sur son vieux visage parcheminé l'expression de la haine et du soupçon. L'émir avait senti ce regard sur lui depuis le début du voyage. Il le troublait et, à vrai dire, il en avait plus qu'assez. Il avait l'impression que le devin essayait de lui jeter un sort en le regardant ainsi, de ses yeux mauvais. L'esprit occupé par d'autres choses, Kalawun s'était efforcé de taire ses dissensions personnelles avec Khadir pendant la campagne. Mais il était presque impossible de l'oublier, car il était tout le temps là, telle une présence malveillante à la périphérie de sa vision.

Des hérauts avaient été envoyés à Damas pour annoncer l'arrivée de l'armée et s'assurer qu'on prépare des chambres à l'intention de Baybars et des émirs. On avait enlevé des rues tout ce qui aurait pu gêner le passage des troupes et les citoyens, heureux d'accueillir le sultan, bordaient le chemin jusqu'au palais. Ils jetaient des fleurs à Baybars et aux soldats, tapissant la route de pétales multicolores, tandis que le roulement des tambours faisait pleurer les bébés et aboyer les chiens à travers toute la ville. Le gros de l'armée établit son campement à l'extérieur des murailles alors que Baybars et l'avant-garde montaient jusqu'à la citadelle, où les accueillit le gouverneur de Damas.

Kalawun tendait les rênes de son cheval à un écuyer lorsqu'un homme en livrée violette de messager royal s'approcha de lui.

— Émir Kalawun ?

— Oui ? fit Kalawun en se tournant vers lui.

Le messager le salua et lui tendit un rouleau.

— Il est arrivé il y a cinq jours. Quand j'ai appris que l'armée venait à Damas, je suis venu ici sans attendre.

Kalawun prit le rouleau et brisa le cachet de cire. Puis il déroula le parchemin pour découvrir trois mots rédigés d'une écriture qu'il connaissait.

Elle est en sécurité.

En lisant le message d'Ishandiyar, Kalawun se sentit envahi par un profond soulagement, comme un printemps évacuant tous les soucis accumulés en gros nuages noirs sur son esprit depuis qu'ils étaient partis du Caire. Mais à peine son inquiétude concernant la Pierre noire fut-elle évacuée qu'un autre motif de tourment l'assaillit : avait-il provoqué la mort de Campbell ou de ses hommes en agissant comme il l'avait fait ? Était-ce malheureux d'avoir envoyé Ishandiyar ? Non, se répondit-il sans hésiter. La lettre de Campbell ne lui révélait pas ses intentions et toutes ses assurances ne comptaient pour rien face à la possibilité qu'il échouât. Non seulement Kalawun ne pouvait se permettre qu'il arrive quoi que ce soit à la Pierre, mais la menace d'une guerre pesait trop lourd pour qu'il ne fût pas forcé d'agir. Malgré tout, il ressentait un certain malaise à l'idée d'avoir trahi et de s'être encore plus couvert les mains de sang pour préserver la paix.

La citadelle, Damas, 11 juin 1277 après J.-C.

Après à peine deux jours de repos, les Mamelouks se réunirent pour décider de la marche à suivre. Ils venaient d'apprendre qu'Abaqa était entré dans le royaume seldjoukide avec trois tumens dans le but d'exercer au plus vite des représailles contre les musulmans d'Anatolie ayant accueilli Baybars en sauveur. On pouvait juger de la colère de l'Ilkhan et de sa capacité à se venger d'après les rumeurs selon lesquelles le Pervaneh seldjoukide, qui avait fui le champ de bataille d'Albistan après une participation symbolique au combat, avait été exécuté et servi en ragoût à un banquet. Abaqa lui-même, disait-on, en avait mangé. L'Ilkhan campait actuellement à l'extérieur du royaume, les yeux braqués sur la Syrie, dont il n'était séparé que par les monts Taurus. Mais personne ne le croyait disposé à pénétrer en territoire ennemi, il manquait d'hommes pour s'attaquer à Baybars sur son propre terrain. Drapés dans leur fierté, les deux lions se jaugeaient de loin en grognant : ils savaient fort bien que, pour le moment, aucun d'entre eux n'était capable de vaincre l'autre.

Au cours de la discussion, qui avait pour but de déterminer un plan d'action, un soldat bahrite entra dans la pièce et s'approcha de Baybars. Kalawun observa le sultan pencher la tête et le soldat lui chuchoter quelque chose à l'oreille.

— Faites-le entrer, dit Baybars d'une voix grave, interrompant l'émir qui avait pris la parole.

— Maître ? l'interrogea Kalawun, tandis que les émirs tournaient la tête en se demandant qui osait interrompre le conseil.

Baybars s'abstint de toute réponse et se leva. Quelques instants plus tard, le soldat bahrite revint avec deux camarades poussant devant eux un jeune homme en robe noire crasseuse. L'homme s'avança la tête haute, avec un air d'arrogance et de défi, et il ne baissa pas les yeux quand il croisa le regard du sultan.

— Sultan Baybars, dit-il sans incliner la tête pour le saluer. Je suis venu récupérer le reste de la rançon promis à mon Ordre contre la libération de votre officier, Nasir. Nous voulions vous le rendre plus tôt, mais nous ne savions pas que vous étiez parti du Caire. Nous vous poursuivons depuis un moment.

Entendant un son bizarre, comme un sifflement, Kalawun tourna la tête et vit qu'il provenait de Khadir.

Celui-ci était assis, jambes croisées, en plein soleil, mais il s'allongea sur le ventre, à quatre pattes, comme un crabe, et ses yeux blancs lançaient des éclairs en direction du jeune Assassin.

Tous les autres faisaient silence.

— Où est-il ? demanda Baybars.

— Près d'ici, répondit prudemment l'Assassin. Quand j'aurai reçu le reste de la rançon, j'irai sans délai ordonner qu'on le relâche.

— Ces termes sont inacceptables. Je ne donnerai pas l'argent tant que mon officier ne sera pas en sécurité.

Le jeune Assassin ne cilla pas.

— Dans ce cas, vous ne le reverrez jamais. Mes frères ont pour instruction de tuer Nasir si je ne reviens pas dans l'heure.

La mâchoire de Baybars se contracta. Il se tut un moment, puis fit un signe à l'un des Bahrites.

— Faites venir le trésorier, dit-il sans quitter des yeux l'Assassin.

Quand l'Assassin eut récupéré un sac d'or et quitté la pièce, Baybars appela quatre Bahrites.

— Suivez-le, ordonna-t-il aux soldats. S'il doit les retrouver dans l'heure, ses frères ne doivent pas être loin. Mettez l'officier Nasir à l'abri, puis tuez les fedayins et ramenez-moi l'or.

Les guerriers bahrites le saluèrent et partirent, après quoi Baybars se tourna vers Kalawun.

— Je veux qu'on élimine ces insurgés, émir. Envoyez un bataillon de troupes syriennes à Qadamus. Ils se joindront aux forces de mon lieutenant sur place et, de là, attaqueront la forteresse rebelle. Je veux qu'on en finisse avec cette secte.

— Oui, maître, marmonna Kalawun.

Il le vit dans les yeux du sultan, le sentit au ton de sa voix : cette vieille étincelle de rage qui s'était presque éteinte ces derniers mois brûlait de nouveau. Khadir semblait lui aussi l'avoir remarqué, car il regardait Baybars avec une expression triomphale. Le voir ainsi rappela à Kalawun l'envie du devin de remettre Baybars sur la voie de la guerre contre les chrétiens et son plan pour déclencher un conflit avec l'attaque de Kaboul. Il se souvint par ailleurs que c'était Khadir qui avait voulu qu'on envoie quelqu'un enquêter chez les Assassins. Enfin, il n'oubliait pas le soupçon qu'il avait sur l'implication possible de l'ancien chiite dans le vol de la Pierre noire. Kalawun sentit la crainte s'emparer de lui. Si Nasir avait la preuve que la tentative d'assassinat contre Baybars venait des Francs, où cela les conduirait-il ? Les Mongols et les Mamelouks étaient bloqués, et l'armée de Baybars, victorieuse, reposée, campait à Damas. Soit à seulement trois jours de marche d'Acre.

Les quais, Acre, 11 juin 1277 après J.-C.

Garin jeta son sac sur un banc à la poupe et s'appuya des deux mains au rebord du bateau, les yeux perdus dans l'eau verte écumant en contrebas. Le soleil cuisait sa nuque déjà rougie, et même brûlée par endroits, là où ses cheveux décolorés ne la protégeaient pas. Derrière lui, l'équipage s'apostrophait grossièrement tout en préparant le bateau chargé de sucre à quitter le port d'Acre, à destination de la France. Garin avait hâte de partir.

Il était revenu en Acre trois jours plus tôt. Parvenu au palais royal, épuisé et ulcéré, avec les Chypriotes, il avait découvert qu'ils n'y étaient plus les bienvenus. Pendant leur absence, le comte Roger avait expulsé les derniers hommes de Hugues du château et on ne les admit que brièvement, afin qu'ils récupèrent leurs affaires. Bertrand et ses hommes, aussi vaincus que leur maître, avaient embarqué dès le lendemain sur un bateau en partance pour Chypre. Ils avaient abandonné Garin dans une taverne sur le port, où il ressassait son infortune. Non seulement son plan avait complètement échoué, mais il avait dilapidé tout l'or dont il disposait pour s'enfuir du désert. Il avait utilisé à cet effet l'argent que le roi Hugues lui avait donné pour Édouard après leur accord, accord qui n'avait plus aucune raison d'être maintenant que le roi Charles s'était hissé sur le trône. Une bonne partie de cette somme s'était envolée. En outre, non content d'avoir perdu une année et dépensé l'argent d'Édouard pour son qannob, ses putains et sa stupide idée, il n'avait même pas réussi à obliger Everard et l'Anima Templi à dégager les fonds qu'Édouard avait exigés. Son seul espoir, c'était que les matelots ne trichent pas aux dés, ainsi il pourrait regagner une partie des sommes perdues. Sinon, il aurait aussi vite fait de se jeter lui-même par-dessus bord pour épargner à Édouard la fatigue de le tuer.

Il n'avait plus rien. Et il n'était plus rien.

Les mots ravivèrent de mauvais souvenirs liés à son oncle, Jacques, à sa mère et à Édouard. Il essaya de les repousser, se força à fermer les yeux devant leur insistance, mais ils n'arrêtaient pas de l'assaillir, de lui répéter qu'il n'avait jamais agi comme il le fallait, qu'il était inutile, un bon à rien, pas comme son père et ses frères, pas comme Will. Ce nom s'enfonça dans son esprit avec autant de violence que s'il se fût agi d'un coup de couteau. Son incapacité à retirer cette épine plantée dans son pied depuis l'enfance était presque aussi frustrante que l'échec de sa mission elle-même. Pourtant, il en avait eu l'occasion. Il n'avait même pas à faire quoi que ce soit, juste laisser le bras de Bertrand retomber. L'histoire aurait été finie rapidement, tranquillement, sans que le sang ou la honte lui en reviennent. Il ne comprenait pas pourquoi il était intervenu. Pourquoi il avait retenu la main de Bertrand. Tout au long de leur retour à travers le désert, Garin n'avait cessé de repenser à ce moment, encore et encore, sans jamais parvenir à une conclusion satisfaisante. Pourquoi avait-il sauvé la vie de Will, alors que c'était si facile de le laisser mourir ? Il n'avait plus aucun sentiment pour Will, rien d'autre que du ressentiment, de l'animosité et de la jalousie. Tout ce que le chevalier possédait lui revenait de droit. Son statut de commandeur, sa place dans l'Anima Templi, le respect et l'amitié de ses camarades, la famille qui l'aimait quoi qu'il fasse, la femme qui le désirait. Même si elle s'était donnée avec une liberté rare ce jour-là au palais, Garin savait qu'Elwen ne l'avait pas vraiment désiré. Sinon, elle n'aurait pas versé de larmes après. Le seul plaisir que ce souvenir entaché d'amertume provoquait en lui, désormais, c'était qu'il avait au moins pris quelque chose à Will, ne fût-ce qu'un instant. Quelque chose de précieux qu'il ne pourrait jamais recouvrer.

Tandis que l'équipage défaisait les cordes d'amarrage et mettait les rames à l'eau, Garin reposa son menton sur ses mains en coupe et, avec détachement, comme s'il était engourdi, il ne pensa plus à rien. Lorsque le vaisseau sortit du port et s'éloigna lentement d'Acre, Garin ne regarda pas derrière lui, il continua à fixer la mer vide sur laquelle il s'engageait.

La citadelle, Damas, 11 juin 1277 après J.-C.

Les minutes devinrent des heures. Baybars restait assis, immobile et pensif. Le conseil s'était terminé de façon abrupte avec l'arrivée de l'Assassin, et seuls Khadir et Kalawun demeuraient avec lui dans la pièce, Kalawun sur ordre du sultan, et Khadir parce qu'il l'avait oublié, recroquevillé dans un coin comme il l'était.

Enfin, après trois heures de tension, on frappa à la porte et quatre hommes entrèrent. Trois d'entre eux étaient les soldats bahrites que Baybars avait envoyés à la poursuite des Assassins. Le quatrième était Nasir. Kalawun se leva en voyant l'officier. Nasir était maigre, émacié même, sa barbe et ses cheveux étaient emmêlés par la crasse, et il était couvert de contusions. Kalawun ressentit une culpabilité dévorante à l'idée que c'était lui qui avait ordonné à son officier et ami de se jeter au cœur du danger, et qu'il était responsable des souffrances qu'il avait endurées. Il fit un pas vers Nasir mais Baybars, d'une main levée, l'empêcha d'aller plus loin.

— Est-ce fait ? demanda le sultan au Bahrite.

L'un des soldats s'avança et lui tendit le sac en cuir donné à l'Assassin, rempli d'or. Le sac était souillé de matières sombres. Du sang, se dit Kalawun. Il y en avait encore davantage sur les uniformes des Bahrites, l'un d'entre eux semblait d'ailleurs blessé.

— Oui, seigneur. Mais nous avons perdu un homme.

Baybars hocha la tête en soupesant le sac, comme pour signifier que c'était une perte acceptable, puis il porta son attention sur Nasir, qui paraissait presque incapable de se tenir debout.

— Est-ce que tu as trouvé ce que je t'ai envoyé chercher ?

Nasir acquiesça d'un air las et ouvrit la bouche pour parler, mais le râle spectral qu'il produisit était aussi inaudible qu'une légère brise. Il toussa faiblement et répéta sa tentative.

Baybars tendit la main vers une coupe de cordial posée sur la table. Il s'approcha de Nasir et la plaça dans sa main.

— Bois.

Nasir saisit la coupe et la porta à ses lèvres gercées, jaunies. Puis il rendit la coupe à Baybars.

— Oui, seigneur, murmura-t-il d'une voix rauque. Je l'ai.

La voix de Baybars tremblait légèrement lorsqu'il répondit.

— Qui est-ce ? Qui a payé les Assassins pour me tuer ?

— Un Franc, seigneur, comme vous le pensiez. Un Templier. Il s'appelle William Campbell.

Baybars pivota en entendant Kalawun pousser une exclamation.

— Qu'y a-t-il, Kalawun ?

La gorge de Kalawun se dessécha instantanément. Il était pris au dépourvu et ne savait que répondre pour couvrir sa réaction. De manière inattendue, c'est Khadir qui le sauva.

— Tu le connais, maître ! dit-il en bondissant sur ses pieds. Tu le connais !

Baybars commençait à secouer la tête.

— C'est l'homme qui a porté le traité ! C'est lui qui portait le traité de paix des Francs il y a cinq ans.

Baybars se souvint des ruines de Césarée, son trône dressé au milieu de la cathédrale dévastée. Il se rappela ce jeune chevalier chrétien, un Templier, qui lui avait tendu le traité signé par Édouard d'Angleterre. Il se rappela qu'il avait des cheveux noirs, qu'il parlait arabe et qu'il lui avait demandé l'autorisation d'aller à Safed. Puis, il finit par se rappeler son nom et il sut que Khadir ne se trompait pas.

— Tu l'as laissé enterrer son père, dit Khadir en sautillant presque.

— Reste tranquille, marmonna Baybars, sa main se crispant sur la coupe, les doigts faisant plier le métal délicat.

— Tu l'as laissé traverser ton territoire, avec tes propres hommes comme escorte !

— *Je t'ai dit de te tenir tranquille !* grogna Baybars en lançant la coupe contre le mur, qu'elle heurta avec fracas en laissant de grandes éclaboussures mauves.

Khadir se jeta au sol, rampant face à la colère du sultan. Les soldats et Nasir se gardaient d'intervenir, évitant judicieusement de croiser le regard furieux de Baybars.

— Seigneur..., commença Kalawun.

— Je veux que vous le trouviez, l'interrompit Baybars en s'adressant aux Bahrites. Trouvez-le et amenez-le-moi.

— Où voulez-vous que nous commencions nos recherches, sultan ? demanda l'un des soldats, tête basse.

— Au Temple d'Acre. S'il n'y est pas, ils sauront où le trouver.

— Seigneur ! répéta Kalawun d'une voix plus forte.

Baybars tourna les yeux dans sa direction.

— Comment sais-tu si c'est bien le même chevalier qui t'a apporté le traité ? William est un nom courant chez les Francs. Peut-être sont-ils plusieurs à s'appeler Campbell ?

— Alors, je tuerai tous les chrétiens qui portent ce nom, rugit Baybars d'une voix d'airain, inflexible. Jusqu'à ce que je sois certain d'avoir éradiqué de cette Terre l'homme qui a payé des tueurs pour s'attaquer à moi pendant les fiançailles de mon fils, de mon héritier. Des tueurs dont les lames ne m'ont pas atteint, mais qui ont transpercé le cœur de celui qui m'aimait comme un frère, inconditionnellement, sans peur et sans hésitation.

La voix de Baybars se brisa en prononçant ces mots, puis il tourna les talons et quitta la pièce.

— Suivez mes ordres, se contenta-t-il de dire en passant aux soldats.

Khadir se jeta à la poursuite du sultan, laissant Kalawun seul avec Nasir tandis que les Bahrites partaient d'un pas fatigué rejoindre les écuries de la citadelle pour faire seller leurs chevaux. Kalawun s'approcha de Nasir et l'étreignit.

— J'étais sûr que tu étais mort.

Nasir parvint à lui adresser un faible sourire.

— Moi aussi.

— J'ai honte, commença Kalawun d'une voix hésitante, une main posée sur l'épaule de Nasir.

— Tu n'as pas à avoir honte, émir. Je remplissais mes devoirs.

Kalawun secoua la tête. Il resta silencieux quelques instants, sans savoir s'il devait poursuivre. S'il ouvrait cette boîte, il ne pourrait plus la refermer. Mais l'occasion de se racheter de sa trahison envers Will l'animait d'un sentiment d'urgence, et il n'y tint plus.

— Non, Nasir, dit-il en soupirant. J'ai honte de ce que je vais te demander. Je ne sais pas quoi faire, et je n'ai personne d'autre à qui solliciter un conseil. Je voudrais y aller moi-même, mais mon absence serait remarquée, et le seul homme à qui je pourrais confier cette information se trouve au Caire.

— De quoi s'agit-il, émir ?

Kalawun alla jusqu'aux portes, vérifia qu'elles étaient bien fermées, puis il s'approcha d'une tapisserie tendue sur les murs qui montrait une scène de jardin. Il la souleva pour s'assurer que la porte qu'elle cachait était verrouillée. La citadelle de Damas, comme celle du Caire, multipliait les passages pour les serviteurs. Rassuré, il revint vers Nasir.

— Ce chevalier dont tu viens de nous parler, je le connais.

Nasir garda le silence tandis que Kalawun expliquait comment le chevalier l'avait prévenu d'un complot visant à voler la Pierre noire de La Mecque.

— Et tu as pu empêcher que ça se produise ? lui demanda-t-il dès que Kalawun eut terminé.

— Le chevalier a juré de l'empêcher, mais je n'ai pas pu me résoudre à laisser cette mission entre les mains d'un non-musulman, même si ses intentions étaient les meilleures. J'ai envoyé l'émir Ishandiyar. Je viens de recevoir un message : la Pierre noire est, semble-t-il, en sécurité.

— Tant mieux, murmura Nasir.

— Je ne sais pas si ce chevalier était à La Mecque ou non et, s'il y était, s'il a pu s'en sortir. Mais s'il est en vie, il faut le prévenir. Je veux que tu le trouves avant les Bahrites.

Nasir le fixa.

— Je sais que c'est beaucoup te demander, renchérit Kalawun. Peut-être trop. Mais je le dois à ce chevalier, Nasir. Nous le lui devons tous. Sans lui, nous serions en guerre, et cette guerre n'apporterait rien à personne. Crois-moi, mon ami, je ne te demanderais pas une chose pareille sans la meilleure des raisons. Il faut que tu me fasses confiance. Je t'expliquerai tout à ton retour mais, pour l'instant, j'ai besoin que tu le trouves et que tu le préviennes. Dis-lui de quitter ce pays et de ne jamais y revenir.

30

Le Temple, Acre

14 juin 1277 après J.-C.

Will sursauta en sentant une main se poser sur son épaule. Simon était à côté de lui et souriait de toutes ses dents.

— Ça fait plaisir de te revoir, dit-il en le détaillant des pieds à la tête. Mon Dieu, mais tu es aussi hâlé que les Sarrasins. J'ai voulu te voir plus tôt dans tes quartiers, mais on m'a dit que tu avais un entretien avec le grand maître.

— Je lui faisais mon rapport.

— Comment s'est déroulée la mission ?

Will observa la cour en évitant le regard de Simon.

— Il ne s'est pas passé grand-chose. Nous avons parlé avec des Mongols, nous nous sommes divertis à la cour et avons réaffirmé notre volonté de rester des peuples amis.

Simon lui jeta un coup d'œil entendu.

— Allons, dit-il avec le plus grand sérieux, j'ai entendu des choses. Tous les membres de ta compagnie ne sont pas revenus et j'ai cru comprendre que Robert de Paris était blessé. Les Mongols, tu dis ? On m'a dit qu'ils faisaient des… des *choses* à leurs ennemis. Des choses terribles.

Will était étonné. Ils n'étaient arrivés en Acre que la veille et il ne s'attendait pas que les rumeurs se déclenchent aussi rapidement.

— Ton imagination est toujours aussi bouillonnante, répondit-il avec désinvolture. Non, ce n'étaient pas les Mongols. Nous avons eu un accident sur le chemin du retour, quand nous avons traversé les montagnes. Nous y avons laissé trois hommes et Robert n'a été sauvé que de justesse.

— Qu'est-ce qui s'est passé ?

— Je n'ai pas très envie d'en parler.

— Bien sûr, fit Simon en hochant la tête. Désolé.

Will le remercia d'un sourire qui lui donnait l'impression d'un traître.

— Écoute, nous parlerons bientôt. Mais, dans l'immédiat, il faut que j'aille voir Robert à l'infirmerie.

— D'abord, il y a une chose que tu dois savoir, Will. Elwen est venue à plusieurs reprises à la commanderie depuis quelques semaines.

— Elle est venue ici ? s'alarma Will.

— Ne t'inquiète pas. Elle a été discrète et n'a parlé qu'avec moi. Elle voulait savoir si tu étais rentré.

Will soupira calmement. Il avait beaucoup de choses à se faire pardonner maintenant qu'il était rentré.

— J'irai la voir plus tard.

Simon passa la langue sur ses lèvres.

— À ta place, j'irais la voir tout de suite. Elle n'a pas l'air..., hésita Simon, disons qu'elle a l'air d'aller mal.

— D'aller mal ? demanda aussitôt Will.

— Elle a l'air en détresse, fit Simon en haussant bizarrement les épaules. Elle pleure. Pour être franc, je ne savais pas trop quoi lui dire.

Will regarda en direction de l'infirmerie. Il fallait qu'il parle à Robert dès que possible pour lui expliquer le mensonge qu'il avait mis au point avec le grand maître pour couvrir les morts de Carlo, Francesco et Alessandro. Mais si Elwen avait besoin de lui...

— J'y vais tout de suite, dit-il.

— Je prépare ton cheval.

Will s'attarda dans la cour tandis que Simon se hâtait vers les écuries. Il était préoccupé. Ça ne ressemblait pas à Elwen de pleurer devant les gens, ni de prendre le risque de venir au Temple pour ce genre de choses. Il fut distrait de ses pensées en voyant la silhouette voûtée d'Everard arriver vers lui. Le prêtre était d'une pâleur terrifiante et chaque pas semblait lui coûter.

— William, chuinta-t-il. Trop occupé pour venir me voir ?

Il leva la main pour empêcher Will de répondre.

— Nous avons à parler.

— J'allais venir vous voir plus tard, le rassura Will. Je suis arrivé dans la nuit et je ne voulais pas vous réveiller.

— Et tu fais quoi au juste ? Tu prends un peu de repos ? Tu te dores au soleil ?

— J'étais sur le point…

Will hésita, le regard tourné vers les écuries. Puis ses yeux rencontrèrent ceux, implacables, du prêtre.

— Aucune importance, ça peut attendre.

Il suivit à regret le prêtre à travers la cour, jusqu'aux quartiers des chevaliers.

— J'ai prévu une réunion du Cercle dès que j'ai appris ton retour, fit Everard en fermant la porte de son réclusoir derrière eux. Mais je voulais te parler d'abord. Je suppose que tu as accompli ta mission ?

Il le regardait doucement, mais son angoisse était perceptible.

Will accepta la coupe de vin que lui tendait Everard.

— Tout dépend de ce que vous entendez par succès. Si vous me demandez si nous avons empêché le vol, la réponse est oui.

Everard s'assit, de toute évidence soulagé.

— Mais si vous me demandez si nous avons atteint ce résultat sans sacrifier de vies, reprit Will, ou sans nous faire remarquer, alors c'est non.

— J'ai appris que trois des hommes de Beaujeu sont morts, dit Everard en sirotant son vin. Raconte-moi ce qui s'est passé.

Will ne lui épargna aucun détail. Everard attendit qu'il eût terminé, puis il se leva pour remplir sa coupe. Mais il vacilla et dut se tenir à la table pour ne pas tomber. Will était déjà debout et voulut l'aider, mais le prêtre l'écarta d'un mouvement de bras.

— Ne fais pas d'histoires !

— Est-ce que tout va bien ?

Everard le fit taire d'un geste.

— Je vieillis, William, c'est tout, dit-il avec un petit soupir. Je vieillis.

Il fit quelques petits pas pour se rapprocher de la carafe.

— Les hommes qui ont monté l'embuscade à la sortie de La Mecque ? Tu dis qu'ils parlaient le latin ?

— Oui. Ils le parlaient couramment et sans accent.

— Français ? Anglais ?

— Je ne suis pas sûr, fit Will en luttant pour rassembler ses souvenirs. J'étais assez sonné par la chute. C'est vrai, je ne sais pas, fit-il en secouant la tête.

— Et tu crois que les hommes qui t'ont attaqué à la Grande Mosquée étaient des Mamelouks ?

— Ça, j'en suis sûr. Je pense que c'est Kalawun qui les a envoyés.

— Sans nous prévenir ?

— Peut-être n'a-t-il pas eu mon message l'informant que nous avions la situation en main…

— Ou bien il l'a eu, mais il n'avait pas assez confiance en nous.

— C'est possible, dit Will en grimaçant.

— Bien, de toute façon, l'essentiel c'est que la Pierre soit en sécurité. Et toi aussi, bien entendu, ajouta Everard en voyant le regard que lui jetait Will. Tu as eu de la chance d'en revenir. J'aurais cru que, sans Kaysan, les chiites t'abandonneraient dans le désert.

— Ils avaient besoin d'hommes autant que nous. Ils savaient que leurs chances d'arriver à al-Ula étaient meilleures avec nous.

— Quoi qu'il en soit, tu as eu de la chance. On m'a dit que Robert de Paris est blessé ?

— Il devrait aller mieux dans quelques semaines, dit Will en plongeant le regard dans sa coupe.

— Ne bats pas ta coulpe pour ça, Will, tenta de l'apaiser Everard. Au bout du compte, Robert a pris sa décision en jugeant lui-même ce qu'il convenait de faire.

Will termina son vin plutôt que de répondre.

— Je suppose que tout est fini, de toute façon.

— Pas tout à fait. Il reste la question de l'implication du grand maître et de l'identité des hommes avec qui il travaillait. Comme tu le sais, j'ai demandé à deux membres du Cercle d'enquêter sur Angelo Vitturi l'année dernière. Nous avons découvert qu'il est l'héritier d'une énorme affaire de commerce d'esclaves, dirigée par son père Venerio, et que les affaires périclitent depuis quelques années. Nous avons aussi appris que Guido Soranzo était dans la même situation, la construction navale n'étant plus aussi lucrative et les profits en chute libre.

— Je me souviens.

— Durant ton absence, nous avons appris que les Vitturi avaient des accords avec les Mamelouks pour leur envoyer des garçons afin de garnir les rangs de leur armée. C'est peut-être le lien qui nous manquait au Caire : le frère de Kaysan.

— C'est possible, dit Will sans conviction. Mais nous n'avons aucune preuve qu'Angelo Vitturi était au courant de ce que le grand maître avait prévu. Soranzo était le seul lien réel avec la Pierre.

— C'est notre principal problème. Le grand maître a admis devant toi qu'il y avait d'autres gens impliqués, mais il n'a pas donné davantage d'indications.

— Est-ce que ça a vraiment de l'importance ? Nous les avons empêchés de parvenir à leurs fins.

— Pour l'instant, oui. Mais de toute évidence, ces hommes sont déterminés. Pour arriver à de telles extrémités. Je n'arrive pas à croire que ce soit terminé. Nous en avons débattu au sein de l'Anima Templi quand tu n'étais pas là, continua-t-il d'une voix lente. William, nous pensons que, grâce à ta position auprès du grand maître, tu devrais essayer de lui soutirer cette information.

Guillaume de Beaujeu se détourna de la fenêtre tandis que son secrétaire terminait la dernière ligne de la lettre, la plume d'oie volant sur la page par à-coups.

— Dites-lui que je le recontacterai très bientôt et envoyez-lui mes amitiés. Partez quand vous en aurez fini.

Le secrétaire leva les yeux de sa table de travail.

— Maître ? demanda-t-il d'un ton timide en reportant son regard sur les pages vierges posées à côté de lui. Ne vouliez-vous pas que j'écrive plusieurs messages aujourd'hui ? Je croyais que…

— Plus tard, le coupa Guillaume. Nous finirons plus tard. Laissez-moi.

— À votre bon vouloir, maître, dit le secrétaire en se hâtant d'écrire les derniers mots avant de ramasser ses affaires.

Puis il s'inclina devant le grand maître et s'en alla. Quand il fut parti, Guillaume ferma les yeux. Le soleil entrant par la fenêtre imprimait sa marque rouge derrière ses paupières closes. Il transpirait à cause de son épais manteau. Sa tête tournait et son estomac le tiraillait. Il tendit le bras et s'appuya à la pierre froide encadrant la fenêtre.

Après avoir entendu le rapport de Will, Guillaume avait aussitôt fait venir le secrétaire. Les messages qu'il avait envoyés à Charles, à Édouard et au pape ces trois derniers mois, et où il leur disait de se préparer pour une nouvelle guerre en Outremer, n'avaient plus aucun sens ; il fallait qu'il se rétracte et annule ses demandes précédentes.

Mais ce n'était qu'en dictant la première lettre que les récents événements avaient pris toute leur réalité. Et l'avaient dévasté.

Ils avaient échoué.

La Chrétienté ne se rallierait pas autour de la Pierre, il n'y avait pas de relique à brandir triomphalement. Les musulmans ne se soulèveraient pas contre eux, et l'Occident n'aurait pas à répondre dans l'urgence à la menace. Les Mamelouks allaient continuer leur guerre contre les Mongols, puis, quand ils seraient prêts, Baybars et ses guerriers esclaves balaieraient tout simplement les derniers territoires francs. Alors, le rêve d'une Terre sainte chrétienne serait anéanti. Guillaume s'était présenté en Acre avec de grands projets et une détermination sans faille, résolu à reprendre ce qu'ils avaient perdu, à accomplir la volonté de Dieu, à délivrer Jérusalem. Voilà que tout ce qu'il avait entrepris depuis son arrivée était ruiné : son soutien à son cousin Charles ; son combat personnel contre le roi Hugues, jugé trop faible ; son engagement secret dans le complot des marchands. Il avait fait tout ça pour rien.

Pourtant, en dépit de la gravité de la défaite, il éprouvait un certain soulagement. Les inquiétudes qu'il n'arrivait pas à calmer depuis des mois n'avaient plus lieu d'être. S'ils avaient réussi leur tentative, ils auraient pu tout perdre. Guillaume avait été informé par le visiteur de Paris, Hugues de Pairaud, que le Temple connaissait un certain nombre de retards dans la construction de la flotte prévue. Les monarques occidentaux ne se seraient peut-être pas portés à temps à leur secours et, bien qu'il se soit assuré le trône en Outremer, Charles n'avait pas fait preuve d'un grand empressement à l'occuper jusqu'ici. Guillaume se contracta. Peut-être eût-il mieux valu, malgré tout, tomber au champ d'honneur, en choisissant les termes de leur mort, que d'attendre ici qu'on vienne les égorger. On frappa à la porte. Guillaume se tourna, agacé qu'on interrompe ses pensées.

La porte s'ouvrit et Zaccaria apparut, le visage las et brûlé par le soleil.

— Maître, vous avez une visite.

— Je vous ai dit que je ne voulais voir...

Guillaume ne finit pas sa phrase. Derrière le chevalier se trouvait un homme vêtu de noir. Angelo Vitturi. Guillaume ravala sa colère. Il avait dit à Zaccaria de faire venir le Vénitien dès que celui-ci se présenterait au Temple. Le Sicilien n'avait fait que suivre les ordres.

— Bonjour à vous, maître, dit Angelo tandis que Zaccaria fermait la porte en les laissant seuls.

Le visage basané, élégant, du jeune homme était inexpressif, mais Guillaume crut déceler une nuance d'hostilité, comme du mépris, dans sa façon désinvolte de le saluer.

— Qu'est-ce que vous faites ici ? lui demanda-t-il avec morgue.

— Vous le savez très bien, répondit Angelo sans se décontenancer.

Guillaume comprit tout de suite.

— Vous avez appris.

— Que notre plan a échoué ? Oui, je l'ai appris, répliqua Angelo sans ménagement.

— Comment ?

— Dites-moi ce qui s'est passé, dit Angelo sans se donner la peine de répondre. Mon père exige une explication.

Incapable de se contenir, Guillaume s'embrasa.

— Vous feriez bien de rester courtois avec moi, Vitturi. N'oubliez pas à qui vous parlez.

Angelo posa sur lui un regard glacial, puis, au bout de quelques secondes, il parut s'adoucir. Mais il donnait l'impression de faire un gros effort.

— Je vous demande pardon, maître. Mais mon père et ses associés sont affligés par cette nouvelle. Nous aimerions connaître, selon vous, les raisons de cet échec.

Guillaume lui désigna un des tabourets devant sa table de travail.

— Asseyez-vous.

Angelo ne semblait pas en avoir particulièrement envie, mais il finit par s'exécuter. De son côté, Guillaume resta debout pour répéter au marchand ce que Will lui avait expliqué : les chevaliers étaient arrivés à La Mecque avec Kaysan et les chiites mais, à l'intérieur de la mosquée, des gardes les avaient attaqués et ils n'avaient pas pu s'emparer de la Pierre.

Quand il eut terminé, Angelo resta assis en silence quelques instants. Puis il se leva, et son visage exprimait une véhémence presque frénétique.

— Nous savons que c'est faux, affirma-t-il sans plus se soucier de courtoisie. Vos hommes n'ont pas échoué, ils ont saboté la mission.

Guillaume faillit se mettre à rire, tant cette accusation le surprenait, mais Angelo poursuivit avant qu'il ait pu reprendre la parole :

— Nous avons reçu des informations selon lesquelles un de vos hommes entretient en secret une relation avec l'émir Kalawun al-Alfi, le lieutenant en chef de Baybars. À eux deux, ils se sont arrangés pour déjouer notre projet. Il a averti Kalawun il y a des mois.

Cette fois, Guillaume rit pour de bon.

— C'est absurde ! s'exclama-t-il, mais son rire s'évanouit immédiatement. D'où tenez-vous cette *information* ?

Il scrutait le visage d'Angelo, mais il n'y voyait pas trace de mensonge. Le doute s'insinua en lui, embrouillant ses convictions.

— Ce que nous voulons savoir, maître, reprit Angelo d'une voix funèbre, c'est comment un simple chevalier a pu se retrouver en contact avec l'un des hommes les plus puissants de l'armée mamelouke. Il n'a pas pu le faire tout seul.

— Qu'est-ce que vous insinuez ? demanda Guillaume avec humeur.

— C'est vous qui l'avez chargé de cette mission et qui avez choisi les hommes qui l'accompagnaient.

— Et trois de mes hommes y ont laissé leur vie ! Des hommes que je côtoie depuis des années. D'excellentes âmes.

— Un sacrifice acceptable, j'en suis sûr. Toute cette affaire vous déplaisait depuis le début, c'est évident. Vous avez travaillé contre nous, vous avez fait en sorte que la mission échoue.

— Hors de ma vue ! lui lança Guillaume en se levant et en se dirigeant vers la porte. Partez d'ici avec vos fantaisies ou, par Dieu, je vous les ferai regretter. Dites à votre père et à ses associés que cette histoire est terminée.

Il tendit la main vers la poignée de la porte.

— Nous en avons fini.

— Loin de là, répliqua Angelo.

Et il fit glisser dans sa main la dague qu'il tenait cachée depuis le début dans les amples replis de sa cape de brocart. Guillaume aperçut la lame tandis qu'Angelo avançait vers lui, véloce et déterminé, ses yeux noirs remplis de venin. Surpris, il fut tétanisé une seconde ou deux avant de réagir, mais Angelo fondait déjà sur lui et plongeait la lame vers ses côtes. Guillaume esquiva au dernier moment en saisissant Angelo par l'épaule pour l'empêcher de frapper. Au même moment, il sentit la lame s'enfoncer et la douleur éclata dans son corps, tandis que son manteau s'imbibait soudain d'un sang chaud. Il réalisa qu'il avait été poignardé, et il fut horrifié. Puis enragé. Attrapant Angelo par le cou, il serra de toutes ses forces, décuplées par la colère. Le Vénitien lâcha son arme, qui s'écrasa sur le sol en tintant, et une lutte à mort s'engagea. Le grand maître était plus fort, plus grand et, malgré sa douleur aveuglante, il fit reculer Angelo, le projeta contre le coin de la pièce où celui-ci s'écroula.

Angelo frappait les poignets du grand maître. Penché sur lui, celui-ci écrasait sa gorge de tout son poids. Angelo luttait, haletait, se débattait sur la table de travail tandis que son adversaire, le visage pâle et déformé par la fureur, continuait de l'étrangler. La vue d'Angelo se brouillait, mais il aperçut la tache qui grandissait sur le manteau de Guillaume, légèrement en dessous et sur le côté de la poitrine. Les yeux du grand maître papillotèrent et il vacilla, manquant tomber sur Angelo. Au bord de l'évanouissement, il desserra l'étau et Angelo parvint à se défaire de sa prise et à se dégager. Puis il s'écarta, tituba en suffoquant, pendant que le grand maître s'agrippait à la table en regardant, hagard, sa blessure. Le souffle court, Angelo balaya la pièce du regard à la recherche de sa dague. Il la repéra un peu plus loin et se dirigea vers elle. Un bruit métallique lui fit tourner la tête et il vit que le grand maître avait trouvé une épée. Guillaume était blême, son visage était couvert de sueur mais, en dépit de son agonie, sa résolution ne faisait aucun doute quand il chargea en chancelant. Angelo fut prompt à prendre la mesure de la situation, puis il remit sa dague dans sa manche et se précipita vers la porte. Quand celle-ci se referma, Guillaume se sentit à nouveau au bord de la syncope et il laissa tomber son épée avant de tomber à genoux, submergé par des vagues de douleur. Pensant qu'il mourait, il tenta d'articuler une prière. Mais l'engourdissement passa et sa vision s'éclaircit. La douleur formait maintenant un bloc solide, compact, localisé. Il agrippa le rebord de la table et essaya de se relever en grognant. La blessure envoyait des pulsations lancinantes à travers tout son corps. Il parvint jusqu'à la porte et l'ouvrit.

— Zaccaria ! cria-t-il d'une voix qu'il peina à reconnaître.

Un moment plus tard, deux chevaliers apparurent par l'une des portes donnant sur le couloir.

— Il n'est pas là, maître, dit l'un d'entre eux en avançant dans sa direction. Il est parti escorter quelqu'un vers la sortie il y a quelques instants.

— Par Dieu ! lâcha Guillaume d'une voix rauque.

— Maître ?

Les yeux du chevalier tombèrent enfin sur sa blessure et sur l'énorme tache rouge qui maculait son manteau. Il resta bouche bée une seconde.

— Va chercher le médecin, lança-t-il à son camarade en se précipitant pour aider le grand maître.

— Non, gronda Guillaume. D'abord, faites en sorte que l'homme escorté par Zaccaria ne quitte pas la commanderie. Tout de suite ! cria-t-il en voyant que le chevalier ne bougeait pas d'un pouce.

Celui-ci pivota et partit en courant à travers le couloir.

— Vous, ajouta dans un souffle le grand maître à celui qui restait, trouvez William Campbell. Je veux qu'on l'arrête.

Il serrait convulsivement la poignée de la porte pour se redresser.

— Ensuite, vous m'enverrez l'infirmier.

Simon était au centre de la cour et jetait des regards alentour. Le cheval qu'il venait de seller, un hongre pie très vif, le poussait dans le dos en s'ébrouant. Simon lui caressait les naseaux d'un air absent.

— Où peut-il bien être ? murmura-t-il en faisant lentement un tour sur lui-même.

Il y avait plusieurs chevaliers près des quartiers des officiers, ainsi que des sergents se dirigeant, des épées en bois à la main, vers le terrain d'entraînement. Mais pas de Will.

Au bout d'un moment, Simon alla vers les portes en tirant le hongre derrière lui. Il avait été retardé, le maître des écuries ayant insisté pour qu'il prépare deux chevaux pour le maréchal, et il se disait que Will, à bout de patience, était peut-être déjà parti. Mais si ça ne faisait que quelques minutes, il pourrait sans doute le rattraper. C'était idiot qu'il fasse tout le chemin jusqu'à la maison d'Elwen en marchant alors qu'il y avait un cheval sellé et prêt à partir. Simon traversait la cour quand un sergent arriva en courant. C'était Paul, l'un des gardes travaillant aux portes. Il héla Simon.

— Est-ce que tu as vu le commandeur Campbell ?

— Je le cherche aussi. Je pensais qu'il avait peut-être quitté la commanderie. Tu ne l'as pas vu ? demanda-t-il en jetant un coup d'œil vers la porte.

— Non, fit Paul en secouant la tête. Mais Richard et moi venons juste de prendre notre garde. Il y a un homme qui veut le voir. Il dit que c'est urgent.

— Qui est-ce ?

— Il ne veut pas donner son nom. Il dit que le commandeur Campbell sait de quoi il s'agit et qu'il doit venir immédiatement.

Simon plissa le front, circonspect, puis en soupirant il attacha le cheval à quelques mètres de là.

— Retournes-y et demande aux gardes qui étaient là avant toi s'ils l'ont vu passer, dit-il à Paul en nouant les rênes à un poteau. Je vais voir ce que veut cet homme.

Paul n'avait pas l'air bien sûr de la marche à suivre.

— Je ne veux pas paraître grossier, mais je ne suis pas certain que tu devrais te mêler des affaires du commandeur.

— C'est mon ami. Ça ne le dérangera pas. Si c'est important, il me remerciera plutôt.

Simon marcha vers la porte de la commanderie, fit un signe de tête à Richard, le camarade de Paul qui tenait la garde, puis il sortit dans la rue, tira la porte derrière lui et observa la foule. Ses yeux passèrent en revue les gens et les bâtiments, jusqu'à ce qu'il aperçoive un homme seul, emmitouflé dans un burnous gris, le visage en partie dissimulé par la capuche. C'était la seule personne dans la rue qui ne semblât pas être simplement de passage. Il l'observait d'ailleurs, mais ne se décidait pas à traverser la rue. Simon prit les devants et traversa avec prudence, évitant deux hommes tirant une charrette à bras chargée de pêches.

— Bonjour, lança-t-il en approchant. C'est vous qui attendez le commandeur Campbell ?

— C'est moi, répondit l'homme sans bouger d'un pouce.

Bien qu'il s'exprimât en latin, Simon reconnut à son accent qu'il était arabe.

— Je peux lui porter un message ?

— Je parle avec lui, très important. Où est lui ?

— Je crois qu'il est en ville, l'informa Simon en parlant avec lenteur pour se faire comprendre. Mais si vous me dites pourquoi vous voulez lui parler, je lui expliquerai à son retour.

L'homme fronça les sourcils en entendant les explications de Simon.

— Où, en ville ?

— Je...

Simon hésita. Le regard fixe de l'homme le rendait nerveux. Peut-être Paul avait-il raison : ce n'étaient pas ses affaires.

— Vous feriez mieux d'attendre ici, dit-il en reculant. Le commandeur Campbell sera bientôt de retour, c'est certain.

Soudain, l'homme agrippa Simon par le bras.

— *Où ?* demanda-t-il dans un chuintement.

Simon essaya de se dégager, mais l'homme, pourtant moins carré que lui, était d'une force incroyable et refusait de le laisser d'en aller.

— Eh ! Lâchez-moi !

L'homme retroussa ses lèvres et siffla. En un instant, deux hommes, habillés des mêmes vêtements mornes, émergèrent d'une allée à quelques pas de là.

Simon ne les remarqua même pas. Il était tétanisé. Ses yeux ne quittaient plus la dague que l'homme avait tirée et pointait sur son ventre.

— Tu conduis nous à Campbell ou nous te tuer, murmura l'homme.

Ses jambes tremblaient sans qu'il puisse les contrôler, sa vessie semblait se contracter sous l'effet de la peur, et Simon se laissa conduire par les trois hommes dans l'allée, où ils en retrouvèrent un quatrième qui attendait avec des chevaux.

31

Le Temple, Acre

14 juin 1277 après J.-C.

— Je ne suis pas convaincu que ça fonctionnera, dit Will en reposant sa coupe vide sur la table.

— Tu étais d'accord il y a un instant, le rabroua Everard. Tu viens de dire que tu lui parlerais.

Will se tourna vers le prêtre.

— J'ai dit que j'essaierai. Mais je dois être prudent. La mission a échoué et c'est moi qui en étais responsable. Le grand maître n'est pas particulièrement ravi à l'heure actuelle. Éveiller ses soupçons est la dernière chose dont j'ai besoin. S'il venait à penser que je suis d'une manière ou d'une autre responsable de ce qui s'est passé… J'ai déjà essayé de lui demander avec qui il travaillait, il a balayé ma question d'un revers de main. Il est clair qu'il ne veut pas m'en parler. Maintenant que c'est terminé, je ferais une drôle d'impression si je tentais d'en savoir plus.

— Qu'est-ce que tu cherches à me dire ?

Will écarta le drap épais qui couvrait la fenêtre et la lumière inonda le réclusoir.

— Je dis que je lui parlerai, mais que nous ne devrions pas trop espérer obtenir d'informations de Beaujeu.

Il aperçut un homme trapu en tunique noire en train de traverser la cour en tirant un cheval par les rênes. C'était Simon. Il poussa un soupir en s'apercevant qu'il était de plus en plus en retard.

— Everard, il faut que j'y aille. Convoque l'Anima Templi. Je verrai ce que je peux faire pour convaincre le grand maître de...

Mais il ne put achever sa phrase car la porte s'ouvrit d'un coup. Un chevalier fit irruption, et braqua immédiatement les yeux sur Will.

— Il est là ! cria-t-il par-dessus son épaule.

Everard se leva. Will, désemparé, fixait l'intrus pendant que des bruits de pas se faisaient entendre dans le couloir et que deux autres chevaliers se précipitaient dans la pièce, l'épée à la main.

— Qu'est-ce que ça signifie ? demanda le prêtre en leur jetant un regard noir.

— Commandeur Campbell, dit le premier chevalier, veuillez nous suivre.

— Où ça ?

— Aux cachots. Vous êtes en état d'arrestation.

— Quelle charge retenez-vous contre lui ?

Everard avait parlé d'un ton indigné, mais dans sa voix transparaissait son inquiétude.

— Nous sommes ici sur ordre du grand maître de Beaujeu, répondit le chevalier en ignorant le prêtre et en s'avançant vers Will. Mettez votre épée à terre.

Will hésita. Son regard passa du prêtre aux chevaliers, puis il tira lentement son fauchon. Les chevaliers se raidirent. Mais Will déposa son arme sur la table d'Everard et se laissa emmener. Tandis qu'ils le conduisaient hors du réclusoir, il croisa le regard terrifié d'Everard.

— Pas d'inquiétude, murmura-t-il.

Quatre heures plus tard, Will était assis, le dos calé contre le mur, dans l'un des cachots situés sous la tour du Trésor. Il écoutait les vagues se fracasser contre les rochers à l'extérieur. Un sentiment de familiarité pénible était né en lui quand on l'avait descendu dans la prison. Les souvenirs de ses visites à Garin, il y avait des années de cela, se ravivèrent, lui rappelant quel sort terrible cela devait être ; les cellules inconfortables, l'air saturé d'humidité, la difficulté à respirer… Il avait aussi eu largement le temps de chercher à comprendre pourquoi il avait été arrêté. Les chevaliers ne lui en avaient pas donné la raison, mais il n'y avait qu'une conclusion possible : le grand maître l'avait découvert. D'une manière ou d'une autre, il savait. Au bout d'un moment, l'attente avait commencé à le rendre fou, le grondement assourdi des vagues aussi, et les questions qui tournoyaient dans son esprit sans obtenir de réponses ne cessaient de le tourmenter.

Des bruits de voix dans le couloir parvinrent jusqu'à Will. Il entendit des gens s'approcher et il se leva, le sang recommençant à circuler dans ses jambes engourdies. Des clés tintèrent, puis ce fut le verrou qu'on tournait, et la porte s'ouvrit. La lumière des torches l'éblouit et il leva le bras pour se couvrir les yeux. Du coin de l'œil, Will vit Guillaume de Beaujeu suivre d'une démarche bizarre le garde, qui inséra la torche dans un crochet fixé au mur avant de les laisser. La cellule était déjà assez petite quand il n'y avait que Will ; mais la présence imposante du grand maître semblait la rapetisser encore. Will cligna des yeux pour améliorer sa vision. La première chose qu'il remarqua, c'est que Guillaume semblait ne plus ressembler à l'homme qu'il avait vu quelques heures plus tôt, quand il lui avait fait son rapport. Sa peau était grisâtre et son visage, loin de sa tranquillité habituelle, exprimait maintenant la douleur. Il s'appuyait lourdement sur une canne et le simple fait de basculer son poids d'un pied sur l'autre le fit tressaillir. Stupéfait par cette transformation, Will se demanda s'il n'avait pas été frappé par une maladie.

— Maître…, commença-t-il.

Mais il n'alla pas plus loin, Guillaume lui intimant de se taire d'un simple regard.

— Est-ce que vous avez vraiment fait ça ?

Guillaume parlait d'une voix rauque, sans que Will puisse déterminer si c'était à cause de l'émotion ou de la douleur.

— Maître, puis-je vous demander pourquoi je suis ici ?

— M'avez-vous trahi ? murmura le grand maître. Avez-vous informé l'émir Kalawun de notre plan ?

Son visage se modifia en voyant que Will ne lui répondait pas. La rage colora ses joues.

— *Est-ce que vous m'avez trahi ?* répéta-t-il.

Will poussa un profond soupir.

— Oui, dit-il, dans un souffle.

Guillaume parut stupéfait, comme s'il ne s'attendait pas à cette réponse, ou bien c'était sa franchise qui le surprenait. Pour autant, sa fureur n'en fut pas le moins du monde atténuée.

— Expliquez-vous.

Will regarda le sol. Il sentait le mur en pierre dans son dos vibrer sous les coups de boutoir de la mer. Il était au bord de l'abîme et la question qui se posait à lui c'était de déterminer la meilleure manière d'expliquer au chef du Temple qu'il avait désobéi à ses ordres et, pis, activement travaillé contre lui. *La peine de mort pour les traîtres*, lui susurrait une petite voix intérieure. Mais il était éreinté par son voyage, fatigué des mensonges, des questions, de l'incertitude et du secret. Effleurant le mur du bout des doigts, comme s'il pouvait en aspirer la substance et en retirer la force dont il avait besoin, il releva la tête et planta son regard dans celui du maître.

— Je pense qu'en prenant la Pierre, nous aurions provoqué notre propre perte : le Temple, Acre, tous autant que nous sommes. Je ne vois pas comment nous aurions pu résister à la fureur des musulmans à la suite d'un tel acte. J'ai pensé que ce serait la fin de tout.

— Vous avez pensé ? dit Guillaume.

Sa voix tremblait d'une violence à peine contenue. Il fit un pas vers Will et brandit la canne comme une menace.

— Qui se soucie de ce que vous pensez ? Vous êtes un chevalier ! Un commandeur, certes, mais sous mes ordres, vous obéissez, on ne vous demande pas autre chose. Que vous pensiez que j'agis mal ou bien ne m'intéresse pas. Vous obéissez. Sans hésitation. Ça ne se discute pas.

Guillaume s'interrompit pour reprendre sa respiration, mais il n'en avait pas fini.

— C'est le conseil des treize qui m'a élu grand maître. J'ai fait le serment de diriger cet Ordre, d'agir au mieux, dans nos intérêts, dans ceux de la Chrétienté. Et ma parole fait loi.

— Moi aussi, j'ai prêté serment, maître, s'écria Will, tout à coup empli d'une colère impossible à réprimer. J'ai juré obéissance à tous mes supérieurs lors de mon initiation, mais j'ai aussi juré de protéger le royaume de Jérusalem. Vous m'avez forcé à trahir l'un de ces deux serments. La seule chose que je pouvais faire, c'était de choisir lequel.

Les mots de Will résonnaient dans la pièce minuscule. Guillaume le fixait avec stupeur. Ses lèvres s'ouvrirent mais aucun son n'en sortit.

— J'ai fait ce que je croyais juste, maître, poursuivit Will, un peu plus calme. Et j'ai pensé que peut-être vous...

Il hésita à terminer sa phrase, mais finalement s'arma de courage :

— J'ai eu l'impression que peut-être vous n'agissiez pas selon votre seule volonté. Vous m'avez dit que d'autres hommes étaient impliqués. Je suppose qu'ils n'appartiennent pas à notre Ordre.

La main libre de Guillaume se porta à ses côtes et il grimaça, la douleur semblant revenir. Il recula de quelques pas et s'appuya au mur détrempé face à Will.

— Non, ils n'appartiennent pas à l'Ordre, murmura-t-il. Comment as-tu rencontré l'émir Kalawun ? demanda-t-il soudain. Pourquoi voudrait-il même parler avec toi ?

— C'est mon père qui me l'a présenté, répondit Will.

C'était en partie vrai. C'était James Campbell le premier qui avait établi le contact avec Kalawun pour l'Anima Templi.

— Ton père ?

Guillaume était perplexe.

— Kalawun désire la paix, maître, expliqua vivement Will. Il la désire parce qu'il sait qu'elle profite à nos deux peuples. Les Mamelouks ont besoin de nous pour le commerce. Kalawun est de notre côté. Il ne cherche pas à nous détruire.

Guillaume eut un rire dédaigneux.

— Peu importe ce qu'il veut puisque c'est Baybars qui dirige les Mamelouks. Le sultan veut nous priver de la Terre sainte. Et son peuple est derrière lui.

— Baybars ne sera pas éternellement sultan, maître. Kalawun a de l'influence sur son héritier, Baraka. Il pense pouvoir rallier le garçon à ses vues. Ainsi, quand il occupera le trône, Baraka sera moins défavorable à notre présence. C'est une chance, maître, dit-il d'une voix qu'il voulait convaincante. Sauver la Chrétienté en Orient sans verser de sang. Si nous avions volé la Pierre, cette possibilité aurait été balayée.

— Je ne suis pas idiot, répondit sèchement Guillaume. Je ne me serais pas engagé dans ce projet si je n'avais pas été certain qu'il pouvait marcher. La Pierre devait servir à unifier nos forces pour une nouvelle croisade. L'Occident aurait volé à notre secours si Baybars s'était dressé contre nous.

Ses mots sonnaient creux. Il sembla s'en rendre compte car la consternation se lut bientôt sur son visage.

— Je ne voyais pas d'autre moyen, murmura-t-il. Je ne pouvais pas rester assis à ne rien faire, à attendre que Baybars nous achève. J'essayais de nous protéger, acheva-t-il d'un air de défi.

Will saisit sa chance :

— Et les hommes avec qui vous travailliez, maître ? Pourquoi voulaient-ils s'emparer de la Pierre ?

Guillaume le regarda en biais.

— Pour l'argent, dit-il avec amertume. Pas pour Jérusalem.

Il parut hésiter un instant, puis il haussa les épaules.

— Qu'est-ce que ça peut faire maintenant ?

Il posa avec précaution sa main sur ses côtes.

— L'un d'eux a même essayé de me tuer. D'après l'infirmier, il a bien failli y arriver. Si la lame s'était enfoncée un peu plus profondément...

Il ne termina pas sa phrase. Will était stupéfait.

— Il croyait que vous aviez suivi mes ordres, lui expliqua Guillaume. Que j'avais moi-même saboté l'opération. C'est lui qui m'a parlé de tes rapports avec Kalawun.

— Comment était-il au courant ? Qui est-ce ?

— Angelo Vitturi. Vous le connaissez.

Will acquiesça.

— Mais il ne m'a pas dit comment il savait. Il semble qu'il connaisse quelqu'un du côté mamelouk. L'homme qui nous a présenté Kaysan. Peut-être vous a-t-on vu rencontrer Kalawun ? Ou peut-être Kalawun a-t-il lui-même donné cette information.

— L'un et l'autre me surprendraient. Connaissez-vous l'identité de cette connaissance, maître ?

— Vitturi ne m'en a jamais parlé. Ses associés et lui ont toujours été très discrets. Ils m'ont juste demandé de choisir des hommes capables d'entrer en Arabie, de prendre contact avec Kaysan et d'exécuter le vol.

Guillaume hocha la tête en voyant la mine que faisait Will.

— Ils se sont servis de moi, bien entendu. Mais je pensais me servir d'eux à mon tour. Leurs motivations ne m'ont jamais inspiré que du mépris. Un groupe de riches marchands dont les affaires reposent sur la guerre, et qui sont prêts à tout pour leur profit, je les trouvais exécrables. Mais je pensais faire en sorte que leur plan nous soit favorable.

Tous deux gardèrent le silence un long moment. En fin de compte, c'est Will qui reprit la parole :

— Qu'allez-vous faire, maître ?

Le visage de Guillaume se contracta, puis il poussa un long, un profond soupir.

— Je pensais vous exécuter, William. Je suis venu vous interroger avec l'idée que, si vous confirmiez les accusations de Vitturi, je vous ferais pendre ce soir.

Will se raidit et dut s'éclaircir la gorge avant de pouvoir parler.

— Et quelle est votre décision, maître ?

— Vous êtes coupable, laissa tomber Guillaume au bout d'un moment. Coupable d'avoir désobéi aux ordres, coupable d'avoir conspiré avec l'ennemi et responsable de la mort de trois hommes. De bons hommes, ajouta-t-il et Will baissa la tête. Mais vos motivations n'étaient pas égoïstes. Vous ne cherchiez pas votre bénéfice personnel en agissant ainsi, pas plus que vous ne vouliez du mal à vos frères, ou au Temple.

Il se dirigea vers la porte en s'appuyant sur sa canne et saisit la poignée.

— Le vol n'était pas sans danger, je l'ai toujours su mais, n'ayant pas d'autre choix, je ne voulais pas céder à la crainte. Mais si nous avions réussi…

Il appuya sur la poignée et jeta un regard à Will.

— Peut-être Dieu essayait-Il de me dire quelque chose ? J'ai refusé d'écouter la petite voix qui m'avertissait, mais je ne peux ignorer que les deux attentats contre ma vie viennent des hommes avec qui je m'étais entendu.

Il ouvrit la porte et fit signe à Will.

— Je suis libre ? demanda Will, ne voulant pas espérer trop vite.

— Je veux un rapport complet sur ce qui s'est passé à La Mecque, lui dit Guillaume d'une voix autoritaire. Et cette fois, rien que la vérité. Et vous serez puni pour vos actions, William. Je ne peux pas laisser passer une telle insubordination, si nobles que fussent vos motifs. Mais ce ne sera pas pour aujourd'hui, et vous ne serez pas pendu, conclut-il.

— Maître, je vous remercie de votre clémence, dit Will en sortant, plein de reconnaissance, dans l'air saumâtre du couloir de la prison.

Guillaume ne dit rien, se contentant d'un léger signe de tête.

— Qu'est-ce qui va se passer avec Vitturi ? demanda Will tandis qu'ils quittaient les lieux.

— Je m'en suis déjà occupé.

L'église Saint-Nicolas, à l'extérieur d'Acre,
14 juin 1277 après J.-C.

Le hameau à l'extérieur d'Acre était en ruine. Cela faisait huit ans que Baybars s'était présenté pour la dernière fois devant la ville, avec six mille hommes parés pour monter à l'assaut. Une fois de plus, ils s'étaient révélés incapables de briser les défenses imprenables d'Acre, et il s'était contenté de tendre une embuscade à un gros bataillon de chevaliers francs revenant d'une expédition contre une forteresse musulmane, chevaliers qu'il avait égorgés, et de détruire ce hameau. Il n'en restait que quelques murs encore debout, des fondations de maisons en ruine, que les broussailles commençaient à envahir, et le squelette délabré de ce qui avait été autrefois l'église Saint-Nicolas. Les enfants jouaient parfois dans les décombres, malgré l'interdiction de leurs parents à la suite d'un éboulement partiel à l'intérieur de l'église un an plus tôt. L'incident avait provoqué la mort de deux garçons. Il émanait de l'endroit un air vicié de décadence et d'abandon mélancolique. Les poutres qui subsistaient par endroits se racornissaient et éclataient après dix ans d'exposition au soleil de Palestine. Des scorpions noirs luisants arpentaient la maçonnerie écroulée et se réfugièrent dans des fissures ici et là lorsque la porte s'ouvrit en grinçant.

— Vous avez pris votre temps.

Conradt von Bremen entendit ces mots mais sans voir l'homme, qui émergea des ténèbres au fond de l'église un instant plus tard, son burnous de soie noire n'aidant pas à le distinguer.

— J'avais une conversation pressante avec l'un de mes associés, Venerio, s'excusa Conradt dans un italien massacré et enlaidi par un lourd accent. Je suis venu dès que j'ai pu me libérer. Mais cet endroit n'est pas facile à trouver.

Venerio passa derrière lui et tenta de fermer la porte. Elle racla le sol du porche mais il finit par la claquer.

— Venez, dit-il d'un ton bourru, les autres sont déjà là.

Ils firent le tour d'un entremêlement de poutres effondrées, faisant attention à ne pas se tordre les chevilles dans les gravats et laissant des empreintes de pas dans la poussière, et Venerio dirigea l'Allemand dans ce qui avait été le chœur de l'église. Des madriers garnissaient le sol, certains s'effritant, complètement desséchés, d'autres formant des angles étranges contre des murs ou des piliers affaissés. La moitié du mur ouest était détruite, ouvrant en grand sur le crépuscule bleuté. Les chevrons encore en place ressemblaient à des doigts squelettiques entre lesquels apparaissaient des pans de ciel. Le soleil s'était couché une heure plus tôt, boule orange plongeant dans l'océan, et une unique étoile brillait au-dessus d'eux, dans la voûte céleste vide de toute autre lueur.

Dans le seul espace à peu près dégagé du chœur se trouvaient trois hommes. Deux d'entre eux étaient assis sur des murets et le troisième faisait les cent pas. Ils tournèrent la tête en voyant arriver Venerio et Conradt.

— Nous attendons depuis des heures, s'énerva Angelo en cessant d'arpenter la pièce pour regarder l'Allemand avec hostilité. Où étiez-vous passé ?

Conradt brossa avec affectation le sable qui s'était pris dans ses cils. Il posa son regard bleu sur Angelo.

— J'ai expliqué mon retard à votre père.

La rebuffade était claire. Touché dans son amour-propre, Angelo fit un pas dans sa direction, mais Venerio posa la main sur l'épaule de son fils.

— Ça suffit. Nous avons à faire.

— Alors, commençons, intervint une voix chantante.

Renaud de Tours s'était levé du mur sur lequel il était assis jusqu'alors.

— Messieurs, asseyez-vous, je vous en prie, dit Venerio en les invitant à prendre place sur les blocs de pierre formant un centre irrégulier au milieu du chœur.

Michael Pisani se leva à son tour, le visage pincé.

— Nous sommes assis depuis bien assez longtemps, Venerio. Puis il ajouta, en regardant Conradt : Il ne voulait pas nous dire pourquoi il nous a fait venir dans cet endroit misérable avant que tu arrives.

La fermeté de son ton ne dissimulait pas son inquiétude.

— Explique-toi, Venerio, exigea-t-il. Les contusions sur le cou de ton fils, cette convocation hâtive, la peur que vous exsudez tous deux par tous les pores. Qu'est-ce qui s'est passé au Temple ? Beaujeu est-il mort ?

Venerio jeta un coup d'œil à son fils. Il y avait de la rancœur dans son regard, mais en dehors d'Angelo personne ne pouvait la percevoir.

— Nous n'en sommes pas certains.

— Qu'est-ce que vous voulez dire ? s'enquit vivement Renaud. Comment pouvez-vous ne pas en être certains ?

— Laissez-le parler, intervint Conradt d'une voix que la nouvelle rendait moins torpide que d'habitude.

— Angelo a poignardé Beaujeu, mais le grand maître s'est défendu et il a dû s'enfuir.

— Je ne pense pas qu'il ait survécu, dit Angelo en jetant un regard circulaire. Il avait l'air mourant quand je suis parti.

— Il avait l'air ? maugréa Michael. S'il y a ne serait-ce qu'une chance qu'il soit en vie...

Il laissa sa phrase en suspens.

— Angelo pense que la blessure lui aura été fatale, dit Venerio. Il est assez compétent en la matière.

— Mais vous n'en avez pas la certitude, Venerio, le contredit Michael, sinon nous ne serions pas là. Qu'est-ce que vous essayez de nous dire ? Que nous n'avons pas intérêt à rentrer chez nous ?

— C'est pour ça que nous sommes là, répondit le Vénitien. Pour décider ce que nous allons faire.

Plongé dans ses réflexions, Conradt était resté silencieux depuis un moment. Il tourna ses yeux d'un bleu glacial vers Venerio.

— Je vous ai fait part de ma décision quand nous nous sommes vus hier soir, après que vous nous avez parlé de l'échec des chevaliers à La Mecque.

— Vous n'avez pas obtenu la majorité, le rabroua Angelo. Les autres étaient d'accord pour que nous tuions Beaujeu.

— Nous n'avions pas la preuve qu'il avait travaillé contre nous, plaida Conradt en secouant la tête, ni que ce chevalier, Campbell, suivait ses ordres en avertissant les Mamelouks de ce que nous avions l'intention de faire. Pourquoi Beaujeu aurait-il envoyé ses propres hommes à La Mecque s'il savait que les Mamelouks se mettraient en travers de leur chemin ?

— Il fallait bien qu'il fasse croire à une authentique collaboration, soutint Venerio en volant au secours de son fils. Et nous nous serions rendu compte de sa trahison si ses chevaliers n'avaient pas retrouvé Kaysan.

— C'est vrai, renchérit calmement Renaud. Nous ne pouvions pas prendre ce risque, Conradt. Si le grand maître était vraiment contre nous, il aurait pu nous détruire. Si la Haute Cour avait découvert notre projet et nos motivations, ç'aurait été terminé pour nous. Nos propriétés, nos domaines auraient été confisqués, et nous-mêmes aurions fini en prison, voire pis.

Venerio les passa un à un au crible de son regard impérieux.

— Ce qui est fait est fait. Si Beaujeu est mort, le seul qui aura des problèmes sera Angelo. Il est prêt à partir, comme prévu.

Il jeta un coup d'œil à Angelo, qui acquiesça.

— Et nous autres ? demanda Michael. Nous ne pouvons pas tous nous cacher à Venise, sous la protection du doge, en attendant que tout ça soit oublié !

Personne n'entendit la réponse que marmonna Conradt car, au même moment, un bruit éclata à l'extérieur de l'église. Les cinq hommes furent aussitôt sur le qui-vive. Deux autres sons étouffés suivirent bientôt.

— Qu'est-ce que ça peut bien être ? murmura Michael.

— Des enfants ? fit Renaud, plein d'espoir.

Venerio tira son épée et se dirigea vers la porte, qu'ils ne pouvaient pas voir à cause de tous les débris encombrant le chœur. Angelo s'empara lui aussi de son épée et commença à suivre son père, mais il avait à peine fait quelques pas quand de faibles chuintements troublèrent le silence. Soudain, l'église fut illuminée, les ténèbres repoussées, quatre boules de feu s'engouffrant par les orifices du toit.

— Attention ! hurla Michael en reculant pour éviter l'un des projectiles qui venait droit sur lui.

Le flacon d'argile explosa au sol dans une conflagration terrible, projetant alentour le liquide enflammé, dont une partie éclaboussa la robe de Michael. Le Pisan poussa un cri tandis que ses vêtements prenaient feu, la soie s'embrasant en un instant. Il les ôta frénétiquement pendant que les autres projectiles explosaient tout autour, répandant sur les hommes et les débris leur substance en feu. C'était du feu grégeois.

Poutres et madriers écroulés s'embrasèrent en premier ; ils craquèrent et se fendirent en produisant de hautes flammes qui se propageaient rapidement. Les cinq hommes reculèrent en hurlant.

— Les portes ! ordonna Venerio.

— Non, cria Michael, désormais torse nu. Ils essaient de nous faire sortir. C'est ce qu'ils attendent.

— Qui ça ? demanda Conradt.

Mais ils connaissaient tous la réponse. Le Temple les avait retrouvés. La discussion pour déterminer s'ils feraient mieux de sortir ou non fut écourtée lorsque deux projectiles supplémentaires atterrirent dans le chœur, qui devint une fournaise. Quelques secondes plus tard, trois flèches enflammées s'enfoncèrent dans la charpente au-dessus de leur tête. Le bois desséché prit tout de suite feu.

— Il ne nous reste plus qu'à nous battre, dit Venerio d'un air résolu.

Mais quand ils atteignirent la sortie, les sons étouffés qu'ils avaient entendus plus tôt prirent toute leur signification, car la porte refusa de bouger. Elle avait été bloquée de l'extérieur. Ils essayèrent tant qu'ils purent, mais ils ne parvinrent pas à la faire céder.

Une poutre s'effondra derrière eux dans un vacarme invraisemblable. L'intérieur de l'église était aussi lumineux qu'en plein jour. Un nuage de fumée blanche s'élevait vers le toit, où le deuxième foyer s'étendait. Le bois noircissait tout autour d'eux, craquait, et une pluie de cendres rougeoyantes commençait à s'abattre sur eux.

— Escaladons les murs, lança Angelo en rengainant son épée.

Il regardait le monticule de gravats et de madriers qui n'avait pas encore pris feu près des portes. La chaleur gênait sa respiration, contractait sa gorge. Il se fraya un chemin jusqu'au transept et commença à grimper sur des pierres éboulées. Une autre poutre s'effondra en projetant une gerbe d'étincelles près de lui. Angelo se plaqua contre les pierres pour les éviter mais n'y réussit qu'imparfaitement. Il hurla tandis que sa cape prenait feu, mais il continua à se hisser sur les gravats, qu'il dépassa enfin pour atteindre le mur du fond. Il se jeta sans réfléchir à travers les flammes. Les autres hommes l'avaient suivi et escaladaient à leur tour les pierres entassées. Angelo, affalé contre le mur, avait frappé sa cape pour étouffer les flammes et il frottait maintenant ses mains cloquées et brûlées sur ses cuisses. Le bruit du feu crépitant explosa soudain, comme si le bâtiment tout entier avait mugi. Les hommes levèrent les yeux vers le plafond. Michael poussa un hurlement en voyant un madrier énorme s'en détacher. L'une de ses extrémités écrasa Renaud sur les décombres, lui brisant le dos. Angelo regarda, impuissant, une partie du toit s'effondrer à sa suite et transformer en enfer le centre de l'église, où se trouvaient son père ainsi que Michael. Deux autres poutres s'écroulèrent en emportant Conradt avec elles. Une fumée épaisse tourbillonnait autour du désastre et Angelo tomba à genoux pendant que les flammes dévoraient le monde autour de lui.

Le Temple, Acre, 14 juin 1277 après J.-C.

— En es-tu certain ? insista Everard. Beaujeu n'est pas au courant de l'existence de l'Anima Templi ?

— J'en suis certain, répondit Will.

Il regardait le ciel et inspira profondément l'air frais de ce début de soirée, sentant refluer le sentiment d'enfermement qu'avait fait naître en lui son bref séjour dans le cachot humide. La lune était rousse, et presque pleine. Il avait entendu un des gardes dire qu'il y aurait une éclipse dans trois jours. Will sentait sa frayeur éclater par instants, puis s'éloigner. Maintenant qu'il était libéré, il réalisait à quel point il avait été près de ne jamais revoir la lumière du jour. Cette pensée l'affolait. Everard et lui se tenaient sur les remparts déserts à côté de la tour du Trésor. En ressortant des cellules souterraines, il avait retrouvé le prêtre dans la cour.

— Et les marchands ? Les Vitturi et les autres ? Qu'est-ce qui va leur arriver ?

— Beaujeu a dit qu'il s'en était occupé, fit Will en jetant un coup d'œil à Everard. Je pense que nous n'avons plus à nous soucier d'eux.

Everard s'appuya sur le parapet.

— Je deviens trop vieux pour tout ça, dit-il dans un souffle. J'aurais juré que c'était fini pour nous. Par Dieu et par tous les saints, ajouta-t-il en se tournant vers Will, tu as plus de vies qu'un chat !

Will émit un petit rire sans bruit.

— Quand j'ai dit à Beaujeu que je l'avais trahi, j'ai cru qu'il allait m'écorcher sur place.

— Tu as bien fait, William, reprit le prêtre, plus sérieusement maintenant.

Il tendit le bras et posa sa main noueuse, à laquelle ne restaient plus que deux doigts, sur l'épaule du commandeur.

— Un homme plus faible ou moins réfléchi aurait craqué, la peur lui aurait fait divulguer tous nos secrets.

Will était sur le point de répondre quand il vit un homme courir vers la tour du Trésor. Il reconnut Simon et l'appela. Simon s'arrêta, le nez levé. Le halo jaunâtre des torches révélait la pâleur de ses traits.

— Will ! cria-t-il d'une voix éraillée.

Il se précipita vers l'escalier menant aux remparts et le grimpa quatre à quatre. En plein milieu, il trébucha sur une marche, faillit tomber et se jeta presque sur Will, venu à sa rencontre en voyant l'état de son ami.

— Qu'y a-t-il ? demanda Will en prenant Simon par les bras.

— Mon Dieu ! fit Simon, pantelant, mon Dieu !

Il inspira plusieurs fois précipitamment en essayant de parler, mais rien ne sortait, que des reniflements.

— Je suis désolé, s'écria-t-il.

La sueur lui dégoulinait sur le visage et sa tunique noire en était trempée. Il s'affala sur les marches, tirant presque Will avec lui.

— Will, je suis désolé !

Will s'accroupit à côté de lui en posant la main sur son épaule.

— Qu'est-ce qui se passe ?

Everard avait descendu quelques marches en boitant et se tenait derrière eux.

— Elwen, marmonna Simon.

Will sentit l'inquiétude l'envahir d'un coup.

— Quoi, Elwen ? Dis-moi !

L'autorité de sa voix sembla sortir Simon de son excitation. Il leva la tête.

— Ils l'ont prise.

— Qui ?

— Je n'arrivais pas à te trouver, dit Simon en secouant la tête comme un dément. J'avais ton cheval mais tu n'étais pas là. J'ai cru que tu étais parti voir Elwen, comme tu l'avais dit, mais Paul m'a dit qu'il y avait quelqu'un à la porte qui voulait te voir et je suis allé le trouver. Je pensais t'aider.

Simon prit une grande inspiration.

— Mais il ne voulait pas te voir, Will. Il voulait te capturer.

— Les marchands, intervint Everard. Vitturi ?

Will tourna la tête vers lui, puis il se concentra sur Simon, qui semblait n'avoir même pas entendu le prêtre.

— Qui était-ce ? T'a-t-il dit son nom ?

— Non. Mais je sais d'où il venait, fit Simon. Il me l'a dit. C'était un Mamelouk. Un des hommes de Baybars. Un Bahrite.

— Et qu'est-ce que ça a à voir avec Elwen ? le pressa Will.

Simon s'essuya le nez avec la manche de sa tunique.

— Il n'était pas tout seul, ils étaient plusieurs, dit-il en levant les yeux sur Will. Ils m'ont obligé à aller te chercher. Ils avaient des dagues. Ils disaient qu'ils me tueraient. J'aurais dû les laisser faire.

Il avait prononcé ces derniers mots en baissant la tête.

— Mais j'avais peur. Je n'arrivais plus à réfléchir. Je pensais que tu saurais quoi faire. Et je...

Il ne termina pas sa phrase, mais ce n'était pas nécessaire. Will lâcha l'épaule de Simon et s'affala à son tour sur les marches, dévasté par cette nouvelle.

— Tu les as emmenés chez Elwen, soupira-t-il.

— Je pensais que tu y serais ! Je pensais que tu pourrais te battre contre eux !

— Pourquoi les Mamelouks l'ont-ils emmenée ?

En entendant la voix sévère d'Everard, Simon leva les yeux comme s'il s'apercevait seulement de sa présence.

— Ils ont découvert qu'elle...

Là encore, Simon ne termina pas, se contentant de tourner la tête vers Will.

— Quand ils se sont rendu compte que tu n'étais pas là, ils ont cru que je voulais les berner. Il n'y avait personne à la maison, sauf des domestiques, et les Mamelouks les ont enfermés à l'étage. Ils voulaient savoir qui était Elwen, et comme personne ne leur répondait, ils ont menacé de nous tuer. Ils l'auraient fait, Will, je le jure. Elwen leur a dit qu'elle était ta femme, et ils l'ont prise.

Simon semblait épuisé par sa confession.

— Ils m'ont dit de te raconter ce qui venait de se passer. Ils ont dit que si tu voulais qu'elle vive, il fallait que tu ailles à Damas où tu serais jugé pour crime contre leur sultan. Je ne sais pas ce que cela signifiait, mais c'est ce qu'ils ont dit.

Déconcerté, Everard s'appuyait au mur. Quant à Will, il ne bougeait pas. Les mots de Simon tournaient dans son esprit, ouvrant toutes les cachettes où il avait dissimulé cette histoire d'attentat contre Baybars, tous les recoins où moisissaient ses regrets après son échec, des endroits hantés par la culpabilité et le remords, l'amertume et la déception. Finalement, tous ces sentiments refirent surface, après des mois où la peur les avait enfouis, surtout depuis qu'il avait appris que les Mamelouks cherchaient ceux qui avaient payé les Assassins, le cherchaient, *lui*. N'ayant pas eu de nouvelles de Kalawun, et occupé comme il l'avait été par l'affaire de la Pierre noire, Will s'était presque convaincu qu'il n'en sortirait rien, que personne ne retrouverait les Assassins et qu'il ne servait à rien de s'en soucier. Maintenant, il n'y avait plus à se cacher. La vengeance avait frappé à sa porte. Et elle s'en était prise à ce qu'il y avait de plus vulnérable en lui.

La main de Will saisit le pendentif de saint Georges à son cou.

— Le cheval que tu as sellé, est-il toujours prêt ?

— Je... Je ne sais pas trop. C'est possible.

— Va me le chercher, lui demanda Will d'une voix morne.

— Je suis désolé, répéta Simon une fois de plus en se levant.

Will le regarda droit dans les yeux.

— Je ne t'en veux pas, affirma-t-il au bout d'un moment. Tu as fait ce que tu avais à faire.

Simon secoua tristement la tête, comme s'il n'était pas d'accord, puis il dévala l'escalier et courut vers les écuries.

— Qu'est-ce que tu comptes faire ? demanda Everard en retenant Will par le bras.

— Ce qu'il faut.

32

La citadelle, Damas

17 juin 1277 après J.-C.

Kalawun était dans ses quartiers, plongé dans une discussion avec deux officiers du régiment syrien, lorsqu'il apprit que les soldats bahrites envoyés par Baybars pour trouver William Campbell étaient revenus. Il ordonna aux hommes de le laisser et il se dirigeait vers la salle du trône, quand il croisa Nasir qui arrivait dans l'autre sens. Le visage de l'officier était toujours livide et couvert d'hématomes, mais il semblait en meilleure forme que six jours plus tôt.

— Émir, je venais vous voir.

— Qu'est-ce qui s'est passé ? demanda Kalawun en scrutant le couloir pour s'assurer qu'ils étaient seuls. As-tu trouvé Campbell ?

Nasir baissa la tête.

— Je n'ai même pas atteint Acre. Mon cheval s'est blessé le deuxième jour. J'ai pu rejoindre un relais où j'en ai pris un autre, mais il était trop tard. J'ai vu les Bahrites revenir sur la route et je me suis caché. Puis je les ai suivis et je suis revenu ici aussi vite que possible pour vous prévenir.

— Est-ce qu'ils l'ont ?

— Ils ont quelqu'un. J'étais assez loin quand ils m'ont dépassé, mais je pense que c'était une femme, pas un homme.

— Une femme ? répéta à voix haute Kalawun. Je verrai cela moi-même. Merci, Nasir.

— Ne me remerciez pas. J'ai failli à ma tâche.

— Tu as fait ce que tu pouvais et je n'en demande pas plus. Va te reposer, maintenant. Tu as fait tout ce qui était en ton pouvoir.

Kalawun repartit en direction de la salle du trône et, de l'extérieur, il entendait déjà la voix de Baybars. Le sultan avait l'air furieux. Kalawun ouvrit les portes.

Dans la pièce spacieuse et baignée de lumière, Baybars faisait les cent pas. La colère pouvait se lire sur son visage. Il arpentait le sol marbré devant quatre Bahrites inanimés. Avec ses robes noires ourlées d'or, il semblait aussi menaçant que la foudre elle-même.

Alignés le long des murs, les eunuques, tête basse, attendaient qu'on utilisât leurs services ou qu'on les renvoyât. Plusieurs généraux, qui devaient avant cela avoir participé à un conseil avec Baybars, étaient assis, perplexes, autour d'une table près de la fenêtre. Avec eux, à la grande surprise de Kalawun, se trouvait Baraka, ainsi que Khadir, perché comme un vieux vautour déplumé sur l'estrade du trône. Il y avait aussi quelqu'un d'autre dans la pièce et, bien que Nasir l'eût prévenu, Kalawun ne put s'empêcher de s'immobiliser en la regardant. Cependant, il rassembla ses esprits en sentant le regard de Baybars se poser sur lui.

— Maître, on m'apprend que vos hommes sont revenus, dit-il en fermant les portes.

Ses yeux revinrent furtivement à la femme, que deux Bahrites encadraient. Elle était grande et mince avec des cheveux blonds flamboyants et entremêlés en une crinière abondante. Son visage fermé et pâle contrastait avec cette chevelure resplendissante. Elle tremblait comme un poulain nouveau-né. Kalawun remarqua que Baraka Khan regardait lui aussi cette femme avec une intensité particulière.

L'arrivée de Kalawun semblait calmer quelque peu Baybars qui tendit une main vers la femme.

— Ils m'ont amené son épouse !

— Son épouse ?

— La femme de Campbell, vociféra Baybars en jetant un regard mauvais aux quatre Bahrites. Et qu'est-ce que je vais bien pouvoir en faire ? Maintenant, il sait que j'en ai contre lui. Il va fuir. Vous m'avez trahi, ajouta-t-il à leur intention.

— Nous implorons ton pardon, maître, murmura l'un des Bahrites, ses yeux passant de Baybars à ses camarades. Mais nous ne pouvions rien faire de plus. On nous a dit que Campbell serait avec cette femme.

— Vous auriez dû la tuer, et tout le monde dans la maison, et l'attendre.

— Maître, nous n'étions pas certains qu'il viendrait.

— Par Allah, c'est son épouse ! rugit Baybars. Bien sûr qu'il allait finir par venir !

— Nous avons laissé un message..., commença l'un des soldats.

— Vous me l'avez déjà dit, grogna Baybars. Un message ? s'exclama-t-il avec une moue moqueuse. Et vous croyez que ce chrétien va venir ici tout seul ? Qu'il va mourir pour elle !

— Oui, lança une voix chuintante.

Baybars tourna la tête et vit Khadir descendre les marches en posant des yeux perçants sur la femme. Son regard la fit se contracter, mais les Bahrites lui tenaient les bras pour l'empêcher de remuer.

— Il viendra, murmura Khadir en la scrutant, la tête penchée. La loi interdit aux chevaliers du Temple de se marier. S'il l'a épousée, il n'a pu le faire qu'en secret, et en prenant beaucoup de risques. Il est sans doute prêt à risquer davantage encore.

— Et quand arrivera-t-il ? demanda Baybars d'une voix un peu moins féroce que précédemment.

— Bientôt, répondit Khadir.

Il lança un regard à Kalawun.

— Et alors vous ferez en sorte que l'infidèle reçoive les souffrances qu'il mérite. Les souffrances que méritent tous les infidèles.

Ses yeux revinrent vers Baybars.

— Comme vous en avez fait le serment lorsque vous êtes monté sur ce trône, maître.

Kalawun se troubla en constatant avec quel sérieux Baybars écoutait ce discours. Une semaine plus tôt, il aurait même refusé d'écouter les conseils de Khadir.

— Maître, si Campbell vient, il faudra l'interroger, et si sa culpabilité est avérée, il faudra prendre les sanctions en conséquence. Mais je vous déconseille toute décision prise à la hâte, parce que vous êtes en colère contre un homme.

— Mêlez-vous de vos affaires, lança Khadir sans dissimuler sa haine envers Kalawun.

— Le sultan est capable de décider par lui-même, répondit tranquillement celui-ci, bien que l'animosité de son ton fût indéniable.

— Laissez-moi.

Personne ne bougea.

— Laissez-moi ! cria-t-il en avançant vers les Bahrites, qui reculèrent de plusieurs pas. Et vous aussi, hurla-t-il à l'intention de son fils et des généraux qui attendaient, stupéfaits, à la table.

Khadir poussa un hurlement strident et se mit à détaler quand Baybars vint vers lui.

— Tous autant que vous êtes ! hurlait Baybars aux eunuques qui partaient les uns derrière les autres. Attendez ! lança-t-il aux Bahrites qui se dépêchaient de sortir. Pas elle, dit-il en désignant la femme. Elle reste. Et toi aussi, ajouta-t-il en faisant signe à l'un des eunuques.

— Maître, intervint Kalawun tandis que les domestiques s'éclipsaient.

Il regarda la femme qui frissonnait au centre de la pièce. Maintenant que les soldats ne l'encadraient plus, elle donnait l'impression d'avoir du mal à se soutenir toute seule. Mais en dépit de sa faiblesse, il y avait en elle une résolution, une effronterie perceptible dans son regard. En l'observant, Kalawun repensa à sa fille.

— Que comptez-vous faire ? fit Kalawun.

— Pars, Kalawun, répondit Baybars d'une voix intraitable. Laisse-moi.

L'émir s'exécuta à regret et, avant de fermer les portes, il jeta un dernier regard à cette femme et à Baybars. En constatant qu'ils étaient tout seuls dans la salle du trône, Elwen tressaillit. Mais au milieu de la terreur qui l'avait assaillie et n'avait cessé de l'accompagner depuis que les soldats avaient fait irruption dans la maison d'Andreas, elle éprouva un regain d'espoir. Le sultan avait appelé l'homme en cape bleue Kalawun, et elle connaissait ce nom. C'était l'allié de Will en Égypte. Elle avait aussi remarqué l'air soucieux, presque peiné, avec lequel il l'avait regardée. Elle fixa un moment les portes, jusqu'à ce qu'un mouvement à côté d'elle lui fasse tourner la tête. Le sultan Baybars se tenait à quelques mètres d'elle.

Elwen posa les yeux sur sa carrure impressionnante et scruta ce visage aux traits durs, affirmés, et le point blanc qui brillait au fond de sa pupille. D'un coup, elle se rappela toutes les fois où elle avait entendu des gens parler de lui, toujours d'un ton grave ou effrayé. L'homme qu'ils appelaient l'Arbalétrier, le Lion de l'Orient. Et il était aussi imposant et terrifiant dans la réalité qu'elle se l'était imaginé. Tout espoir la déserta et elle baissa la tête, s'attendant à chaque seconde qu'il tire l'un des sabres qu'il portait à la ceinture et le lui enfonce dans le ventre. Ne voulant pas voir venir sa fin, elle préféra fermer les yeux et serrer les dents.

— Ismik eh ?

Les mots s'infiltrèrent dans son esprit paralysé, d'abord tout à fait étrangers, et soudain familiers. *Il me demande mon nom ?* Peu sûre de son interprétation, elle leva la tête et déglutit.

— Ismi Elwen, Malik, parvint-elle à articuler, puis elle baissa de nouveau la tête.

La bouche de Baybars se tordit en entendant qu'elle lui donnait le titre de roi. Il attrapa la traîne de sa robe et grimpa sur l'estrade avant de s'asseoir sur le trône en la fixant.

— Tu traduiras pour moi, dit-il à l'eunuque resté dans la salle du trône sans la quitter des yeux. Depuis quand es-tu la femme de Campbell ?

Quand il s'exprima en arabe, Elwen ne put comprendre et s'en mordit les lèvres. Mais la question fut bientôt répétée dans un français balbutiant par l'eunuque et elle comprit pourquoi il l'avait fait rester. Elle se demanda un instant ce qu'il valait mieux répondre, et décida de continuer à faire semblant. Si la plupart des chrétiens désapprouvaient sa relation illicite avec Will, les musulmans ne la verraient pas non plus d'un bon œil.

— Onze ans, répondit-elle en comptant à partir de l'année où Will l'avait effectivement demandée en mariage.

L'eunuque remplit son office et répéta ses propos en arabe.

— Comment se fait-il qu'il t'ait épousée alors qu'il est Templier ?

Cette fois, pendant que les paroles du sultan lui étaient traduites, Elwen ne détourna pas ses yeux du sultan.

— Le Temple n'est pas au courant que nous sommes mariés.

— Il a risqué sa situation de chevalier pour toi ?

— Oui, murmura-t-elle.

— Il doit t'aimer, alors ?

Elwen ne répondit pas. Ce qu'elle avait commis avec Garin venait de lui revenir à la mémoire, et cette plaie, encore vive, l'élança de nouveau. L'intensité de sa souffrance la rendit muette.

Quoi qu'il en soit, Baybars n'avait pas besoin de réponse.

— Dans ce cas, je suppose que tu sais ce qu'il a demandé aux Assassins, demanda-t-il d'une voix sévère. Pourquoi souhaitait-il ma mort ?

Il s'était levé et la regardait depuis l'estrade tandis que l'eunuque traduisait sa question.

— Je veux que tu me répondes. Dis-moi ce qu'il t'a dit !

Elwen comprit enfin ce qu'elle faisait là, pourquoi les Mamelouks en avaient après Will et comment ils l'avaient prise, elle, à sa place. Jusqu'ici, elle était dans un tel état de choc que les motivations de ses ravisseurs ne lui étaient pas apparues. Elle ne savait pas quelle réponse le satisferait le plus, et n'avait de toute façon pas le temps d'y réfléchir. Baybars exigeait une réponse immédiate.

— Vous avez tué son père, seigneur, dit-elle lentement afin de s'assurer que l'eunuque la comprenne bien. À Safed. James Campbell était l'un des chevaliers que vous avez fait exécuter après le siège. C'est pour cela qu'il a demandé aux Assassins de se venger.

Baybars plissa le front en écoutant l'eunuque, puis il sembla se tranquilliser. Diverses émotions traversaient son visage. La compréhension, la colère, le contentement. Puis, une profonde lassitude. Il s'affala sur son trône, ses mains calleuses s'enroulant autour des têtes de lions qu'il agrippa fermement, comme s'il s'agissait de bittes sur un quai et qu'il était un bateau cherchant à s'amarrer.

Toutes ces années, il avait pensé que la tentative d'assassinat avait été commanditée par des chefs francs d'Acre ; des barons ou des rois qui voulaient se débarrasser de lui pour conserver leurs territoires et leurs positions. Il ne lui était jamais venu à l'esprit que quelqu'un ait pu chercher à venger un homme parmi les centaines et les milliers qu'il avait envoyés à la mort, forteresse après forteresse, ville après ville. C'était la vengeance qui avait conduit Campbell à cette extrémité, qui l'avait mené jusqu'aux Assassins. Baybars connaissait son appel lancinant, son tocsin entêtant. Il savait ce qu'était ce sentiment qui l'avait tenu éveillé de nombreuses nuits. De tout temps, aussi loin que remonte sa mémoire, l'idée de vengeance l'avait accompagné. Chaque vie qu'il prenait, chaque ville, chaque armée, c'était pour elle qu'il la prenait, pour remplir le creux en lui où elle ne cessait de sonner. Mais rien ne l'avait jamais fait taire.

Après Omar, cet espace n'avait fait que s'agrandir, s'évider et augmenter encore son appétit, que rien, quoi qu'il fasse, ne pouvait jamais satisfaire. Il pensait toujours que cela avait commencé dans une autre vie à Alep, avec elle, la fille esclave, brutalement violée par son maître, un ancien Templier, avant qu'il ne la tue. Mais la violence de son trépas n'avait fait qu'élargir le gouffre apparu quand les Mongols avaient envahi ses terres et l'avaient livré aux mains des marchands d'esclaves, modifiant tout le cours de sa vie.

Et voilà que la vengeance cherchait une nouvelle victime. Et cette fois, c'était lui. Sous ses ordres, le père du chrétien était mort et il avait fallu qu'Omar meure pour équilibrer cette perte. D'un coup, Baybars réalisa avec clarté qu'il n'obtiendrait jamais justice pour ce qu'on lui avait enlevé. Il l'avait cherchée au mauvais endroit.

— Qu'Allah me vienne en aide, soupira-t-il en fermant les yeux.

Il s'agrippait aux deux lions comme s'ils étaient les seules choses qui le retenaient de tomber dans l'abîme.

— Aidez-moi.

L'eunuque comprit qu'il n'était pas censé traduire cela et le silence envahit la pièce. On n'entendit plus que le bruit de leurs trois respirations, celle d'Elwen rapide et heurtée, celle de l'eunuque basse et contenue, et celle tremblante du sultan.

Finalement, Baybars rouvrit les yeux. Ils étaient humides, comme absents, et il ne regarda pas Elwen ni l'eunuque lorsqu'il descendit de l'estrade et sortit de la pièce.

À l'extérieur de Damas, Syrie,
17 juin 1277 après J.-C.

La sueur dégoulinait continuellement sur le front de Will, qui était allongé sur une crête et regardait en contrebas la ville de Damas. La matinée était bien avancée et, malgré la brume, le soleil frappait fort. Et même avec une férocité rare, comme s'il cherchait à faire fondre le monde. De la crête, Will avait une bonne vue sur la ville et les terres qui l'entouraient, avec la route principale menant à l'ouest vers Acre qui sinuait depuis les portes. D'un côté, Damas était bordé par une grande rivière, avec des jardins et des vergers verdoyants. À l'est, une autre ville, celle-là composée uniquement de tentes, couvrait une large plaine dans un déluge de couleurs. Scrutant cette masse multicolore, Will distingua des engins de siège et supposa qu'il s'agissait du camp de l'armée mamelouke. Cela faisait une demi-heure qu'il fixait la route et qu'il regardait entrer et sortir par les portes de la ville un flux régulier de gens, de chameaux et de charrettes. Constatant qu'il pourrait y entrer sans trop de difficultés, il se leva et retourna au pas de course vers la petite piste où il avait laissé son cheval. Il monta en selle et redescendit la butte pour rejoindre la route principale.

Le voyage avait été pénible depuis Acre. Il avait eu la prévoyance d'échanger avant le départ sa cape pour une tunique toute simple, mais elle était quand même trempée de sueur, et il avait des poches bleuâtres sous les yeux à cause du manque de sommeil et de l'angoisse qui le rongeait. À la commanderie, Simon lui avait préparé un sac plein de vivres inutiles : il avait à peine grignoté depuis son départ. Il savait qu'il aurait dû, qu'il aurait besoin de forces, mais la simple vue de la nourriture lui tordait l'estomac et il n'avait pu mâcher que quelques bandes de lard salé la veille au soir. Des souvenirs d'Elwen passaient et repassaient dans son esprit surmené, plus doux et plus merveilleux que dans la réalité. Au point qu'il n'en pouvait plus. Une peur folle pulsait continuellement en lui, aussi régulière qu'un battement de cœur.

Les yeux de Will se posèrent sur les murailles prodigieuses de Damas, les angles biscornus des centaines de toits adoucis çà et là par les dômes arrondis des mosquées, les rues enchevêtrées grimpant jusqu'à la citadelle couronnée de bannières flottant mollement et dont les tours s'élevaient, somptueuses, vers le ciel iridescent. Ce spectacle raviva sa détermination. Quelque part dans cette cité se trouvait Elwen. Mais bien qu'il fût à peu près certain de savoir où elle était détenue, il se demandait comment diable il pourrait la retrouver dans ce château gigantesque, sans même parler de la sauver. Était-elle d'ailleurs encore en vie ? Était-ce idiot d'espérer ? Il secoua la tête comme pour chasser ces sombres pensées. Il fallait qu'il garde espoir. C'était la seule chose qui le faisait continuer à avancer. Son plan était simple. Il trouverait Kalawun si l'émir était là, et le supplierait de l'aider.

Dépassant des marchands et leurs charrettes, deux femmes avec des cruches d'eau juchées sur la tête et des soldats en cotte de mailles, Will entra dans la ville. Une fois à l'intérieur, il dut mettre pied à terre et tirer son cheval par la bride. Damas étant un centre de commerce important et un lieu de passage obligé sur la route de pèlerinage à La Mecque, sa population était aussi diversifiée qu'en Acre, et comme nombre de Mamelouks étaient blancs, Will passait plutôt inaperçu. Mais il savait qu'il ne fallait pas compter là-dessus trop longtemps. Quand il serait dans la citadelle, il aurait tout de suite l'air déplacé avec ses vêtements de voyage. Il risquerait davantage d'être reconnu. Il lui fallait un déguisement.

Comme il marchait, ses yeux observaient les gens qu'il dépassait : marchands, laboureurs, enfants, mendiants. Son regard s'attarda sur deux soldats bahrites, identifiables à leurs robes, mais il s'empêcha de les suivre, sachant pertinemment qu'il ne pourrait combattre les deux à la fois. Il marcha encore un moment, s'enfonçant dans la ville, toujours plus impatient, jusqu'à ce qu'il parvienne à un marché ombragé, où il s'adossa à un mur. Il resta ainsi une minute ou deux, après quoi il se redressa dans l'intention de mener son cheval boire à une fontaine sur la place, quand son regard se posa sur un homme qui sortait d'un bâtiment du côté ouest du marché. Il était vêtu d'une cape violette avec des galons noir et or, et un turban assorti était enroulé autour de sa tête. Will avait déjà vu ces vêtements. C'était l'uniforme des messagers royaux des Mamelouks. L'homme s'était approché d'un cheval attaché à l'entrée d'une ruelle partant de la place et il s'accroupissait pour resserrer une sangle. Will alla droit vers lui.

La citadelle, Damas, 17 juin 1277 après J.-C.

Avec un soupir de frustration, Khadir s'accroupit, pantelant, au milieu de la pièce encombrée de coussins en soie, de meubles renversés et de tapis hors d'usage. Ça ne servait à rien. Malgré toute sa volonté, il ne la trouvait pas. Il avait cherché dans chaque pièce et chaque recoin qu'il avait occupés depuis leur retour, mais en vain. Pas moyen de remettre la main sur la poupée. Attrapant un coussin qu'il pétrit entre ses mains, Khadir ferma les paupières et tenta de se rappeler la dernière fois qu'il l'avait vue. Mais les ténèbres au fond de son esprit le narguaient. Il émit un son aigu, sifflant.

Cela faisait des années qu'il luttait avec sa mémoire. Capable de se souvenir en un instant d'événements qui s'étaient déroulés durant son enfance, il avait toutes les peines du monde à se remémorer à qui il avait parlé quelques heures auparavant. Son esprit était rempli de trous, des jours manquaient à l'appel, remplacés par de grands blancs. Et ça ne faisait qu'empirer. Il avait beau s'efforcer, il n'arrivait même pas à se souvenir s'il avait emmené la poupée avec lui. Était-elle encore dans la réserve à grain au Caire, assise, mignonne, à l'attendre à trois cents lieues de là ?

Khadir avait prévu de passer à l'acte des mois plus tôt à Alep. Baybars avait tenu un banquet la veille du départ de la cavalerie pour l'Anatolie, et il avait pensé verser quelques gouttes mortelles dans la boisson de Kalawun, mais cela, c'était avant de découvrir qu'il n'avait pas la poupée. Cette nuit-là, il avait fouillé frénétiquement tout le camp, mais à l'aube il n'en avait toujours pas trouvé la trace et c'est avec amertume qu'il avait observé, depuis les remparts d'Alep, Kalawun et Baybars sortir de la ville avec l'avant-garde. Après s'être convaincu qu'il avait dû oublier la poupée à Damas, il n'avait cessé de jeter des sorts, crachant encore et encore dans ses poings, chaque nuit où Kalawun avait été absent, convoquant la mort sous la forme d'une flèche mongole, d'une glissade dans un ravin, d'un serpent jaillissant du sous-bois. Mais l'émir était revenu avec l'armée, bien vivant.

Durant le chemin vers Damas, Khadir s'était finalement dit que tout allait pour le mieux. Un accident malheureux aurait été le fruit du hasard, il ne l'aurait pas satisfait. Il voulait voir Kalawun mourir : se sentir maître du destin de cet homme qui avait, avec tant de persistance, nui à ses plans. Alors, il pourrait véritablement savourer sa victoire. Mais toutes ses machinations fiévreuses retombèrent à plat lorsqu'il arriva à Damas et découvrit que sa mémoire, une fois de plus, l'avait trahi, et que la poupée y était introuvable. En plus de sa frustration, une inquiétude vague et sans objet avait commencé à le tourmenter. C'était une chose que ses tentatives de meurtre soient déjouées en permanence, mais c'en était une autre que d'avoir égaré la seule preuve le reliant à la mort d'Aisha, dont son père le croyait toujours responsable.

Soudain, Khadir se leva. Tout ça n'avait aucune importance. Ce n'était qu'agitation, bruit et confusion. Il n'y avait qu'une chose à faire, et vite. Baybars avait maintenant la preuve que les Francs avaient bien essayé de le tuer, mais Kalawun désamorçait tout le temps toutes les situations et le devin savait que Baybars, comme toujours, écouterait ses conseils prudents, pleins de mesure. Khadir pouvait y arriver sans poison. Sa main se porta sur la dague à poignée dorée avec son rubis rouge sang incrusté. Une vraie mort d'Assassin. Le meurtre serait visible et il y aurait une enquête, mais ça ne retiendrait pas Baybars à Damas et, une fois Kalawun éliminé, Khadir pourrait faire en sorte que le sultan ne retourne pas en Égypte quand il en aurait fini ici, mais qu'il dirige la puissance de son armée sur Acre. Quant au meurtre lui-même, Khadir ne se souciait pas que des doigts accusateurs se lèvent dans sa direction. Baybars ne le tuerait jamais ; il aurait trop peur de mettre sa propre vie en danger s'il le faisait. Il y avait bien trop longtemps que Khadir avait implanté dans son esprit l'idée que leurs deux destins étaient irrévocablement liés et que ce qui affectait l'un affectait l'autre. Il le mettrait peut-être en cellule, mais cette idée ne troublait pas Khadir outre mesure. Après des mois au ban, Baraka avait enfin réussi à se faire à nouveau admettre dans le cercle de confiance de son père et Khadir était sûr, le cas échéant, qu'il parviendrait à obtenir sa libération. D'ailleurs, l'ambition du jeune homme s'était éveillée au cours de l'année écoulée et il était prêt, désormais, à l'aider à orienter le sultan dans la bonne direction.

Khadir regarda vers la fenêtre, de délicats draps de mousseline encadraient un pan de ciel bleu, ondulant légèrement sous l'effet d'une brise qui n'apportait aucune fraîcheur. Bientôt, ce ciel bleu se couvrirait de ténèbres. Ce soir aurait lieu l'éclipse. Elle l'inquiétait depuis des semaines et, plus tôt dans la journée, il avait demandé à Baybars de doubler l'effectif de sa garde et d'éviter certains plats. Néanmoins, comme Baybars l'avait rappelé, la mort d'un grand chef n'était pas forcément la sienne. Le sultan imaginait que l'augure concernait plutôt l'Ilkhan Abaqa, ou n'importe quel autre chef : un roi franc, un prince. Ou un haut gradé de l'armée. Khadir sourit en appréciant cette symétrie. Si les étoiles exigeaient du sang, alors il leur en donnerait.

Sentant l'urgence l'étreindre, il quitta la pièce et traversa le couloir. À mi-chemin, il s'arrêta, jeta un regard alentour puis se glissa dans un étroit passage qui menait, après une volée de marches, vers un labyrinthe utilisé par les seuls serviteurs.

Un petit frisson d'excitation traversa Baraka Khan en ouvrant les portes de la salle du trône. Il avait dit aux gardes que son père lui avait demandé de récupérer des papiers laissés sur place. Les soldats, n'ayant reçu aucun ordre depuis que le sultan était parti une heure plus tôt, l'avaient laissé passer sans un mot.

Les deux occupants de la pièce tressaillirent en entendant les portes s'ouvrir. Les yeux de Baraka se posèrent d'abord sur la femme, qui se tenait près de la fenêtre, ses cheveux blonds baignés par la lumière du début d'après-midi comme un halo. Son visage était pâle et fermé, et ses yeux ne cillèrent pas en croisant les siens. Ils étaient verts, d'un vert incroyable qui le faisait penser à de l'eau, une rivière ou un lac de montagne. Baraka déglutit. Jetant à peine un coup d'œil à l'eunuque, il le pointa du doigt.

— Pars, lui ordonna-t-il.

L'eunuque hésita mais ses nerfs, mis déjà à rude épreuve par le comportement erratique de Baybars, eurent raison de lui et il se décida à quitter la pièce. La femme le regarda partir, puis elle se tourna de nouveau vers Baraka. Il y avait de la force dans son regard, il s'en apercevait maintenant, alors qu'avant il n'y avait vu que de la peur. Cette révélation l'ébranla et il sentit sa confiance diminuer. Pour dissimuler sa nervosité, il poussa le verrou de la porte et se dirigea vers la table où il était assis avec les généraux lorsqu'on avait amené la femme. Toute sa surface était recouverte de documents. Il fit semblant d'y chercher quelque chose, sentant pendant tout ce temps le regard de cette femme dans son dos.

Baraka ne savait pas de quoi elle avait discuté avec son père, et encore moins pourquoi elle était encore en vie. Mais il avait été profondément intrigué que son père quitte la salle du trône le visage plein de larmes. Accroupi dans le passage où il s'était caché après que Baybars avait renvoyé tout le monde, Baraka avait regardé passer son père en larmes. Durant toutes ces années, pas une fois il n'avait vu son père pleurer. Pas une fois il n'avait imaginé qu'il en soit capable. D'abord stupéfait et étourdi, il s'était recroquevillé dans le passage, essayant de comprendre ce qui avait pu se passer. Mais plus il y pensait, plus son esprit revenait à cette femme. Il avait été étonné par son allure et l'espèce de peur animale qui émanait d'elle. Mais qu'elle fasse pleurer son père ! Cela éveillait sa curiosité maintenant.

Enhardi par la mort d'Aisha, où il s'était prouvé à lui-même qu'il était capable d'initiative, ce qui en outre lui avait permis de garder secrètes ses aventures, Baraka avait répété assidûment ses rencontres avec les esclaves, devenant de plus en plus assuré dans sa recherche du plaisir. Mais ces derniers temps, la satisfaction qu'il en retirait avait diminué. Les esclaves s'habituaient à ses exigences, elles devenaient dociles et complaisantes. Il ressentait le besoin de domination physique que l'acte avait provoqué en lui les premiers temps, quand les filles avaient peur et qu'elles se refusaient. Il éprouvait un manque qui ne cessait de le harceler, le rendait de mauvaise humeur et encore plus impatient que d'habitude. Baraka ne savait pas au juste pourquoi il avait pris la poupée, mais elle lui procurait une sorte de sentiment de toute-puissance. Non seulement vis-à-vis de Khadir, mais de tous les hommes appartenant à l'armée de son père. Durant les banquets, il les avait observés en serrant dans sa main la fiole chaude et poisseuse, et il aimait savoir qu'ils étaient à sa merci, qu'il pouvait, tel un dieu, décider, s'il le souhaitait, de frapper n'importe lequel d'entre eux.

Une voix se fit entendre dans son dos et Baraka fit volte-face. La femme venait de parler. Mais il n'avait pas compris ce qu'elle avait dit. Elle reparla, en arabe cette fois.

— Qui êtes-vous ?

Baraka retint sa respiration. C'était une femme, une chrétienne, et elle lui parlait ! L'audace qu'elle avait, cette effrontée, de *l'interroger*, lui, dans sa propre langue ! Il n'arrivait pas y croire.

— Silence ! lança-t-il d'une voix pleine de venin.

Il fallut quelques secondes pour qu'elle baissât les yeux, ce qui l'emplit de colère. Elle devait faire semblant de ne pas avoir peur. En vérité, estima-t-il, elle devait être terrifiée. Ce qui le stimula soudain, et il s'avança vers elle, et à chaque pas son excitation augmentait tandis qu'elle reculait, jetant des regards désespérés autour d'elle.

Pour finir, il la coinça près de la fenêtre. Son visage livide se tordit bientôt sous l'angoisse. Elle parlait à toute vitesse dans une langue qu'il ne comprenait pas, à part quelques mots en arabe glissés çà et là. Mais il n'écoutait plus. Elle était là, tout près, effrayée, et son effroi était comme une drogue pour lui, reléguant au loin tout le reste, le fait qu'il pouvait être surpris par exemple. Il ne voyait plus qu'elle, tout le reste était flou, avait disparu. Il ne se souciait plus de ce qu'elle avait fait à son père ou de la raison pour laquelle il l'avait laissée en vie. Baraka ne voulait qu'une chose.

33

La citadelle, Damas

17 juin 1277 après J.-C.

De retour dans ses quartiers, Kalawun se versa de l'eau dans une coupe. Fraîchement tirée du puits de la citadelle, elle avait un goût minéral. Elle était gelée. Il but trop vite, ce qui lui causa un élancement au front. Il ferma les yeux et revit la femme, debout dans la salle du trône, le fixant tandis qu'il partait calmement. À cette image se mêla une voix lui disant d'y retourner. Mais en vérité, il avait peur. Peur de mettre Baybars en colère et de compromettre sa position, peur d'éveiller les soupçons sur les raisons qui le poussaient à vouloir qu'elle reste en vie. Et, par-dessus tout, peur de la douleur que le souvenir de sa fille faisait sourdre en lui.

Rouvrant les yeux, Kalawun se versa à nouveau de l'eau et porta la coupe à ses lèvres, mais il se ravisa. Sur la table, à côté de la carafe d'eau, il y avait une corbeille de fruits : pêches, raisins, bananes. Il les regarda en se demandant s'il avait faim, mais il ne pouvait ignorer ou détourner la douleur si facilement et d'un coup tous ces fruits lui parurent, eux aussi, rappeler l'horreur. Aisha ne grimperait plus jamais sur ses genoux, les doigts pleins de jus de pêche, pour lui raconter sa journée avec une voix mélodieuse et grave. Kalawun posa ses mains à plat sur la table en y enfonçant les ongles, puis dans un mouvement d'humeur brutal, il envoya à terre la corbeille et la carafe. Tandis que la carafe éclatait et qu'une grappe de raisins verts roulait au sol, Kalawun sentit une présence dans son dos. Il voulut se retourner. Trop tard. Un bras apparut dans son champ de vision avec des éclats de couleur rouge et or. Puis la lame d'une dague se colla à sa gorge, et une odeur d'humidité et de pourriture lui remplit les narines.

— *Serpent !* susurra Khadir à ses oreilles. Je t'ai attrapé !

Kalawun jeta un coup d'œil vers les portes, toujours fermées, et il comprit que Khadir avait dû entrer dans sa chambre à coucher par les passages réservés aux domestiques. Il essaya de tourner la tête, mais Khadir appuya légèrement la dague pour entailler sa gorge, ce qui l'obligea à s'immobiliser.

— Qu'est-ce que tu fais, Khadir ? murmura-t-il en essayant de conserver son calme.

Khadir ne sembla pas remarquer sa retenue.

— Depuis le temps que j'attends ce moment ! Maintenant, la bride que tu as passée au cou de mon maître va lâcher. Il détruira les Infidèles comme je le lui ai prédit et tu ne l'en empêcheras pas !

— Baybars est son propre maître, Khadir. C'est lui qui a décidé de se concentrer sur les Mongols plutôt que sur les Francs. Au bout du compte, ce que je dis n'a guère d'influence.

— Mensonges ! s'écria le devin. Tout ça, c'est ta faute. C'est la conséquence de tes actes, de tes paroles, oh, tant de belles, *belles* paroles ! Tu l'as détourné de son chemin. Je ne sais pas pour quelle raison, mais ça ne fait pas l'ombre d'un doute. Tu l'aveugles, tu le plies à ta volonté et tu le détournes des chrétiens. Tu minimises ton influence pour sauver ta peau. Ce ne sont que des mensonges !

— Non, Khadir, je...

— J'avais l'intention de t'empoisonner, le coupa Khadir, d'une voix presque interrogatrice, comme ta fille.

Kalawun se contracta et bloqua sa respiration.

— Mais de cette manière, j'ai l'avantage de pouvoir assister à ton agonie. De pouvoir la sentir, ajouta-t-il en prenant une longue inspiration par le nez, narines frémissantes.

Il était si absorbé qu'il ne remarqua pas la porte de la chambre s'entrebâiller derrière lui.

— De cette manière, *émir* Kalawun, quand tu mourras, je verrai ton âme se tordre entre mes doigts avant même de goûter aux flammes de l'enfer !

— Lâche-le !

La tête de Khadir pivota en entendant cette voix et ses yeux arrondis se posèrent sur un homme dans son dos qui brandissait une courte épée. Il portait une livrée de messager royal et un sac plein de rouleaux pendait à son épaule mais, lorsqu'il avait parlé, son arabe était terrible, presque incompréhensible. Il fallut quelques secondes à Khadir pour le reconnaître. Un glapissement outragé sortit de ses lèvres, qui s'ouvrirent en un vrai cri lorsque Kalawun l'attrapa par le poignet, qu'il tordit violemment pour lui faire perdre l'équilibre. Khadir essaya de frapper au hasard mais sa dague ne rencontra rien et Kalawun se libéra. Le devin fut prompt à réagir, de sa dague il fouettait l'air devant lui d'un air résolu à tout. Le rubis envoyait des reflets lumineux tandis que la lame s'enfonça dans le bras de Kalawun, que celui-ci avait tendu devant lui pour se défendre. Le visage de Kalawun se crispa sous la douleur. Khadir poussa un autre cri, de rage cette fois, et il revint à l'assaut. Kalawun ne réussit à l'arrêter qu'en l'attrapant à nouveau par le poignet.

Will se précipita pour l'aider.

— Non ! cria Kalawun. Il est à moi !

Sa manche était déchirée et du sang en tombait goutte à goutte, mais bien que l'effort lui coûtât visiblement, il saisit le devin d'une poigne féroce. Au bord de l'apoplexie, l'écume au coin des lèvres, il tordit le poignet de Khadir jusqu'à ce que la pointe de la dague se retournât vers lui.

Le visage déformé par la rage, Khadir tenta de se battre contre lui. Mais l'ancien Assassin, si agile fût-il pour son âge, ne pouvait rivaliser avec Kalawun. Lentement mais sûrement, centimètre par centimètre, la pointe de la dague s'avança vers lui. Khadir haleta, le visage empourpré et les veines saillant sur son cou. Il essaya en vain de donner des coups de pied, mais Kalawun ne faiblissait pas. Au contraire, toute force sembla soudain quitter le devin, dont les muscles se relâchèrent d'un coup. Avec la main noueuse et constellée de taches de vieillesse toujours enroulée sur la poignée, Kalawun poussa la lame en criant. Elle frappa Khadir à la gorge, traversa les chairs et les os et remonta vers la base de son crâne d'où elle émergea, pointe argentée synonyme de victoire pour l'émir. Du sang bouillonnait dans la bouche du vieillard et éclaboussait le visage de Kalawun. Il gargouilla, suffoqua, recula de quelques pas, n'en finissant pas d'agoniser. Ses yeux ressemblaient à deux petites lunes jumelles dans l'horreur. Une odeur pestilentielle se répandit tandis que sa vessie et ses intestins se vidaient en une débâcle fétide. Puis ses spasmes cessèrent et il s'effondra.

Kalawun l'abandonna et s'appuya au bord de la table, où il essaya de reprendre sa respiration tout en se tâtant le front, qui saignait abondamment. Il tourna les yeux vers Will, qui soutint son regard en silence, puis les reporta sur Khadir, étalé dans une position étrange au milieu des débris d'argile et des fruits. Les yeux du devin étaient grands ouverts, sa bouche, sa poitrine et le sol alentour étaient maculés de sang. Le rubis de la dague en était lui aussi couvert.

— Il est mort, dit platement Kalawun, puis il tituba.

Will s'approcha pour l'aider.

— Votre blessure est sérieuse.

— Je survivrai.

Kalawun s'essuya la bouche avec sa manche, ou du moins il essaya car il ne réussit qu'à étaler le sang sur ses joues. Il regarda Will.

— Vous n'auriez pas dû venir. Ils vont vous tuer.

— J'étais obligé.

Kalawun soupira d'un air las et pressa sa blessure en grimaçant de douleur.

— J'ai envoyé un de mes officiers vous prévenir, mais il n'a pas pu arriver à temps. Malgré les circonstances, je suis heureux de vous voir. Je n'étais pas sûr de ce qui s'était passé à La Mecque, et même si vous…

Il n'acheva pas sa phrase, baissant les yeux sur le corps de Khadir.

— Pourquoi ne pas nous avoir prévenus que vous envoyiez vos propres forces pour protéger la Pierre ? demanda Will.

Il n'avait pas réussi à dissimuler sa colère autant qu'il en avait eu l'intention.

— N'avez-vous pas songé que vous risquiez de mettre en péril ma vie et celle de mes hommes ?

— Vous ne me disiez rien de vos plans dans votre message. Je ne savais pas ce que vous alliez faire pour empêcher le vol.

— Je ne pouvais pas exposer de telles informations dans une lettre. Il fallait que je…

— Je le sais, le coupa Kalawun, et je ne souhaite pas vous tromper. C'est la stricte vérité. Mais vous devez comprendre que je ne pouvais pas compter sur votre promesse quand il s'agissait de la plus sainte relique de mon peuple. Les risques que je faisais courir à vos hommes, et même à vous, ne pouvaient pas entrer en ligne de compte. La sécurité de votre peuple en dépendait aussi. Je suis désolé, William. C'était un sacrifice à faire, un de plus.

Il s'appuya lourdement à la table, regardant le sang qui dégoulinait le long de son bras.

— Vous comprenez ?

Au bout d'un moment, Will acquiesça. Il comprenait.

Soudain, Kalawun éclata de rire, d'un rire étrange, où transparaissaient la souffrance et les regrets.

— Je me demande parfois si tout ça vaut le prix que nous payons, vous et moi. Il m'arrive de penser...

Il s'interrompit. Par la porte entrouverte leur parvenaient des cris, faibles mais perceptibles.

— Votre femme, dit-il dans un souffle.

Pensif, Baybars se dirigeait vers la salle du trône quand il entendit les cris. Il releva la tête, alarmé, et accéléra sa marche le long du couloir, se mettant même à courir en voyant les gardes qu'il avait laissés devant tambouriner sur les portes.

— Ouvrez ! leur ordonna-t-il en arrivant.

— Elles sont verrouillées, maître, dit l'un des gardes en se mettant de côté.

Un autre cri se fit entendre à l'intérieur, vite étouffé, puis des choses semblèrent tomber : un bruit sourd, suivi d'un tintement de verre.

— Ôtez-vous de là ! s'emporta Baybars en lançant son épaule contre la porte.

Le battant en bois ne bougea pas d'un centimètre.

— Qui a verrouillé ? demanda-t-il en essayant une deuxième fois.

— Votre fils, maître, dit craintivement l'un des gardes.

Baybars fronça les sourcils.

— Mon fils ?

Il regarda la porte un instant, recula d'un pas puis lui donna un coup de pied très puissant. De l'autre côté, les gonds cédèrent et la porte s'ouvrit.

Près de la fenêtre, une petite table était renversée, ainsi que la carafe qui y avait été posée, maintenant éclatée en morceaux. Il y avait deux personnes à terre. Baraka Khan était allongé sur la prisonnière, essayant d'une main de lui bloquer les siennes, de l'autre de lui recouvrir la bouche. Les cheveux de la femme étaient étalés sur son visage et sa robe blanche en partie défaite exposait un bout de peau blanche, de la gorge à la naissance de la poitrine. Baybars eut une soudaine réminiscence, un souvenir remontant à loin. Alors, il s'approcha d'eux, sa rage augmentant à chaque pas.

Baraka roula sur le côté alors que son père arrivait près d'eux.

— Elle tentait de s'échapper !

Avant qu'il ait pu se lever, Baybars était sur lui, l'attrapait violemment par le revers de sa tunique en soie, et le soulevait par les aisselles.

— Père ! S'il vous plaît ! J'essayais de l'empêcher de...

— Je sais ce que tu faisais, rugit Baybars en tirant son fils vers lui.

Puis il lui donna une immense claque qui retentit dans toute la salle, et la tête du jeune homme partit sur le côté. La marque de sa main s'imprima sur sa joue, blanche une seconde, puis aussitôt rouge. Baybars le poussa sans ménagement.

Baraka recula en chancelant, se prit les pieds dans la table renversée et bascula à la renverse. Il retomba la tête sur les carreaux et poussa un cri de douleur en sentant s'enfoncer dans sa tête de petits morceaux de verre.

— S'il vous plaît ! Père ! implora-t-il, au désespoir.

La femme s'était remise debout et tenait sa robe contre sa poitrine, mais aucun d'eux ne la regardait plus.

— Est-ce que tu crois que je ne suis pas au courant ? tempêta Baybars en approchant lentement, d'un air dangereux. Est-ce que tu penses que je suis aveugle ? Ou stupide ?

— De quoi...

— *Je sais !* hurla Baybars. Je sais ce que tu fais avec mes esclaves.

Baraka se figea, la gorge serrée. Il ne pouvait plus parler.

— D'après toi, pourquoi t'ai-je emmené avec moi dans cette campagne ? demanda Baybars à son fils prostré. Croyais-tu que c'était pour tes conseils ?

Il éclata d'un rire cruel qui cessa aussi vite qu'il était venu.

— Je t'ai fait venir pour te tenir à l'écart de mon harem ! dit-il en secouant la tête. Un temps, j'ai pensé que ton apparente tranquillité, ton prétendu désir de solitude, loin de la mauvaise influence de tes amis, étaient le signe que tu étais prêt à te calmer, à te mettre au travail. À devenir l'homme que je voulais que tu sois. Mais j'aurais dû me douter. Ces filles étaient à moi, on m'en avait fait cadeau. J'aurais pu en prendre certaines pour femmes ! Que dans mon dos tu aies assouvi tes désirs comme un chien en rut me dégoûte. Tu me *dégoûtes*, laissa-t-il tomber avant de lui lancer un coup de pied.

Baraka tenta d'esquiver le coup, mais il n'y parvint pas et cela lui coupa le souffle. Il rampa au sol pour échapper à la colère de son père, mais Baybars n'en avait pas fini avec lui et il le força à se relever. Lorsqu'il sentit son père l'empoigner à nouveau, Baraka tendit la main à la recherche de quelque chose à utiliser. Ses doigts rencontrèrent un morceau de verre et, alors que Baybars le mettait debout, il lança son bras vers le visage de son père. Il s'arrêta, trop court de quelques centimètres. Tous deux se figèrent, avec entre eux le morceau de verre où perlait une goutte de sang car Baraka s'était légèrement coupé en s'en saisissant. À l'extérieur de la salle du trône, il y avait du grabuge, mais aucun d'eux ne tourna la tête pour voir ce qui se passait. Toute leur attention était concentrée sur eux, chacun regardait l'autre et y voyait les années de haine, de déception, de dégoût.

Le nez de Baraka saignait et ses cheveux bouclés étaient trempés de sueur. Ses yeux n'étaient plus que des fentes, mais il n'y avait pas de larmes en eux.

— J'ai peut-être souillé votre harem, père, dit-il d'une voix que Baybars eut l'impression de n'avoir jamais entendue, vide de tout amour, de tout respect, et même de crainte. Mais je n'ai pas souillé le trône du sultan. Khadir, Mahmud, Yusuf, tant d'hommes dans votre cour vous ont supplié de tenir votre serment et de détruire les chrétiens, mais vous n'écoutez pas. Savez-vous combien de vos propres hommes sont contre vous, maintenant ? Combien veulent vous voir mort ? Moi, je suis prêt à faire ce que vous ne voulez pas faire. Vous êtes un *lâche*, père.

Les yeux bleus de Baybars s'arrondirent. Il arracha le fragment de verre de la main de Baraka en s'entaillant, le jeta, puis il secoua le jeune homme comme une vieille poupée.

— Tu es prêt, crois-tu ? Eh bien, nous verrons à quel point tu es prêt *sans royaume* !

Il arrêta de secouer son fils et se servit de ses poings, le rouant de coups, frappant, pilonnant, jusqu'à ce que ses phalanges soient rouges de sang. Puis, soudain, il s'immobilisa, haletant.

— Tu ne prendras pas mon trône quand je ne serai plus là, Baraka, lança-t-il. Tu n'es pas fait pour conduire notre peuple. C'est ton frère, Salamish, qui sera mon héritier.

Baybars recula du corps ensanglanté, à moitié inconscient, qui gisait sur les carreaux dans une position fœtale. Ses épaules s'affaissèrent.

— J'ai essayé, marmonna-t-il. J'ai essayé…

Alors que Will courait à la suite de Kalawun dans le couloir, il vit quelqu'un sortir précipitamment de la salle du trône. Par les portes ouvertes lui parvenait le bruit d'une bagarre.

— Elwen !

L'un des gardes du palais l'arrêta tandis que l'autre se tournait vers Will. Ses yeux s'agrandirent de stupeur en voyant Kalawun et un messager royal arriver en courant dans sa direction. Elwen poussa un cri quand le premier garde l'attrapa par le bras et la plaqua contre le mur. Will se jeta sur lui avant même que son compagnon ait pu le prévenir, lui envoyant un méchant coup de coude en plein visage tout en tirant Elwen, après quoi il lui empoigna les cheveux et frappa sa tête contre le mur. Kalawun s'occupa du second garde, qu'il assomma avec la poignée de son épée. Elwen hurla de nouveau et Will la prit par les épaules.

— Elwen !

Elle posa sur lui des yeux confus et apeurés.

— Retournez à ma chambre, dit Kalawun en rengainant son épée.

Les dents serrées à cause de la douleur, il serrait son bras blessé.

— Derrière la tapisserie de ma chambre, il y a un passage. Suivez-le jusqu'à une volée de marches qui descend. En bas, prenez à droite et vous arriverez près des cuisines.

— Kalawun..., commença Will.

— Écoutez-moi ! coupa court Kalawun en prenant Will par l'épaule et en regardant dans la direction de sa chambre. Après les cuisines, il y a un passage pour les domestiques qui mène à l'extérieur des remparts par un petit pont. Une fois en ville, vous verrez une mosquée, près d'un marché, sur une grande place. J'enverrai des hommes avec des chevaux. Ils laisseront les montures à l'entrée de la mosquée.

Il relâcha Will, sur l'épaule duquel il avait imprimé une marque de sang.

— *Allez-y !*

34

La route de Damas, Syrie

17 juin 1277 après J.-C.

Après avoir attaché les montures, Will prit une gourde d'eau dans une des sacoches et retourna vers les rochers sur lesquels était assise Elwen. Elle était emmitouflée dans une couverture, les genoux remontés devant la poitrine, son regard perdu sur la route qui s'enroulait à la base de la crête où ils s'étaient installés, et s'étirait derrière eux. La lune était basse et grosse, illuminant la nuit comme une sorte de double fantôme du jour. En contrebas, dans la vallée, le haut des arbres formait comme des nuages baignés de lumière et le désert semblait couvert d'une neige poudreuse et infinie.

Elwen claquait des dents, sa respiration formant des volutes éphémères dans l'air glacial. Will grimpa jusqu'à elle et lui tendit la gourde. Elle la saisit, mais ne but pas.

— J'aurais dû ramasser du bois pour faire un feu, marmonna-t-il en remontant sa propre couverture sur ses épaules.

Par-dessus sa robe déchirée, elle portait la cape en soie qu'il avait volée au messager royal. Son violet chatoyant tournait au gris clair à la lumière de la lune et scintillait comme de l'eau autour de ses jambes.

— Tu en aurais davantage eu besoin que moi, ajouta-t-il lorsqu'elle protesta.

Il se tenait debout sur le promontoire, sentant le froid l'envahir.

— Tu as toujours peur qu'ils nous suivent ?

Will tourna la tête vers elle en entendant sa question et il lui fit signe que non, mais il reporta tout de suite son attention sur la route. Malgré l'assurance dont il faisait preuve, la tension presque insupportable qu'il ressentait depuis qu'ils avaient fui la citadelle n'était pas évanouie, loin de là.

Après une attente interminable près de la mosquée de la ville, les hommes de Kalawun avaient fini par arriver avec deux pur-sang arabes chargés de vivres. Will et Elwen avaient galopé à bride abattue pour sortir de la ville, car il souhaitait mettre autant de distance que possible entre Damas et eux. Mais à part les habituels voyageurs, marchands et paysans, ils n'avaient croisé personne sur la route, et Will n'avait pu observer aucun signe de la poursuite qu'il guettait avec nervosité. Ils avaient peu discuté, tous deux étaient trop pensifs pour parler.

— Tu t'assieds avec moi ?

Will se força à quitter la route des yeux. Elwen le regardait. Ses joues creuses le paraissaient encore davantage avec cette lumière, elle semblait presque émaciée, décharnée. Alors qu'ils étaient sortis de Damas, en remarquant à quel point elle était maigre et épuisée, Will s'était rappelé ce que lui avait dit Simon à la commanderie et il l'avait questionnée sur les raisons de son affliction. Elle avait balayé cette question en lui disant que ça n'avait pas d'importance. Il n'était pas encore revenu à la charge, de même qu'elle ne l'avait pas encore interrogé à propos de La Mecque. C'était comme s'il s'était passé trop de choses depuis la dernière fois qu'ils s'étaient vus et qu'aucun d'eux n'avait la force de raconter en détail tout ce qui lui était arrivé. La compagnie de l'autre rendait leur comportement étrange, ils avaient l'impression d'être deux inconnus après tous ces mois. Mais en cet instant, posant les yeux sur elle, Will réalisa la chance qu'il avait eue de réussir à la sauver et son malaise disparut. Il s'approcha d'elle et s'assit en prenant ses mains dans les siennes. Elles étaient douces et froides. Dieu ! Penser qu'il avait failli la perdre... Il ferma les yeux et murmura une prière pour Le remercier de l'avoir épargnée.

— Elwen, commença-t-il avant de s'interrompre, gagné par l'émotion.

Elle le fixait avec des yeux brillants.

— Je suis désolée.

— Pourquoi ? lui demanda-t-il d'une voix éraillée.

— De... t'avoir mis en danger. C'est ma faute. Je n'aurais pas dû dire à ces soldats que j'étais ta femme. J'aurais dû mentir mais je ne savais pas si... Et Simon ? s'enquit-elle soudain, abandonnant ses explications.

— Il va bien, dit Will.

Elle ferma un instant les yeux, l'air soulagée.

— Mais je ne vois pas comment tu peux penser que c'est ta faute.

Elle baissa la tête.

— Il n'y a pas que ça, murmura-t-elle. C'est...

— Si je n'avais pas essayé de faire tuer Baybars, rien de tout cela ne serait arrivé, dit Will sans l'écouter. C'est pour ça qu'on t'a prise. C'est ma faute.

— Non, Will. Il y a d'autres choses, des choses que je dois te dire.

— Laisse-moi parler, la coupa-t-il. S'il te plaît... Il faut que je te dise ce que j'ai sur le cœur. J'aurais dû t'en parler plus tôt, mais...

Il sembla réfléchir une seconde.

— Non. J'aurais dû t'en parler *il y a des années*. Mais j'avais toujours une bonne excuse, une chose à régler. Je croyais savoir ce que je voulais, mais ce n'était pas le cas. Quand je suis revenu de La Mecque, j'étais content d'avoir empêché le vol, vraiment, mais ce sentiment n'était rien comparé à ce que j'ai ressenti en venant à Damas en sachant que peut-être...

Il s'interrompit de nouveau.

— Que peut-être tu étais morte. J'ai pris conscience que tu étais plus importante pour moi que...

À la stupéfaction d'Elwen, la voix de Will se brisa et il commença à pleurer, secoué par de grands sanglots. Laissant glisser ses couvertures de l'épaule, elle le serra dans ses bras.

Au bout d'un moment, son chagrin s'épuisa et il leva les yeux vers elle.

— Est-ce que tu veux toujours m'épouser ?

De surprise, Elwen éclata de rire, avant de comprendre qu'il était sérieux. Son rire s'évanouit et elle le fixa, stupéfaite. Et elle eut l'impression d'avoir de plus en plus de mal à le voir, comme s'il plongeait dans l'obscurité. Il y avait une ombre sur le côté de la lune, en forme d'arc de cercle.

Will suivit son regard.

— L'éclipse, murmura-t-il.

Ils se levèrent et restèrent un instant plongés dans la contemplation, la question qu'il avait posée toujours suspendue entre eux, tandis que, peu à peu, de manière presque imperceptible, l'ombre s'étendait comme une tache. Alors que leur silence se prolongeait, Will sentit Elwen le prendre par la main.

— Je suis enceinte.

Il ressentit un élan, sans trop savoir de quoi, puis un changement s'opéra en lui. Toute sa tension disparut. Il se sentit plus léger, plus calme. Était-ce le bébé ? Il n'avait jamais vraiment réfléchi au fait de faire un enfant. Si le mariage était interdit aux chevaliers, c'était bien plus encore le cas de la paternité. Non. Ce n'était pas tant l'idée de ce bébé ; c'était le fait de réaliser que c'était possible, *vraiment.* Il avait toujours pensé qu'il ne pouvait pas être avec Elwen, pourtant leur relation durait depuis des années. Il entendait sa respiration saccadée.

— Oui. Ma réponse est oui.

Will serra sa main plus fort et un sourire emplit son visage tandis que la lune était peu à peu dévorée. Le regard braqué vers le ciel, il ne remarqua pas qu'Elwen avait les yeux fermés.

La citadelle, Damas, 17 juin 1277 après J.-C.

À quatre pattes, Kalawun frottait le carrelage. Dans le seau, à côté de lui, l'eau gorgée de sang était rouge, comme le chiffon avec lequel il astiquait. Il y en avait partout. Il sentait son goût âpre chaque fois qu'il déglutissait. La lumière ténue de la lune rendait étranges et irréelles toutes les choses familières qui l'entouraient. L'éclipse avait commencé un peu plus tôt et serait bientôt complète. La lune était couleur cuivre, elle ressemblait à un œil malade. Se mettant à genoux, Kalawun plongea le chiffon dans l'eau, le tordit, tandis que du coude il s'essuyait le front. Son regard était sans cesse attiré par le cadavre de Khadir, enroulé dans des draps de soie, comme une chenille dans son cocon, et appuyé contre le mur près de la porte.

Après avoir laissé Will s'enfuir par le passage, Kalawun était entré dans la salle du trône, où Baraka était au sol, Baybars au-dessus de lui, les poings serrés et contusionnés, les yeux vides. Quand il l'avait aperçu, le sultan avait quitté la salle sans dire un mot et Kalawun avait aidé Baraka à se mettre debout. Mais lorsqu'il avait voulu l'emmener voir les médecins de la citadelle, le jeune homme l'avait repoussé en lui disant d'une voix glaciale de le laisser tranquille. Comme il devait de toute façon envoyer des chevaux à Will, Kalawun le laissa s'en aller. À ce moment-là, il était près de s'évanouir à cause du sang qu'il perdait. Cependant, avant d'envoyer deux officiers porter des chevaux et des vivres à la mosquée, il devait régler le problème des gardes inconscients qui gisaient toujours devant la salle du trône. Baybars était passé à côté d'eux sans s'en soucier, mais Kalawun savait qu'il ne faudrait pas longtemps avant que quelqu'un commence à poser des questions sur l'évasion de la prisonnière.

Pour finir, il avait fait envoyer les deux hommes à l'infirmerie de la citadelle en disant au gouverneur de Damas, qui avait eu vent des troubles survenus, qu'un inconnu avait forcé l'entrée de la citadelle et attaqué ses hommes. Pendant qu'un médecin lui bandait le bras, Kalawun expliqua au gouverneur qu'il s'était lancé à la poursuite de l'intrus, mais que celui-ci avait agressé les gardes avant qu'il ne le rattrape, puis qu'il s'était enfui avec la femme. Alors qu'il tentait de l'empêcher de partir, l'homme l'avait attaqué à l'épée, et c'est comme ça qu'il avait reçu cette blessure. Kalawun pensait avoir convaincu le gouverneur, mais il attendait avec anxiété l'interrogatoire des deux gardes. Néanmoins, les deux hommes, qui éprouvaient un grand respect pour l'émir, et qui avaient écouté, encore sous le choc, sa version des faits, semblèrent eux aussi persuadés qu'en réalité il pourchassait l'inconnu. Mais Kalawun savait que le temps, peut-être, les amènerait à se souvenir plus précisément de ce qui s'était passé. Après avoir dépêché des hommes à la mosquée, il dut aussi faire la médiation entre le gouverneur, qui voulait envoyer des soldats aux trousses de l'inconnu, et un Baybars muet, qui avait d'abord refusé de le voir, puis avait fini par ordonner d'arrêter les recherches de la femme et de son sauveur. Tout cela n'avait plus aucune importance, avait-il dit d'un air lugubre.

Kalawun jeta le chiffon dans le seau et se leva en tressaillant quand ses muscles se bandèrent. Sa main lui paraissait lourde et le sang imbibait peu à peu les pansements propres que le médecin lui avait mis. Il était au-delà de toute fatigue, sa volonté n'existait plus, il agissait sans penser. C'était comme si son esprit dormait déjà mais que son corps avait oublié de se mettre au lit. En pleine confusion, il approcha du cadavre enveloppé et se mit à le traîner sur le sol humide vers sa chambre. Soudain, on frappa à sa porte. Ses sens amoindris sortirent immédiatement de leur torpeur. Kalawun souleva la dépouille de Khadir et la déposa dans sa chambre avant d'aller entrouvrir sa porte.

Dans le couloir, l'un des eunuques de Baybars attendait. Il s'inclina.

— Émir Kalawun. Le sultan requiert votre présence dans la salle du trône.

Kalawun se racla la gorge.

— J'y serai dans une minute.

L'eunuque attendit dehors pendant que Kalawun changeait sa robe souillée et lavait ses mains du sang de Khadir. Puis il sortit et suivit l'eunuque jusqu'à la salle du trône. Est-ce qu'on s'était déjà aperçu de l'absence du devin ?

Le sultan se tenait devant les fenêtres, entouré d'une lumière rougeâtre évanescente. Au grand étonnement de Kalawun, la salle du trône était complètement vide. Il n'y avait même aucun serviteur. La pièce avait été rangée et seuls les éclats de bois au niveau des gonds de la porte portaient la trace des événements violents qui s'y étaient déroulés.

Baybars se tourna quand Kalawun entra.

— Émir, j'ai besoin que tu fasses quelque chose pour moi.

— Seigneur ?

— Je veux que tu organises une entrevue avec mon chef d'état-major. Fais-le discrètement. Je ne veux pas que ça se sache.

— De quoi parlez-vous, seigneur ? s'enquit Kalawun tandis que Baybars s'éloignait de la fenêtre et montait sur l'estrade.

Sur la table installée là, il prit une coupe incrustée de joyaux et pleine de koumys. Pendant que Baybars buvait d'un air pensif, Kalawun regarda autour de lui la pièce plongée dans les ténèbres.

— Il fait sombre ici, seigneur. Voulez-vous que je demande aux domestiques d'allumer des lanternes ?

— Non, fit Baybars en s'asseyant. Je veux regarder l'éclipse. J'aurais cru que Khadir viendrait ici l'observer. Ou du moins qu'il serait venu me dire que je n'ai pas assez de gardes, ajouta-t-il avec un faible sourire. L'as-tu vu ?

— Non.

Kalawun se maudit d'avoir répondu un peu trop vite, révélant qu'il était sur la défensive. Mais Baybars, qui dégustait son lait de jument fermenté, ne parut pas s'en être rendu compte.

— Les choses ont changé, Kalawun. Et ça me convient tout à fait. Je sais désormais ce que je dois faire. Je me suis trop longtemps entouré d'hommes qui me craignaient, au lieu de me respecter. Je préfère maintenant disposer de quelques conseillers loyaux plutôt que d'une cohorte d'hommes qui me méprisent en secret.

— Vos hommes ne vous méprisent pas, protesta Kalawun.

Baybars leva le bras pour le faire taire.

— Leur insatisfaction est évidente. Je me suis occupé de Mahmud, mais j'ai sous-estimé l'ampleur de l'infection. Il est temps de se débarrasser de la mauvaise graine. À commencer par mon fils.

Kalawun resta muet.

— Je ne veux pas que Baraka Khan s'empare du trône lorsque je ne serai plus là. J'ai décidé que Salamish serait mon héritier.

Baybars secoua la tête d'un air attristé.

— Nizam me détestera pour l'éternité, mais pour tout dire, ce lit est froid depuis des années.

Kalawun retrouva sa voix.

— Seigneur, vous devriez réfléchir avec soin à...

— Il n'est pas fait pour gouverner, Kalawun, répliqua Baybars d'un ton égal. Je le sais depuis un bon moment, mais j'espérais qu'il changerait. Le fait est qu'il ne changera pas. Je l'ai compris aujourd'hui. Il y a une faiblesse en lui, et j'ai peur que le temps ne fasse que l'aggraver. Peut-être, si j'avais été un meilleur père...

Il s'essuya le front, où une pellicule de sueur avait fait son apparition.

— Mais je n'ai pas été un bon père.

L'esprit de Kalawun tourbillonnait dans tous les sens. Il savait que Baybars avait raison. Il savait depuis longtemps que tous ses efforts pour exercer une bonne influence sur Baraka ne donnaient rien. Tout ce temps, il avait eu l'impression d'écoper un bateau tout en sachant que la ligne de flottaison était déjà sous l'eau et qu'il finirait à n'en pas douter par couler. Mais Salamish ? Il n'avait que sept ans et Kalawun le connaissait à peine. Alors qu'il avait les yeux rivés au sol, ses pensées s'agitant dans son esprit, un bruit métallique se fit entendre. Baybars avait laissé tomber sa coupe de koumys, qui dégringolait les marches en éclaboussant tout sur son passage. La main de Baybars était crispée et il avait l'air perdu. Soudain, il se pencha en avant, comme si une main invisible l'avait poussé dans le dos.

— Seigneur !

Kalawun se rua vers le trône. Tandis qu'il grimpait les marches, Baybars s'effondra.

— Appelez des médecins ! hurla-t-il aussi fort qu'il le pouvait. *Des médecins !*

Les portes de la salle du trône s'ouvrirent en grand et deux Bahrites apparurent. L'un d'eux entra en courant pendant que l'autre, voyant le sultan à terre, faisait demi-tour et partait chercher de l'aide. Kalawun entendit des bruits de course dans le couloir.

— Qu'est-ce qu'il a, émir ? demanda le garde qui s'était accroupi à côté du sultan.

— Je ne sais pas, répondit Kalawun en prenant dans ses bras la tête de Baybars.

Le sultan avait l'air de chercher désespérément à respirer, comme si quelqu'un le prenait à la gorge et l'étranglait. À la faible lumière de la lune qui leur parvenait par les fenêtres, ils voyaient ses yeux saillants exprimer la panique.

Quelques minutes plus tard, un médecin arriva, pantelant, les cheveux ébouriffés. Il était suivi par des domestiques portant de l'eau chaude, des couteaux, des linges et des médicaments. Le médecin ordonna qu'on allume des lanternes sur-le-champ pour qu'il puisse voir quelque chose dans la salle du trône. Kalawun dut se mettre de côté. Le sultan luttait pour chaque bouffée d'air maintenant, sa bouche s'ouvrait et se fermait en vain, comme un poisson hors de l'eau.

— A-t-il avalé quelque chose ? demanda le médecin à Kalawun.

— Seulement du koumys, l'informa Kalawun. Que puis-je faire ?

— Laissez-moi travailler, se contenta de répondre le médecin.

Kalawun s'éloigna et alla se poster près de la fenêtre, impuissant. Dehors, la cité était auréolée d'une étrange lumière. Il sentit quelqu'un à ses côtés. Il se tourna et découvrit avec surprise qu'il s'agissait de Baraka. Le visage du prince était un masque bouffi, horrible. Ses yeux étaient braqués sur les convulsions qui agitaient le corps de son père.

— Baraka, dit Kalawun en prenant le jeune homme par le bras. Qu'est-ce que tu fais là ?

— Est-ce qu'il est déjà mort ? demanda Baraka.

Il avait une grande difficulté à s'exprimer du fait du gonflement de son visage, mais il semblait cependant d'un calme inquiétant. Sa question fit tressaillir Kalawun. Il posa ses yeux sur Baraka, qui parut réaliser l'étrangeté de ce qu'il venait de dire et se mit à secouer la tête d'un air désolé.

— Qu'est-ce qui s'est passé ?

— Ton père s'est écroulé, répondit Kalawun au bout d'un moment.

— Oh ! fit Baraka de ce même ton placide et froid.

Tandis que Baybars se tordait de douleur au pied du trône, Kalawun observait Baraka Khan avec une consternation et une épouvante croissantes.

35

Le Temple, Acre

10 juillet 1277 après J.-C.

Les rues d'Acre étaient pleines de rires et de musique. Les enfants, en habits de fête, couraient et jouaient, se pourchassant les uns les autres entre les jambes de leurs parents qui se tenaient par petits groupes devant l'église, ou discutaient avec animation, sur la place du marché, en buvant à petites gorgées un thé épicé et en partageant des ragots, ou bien entonnaient des chansons à propos d'empereurs morts au fond de tavernes combles. Pendus à des cordes de chanvre entre les bâtiments de part et d'autre des rues, des triangles de soie délavés par le soleil claquaient dans l'air surchauffé, balayé par un vent léger. Les loges des maçons étaient vides, les boutiques fermées, et les feux des forgerons couvaient leurs braises. Seul le quartier musulman se livrait à ses activités coutumières. Pour tous les autres habitants de la ville, la journée était fériée. Mais ce n'était pas un jour de fête normal, lié à la célébration d'un saint ou à un événement de la Bible. Non. Aujourd'hui, le peuple d'Acre célébrait une mort.

Baybars Bundukdari, l'homme qui les avait acculés face à la mer comme des moutons au bord d'une falaise, qui les avait ravagés, pillés, et dépouillés de leurs droits sur la Terre sainte, Baybars Bundukdari était mort.

La rumeur disait qu'il avait été empoisonné, par son devin affirmaient même certains, mais cela n'avait guère d'importance. Tout ce qui comptait, c'était que la plus grande menace auxquels les Francs avaient dû faire face depuis Saladin avait disparu, et que son héritier, un jeune homme de seize ans, avait la réputation d'être faible et mou. Ainsi se réjouissaient-ils et riaient-ils en se racontant des histoires, des blagues, et sur une place, une effigie peu à l'avantage du sultan avait été jetée avec force acclamations sur un bûcher monté à la hâte.

La nouvelle de la mort de Baybars leur était parvenue une semaine plus tôt, annoncée par le bailli, le comte Roger de San Severino, lors d'un conseil d'urgence de la Haute Cour d'Acre après lequel le comte avait ravi l'opinion publique en déclarant une journée chômée pour célébrer cet événement. Le peuple aimait Roger. De même que le gouvernement oligarchique d'Acre. Pas pour sa manière de gouverner, mais parce qu'il ne gouvernait pas.

Après l'agitation de l'année passée, Acre était finalement revenue à sa routine habituelle. Les affaires avaient repris, une paix précaire avait été scellée entre les différents quartiers, et l'inquiétude liée à l'éventuelle venue de Charles d'Anjou, qui bouleverserait l'équilibre des pouvoirs, commençait à se dissiper. Il était bien connu que le monarque essayait de se créer un nouvel empire à Byzance et que cette lutte l'accaparait trop pour qu'il vienne en Acre, où sa position était assurée. Il y avait une plaisanterie à ce sujet : on disait qu'il avait trop de trônes et pas assez de culs pour tous les occuper. Les gens d'Acre aimaient que leur roi ne soit pas présent : c'était l'absence de gouvernement visible qui maintenait l'harmonie. Ainsi, la commune des Bourgeois, les États marchands d'Italie, les maîtres des Ordres militaires, le patriarche et les autres pouvaient mener à leur guise leurs affaires, sans ingérence, ce qui laissait en retour le comte Roger libre d'organiser des joutes et des fêtes pour ses amis nobles, et de cette manière chacun était satisfait.

Debout près de la fenêtre, Will regardait à l'extérieur de la commanderie. Il entendait les réjouissances d'un groupe de fêtards derrière les murs du Temple.

— Ferme les rideaux.

Il se retourna. Everard clignait des yeux, le visage grimaçant. Will lâcha le rideau qui se remit en place en faisant voleter un fin nuage de poussière et laissa la chambre dans une obscurité déprimante. Il s'approcha du prêtre, blotti sur son lit.

— Je suis désolé, je n'avais pas vu que tu étais réveillé.

— Depuis quelque temps déjà, dit Everard avec un soupir épuisé tout en reposant sa tête sur son oreiller.

Will s'assit sur un tabouret à côté de lui.

— Ce sont leurs chants qui m'ont réveillé.

Il posa sur Will son regard veineux.

— C'est pour lui ?

Will hocha la tête et il soupira de nouveau, avec tristesse cette fois.

— Des charognards, qui se jettent sur le cadavre d'un lion ! Ils se réjouissent autant que s'ils l'avaient tué eux-mêmes !

Mais Everard ne s'indigna pas plus longtemps car une violente quinte de toux le saisit. Habitué à ces crises, Will passa la main derrière sa tête pour le soutenir. Au prix d'un énorme effort, le prêtre se débarrassa d'une glaire ensanglantée en crachant dans un mouchoir que lui tendait Will.

— Tu ne peux pas les blâmer pour leur joie, Everard, murmura Will en lui apportant une coupe d'eau.

Le prêtre refusa l'eau d'une main dédaigneuse.

— Beaucoup d'entre eux ont perdu des êtres chers, leurs maisons, ou leurs affaires, au cours des campagnes de Baybars. Pour eux, la justice a été rendue.

— La justice ? dit Everard avec une moue. Avons-nous rendu justice aux musulmans en venant ici et en envahissant leurs terres ? En égorgeant leurs familles ?

— Je dis juste...

— Je sais, marmonna le prêtre en fermant ses yeux. Je sais.

— Au moins, nous avons maintenant une vraie chance d'avoir la paix, une paix *durable*. Baraka Khan va monter sur le trône et Kalawun pourra plus librement faire en sorte que nous renégociions le traité, et il sera plus facile de nouer des relations entre nos peuples. Baybars mort, c'est un obstacle en moins.

Everard entrouvrit les yeux et le scruta.

— Et je ne dis pas ça pour moi, ou par vengeance, rajouta Will en voyant le regard qu'il lui lançait.

— En vérité, je ne t'en voudrais pas si c'était le cas. Il a ordonné l'exécution de ton père et fait enlever Elwen. Tu aurais des raisons de te réjouir de sa mort.

— C'est vrai... Mais maintenant qu'il est mort, je n'éprouve aucune joie. Je ne sais pas trop pourquoi, fit Will d'un air pensif. Peut-être parce qu'il n'a pas tué Elwen alors qu'il en avait la possibilité ? C'est juste que j'ai l'impression...

Il chercha ses mots un instant, puis haussa les épaules.

— En fait, je ne ressens rien.

— Je sais pourquoi, répondit Everard avec un air de vieux sage.

Will attendit son explication. Le prêtre garda le silence un bon moment, les yeux clos, sa poitrine montant et descendant avec difficulté sous les draps. La peau de son visage, tirée sur le squelette, était presque transparente, comme s'il en restait à peine assez pour le recouvrir en entier. Mais il continuait de respirer. Cela faisait trois semaines qu'il avait des problèmes pulmonaires, au point que l'infirmier l'avait donné pour mort à plusieurs reprises.

— Quatre-vingt-dix ans ? Il aurait dû y passer depuis longtemps. Je suppose que la fièvre devrait l'emporter.

Mais il avait prononcé ces mots quinze jours plus tôt, et bien que les derniers sacrements lui eussent été administrés déjà trois fois, Everard s'accrochait toujours à la vie. Will se pencha pour poser la main sur son front, il se demandait s'il ne s'était pas endormi. Mais Everard reprit soudain la parole :

— Tu as grandi, William.

Will eut un sourire légèrement moqueur.

— J'ai trente ans, Everard. Je pensais avoir fini de grandir.

— Tu as grandi comme chevalier, oui, poursuivit Everard sans relever. Et comme commandeur aussi. Mais comme membre de l'Anima Templi, tu n'avais pas atteint la maturité. Je savais que tu étais capable de mieux.

Will voulut protester, mais Everard l'en empêcha.

— Je te connais depuis des années, William, et tu as toujours été dominé par tes passions. D'abord, tu voulais te réhabiliter par rapport à ton père, racheter les erreurs du passé, puis il y a eu ta passion pour une femme, et tes amis, et ton désir de revanche. Mais un homme, pour appartenir pleinement à l'Anima Templi, ne peut pas assouvir ses désirs personnels, se lancer dans des batailles qui n'intéressent que lui. Il a une guerre plus grande à livrer, au-delà des querelles et du labeur quotidien des autres hommes : une guerre pour l'avenir, qui dépasse l'immédiateté du champ de bataille. C'est la plus dure des guerres : changer le monde pour le bien, non d'une politique ou d'une nation, mais des hommes, dans l'absolu. Si la mort de Baybars ne déclenche pas d'émotion en toi, c'est parce que tu la regardes en tant que membre de notre Cercle, pas comme un événement qui t'est personnel. Peut-être encore plus que moi.

— J'aimerais pouvoir accepter tes louanges, Everard. Parce qu'elles sont rares. Mais c'est faux.

— Comment cela ?

Will glissa la main dans le col de son manteau blanc et en libéra une longue chaîne en argent. À côté du pendentif de saint Georges était fixé un anneau d'or.

— Je suis toujours dominé par la passion.

Everard sourit et secoua la tête.

— Non, William. Tu es passionné. Et c'est très différent d'être dominé par la passion.

Il tira sur la couverture, toussa et se réinstalla.

— Comment va-t-elle ?

— Tu n'es pas obligé de le demander. Je sais que tu n'approuves pas ma conduite.

— Absurde, rétorqua abruptement Everard. Elle m'a envoyé des grenades.

Malgré lui, Will éclata de rire. Quand il était revenu de Damas et avait découvert qu'Everard était malade, il avait veillé le prêtre presque sans dormir, ne quittant qu'une fois la commanderie, pour épouser Elwen. Andreas avait arrangé un mariage secret. La cérémonie avait été brève, simple, il n'y avait qu'eux deux et un prêtre. Ensuite, Will était retourné au chevet d'Everard. Depuis lors, les nouveaux mariés avaient communiqué par des messages que transmettait Simon, et Elwen avait accompagné l'un d'eux d'un panier de fruits pour Everard.

— Elle va bien. Mieux.

— Elle remange ? Elle a besoin de reprendre des forces.

Will posa ses coudes sur ses genoux, la tête posée sur ses paumes, avec un air incrédule et amusé.

— Quoi ? demanda Everard.

— C'est juste que je n'aurais jamais imaginé discuter un jour avec toi des habitudes alimentaires de ma femme et de mon futur enfant.

— Eh bien, d'après mon expérience, fit Everard avec un long soupir, rien dans cette vie ne ressemble à ce qui t'attend.

Et il referma les yeux. Cette fois, ils restèrent clos et bientôt sa respiration ralentit, plus basse, au point que

Will s'approcha de lui pour être sûr qu'il était encore en vie.

Une heure plus tard, alors que Will avait sombré dans le sommeil, le menton calé entre ses mains, Everard eut un battement de paupières et ses lèvres desséchées s'ouvrirent.

— Je pense que le rabbin Elias a toujours le livre que je lui avais prêté ? Tu ne voudrais pas le lui demander la prochaine fois que tu le verras ?

Will s'étira.

— Bien sûr, fit-il, encore tout ensommeillé.

Les sourcils d'Everard s'arquèrent, interrogatifs.

— Je me demande si Hasan saurait.

— S'il saurait quoi ?

Will était tout à fait réveillé maintenant.

— Everard ? S'il saurait quoi ?

Everard avait la bouche ouverte, comme s'il voulait dire quelque chose, mais aucun son n'en sortit. Will posa ses doigts sur le côté de son cou et sentit les dernières pulsations de ses veines. Puis plus rien. Lentement, il retira sa main en fixant le corps sans vie d'Everard. Sous les plis des draps, il avait l'air fragile, presque comme un enfant. Will savait qu'il aurait dû aller chercher un prêtre et l'infirmier. Mais il se leva et s'approcha de la fenêtre. Il hésita un instant à tirer les rideaux. Finalement, il les écarta et le soleil inonda la cellule. Quand il se retourna vers Everard, le vieillard baignait dans une lumière dorée et sa peau transparente semblait presque irradier de l'intérieur.

Ce soir-là, après qu'on eut habillé la dépouille d'Everard pour l'enterrement et prononcé pour lui des prières aux vêpres, le sénéchal fit appeler Will. Il était comme engourdi depuis la mort du prêtre, engourdi et confus. Mais en montant les marches qui menaient aux quartiers du sénéchal, son esprit s'éveilla, soudain alerte. Cela faisait des années qu'il savait que ce jour arriverait, mais ça ne l'empêchait pas de se sentir inquiet. Maintenant qu'Everard n'était plus là, il faudrait en choisir un autre à la tête de l'Anima Templi. Will était certain de savoir qui serait son successeur, et bien qu'il essayât de se convaincre du contraire, il connaissait aussi l'objet de cette réunion. Le temps était venu de recevoir son ultime punition pour la tentative d'assassinat contre Baybars et sa trahison du Cercle.

Lorsqu'il fit son entrée, le sénéchal l'observa pardessus une pile de papiers. Avec dans le dos la lumière du soleil couchant, il paraissait plus grand que d'habitude, un géant dont les cheveux noirs encadraient la tête carrée.

— Asseyez-vous, dit-il sans se soucier de lui donner un titre plus formel ou de le saluer.

Will se raidit, puis il s'approcha avec détermination d'un tabouret posé à côté de la table. Une fois assis, il ressentit comme un signe le fait que le siège du sénéchal était plus haut que le sien. Il avait l'impression d'être un écolier fautif devant son maître, ce qui, supposa-t-il, était exactement le but du sénéchal. Il soupira intérieurement en se demandant comment il était possible, après tout ce qui s'était passé, que le sénéchal fût incapable de lui pardonner. Il avait risqué sa vie pour préserver la Pierre noire, ramené le grand maître à une opinion plus mesurée et empêché une guerre. Que pouvait-il donc faire pour s'amender aux yeux de cet homme ?

Le sénéchal ne disait rien, il terminait la lecture du document qu'il étudiait lorsqu'il était entré. Le silence s'appesantit, les secondes se transformant en minutes. Will remua sur son tabouret. Pour finir, il n'y tint plus. Il se leva.

— Monsieur, je préférerais passer la soirée à pleurer notre maître et à prier pour lui à la chapelle plutôt que d'attendre que vous vous décidiez à m'exclure. Alors, finissons-en, s'il vous plaît, pour pouvoir retourner à nos affaires.

Le sénéchal leva les yeux, l'air ulcéré.

— Asseyez-vous ! s'emporta-t-il en frappant du poing sur la table.

— Maître, je...

— Vous n'allez pas être exclu.

Cette fois, le sénéchal avait parlé avec calme. Will n'était pas sûr de l'avoir bien entendu.

— Maître ?

— Asseyez-vous, Campbell, répéta le sénéchal d'un air bourru.

Il garda le silence le temps que Will se rasseye, puis il se décida à parler :

— Quand vous étiez en Arabie, frère Everard a convoqué notre Cercle. Il savait qu'il ne serait plus longtemps de ce monde. Il voulait organiser lui-même sa succession. Nous avons voté sur sa recommandation.

— Et ? demanda Will, de plus en plus perplexe.

— Et c'est vous qui avez été choisi, l'informa sans ambages le sénéchal.

— Quoi ?

— Ils vous ont choisi. Pour prendre la tête de l'Anima Templi.

Will sentit un frisson parcourir tous ses nerfs. Il s'aperçut qu'il allait rire et dut se contrôler. Finalement, il toussota.

— Le Cercle m'a élu ?

— Pas à l'unanimité, dit le sénéchal, de toute évidence amer.

Will posa les mains sur les cuisses, coudes relevés, et se laissa aller en arrière.

— Pourquoi ne m'en a-t-il pas parlé ? murmura-t-il.

Le sénéchal grogna.

— Everard n'a jamais été très friand des démonstrations d'affection ou de gratitude. Je suppose qu'il était trop embarrassé pour vous en parler. Il avait d'ailleurs des raisons de l'être, ajouta-t-il entre ses dents.

Will s'abstint de répondre. Le sénéchal se pencha sous la table et en ramena un grand livre à la reliure toujours impeccable, même si les pages semblaient avoir été maintes fois manipulées. Will reconnut la chronique d'Everard.

Le sénéchal lui passa le lourd volume.

— Il voulait vous le donner. Il espérait que vous le poursuivriez. À titre personnel, je pense que vous devriez le détruire. Nous avons connu des temps assez durs en perdant *Le Livre du Graal*. Nous ne pouvons nous permettre d'autres bévues de ce genre. Mais ce n'est que mon opinion. C'est vous qui êtes à la tête de l'Anima Templi, désormais. C'est à vous de décider.

— J'y jetterai un œil avant de prendre une décision.

Le sénéchal hocha la tête. Will comprit qu'il n'y aurait pas de plus grand signe de réconciliation dans l'immédiat. Lui aussi hocha la tête, puis il se leva et se dirigea vers la porte. Demain, il serait temps de penser à tout ce que ça signifiait, et à ce qu'il fallait faire. Pour le moment, il désirait être seul. Fermant les portes derrière lui, il s'arrêta un instant avant de redescendre l'escalier, serrant le livre contre sa poitrine. Une odeur entêtante, animale, s'éleva du parchemin jauni qu'Everard, suivant la tradition, préférait toujours au papier. Avait toujours préféré au papier, se corrigea Will. *Avait* préféré.

Et cette pensée déclencha ses larmes.

La citadelle, Damas, 10 juillet 1277 après J.-C.

Baraka Khan s'assit sur le trône en lançant un regard méprisant aux hommes réunis face à lui, tandis que le chef d'état-major débitait d'une voix monocorde des articles de loi.

Kalawun était frappé par l'allure chétive du prince en comparaison du colosse qui occupait le trône trois semaines plus tôt. Non seulement il n'avait pas son charisme, mais il était plus petit de taille, et tout ce qui l'entourait le rapetissait encore : le trône, ses ornements d'or, ainsi que les hommes présents dans la pièce. Les poings de Kalawun se serrèrent. La tombe de Baybars était à peine fermée que déjà quelqu'un avait pris sa place. Kalawun n'avait pas toujours été d'accord avec la politique du sultan, mais à bien des égards, malgré ses défauts, Baybars avait mérité son respect. Il avait essayé de faire du fils du sultan un homme meilleur que Baybars, mais il était renfrogné, malveillant, et ne lui arrivait pas à la cheville. Il avait gâché toutes ces années. Songer à tous les sacrifices qu'il avait faits, plus grands même qu'il ne l'avait imaginé au départ...

Trois jours après la mort de Baybars, on avait trouvé une poupée boursouflée en tissu prise dans les roseaux sur les berges de la rivière à la sortie de Damas. Le pêcheur qui l'avait récupérée était sur le point de la jeter lorsqu'il avait aperçu l'ouverture pratiquée dans son estomac. Intrigué, il en avait écarté les bords et avait découvert une fiole en verre. Craignant quelque sorcellerie, il l'avait apportée à un garde local, lequel, ne sachant qu'en faire, l'avait donnée aux Mamelouks. Deux jours plus tard, quelqu'un avait identifié la poupée de Khadir, porté disparu. Le médecin qui avait essayé en vain de sauver Baybars avait soupçonné du poison, mais comme il n'avait pu collecter suffisamment de koumys pour procéder à une étude, la question était restée en suspens. On ouvrit la fiole de la poupée, et l'étude des quelques gouttes qu'elle contenait confirma qu'il s'agissait de ciguë, dont les symptômes correspondaient à ceux observés lors de l'agonie de Baybars. La disparition subite de Khadir, ajoutée à l'apparition de la poupée et du poison, ne laissa plus aucun doute dans l'esprit des Mamelouks. Baybars avait été assassiné par le devin.

Seul Kalawun pensait, contre toute vraisemblance, que c'était faux. Et chaque fois qu'il voyait Baraka, il se rappelait l'expression de son visage et la voix qu'il avait en regardant son père mourir. Pour lui, c'était Baraka qui avait versé le poison dans la coupe du sultan le soir de l'éclipse alors que Khadir gisait, déjà mort, dans sa chambre. D'autres pensées le harcelaient, plus terribles encore que celles-ci : il se rappelait la mort de sa fille, si semblable à celui de Baybars. Khadir avait avoué son rôle dans sa mort, mais il avait aussi dit à Kalawun qu'il avait eu l'intention de l'empoisonner. L'émir se demandait si le plan de Khadir n'avait pas été contrecarré par Baraka. Et si ce dernier s'était emparé du poison ? Mais comment le jeune homme aurait-il eu l'idée d'aller fouiller dans la poupée ?

Kalawun avait tenté, calmement, prudemment, de faire parler Baraka. Mais le prince se refusait à dire quoi que ce soit et Kalawun craignait de le brusquer. Personne ne savait que Baybars souhaitait voir Salamish lui succéder. Ainsi, comme prévu, Baraka était monté sur le trône, héritant du même coup du contrôle de tout l'Orient, d'Alexandrie à Alep. Sans décret royal, signé de la main de Baybars, Kalawun ne pouvait rien faire. Le seul réconfort qu'il avait reçu était venu du chef d'état-major, qui avait déclaré que Baraka étant trop jeune pour régner, lui et son empire seraient conseillés par un régent jusqu'à ce qu'il ait dix-huit ans. En tant que lieutenant de Baybars et beau-père de Baraka, Kalawun fut naturellement désigné pour recevoir ce titre. Mais c'était un réconfort bien maigre comparé à la possibilité sinistre que le jeune homme au visage hostile qui occupait désormais le trône ait tué à la fois Baybars et Aisha.

Kalawun sentit quelqu'un à ses côtés. C'était Khalil. Il se força à sourire et repoussa en arrière les cheveux de son jeune fils, qui tombaient sans arrêt sur ses yeux. Il n'avait que treize ans mais il commençait à grandir très rapidement. Kalawun supposait qu'il serait plus grand que lui quand sa croissance serait achevée.

— Ali veut savoir quand nous allons manger, père, murmura Khalil d'un air sérieux.

— C'est vrai ? se moqua Kalawun à voix basse et en observant du coin de l'œil son fils aîné, qui regardait le chef d'état-major débiter son discours avec une expression d'ennui légèrement amusé sur le visage, les bras croisés. Va dire à ton frère de s'armer de patience. Et de ne plus te demander de faire ses commissions.

Voyant que son fils ne bougeait pas, il fronça les sourcils.

— Y a-t-il autre chose ?

Khalil remua un peu, mal à l'aise, et il jeta un coup d'œil à son frère.

— Ali m'a dit qu'il avait vu Khadir.

— Comment ? s'exclama Kalawun en raidissant sa nuque sous le choc.

— Il dit que le fantôme de Khadir est ici. Il nous regarde à travers les murs, comme il faisait avant. Il hante le palais.

Kalawun poussa un léger soupir, puis il passa son bras autour des épaules de son fils et le serra contre lui avec affection.

— Ton frère te taquine. Khadir est parti.

— Est-ce que tu en es sûr ?

— Je le suis. Va-t'en, maintenant.

Il lui fit un petit sourire, sans avoir besoin de se forcer cette fois, et regarda son fils rejoindre son frère, à qui il dit quelque chose avant de lui donner un léger coup de poing dans l'épaule.

Ali tourna les yeux vers Kalawun et lui sourit, puis il reporta son regard sur le chef d'état-major en feignant de s'intéresser à ce qui se passait. Alors qu'Ali n'aurait pas pu être plus différent de son petit frère, un garçon d'allure et de tempérament sérieux, il était le portrait craché d'Aisha, une version masculine et un peu plus âgée, à la fois attachante et capable de bravade. Un instant, Kalawun se laissa aller à imaginer quel homme il serait plus tard : commandant d'un régiment, ou peut-être gouverneur d'une ville. Puis, comme ses yeux revenaient se poser sur le garçon maussade et fielleux assis sur le trône, la clarté se fit dans son esprit et il fut empli d'un sentiment de défi immense, plus pur et plus léger que toute sa colère et ses craintes. Il n'était pas impuissant. Au contraire, en tant que régent il avait plus de pouvoir qu'il n'en avait jamais eu. Il lui suffisait d'attendre une occasion, et la saisir. La dynastie des Mamelouks était née de l'insurrection. Baybars lui-même avait tué deux sultans avant d'occuper le trône.

Jamais des pensées de cette nature n'avaient germé dans la tête de Kalawun. Sous Baybars, il avait été heureux de la position qu'il occupait, il s'en était toujours contenté. Maintenant, tandis que sur le trône on posait le diadème d'or sur la tête de Baraka, il savait ce qu'il lui restait à faire.

De l'autre côté de la salle du trône, Nasir vit un léger sourire étirer le coin des lèvres de Kalawun et il se demanda ce que cela pouvait bien signifier.

Il avait passé des années à étudier ce visage, il en connaissait la moindre expression aussi bien qu'on peut connaître un paysage et ses métamorphoses familières en fonction des saisons. D'ordinaire il pouvait dire, rien qu'en l'observant, ce que le commandant pensait. Mais ce sourire semblait bizarre, hors de propos avec ce que Kalawun avait alors à l'esprit. Deux jours plus tôt, le commandant lui avait confié être persuadé que Baybars avait été assassiné par nul autre que Baraka. Nasir avait été surpris par cette suggestion, mais avait d'emblée accepté que ce pût être vrai. Après tout, il savait à quel point il était facile de duper les gens. Lui-même trompait tout le monde, y compris Kalawun, le sincère et moral Kalawun, depuis des années.

TROISIÈME PARTIE

36

À l'extérieur de Bordeaux, royaume de France

24 avril 1288 après J.-C.

La chasse était lancée à travers la forêt, au milieu de la broussaille et des branches qui fouettaient les cavaliers. La tempête qui avait traversé la région la nuit précédente avait détrempé la terre et la piste était fangeuse, des mottes de boue s'accrochaient aux sabots des chevaux. L'humidité s'élevait en une brume gazeuse des arbres et du riche paillis d'hiver qui pourrissait sur le sol en dégageant une odeur chargée. Quelques rayons de soleil parvenaient à s'infiltrer à travers le feuillage, faisant scintiller les toiles d'araignée comme de fragiles colliers de perles et revêtant l'herbe des clairières d'un satin chatoyant. Au-dessus de la canopée apparaissaient de temps à autre des lambeaux brillants de ciel bleu. La matinée n'était guère avancée mais les derniers vestiges de l'aube ne tarderaient pas à être chassés par le soleil.

En tête de la troupe chevauchait un homme athlétique d'une taille impressionnante. Ses cheveux noirs et lisses étaient couverts d'un chapeau émeraude et sur sa tenue de chasse de la même couleur étaient brodées des fleurs d'or torsadées. Il avait presque cinquante ans, mais sa vigueur et sa beauté ne se dégradaient pas avec le temps. Seul le léger affaissement d'une de ses paupières, un défaut hérité de son père, était perceptible, mais il renforçait encore le charme de son visage. Oubliant nobles et courtisans qui galopaient autour de lui, Édouard Ier, roi d'Angleterre, était tout entier concentré sur la traque. Tout proches désormais, se faisaient entendre les aboiements des chiens. Le son d'une corne leur répondit lorsque la troupe fondit sur sa proie.

Édouard sentit un frisson le parcourir en apercevant le loup pour la première fois. Ils le traquaient depuis plusieurs heures maintenant et il aurait été déçu s'il ne s'était agi que d'une de ces créatures à demi affamées comme ils en avaient coincé la veille. Cette fois, c'est un molosse noir tout en muscles qu'il vit s'enfoncer dans un taillis. Par de petits sifflements brefs, les pages rappelèrent les chiens et, sur ordre d'Édouard, on lâcha les mastiffs, avec leurs oreilles plates rabattues de part et d'autre de leur tête carrée. Ceux-ci poursuivirent le loup sans relâche sur plusieurs centaines de mètres jusqu'à ce que l'un des chiens de tête bondisse. Sa gueule puissante se referma sur la nuque du loup, broyant chairs et tendons. Le loup poussa un cri aigu et s'écroula à terre en entraînant avec lui le mastiff en une mêlée grognante et indissociable de poils. Les autres chiens se jetèrent sur eux, accablant le loup de morsures, et celui-ci se débattait en vain tandis que les chasseurs approchaient, les flancs de leurs montures trempés de sueur. Les hommes mirent pied à terre et écartèrent brutalement les mastiffs avant qu'ils n'achèvent le loup. Édouard sauta de selle avec grâce. Le reste de la troupe resta derrière lui, en silence, et l'on n'entendit plus que les sabots piétinant le sol et les grognements sourds des chiens qu'on enchaînait.

Édouard tira son épée. Le loup gisait sur le flanc, haletant. Il tenta de se relever et de montrer ses dents en voyant Édouard avancer, mais il était trop faible pour se soutenir et sa tête retombait malgré lui. Il y avait des traces rouges partout sur son cou et son estomac, et une odeur rance d'urine et de sueur émanait de lui. Il leva ses yeux jaune sombre sur Édouard. Le roi leva son épée et l'enfonça droit dans son cœur. Lorsque le sang gicla, des applaudissements fusèrent. Retirant sa lame, il prit le chiffon qu'un écuyer lui tendait et nettoya l'épée d'un grand geste brusque. Les écuyers ramassèrent le loup mort, dont on récupérerait la fourrure avant de donner sa carcasse à manger aux chiens, pendant que les chasseurs se passaient des outres de vin en se congratulant les uns les autres. Détendu, Édouard les rejoignit en ôtant ses gants.

Un homme qui se tenait à l'écart, le visage maladivement pâle et couvert d'une pellicule de sueur, tendit le bras vers une outre qui passait à proximité.

Les yeux d'Édouard papillotèrent dans sa direction et il leva la main.

— De l'eau pour lui.

Sans hésiter, le courtisan passa l'outre à quelqu'un d'autre. L'homme la regarda s'éloigner d'un air amer.

— Je vous recommande une purge, Lyons, dit Édouard en allant à sa rencontre.

— Seigneur, marmonna Garin en baissant la tête.

Son estomac se souleva et se tordit violemment en voyant le loup que des écuyers attachaient à un piquet, sa peau pleine de sang et de bave.

— Et si vomir ne suffit pas, poursuivit Édouard, pourrais-je vous suggérer de moins boire au souper ?

Sa voix n'avait pas changé le moins du monde, mais ce ton posé laissait transparaître un tranchant d'acier.

Garin croisa les yeux gris du roi, puis il détourna le regard. Il avait quarante et un ans, et pourtant, en quelques mots bien choisis, Édouard pouvait le renvoyer en enfance.

— Seigneur, murmura-t-il de nouveau.

Le roi s'éloigna pour aller discuter avec l'un de ses vassaux français, laissant Garin seul avec ses frissons.

D'habitude, il arrivait à dissimuler au roi les stigmates de ses nuits d'ivrognerie ; il était rare qu'il fît appel à lui dès le début de la matinée, ce qui lui laissait le temps de surmonter l'essentiel des tremblements et de la migraine. Aujourd'hui, pour une fois, Édouard avait insisté pour que tous ses conseillers l'accompagnent à la chasse avec ses vassaux, car il comptait parler de ses plans pour les mois à venir. Garin avait dû lui aussi y assister, bien qu'il ne fût pas à proprement parler un conseiller, du moins pas au sens officiel du mot. De fait, au terme de près de vingt-huit ans de services auprès du roi, il ne savait toujours pas au juste quelle était sa position, ni où il se situait dans la hiérarchie complexe de la maison royale. Pas plus, d'ailleurs, que l'entourage d'Édouard, que cette absence de précision avait toujours rendu méfiant vis-à-vis de Garin, si bien qu'il était resté un solitaire dans la vie trépidante de la cour. Il détestait cette ségrégation, en même temps qu'il reconnaissait son utilité. Certaines des choses qu'il faisait pour le roi lui interdisaient d'avoir une position bien établie. Exister hors du cercle astreignant des règlements imposés aux autres officiers royaux facilitait d'autant les tâches qu'il devait accomplir. Ainsi, il ne faisait pas vraiment partie de ce monde, bien qu'il y menât une sorte de demi-vie, un état de fait encore exacerbé par ses saouleries constantes.

Ces temps-ci, quand il songeait à ce qu'il était devenu, Garin regardait sa vie avec détachement et stupéfaction, comme un homme qui, à un certain moment, s'est égaré mais reste persuadé qu'il finira par rejoindre la route qu'il s'était fixée. C'était ce qu'il se disait depuis son retour de Terre sainte, onze ans plus tôt, mais cette route tardait à se matérialiser. Il aurait pu partir : disparaître une nuit avec un gros tas de pièces prélevées dans les coffres d'Édouard, fuir dans un autre pays hors de portée du roi, tout recommencer. Mais la peur, l'indécision et l'espoir l'avaient fait rester. Au service d'Édouard, il avait un but, un statut, même s'ils étaient discutables ; il était payé, pas aussi bien qu'il l'aurait souhaité, mais assez pour vivre ; et il persistait à croire, contre l'évidence, qu'Édouard finirait par le récompenser pour ses bons et loyaux services. Il avait aussi le sentiment d'appartenir à la maison royale comme à une famille, ce qui était de la plus haute importance depuis que sa mère, Cecilia, cinq ans plus tôt, était morte en le laissant seul au monde. Édouard avait récupéré le domaine de Rochester en noyant Garin sous un déluge de textes de lois, de détails techniques, parvenant ainsi à mettre la main sur le restant de la fortune de la famille de Lyons et à s'assurer que Garin ne verrait jamais un sou de son héritage.

Pendant que les chasseurs terminaient leur vin et remontaient en selle, deux écuyers portant le loup qui oscillait de droite à gauche sur son piquet, Garin monta faiblement sur son cheval avec l'idée qu'il se sentirait bien mieux dès qu'il prendrait une lampée de vin. La sobriété ne lui convenait pas du tout en ce moment : dès qu'il avait cuvé, ses pensées le ramenaient sans cesse au passé, à son destin. Son esprit se réjouit brièvement en repensant à la cruche de vin dans sa chambre, qu'il n'avait pas terminée, tandis qu'ils reprenaient le chemin de Bordeaux.

À peine une heure plus tard, ils sortirent du couvert de la forêt et débouchèrent dans des champs et des vignobles qui s'étendaient à l'extérieur de la ville en grands carrés jaunes et verts traversés par le ruban bleu de la Garonne, qui arrosait Bordeaux avant de se jeter dans l'océan. Des fermiers travaillaient la terre rousse et surveillaient la nouvelle récolte. Des grappes de raisin encore jeune et acide pendaient aux pieds de vigne. L'humidité de l'aube avait cédé la place à la chaleur métallique du jour. Pour Garin, il y avait quelque chose d'indubitablement anglais dans cette scène, malgré la chaleur du sud, les grappes mûres et les petites bastides disséminées dans le paysage, qu'Édouard avait en grande partie construites. Le roi avait passé les deux dernières années en Gascogne, travaillant sans relâche pour créer de nouveaux domaines et réconcilier les seigneurs féodaux rivaux de son duché de France, un territoire hérité de son arrière-grand-père et qui était subséquemment passé sous la coupe de son père, Henri III, avant de lui échoir. Bordeaux était la capitale d'Édouard et la vie qu'il s'y était faite était confortable pour lui et les siens.

Après avoir chevauché à vive allure à travers les rues en direction du château perché avec arrogance au-dessus de la ville et de la rivière couverte de nénuphars, le groupe des chasseurs arriva avec fracas dans la cour, salué par les gardes à l'entrée. Si l'on prenait en considération le fait que toute sa suite avait accompagné le roi, il y avait une animation étonnante dans la cour. Devant les écuries se trouvaient une quinzaine de chevaux, avec plusieurs jeunes gens qui musardaient alentour, sans doute des écuyers. Garin remarqua que les harnachements des chevaux portaient des couleurs qu'il ne connaissait pas, mais plus curieux encore étaient les écuyers eux-mêmes, de toute évidence des étrangers, avec la peau hâlée et des turbans colorés enroulés autour de leur tête.

Édouard les avait, lui aussi, aperçus. Après avoir mis pied à terre, retiré son chapeau et passé sa main dans ses cheveux moites, il marcha dans leur direction avec un air intrigué. Mais il n'eut pas le temps d'arriver jusqu'à eux, car déjà son intendant, sorti vivement de l'entrée principale, venait à sa rencontre.

— Seigneur, votre matinée a-t-elle été couronnée de succès ?

Édouard ne répondit pas.

— Nous avons des invités ?

Derrière lui, les hommes descendaient à leur tour de selle. Les chiens, qui aboyaient sans discontinuer, étaient conduits au chenil.

— Ils sont arrivés peu de temps après que vous êtes parti, seigneur.

L'intendant devait élever la voix pour dominer les aboiements des chiens, ce qui semblait l'affliger.

— Ils attendent dans la salle de réception.

— Qui est-ce ?

— Une ambassade mongole, seigneur, sous l'autorité d'un homme qui s'appelle Rabban Sauma, ambassadeur de l'Ilkhan Arghun.

Tout en tendant ses rênes à un page, Garin écoutait avec intérêt la conversation. Les dernières nouvelles de Mongolie leur avaient appris qu'après la mort d'Abaqa, l'Ilkhan de Perse, son frère avait pris son trône mais s'était fait tuer par ses généraux quand il s'était converti à l'islam. Arghun, l'un des fils d'Abaqa, avait été choisi pour le remplacer, mais jusqu'ici ils ne savaient rien de lui.

— Menez-moi à lui, lui ordonna Édouard.

Il fit signe à plusieurs conseillers qui se raidirent tandis qu'il ôtait sa cape d'un geste brusque et entrait avec l'intendant dans le château.

Garin suivit Édouard à bonne distance, curieux de savoir ce que l'ambassade mongole pouvait faire aussi loin de chez elle.

Dans une pièce aux poutres de chêne inondée de lumière, de l'autre côté du château, se trouvait un groupe d'hommes. Quelques-uns semblaient d'origine occidentale mais la plupart étaient des étrangers. Lorsque Garin pénétra dans la pièce, quelques instants après le roi et ses conseillers, son regard tomba sur l'un des hommes au centre, un homme grassouillet à l'air jovial, entre deux âges, qui portait un manteau blanc et roux élégamment brodé lequel contrastait fortement avec son visage tanné. Son turban blanc était orné d'un imposant saphir qui scintillait, enchâssé dans de l'or, et sa moustache luisante et noire retombait le long de sa mâchoire où naissait une barbe parfumée. Au milieu de cette imposante pièce, il se dégageait de sa personne une forte impression d'exotisme. À sa droite se tenait un homme d'allure anémique, qui regardait avec contentement autour de lui.

— Seigneur, dit l'intendant, je vous présente l'ambassadeur…

Les yeux de l'homme grassouillet s'agrandirent et, avant que l'intendant ait pu finir sa phrase, il s'avança vers Édouard.

— Votre Majesté, dit-il en s'inclinant d'une manière exagérée, grâces vous soient rendues. Je suis Rabban Sauma, ambassadeur de Son Altesse, le grand Ilkhan de Perse.

Il parlait avec lenteur, dans un français hésitant.

Édouard reçut ses salutations avec amabilité.

— Bienvenue à ma cour, monsieur l'ambassadeur. Mes serviteurs peuvent-ils vous amener quelque chose ? À manger ? Ou du vin, peut-être ?

Rabban fronça les sourcils avec délicatesse et fit un geste en direction de l'homme debout à ses côtés, qui lui dit quelque chose dans une langue gutturale. Rabban sourit et secoua la tête. Il répondit à l'homme, qui traduisit ses paroles à Édouard.

— Merci pour votre généreuse hospitalité, Majesté. Mes hommes et moi-même apprécierions un peu de nourriture et de boisson.

— Nous briserons notre jeûne ensemble, répondit Édouard.

Il fit un signe de la tête à son intendant, qui le salua avant de s'éclipser.

— Seigneur, murmura l'un des conseillers. Ne serait-il pas prudent de demander à l'ambassadeur la raison de sa venue avant de briser le jeûne avec lui ?

Sans prêter attention à cet échange, l'ambassadeur s'approcha de l'une des fenêtres donnant sur Bordeaux et les champs alentour, baignés de lumière.

— Magnifique, dit-il en français en observant le paysage. Splendide.

Puis il retourna à sa langue natale, que son traducteur renvoyait en écho en un flot balbutiant.

— Je suis allé à Paris. C'est aussi une ville magnifique, mais sa beauté est plus artificielle. Je me suis émerveillé devant les splendeurs de son université, l'élégance de son architecture, de ses chapelles. Avez-vous vu la Sainte-Chapelle, Majesté ? demanda Rabban avec des yeux ronds.

Édouard attendit un instant que la traduction soit achevée.

— Bien entendu.

Rabban ne sembla pas percevoir le ton amer de la voix d'Édouard.

— Le roi Philippe m'a montré lui-même cet endroit merveilleux. J'y ai vu un fragment de l'authentique couronne du Christ que le roi Louis avait fait venir, après quoi j'ai assisté à une messe avec la cour de Philippe. C'est un jour que je chérirai à jamais.

Garin, qui se tenait légèrement en retrait du roi, sur le côté, vit la mâchoire d'Édouard se contracter en entendant parler ainsi du roi de France. Édouard avait entamé son séjour en Gascogne par une visite à Paris pour rendre hommage au nouveau roi, un jeune homme véhément que ses sujets avaient déjà surnommé le Bel en raison de sa grande beauté. Dès leur premier rendez-vous, une rivalité immédiate s'était instaurée entre les deux hommes. En partie, d'après Garin, parce qu'Édouard détestait être un vassal de Philippe, et que Philippe ne supportait pas qu'un monarque anglais possédât un territoire de son royaume. Mais Garin supposait aussi qu'en voyant Philippe, Édouard repensait à lui-même des années plus tôt : jeune, ambitieux et beau, il était aussi une étoile scintillant dans ce monde et dont la lumière menaçait d'atténuer celle du fameux roi anglais d'alors, héros des croisades et fléau des Gallois. Édouard n'aimait pas partager la gloire.

Son visage était toujours crispé quand Rabban désigna l'homme anémique qui l'accompagnait.

— Voici Gobert de Helleville, Majesté. Le roi Philippe a bien voulu le nommer ambassadeur. Il doit retourner avec moi à la cour de l'Ilkhan pour exprimer le souhait du roi de poursuivre notre amitié et témoigner son intérêt pour une alliance entre nos peuples.

Gobert inclina doucement la tête à l'intention d'Édouard. Il n'avait pas l'air plus ravi que cela à l'idée d'aller en Perse avec Rabban.

— Et quel est le sujet de votre entente avec le roi Philippe ? s'enquit Édouard sans même jeter un regard à Gobert.

— Le même sujet qui m'amène ici, Majesté.

L'excitation presque puérile de Rabban avait fait place à un sérieux presque rigide.

— Je suis aussi allé voir le pape à Rome pour en débattre avec lui, mais j'y ai appris qu'il était mort et que personne n'avait encore été élu à sa succession.

— Nous venons d'apprendre qu'il a un successeur, qui a pris le nom de Nicolas IV. Mais quel est au juste le motif de tous ces pourparlers ?

— Une nouvelle croisade, Majesté.

Édouard était désormais tout ouïe.

— Bien que Son Altesse l'Ilkhan soit bouddhiste, elle apprécie beaucoup les chrétiens, comme beaucoup de gens de sa cour. Son meilleur ami, et le mien, un chrétien nestorien comme moi-même, a été élevé à la position de patriarche en Irak. L'Ilkhan projette depuis longtemps de reprendre les lieux saints des chrétiens aux musulmans, un souhait qu'il partage bien sûr avec son ami le patriarche. À cette fin, il m'a envoyé ici demander leur soutien aux rois et au clergé. Il engagera ses hommes et ses finances si les rois chrétiens sont disposés à l'imiter. Votre Majesté, ajouta-t-il, vous avez déjà formé une alliance contre les musulmans avec son père, l'Ilkhan Abaqa. Le referez-vous ? Vous engagerez-vous dans une croisade ?

Le silence tomba sur la salle du trône. Absorbé dans ses pensées, Édouard fixait Rabban. Ses conseillers se jetaient des regards interrogateurs. La tension fut enfin dissipée par les domestiques qui entrèrent les bras chargés de plateaux de viande froide, de fromages et de morceaux de pain chaud.

— Attendez, leur lança Édouard tandis que les domestiques se dirigeaient vers des tréteaux près des fenêtres pour déposer les mets. Apportez de la nourriture dans mes appartements. Les autres mangeront ici.

Il lança un regard à Rabban.

— Pourrions-nous parler seul à seul ?

— Bien sûr, Majesté.

Les conseillers de Rabban et d'Édouard essayèrent de les en dissuader, paraissant s'offenser qu'on les exclue d'une discussion d'une telle importance. Mais aucun des deux hommes ne céda. Suivis du traducteur et de domestiques portant le repas, ils quittèrent la pièce.

Garin attendit qu'ils soient partis, puis il se rendit dans sa chambre, laissant les conseillers s'indigner entre eux. Une fois là, il tira les rideaux en se demandant ce que donnerait cette entrevue. Il savait que le désir d'Édouard de reprendre la Croix et de retourner en Outremer à la tête d'une armée vengeresse était loin d'être tout à fait étouffé. Mais jusqu'à présent, le roi avait dû mettre ses espoirs de côté pour s'occuper d'affaires plus pressantes.

Douze ans plus tôt, Édouard avait publiquement annoncé sa décision de mettre un terme à la menace croissante que faisait planer le prince de Galles, et il avait lancé une invasion dans le territoire montagneux et sauvage du Nord. Il parvint à écraser la rébellion menée par Llewelyn de Gwyned et s'adjugea les territoires séparés du nord et du sud du pays de Galles, qu'il plaça sous son contrôle judiciaire. La tête tranchée de Llewelyn, liée à des chaînes et plantée au bout d'un piquet devant la tour de Londres, était censée rappeler aux éventuels protestataires ce qu'il advenait de ceux qui osaient s'opposer au roi.

Édouard avait un besoin de contrôle presque obsessionnel. C'est dans ce but qu'il voulait créer un royaume où régnerait l'ordre, avec des frontières fermement établies, et dans lequel sa domination ne souffrirait aucune contestation. Après la prise du pays de Galles, il ordonna la construction de plusieurs châteaux impressionnants pour veiller sur ce royaume et y affermir son emprise, puis il partit pour la Gascogne afin d'organiser son territoire en France. Ces deux tâches, il les avait entreprises avec la même rigueur impitoyable, le même sens de l'à-propos, et la même intensité qu'il mettait dans tout ce qu'il faisait. Garin savait qu'il rêvait toujours d'une victoire en Orient. Mais l'Irlande et l'Écosse n'avaient pas encore été mises à genoux, et avec la mort du roi Hugues de Chypre, quatre ans plus tôt, la promesse d'une base militaire pour une croisade s'était évanouie.

Quand il avait appris la mort du roi de Chypre, Garin avait eu le sentiment qu'on lui retirait un poids, car il n'avait jamais dit à Édouard que Hugues et lui avaient essayé de s'emparer de la Pierre noire. Sur le chemin du retour, il avait regagné une partie de l'argent que Hugues lui avait donné et il avait vendu son épée en arrivant au premier port de France pour augmenter la somme. Le reste, avait-il expliqué à Édouard pour calmer sa fureur, on le lui avait volé, de même que les fonds qu'il avait récupérés de l'Anima Templi. Il espérait vivement que ce dernier mensonge retiendrait Édouard de le renvoyer en Terre sainte pour obliger le Cercle à se plier à ses exigences, ce que le roi ferait à coup sûr s'il découvrait que Garin lui avait désobéi. Et bien qu'il s'en fût tiré par une simple correction pour sa négligence grossière, il avait toujours eu peur que le roi Hugues ne finisse un jour par dévoiler leur plan pour la Pierre noire et son implication là-dedans.

Garin trouva sous son lit la cruche de vin qu'il n'avait pas terminée la veille et il la but d'un trait, ne savourant la charpente et la chaleur du breuvage que lorsque celui-ci commença à adoucir les contours du monde. Retirant ses bottes couvertes de boue, il se laissa tomber sur son lit étroit et fixa le plafond, essayant d'anticiper comment le roi allait réagir à cette proposition audacieuse des Mongols.

Il n'eut pas à attendre longtemps la réponse.

Deux heures plus tard, après un somme, il se réveilla avec la bouche pâteuse et l'estomac qui grognait, et il était en chemin vers les cuisines quand un serviteur vint le trouver pour lui dire qu'Édouard le demandait dans ses appartements.

Quand il y arriva, le roi était seul, assis à sa table de travail, ses longs doigts entrelacés, et son visage arborait une expression pensive. Une lettre était posée devant lui.

— Ferme la porte.

Édouard regarda Garin s'approcher.

— J'ai une mission pour toi. Cette lettre est pour le pape. Je veux que tu partes sur-le-champ pour Rome la lui porter.

Garin fut à la fois surpris et mécontent de cet ordre, mais il se garda bien de le montrer, ne voulant pas révéler ses émotions à Édouard, maître dans l'art de les retourner contre les gens. Maintenant qu'il était remis de sa soirée, il réussit à rester placide. Il avait baissé la garde ce matin, ça ne devait plus se reproduire.

— Puis-je vous demander ce que contient la lettre, seigneur ?

— Tu peux, répondit Édouard au bout d'un moment tout en se renfonçant dans son siège. J'y enjoins le pape de soutenir une croisade. Il faut qu'il envoie des légats aux rois et aux princes d'Occident pour leur demander, à eux et à leurs sujets, de lancer une nouvelle guerre pour reprendre Jérusalem et notre combat pour la Terre sainte, où est né le Christ.

Garin avait déjà entendu des discours de ce genre. D'habitude, ça n'allait pas plus loin ; de la pure rhétorique débitée avec gravité et enthousiasme, qui finissait par se perdre dans le silence de l'oubli. Les rois d'Occident étaient trop occupés avec ce qu'ils avaient à régler dans leurs propres royaumes pour écouter les appels à la guerre. Les croisades étaient trop chères, et elles étaient d'un autre temps. Édouard était différent : il pensait réellement ce qu'il disait. Malgré tout, Garin n'imaginait pas que les autres répondraient à son appel.

— Vous avez l'intention de prendre la Croix, seigneur ?

— Un jour ou l'autre, oui. Mais d'ici là, je ne veux pas perdre le soutien de l'Empire mongol. Leur proposition est intéressante et bienvenue, même si elle ne tombe pas vraiment au bon moment. Pour l'heure, je vais leur montrer mon intérêt par ce moyen. Le roi Philippe a, semble-t-il, envoyé une requête similaire au pape Nicolas.

Les lèvres d'Édouard se soulevèrent avec délicatesse.

— J'ai entendu dire que le pape se fait l'avocat d'une croisade. Comme il est nouveau, il voudra sans doute faire sensation. Je crois qu'il écoutera nos requêtes. Dans l'intervalle, je vais retourner en Angleterre, comme prévu. Mon travail ici est presque terminé.

Garin savait qu'il y avait autre chose.

— Puis-je vous demander pourquoi vous n'envoyez pas un messager royal, seigneur ? Ce n'est pas précisément une information sensible.

— J'ai besoin que tu fasses autre chose pour moi.

Garin attendit les explications d'Édouard.

— Quand tu auras délivré la lettre à Rome, je veux que tu ailles en Outremer trouver William Campbell.

Cette fois, Garin ne put dissimuler ses émotions, la haine transfigura hideusement ses traits durant quelques instants.

Édouard remarqua ce changement, mais il ne fit pas de commentaire.

— Comme tu le sais, j'ai des projets en cours en Angleterre, et ce sont ces projets qui me retiennent de lancer une croisade.

Il plia la lettre et prit sur sa table de travail une bougie rouge qui brûlait faiblement dans la lumière du jour. Puis, après avoir fait couler de la cire sur le rebord de l'enveloppe, il pressa son sceau.

— Je vais avoir besoin de tous les fonds que je pourrai lever si je veux m'attaquer à l'Écosse.

Garin sentit la douceur du vin disparaître et le monde fut à nouveau dur et acéré. Édouard lui tendait le rouleau. Quand il avait quitté la Terre sainte douze ans plus tôt, il avait fait le serment de ne jamais y remettre les pieds.

— L'Anima Templi a toujours rechigné à nous offrir des fonds par le passé, dit-il d'une voix de basse. Il m'a fallu beaucoup de temps pour les persuader de nous donner un peu d'or la dernière fois.

— Il t'en a fallu moins pour le perdre, le rabroua cruellement Édouard.

Il regarda Garin baisser la tête et parut satisfait.

— Je ne veux pas savoir quelles difficultés tu as rencontrées. Quelles menaces et quelles ruses tu as employées à l'époque. Tu n'as qu'à procéder de la même manière. Reviens avec l'argent dont j'ai besoin et peut-être que je pourrai te pardonner tes échecs passés.

Garin ne répondit pas. L'idée d'y retourner, de revoir Will… C'était comme s'il tombait tête la première dans un gouffre.

37

La citadelle, Le Caire

31 août 1288 après J.-C.

Kalawun sentait son mal de crâne augmenter de minute en minute et se transformer en une douleur lancinante tandis que les voix autour de lui se faisaient plus agressives. Il se massa les tempes en petits cercles concentriques. Ses doigts étaient humides à cause de la sueur. Le soleil déclinait, irradiant le ciel de multiples nuances de pourpre et d'or, mais la chaleur était toujours accablante et refusait de se dissiper, rendant l'atmosphère oppressante bien que l'après-midi fût presque achevé.

— Maître ?

Il y eut un silence.

— Sultan ?

Kalawun leva la tête en entendant qu'on l'appelait pour la deuxième fois. Il vit un jeune commandant qui le fixait avec impatience.

— Oui, émir Dawud ? dit-il, l'air las.

— Je disais qu'il est temps de prendre une décision, désormais. Nous savons que l'Ilkhan a envoyé une ambassade en Occident pour demander aux chrétiens de lancer une croisade. Nous ne pouvons pas laisser ces puissances s'allier. Ensemble, avec des troupes fraîches, les Francs et les Mongols pourraient nous battre.

Plusieurs généraux acquiescèrent, d'autres semblaient sceptiques.

— Je commence à me fatiguer de ce débat, murmura Kalawun au bout d'un moment. La journée a été longue. Revenons à cette affaire demain, après un peu de repos. Peut-être réussirons-nous à prendre une décision.

— C'est ce que vous avez dit au dernier conseil, grogna un autre émir, et il n'y a toujours rien de décidé.

— Montrez au sultan le respect qu'il mérite quand vous vous adressez à lui, émir Ahmed.

Les hommes se tournèrent du côté d'où venait la voix glaciale. Le prince al-Ashraf Khalil était debout, raide comme un piquet. Ses cheveux bruns retombaient devant l'un de ses yeux, mais l'autre était fixé sur l'émir qui était intervenu.

Ahmed jeta un regard à Kalawun et s'inclina.

— Je suis désolé, sultan, je vous prie de m'excuser. Mon prince…, ajouta-t-il, mielleux, à l'intention de Khalil.

— Assieds-toi, mon fils, dit Kalawun pour calmer les esprits. L'émir a raison et je comprends son insatisfaction.

Parmi les hommes, une certaine surprise s'installa. Ils le regardèrent se lever de son trône, visiblement fatigué, et descendre de l'estrade pour les rejoindre là où ils étaient assis, sur un grand tapis, autour de tables basses où étaient disposés des boissons et des restes de nourriture. Il était toujours puissamment musclé mais, pour ceux qui le connaissaient de longue date, il semblait s'être soudain voûté. Il avait presque soixante-dix ans et des mèches argentées parsemaient ses cheveux, tandis que sa peau se ridait au coin des yeux.

Quand il fut au milieu d'eux, Kalawun reprit la parole :

— Nous avons ce débat depuis des années, plus d'années que n'en ont la plupart d'entre vous. Nous apprenons que les Mongols et les Francs sont en train de s'allier pour nous envahir, attaquer nos citoyens, piller nos terres. Les gens s'affairent, ils ont peur.

Il s'interrompit. Le jeune émir qui avait pris la parole acquiesçait vivement. Kalawun les balaya tous du regard.

— Mais l'issue est toujours la même. Les gens l'oublient. Les Francs ne souhaitent pas réellement se lancer dans une nouvelle croisade. C'est ce que nous disent nos sources depuis des décennies. Ils ne s'uniront pas aux Mongols.

— Et s'ils le font tout de même, sultan ? demanda l'un des lieutenants. Admettons qu'une alliance se noue. Que ferons-nous ?

— Nous serions au courant des mois à l'avance et nous aurions le temps d'agir en conséquence, répliqua Kalawun. Songez au temps qu'il faudrait aux Francs pour rassembler une force assez puissante. Nous avons des ressources et une puissance bien plus grandes qu'eux. Nous sommes en sécurité.

— Les hommes attaqués par les chevaliers de Saint-Jean n'étaient pas en sécurité, seigneur, riposta Dawud.

— Nous nous sommes occupés des Hospitaliers, dit un commandant âgé, le visage couvert de cicatrices, en venant au secours de Kalawun. Les chevaliers de Saint-Jean ont payé leurs attaques contre nos forces. Nous avons pris la dernière de leurs forteresses en représailles.

Dawud se pencha en avant, le visage animé par la passion.

— Nous avons pris leurs forteresses, mais pas leurs vies. Nous les avons laissés se rendre en Acre, où ils sauront se rendre utiles dans la préparation de futures agressions contre nous.

— Nous avons une trêve avec les Francs, émir, à moins que vous ne l'ayez oublié ? dit le commandant au visage abîmé d'une voix patiente, mais ferme. À présent, nous n'avons aucune querelle avec eux et ils n'en ont pas avec nous. Notre menace principale reste la Mongolie, et encore : même ce danger n'est plus aussi grand qu'il l'était. Pourquoi croyez-vous qu'ils recherchent une alliance avec les Francs ? Ils savent qu'ils ne peuvent nous battre. Chaque fois qu'ils ont essayé, nous les avons repoussés au-delà de l'Euphrate. Ils sont de plus en plus faibles à chaque bataille perdue.

Kalawun acquiesçait.

— Les Francs ne peuvent pas gagner une guerre contre nous, et les Mongols non plus. La situation est bloquée.

— Nous ne pouvons pas écraser les Mongols sur leurs propres terres, j'en conviens, fit Dawud, frustré. Mais nous pouvons au moins éradiquer les Francs. Ils ne nous poseront plus de problème du tout si nous les chassons pour de bon de Palestine !

— Tu ne m'écoutes pas, émir, dit Kalawun, l'air agacé. Si nous nous attaquons aux Francs, les règles du jeu changent. Les Mongols pourraient essayer de saisir l'occasion de nous attaquer par l'arrière. En outre, le siège d'Acre serait coûteux, en hommes comme en argent, et nous n'avons pas la garantie de l'emporter.

Voyant Dawud faire une moue dubitative, Kalawun leva le sourcil.

— Beaucoup d'entre vous êtes jeunes, je vous pardonne donc votre ignorance, pour cette fois. Mon prédécesseur, le sultan Baybars, a essayé cinq fois de s'emparer de la ville d'Acre. Savez-vous combien de fois il y est parvenu ? Hmm ? demanda-t-il dans le silence qui s'était abattu dans la pièce.

— Pas une seule, marmonna Dawud.

Kalawun porta sa main en cornet autour de son oreille d'une manière exagérée.

— Je ne vous entends pas.

— Il n'a jamais réussi, seigneur, articula Dawud de mauvais gré.

— Et ne croyez-vous pas, si j'enfreins le traité de paix que j'ai moi-même signé avec le Temple, les marchands et les nobles d'Acre, une paix qui dure depuis dix ans, ne croyez-vous pas qu'ils réfléchiront à deux fois avant de décliner l'offre des Mongols ? Si nous attaquons Acre et qu'ils nous repoussent, ils sauront que nous constituons une menace réelle et chercheront à assurer leur sécurité. Comme vous l'avez dit, des forces franques et mongoles unies seraient en mesure de nous résister, voire de nous attaquer.

La voix de Kalawun se faisait cassante.

— Et est-ce que vous pensez que nous avons intérêt à les pousser dans les bras l'un de l'autre sans nécessité ?

Personne ne répondit, et Kalawun secoua la tête.

— Cette réunion est terminée. Vous pouvez disposer.

Il leur tourna le dos tandis qu'ils s'éclipsaient à la file de la salle du trône. Il remonta sur l'estrade et s'assit en tressaillant pendant que les domestiques entraient dans la pièce pour la débarrasser des plateaux et des assiettes. Un seul homme était resté.

— Merci de ton soutien, dit Kalawun en se massant les tempes.

Le jeune homme le rejoignit sur l'estrade.

— Je te soutiendrai toujours, père, dit froidement Khalil.

Kalawun lui jeta un coup d'œil en coin.

— Mais tu ne m'approuves pas ?

— Tu sais très bien que non.

— Même après tous les arguments que j'ai exposés ?

— Je sais que nous pouvons battre les Francs, père, répondit Khalil avec sincérité. Il suffirait d'envoyer assez d'hommes et d'engins. J'ai étudié les plans de la ville. Elle a des faiblesses. Les Francs sont loin d'être aussi forts que lorsque le sultan Baybars s'est attaqué à eux. Ils sont désorganisés, désunis.

— Mais les murs de la ville sont toujours aussi forts, fit placidement remarquer Kalawun. Ça n'a pas changé.

— Pourquoi en faire une affaire personnelle, père ? demanda Khalil sur un ton qui n'acceptait pas de réplique. Tu les as toujours défendus !

Le prince redescendit de l'estrade et s'approcha de la fenêtre. Comme il se tenait là, un souffle de vent balaya ses cheveux.

Kalawun vit son expression revêche et une immense lassitude l'envahit. Khalil lui apparaissait toujours comme un savant, ou comme un mollah, avec son regard inquiet et ses manières distantes. En vérité, c'était un guerrier des pieds à la tête et, à vingt-quatre ans, ses talents de stratège militaire auraient rendu fier Baybars.

Baybars.

Ces temps-ci, les pensées de Kalawun se tournaient souvent vers son ancien camarade. Peut-être parce qu'il ne comprenait maintenant que trop bien les difficultés auxquelles son prédécesseur avait dû faire face sur ce sujet. Mais ils étaient différents. Baybars n'avait jamais souhaité l'amitié avec les Francs : il désirait les chasser autant que ses hommes, seulement il pensait que les Mongols constituaient une plus grande menace. Il avait eu tort : c'était dans sa propre maison que se cachait la pire des menaces.

Tout en observant Khalil, Kalawun sentit un léger frisson le parcourir. Quelle ironie ! Il avait passé tant d'années à tenter de faire de Baraka Khan un homme meilleur, un amoureux de la paix, et se retrouvait en fin de compte avec un fils qui était un génie militaire. Khalil n'était d'ailleurs pas le moins du monde obsédé par les Francs, il n'était pas le jouet d'une haine fanatique. Non, il croyait simplement que les Francs n'avaient rien à faire sur cette terre et qu'il fallait les en chasser. Parfois, la nuit, lorsqu'il était seul et ne trouvait pas le sommeil, Kalawun se demandait s'il était puni pour avoir trompé Baybars et ses héritiers. Mais il tentait d'ignorer ces pensées. C'était pour le bien du peuple qu'il avait dupé Baybars. Quant à Baraka, il l'avait traité aussi raisonnablement que possible.

Baraka Khan n'avait occupé que deux ans le trône d'Égypte avant que Kalawun, ayant acheté le soutien de l'armée, ne le menace d'un coup d'État et ne marche sur

Le Caire à la tête des troupes syriennes. Ne pouvant compter sur le soutien de pratiquement personne, et craignant pour sa vie, Baraka avait fui avec sa mère Nizam, laissant à son petit frère Salamish le rôle d'héritier du trône. Quelques mois plus tard, Kalawun avait déposé l'enfant sans violence et s'était fait proclamer sultan, obtenant du même coup le pouvoir sur tous les territoires que Baybars avait passé sa vie à conquérir. Il aurait pu poursuivre Baraka, l'enfermer dans un cachot, l'interroger, le torturer, mais il avait préféré le laisser s'échapper. Il n'avait plus l'estomac pour une confrontation. Baybars était mort, et Aisha aussi. Rien de ce qu'il ferait à Baraka ne les ramènerait et il s'était rendu compte que toute cette histoire était trop douloureuse pour vouloir la revivre. D'autres raisons avaient joué dans son manque de volonté à exhumer le passé : son fils aîné, Ali, avait succombé à une fièvre, et Ishandiyar avait été poignardé dans une rue du Caire peu de temps après que l'armée mamelouke fut revenue de Damas à la suite de la mort de Baybars. On avait arrêté le meurtrier. Mais son chagrin était tel qu'il avait noyé son désir de revanche, et, pour finir, Kalawun avait décidé d'abandonner. Il s'était assuré le trône, son peuple était à l'abri. Il devait supporter ce qu'il avait perdu pour en arriver là.

Mais, en dépit de ses efforts et de ses contacts secrets avec l'Anima Templi de William Campbell, il n'avait pas été facile de maintenir la paix. Kalawun en était venu à la considérer comme une chose vivante. Une chose incertaine, mouvante, qui avait des significations différentes pour tout le monde et dont on ne pouvait prévoir les effets. Entre les musulmans et les chrétiens, elle était toujours précaire ; c'était un enfant qu'il fallait protéger. Malgré tout, la plus grande partie du règne de Kalawun avait été calme et prospère, le commerce avait fleuri et, bien qu'il demeurât impossible d'assurer une quelconque paix avec les Mongols, toujours agressifs, les conflits avec eux, quoique brutaux, n'avaient jamais duré bien longtemps. Un autre traité avait été signé pour remplacer l'engagement qu'avaient pris Édouard et Baybars, en grande partie grâce à l'Anima Templi, et en particulier à Campbell, qui avait persuadé le grand maître du Temple de le soutenir devant les autres dirigeants d'Acre.

Mais ses hommes n'étaient pas contents. Et son fils non plus.

Kalawun détourna son regard de Khalil en entendant qu'on toquait à la porte. C'était Nasir qui tenait un rouleau à la main. Kalawun lui adressa un signe de la tête.

— Entre.

Nasir entra en saluant Khalil, qui lui sourit. Kalawun éprouva un sentiment importun de jalousie ; depuis que Nasir était revenu à la citadelle, Khalil et lui s'étaient rapprochés. Mais, bien qu'il enviât leur proximité, il était heureux que son fils et son plus vieux camarade s'entendent bien. Cela cimentait davantage les liens d'amitié entre Nasir et lui, liens qui avaient semblé à jamais brisés quelques années plus tôt.

Après la mort de Baybars, l'officier syrien était devenu fermé, distrait et colérique. Kalawun avait mis ce changement sur le compte des épreuves qu'il avait vécues en tant que prisonnier des Assassins et avait fait des concessions envers son ami. Mais, à mesure que les mois passaient et que l'humeur sombre de Nasir empirait, se transformant même en insubordination, Kalawun avait eu de plus en plus de mal à excuser son comportement. Pour finir, à court d'idées et de patience, il s'était résolu à envoyer Nasir dans une ville frontière de Syrie en espérant qu'un éloignement momentané de la cour et de ses intrigues le calmerait. Et ça avait réussi. Six ans plus tôt, les Mongols avaient pris la ville et, quand Nasir était revenu, c'était un homme de nouveau tranquille. Il avait fallu un peu de temps, mais Kalawun avait pu lui refaire confiance. Peu à peu, leur amitié s'était rétablie et Nasir était redevenu son plus proche confident. Kalawun avait même donné le prénom de Nasir à son fils nouveau-né.

— Les rapports mensuels de Damas et Alep viennent d'arriver, seigneur, dit Nasir en approchant du trône et en tendant le rouleau à Kalawun. Vos conseillers les ont lus. Apparemment, il n'y a pas grand-chose à en dire.

— Voilà exactement ce que j'avais envie d'entendre, murmura Kalawun en se levant pour se saisir du rouleau.

— Comment s'est passé le conseil ?

— Je crois que j'ai réussi à rallier quelques-uns des hommes à mon point de vue.

Un soupir délibérément long se fit entendre du côté de la fenêtre. Nasir et Kalawun tournèrent la tête vers Khalil.

— Si tu as quelque chose à dire, Khalil, dis-le. Tu sais que tu peux toujours me parler en toute liberté.

— Vous vous mettez en danger, père, en persistant à ignorer le problème des Francs. Car ils posent un problème, quoi que vous en disiez, ne serait-ce que parce que nombre de vos hommes veulent se débarrasser d'eux. Je crains pour votre sécurité, ajouta Khalil d'une voix posée. Et pour votre position.

— Laisse mes gardes et moi s'occuper de ça, répliqua Kalawun d'un ton sec.

— Mais je…

— Écoutez votre père, prince, dit Nasir. Il sait ce qu'il fait.

Kalawun lança à Nasir un regard de remerciement tandis que Khalil baissait le regard.

— Je suis désolé, père.

Kalawun s'approcha de lui et posa la main sur son épaule.

— Viens, allons prendre notre souper, nous pourrons continuer à parler. Est-ce que tu avais besoin d'autre chose ? demanda-t-il à Nasir.

— Non, seigneur.

Kalawun hocha la tête et se dirigea vers la porte. Khalil se dégagea de son étreinte mais consentit à marcher à ses côtés.

Quand ils furent partis, Nasir retourna dans ses appartements pour ranger des papiers en rapport avec l'achat d'un nouveau groupe d'esclaves, surtout des Mongols pour le régiment Mansuriyya de Kalawun, désormais promu garde royale mamelouke.

Il parcourait la liste des esclaves en vérifiant les détails inscrits par le marchand et en décidant du nom arabe que ces garçons prendraient lorsqu'on frappa à la porte. Il alla ouvrir et trouva un serviteur dehors.

— Oui ?

L'homme lui tendit un rouleau.

— Ceci vous est destiné, sire.

— Qui vous l'a remis ?

— Personne. On l'a déposé devant les grilles avec l'instruction de vous le remettre.

Nasir prit l'objet et referma la porte. Fronçant les sourcils, il alla jusqu'à la fenêtre où les dernières lueurs du jour étaient toujours assez fortes pour lire, et il le déroula. Quand il en acheva la lecture, au bout de plusieurs minutes, ses poings étaient serrés et son visage livide et tremblant. Il froissa le document et le jeta sur le carrelage. Posant ses mains à plat sur le rebord de la fenêtre, Nasir baissa la tête. Lorsqu'il la releva, il aperçut son reflet dans le miroir en métal poli accroché au mur. Pâle, en sueur, il avait l'air d'avoir vu un fantôme. Ce qui, d'une certaine manière, était le cas.

Trente ans plus tôt, la vie de Nasir, déjà anéantie par le conflit, avait été jetée dans la tourmente lors de la chute de Bagdad devant les forces mongoles. Dans le chaos qui avait suivi, des marchands d'esclaves l'avaient capturé et séparé de son frère, la seule famille qui lui restait. Très jeune, Nasir avait été enrégimenté dans l'armée mamelouke. Il avait passé ses premières années au Caire à préparer son évasion. Mais ignorant où était

Kaysan, et même s'il était vivant, il ne savait pas quelle direction prendre, et la crucifixion gardait tout son effet dissuasif dans son esprit de déserteur. Il s'était donc jeté corps et âme dans l'entraînement, réalisant que plus il se distinguerait, plus il obtiendrait de pouvoir, et donc de liberté. Sous Kalawun, il avait rapidement gravi les échelons et l'ironie de la situation voulait que ce soit lui qui achète les esclaves et les entraîne pour l'armée. Il avait toujours été stupéfait de voir à quel point ces enfants assimilaient vite la vie martiale du régime mamelouk, comment ils se laissaient rapidement endoctriner, tout souvenir de leur passé effacé, leurs familles et leurs croyances supprimées en quelques mois. Il supposait que leur jeune âge devait y être pour quelque chose car lui-même avait toujours été pleinement conscient de qui il était et de ce à quoi il croyait avant d'être jeté dans l'esclavage, et rien n'avait jamais pu le lui faire oublier.

Il était un chiite ismaélien, né dans le nord de la Syrie, où il avait vécu avec sa famille jusqu'à dix ans, lorsque son village avait été attaqué par une foule de Nubuwwiyya : les vigilants sunnites qui s'étaient organisés pour purifier la région de la présence des chiites, déclarés hérétiques. De quatre ans son aîné, Kaysan l'avait emmené vers les montagnes du Jabal Lubnan. Le lendemain matin, quand ils étaient revenus, ils avaient découvert que leur famille et tous les villageois avaient été massacrés et leurs corps mutilés éparpillés d'un bout à l'autre de la rue principale. Après être sortis en vacillant de ce champ de ruines, les deux garçons avaient vécu dans la nature pendant près d'un mois avant qu'un marchand syrien, passant par là avec une caravane, ne les trouve par hasard. L'homme les avait pris à son service : en échange de nourriture et d'habits, ils devaient surveiller ses chameaux. Nasir s'était facilement fait à la vie sur la route, mais Kaysan détestait ce travail subalterne et il se montra maussade et insolent jusqu'à ce que le marchand lui mette une épée dans la main et en fasse un garde. Les huit années qu'ils avaient passées à voyager entre Alep, Bagdad et Damas, même si elles n'avaient pu effacer de l'esprit des deux frères la tragédie qu'ils avaient vécue, avaient été plutôt heureuses. Mais c'est alors que les Mongols avaient attaqué Bagdad et tout avait changé.

Il lui avait fallu des années, mais Nasir avait fini par accepter d'être sous la domination des Mamelouks sunnites. Il avait l'impression d'être un tigre à qui on a arraché les dents et les griffes. En son for intérieur, il se sentait toujours sauvage mais avait arrêté de se cogner contre les barreaux de sa cage en constatant que c'était vain.

Se détournant de la fenêtre, il regarda par terre la lettre en boule. Lentement, il s'approcha et la ramassa. Puis il la défroissa. Et ses yeux parcoururent une deuxième fois la lettre avant de poser les yeux, avec crainte mais aussi un sentiment presque imperceptible d'espoir, depuis longtemps oublié, sur le nom écrit à la hâte à l'encre rouge tout en bas.

Angelo Vitturi.

38

La plage, Acre

20 octobre 1288 après J.-C.

Will s'allongea sur le sable chaud en se calant sur les coudes. Il avait le soleil dans les yeux et discernait à peine les deux silhouettes au bord de l'eau. Derrière lui, au-delà des dunes ondoyantes et de leur sable aussi fin et léger que du sucre, des cyprès flanquaient la plage. Toute la matinée, le ciel avait été d'un bleu stupéfiant, sans fin, mais des nuages ardoise commençaient à se former vers le sud, s'amassant au-dessus de la forme voûtée du mont Carmel. La mer scintillait et les vagues blanches se pourchassaient dans leur inlassable course vers le rivage. Will regardait les deux silhouettes sauter dans l'eau, il entendait des rires et sentit un bonheur lénifiant l'envahir.

Ses yeux se fermaient et il dérivait vers le sommeil quand il entendit de nouveau les rires, plus près cette fois. Il rouvrit les yeux, trop tard, car une gerbe d'eau lui arrosa le torse et le cou. Il se rassit en frissonnant et vit un visage grimaçant et un éclair doré s'éloigner.

— Très bien, dit-il en se mettant sur ses pieds.

Son assaillante poussa un cri où se mêlaient la peur et le triomphe. Soulevant ses jupes, elle se mit à courir à travers la plage, des gouttes, luisantes comme des diamants, glissant le long de ses bras.

Will la rattrapa près de l'eau. L'agrippant par la taille, il la souleva tandis qu'elle hurlait. Puis il la bascula sur son épaule et entra dans l'eau écumante sans se soucier de tremper ses chausses en lin.

— Non ! Pas ça !

— Tu as dit quelque chose ?

Il continua d'avancer, de l'eau jusqu'aux genoux. Le mugissement des vagues couvrait presque leur voix.

— Je suis désolée ! supplia sa fille sans réussir à s'arrêter de rire.

— Je ne t'entends pas.

— Père !

Will sourit et revint sur le sable, où il reposa sa fille à terre. Elle avait le souffle court et le visage rougi par la course. Elle le tapa sur le bras affectueusement. Ils remontèrent tous deux la plage, main dans la main.

— Est-ce que nous pourrons revenir bientôt, père ?

Will regarda sa fille avec tendresse.

— J'en suis sûr.

Sa main serra la sienne un peu plus fort et elle s'arrêta soudain.

— Je voudrais qu'on puisse le faire souvent.

Will s'immobilisa lui aussi. Il lui semblait qu'il n'y avait pas si longtemps encore qu'il devait s'accroupir pour lui parler. Maintenant, elle lui arrivait déjà à la poitrine. Il posa le doigt sur le menton qu'elle avançait et le tapota jusqu'à ce que ses yeux rencontrent les siens.

— Tu sais pourquoi, n'est-ce pas, Rose ?

— À cause du Temple, répondit-elle doucement en détournant les yeux.

— Je te verrais tous les jours si j'avais le choix, murmura Will en posant les mains sur ses épaules. Mais je ne peux pas. Ce que je te promets, c'est de faire en sorte que chaque jour que nous passerons ensemble soit aussi parfait que celui-ci.

— Vous le jurez ? lui demanda Rose d'un air sérieux.

Will mit un genou à terre et posa la main sur son cœur.

— Je le jure.

Un sourire vint égayer le coin de sa bouche.

— J'accepte votre serment.

— Will.

Will et Rose se tournèrent. Elwen se trouvait un peu plus haut, près de leurs vêtements et du panier de provisions qu'ils avaient apporté. D'une main, elle se protégeait du soleil ; l'autre pointait en direction des cyprès. Will aperçut un cavalier habillé de blanc qui approchait à travers les dunes. Lorsqu'il vit la croix évasée rouge sur sa poitrine, sa respiration se bloqua dans sa gorge. Il se redressa et reconnut alors le cavalier. Soulagé, il prit Rose par la main et courut jusqu'à Elwen tandis que le cavalier se dirigeait droit sur eux.

— Tout va bien, lança-t-il. C'est Robert.

Elwen leva les yeux en l'air tandis qu'il arrivait à leurs côtés.

— Je le vois.

Ses jupes étaient trempées depuis qu'elle avait joué dans l'eau avec leur fille et le vent les plaquait lourdement autour de ses chevilles. Sa silhouette se découpait dans le soleil avec grâce. Quand elle était jeune, la beauté d'Elwen avait quelque chose de pur, de doux. Aujourd'hui, elle avait de la force. À quarante et un ans, son visage était plus affermi, ses traits mieux assurés, mieux définis et ses cheveux avaient une teinte blonde plus riche et plus sombre que jamais.

— Regardez-vous. Vous êtes trempés.

— C'est la faute de père, dit immédiatement Rose.

— C'est toujours le cas, répondit Elwen.

Robert descendit de cheval et s'approcha.

— Bonjour, dit-il en saluant Elwen et en lançant une grimace à Rose, qui rougit et se détourna en faisant semblant d'étudier quelque chose dans le sable à ses pieds.

— Quelque chose ne va pas ? demanda Will en allant à sa rencontre.

— Non. Mais le grand maître te cherche. J'ai pensé que je ferais mieux de te prévenir avant qu'il envoie quelqu'un à ta recherche.

Il jeta un coup d'œil à Elwen et Rose.

— Merci, fit Will.

— Remercie Simon. C'est lui qui m'a dit où te trouver.

Robert balaya la plage du regard.

— Magnifique, n'est-ce pas ? Je ne sais pas pourquoi je ne viens jamais. Oh ! j'oubliais, ajouta-t-il en regardant Will, c'est parce que tu m'exploites.

— Je pourrais t'exploiter encore plus si je cherche bien. Donne-moi un moment.

Will retourna près d'Elwen, qui luttait pour enfiler un chapeau sur la tête de Rose. Elle jeta un regard de biais, ignorant les protestations de sa fille.

— Que se passe-t-il ?

— Je dois y aller. Je suis désolé.

Elwen secoua la tête.

— Pas la peine. La journée a été délicieuse.

Elle fit un geste du menton vers le sud, où les nuages s'amoncelaient.

— De toute façon, on dirait qu'une tempête se prépare. Rose, s'il te plaît ! s'exclama-t-elle en enlevant de son visage une mèche blonde poisseuse de sel.

— Ça pique ! se plaignit Rose.

— Je crois me souvenir que tu portais rarement le tien, dit Will à Elwen.

Rose lança à Elwen un regard plein de défi.

— Merci beaucoup, murmura Elwen.

Elle soupira en regardant sa fille.

— Très bien, tu peux t'en passer jusqu'à ce que nous arrivions en ville.

Rose sautilla triomphalement sur le sable en faisant voleter ses longs cheveux tandis qu'Elwen rangeait leurs affaires et que Will enlevait le sable de son surcot et de son manteau.

— Quand nous revoyons-nous ? lui demanda Elwen tandis qu'ils revenaient vers Robert en laissant la mer derrière eux.

— Bientôt.

Elwen resta silencieuse quelques instants, puis elle sourit.

— Catarina est venue à la maison hier avec son nouveau bébé. Rose a passé toute la journée à prétendre qu'elle était sa mère. J'aurais voulu que tu voies ça. Elle était tellement sérieuse !

Elwen riait. Will lui jeta un regard, sentant de la tristesse dans ce rire.

— Tu ne souhaites plus que nous en ayons d'autres ?

— Non, répondit Elwen au bout d'un moment.

Elle porta la main à sa joue.

— Non, répéta-t-elle d'une voix plus ferme cette fois. Vous avoir, Rose et toi, dans ma vie, ça me suffit. C'est plus qu'assez.

Tous quatre repartirent en marchant sur une piste entre les cyprès, Robert menant son cheval par la bride, jusqu'à ce qu'ils atteignent l'immense muraille d'Acre. Ils ne se séparèrent qu'après avoir franchi la porte du Patriarche, Elwen et Rose se dirigeant vers le quartier vénitien tandis que Will et Robert prenaient le chemin du Temple.

Quand il eut embrassé femme et enfant, Will se débarassa de son surcot et de son manteau.

— Tu sais pourquoi Beaujeu veut me voir ? demanda-t-il soudain à Robert en ayant immédiatement l'air concentré.

Robert secoua la tête.

— Ce que je sais, c'est que le consul de Venise était à la commanderie ce matin, il a eu une entrevue avec le grand maître.

Will sembla réfléchir un moment.

— Y avait-il quelqu'un d'autre à cette réunion ?

— Le sénéchal était avec le grand maître dans ses appartements, mais il est parti quand le consul est arrivé. C'est ce qu'on m'a dit. Il avait l'air agacé.

— J'imagine, dit Will avec un sourire sec.

L'âge n'avait pas rendu le sénéchal plus agréable. Au contraire, il était devenu plus acariâtre que jamais, mais bien que Will eût du mal à l'admettre, ce vieillard rigide s'était révélé un soutien appréciable, en particulier les premières années où il avait dirigé l'Anima Templi.

À cette époque, même le sénéchal n'avait pas nié les raisons pour lesquelles Everard l'avait choisi pour le remplacer. Non seulement il était en contact direct avec Kalawun, une alliance qui allait vraiment porter ses fruits maintenant que celui-ci était sultan, mais son statut de commandeur le rendait assez proche du grand maître. Celui-ci n'était toujours pas au courant de l'existence du Cercle mais il comptait beaucoup sur Will. Les autres membres de l'Anima Templi appréciaient sa manière sobre et sincère de diriger les affaires et les deux nouvelles recrues qu'il avait fait entrer, après la mort de deux chevaliers âgés, étaient populaires. Le premier, Robert de Paris, et le second, élu cinq ans plus tôt, Hugues de Pairaud, l'ami d'enfance de Will et de Robert : le visiteur de l'Ordre, qui avait passé un an en Terre sainte avant de retourner à Paris.

Dans la décennie qui s'était écoulée depuis la mort d'Everard, l'Âme du Temple et l'Outremer n'avaient connu que peu de changements, et guère plus de difficultés. Pour autant, il y avait eu beaucoup de petits problèmes, dont certains auraient pu causer de réels ennuis sans la mission pacificatrice entreprise par le Cercle. Cela étant, le calme qui régnait dans la capitale des croisés n'était pas dû aux seuls efforts de l'Anima Templi. Trois ans plus tôt, Charles d'Anjou était mort, n'ayant jamais occupé son siège en Acre, que le comte Roger avait tenu pour lui jusqu'à ce qu'il le rappelle en Sicile où il faisait face à une rébellion. Le roi était mort en laissant sa lignée en proie à une lutte sanglante et, dans sa quête d'un successeur, la Haute Cour d'Acre s'était tournée vers Henry II, l'héritier d'Hugues de Chypre. Le roi de quatorze ans était arrivé deux ans plus tôt en Acre, où il avait été accueilli avec une joie qui n'avait fait qu'augmenter lorsque le jeune homme, après son couronnement, était reparti à Chypre en laissant à sa place un bailli compétent, de sorte que les dirigeants locaux demeuraient libres de faire ce qu'ils voulaient.

— Tes femmes ont l'air de bien se porter.

Will jeta un regard à Robert.

— Je n'arrive pas à croire que Rose ait grandi aussi vite, ajouta le chevalier.

— Hmm, marmonna sombrement Will. Trop vite.

— Quoi ? fit Robert en éclatant de rire en voyant le regard fixe de Will.

— Tu sais ce que je veux dire.

Un peu plus loin devant eux, un petit groupe d'hommes sortit d'une rue latérale d'un pas décidé. La plupart d'entre eux portaient de simples vêtements de serviteurs, mais celui qui marchait à leur tête arborait une élégante cape noire, brodée avec art. Il semblait aussi porter une cagoule, mais lorsqu'il tourna la tête dans sa direction, Will s'aperçut que c'était un masque de métal qui dissimulait son visage. Il en épousait les contours, avec des fentes noires pour les yeux et la bouche.

— Je n'y peux rien si ta fille a le béguin pour moi, disait Robert en continuant à rire. Qu'est-ce que je peux faire ?

— Ne rien faire serait le mieux, répondit Will, pour l'instant distrait par l'homme en noir.

Les masques n'étaient pas inhabituels, on en portait souvent pour cacher les défigurations dues aux maladies comme la lèpre, mais ils étaient toujours en tissu ou en cuir. Celui-là était en argent. Il était presque beau, même si le manque d'expression le rendait aussi sinistre.

— Dois-je informer le sénéchal de ta rencontre avec le grand maître ?

Lorsque l'homme masqué et sa suite eurent traversé la rue et disparu, Will reporta les yeux sur Robert.

— Non, je le lui dirai moi-même. J'ai quelques affaires à discuter avec lui de toute façon.

— Il te respecte, tu sais.

— Il a une manière bien à lui de le montrer, répliqua Will, mais un sourire intérieur l'accompagna dans leur marche jusqu'au Temple.

Une fois dans la commanderie, il alla droit au palais du grand maître, où il apprit que celui-ci inspectait la récolte de la saison dans le verger. Will le trouva au milieu des rangées de palmiers-dattiers et de pêchers, où d'énormes abeilles noires vrombissaient lentement autour des fruits. Des sergents ramassaient les pêches, qu'ils déposaient dans des paniers tressés.

Le grand maître vit Will approcher et le salua d'un signe de tête guilleret.

— Ah, commandeur !

Le passage des années ne semblait pas marquer Guillaume. Malgré les mèches grises, il semblait toujours vigoureux et alerte. La nuance turquoise de ses yeux contrastait avec sa peau dorée par le soleil. Il lança une pêche à Will.

— Mieux que la dernière saison, n'est-ce pas ?

Will pressa le fruit dans sa main. Il était doux et chaud comme de la peau.

— C'est une bonne année.

Guillaume sortit de l'ombre des branchages, son manteau balayant l'herbe.

— Marchez avec moi.

Will se plaça à ses côtés et ils sortirent du verger en direction du potager et des entrepôts.

— Dites-moi ce que vous savez de la situation à Tripoli, lui demanda Guillaume tandis qu'ils longeaient des plants d'herbes aromatiques.

Will le regarda un instant en se demandant quel était le but de cette discussion. Il réfléchit un instant.

— Je sais qu'il y a un problème dans ce comté depuis la mort du seigneur Bohémond l'année dernière.

Guillaume ne répondit pas et Will poursuivit, sentant que c'était ce qu'attendait le grand maître.

— C'est la sœur de Bohémond, Lucia, qui lui a succédé. Elle est arrivée d'Apulie il y a quelques mois pour prendre sa place, mais elle se l'est vu refuser. Après la mort de Bohémond, les nobles et les familles marchandes du comté de Tripoli ont choisi de rejeter sa lignée en faveur d'une nouvelle commune avec un bailli élu qui gouvernerait de manière autonome, à l'écart de tout pouvoir souverain.

Guillaume hocha la tête.

— Le problème aurait pu être résolu par voie diplomatique, sauf que la commune de Tripoli, dans son infinie sagesse, a sollicité la protection du doge de Gênes, au cas où la princesse Lucia déciderait de se battre. Le doge a envoyé un émissaire avec cinq navires de guerre pour les aider, mais les idiots de Tripoli ne s'attendaient pas que les Génois aient des visées personnelles dans cette histoire. En échange de sa protection, l'émissaire du doge a exigé que la république récupère une partie de la ville plus grande que celle qu'elle possède déjà. Davantage de rues, de maisons, un espace plus grand sur les marchés et au port.

La voix de Guillaume était sévère. Will était déjà au courant de tout cela mais il garda le silence, sachant où voulait en venir le grand maître.

— Les grands maîtres des Hospitaliers et des Teutoniques, ainsi que moi-même, nous avons essayé de persuader la commune de reconnaître Lucia. Les Vénitiens sont particulièrement affectés par les exigences des Génois et ils m'ont personnellement demandé de les soutenir, mais la commune refuse d'écouter nos conseils.

Guillaume regarda Will.

— La situation est critique. Il faut s'en occuper avec tact. Nous savons trop bien à quel point il est facile de lancer un conflit entre nos communautés.

Will acquiesça. Tripoli, qui était à plusieurs centaines de kilomètres au nord d'Acre, était la deuxième plus grande ville détenue par les Francs, si bien qu'elle était d'une importance cruciale pour les marchands comme pour les citoyens.

— Le consul de Venise est venu me voir aujourd'hui, poursuivit Guillaume. La communauté vénitienne a fait un certain nombre de propositions, à la fois ici et à Tripoli. Le consul m'a invité à une conférence la semaine prochaine où il espère que nous pourrons décider de l'action à entreprendre.

Guillaume s'arrêta près d'un plant de coriandre odoriférant et en saisit quelques feuilles desséchées. Il les roula entre son pouce et son index avant de les porter à son nez.

— J'aimerais que vous m'y accompagniez, commandeur.

Le quartier vénitien, Acre, 25 octobre 1288 après J.-C.

La chambre du conseil du palais se remplissait peu à peu. Les hommes, dont les vêtements outrageusement luxueux annonçaient l'opulence, entraient les uns après les autres en prenant position le long des rangées de bancs placés face à l'estrade. Ils étaient parmi les personnages les plus puissants de l'Outremer, tous marchands vénitiens, dont les maisons dominaient une multitude d'industries : argent, or, bois, laine, épices et esclaves.

Will suivit le grand maître dans la salle somptueusement décorée avec son plafond incurvé en dôme et sa mosaïque au sol. Sur l'estrade se trouvaient sept sièges, inoccupés pour le moment. En voyant le grand maître grimper les marches, Will réalisa que c'était là qu'ils se dirigeaient. Il s'assit à côté du grand maître, se sentant vulnérable, ainsi exposé face au public grandissant. Quelques minutes plus tard, le consul de Venise entra dans la salle avec quatre hommes et se dépêcha de monter sur l'estrade. Les retardataires furent admis alors qu'il s'installait. Le consul semblait affligé d'une légère fièvre : il était pâle et moucha immédiatement son nez rouge luisant avec un carré de soie. Les portes se refermèrent avec un écho et les quatre hommes avec qui le consul était entré, ses conseillers, supposa Will, prirent place sur l'estrade.

— Bienvenue, dit le consul d'une voix nasillarde en italien.

En même temps qu'il parlait, l'un de ses conseillers se pencha vers Guillaume et Will et leur traduisit à voix basse ses propos.

— La plupart d'entre vous ont déjà assisté au moins à une conférence à propos de Tripoli. Aujourd'hui, nous allons décider de la marche à suivre. J'ai invité le grand maître du Temple, notre loyal ami, à participer à cette discussion dans l'espoir qu'un œil neuf nous aide à trouver la réponse appropriée.

Le consul inclina la tête à l'intention de Guillaume, qui sourit courtoisement à l'assemblée.

— Je crois que nous devons mettre de côté nos divergences dans cette affaire, reprit le consul en regardant les marchands, afin de dégager au plus vite une solution.

Pendant que le consul présentait ses conseillers et que le traducteur continuait à murmurer près de leurs oreilles, Will laissa son regard errer sur la foule. Il vint se poser sur un visage familier au second rang : Andreas di Paolo, le maître d'Elwen, et le parrain de Rose. Andreas croisa son regard et lui fit un signe de tête.

Après cette introduction, la discussion s'ouvrit et la réunion commença à proprement parler. Un homme corpulent à la voix haut perchée fut le premier à se lever.

— Monsieur le consul, avons-nous des nouvelles récentes de Tripoli ? D'après nos dernières informations, la commune a contacté la princesse Lucia ici, en Acre, en déclarant qu'ils l'accepteraient comme seigneur si, de son côté, elle acceptait leur autorité au sein du comté.

— Nous en avons, répondit le consul. Il apparaît que la commune doute d'avoir pris la bonne décision en impliquant Gênes dans cette querelle, ce qui est peu surprenant si l'on considère les exigences extravagantes des Génois, qui démontrent leur volonté d'hégémonie.

Un murmure de colère et d'assentiment traversa la salle. Le consul poursuivit en couvrant le grondement.

— Nous avons été informés que la princesse Lucia a accepté les termes de la commune et a été reconnue suzeraine du comté de Tripoli.

Les murmures de colère cédèrent aussitôt la place à un chœur ravi et surpris.

— Attendez s'il vous plaît, messieurs, ajouta le consul en levant la main pour les calmer. Ça ne règle hélas pas l'affaire. Lucia, de manière compréhensible au vu de la précarité de sa situation, a contacté l'émissaire génois envoyé par le doge après avoir parlé avec la commune.

Il s'interrompit et éternua violemment à trois reprises, puis il se moucha une nouvelle fois.

— L'émissaire l'a rencontrée en Acre la semaine dernière, et la princesse lui a dit être prête à la fois à confirmer l'autorité de la commune et à accéder aux exigences des Génois. L'émissaire a accepté ses termes. Ainsi, Lucia sera bientôt nommée comtesse de Tripoli et les Génois obtiendront ce qu'ils voulaient.

Les murmures de satisfaction s'étaient tus depuis un moment déjà et, cette fois, ce fut une explosion de voix qui suivit cette déclaration. Plusieurs hommes se levèrent.

— C'est absurde, monsieur le consul !

— Tripoli est le seul port en dehors d'Acre et de Tyr auquel nous ayons encore pleinement accès. Nous ne pouvons pas laisser le monopole d'un point aussi stratégique à Gênes.

— Si Gênes domine Tripoli, c'en sera fini de Venise en Outremer ! Ils ont déjà pris le contrôle des voies de commerce byzantines depuis la Mongolie.

— Ce n'est pas le sujet, répliqua le consul, qui devait crier pour se faire entendre. Il est évident qu'on ne peut laisser les Génois s'emparer de Tripoli, cela nous mettrait à l'ecart et nous empêcherait de commercer librement dans cette ville. Nous voulions que Lucia devienne comtesse de Tripoli, mais pas à ce prix. La question qui se pose, c'est que pouvons-nous faire ? La princesse, les Génois et la commune ont désormais un accord. Nous ne pouvons pas contester ce point, ils sont unis.

— Envoyons des bateaux, suggéra un marchand, bloquons le port jusqu'à ce que les Génois reviennent sur leurs exigences.

— Cela nuira à nos affaires autant qu'aux leurs, se plaignit un autre.

— Et la Haute Cour, monsieur le consul ? demanda Andreas en se levant. N'interviendra-t-elle pas ici ?

— Non, répondit le consul d'une voix amère. Ils n'en ont pas l'intention.

— Il reste une autre possibilité.

Will chercha d'où venait cette voix étrangement sifflante. Son regard tomba sur un homme en cape noire brodée, qui se tenait près du mur du fond. Will fut tout de suite attiré par son visage, ou plutôt par son absence de visage, car il portait un masque d'argent. C'était l'homme qu'il avait vu dans la rue avec son aréopage de serviteurs, une semaine plus tôt.

— Parlez, Benito, dit le consul en lui faisant signe.

L'homme au masque semblait scruter la pièce.

— Il n'y a, me semble-t-il, qu'un homme qui puisse nous aider. Le sultan Kalawun.

Des éclats de voix fusèrent instantanément mais Will remarqua que quelques hommes hochaient la tête.

— Il est déjà arrivé que l'on demande aux Mamelouks d'intervenir dans nos affaires. Et dans ce cas, il serait de leur intérêt de le faire. Si Gênes contrôle Tripoli, ils domineront le commerce d'Orient et cela affectera les Mamelouks autant que nous. Le sultan Kalawun n'a pas de lien personnel avec les Génois ou la commune et pourrait être l'homme idéal pour négocier avec eux.

— Vous avez déjà suggéré cette possibilité, Benito, s'insurgea un marchand. Mais je ne vois toujours pas très bien pourquoi Gênes ou la commune écouteraient davantage le sultan d'Égypte qu'ils ne nous écoutent.

— Voilà une objection à laquelle il est facile de répondre, riposta Benito. Le sultan Kalawun peut empêcher le commerce en Égypte. Si ça devait se produire, Gênes aurait plus à perdre qu'à gagner.

Un des conseillers se pencha en avant et murmura quelque chose au consul, qui acquiesça. À travers la salle, les hommes s'interpellaient. Mais Will s'apercevait que la suggestion de Benito était soutenue. Il se demanda pourquoi cet homme portait un masque, puis en remarquant ses épais gants noirs, il se dit qu'il avait dû voir juste en supposant dès leur rencontre fortuite qu'il dissimulait les cicatrices de quelque maladie.

La conférence continua encore un long moment, on lança d'autres idées, mais aucune ne souleva l'enthousiasme du consul ou de l'assemblée. Le grand maître ne prit la parole que brièvement et, pour finir, la discussion se concentra sur la proposition de Benito.

— Qui pourrions-nous envoyer ? demanda l'un des marchands. Qui serait la meilleure personne pour approcher le sultan ?

Une fois de plus, Benito se leva.

— Monsieur le consul, j'ai déjà eu affaire aux Mamelouks. Je connais bien Le Caire et je serais heureux de m'y rendre si vous m'y envoyiez.

Will vit le conseiller dire de nouveau quelque chose à voix basse au consul. Celui-ci garda le silence quelques instants et se moucha d'un air pensif.

— Très bien. Je propose qu'une délégation aille rencontrer le sultan Kalawun pour lui demander d'intervenir. Espérons que son implication suffise à faire reculer les Génois sans qu'il y ait besoin de mettre en œuvre des sanctions. J'accepte votre proposition, Benito. Vous irez au Caire pour rencontrer le sultan, je vous confierai une lettre expliquant la situation et lui demandant son aide.

Il regarda l'assemblée.

— Y a-t-il des objections ?

Il y eut bien quelques protestations, mais la majorité approuvait cette décision.

— C'est une affaire réglée, dans ce cas, dit le consul en se levant.

— Monsieur le consul, l'interrompit Guillaume, puis-je ajouter une modification à cette initiative ?

Il y eut un court silence, le temps que le traducteur remplisse son office.

— Bien entendu, maître, fit le consul en attendant que Beaujeu s'explique.

— Je propose que cet homme, à mes côtés, accompagne votre délégation.

Tandis que Guillaume parlait d'une voix calme, assurée, Will comprit soudain la raison de sa présence. Le grand maître devait avoir deviné, probablement en se basant sur la discussion qu'il avait eue avec le consul, l'issue de cette réunion et c'est pour cela qu'il l'avait invité. Guillaume n'était pas prêt à laisser les Vénitiens prendre seuls en main un problème aussi sensible.

— Monsieur le consul, je dois protester, s'indigna Benito avant que celui-ci n'ait pu répondre. L'offre du grand maître, même si je l'apprécie, n'est pas nécessaire. Comme je l'ai dit, j'ai déjà travaillé avec les Mamelouks. Un étranger pourrait ruiner la relation délicate que j'ai établie avec eux.

— Cet homme a été en contact direct avec le sultan Kalawun par le passé, répondit rondement Guillaume. Et il constituera une voix impartiale dans ce débat, ajouta-t-il en se tournant vers le consul.

— Mais je...

— Le chevalier ira avec vous, Benito. J'aurais cru que vous seriez heureux d'avoir un chevalier du Temple à vos côtés. Après tout, les routes ne sont pas sans danger.

Sur ces entrefaites, la réunion se termina. Will ne pouvait voir l'expression du visage de Benito, mais il avait l'impression que ce n'était pas la joie qu'on pourrait y lire. Il compatissait. Lui-même n'avait pas prévu un voyage au Caire.

Le désert du Sinaï, 6 novembre 1288 après J.-C.

Will se recala du mieux qu'il put sur sa selle et prit les rênes d'une main pour détendre l'autre, douloureuse à cause des crampes. Le soleil baissait et son ombre s'étirait loin à côté de lui, unie avec celle du cheval. Il jeta un coup d'œil par-dessus son épaule pour regarder le reste de la compagnie un peu à l'arrière, cinq écuyers avec les chevaux de bât chargés de vivres, deux gardes envoyés par le consul et, entre eux, Benito. C'est ainsi que s'était déroulée la plus grande partie du voyage. Benito et ses serviteurs gardaient leurs distances, ils mangeaient, dormaient et même chevauchaient en laissant Will à l'écart et il leur avait à peine parlé depuis qu'ils avaient quitté Acre, dix jours plus tôt. Will ne s'en portait pas plus mal ; il n'était pas d'humeur à faire la conversation par politesse.

Il comprenait pourquoi Beaujeu voulait que quelqu'un accompagnât le Vénitien à la cour de Kalawun et il savait pourquoi c'était lui qu'il avait choisi. Mais ces dernières années, il s'était habitué à passer le plus clair de son temps en Acre et il détestait s'éloigner de Rose et d'Elwen. Ça le rendait inquiet, et même irritable, comme si on tirait trop fort sur le fil qui les reliait tous les trois. Autant il lui déplaisait d'avoir hérité de cette mission, autant, en revanche, il était heureux d'avoir la chance de revoir Kalawun. Il courait des rumeurs selon lesquelles la cour était en proie à la frénésie, la politique du sultan créait des dissensions, en particulier sa mansuétude à l'égard des Francs, et Will avait là l'occasion d'évaluer la réalité de ces allégations.

Il tourna la tête dans le sens de la marche, mais son regard passa rapidement sur Benito. Il n'y avait aucun moyen, à travers ce masque inexpressif, de savoir si le marchand le regardait. Mais Will savait que c'était le cas. Il l'avait senti pendant toute leur traversée du désert, comme un dard planté dans sa nuque. Ce qu'il supposait à propos d'une maladie avait paru se confirmer un soir lorsque Benito avait enlevé l'un de ses gants pour saisir un bol de soupe. Du coin de l'œil, Will avait vu ses doigts griffus difformes et sa peau fripée et noueuse.

Après deux kilomètres supplémentaires, le Vénitien demanda qu'on fasse halte, suggérant d'installer le campement près d'un tas de petits rochers saillants qui bordaient la piste qu'ils suivaient. Les écuyers descendirent de selle quand ils atteignirent ce point, mais avant que Will ait eu le temps de mettre pied à terre, Benito le héla.

— Nous avons besoin d'eau, commandeur.

Sa voix était accompagnée d'un léger zézaiement. Benito lança sa tête vers l'est. Le soleil se refléta dans le masque, qui parut un instant s'embraser.

— Il y a un puits que les Bédouins utilisent à environ trois kilomètres d'ici.

— En général, les Bédouins ne sont pas très bien disposés envers les étrangers qui pénètrent sur leurs territoires, répondit Will.

— Ils le sont si vous leur offrez de l'argent. J'ai déjà utilisé ce puits sans problème par le passé.

Will réfléchit un instant.

— Pourquoi voulez-vous que ce soit moi qui y aille ?

— Ce n'est pas parce que je n'ai jamais eu de problème jusqu'ici que je veux prendre des risques inutiles. Le consul n'a-t-il pas dit que je devrais m'estimer heureux d'avoir un Templier avec moi ?

Benito s'exprimait d'une voix faussement ingénue, presque moqueuse.

— N'est-ce pas votre travail, commandeur, de veiller sur les voyageurs chrétiens qui prennent la route à travers le désert ? À moins que je ne me trompe, c'est pour cela que le Temple a été fondé.

Will voulut refuser mais cela aurait semblé mesquin, ainsi tous deux partirent dans le désert en laissant les écuyers monter le camp. Ils avaient ménagé les chevaux à la fin de la journée et ceux-ci n'étaient donc pas épuisés. Tandis qu'ils progressaient, Will restait aux aguets et sa main ne s'éloignait jamais du pommeau de son épée. Le soleil était presque couché et son ombre allongée, rachitique, s'étendait devant lui. Benito avançait tout droit, avec l'air de savoir où il se dirigeait.

S'il avait fait plus sombre, Will doutait qu'il aurait même vu le puits car les pierres étaient du même gris-brun que le désert. Ils approchèrent avec prudence mais le plateau poussiéreux était vide alentour et la vue dégagée, sauf, de temps à autre, lorsque de lointaines formations rocheuses l'obstruaient.

— On dirait que ça va être gratuit aujourd'hui, dit Will à Benito, qui ne répondit pas.

Se jetant à bas du cheval, il s'avança vers le puits obscur et son rebord éboulé. De l'autre côté, il trouva un seau en bois, à moitié enterré dans le sable. Il était d'un gris délavé, son bois s'effritait et une vieille corde effilochée était enroulée autour comme un serpent mort. Will la ramassa pour en éprouver la solidité. Quelques morceaux de chanvre lui restèrent dans la main mais la corde paraissait néanmoins tenir. Une extrémité était attachée à un anneau en métal fixé à côté du puits.

— Y a-t-il de l'eau ? demanda Benito en sortant les gourdes qu'il avait apportées.

Will se pencha et regarda.

— Je n'en suis pas certain.

Sa voix s'étirait dans le trou, de plus en plus faible.

— Il n'y a qu'un moyen de le savoir.

Nouant l'extrémité libre de la corde au seau, il leva celui-ci au-dessus du puits avant de le laisser filer. Il le fit descendre par petits paliers, attendant de sentir le contact. Un vague mouvement lui fit relever les yeux. Au sol, se mouvait une ombre. Dans sa direction. Le bras levé, avec quelque chose fiché dans le poing.

Il pivota la tête à temps pour voir Benito fondre sur lui une dague à la main. Il lâcha la corde et réussit à tourner à demi son corps en esquivant la lame. Le Vénitien cria de rage en voyant son arme fendre l'air à quelques centimètres de l'épaule de Will. Ce dernier attrapa le poignet de l'homme et enfonça ses doigts dans sa chair, pressant aussi fort qu'il pouvait. Benito cria de nouveau, mais de douleur cette fois, et ses doigts relâchèrent la dague qui tomba dans le puits. Abandonnant Benito, Will alla chercher son épée, mais le Vénitien fut plus rapide que lui et lui donna un coup de poing dans la poitrine. Will retomba lourdement sur le dos. Tandis que ses reins percutaient le rebord du puits, il se sentit chavirer, partir à la renverse. Contractant tous ses muscles, il parvint à s'accrocher à Benito. Ses doigts saisirent sa cape, qu'il attira à lui. Son autre main chercha aussitôt un meilleur appui et il s'agrippa au rebord du masque, qui se dégagea du visage de Benito. Pendant un court instant, Will resta là, suspendu. En sécurité. Puis il entendit le bandeau en cuir à l'arrière du masque craquer et ce dernier resta dans sa main. Le Vénitien tituba en grognant et vint le heurter juste assez pour le faire basculer par-dessus bord. Will sentit le métal chaud qu'il tenait à la main, puis l'espace vide, écœurant, inévitable, dans son dos. Il vit un visage déformé au-dessus de lui. Puis il disparut, en même temps que le reste du monde, tandis qu'il sombrait dans l'obscurité.

Le Vénitien courut jusqu'à son cheval et frappa l'autre bête sur les flancs, qui partit au galop. Puis il grimpa en selle et regagna le campement. L'air du soir était étonnamment frais sur sa peau nue et racornie.

— Remballez tout ! cria-t-il aux écuyers stupéfaits lorsqu'il arriva sur place. Vite !

— Que s'est-il passé ? demanda l'un des gardes en se mettant à l'œuvre.

— Des bandits. Ils ont tué le Templier. Nous partons sur-le-champ !

Les écuyers n'avaient pas besoin d'encouragements supplémentaires. En dix minutes, ils étaient en selle et galopaient dans la poussière, les deux gardes scrutant derrière eux à la recherche d'un ennemi introuvable.

Le désert du Sinaï, Égypte,
6 novembre 1288 après J.-C.

Il y avait les ténèbres et il y avait le froid. Un froid mordant, sans pitié. L'eau lui dégoulinait dessus. Il était gelé, ses membres lui semblaient aussi solides que de la glace ou de la pierre. Même ses os lui paraissaient douloureux. Il essaya de bouger mais le moindre mouvement éveillait une souffrance terrible. Cette souffrance grossissait comme une créature monstrueuse et hurlait en lui, terrifiante, prête à le terrasser. Loin, très loin, il voyait un pan de ciel avec quelques étoiles disséminées.

Il perdait conscience, revenait à lui, perdait de nouveau conscience.

Parfois il se réveillait en Acre, d'autres fois il continuait de tomber. Et, quand il rêvait ou quand il était réveillé, ce visage le poursuivait. Une moitié couverte de cloques, nue, ridée et spongieuse comme un fruit pourri. L'autre étonnamment intacte. Intacte et familière. Toujours élégante, froide et arrogante, cette moitié de visage appartenait à Angelo Vitturi.

39

Les quais, Acre

13 novembre 1288 après J.-C.

Garin s'efforçait de garder les yeux ouverts. La lumière du soleil l'éblouissait et il grimaça en mettant un bras devant son visage. Ce simple mouvement suffit à relancer son mal de crâne. Un son grinçant lui perçait les oreilles. Quelque chose vint s'interposer entre les rayons lumineux et lui. Il leva les yeux pour regarder à qui appartenait cette silhouette imposante.

— Vous ne m'avez pas entendu ? fit une voix bourrue. J'ai dit que nous y sommes.

— Bertrand ? murmura Garin.

Sans répondre, l'ombre s'en alla en le laissant face au soleil qui l'aveugla à nouveau. Il s'assit et essuya sa bouche du revers de la main. Il avait bavé et le long écheveau de sa barbe blonde était trempé. Confus, la tête parcourue de pulsations, il regarda alentour, émergeant peu à peu du sommeil et la réalité reprenant ses droits, avec ses trépidations et ses discordances. L'homme qu'il avait appelé Bertrand grimpait sur le gaillard d'arrière et ce n'était pas du tout Bertrand. Une fois de plus, il avait rêvé. Il était de retour en Outremer, quelque part dans le désert, et il cherchait quelque chose qu'il avait oublié. Quelque chose d'important ? Il percevait un cri mélancolique qui tourbillonnait au-dessus de lui, lointain, puis plus près, et encore lointain. C'était un son familier, mais il ne l'avait pas entendu depuis des semaines. C'étaient... des goélands. Garin fronça les sourcils et agrippa le pavois pour se hisser sur ses pieds. Voilà qu'il y était. Toujours la même insupportable ville. Acre. Ces immenses murailles arrogantes enfermant plus de cent vingt mille habitants, pressés les uns contre les autres, avec leur crasse et leurs excréments, leurs péchés et leurs secrets ; putains, chevaliers, égorgeurs, prêtres, fous et rois. Dieu, comme il haïssait cette ville.

Garin vacilla jusqu'au coin du bateau où était rangé son sac et il le ramassa avant de se diriger vers les passerelles qu'on avait jetées sur les quais. Quelques hommes d'équipage lui firent des signes de tête ou lui crièrent adieu, mais il ne les remarqua pas. Le soleil était brûlant, mais lui était gelé. Marchant d'un pas mal assuré à travers les quais, il alla vers les grilles d'acier qui le séparaient de l'intérieur. L'odeur d'un tas d'entrailles de poisson pourrissant au soleil lui souleva l'estomac et il se plia en deux, la main contre un mur, traversé de haut-le-cœur mais sans parvenir à vomir, les yeux brûlants. Il fallait qu'il mange. Il n'avait pas mangé correctement depuis des semaines et son ventre gonflé à cause de la bière qu'il avait ingérée à bord du bateau réclamait de la nourriture. Posant son sac, il s'accroupit et se mit à fouiller dedans, à la recherche de la gourde de vin qu'il avait mise de côté. Il éprouva un vif soulagement en la retrouvant. Un bout de parchemin faillit sortir du sac en même temps. Garin lui jeta un regard funeste. C'était la deuxième lettre qu'il devait porter.

Le pape Nicolas avait été ravi d'apprendre qu'Édouard promettait de prendre la Croix dès que possible. Il avait prévu d'entamer des discussions à propos des croisades avec ses conseillers à la cour papale, et il était persuadé que les serments de Philippe et Édouard lui seraient d'une grande aide pour les convaincre de soutenir une nouvelle guerre sainte. Il dit à Garin d'informer Édouard qu'il avait l'intention d'envoyer des légats un peu partout en Occident pour demander aux peuples de prendre la Croix pour la libération de Jérusalem. Les yeux brillants, il parla de Clermont, deux cents ans plus tôt, quand le pape Urbain II avait lancé le premier appel aux armes pour la mission sainte et que les premiers pèlerins étaient partis en Orient, leurs oreilles résonnant encore des promesses d'absolution, une croix en tissu dans les mains.

Garin toussa et remit le parchemin dans le sac. Il pourrait remettre la deuxième lettre plus tard. Il ne voulait pas aller sobre à la rencontre de Will. Il porta la gourde à ses lèvres. Essaya encore. Quelques gouttes tombèrent sur sa langue. Il jura et la jeta par terre. Se redressant, il balança son sac par-dessus son épaule et regarda alentour. Ses yeux rencontrèrent une rangée de tavernes le long du front de mer. Il se fraya un chemin en passant au milieu des putains qui hantaient les quais, squelettiques mais tout de même pas assez désespérées pour l'aborder.

Fostat, Le Caire, 13 novembre 1288 après J.-C.

Les deux hommes marchaient à travers les allées tortueuses maintenues dans l'ombre par les bâtiments qui les bordaient de tous côtés, un labyrinthe de façades poussiéreuses aux fenêtres condamnées et aux portes basses. Des odeurs de viande et d'épices stagnaient dans l'air, un bébé criait et une femme hurlait.

— Où allons-nous ? murmura l'un des hommes.

Sa voix était étouffée par le keffieh qu'il portait.

— Ce n'est plus très loin, répondit l'autre en les conduisant dans un dédale encore plus étroit avant de franchir le seuil d'une maison où un rideau se referma mollement derrière eux.

À l'intérieur, quelques lampes brûlaient en dégageant une fragrance huilée. Des hommes assis aux tables jouaient aux échecs, des cruches d'argile et des bols en bois posés à côté d'eux. Ils se dirigèrent vers une table et l'un des hommes, qui se prélassait contre un mur, leur fit un signe de tête, disparut par une porte et revint un instant plus tard en portant une cruche et deux bols qu'il déposa devant eux.

— C'est du vin, murmura Nasir en jetant un coup d'œil à la cruche quand l'homme fut parti.

— Je ne te demande pas de le boire, répondit Angelo.

Son arabe était fluide, précis. Il versa du vin dans les bols et en glissa un vers Nasir.

— Baybars a fermé les tavernes il y a des années.

Nasir observa les autres hommes attablés. Il se demandait combien d'entre eux étaient musulmans.

— Le sultan Baybars nous a quittés il y a longtemps, fit remarquer Angelo en prenant son bol à deux mains et en le portant à ses lèvres. Les choses changent.

Il but une gorgée de vin et quelques gouttes coulèrent sur son menton.

Incapable de détourner le regard, Nasir vit cette bouche ravagée s'acharner sur le bol. Angelo avait un morceau d'étoffe attaché à l'arrière de la tête qui lui couvrait la moitié du visage, mais les cicatrices qu'il était censé dissimuler devenaient visibles dès qu'il parlait ou qu'il faisait un mouvement, le tissu se soulevant légèrement et révélant la peau martyrisée.

— Qu'est-ce qui t'est arrivé ? souffla-t-il sans pouvoir retenir davantage cette question.

Angelo posa le bol et posa ses yeux sur lui.

— Le Temple a essayé de me tuer. Ils ont échoué, à peu près.

Nasir le regarda d'un air interrogatif.

— Le jour où tu es venu me voir en Acre, se contenta de dire Angelo. C'est arrivé ce soir-là.

Nasir se souvenait de ce jour-là. C'était onze ans plus tôt, quand Kalawun l'avait envoyé prévenir Will que Baybars avait lancé des hommes à ses trousses. À la place, il était allé trouver directement le Vénitien pour lui dire que Campbell avait anéanti leur plan et sauvé la Pierre noire. Il avait aussi exigé la récompense promise : il avait tenu sa parole, et même si les desseins d'Angelo avaient échoué, il ne voyait aucune raison de ne pas la recevoir. Mais Angelo avait refusé. Ça n'avait pas fonctionné ; ses affaires étaient toujours en péril. Il n'y avait pas de récompense. À ce moment, tous les projets de Nasir s'étaient écroulés, ce qui l'avait bouleversé. Tout ce qu'il avait entrepris pour assurer sa liberté et pour reconstruire sa vie en miettes, tout cela était vain. Au fond de lui, l'espoir, seule chose qui le soutenait, était mort.

— Je suis allé voir le grand maître pour limiter les dégâts, continua Angelo sans faire attention à l'expression de colère lisible sur le visage de Nasir.

Il enroula ses mains gantées autour de son bol.

— Je n'ai pas pu parvenir à mes fins, et quand j'ai retrouvé mon père et les autres hommes avec qui nous travaillions cette nuit-là dans une église abandonnée, Beaujeu nous a retrouvés.

Il leva le bol, mais sans boire.

— La mort de mon père m'a sauvé. Une partie du bâtiment s'est écroulée dans l'incendie, en le tuant ainsi que nos compagnons, mais ça a créé une brèche dans le mur par laquelle j'ai pu m'enfuir.

— Et tu es resté en Acre ?

Angelo but une gorgée de vin avant de répondre.

— Seulement le temps de soigner mes blessures. Le grand maître avait confisqué les propriétés et la fortune de ma famille, fit Angelo en secouant la tête. Nous avons perdu notre empire en Orient ce soir-là, un empire construit sur quatre générations. Je suis retourné à Venise d'où ma famille avait fui et j'ai commencé à reconstruire ce que nous avions perdu. Il y a deux ans, je suis revenu pour remettre notre commerce en Acre à flot. C'est ici que les affaires se font. Confiné en Occident, un marchand d'esclaves ne peut pas survivre. Je ne peux pas vendre des chrétiens aux chrétiens. Il me faut des Mongols, des Turcs, des Arabes. C'est comme ça, tu le sais bien, ajouta-t-il en remarquant cette fois l'expression de Nasir. Bon, coupa-t-il, as-tu fait ce que je t'ai demandé dans ma lettre ?

Nasir sentit la colère l'envahir.

— Pourquoi as-tu cherché à me voir après tout ce temps ? demanda-t-il d'une voix énervée.

Plusieurs clients de la taverne tournèrent la tête avant de se concentrer sur leur partie d'échecs.

— Tu n'avais pas le droit ! s'exclama Nasir. J'aurais dû aller trouver le sultan Kalawun quand ta lettre est arrivée.

Surpris par cet éclat de voix, Angelo le fixa un instant. Puis il se mit à rire. Il avait un air moqueur, narquois.

— Mais tu ne l'as pas fait, n'est-ce pas, Nasir ? Comment aurais-tu pu faire ça sans révéler à quel point tu es impliqué ? Si Kalawun était au courant, ton destin serait encore pis que le mien.

— Tu m'as promis la liberté. J'ai perdu mon frère à cause de toi.

— La liberté ? riposta Angelo. Tu n'as pas besoin de moi pour la gagner.

— Il me faut de l'argent.

— De l'argent, tu peux en voler dans les coffres de tes maîtres. Sois sincère, Nasir, le gronda Angelo. Pourquoi es-tu resté ? Tu ne veux pas répondre ?

Il se pencha au-dessus de la table.

— Alors je vais te le dire. Tu es resté parce que tu as peur de la liberté.

Nasir resta bouche bée. Pour Kalawun, et tous ceux qui l'entouraient, il était un Mamelouk loyal et un sunnite pieux, mais ce n'était pas le cas et son cœur avait honni chaque jour, *chaque seconde*, où il avait été forcé de faire semblant dans ce simulacre désespérant de vie. Mais même s'il les méprisait, les Mamelouks représentaient pour lui ce qu'il avait de plus proche d'une famille.

Cette réalité l'avait d'autant plus frappé à la mort de Kaysan, tué par Ishandiyar sur ordre de Kalawun. Luttant contre le chagrin, Nasir avait vengé son frère en assassinant l'émir, mais cette victoire ne l'avait pas rasséréné. Il avait envisagé un moment de prendre la vie de Kalawun, mais il avait craint que tuer son maître ne ruinât ses chances de liberté. Déjà, alors que la haine et la fureur faisaient rage en lui, il savait que c'était une excuse. Ce n'était pas par peur de ne pouvoir s'échapper qu'il ne voulait pas tuer Kalawun, mais parce qu'il y serait obligé. Les animaux qui avaient vécu en captivité mouraient le plus souvent quand on les relâchait dans la nature, incapables de vivre seuls, de se débrouiller. Au bout de tant d'années, la prison de Nasir était devenue sa maison. Angelo avait raison : il avait peur de quitter ses murs.

— Dans ce cas, pourquoi devrais-je t'aider ? murmura-t-il en repoussant le bol de vin qu'il n'avait pas touché. Alors que de toute évidence tu ne peux rien m'offrir ?

— Et ta vie ? demanda Angelo.

— Qu'est-ce que tu veux dire par là ?

— Nous avons bien travaillé ensemble toutes ces années, quand ma famille te fournissait des garçons pour le régiment Mansuriyya. Je ne veux pas avoir à te menacer, Nasir. Mais je le ferai si tu m'y obliges.

— Me menacer ? grogna Nasir en glissant sa main vers son épée.

— Je n'aurai même pas besoin de lever le petit doigt, dit Angelo en suivant des yeux les mouvements de Nasir. Kalawun ferait le travail pour moi s'il découvrait ta trahison.

Sa voix s'était réduite à un murmure.

— Tu as collaboré avec moi à la tentative de vol de la Pierre noire en trahissant ta propre foi. Et c'est toi qui as écrit à Kaysan pour le persuader d'emmener les chevaliers à La Mecque.

— Tu m'y as forcé ! Tu m'as dit que tu tuerais mon frère si je ne t'obéissais pas !

— J'ai retrouvé Kaysan pour toi, Nasir. Tu me le dois. Ça m'a pris un an, après que tu m'as demandé de le chercher sans même savoir s'il était encore en vie.

Nasir hochait frénétiquement la tête.

— Et en retour j'ai accepté de n'acheter des esclaves qu'à ta famille. Nous avons tous les deux eu quelque chose que nous voulions. Nous avions un accord.

— Parfois, dans les affaires, les accords évoluent, répondit Angelo d'une voix insouciante.

— Pas dans les miennes, dit froidement Nasir en se levant et en tirant son épée.

Derrière lui, il entendit des chaises grincer sur le sol, il tourna la tête et vit deux hommes se dresser. L'homme qui l'avait servi tenait à la main une énorme massue hérissée de pointes menaçantes.

— Assis, Nasir, fit Angelo sans quitter des yeux le Syrien. Si tu me touches, tu ne sortiras pas d'ici vivant. J'ai encore des amis dans cette ville.

La respiration coupée, Nasir dut rentrer sa rage et se rasseoir, mais il posa son épée sur la table, entre eux. L'homme rangea sa massue et Angelo s'adossa au mur.

— Si tout s'était passé comme prévu, mon père serait toujours en vie, nos nations ne seraient pas paralysées dans cette paix et ma famille dominerait le marché des esclaves en Orient. Tu aurais eu ton or et tu aurais pu déserter et recommencer ta vie avec ton frère sous une nouvelle identité. Le destin nous a assené à tous les deux un rude coup. Mais pourquoi devrions-nous nous plier à ses fantaisies ? Je t'offre une seconde chance. Il n'est pas trop tard, Nasir. Et si tu as fait ce que je t'ai demandé dans ma lettre, tu le penses aussi.

Il s'interrompit une seconde.

— L'as-tu fait ?

Nasir garda le silence un instant, se remémorant ce fragile espoir, sentiment qu'il croyait mort depuis longtemps, qui était né en lisant la lettre d'Angelo. Malgré sa haine et son appréhension, il avait fait ce que lui demandait le Vénitien parce que, maintenant, après tant d'années d'esclavage, après la perte de son frère et de sa foi, la liberté demeurait un choix, incertain certes, mais un choix que l'homme qui lui faisait face pouvait peut-être lui permettre. Il croisa le regard inflexible d'Angelo.

— Oui, murmura-t-il. J'ai écrit les rapports et fait en sorte que Kalawun les reçoive.

La bonne moitié de la bouche d'Angelo se leva pour former une sorte de sourire.

— Ainsi, dit Angelo en se penchant vers lui, Kalawun pense maintenant que les Francs à Tripoli, menés par les Génois, travaillent en ce moment contre lui ? Bien. J'irai à la citadelle demain et je demanderai une audience auprès du sultan. Je vais avoir besoin que tu m'aides à le convaincre.

— Le convaincre de quoi ? Ta lettre n'est pas très explicite.

— Ensemble, nous allons nous assurer que lorsque le sultan Kalawun en aura fini avec Tripoli et ses citoyens, il ne restera même pas de quoi remplir ce bol.

Levant son vin, Angelo le vida d'une traite.

— Et ensuite, si tout va bien, nous aurons tous les deux ce que nous voulons.

Le quartier vénitien, Acre,
13 novembre 1288 après J.-C.

Garin se réveilla en sursaut. Il se sentait désorienté. Le jour s'étirait en un pâle crépuscule. Il lutta pour se rasseoir en voyant la fillette debout devant lui. Elle avait un petit visage sérieux et des yeux qui le scrutaient d'un drôle d'air. Elle avait les joues rouges, comme si elle venait de courir, et une mèche blonde échappée de sa coiffe flottait devant son front. Elle la ramena impatiemment derrière l'oreille sans le quitter des yeux, et prononça quelque chose dans un langage qu'il ne comprenait pas. De l'italien ?

Garin regarda autour de lui, confus. Il était affalé contre un mur, dans une rue poussiéreuse, et il n'avait aucune idée de la manière dont il était arrivé là.

— Je suis désolé. Je...

Sa voix était pâteuse, il lui fallait s'éclaircir la gorge.

— Vous parlez anglais, dit la fillette en changeant de langue avec une facilité déconcertante.

Cette fois, il comprit. Il acquiesça.

— Qui êtes-vous ?

— Je vis ici, répondit-elle.

Elle pointait du doigt une porte bleue d'une maison contre laquelle il avait dormi, et d'un coup il retrouva la mémoire. Il se rappelait comment il était arrivé ici.

— Qui êtes-vous ? demanda-t-elle à son tour.

— Rose !

La fillette tourna la tête et Garin vit une femme svelte se dépêcher de traverser la rue, un panier dans chaque main.

— Je t'ai déjà dit de ne pas courir devant, lança-t-elle, exaspérée.

Elle jeta un regard méfiant à Garin et tendit à la fillette l'un des paniers.

— Allez, rentre.

— Elwen.

Elwen se retourna et regarda l'homme qu'elle avait pris pour un vagabond. D'abord, elle ne lui trouva rien de familier et son nom, tel qu'il l'avait prononcé, lui parut incompréhensible. Ses cheveux et sa barbe étaient longs et emmêlés, ses lèvres arboraient des gerçures abominables. Il portait des vêtements couverts de crasse et dégageait une odeur d'oignon, de mer et toute son allure indiquait le désespoir. Puis elle aperçut ses yeux d'un bleu profond.

Quand il vit Elwen le souffle coupé, Garin sut qu'elle l'avait reconnu. Il lutta pour se remettre debout.

— Rentre maintenant, Rose, dit Elwen d'une voix contenue.

— Mais mère..., voulut protester la fillette.

— Maintenant ! s'énerva Elwen en se tournant vers elle.

La fillette sembla surprise, puis elle tourna les talons, mécontente, et entra dans la maison.

— Qu'est-ce que tu fais ici ? murmura Elwen en observant Garin d'un air incrédule.

— J'ai une importante mission pour le roi, dit Garin en essayant de se redresser.

Il avait conscience qu'il articulait mal, et s'efforçait de parler plus clairement.

— J'arrive de Rome, où j'ai vu le pape. Le roi Édouard désire lancer une nouvelle croisade.

— Non, fit Elwen en baissant la voix. Qu'est-ce que tu fais *ici*, devant ma maison ?

Garin regarda la porte par laquelle la fillette avait disparu. Elle était entrebâillée et il crut discerner une ombre bouger dans l'ouverture.

— C'est ta fille ? demanda-t-il en posant ses yeux sur Elwen. Tu es toujours avec Campbell ?

— Oui, répondit-elle durement en serrant son panier contre elle.

— Elle s'appelle Rose, n'est-ce pas ? Bonjour, Rosie, lança-t-il en regardant la porte, où l'ombre se manifesta à nouveau.

— Laisse-la tranquille, Garin, lui intima Elwen.

Elle s'approcha de la porte, se plaça devant elle dans une attitude protectrice.

— Nous ne voulons pas de toi dans nos vies. Aucune d'entre nous.

Elle avait l'air de vouloir dire autre chose, mais elle se ravisa et rentra dans la maison.

— Attends ! cria Garin.

Mais déjà elle claquait la porte. Il resta là dans la rue, hébété. Au bout d'un moment, il ramassa son sac et s'en alla. Quand il fut hors de vue, il s'arrêta et regarda derrière lui. Les paroles d'Elwen passaient en boucle dans son esprit. *Nous ne voulons pas de toi dans nos vies. Aucune d'entre nous.* Il y avait quelque chose de bizarre dans ce qu'elle avait dit. Quelque chose qui le tenaillait. *Aucune d'entre nous.*

40

La citadelle, Le Caire

14 novembre 1288 après J.-C.

— Sultan, dit Angelo, je vous remercie de m'accorder une audience.

Ses yeux se portèrent subrepticement vers Nasir, qui se tenait sur les marches basses de l'estrade avec plusieurs autres hommes. Le Syrien, rigide comme un garde, ne croisa pas son regard.

— Vous avez expliqué à mes conseillers être venu pour une affaire qui réclame notre attention de toute urgence.

Kalawun étudiait Angelo avec attention, mais sans malveillance.

— Que vous est-il arrivé ?

Il faisait allusion à son visage.

— Un incendie, seigneur, répondit Angelo en touchant distraitement l'étoffe qui dissimulait le pire de ses brûlures.

Il se sentait nu sans son masque, mais seul Nasir le connaissait ici.

— C'est arrivé il y a longtemps et ça n'a rien à voir avec l'objet de ma visite.

— Et pourquoi êtes-vous venu, sire…

Kalawun lança un regard interrogateur au domestique qui se tenait aux côtés d'Angelo.

— Benito, seigneur, le renseigna-t-il. Son nom est Benito di Ottavio.

— C'est le consul de Venise en Acre qui m'a envoyé ici. Nous rencontrons des problèmes depuis quelque temps avec la lutte de pouvoir qui a lieu à Tripoli.

Kalawun hocha la tête.

— Selon le dernier rapport que j'ai reçu, les Génois sont maintenant impliqués.

— C'est exact, seigneur. Les Génois ont fait part de leurs exigences en échange de leur soutien à la commune. La princesse Lucia vient d'être désignée suzeraine, elle a réaffirmé ses privilèges. Gênes contrôle désormais le comté et le port. Mes compatriotes vénitiens et moi-même, nous nous attristons de la tournure prise par les événements, mais l'Égypte aussi sera affectée par ce revirement. Si les Génois dominent le commerce à Tripoli, ils domineront tout l'Orient. Nous serons à leur merci.

— Ce sont de graves nouvelles. Mais qu'attend Venise de moi ?

— Le consul vous conjure d'intervenir, seigneur.

Angelo sortit de son sac le rouleau marqué du sceau du consul, conscient que les gardes armés qui se tenaient le long des murs de la salle suivaient le moindre de ses mouvements. Le domestique qui avait introduit Angelo prit le rouleau et l'amena au sultan.

— Le consul pense qu'une intervention de votre part pourrait désamorcer la situation avant qu'il n'y ait une explosion de violence.

Kalawun leva les yeux tout en s'emparant du rouleau, comprenant à la voix du Vénitien qu'il y avait autre chose.

— Vous ne partagez pas cette opinion ?

— Je pense que la situation va devenir violente, que vous interveniez ou non, seigneur. Les Génois sont de plus en plus agressifs depuis qu'ils se sont fait chasser d'Acre par mon peuple à la suite de la guerre de Saint-

Sabas. Par la suite, ils se sont alliés à l'Empire byzantin et ont pris le contrôle des routes de la mer Noire. Aujourd'hui, ils détiennent tout le commerce en provenance de l'Empire mongol. Avec cette nouvelle emprise sur le comté de Tripoli, leur puissance s'accroît encore. Mais leurs ambitions ne s'arrêtent pas là. Dans sa lettre, le consul raconte comment les Génois s'acharnent sur Tripoli au détriment des autres nations. Ce qu'il ne dit pas, c'est que Gênes a des visées au-delà des frontières du comté, sur votre territoire.

Tous les hommes présents dans la pièce étaient maintenant suspendus aux lèvres d'Angelo.

— Quelles visées ?

— Les Génois ont l'intention d'attaquer Alexandrie, seigneur, pour faire main basse sur les routes de commerce avec l'Égypte. Ils construisent en secret des navires de guerre à cet effet. D'après ce que m'ont dit mes sources, leur flotte est presque achevée. La commune de Tripoli soutient ce projet et enrôle des soldats depuis des mois.

Les hommes sur l'estrade commençaient à s'agiter. L'un d'entre eux, un grand jeune homme brun au visage solennel, fronçait les sourcils avec une intensité dramatique. De son côté, Nasir continuait à regarder droit devant lui.

— Silence, lança Kalawun.

Il ne quittait pas des yeux le Vénitien.

— Je ne vois pas comment Gênes, même avec l'aide de la commune, pourrait espérer conquérir Alexandrie, sans parler de la conserver. À moins que la république ne prévoie de faire traverser la mer à toute son armée, nos rapports indiquent qu'ils sont loin de disposer d'assez d'hommes pour organiser un tel assaut.

— Les Génois ont noué de fortes relations avec les Mongols ces dix dernières années, seigneur, depuis qu'ils contrôlent le commerce en mer Noire. Comme vous le savez, j'imagine, les Mongols cherchent à s'allier aux Francs. Je suppose que les Génois veulent en tirer parti. Alliée aux Mongols, leur flotte pourrait conquérir et tenir Alexandrie. Peut-être même Le Caire, ajouta Angelo d'un air grave.

Kalawun ne répondait pas. L'un des hommes derrière lui voulut intervenir mais le sultan le coupa abruptement.

— Pourquoi le consul ne m'en parle-t-il pas ? demanda-t-il à Angelo en brandissant le rouleau. Est-il au courant de ces projets ?

— Sans doute, seigneur, mais j'imagine qu'il craint que vous ne préfériez à la voie diplomatique une attaque militaire sur Tripoli.

— Il me manipule ? murmura Kalawun.

— Oui, seigneur.

— Et vous, Benito di Ottavio, vous n'avez pas peur que j'attaque Tripoli ?

— Au contraire, seigneur, je vous y enjoins. Les Génois n'écouteront pas la voix de la raison. Je peux survivre à la perte de mes affaires à Tripoli, mais je ne survivrai pas si je perds celles que je réalise en Égypte.

— Et de quelles affaires s'agit-il ?

— Je suis marchand d'esclaves. J'ai eu des accords avec les Mamelouks. Les Génois menacent de détruire tout ce pour quoi j'ai travaillé dans ma vie. Leur principale base en Orient se trouve maintenant à Tripoli. Cette base détruite, ils ne constitueront plus une menace pour nos communautés. C'est une mesure drastique, mais le peuple de Tripoli a choisi d'offrir le refuge aux Génois pendant qu'ils construisent leur flotte de guerre. Ils doivent en subir les conséquences.

Kalawun se renfonça dans son trône en faisant la grimace.

— Si j'attaque Tripoli, je brise la trêve avec les chrétiens.

— Cette action agressive à votre encontre annule cette trêve, seigneur, répondit Angelo d'une voix mielleuse.

— Ne me dictez pas ma conduite, gronda Kalawun en se levant. Je connais fort bien les détails de mon propre traité.

— Bien entendu, seigneur, pardonnez-moi, dit Angelo en s'inclinant humblement.

Ce faisant, il lança à Nasir un regard perçant.

— Il a raison, seigneur, dit celui-ci en se tournant vers Kalawun. Si les Francs préparent une attaque contre vous, alors le traité est violé.

— Seigneur, je me dois d'intervenir, dit l'un des hommes à côté de Nasir. Ce que dit cet homme est en concordance avec les récents rapports que nous avons reçus. Nous savions que les Francs construisaient des bateaux. Maintenant, nous savons pourquoi.

— Émir Dawud..., commença Kalawun.

— Nous craignions que les Mongols et les Francs ne s'allient ! s'exclama un autre homme avant que le sultan ne puisse continuer. Voici la preuve que nos craintes étaient fondées. Nous devons agir.

Le visage de Kalawun était fermé. Sa main agrippait le rouleau du consul, l'écrasait.

— Pourquoi m'avoir dit tout cela ? lança-t-il soudain, les yeux braqués sur Angelo.

— Comme je vous l'ai expliqué, seigneur, ce que les Génois préparent nous affecte tous, c'est pour le bien de tous que...

— Non, l'interrompit Kalawun, quelle est la vraie raison de votre présence ? Qu'est-ce que vous y gagnez ? Pourquoi êtes-vous le seul marchand à me prévenir ? Vous n'êtes sans doute pas le seul concerné.

— C'est vrai, seigneur, j'attends quelque chose en échange de cette information. Comme je l'ai dit, j'ai travaillé avec les Mamelouks par le passé. J'aimerais négocier un nouvel accord.

— Si j'attaque Tripoli, j'aurai des esclaves gratuitement.

— J'en suis bien conscient, seigneur, c'est pourquoi je suis prêt à aider votre armée à entrer dans Tripoli. J'ai des associés en ville. Ils pourront ouvrir les portes à vos troupes, vous évitant un siège long et coûteux. En retour, je ne demande qu'un citoyen sur cent que vous capturerez.

— Pour autant que je sache, en tant que Vénitien, la loi vous interdit de vendre des chrétiens comme esclaves. Vous me demandez des musulmans ? demanda Kalawun d'une voix menaçante.

— Non, seigneur, seulement des Occidentaux. Mais je ne veux pas les vendre à d'autres chrétiens. Je cherche aussi à m'entendre avec les Mongols, qui seraient nombreux à vouloir m'acheter des chrétiens.

Kalawun garda le silence un moment. Pour finir, il leva la tête.

— Laissez-moi seul. J'ai besoin de réfléchir.

Angelo voulut ajouter quelque chose mais il sentit la main du domestique sur son bras. Lançant à Nasir un dernier regard, il se laissa guider hors de la salle du trône. Les autres hommes sortirent eux aussi. Sur leurs visages se lisait la préoccupation.

Khalil, qui n'avait pas prononcé un mot de toute l'entrevue, s'attarda près de l'estrade.

— Vous devez le faire, seigneur.

Kalawun se tourna vers lui.

— Vous le devez, insista Khalil. Vos généraux sont déjà mécontents. Jusqu'ici, vous avez même refusé de discuter des rapports que nous avons reçus à propos de ces bateaux que construisent les Génois. Mais vous ne pouvez pas ignorer ce qui vient d'être dit. Ces nouvelles vont enflammer les hommes. Ils vont exiger que nous attaquions les Francs avant qu'ils ne deviennent un danger. Souvenez-vous de ce qui est arrivé à vos prédécesseurs. Ils se sont fait tuer parce que ceux qui les entouraient n'aimaient pas leurs décisions. Ne donnez pas à vos hommes la même excuse, ajouta Khalil en s'avançant vers lui.

Kalawun fronça davantage encore les sourcils.

— Pourquoi la paix demande-t-elle tant d'efforts ? Pourquoi la guerre semble-t-elle souvent un état naturel ?

— Parce que nous ne sommes pas faits pour vivre en paix avec les chrétiens, répondit Khalil. Ce sont des infidèles. Les Francs ont envahi nos terres, détruit nos mosquées et massacré notre peuple. Ils ne veulent pas non plus vivre en paix avec nous. Ils veulent notre territoire, nos richesses. Voulez-vous les laisser s'en emparer ?

Kalawun baissa la tête, et les yeux de Khalil s'étrécirent.

— Vous m'embarrassez, père, dit-il froidement en tournant les talons et en quittant la pièce.

Kalawun avait l'impression qu'on venait de le frapper à l'estomac.

— Il ne le pense pas, seigneur.

Kalawun tourna la tête et s'aperçut que Nasir était encore là.

— Si, il le pense.

— Il a raison à propos d'une chose, en tout cas. Ces informations vont enflammer la cour.

— Peut-être qu'en négociant avec les Francs d'Acre, je peux...

— Il n'est sans doute plus temps, seigneur. Les rapports que nous avons reçus indiquent que la flotte est presque achevée. En outre, rien ne nous dit que les Francs d'Acre écouteront nos accusations.

— Dans ce cas, je n'ai pas le choix, murmura Kalawun en jetant le rouleau froissé à terre. N'est-ce pas ?

— Non, seigneur, répondit Nasir, les yeux posés sur le visage défait de Kalawun. Je ne crois pas que vous l'ayez.

Le désert du Sinaï, Égypte,
31 décembre 1288 après J.-C.

Il gémissait. Les murs se rapprochaient pour l'écraser. Il avait l'impression de suffoquer. Il paniquait. Il essayait de crier, mais il ne parvenait qu'à sortir un filet de voix. Il y avait des choses qui rampaient au sol et le pinçaient, d'autres qui cherchaient à l'ensevelir. Une lumière verticale tombait jusqu'à lui en se réfléchissant et en s'intensifiant contre les murs. Tout là-haut, un œil scintillant dardait ses rayons blancs sur lui. Bientôt, priait-il, bientôt il s'en irait. Et l'obscurité viendrait. Et il ferait de nouveau froid. Pour le moment, la seule chose qu'il pouvait faire, c'était de rester allongé, recroquevillé, pris dans son rayonnement impitoyable, la tête brûlant de fièvre. Et attendre, et prier. Mais avec chaque prière la lumière devenait plus forte, et il faisait plus chaud, jusqu'à ce que la moindre parcelle de son corps semblât sur le point de se consumer. Sa tête et ses mains étaient cloquées, le sang et la graisse grésillaient avec un bruit de rôtissoire, les os de ses doigts saillaient, carbonisés, réduits en cendres.

Will se réveilla, luttant douloureusement à chaque inspiration. Après avoir fixé longuement le lourd drap blanc au-dessus de lui, son cœur se calma et adopta un rythme moins rapide. Il tourna la tête en entendant la toile à l'entrée de la tente claquer et un homme entrer. Après tant de jours à sa charge, Will ne connaissait toujours pas son nom. Il l'appelait comme les autres dans le camp : le cheikh, soit le maître.

Le cheikh lui adressa un signe de la tête.

— Comment se sent-il ?

Comme tous ceux que Will avait entendus parler dans cette tribu, son arabe était beaucoup plus rudimentaire et laconique que celui des habitants d'Acre ou des autres villes. Certains d'entre eux étaient sourds et muets, et la communauté semblait compter avant tout sur une compréhension mutuelle qui se passait de mots, un mélange d'intuition et de signaux.

— Mieux, répondit Will. Elle a l'air plus en forme.

Il étudia sa jambe droite, à laquelle était liée par une corde une attelle faite de trois morceaux de bois. L'un, le plus grand et le plus large des trois, était fixé à l'arrière de son mollet et du bas de sa cuisse, au niveau de l'articulation du genou, et les deux autres étaient attachés latéralement.

— Je veux essayer de marcher aujourd'hui.
— Trop tôt, je pense, répondit le cheikh.
L'insatisfaction se fit sentir dans la réponse de Will :
— Je vous l'ai dit, je dois me rendre au Caire.
— Sept jours, l'informa posément le cheikh. Vous aurez plus de force alors.
Au désespoir, Will glissa sa main à l'intérieur du col de la tunique blanche qu'on lui avait enfilée. Il en sortit la chaîne avec l'anneau en or et le pendentif de saint Georges, se forçant à ne pas penser à la perte que leur abandon représentait.
— Tenez.
Le cheikh les repoussa de la main.
— Non, je veux pas.
— Vous m'avez sauvé la vie.
Le cheikh inspira profondément avant de s'asseoir avec délicatesse sur le tapis à côté de Will, en croisant ses longues jambes.
— Laissez-vous homme blessé mourir dans désert ?
— Non, mais...
— Et le sauvez-vous pour richesses ? Récompense ?
— Non.
— Alors pourquoi attendre ça de moi ? Je veux pas paiement pour votre vie, chrétien. Je suis nomade, pas mercenaire. Mon peuple a vie dure mais nous pas voleurs.
Le cheikh eut un bref accès de rire.
— Et si nous laissons vous dans puits et vous mourez, l'eau sera poison. Vous chanceux puits à sec cette saison et nous passer par là.
— Je ne voulais pas vous insulter, fit Will en séparant les pendentifs de la chaîne et en les tendant au cheikh. Mais il va me falloir un chameau pour me rendre au Caire. Alors s'il vous plaît, prenez ça. C'est mon seul moyen de vous payer.
— Pourquoi si important ? demanda le cheikh au bout d'un moment. Votre chaleur.
Il se touchait le front et Will sut qu'il parlait de sa fièvre.

— Elle partie à peine. Vous toujours faible, les jambes pas réparées.

Will regarda dans le coin où ses affaires avaient été rangées avec soin. Son fauchon était dans son fourreau à côté des vêtements qu'il portait quand les Bédouins l'avaient récupéré, délirant, couvert de poussière, de sang et d'insectes. Sa jambe avait été cassée en deux endroits, son os ressortait, brisé, sur le côté du genou. Des asticots se démenaient, blancs et gras, sur la plaie. Il s'était arraché des ongles en essayant d'escalader les murs. Ses souvenirs lui revenaient par vagues, parfois lorsqu'il était éveillé, d'autres fois pendant son sommeil, mais après que les Bédouins l'eurent ramené à leur camp où le cheikh, avec deux autres hommes, lui cassa de nouveau la jambe pour pouvoir la remettre en place, il avait peu de souvenirs. Il ne savait pas combien de temps il avait passé au camp, mais il imaginait sans peine que ça devait faire au moins un mois. Il craignait que ce ne fût davantage.

Le cheikh suivit son regard et plissa le front en apercevant le masque d'argent à côté de l'épée de Will et la dague à poignée d'argent qu'Angelo avait jetée au fond du puits. Le Bédouin semblait trouver le masque suspect. Certains d'entre eux, Will l'avait remarqué, se faisaient signe en le pointant du doigt. Il se demandait quelquefois s'ils pouvaient sentir l'aura maléfique de l'homme qui l'avait porté.

— Je crains que quelque chose de grave n'arrive si je ne me rends pas au Caire, expliqua Will au cheikh. L'homme qui m'a poussé dans le puits, il avait des raisons de me vouloir mort. Pas seulement la revanche, je pense, murmura-t-il en posant les yeux sur le masque. Peut-être que ce que je crains est déjà arrivé, peut-être qu'il est trop tard, mais je ne peux pas rester.

Au bout d'un moment, le cheikh se leva et alla vers les affaires du commandeur. S'accroupissant, il prit la dague et revint vers Will, qui tressaillit en le voyant se pencher sur lui. Mais il éprouva un réel soulagement lorsqu'il coupa les cordes d'un coup sec, celles qui maintenaient l'attelle. Le cheikh referma la main de Will sur l'anneau et le pendentif.

— Pas besoin, dit-il en se levant. Je peux pas donner chameau, mais un homme va accompagner toi au Caire. Maintenant, ajouta-t-il, nous voyons si tu marches.

Le quartier vénitien, Acre, 5 janvier 1289 après J.-C.

Il pleuvait sur Garin, qui attendait dans une allée derrière la rue de la Soie. Sa cape en laine était trempée, la capuche pendait sur son visage. Il la repoussa tout en reniflant et en observant les hommes et les femmes qui se dépêchaient de rentrer chez eux après le labeur. Il n'eut pas longtemps à attendre. Lorsque Elwen passa devant lui, tête baissée, essayant d'éviter les trombes d'eau dégoulinant des pentes de toit, Garin quitta l'allée. Il avait eu l'intention de l'appeler, de l'obliger à s'arrêter. Mais maintenant que le moment était venu, il n'arrivait pas à se décider. Au lieu de ça, il la suivit, avec le plaisir de guetter sa « proie » à la dérobée.

Cela faisait des semaines maintenant qu'il l'épiait, hantant les allées autour de la rue de la Soie et de sa maison, traînant sur les marchés où elle venait acheter de la nourriture. C'était devenu une idée fixe de plus en plus intense au fil des semaines. Au début, après l'avoir vue le jour de son arrivée en Acre, il avait été irrité par ses manières à son encontre, mais son esprit s'était vite assombri à l'idée de revoir Will. Il ne s'était résolu à aller au Temple que trois jours plus tard. Ayant appris que le commandeur Campbell était en voyage et qu'il ne reviendrait pas de sitôt, Garin était reparti péniblement vers son logis près du port, où il s'était familiarisé avec les tavernes et les bordels. Là, il eut tout le loisir de repenser à Elwen, à ce qu'elle lui avait dit.

Par un après-midi orageux, tandis qu'il besognait avec indifférence une putain apathique, il avait cherché des images, des souvenirs qui l'aideraient à en finir, et sans grande surprise, c'est Elwen qui lui était apparue. Allongée sous lui, les yeux fermés, elle lui procura un plaisir prodigieux. Mais quand ce fut terminé, Garin ne parvint pas à se débarrasser de l'image et ses pensées s'étaient fixées sur elle. Le lendemain, il l'avait surveillée pour la première fois à sa maison et suivie avec sa fille au marché. Rose, la fillette, avait sautillé tout au long du chemin et saluait de temps à autre de la main des gens qu'elle semblait connaître. Ce soir-là, Garin avait ruminé en buvant du vin et il avait commencé à se poser des questions. La fillette blonde ressemblait à Elwen, sans aucun doute, mais il n'y avait pas trace en elle des ténèbres de Will. Il supposa qu'elle ne devait pas avoir plus de douze ans et fit le calcul. Il le refit jusqu'à ce que sa tête lui fasse trop mal. Et il repensa à la façon dont Elwen l'avait regardée ; à la manière qu'elle avait eue de faire rentrer sa fille ; à ce qu'elle avait dit. *Laisse-la tranquille, Garin. Nous ne voulons pas de toi dans nos vies. Aucune d'entre nous.* Pas aucun d'entre nous, pas Will et moi. Aucune d'entre nous. Rose et elle ? Son esprit évalua les possibilités, avec prudence au départ, puis avec de plus en plus d'audace chaque jour qui passait et où il voyait Elwen et sa fille, les yeux humides à cause de l'alcool et du manque de sommeil. Jusqu'à ce que, pour finir, il se fût convaincu.

La pluie tombait à seaux tandis qu'il courait derrière elle, enfonçant les pieds dans des flaques boueuses. C'était la première fois qu'il était sobre depuis des semaines et il en ressentait les effets. Il ne voulait pas être saoul cette fois, il était même allé chez un barbier et s'était fait tailler barbe et cheveux. Mais bien qu'il ne ressemblât plus à un mendiant, il avait toujours l'impression d'en être un. Les paroles qu'il avait répétées dans son esprit lui semblaient enjôleuses, persuasives, et tout ce qu'il aurait pu souhaiter en cet instant, alors qu'il poursuivait Elwen jusqu'à la rue où elle vivait, glissant presque sur la chaussée détrempée, ç'aurait été de boire une coupe ou deux pour raffermir sa résolution. Elle était presque à la porte bleue. Dans un instant, elle disparaîtrait et ses questions tourneraient encore sans repos dans sa tête toute la nuit, sans réponse.

— Elwen !

Elle se retourna d'un coup, le visage ruisselant de pluie dans la lumière grise. Ses yeux s'arrondirent un peu en le reconnaissant. Mais il n'y avait pas de vraie surprise sur son visage, plutôt de la résignation, comme si elle avait su que ce moment arriverait et qu'elle le redoutait.

— Attends, dit-il alors qu'elle atteignait la porte.

Garin traversa la rue en courant, désormais tout à son affaire et impatient. Il l'attrapa par le bras avant qu'elle puisse entrer dans la maison.

— Je t'ai dit de me laisser tranquille, dit Elwen en secouant la tête pour faire voler les gouttes de pluie de sa coiffe, plaquée sur son crâne.

L'eau rendait le tissu transparent et Garin vit par-dessous ses cheveux ondoyants.

— Je n'ai rien à te dire.

— Eh bien, moi, j'ai quelque chose à te dire. Ce jour-là, Elwen, quand tu es venue me voir au palais, quand nous...

Elwen avait l'air mortifiée.

— S'il te plaît, Garin, non ! l'implora-t-elle avant qu'il ne termine. Je ne le supporterai pas.

Elle essaya de dégager son bras.

— Va-t'en, s'il te plaît.

— Tu n'en as jamais parlé à Will, n'est-ce pas ?

La détresse d'Elwen l'agaçait et son ton s'était durci. C'est elle qui était venue à lui !

— Tu ne lui as jamais dit que tu avais couché avec moi.

Il lui pinça le bras et l'attira contre lui, la colère prenant le dessus.

— Est-ce que tu lui as dit pour Rose ? Est-ce qu'il sait ?

Le sang reflua du visage d'Elwen lorsqu'elle entendit Garin parler de sa fille. Puis elle leva la main et lui envoya une lourde gifle. Sous le coup de la surprise, il la lâcha et elle s'écarta en se frottant les poignets. Ses joues reprirent instantanément des couleurs.

— Ne reparle plus *jamais* de ma fille. Je ne veux pas te voir près d'elle, je ne veux pas que tu lui parles. Tu m'entends ? Jamais !

Garin la regardait d'un air hésitant. Soudain, les épaules d'Elwen s'affaissèrent.

— Ce que nous avons fait était une erreur. Pas un jour n'est passé sans que je le regrette. Je suis désolée d'être venue te voir, mais je ne peux pas changer le passé. J'aime Will et nous sommes heureux. Ce n'est pas moi que tu cherches, Garin. J'espère que tu trouveras quelqu'un qui t'aime, vraiment. Mais ce n'est pas moi.

Elle alla vers la porte et l'ouvrit.

— Elle est de moi, n'est-ce pas ? cria Garin dans son dos. C'est pour ça que tu ne veux pas de moi aux alentours ! C'est ma fille !

La porte se referma et il fit quelques pas en arrière, l'eau dégoulinant de sa capuche sur ses joues. Ses mots se perdirent dans le mauvais temps. Il était prêt à frapper à la porte jusqu'à ce qu'elle s'ouvre quand il vit une ombre derrière une fenêtre à l'étage. Il leva les yeux et vit Rose qui le fixait, à demi dissimulée derrière un rideau. Garin leva timidement la main, puis une autre ombre arriva et le rideau fut tiré. Vacillant, il repartit en traînant ses pieds couverts de boue.

41

Tripoli, comté de Tripoli

1er avril 1289 après J.-C.

C'était le tonnerre de Dieu.

C'est comme ça que les Mamelouks appelaient le fracas des projectiles lancés par les engins de siège lorsqu'ils frappaient les murs de la ville. Vingt-cinq mandjaniks étaient alignés face aux remparts sud-est de Tripoli, dont les madriers étaient actionnés les uns après les autres pour lancer les charges. Les compagnies mameloukes se concentraient sur le travail de sape depuis l'abri fourni par des barricades de poutres attachées ensemble. Parfois, ils chargeaient les engins avec des barriques de naphte qui explosaient sur les remparts en embrasant hommes et structures en bois et en dégageant des champignons de fumée noire dans le ciel blanchâtre de l'après-midi. Déjà, la tour de l'Évêché et la tour des Hospitaliers étaient noircies et béantes. À l'intérieur de la ville, c'était le chaos. Personne ne s'était préparé à l'assaut, bien qu'ils eussent été prévenus.

Le mois d'avant, un émissaire venu d'Acre sur ordre du grand maître de Beaujeu les avait informés que le sultan Kalawun menait ses forces contre eux. Mais en dépit des rapports qu'ils avaient reçus, aucun des dirigeants de Tripoli, ni la princesse Lucia, ni les Génois, ni la commune n'avaient cru qu'ils fussent réellement la cible de Kalawun, et ils avaient renvoyé l'émissaire du Temple. Selon eux, le grand maître essayait de semer le trouble à des fins politiques. Kalawun était en paix avec Tripoli. Il n'avait aucune raison de les attaquer ! Les Vénitiens étaient un peu plus circonspects. Ils faisaient confiance au grand maître et puisque leur consul n'avait pas eu de nouvelles de Benito di Ottavio, il était à craindre que le sultan n'ait ses propres plans. Mais malgré leur appréhension, même eux n'étaient pas réellement préparés quatre jours plus tôt, lorsque l'alarme avait retenti dans la ville.

Celle-ci avait été donnée par les fermiers des campagnes environnantes qui avaient fui à l'aube devant l'immense déferlante d'hommes et d'engins. Les Mamelouks arrivaient. Les citoyens de Tripoli avaient été réveillés par le carillon frénétique des cloches, bien avant prime. Terrifiés, ils avaient assisté au déploiement des forces mameloukes devant les murs. Dans l'après-midi, le siège avait commencé.

Les remparts sud-est étaient le point faible des fortifications et c'est là que les Mamelouks concentraient leurs efforts. Après la panique et la confusion initiales, les diverses communautés avaient posté à la hâte des troupes : Templiers, Hospitaliers, Vénitiens, Génois, Pisans, Français. On réquisitionna les maisons, qui devinrent autant de postes de gardes, d'armureries et d'entrepôts. On remplit de gros sacs de sable à la plage avant de les entasser pour faire barrage au feu déclenché par les barriques de naphte qui passaient par-dessus les murailles et venaient s'écraser sur les toits avec des gerbes enflammées. Mangonneaux et trébuchets furent installés le long des remparts. Certains n'avaient pas servi depuis des années, et leur bois pourri les rendait hors d'usage. On les emmenait alors aux barricades érigées aux portes de la ville, que venaient percuter continûment les massifs béliers mamelouks. Des arbalétriers prenaient la place des engins cassés, avec leurs vêtements sales, leurs narines et leurs bouches noircies par la fumée.

Ce matin, les troupes sur les remparts, accroupies pour éviter les volées de flèches en provenance des lignes mameloukes, avaient regardé avec trouble le grand navire de guerre vénitien sortir lentement du port. À chaque coup de rame, les bannières de San Marco qui claquaient au vent s'éloignaient un peu plus. La rumeur fit rapidement le tour de la ville. Les dirigeants vénitiens avaient ordonné l'évacuation. Venise partait. Cela avait déclenché une panique générale parmi les habitants de Tripoli et, depuis ce matin, un nombre croissant de citoyens, ployant sous les affaires dont ils pouvaient se charger, se rendaient au port dont sortait un flot presque continu de galères, de bateaux de pêche et de vaisseaux marchands. Les autres, qui ne pouvaient trouver de place sur un bateau pour leur famille et pour eux-mêmes, attachaient leurs enfants dans leur dos et se lançaient dans une nage désespérée vers la petite île de Saint-Thomas, à l'embouchure de la péninsule. Selon la rumeur, un camp s'y était installé. Néanmoins, encore plus nombreux étaient ceux qui restaient, faisant confiance à Dieu et à la force de leurs soldats. Ils ne savaient pas que leur nid contenait une vipère prête à se retourner contre eux.

Le camp mamelouk, à l'extérieur de Tripoli,
1er avril 1289 après J.-C.

Kalawun regardait les pierres s'envoler les unes après les autres avant d'aller se fracasser contre les remparts. Le ciel était couvert, l'air immobile. Au-dessus de la cité était suspendu un nuage de poussière et de fumée. De temps à autre, une pierre s'écrasait sur une partie de la promenade et les hommes qui se trouvaient là étaient broyés, ou projetés par-dessus les murs. Kalawun avait envie d'échapper à la scène, de rentrer dans son pavillon s'allonger, fermer les yeux pour apaiser les pulsations dans ses tempes et oublier le vacarme des obus. Mais il se força à rester. Le visage blême, les poings serrés, il gardait les yeux braqués sur l'assaut contre Tripoli. C'est sur son ordre que tout cela s'était déclenché. Il ne s'autoriserait pas un relâchement en cet instant. Il fallait qu'il voie, qu'il constate les ravages de son autorité. Il devait en souffrir les conséquences : la culpabilité qui l'envahissait et l'étouffait pour chaque homme, chaque femme et chaque enfant mort ou sur le point de mourir à cause d'un ordre.

Un ordre qu'il n'aurait pas dû donner.

Il aurait dû faire plus pour empêcher cette bataille : faire jouer des voies diplomatiques avec Tripoli, ou Acre ; entrer en négociations ; menacer de représailles. Mais il ne l'avait pas fait. Non, il avait marché sur Tripoli à la tête de son armée, non parce que c'était la seule possibilité ou parce qu'il pensait que c'était la chose à faire, mais par crainte. Il avait eu peur de la réaction de ses hommes s'il hésitait une fois de plus à agir, peur de mettre en péril sa position ou même sa vie, et de perdre le respect de son fils. Ali et Aisha étaient morts. Il ne supporterait pas que Khalil s'éloignât. Tripoli était une concession : en échange de cette ville, il regagnerait l'approbation de la cour. Mais chaque pierre arrachée aux remparts lui donnait l'impression de voir s'écrouler un peu plus la paix pour laquelle il avait œuvré la moitié de sa vie.

— Seigneur.

Kalawun se tourna. Son fils approchait avec l'émir Dawud. Derrière eux se tenait le Vénitien, le regard braqué sur les murs pilonnés. Lorsque Benito di Ottavio pivota pour lui faire face, Kalawun aperçut la bonne moitié de son visage et lut sur ses traits une expectative avide. Il se sentit écœuré par cet homme et préféra se concentrer sur son fils.

Khalil était drapé dans des robes noires brodées de fil écarlate et une cotte de mailles était visible en dessous. Sous son bras, il portait un casque en argent et à chacune de ses hanches pendait un sabre. Kalawun inspecta tout le corps du prince guerrier.

— Nasir et ses hommes sont en place devant les portes nord-est, seigneur, dit-il à Kalawun. Ils sont cachés et personne ne les verra avant qu'il ne soit trop tard. Benito pense que le signal ne devrait plus tarder. Les défenses sont pour la plupart regroupées dans le quadrant sud-est. La ville est distraite par les tirs des mangonneaux et des trébuchets.

— Si ce plan échoue, di Ottavio, je vous tiendrai personnellement responsable de chaque mort dans nos rangs.

Angelo Vitturi ne se départit pas de son flegme.

— Je vous promets la victoire, seigneur. Mes hommes suivront mes instructions.

Il y eut un craquement et un grondement terribles quand la section supérieure de la tour de l'Évêché s'écroula. Les Mamelouks maniant le mandjanik dont était parti le coup fatal poussèrent de longs cris de joie.

— Si ça continue à ce rythme, nous n'aurons même pas besoin de vos hommes.

Le sourire d'Angelo s'agrandit, ce qui souleva un peu le coin du tissu et révéla les cicatrices de son visage.

— Je ne suis certes pas un général, seigneur, mais je sais tout de même qu'il faudrait des semaines pour abattre ces murs. Avec mon aide, vous prendrez Tripoli en un jour. Je présume que notre accord tient toujours ? dit-il en penchant légèrement la tête.

Son sourire s'évanouit en constatant que Kalawun ne répondait pas.

— Seigneur ? Nous avons conclu un accord.

Il lança sa main gantée vers l'est, en direction de collines couvertes de broussailles.

— J'ai quarante chariots qui attendent d'emmener des esclaves en Mongolie. J'ai un acheteur. Allez-vous renier votre promesse ?

— Non, dit Kalawun. Notre accord tient toujours.

Il devait se forcer à répondre.

— Je vais m'entretenir avec deux de mes généraux, émir, annonça-t-il à Dawud. Je serai dans ma tente. Envoyez un de vos hommes me prévenir quand le signal sera donné.

Puis il se dirigea vers le pavillon rouge et or, qui s'élevait majestueusement au-dessus du reste du campement. Khalil le suivait.

— Seigneur.

— Qu'y a-t-il ? lui demanda Kalawun sans le regarder.

— Père, attendez. S'il vous plaît, ajouta-t-il en posant sa main sur l'épaule de Kalawun alors que celui-ci entrait dans son pavillon.

Kalawun s'arrêta.

— Je voulais vous dire..., commença Khalil, mais il détourna un instant le regard avant de croiser les yeux du sultan. Je suis fier de vous.

Kalawun ne répondit pas et il s'inclina.

— Je vais me poster pour attendre le signal.

— Sois prudent, Khalil, dit soudain Kalawun en posant la main sur l'épaule de son fils.

Il était sur le point d'ajouter autre chose quand il aperçut trois Mamelouks debout devant l'estrade.

Deux d'entre eux tenaient un quatrième homme par les bras. Il avait le nez en sang.

— Qu'est-ce qui se passe, père ? demanda Khalil en désignant l'homme.

— Rien, s'empressa de répondre Kalawun. Retourne à ton poste.

Laissant derrière lui son fils, il s'approcha des soldats et du captif.

— Qu'est-ce que c'est ? demanda-t-il en se forçant à détourner le regard du prisonnier.

— Seigneur, dit le troisième Mamelouk en s'inclinant.

Il tenait un sac et une ceinture à laquelle pendait une courte lame.

— Nous sommes ici pour voir l'émir Kamal. Nous avons appris qu'il devait vous retrouver d'un moment à l'autre.

Puis il jeta un regard au prisonnier.

— Nous patrouillions le périmètre quand nous avons vu cet homme pénétrer dans notre camp. Il a prétendu être l'un des nôtres, mais il a été incapable de nous donner le nom de son supérieur. Nous pensons que c'est un espion, peut-être de la ville. Nous avons pensé que l'émir Kamal souhaiterait l'interroger.

Au bout d'un moment, Kalawun se dirigea vers l'entrée de ses appartements privés.

— Amenez-le-moi.

Les soldats échangèrent des regards circonspects, mais n'osèrent pas poser de questions et tirèrent le prisonnier derrière eux. Kalawun passa par une ouverture entre d'épais rideaux. Plusieurs eunuques préparaient son repas de l'après-midi. Il désigna une couche.

— Mettez-le là.

Les soldats poussèrent le captif avec brutalité.

— Devons-nous l'attacher, seigneur ?

— Ce n'est pas la peine.

Kalawun ne quittait pas l'homme des yeux.

— Laissez-moi, je l'interrogerai moi-même.

Les soldats le saluèrent, perplexes, avant de se retirer.

— Quant à vous, dit-il aux eunuques et au troisième soldat qui tenait toujours l'épée et le sac du prisonnier, laissez ça et allez-vous-en.

Il attendit qu'ils partent, puis son visage, qui jusqu'ici était resté inexpressif, se durcit d'un coup.

— Qu'est-ce que vous faites ici ?

Will se remit debout.

— Je viens vous empêcher de commettre une erreur terrible. Il faut que vous arrêtiez ce siège, seigneur. Sur-le-champ.

Kalawun eut un bref éclat de rire plein d'amertume.

— Annuler le siège ? Et pourquoi devrais-je faire ça alors que votre peuple complote contre moi !

Il leva son poing vers Will.

— Pourquoi ne m'avez-vous pas prévenu ? Pourquoi ne m'avoir pas dit que les Génois avaient l'intention d'attaquer Alexandrie ?

— Parce que ce n'est pas le cas, seigneur, répliqua Will en essuyant le sang de son nez. Tout ce qu'a pu vous dire Angelo n'était que des mensonges.

— Je ne connais pas d'Angelo.

— Benito di Ottavio. C'est comme ça qu'il se fait appeler maintenant. Son vrai nom est Angelo Vitturi. Nous pensions qu'il était mort, tué il y a des années sur ordre du grand maître. Seigneur, dit Will en tendant le bras, l'index dressé du côté de la ville où se faisait entendre le grondement sourd des chocs des projectiles, l'homme dont les mensonges vous ont amené ici est le même qui est responsable de la tentative de vol de la Pierre noire.

— Non, fit Kalawun, ce n'est pas possible. Non, répéta-t-il en levant le bras pour empêcher Will de reprendre la parole. Ce ne sont pas que ses informations. Je ne me serais pas déplacé en me fondant uniquement sur ce qu'il m'a dit. Pour qui me prenez-vous ? J'ai des rapports ! Des rapports qui indiquent que les Génois construisent une flotte, des rapports qui suggèrent que Tripoli prépare une guerre. Mes généraux n'ont pas le moindre doute !

Il arpentait la pièce en secouant la tête.

— Vos généraux n'ont pas envie de douter, répondit vivement Will.

Il suivait Kalawun d'une démarche mal assurée. Sa jambe blessée le faisait toujours souffrir, en particulier quand il restait longtemps à cheval. Le côté de son genou était enflé à l'endroit où il s'était fracturé, les cicatrices y formaient des protubérances difformes.

— Ces rapports, pourraient-ils avoir été falsifiés ?

— Qu'est-ce que vous dites ?

Kalawun s'était tourné pour lui faire face.

— Vous savez depuis longtemps qu'il y a un traître dans votre entourage. L'homme qui a écrit la lettre codée à Kaysan ? Vous ne l'avez jamais découvert.

— C'était Khadir, affirma violemment Kalawun. J'en suis certain. C'était un ancien Assassin, un chiite. Il voulait chasser les chrétiens de ces terres. C'était lui.

— Mais vous n'avez jamais pu le prouver. Vous avez dit...

— Pourquoi n'êtes-vous pas venu plus tôt ? le coupa Kalawun. Pourquoi ne m'avez-vous pas prévenu que ce Benito, ou quel que soit son nom, était un menteur ? Pourquoi son propre peuple l'a-t-il envoyé ?

— Ils ne pouvaient pas savoir ce qu'il ferait. Le consul de Venise avait accepté qu'il vous approche à l'automne dernier pour vous demander d'intervenir dans le conflit qui avait lieu à Tripoli. Pas pour enclencher une action militaire, mais en tant que négociateur impartial. On m'a envoyé avec lui, mais je ne suis jamais arrivé au Caire. Angelo a essayé de me tuer. On m'a secouru mais j'étais blessé, et il m'a fallu des semaines pour me remettre de mes blessures.

Kalawun écoutait avec attention.

— Quand je suis arrivé au Caire, poursuivit Will, j'ai appris que vous étiez parti en Palestine avec votre armée. J'ai découvert grâce à un serviteur de la citadelle que vous marchiez sur Tripoli et j'ai vendu le peu que j'avais sur moi en échange de mon retour avec une caravane de négoce qui se rendait à Damas. Lorsque je suis arrivé en Acre, le grand maître a envoyé un émissaire à Tripoli pour les prévenir de votre approche et une délégation est venue vers vous dans l'espoir d'ouvrir des négociations. Mais les dirigeants d'Acre n'ont pas voulu croire l'émissaire et vous n'avez pas daigné recevoir la délégation.

Kalawun se détourna.

— Tout se passait comme si... comme si c'était vraiment ce que vous vouliez.

— Ce n'est pas ce que je veux, répondit Kalawun. Mais mes hommes...

Il leva la main, puis la laissa retomber.

— Ils en ont besoin. Je leur ai tenu la bride trop longtemps. Un jour ou l'autre, ils se seraient retournés contre moi. Parfois, Campbell, je me dis que nous sommes nés à la mauvaise époque. Je ne suis plus certain que la paix entre nos fois soit possible. Vous et moi, nous avons déjà tant perdu pour cette cause, et pourtant nous n'avons pratiquement rien changé. Mon propre fils..., soupira Kalawun. Mon propre fils veut que nous nous débarrassions des Francs.

— Il faut que ça marche, répondit Will. Ou ce conflit va continuer et, dans un millier d'années, nos peuples continueront à s'entre-tuer. Rappelez vos forces. Cette bataille menace de détruire tout ce pour quoi nous avons lutté.

— Je ne peux pas. Mes troupes sont engagées. J'ai déjà perdu des hommes. Si je les rappelle, je pourrai perdre mon trône.

— Et le peuple de Tripoli ? demanda Will. Que perdra-t-il ?

Kalawun leva les yeux en entendant une corne.

— Le signal.

Attrapant la ceinture et le fauchon de Will, il les lui tendit.

— Mettez ça, dit-il en lui donnant un casque.

Tout en attachant son arme à sa taille et en plaçant le casque sur sa tête, Will suivit Kalawun hors du pavillon, dans le camp où les hommes se dépêchaient de monter à cheval.

— L'ordre a été donné, cria un officier mamelouk en venant vers Kalawun. Les troupes de Nasir sont en route.

Il pointait son doigt vers le nord.

Will et Kalawun virent une compagnie d'une cinquantaine d'hommes chevauchant à vive allure à travers la plaine en direction d'une porte au nord-est de la ville.

— Mon Dieu, murmura Will en avançant de quelques pas.

Même à cette distance, il voyait que la porte était ouverte. Les mandjaniks continuaient de projeter des pierres contre les murs au sud-ouest et toute l'attention des assiégés était tournée de ce côté. Le temps que quelqu'un remarque le danger, il serait trop tard.

— Il faut que vous les arrêtiez, pressa-t-il Kalawun tandis que l'officier s'en allait pour diriger les hommes qui grimpaient en selle.

Sans répondre, Kalawun quitta des yeux les cavaliers et son regard se porta sur un homme, un peu plus loin, qui regardait les cavaliers approcher de la porte. Kalawun alla vers lui à grandes enjambées.

— Angelo Vitturi ! lança-t-il, sa voix se détachant nettement au milieu des cris des hommes et du tintamarre des cornes.

L'homme se tourna, son œil visible arrondi, mais il reprit rapidement contenance.

— Regardez, seigneur. Vos hommes seront bientôt à l'intérieur.

— Pourquoi m'avez-vous menti à propos des Génois, Vitturi ? Pour vos esclaves ?

— Je vous demande pardon, seigneur ? répondit le Vénitien, l'air confus. Pourquoi m'appelez-vous par ce nom ?

Son œil se posa sur l'homme plus petit à côté du sultan, dont le visage était caché par un casque.

— De quoi s'agit-il ?

— Vous n'êtes pas le seul à avoir la chance de survivre à une tentative de meurtre, répondit Will en fixant le Vénitien à travers les fentes du viseur. La prochaine fois que vous jetterez quelqu'un au fond d'un puits, assurez-vous d'abord qu'il y a de l'eau au fond.

Angelo en avait le souffle coupé. Kalawun avança vers lui et il recula en titubant. Au loin, les cavaliers conduits par Nasir atteignaient la porte et s'y engouffraient.

— Gardes ! aboya Kalawun.

En dépit du tumulte, quatre guerriers mansuriyya répondirent à son appel.

— Emparez-vous de lui !

— Écoutez, seigneur, s'écria Angelo tandis que les soldats l'agrippaient par les bras. Je vous ai rendu un grand service aujourd'hui, et demain ce camp louera votre nom. Grâce à moi, votre position sera renforcée.

Le cri d'un officier non loin d'eux interrompit sa plaidoirie.

Will et Kalawun virent quatre flèches enflammées dans le ciel au-dessus des murs nord-est. Les Mamelouks étaient entrés. Ils tenaient la porte. Une autre corne mugit et des lignes de cavalerie mameloukes, conduites par les émirs Dawud et Ahmed, se détachèrent du camp et se répandirent dans la plaine.

— Voyez ! s'exclama Angelo. Vos hommes ont pris la ville.

— Seigneur, le pressa Will, il faut que vous arrêtiez ça. Tout de suite !

Mais Kalawun ne l'écoutait pas.

— Qui était-ce ? Avec qui travaillais-tu ? Lequel de mes hommes m'a trahi ?

Angelo soutint son regard hargneux.

— Donnez-moi la liberté et je vous le dis.

Kalawun fit un signe de la tête aux soldats qui maintenaient le Vénitien.

— Amenez-le ici, leur ordonna-t-il en se dirigeant vers l'un des engins de siège.

Will suivit le mouvement. Angelo se débattait et protestait. Les premières vagues de la cavalerie avaient déjà traversé la moitié de la plaine. Les cloches sonnaient l'alarme dans toute la ville.

— Ici, dit Kalawun en montrant une pile de pierres à côté de l'engin de siège.

— Seigneur ? s'enquit l'un des Mansuriyya.

— Ici, s'énerva Kalawun. Je veux sa nuque sur ce bloc.

— Non ! rugit Angelo tandis que les gardes l'obligeaient à s'allonger et lui écrasaient le torse contre la pierre.

Kalawun tenait son sabre au-dessus de sa tête.

— Qui était-ce ?

— Donnez-moi votre parole que vous m'épargnerez, haleta Angelo.

Kalawun attendit, puis il baissa sa lame.

— C'était l'officier Nasir.

Le visage de Kalawun se décomposa, devint livide. Il recula d'un pas et se retourna. Puis, en une fraction de seconde, la rage pure déforma ses traits, il pivota et abattit son sabre sur la nuque d'Angelo.

Angelo eut le temps de hurler en voyant la lame fondre sur lui. Il essaya de soulever sa tête mais le bout de la lame le frappa au front avec un bruit de craquement ignoble. Kalawun libéra sa lame. De manière incroyable, Angelo était toujours en vie. Un hurlement suraigu, affreux, sortait de sa bouche et le sang s'écoulait par le trou béant dans sa tête. Kalawun frappa une deuxième fois en ahanant sous l'effort. Cette fois, il atteignit la nuque du Vénitien. Mais il lui fallut deux coups supplémentaires pour la trancher et stopper ses hurlements.

Les gardes s'étaient un peu écartés. Kalawun n'arrivait pas à quitter des yeux le crâne déchiqueté d'Angelo. La robe bleue d'Angelo était couverte de sang, tout comme sa lame. Sans dire un mot, il passa devant Will et se dirigea vers des palefreniers qui attendaient plus loin, avec des chevaux prêts pour le combat.

— Qu'est-ce que vous faites ? demanda Will en le suivant.

Kalawun ne répondit pas. Rengainant son sabre sans le nettoyer, il saisit les rênes d'un des chevaux.

— Seigneur, fit l'un des palefreniers, surpris. Votre cheval est près de...

Mais Kalawun se hissait déjà sur la selle. Will jura et s'approcha d'une monture. Le palefrenier, voyant qu'il était avec le sultan, le laissa faire d'un air incertain. Kalawun partit au galop et Will monta sur le cheval. Frappant de ses talons les flancs de l'animal, il suivit le sultan et les dernières vagues de la cavalerie vers les portes de la ville.

Le temps que Will arrive en ville, la cavalerie était presque déjà entièrement entrée. Une cloche sonnait frénétiquement à l'intérieur des remparts et il voyait des hommes courir en criant le long des remparts. Des flèches faillirent l'atteindre, il se baissa en éperonnant sa monture pour franchir les murs épais qui encadraient la porte. Une fois à l'intérieur, son cheval fut bousculé de toute part par la masse d'hommes qui se pressait là avant de se disperser dans les rues, laissant derrière eux cinquante camarades pour tenir la porte. Quelques cadavres de soldats francs jonchaient le sol. Déjà Will entendait le bruit des combats un peu plus loin, les hommes de la ville arrivant sur place. L'information avait circulé : la porte du Nord était ouverte, et les Francs couraient à la rencontre de leur ennemi.

Will se précipita droit devant en maudissant le casque qui limitait son champ de vision, mais il n'osa pas l'enlever. Il cherchait Kalawun, qui avait disparu dans la cohue. Il pénétra dans une rue étroite bordée de magasins, aperçut sur le seuil d'une maison un visage d'enfant, pâle, les yeux écarquillés, puis il discerna un bout de robe bleue et il accéléra encore le galop de son cheval. Il déboucha sur une petite place avec une citerne au centre et vit Kalawun sauter de selle. Il y avait un groupe d'hommes auprès de la citerne, dont l'un, grand et maigre, distribuait des ordres aux autres. Abandonnant son cheval, Kalawun traversa la place. Le grand homme se tourna. Will vit la surprise sur son visage.

— Seigneur ? demanda-t-il en s'avançant.

— Connais-tu un homme du nom d'Angelo Vitturi ? lança Kalawun d'une voix inflexible.

Il avait tiré son sabre, encore rouge du sang d'Angelo. Les yeux de Nasir se posèrent un bref instant sur la lame avant de se fixer sur Kalawun.

— Que se passe-t-il ?

Bien qu'il sautât en même temps à bas de son cheval, Will put discerner la peur dans sa voix. Il entendit crier dans une rue plus loin, puis des bruits d'épée se répercutèrent entre les immeubles serrés les uns contre les autres. Tirant son fauchon, il se dépêcha d'arriver auprès de Kalawun, qui se tenait devant Nasir. Le visage du sultan laissait voir sa fureur et son désespoir, et il n'y avait aucune place pour la pitié. Will sut qu'il n'écouterait rien tant qu'il n'en aurait pas terminé avec ce qu'il était venu faire.

— Avant que je le tue, dit Kalawun en fixant Nasir, le Vénitien m'a dit que tu m'avais trahi, que tu avais collaboré avec lui. Dis-moi que ce n'est pas vrai.

Les lèvres de Nasir restèrent closes un moment. Puis il parla.

— Je ne peux pas, fit-il d'une voix sourde. Je ne peux pas te dire ça.

Kalawun se mit à secouer la tête.

— Tu n'aurais pas fait ça, affirma-t-il.

Puis il eut un bref éclat de rire. Ses yeux brillaient.

— Je te connais, Nasir. Par Allah, je te connais !

— Non, répondit avec véhémence Nasir. Les sunnites ont tué ma famille. Comment aurais-je pu en devenir un ?

Sa voix s'élevait au-dessus des combats, comme si ceux-ci avaient diminué d'intensité.

— Vous et vos hommes, je vous ai trompés ! Vous pensez diriger le monde. Mais en vérité vous êtes des esclaves et vous le serez toujours. Aucun d'entre vous n'a choisi sa vie. Vous et moi, nous avons été amenés là enchaînés, contre notre volonté. Même notre nom porte la marque de notre esclavage ! La liberté est une illusion. Elle n'a rien de réel.

La voix de Nasir se brisait.

— Je voulais... Tout ce que je voulais, c'était vivre avec mon frère une vie que j'aurais choisie. Le Vénitien m'a offert une occasion. Je l'ai saisie.

— Mon fils porte ton nom, murmura Kalawun, le sabre pendant au bout de son bras. Tu fais partie de ma vie !

— Et vous avez tué mon frère !

Nasir s'avançait sur lui, les poings fermés.

— Je n'avais plus que Kaysan en ce monde. Il était toute ma famille !

— C'est moi, ta famille ! rugit Kalawun en jetant son sabre.

Il attrapa Nasir par les bras et le secoua de toutes ses forces.

— Je t'ai nourri ! Je t'ai habillé ! Tu étais comme un frère, comme un *fils* !

Nasir ne fit aucun effort pour l'arrêter, il se laissait mollement faire.

Un groupe d'hommes arriva au milieu de la place. Des Templiers. L'un d'eux, qui avait un arc, tira une flèche du carquois qui pendait dans son dos. Will cria, à moitié à l'intention de Kalawun, à moitié pour les Templiers. Mais la flèche était armée et elle fut décochée.

Elle se planta dans la nuque de Nasir, là où son armure ne le protégeait pas, et il se mit à vaciller. Du sang jaillit de sa bouche et ses yeux ronds fixèrent Kalawun, qui recula tout en continuant à le tenir. Il essaya de dire quelque chose, mais n'y parvint pas.

Will se pencha pour éviter une flèche qui venait dans sa direction, puis il attrapa Kalawun par le bras et l'attira vers lui, laissant Nasir s'écrouler sur le sol. Ils plongèrent dans une allée tandis qu'une compagnie mamelouke à la poursuite des Templiers déferlait sur la place.

Dans toute la ville, les hommes se battaient et tombaient. En une heure, les soldats mamelouks prirent trois portes de plus par lesquelles ils entrèrent, repoussant les défenseurs de Tripoli jusqu'à la mer. La bataille ne connaissait plus de répit. Le conflit dura peu. Tout homme trouvé dans les rues était passé par l'épée et même les citoyens qui avaient fui sur l'île de Saint-Thomas n'échappèrent pas à la tuerie. Les cavaliers mamelouks, qui avaient décimé la ville telle une faux mortelle, atteignirent bientôt la mer et, enragés par la bataille, firent traverser les bas-fonds aux chevaux, nageant jusqu'à l'île où ils massacrèrent tous ceux qui s'y étaient réfugiés. La princesse Lucia et sa cour s'étaient enfuies quelques heures plus tôt par bateau. Seuls ses sujets assistèrent à la chute de la ville.

Will réussit à trouver des chevaux et il conduisit Kalawun hors de la cité, voyant que ses efforts pour arrêter l'assaut étaient voués à l'échec. La seule chose qu'il espérait, c'était qu'on épargnât les survivants.

Kalawun arrêta net son cheval avant qu'ils n'arrivent au camp et il jeta un regard en arrière sur Tripoli.

— C'est terminé, murmura-t-il.

Will le regarda.

— Ce n'est pas terminé. Laissez vos hommes jouir de leur victoire ce soir, seigneur, laissez-les piller Tripoli. Mais envoyez les femmes et les enfants en Acre. Proposez une nouvelle trêve à mon peuple. Ils accepteront. Nous ne pouvons pas vous attaquer, nous n'en avons pas la force. Everard de Troyes m'a dit un jour que la paix ne s'achète qu'avec du sang. Le sang versé aujourd'hui ne peut-il suffire à nous l'acheter ?

Le visage de Kalawun se durcit, mais il acquiesça. Son regard se posa de nouveau sur la ville d'où s'élevaient des volutes de fumée noire. Il ferma les yeux.

Lombardie, nord de l'Italie, 29 mai 1289 après J.-C.

Une foule importante s'était réunie dans les champs, grossissant à mesure que la nouvelle se répandait. Un légat de Rome était venu, porteur d'un message du pape. Les enfants étaient juchés sur les épaules de leurs pères pour mieux voir le légat, debout sur une plate-forme érigée pour l'occasion, qui prononçait un discours d'une voix retentissante.

Le légat était un bon orateur et les gens l'écoutaient. Il ne parlait pas de la volonté de Dieu ou des devoirs de tout chrétien, ni même de l'absolution. Ayant fait face à de nombreux hommes qui restaient de marbre aux belles paroles depuis que le pape Nicolas l'avait envoyé en mission un an plus tôt, il avait appris ce qu'ils voulaient entendre. Pour les paysans, Dieu existait à l'église, pendant les messes, ou les jours de fête. Mais dans les champs, pendant qu'ils ramassaient une fois de plus la maigre récolte de l'année, ou dans les rues, quand ils mendiaient un quignon de pain, Il n'existait pas. Le peuple ne voulait pas entendre parler de la Terre sainte, de Jérusalem et d'Acre, des endroits qui ne signifiaient rien pour lui, hormis quelques histoires colportées par des gens de passage. Les hommes voulaient savoir ce qu'une croisade leur apporterait. Et c'est ce que leur expliquait le légat.

Il disait aux pauvres paysans de Lombardie et de Toscane qu'en Orient, ils auraient une meilleure vie. En Orient, les hommes, les hommes sans terre, pouvaient devenir propriétaires, ils pouvaient devenir riches, et même diriger des villes entières. Il y avait du travail pour les hommes habiles, et même ceux qui n'avaient pas de métier pouvaient facilement en apprendre un. C'était un endroit prospère, plein de richesses et de beauté. En vérité, l'Outremer était un pays de cocagne. La voix du légat était sincère, passionnée, mais il utilisait des mots simples, qu'ils comprenaient. Les paysans s'embrasaient à ces mots, transportés dans un autre monde, un monde plein de promesses et d'espoir. Tout ce qu'ils avaient à faire, c'était prendre la Croix. Il y aurait peu de combats, promettait le légat. On leur demanderait peut-être de monter la garde sur les murs d'Acre, ou peut-être de servir de force auxiliaire dans une campagne si ça se révélait nécessaire. Mais, en définitive, c'était un bien faible prix à payer pour leur liberté.

C'est le mot sur lequel le légat et ses conseillers laissèrent la foule en descendant de la plate-forme. Liberté. C'était un mot émoustillant, intangible pour la plupart d'entre eux, presque autant que les villes lointaines dont il avait parlé. La liberté était un mot réservé aux classes supérieures, aux bourgeois et au clergé, aux rois et aux princes. L'idée qu'une telle chose pouvait facilement se trouver au-delà des frontières de leur vie bornée était séduisante. Après le discours du légat, ils parlèrent avec excitation. Certains d'entre eux, ne croyant pas en cette possibilité, rentrèrent avec leurs enfants à la maison, mais d'autres se massèrent bruyamment pour débattre de ce qu'ils venaient d'apprendre.

Le légat se frottait délicatement le front avec une serviette qu'un domestique lui tendait tout en observant la foule s'animer.

— Comment Sa Sainteté espère mener une croisade avec des fermiers et des mendiants, je l'ignore.

— Je ne sais pas, frère, dit son conseiller en scrutant la populace, ils me font l'effet de vaillants gaillards.

42

Le quartier vénitien, Acre

20 août 1290 après J.-C.

Will ne cessait pas de sourire tout en traversant le marché. C'était un sourire de pure satisfaction. Il n'y avait pas de meilleurs moments. Là, il n'était ni sire William ni le commandeur Campbell, il était simplement père, et il sentait la chaleur de la main de sa fille dans la sienne. Bien sûr, il devait faire attention et portait un keffieh pour se cacher, bien que ce déguisement ne lui eût jusque-là jamais été utile.

— Y avez-vous déjà goûté, père ?

Rose tirait fort vers un étal de friandises au sucre, au miel et aux épices.

— Ce que tu me demandes, s'amusa Will, c'est de t'en acheter ?

Rose haussa nonchalamment les épaules pour masquer son envie.

— Je pensais que vous voudriez y goûter.

Mais elle lui jeta un bref regard plein d'espoir.

Il rit et se laissa attirer vers l'étal. L'homme qui le tenait fit un grand sourire à Rose et lui montra les sucreries en lui parlant dans le dialecte vénitien. Will balaya du regard le marché pendant qu'elle lui répondait. Il avait rarement vu le quartier vénitien aussi animé.

Depuis le début d'août, le flot des caravanes de commerce de Syrie et de Palestine ne cessait pas aux portes d'Acre, approvisionnant les marchés d'une manne infinie de produits. La récolte en Galilée avait été l'une des meilleures de ces dernières années et, depuis que la trêve avait été rétablie entre le sultan Kalawun et les dirigeants d'Acre, le commerce florissait. Après l'assaut contre Tripoli l'année précédente, les citoyens d'Acre avaient vécu dans la terreur des Mamelouks. Mais comme n'étaient arrivées de la ville dévastée que des colonnes de réfugiés cherchant un asile, ils s'étaient détendus. Quelques mois plus tard, une délégation était venue du Caire avec une nouvelle offre de paix, et les dirigeants d'Acre l'avaient promptement acceptée.

Avec l'irruption des caravanes de commerce, la population de la ville enflait sans limites. Personne ne se rappelait avoir déjà vu la ville si bondée. Les marchés étaient inondés de vendeurs : chrétiens indigènes, Arabes, Turcs, Grecs, proposant de l'indigo d'Irak, des épées de Damas, du fer de Beyrouth et du verre d'Égypte. Dans les quartiers vénitien, pisan, germain, les étals croulaient sous les teintures, l'ivoire, la garance et l'huile d'olive, tandis que chèvres et moutons remplissaient les oreilles de leurs bêlements frénétiques. Comme si cela ne suffisait pas, cette même semaine, vingt-cinq galères italiennes étaient entrées au port et les tavernes des quais étaient occupées jusqu'au plafond par plusieurs milliers de paysans lombards et toscans qui avaient répondu à l'appel à une nouvelle croisade. Le gouvernement d'Acre n'était pas particulièrement ravi. Où diable, demandaient-ils aux organisateurs de la croisade, allaient-ils loger toutes ces recrues inexpérimentées qui ne seraient d'aucune aide sur un champ de bataille ? Mais, malgré leurs protestations, on avait trouvé de la place : les hommes dormaient dehors, sur les toits et dans les jardins, ce qui était de toute façon bien accueilli par la plupart d'entre eux vu la chaleur de ce mois d'août.

— Pouvez-vous me donner un peu d'argent, père ?

Will sourit à Rose et mit la main au fond de sa poche. Il n'avait pas souvent d'argent sur lui, mais Elwen lui avait glissé une pièce dans la main quand Rose et lui avaient quitté la maison. C'était un ducat, l'une des premières pièces en or frappées à Venise. Acheter à sa fille quelque chose qu'elle voulait lui plaisait, il aimait ce geste ordinaire, il avait un sens. Il tirait la pièce de sa poche lorsqu'il entendit crier au milieu du vacarme de la foule. Cherchant d'où venait le cri, il vit quatre hommes en tirer un cinquième hors d'un immeuble dans une rue latérale. L'homme se débattait sauvagement mais à eux quatre ils le mirent à terre, où ils entreprirent de le rouer de coups. À côté de Will, quelques personnes se tapaient sur l'épaule en pointant du doigt vers la bagarre, mais personne ne semblait disposé à s'y mêler.

Entendant l'homme à terre lancer un cri étranglé, Will tendit à Rose le ducat.

— Attends ici, lui dit-il d'une voix ferme, puis il fit le tour de l'étal de friandises.

Il s'engouffra dans la rue latérale et attrapa l'un des assaillants, qui venait de frapper l'homme à la tête. Will le projeta contre un mur puis il se jeta sur un autre, qui partit sur le côté. L'homme poussa un grognement de surprise et se tourna vers lui. Il marmonna quelque chose en italien et, voyant que Will ne bougeait pas, il s'avança en levant les poings. Ses trois compagnons s'écartèrent de leur victime pour se concentrer sur Will. Ils sentaient le vin. Will tira son fauchon. L'homme hésita.

— Père !

Will sursauta en entendant Rose et il tourna la tête. Elle tenait dans ses mains en coupe deux sucreries enroulées dans du papier coloré. Elle resta bouche bée à la vue de l'épée dans sa main et des quatre hommes qui s'approchaient de lui. Profitant que Will était distrait, l'un des hommes lança un coup de pied dans son épée, qui vola sur le côté. Tandis que le fauchon retombait en cliquetant sur le pavé et que Will criait de surprise et de douleur, l'homme se jeta sur lui. Mais sa victoire fut de courte durée car Will ferma son poing et le lui envoya en pleine figure, ce qui fit partir la tête de son agresseur en arrière et lui brisa le nez. Il hurla un moment en titubant, puis il se prit dans les pieds de l'homme à terre, le visage toujours contre le sol, et tomba à côté de lui. Will alla chercher son fauchon avant que l'un des autres ait eu le temps de bouger. L'homme au sol rampa sur quelques mètres avant de se remettre sur ses pieds et de s'enfuir avec ses compagnons. Will les regarda s'en aller, puis il rengaina son épée en serrant les dents à cause de son poignet qui le faisait souffrir. Puis il se pencha sur la victime prostrée.

— Reste où tu es, Rose, lança-t-il par-dessus son épaule en entendant de petits pas dans son dos.

Il retourna l'homme et entendit un petit cri de surprise lorsque apparut son visage distendu, ensanglanté et désagréablement familier. C'était Garin. Will se tourna vers sa fille.

— Rose, je t'ai dit de…

Il s'arrêta, entendant Garin grogner. Les yeux de celui-ci papillotèrent, puis s'ouvrirent. Ses pupilles semblaient peiner à recouvrer une vue satisfaisante. Sa barbe était pleine de sang, il avait la lèvre éclatée. Une blessure au crâne avait saigné encore plus abondamment dans ses cheveux.

— Éloignez-vous de moi !

Will releva son keffieh pour que Garin voie son visage, mais celui-ci ne sembla pas moins agressé en le reconnaissant.

— Qu'est-ce que tu fais ici ? gémit-il en essayant de s'asseoir.

— Lève-toi, lui répondit Will, agacé, en lui tendant la main.

Garin murmura quelque chose d'obscène en repoussant la main de Will, puis il sembla apercevoir Rose pour la première fois. Elle le fixait, les friandises toujours au creux de ses mains. Son expression changea soudain. Il sourit, mais ses dents teintées de sang épouvantèrent la fillette, qui recula d'un pas.

— Petite Rose, petite beauté, chantonna-t-il en saisissant la main blessée de Will et en se relevant. Tu es de plus en plus grande chaque fois que je te vois.

Il avait du mal à articuler.

— Tu es saoul, fit Will en se dégageant.

Garin posa la main sur son cœur en redressant la tête d'un air outré.

— Jamais !

Il roula des yeux et vacilla, faisant tomber des gouttes de sang sur le sol tout en fixant Rose d'un regard mauvais.

— Je pense que *ton père* est énervé contre moi, comme d'habitude, susurra-t-il.

Il éclata soudain de rire, puis redevint aussitôt sérieux.

— Mais toi, tu n'es pas énervée contre moi, n'est-ce pas, Rosie ?

Will se plaça devant sa fille.

— Pourquoi ces hommes t'ont-ils attaqué ?

Garin soupira avec lassitude.

— À cause de ça, je suppose.

Il tendit la main en montrant deux dés noirs. Il gloussa en les jetant à terre. Tous deux roulèrent sur un six. Écœuré, Will secouait la tête.

— Rentre chez toi, veux-tu, et va dormir.

— Chez moi ! Mais où est-ce ? Je n'ai pas de chez-moi. Juste un taudis plein de puces.

Garin levait le bras en direction des quais.

— C'est de la folie pure, là-bas. Ces Lombards ont tout mis sens dessus dessous. Des bagarres tous les soirs, les tavernes remplies de paysans. Il n'y a même plus la place de culbuter une putain !

Il rejeta la tête en arrière en gloussant de nouveau.

Will tressaillit et posa sa main sur l'épaule de Rose.

— Dans ce cas, peut-être devrais-tu penser à retourner à Londres, comme je te l'ai déjà dit.

Garin lui lança une grimace.

— Arrête d'essayer de me sauver, saint William.

— Pourquoi restes-tu en Acre, Garin ? lui répondit Will d'une voix tendue. Ce n'est pas comme si quelque chose t'y attendait.

— Ce n'est pas ta *putain* de ville ! cracha Garin. En plus, j'ai des amis ici. Toi, Elwen. Rosie.

— Je ne suis pas ton amie, dit Rose d'une voix glaciale.

— Rose, la fit taire Will.

Garin fit la moue.

— Comme c'est gentil, Rosie. Ma chérie, ton père t'a-t-il dit que nous étions amis quand j'étais un Templier ?

Il se pencha en avant et mit un petit coup dans la poitrine de Will.

— Je t'ai sauvé la vie, Campbell. Trois fois !

Il compta sur ses doigts sans voir la colère de Will enfler.

— Quand Rook voulait t'empoisonner dans le bordel, pour partir à la recherche du *Livre du Graal*, et que je t'ai juste drogué. Quand nous étions à Antioche et qu'il y avait des Mamelouks partout autour de toi. Quand tu étais dans le désert et que…

Il se mit la main sur la bouche, les yeux arrondis.

— Non, non, attends ! C'était quelqu'un d'autre.

Il rit entre ses doigts, mais son rire s'évanouit rapidement et il lécha sa lèvre éclatée avant de lancer un énorme crachat au sol.

— Je ne donnerai pas d'argent à Édouard, Garin. Ce n'est pas parce que tu traînes en Acre sans rien à y faire que je vais changer d'avis. Retourne voir ton maître et dis-le-lui. Dis-lui qu'il n'aura rien de moi ou de l'Anima Templi pour agresser l'Écosse.

Sur ce, il voulut s'éloigner.

— T'es toujours le champion, c'est ça ? Toujours à sauver tout le monde ! cria Garin en titubant derrière lui. Mais tu es aussi faillible et désespéré que nous autres. Sale hypocrite !

Will pivota, la fureur ayant pris le dessus.

— Ne t'approche pas de moi, Garin, je t'assure que c'est préférable.

— Et tes vœux, Will ! Chasteté, pauvreté, obéissance. Tu t'es agenouillé dans cette église à Paris, et tu t'es promis au Temple. Combien d'entre eux as-tu tenus ? Chasteté ?

Il eut un rire dément.

— Je pense que celui-là est passé à la trappe il y a longtemps, non ? Pauvreté ? Tu voles dans les coffres du Temple pour ta propre faction secrète. Obéissance ? Bien, disons que nous savons tous les deux que ça n'a jamais été ton point fort.

Garin écumait, crachant du sang et de la salive en même temps que son venin.

— Tu es un fils de pute aussi menteur et tricheur que moi, ne l'oublie jamais !

C'en était assez. Aveugle à tout sauf à l'homme haineux qu'il avait face à lui, un homme avec qui il avait par le passé ri et pleuré, un homme avec qui il avait partagé des secrets et à qui lui aussi avait sauvé la vie, Will frappa sauvagement. Son poing cogna Garin sur sa mâchoire déjà blessée, déchaussant une dent. Garin chancela en arrière de quelques pas avant de tomber comme un arbre mort. Un nuage de poussière s'éleva lorsqu'il heurta le sol.

— J'aurais dû les laisser te tuer, lança Will, penché au-dessus de lui, bouillonnant, prêt à le frapper encore et encore.

— *Non !*

Will fit volte-face. Rose avait lâché les bonbons et se cachait le visage avec ses mains. Sa colère et sa haine refluèrent d'un coup, et il se retrouva tremblant. Garin leva les yeux vers Will, une lueur de triomphe dans les yeux.

— Tu es comme moi.

Sans répondre, Will partit en tirant Rose par le bras.

Les yeux à demi fermés, Garin les regarda s'en aller. Rentre chez toi, lui avait dit Will. *Chez toi.* Will pensait qu'il avait encore un endroit où aller à Londres, une position. En vérité, il s'était défait de ce lien depuis bien longtemps, il n'en pouvait plus de l'emprise d'Édouard, de toutes ces années de fausses promesses, d'insultes et de menaces. Tant que subsistait un espoir, même mince, d'une nouvelle vie, de devenir père. Cela, plus que tout, avait arrêté sa décision de rester en Acre. L'année précédente, le roi avait envoyé des hommes le chercher, mais on l'avait prévenu et il avait quitté la taverne qu'il habitait, où il mangeait et buvait grâce aux gains des jeux d'argent et de ses larcins. Il s'était caché, avait laissé pousser sa barbe jusqu'à ce qu'elle lui mange tout le visage, était passé d'un endroit à l'autre, dormant dans des masures ou des bordels, aussi nomade que les tribus du désert. Paradoxalement, ses années de service auprès d'Édouard lui donnaient toutes les compétences requises pour réussir sa fuite, et bien qu'il craignît toujours les bruits de pas derrière lui dans les rues désertes, bien qu'il imaginât toujours un couteau surgissant de l'ombre, il avait réussi à se perdre dans l'anonymat, hors de portée d'Édouard.

Le regard de Garin se posa sur les friandises que Rose avait laissé tomber et qui s'étaient dégagées de leur emballage coloré. Il rampa jusqu'à elles en grognant et en attrapa une. Elle était chaude et gluante. Lentement, il la porta à sa bouche et la mordit. La souffrance, le sang et le sucre se mélangèrent en une sensation délicieusement douloureuse.

— Père.

Tandis qu'ils revenaient sur la place du marché, Will remit brusquement en place son keffieh.

— Père ! dit Rose, plus fort cette fois.

Will s'arrêta.

— Qu'est-ce qu'il y a ?

— Vous me faites mal au bras !

Will fixa le visage apeuré et en colère de sa fille et la lâcha d'un coup.

— Je suis désolé.

Il posa les mains sur ses épaules.

— Tu n'aurais pas dû voir tout ça.

L'expression de Rose se modifia et soudain la peur parut changer de nature, plus douce, comme de l'inquiétude.

— Quand Garin vient à la maison, maman crie et le chasse, et vous vous mettez en colère quand nous le croisons dans la rue, même s'il vous parle poliment. Pourquoi ?

— Je ne veux pas de lui dans ma vie, Rose. Il a fait des choses qui nous ont profondément blessés, ta mère et moi, il y a des années. J'ai essayé de lui pardonner, mais je n'y arrive pas.

— Mais vous étiez amis, avant ? Quand vous viviez en Angleterre ?

— Oui. Mais les choses changent. Nous sommes des gens différents, maintenant. Quoi qu'il en dise..., ajouta Will d'une voix dure.

— Ces choses...

Rose s'interrompit et se mordit les lèvres en croisant son regard.

— Ces choses qu'il a dites sur vous, sur les vœux. Il les pensait ?

Will soupira.

— En un certain sens, oui. Mais pas comme il les a dites.

Il s'arrêta, ne sachant trop comment continuer. Elwen et lui avaient expliqué la Règle du Temple à leur fille : en tant que chevalier, Will avait interdiction de se marier ou de fréquenter une femme, et le Temple ne devait jamais les découvrir. Mais ils n'avaient rien dit du rôle de Will au sein de l'Anima Templi. Rose était intelligente pour son âge mais elle était encore jeune et ils ne voulaient pas qu'elle portât le fardeau de leurs secrets.

— Garin n'est pas un honnête homme, Rose. En tout cas, il ne l'est plus.

Il la prit doucement par le bras.

— On ne peut pas lui faire confiance. D'accord ?

Rose le scruta de son regard intense.

— Il va rester jusqu'à ce que vous lui donniez de l'argent ?

— J'espère que non.

— Pourquoi ne pas lui en donner si ça le faisait partir ?

— À cause de ce qu'il en ferait.

Will lui adressa un sourire fatigué en voyant sa mine interrogatrice.

— Le maître de Garin, le roi Édouard, a attaqué le pays de Galles, où ta mère est née, afin de s'octroyer un plus grand royaume. D'après les rumeurs, il veut faire pareil avec l'Écosse et l'Irlande. Le roi d'Écosse est mort il y a quatre ans et son héritière est sa petite-fille. D'après ce que nous savons, Édouard veut marier son fils, Édouard de Caernarvon, à la fille. Les rois d'Écosse et d'Angleterre ont eu de bonnes relations par le passé, mais l'ingérence d'Édouard me fait craindre le pire. Je pense qu'il y a des hommes en Écosse qui ne se laisseraient pas faire et je ne veux pas qu'il arrive dans mon pays natal la même chose qu'en Galles. Si je donne de l'argent à Garin, le roi pourra s'en servir pour sa guerre, comme il en a l'habitude.

— Avez-vous peur pour vos sœurs ? Pour Ysenda et Ede ?

— Pour elles et pour la paix. En outre, je voudrais qu'un jour, tu voies l'endroit où j'ai grandi. Pas un territoire à la botte d'Édouard.

Rose leva les yeux vers lui tandis qu'ils reprenaient leur marche.

— Moi aussi, je veux le voir.

Will sentit la main de sa fille se glisser dans la sienne mais, durant leur traversée du marché, un poids tomba sur ses épaules. C'était d'avoir parlé de sa famille. Ces vieux souvenirs étaient toujours capables de le hanter.

Il y avait sa sœur, Mary, dont il avait causé la mort, après quoi son père était entré au service de l'Anima Templi et sa mère et ses trois autres sœurs s'étaient retirées dans un couvent près d'Édimbourg. Il y avait sa mère, ses yeux lorsqu'elle l'avait embrassé pour la dernière fois quand son père l'avait emmené avec lui au Temple à Londres. Et, ultime coup de poignard, il y avait James lui-même, avec sa crinière noire et ses mains tachées d'encre, l'homme à qui il avait toute sa vie essayé de ressembler, cherchant sans répit le pardon pour la mort de Mary, sinon dans cette vie, du moins dans la suivante. Ces souvenirs, ces morts, ces adieux, tout n'était que douleur. Mais les autres, les bons souvenirs, ceux d'avant les morts, ceux d'avant son départ d'Écosse, étaient pis encore. Les couleurs s'étaient ternies avec le temps et il manquait des scènes, mais les rires et l'odeur des ajoncs en été, et le clapotis de l'eau entre ses jambes quand il pataugeait dans le loch : ceux-là auraient pu le détruire. Pendant des années, il les avait contenus, concentré sur ses devoirs, sur son travail, sur sa propre famille. Puis, il y a quatre mois, il avait reçu une lettre.

Quand il l'avait ouverte, il avait scruté l'écriture étrangère, sans vraiment lire les mots, avant de tomber sur la signature tout en bas. Ysenda Campbell. Ce nom avait ravivé quelque chose de brutal à l'intérieur de lui. C'était le nom de sa plus jeune sœur, qu'il n'avait pas vue et dont il n'avait eu aucune nouvelle depuis qu'il avait dix ans. Elle n'était alors qu'un nourrisson. Cette lettre l'informait de la mort de leur mère, Isabel. Elle était morte dans son sommeil d'une maladie dont elle souffrait depuis quelque temps et on l'avait enterrée dans la chapelle du couvent où elle était restée depuis le départ de James et Will. En lisant le nom de sa mère, Will l'avait revue telle qu'elle était la dernière fois, trente-deux ans plus tôt. Debout devant le couvent, elle les avait regardés partir, un fin châle de laine enroulé autour de ses épaules, tenant d'une main ses cheveux roux agités par la brise. Il s'était retourné au bout de quelques centaines de mètres : elle se tenait toujours au même endroit, cette femme qui l'avait bercé et embrassé, sa mère que la distance rendait déjà lointaine, une étrangère sur la colline.

La lettre lui apprenait une autre mort, mais presque en passant, comme s'il était déjà au courant. Leur mère, écrivait Ysenda, était malade depuis le décès de leur sœur aînée, Alycie. Will supposa que la lettre l'en informant s'était perdue en chemin. Ou peut-être n'avait-elle jamais été envoyée. Maintenant, il ne restait qu'Ede et Ysenda. La lettre était cruellement impersonnelle, comme si elle avait été écrite par pure obligation, comme si c'était une corvée. Entre les lignes, Will discerna un reproche qui lui fit penser qu'Ysenda, mentionnant brièvement ses enfants sans les nommer, n'avait jamais pardonné à Will et à son père de les avoir abandonnées, qu'elle voulait qu'il en souffrît. Et pour souffrir, il souffrait. Isabel n'avait même pas su qu'elle avait une petite-fille. Il avait toujours eu trop peur de divulguer son secret dans une lettre.

— Père, qui est-ce ?

Will sortit de ses souvenirs. Rose avait l'air perplexe. Il regarda alentour en réalisant qu'une cloche sonnait. Il était trop tard pour none et trop tôt pour les vêpres. Il se demandait depuis combien de temps elle sonnait lorsque l'église San Marco se joignit à la première, dépêchant une flopée d'oiseaux de mer dans le ciel cobalt. D'autres gens s'arrêtaient et levaient le nez vers le clocher de San Marco. Au loin, on entendait des cris. Cinq hommes de la garde vénitienne arrivèrent sur la place. Ils éructèrent quelques mots.

— Qu'est-ce qu'ils disent, Rose ? demanda Will.

— « Érigez des barricades », répondit Rose d'une voix inquiète. Ils disent de fermer les rues. Il y a un combat sur les quais. Beaucoup d'hommes.

En quelques instants, les marchands ramassèrent leurs affaires. Les parents attrapaient leurs enfants par la main et se dépêchaient de partir tandis que les cloches continuaient à carillonner et que d'autres gardes faisaient leur apparition. Will serra Rose contre lui et la fit sortir de la place du marché. Les gens fermaient les contrevents des maisons, interpellaient leurs voisins, leurs amis, se hâtaient de rentrer chez eux.

Ils atteignirent bientôt la maison d'Andreas. Dehors, Elwen parlait avec animation avec un voisin. Le soulagement se peignit sur ses traits en voyant Will et Rose arriver en courant dans la rue.

— Que se passe-t-il ? demanda-t-elle à Will en serrant Rose dans ses bras.

— Une émeute, on dirait, fit Will en haletant. Il faut que j'aille au Temple. Rentrez et verrouillez les portes.

Elwen hocha la tête et le serra rapidement contre elle.

— Sois prudent ! cria-t-elle tandis qu'il repartait au pas de charge.

Les quais, Acre, 20 août 1290 après J.-C.

Personne ne pouvait dire comment ça avait commencé. Plus tard, quand on eut nettoyé les dégâts et que les cadavres furent entassés à l'arrière des chariots, une rumeur circula selon laquelle un groupe de croisés lombards avait entendu dire qu'une chrétienne avait été violée par deux musulmans la nuit précédente. Il y avait d'autres explications possibles pour cette violence, elles impliquaient toutes la chaleur, l'alcool et la misère. Mais rien, aucune raison, aucune justification ne pouvait excuser la barbarie stupide qui se déroula sur les quais et se répandit dans toute la ville, comme les ondulations concentriques que provoque une pierre en tombant dans un lac, de plus en plus fortes et à la portée de plus en plus lointaine.

La température était étouffante et les paysans italiens qui passaient leur temps dans les tavernes des quais étaient plus qu'échauffés. Quelques Lombards avaient été élus porte-parole par les autres paysans. Le jour précédent, ces hommes étaient allés se plaindre aux chefs de la croisade, mis en place par le pape à Rome et qui incluaient l'évêque de Tripoli. Les propriétaires des tavernes exigeaient des loyers et ils n'avaient pas d'argent pour se nourrir. L'évêque et les autres nobles responsables de la croisade ne pouvaient pas les aider : on ne leur avait donné aucun fonds, ils ne pouvaient rien offrir aux paysans. L'évêque fit même preuve de mauvaise volonté, leur faisant remarquer que, s'ils voulaient du pain et un lit, ils auraient dû y réfléchir à deux fois avant de dépenser le peu qu'ils avaient en putains et en vin. Les paysans s'étaient donc fait refouler, amers et maussades.

On leur avait promis un pays de cocagne et, de fait, ils voyaient partout autour d'eux les signes de l'opulence de l'Orient : dans les bâtiments majestueux, les habits luxueux des autochtones, les marchés débordant de victuailles. Mais ils n'en récupéraient pas même les miettes et personne ne voulait d'eux. Même le patriarche, le représentant du pape en Acre, ne savait trop que faire d'eux. Ce que les dirigeants chrétiens attendaient pour une croisade, c'étaient des soldats bien entraînés et un commandement efficace, pas une populace indisciplinée qui ne connaissait pas les manières de l'Orient. Les marchands du cru, les pêcheurs et les officiers des douanes se plaignaient de devoir maintenant passer au milieu d'une cohue d'hommes à demi conscients sur des quais couverts de vomi et de sang. Les propriétaires des tavernes se plaignaient de l'absence de paiement et des dégâts faits dans leurs établissements. Les prostituées étaient battues, violées, les habitants détroussés, les églises vandalisées. Les paysans italiens avaient abandonné leurs familles et leurs champs et avaient traversé la mer avec l'espoir d'une vie meilleure. À la place, ils se retrouvaient avec des mouches, une chaleur insupportable et une misère encore plus grave. Ils étaient venus faire la guerre, mais il n'y en avait pas. Et ainsi, cet après-midi-là, sous le coup de l'ennui et la morsure du soleil, ils formèrent leur propre croisade.

Les premières morts eurent lieu à l'extérieur d'une taverne, sur le quai des Trois-Rois. Six hommes titubèrent jusqu'au mur d'enceinte. Ils traînèrent là un moment leurs visages rougeauds jusqu'à ce que l'un d'entre eux pointe du doigt deux Arabes menant un chameau chargé de paniers. Alors ils poussèrent comme un seul homme un cri d'excitation et de rage et se précipitèrent sur les deux hommes qui se figèrent, stupéfaits, en les voyant approcher. L'un des Arabes fut frappé à la tempe et s'écroula en lâchant les rênes du chameau, qui se mit à galoper d'effroi à travers le quai. L'autre homme essaya de s'enfuir mais deux des agresseurs lui sautèrent dessus. Les pêcheurs et les porteurs travaillant sur les quais, qui observaient la scène, avaient de la peine à en croire leurs yeux. Plusieurs habitants d'Acre tentèrent d'arrêter la bagarre mais certains des assaillants avaient arraché des planches de bois à un cageot et les brandissaient comme des armes. Quelqu'un courut vers les douanes pour faire venir de l'aide. Mais il était trop tard pour les Arabes. Quand les six hommes cessèrent de les rouer de coups de pied et de poing, ils avaient perdu depuis longtemps connaissance et leurs visages n'avaient plus rien d'humain.

D'autres croisés lombards, des camarades des six premiers, accoururent en entendant le chahut sur le quai des Trois-Rois. Ils parurent ahuris de voir leurs amis couverts de sang. Leurs yeux tombèrent sur les deux Arabes massacrés et deux d'entre eux s'écartèrent, pris de haut-le-cœur. Mais il y en eut un pour les applaudir et les acclamer. C'était un son guttural, animal, qui sembla agir comme un détonateur sur les autres, leur signalant qu'une ligne avait été franchie sans retour possible. D'autres cris de triomphe suivirent. Et, de la sorte, une foule se forma.

— Tuons tous ces sales Sarrasins ! hurla un homme.

— Tuons-les ! Tuons-les ! entonnèrent les autres.

Les paysans se dispersèrent à travers les quais. Les autres croisés italiens sortirent des tavernes pour voir de quoi il s'agissait. Quand ils comprirent, nombre d'entre eux s'alignèrent derrière leurs compatriotes, excités par la fièvre palpable émanant de la cohue grandissante.

— Qu'est-ce qui se passe ? demanda un homme en sortant d'une taverne.

— Une croisade, lança quelqu'un. On va tuer les Sarrasins !

— Et ensuite, on sera payés ! cria un autre.

Une vibrante acclamation retentit.

Les yeux de l'homme brillaient d'excitation et il courut tout raconter à ses camarades restés à l'intérieur.

Les hommes suivaient simplement pour ne pas être à l'écart, ou parce que quelqu'un avait dit qu'ils seraient payés, ou parce qu'ils n'avaient rien de mieux à faire. Les premiers poussèrent un cri de ralliement, repris bientôt par tout le monde en un mugissement sonore.

— *Deus vult ! Deus vult !* Dieu le veut ! Dieu le veut !

Tout en marchant, ils ramassaient des pierres ou des clous rouillés qu'ils serraient entre leurs mains en fendant l'air et en souriant et grimaçant. Si leurs chefs ne voulaient pas les armer, ils s'armeraient eux-mêmes. S'ils ne voulaient pas les payer, ils se serviraient. Les officiers des douanes et les gardes étaient sortis de leurs bâtiments mais ils n'étaient pas préparés à la horde démente qu'ils rencontrèrent au milieu des quais.

— Sainte Mère de Dieu, murmura un homme. Il nous faut plus de gardes.

Un autre s'arma de courage.

— S'il vous plaît ! cria-t-il à la foule en levant les mains. S'il vous plaît ! Vous devez vous arrêter !

Mais les paysans avançaient comme une lame de fond. Ils conspuaient les officiers, riant des hommes aux belles robes et aux cheveux huilés qui essayaient de les arrêter.

— Regardez-les ! se moqua l'un d'entre eux. Ils sont habillés comme des Sarrasins !

— Arrêtez-vous ! ordonna un officier.

Soudain, une pierre partit de la foule. Elle frappa l'officier au front, qui s'écroula. La foule s'arrêta un instant, incrédule et gênée. Cet homme n'était pas un Sarrasin. C'était un Occidental, un chrétien comme eux, un homme qui avait du pouvoir, de l'importance.

Mais rien ne se passa.

Aucun décret divin ne vint foudroyer celui qui avait jeté la pierre. Les autres officiers ramassèrent leur camarade en sang et se replièrent dans leur bâtiment. Même les gardes les imitèrent.

Hurlant pour célébrer leur victoire, les paysans reprirent leur marche en avant. Ils étaient invincibles. Le nouveau pouvoir qu'ils s'étaient arrogé était une drogue qui s'empara d'eux tout de suite.

— Comment reconnaît-on les Sarrasins ? voulut savoir un homme.

— Tous les Sarrasins portent la barbe, répondit un autre. Tuons tous ceux qui portent la barbe.

Les gens acquiescèrent avec détermination, contents de pouvoir concentrer leur rage.

Un cri s'éleva. L'un des paysans indiquait une direction. Plus loin se trouvait le marché pisan. Les commerçants commençaient à partir et les cloches sonnaient l'alarme mais la place était encore bondée. Voyant les étals pleins de fruits, de porcelaines, de pierres précieuses et de soieries, les paysans se ruèrent en courant. Les gardes pisans firent une dernière tentative pour fermer les lourdes grilles mais il était trop tard. Les paysans s'engouffrèrent dans la porte comme un raz-de-marée.

Au début, ce ne furent que quelques hommes brandissant leurs armes bricolées avec une allure menaçante. Mais, soudain, la digue céda et la place fut bientôt submergée.

Les paysans déferlèrent en retournant les étals. Ils poussaient et frappaient sans distinction les clients et les marchands. Une femme se mit à crier à cause de sa fille qu'on venait de renverser et que les hommes piétinaient pour obtenir leur part des trésors du marché. Un marchand grec essaya de garder son sac d'argent malgré les deux paysans qui l'encerclaient. Ils le mirent à terre. Le premier s'acharna sur sa tête à coups répétés tandis que l'autre lui prenait le sac des mains. Un homme arracha le voile d'une Bédouine et lui cracha au visage pendant qu'un camarade défigurait son mari en lui lacérant le visage avec un clou. Un vendeur de dattes chrétien et syrien fut pris à partie par cinq hommes qui le soulevèrent en criant et l'emmenèrent près d'une boulangerie avec un panneau. L'un des hommes ôta au Syrien le turban qu'il portait et le lui noua autour du cou.

— Mort au Sarrasin ! hurla un autre.

Un troisième grimpa et enroula l'autre extrémité du turban autour du panneau métallique de la boulangerie. Ensemble, ils le hissèrent et le pendirent. Le chrétien se balança là un moment, donnant des coups de pied dans le vide et suffoquant horriblement jusqu'à cesser de vivre.

De l'autre côté de la place, trois hommes pénétrèrent dans une librairie arabe où, après avoir massacré le propriétaire, ils trouvèrent deux femmes recroquevillées dans l'arrière-boutique. L'une d'elles essaya de se défendre avec un bâton mais ses agresseurs la plaquèrent au sol et la battirent à mort. L'autre fut maintenue au sol et violée. Et les mêmes scènes se répétèrent à travers toute la place.

Les croisés grouillaient comme des sauterelles dans un champ de maïs. Ils remplissaient leurs sacs et leurs tuniques de rubis et de saphirs, d'or et de nourriture.

Les fenêtres furent brisées, des débuts d'incendie prirent dans les maisons et les commerces, et le chaos se propagea tandis que telles des sauterelles, ils terminaient leur festin et écumaient la ville. Ils étaient des milliers, vortex mortel et destructeur. Ils se déchaînaient dans les rues comme une rivière sortie de son lit, se répandant en affluents pour contourner les barricades érigées ici et là. Des combats eurent lieu entre les gardes de la ville et les croisés mais, pour l'heure, bien que l'alarme fût sonnée depuis un moment, aucune force efficace n'avait pu leur être opposée. Les croisés tuaient tous les hommes barbus qu'ils croisaient, mais comme les juifs et les chrétiens étaient nombreux à porter la barbe, les morts n'étaient pas tous musulmans.

Les chevaliers du Temple et de l'Hôpital se rendirent dans les rues pour arrêter le massacre, bientôt rejoints par les Teutoniques et les gardes de la ville. On offrit aux musulmans de se réfugier au Temple, dans des églises ou des maisons privées. Les mosquées n'étaient pas à l'abri, les paysans croisés l'avaient prouvé en entrant dans la première qu'ils avaient rencontrée et en y égorgeant tous ceux qui s'y trouvaient, aspergeant de sang le sol et les murs de marbre blanc. De petites poches de violence subsistèrent, là où les habitants se joignaient aux gardes de la ville pour affronter les croisés. Mais les chevaliers reprirent progressivement le contrôle de la ville, ils brisèrent la résistance des paysans si bien qu'au bout d'une heure, le combat montra des signes d'épuisement.

Pour finir, après avoir semé la terreur et dévasté une bonne partie d'Acre, la foule se dispersa. Les hommes étaient fatigués et ils n'avaient plus l'ivresse pour les soutenir. Chargés de leur butin, ils reprirent le chemin des quais. Vacillants, épouvantés par leurs propres actes, ils se réveillèrent de leurs rêves avec les mains pleines de sang. En à peine deux heures, la croisade des paysans touchait à son terme. Les chevaliers établirent un couvre-feu et se mirent à patrouiller à la nuit tombée. Les émeutiers arrêtés étaient jetés au cachot et on commença à empiler les cadavres sur des chariots. Plus de deux cents croisés italiens étaient morts durant cet épisode. Mais plus d'un millier d'habitants d'Acre avaient péri. Et avec la nuit qui venait, les incendies étaient encore plus flamboyants et les taches de sang encore plus sombres.

43

La citadelle, Le Caire

7 septembre 1290 après J.-C.

La compagnie pénétra par l'imposante porte al-Mudarraj dans la cour de la citadelle. Les gardes à l'entrée leur jetèrent des regards circonspects et hostiles tandis qu'ils descendaient de cheval. Les sept hommes furent ensuite conduits par dix Mamelouks de la garde royale à travers les couloirs voûtés en marbre du palais. Serviteurs et soldats arrêtaient ce qu'ils étaient en train de faire pour les regarder passer d'un air à la fois curieux et méfiant. Quand ils atteignirent les doubles portes de la salle du trône, il leur fut demandé d'attendre. Deux des Mansuriyya disparurent à l'intérieur. Peu après, les portes se rouvraient.

Will fut le premier à entrer. Derrière lui venaient six Templiers, leurs cagoules rejetées en arrière. Avec son vêtement de l'Ordre, Will se sentait vulnérable. Il était toujours venu en secret au Caire, déguisé. Se retrouver ici pour des affaires officielles le mettait mal à l'aise. Il scruta rapidement la salle, les élégants piliers alignés le long de l'allée centrale, les esclaves vêtus de blanc agitant pour rafraîchir l'atmosphère d'énormes feuilles de palmier. Tandis que les guerriers mamelouks les conduisaient jusqu'à une plate-forme au fond de la salle, son regard se posa sur les cinq hommes installés autour du trône en or. Il supposa qu'il s'agissait de généraux ou de conseillers bien que l'un d'entre eux, un jeune homme avec une énorme tignasse et un air distant, ressemblât assez à celui qui occupait le trône pour qu'il leur supposât un lien de parenté. Pendant qu'il s'approchait, il se demanda s'il l'avait déjà vu, mais il dut écourter ses spéculations lorsqu'un garde royal les annonça.

Kalawun avait les yeux braqués sur Will. Il avait eu un air inquiet en le voyant entrer, mais il avait déjà retrouvé la maîtrise de ses émotions.

— Parlez, dit-il d'une voix bourrue. Pourquoi êtes-vous venus ?

Will tendit un rouleau.

— Nous venons sur ordre du grand maître de Beaujeu, seigneur.

L'un des gardes s'empara du rouleau et alla le donner à Kalawun, qui l'ouvrit.

Tout le temps de sa lecture, le silence régna dans la pièce. Une fois qu'il eut terminé, il leva la tête.

— Je parlerai seul avec le Templier.

— Seigneur..., commença un homme derrière lui.

— Nous finirons notre discussion plus tard, émir, répondit Kalawun sans ambages. Vous pouvez disposer.

L'homme se mordit l'intérieur des joues, puis il s'inclina. Les cinq hommes quittèrent l'estrade et se dirigèrent vers une issue sur le côté.

— Toi aussi, Khalil, ajouta Kalawun en faisant signe au jeune homme à la tignasse.

— Seigneur, je...

Kalawun lui jeta un regard noir pour le faire taire.

Avec un bref salut, le jeune homme descendit de l'estrade. Son regard s'attarda sur Will avec un mélange d'hostilité et d'intérêt, puis il sortit. Les soldats Mansuriyya eurent également des réticences à sortir mais

Kalawun ne se laissa pas fléchir par leurs protestations et leurs appels à la prudence, et eux aussi durent quitter la pièce, ainsi que les serviteurs. Les chevaliers qui accompagnaient Will suivirent le même chemin et, en quelques instants, il ne resta plus que le sultan et le commandeur.

Kalawun se leva de son trône. Il tenait toujours le rouleau dans sa main en descendant de l'estrade.

— Que s'est-il passé ? dit-il en le brandissant devant Will.

Will sursauta.

— Je pensais que vous étiez déjà au courant…

— Je le suis, le coupa Kalawun avec colère. Nos espions en Acre m'ont informé. Mais pourquoi ? Pourquoi est-ce arrivé ?

— Nous n'en sommes pas tout à fait certains. Un groupe de paysans italiens est venu pour une croisade à l'initiative du pape de Rome, soutenu par Édouard d'Angleterre et le roi Philippe de France. Nous pensons que le déchaînement de violence a commencé à cause d'une rumeur selon laquelle une femme chrétienne avait été violée par deux musulmans.

— C'est votre excuse ?

— Non, répondit aussitôt Will, bien sûr que non. La vérité, c'est qu'il n'y a pas d'excuse pour ce qui s'est passé. Mais vous vouliez une raison, une explication. C'est la seule que nous ayons.

Il secouait la tête en prononçant ces mots.

— Est-ce que vous avez la moindre idée, demanda Kalawun en cherchant à contenir sa fureur, des difficultés auxquelles j'ai dû faire face après Tripoli pour ne pas poursuivre la campagne contre votre peuple ? Il m'a fallu des mois pour convaincre la cour que les Francs n'avaient pas l'intention de nous attaquer, que les informations sur lesquelles nous nous étions fondés avaient été faussées par des hommes, dans votre camp, qui avaient leurs propres desseins. Il m'a fallu lutter de toutes mes forces pour les persuader qu'il était de notre intérêt de négocier une trêve avec les Francs.

— Avec tout le respect que je vous dois, seigneur, l'assaut sur Tripoli n'était pas justifié. Vos troupes n'avaient aucune raison d'assiéger la ville. Vous donnez l'impression que nous devrions être heureux qu'Acre ait été épargnée, que nous devrions vous remercier pour votre indulgence. Mais vous étiez lié par votre signature !

— La légalité n'est pas précisément ce qui intéresse ma cour, en particulier quand nous parlons des Francs, riposta Kalawun. La plupart de mes hommes souhaitent vous chasser. N'importe quel prétexte pourrait leur suffire. Et vous venez de leur en donner un.

Il passa la main dans ses cheveux argentés.

— Plus d'un millier de morts. Des cadavres abandonnés dans la rue, sans sépulture. Des centaines d'orphelins. Des maisons et des vies détruites. C'est l'un des assauts les plus brutaux dont j'aie entendu parler depuis des années. Ce ne sont pas des guerriers entraînés que ces animaux ont attaqués : c'étaient des libraires, des bijoutiers, des boulangers, des pêcheurs, qui vivaient tous en paix depuis des décennies avec votre peuple. Mes espions m'ont raconté qu'on dénudait les gens avant de les traîner dans les rues jusqu'à un endroit approprié pour les pendre.

Kalawun écrasait complètement le rouleau dans son poing.

— Et votre grand maître croit que nous allons nous contenter d'excuses ?

— Je réalise que c'est bien peu, laissa tomber Will, mais des juifs et des chrétiens aussi ont été tués. Les Italiens n'ont pas pris d'ordres d'un chef quelconque. Nous ne voulions même pas d'eux en ville.

— Non ? Il n'y a pas si longtemps, votre grand maître cherchait pourtant à déclencher une guerre contre nous.

— Plus maintenant, seigneur, et même ceux parmi les dirigeants d'Acre qui aimeraient voir une nouvelle croisade n'ont pas envie de tels soldats. Ce ne sont pas des soldats entraînés qu'on envoie fortifier nos places fortes et augmenter nos armées. Ce sont des paysans à moitié morts de faim attirés par les promesses habituelles de prospérité et d'absolution, ils ne comprennent rien à l'Outremer et à son peuple. Nous avons essayé de les en empêcher, croyez-moi. Beaucoup de musulmans ont été massacrés, c'est vrai. Mais il y en a eu aussi beaucoup de sauvés grâce à la réaction de notre peuple.

Kalawun secouait la tête.

— Cette rhétorique ne suffira pas à apaiser ma cour, Campbell. Mon peuple demande un châtiment. C'est tout ce que j'ai pu trouver pour les empêcher de prendre les armes de leur propre chef et de partir vers le nord faire couler le sang.

— Nous avons beaucoup travaillé, Kalawun, ensemble et séparément, pour maintenir la paix entre nos peuples. Je sais que cet équilibre fragile a été rompu une fois à Tripoli. Mais je vous en supplie encore, ne laissez pas les actes inconsidérés de quelques individus dicter l'avenir de tous.

Will soutenait le regard tendu de Kalawun.

— Ne laissez pas le besoin de revanche de votre cour détruire ce que nous avons construit. Pensez à tous nos sacrifices, les avons-nous faits en vain ?

— Et qu'avons-nous construit, Campbell ? demanda Kalawun d'un air las. Peut-on seulement le mesurer ? Est-ce que ça en vaut la peine ?

— Vous savez que oui, lui assura Will, ou vous n'auriez pas fait reculer vos troupes après Tripoli.

Il poussa un profond soupir. Comme souvent ces derniers temps, il aurait aimé qu'Everard soit là. Il n'en pouvait plus d'essayer de conserver une cohésion dans ce monde qui ne demandait qu'à perdre le contrôle.

— Vous n'auriez pas travaillé si dur pour maintenir la paix. Vous l'auriez laissée mourir. C'est ce qu'auraient fait des hommes moins grands, ajouta-t-il. Quand vous avez rencontré mon père et que vous avez accepté de vous allier à lui, contre Baybars, contre votre famille et votre peuple, vous ne l'avez pas fait en pensant que ce serait facile. Vous l'avez fait parce que vous croyiez, tout comme je le crois, que la paix profite à nos peuples.

Kalawun ferma les yeux. Les paroles de Will brisaient sa rage et le jetaient en pleine confusion. Était-ce vrai ? Avait-il fait les bons choix ? Avec tous ses hommes qui lui répétaient jour après jour, année après année, qu'il fallait affronter les Francs, il avait commencé à oublier pourquoi il rejetait leurs conseils, il avait commencé à perdre ses convictions.

— Vous croyez que les musulmans, les chrétiens et les juifs ne sont pas obligés de se faire la guerre, que dans un certain sens nous sommes semblables. Vous croyez que quand nous nous battons, c'est contre nos propres frères que nous levons les armes. Nous sommes tous les enfants de Dieu. Vous le savez.

Kalawun rouvrit les yeux et c'était comme si quelque chose en lui s'était éveillé. La colère, une colère brutale, inextinguible. Mais pas dirigée contre les chrétiens, non. Contre son propre peuple, contre les hommes qui l'avaient fait douter, qui avaient ébranlé sa foi. *Pensez à tous nos sacrifices, les avons-nous faits en vain ?* Il avait trop perdu pour tourner le dos à tout ce qui comptait pour lui. Il avait essuyé tant de pertes en luttant pour cette cause : abandonner la cause elle-même ôterait tout sens à sa vie. Non, il fallait qu'il croie qu'il avait été conduit là pour une mission. Il devait croire que Dieu le guidait, qu'il avait raison.

— Je vais devoir exercer une sanction, murmura-t-il en regardant Will. C'est la seule manière de retenir mes généraux et de conserver mon trône.

— Nous nous y attendions. Le grand maître ne m'a pas envoyé seulement pour vous exprimer son profond regret et ses sincères excuses, il voulait aussi que nous discutions les termes d'une réparation.

— Je veux que les responsables des atrocités soient arrêtés et qu'on me les envoie pour qu'ils soient jugés ici. Et je veux un sequin de Venise par citoyen d'Acre.

Will plissa le front.

— Cela fait plus de cent vingt mille pièces d'or, seigneur.

Kalawun hocha la tête.

— C'est une somme importante. Une somme dont mon peuple tiendra compte. Je jouerai mon rôle, Campbell. Jouez le vôtre. Retournez voir votre grand maître et persuadez Acre d'accepter ces termes si vous voulez que je puisse retenir mon armée.

Par le petit interstice entre le mur du couloir des domestiques et la salle du trône, Khalil regarda son père et le Templier se serrer la main. Tout son corps tremblait d'une énergie comprimée qui, pour le moment, ne s'était pas transformée en une émotion cohérente. Son esprit était encore chancelant.

En quittant la salle du trône, Khalil s'était rappelé dans quelles circonstances il avait déjà vu le Templier. C'était au siège de Tripoli, dans le pavillon de son père. Par curiosité, ou par rébellion, il s'était faufilé dans le petit passage derrière le mur que Khadir utilisait toujours pour espionner la cour. Il n'aimait pas l'idée d'espionner son père. Mais dès qu'il avait commencé à discuter avec le Templier, ses hésitations avaient disparu.

Tandis que le chevalier s'éloignait, Khalil était encore sous le coup de la stupeur. Par l'interstice, il vit son père remonter sur l'estrade et s'asseoir lourdement sur le trône. C'était un parfait étranger qu'il observait.

L'église de la Sainte-Croix, Acre,
23 septembre 1290 après J.-C.

Guillaume de Beaujeu était rouge à force de parler et un incendie couvait dans ses yeux. Il se tenait derrière l'autel, le regard braqué sur l'assemblée. L'église de la

Sainte-Croix était bondée. Les avocats de la Haute Cour, les légats et les évêques, le patriarche, les grands maîtres des ordres militaires, les princes, les consuls et les marchands s'y étaient précipités et remplissaient toute la nef. Sur la plate-forme, avec Guillaume, se trouvaient le grand commandeur Theobald Gaudin, le maréchal Peter de Sevrey, le sénéchal et plusieurs commandeurs haut gradés, dont Will. Le conseil durait depuis moins d'une heure et la discussion s'échauffait déjà. L'atmosphère était hostile et Guillaume devait lutter pour se faire entendre.

— Vous devez comprendre que le seigneur Kalawun est dans son droit s'il désire nous attaquer, beuglait-il. Nous ne nous soumettons pas à ses caprices, nous payons notre survie !

— Nous ne devrions pas traiter avec les Infidèles ! hurla un marchand, mais ses propros furent noyés par d'autres, pas tous aussi fanatiques, mais tout aussi inflexibles.

— Les Lombards et les Toscans n'ont pas agi sur ordre de quelqu'un ici présent, maître Templier, lança une voix hautaine sur le côté.

C'était l'évêque de Tripoli.

— Pourquoi devrions-nous payer pour quelque chose dont nous ne sommes pas responsables ? Cent vingt mille sequins ? C'est une somme excessive.

Les yeux de Guillaume se posèrent sur lui.

— J'aurais pensé que vous, plus qu'un autre, auriez compris le prix de l'inaction en un moment aussi critique. Vous avez vu votre propre ville détruite par les troupes de Kalawun. Allez-vous attendre de voir Acre réduite au même destin ?

Il balaya les exclamations d'un revers de la main.

— Laisserez-vous votre arrogance nous anéantir ? Non, nous n'avons pas ordonné aux Lombards de commettre ces atrocités, mais c'est notre pape qui les a envoyés là et c'est nous qui en étions les garants. Si nous ne sommes pas responsables des actions de nos concitoyens, qui l'est ?

Ses yeux se posèrent de nouveau sur l'évêque, qui toussa.

Will agrippait son épée en regardant la foule s'animer. Son cœur battait la chamade. Il n'arrivait pas à croire qu'ils s'entêtaient à discuter la proposition du grand maître avec tout ce qui était en jeu.

— J'approuve ce que vous dites, maître de Beaujeu, fit un homme âgé aux cheveux blancs et au dos voûté.

Sa voix était si frêle que ceux du fond ne parvenaient pas à l'entendre et se mirent à lui crier dessus jusqu'à ce que leurs camarades les calment. C'était Nicholas de Hanape, le patriarche de Jérusalem.

— Je suis d'accord, nous devons prendre la responsabilité des horreurs commises.

Il balaya la salle du regard.

— De bons chrétiens sont morts aussi lors de cet absurde bain de sang et rien ne peut l'excuser.

Son regard revint se poser sur Guillaume.

— Mais le sultan d'Égypte demande trop. Nous avons mis en prison les hommes dont nous pensons qu'ils ont participé aux émeutes mais, à ma connaissance, ils ne sont pas encore passés en jugement. L'événement a eu lieu sur notre sol et c'est à nous de dispenser la justice. En Égypte, les hommes que nous enverrons se feront exécuter, qu'ils soient coupables ou innocents.

— Ils seront exécutés ici aussi, Nicholas, fit durement remarquer Theobald Gaudin à côté de Will.

— Seulement si leur culpabilité est avérée, répondit le patriarche en secouant la tête. Quant à l'argent que demande le sultan, la somme est trop importante.

— Avec tout le respect qui vous est dû, à combien estimez-vous les vies de ceux qui se sont fait égorger ? l'interrogea Guillaume.

Will hocha vigoureusement la tête, comme pour appuyer les propos du grand maître. Néanmoins, le patriarche ne désarma pas.

— Comme nous le savons, maître Templier, l'argent ne peut compenser ces morts. Le sultan le sait aussi. L'argent que nous lui donnerons servira sans doute à financer une campagne contre nous à l'avenir. Nous ne devrions pas lui fournir les verges pour nous faire battre. Trouvons une autre solution. Peut-être pourrions-nous lui renvoyer les musulmans qui pourrissent dans nos geôles ?

— Kalawun a fait part de ses exigences, répondit Guillaume d'un ton ferme. Nous n'avons ni le temps ni la bonne position pour négocier.

— Et Kaboul ?

C'était un fonctionnaire de la Haute Cour qui avait pris la parole. Quelques personnes se tournèrent vers lui mais il ne quitta pas Guillaume des yeux.

— Et les atrocités que les Mamelouks ont commises dans ce village ? Les hommes massacrés ? Les femmes et les enfants violés et réduits à l'esclavage ?

— C'est vrai ! s'écria quelqu'un. Des centaines de chrétiens ont été tués et les Mamelouks nous ont dédommagés avec quelques sacs d'or !

Guillaume tendit les bras, paumes en avant, en voyant que nombre de personnes présentes soutenaient cette intervention.

— Est-ce que vous m'écoutez ? Ce qui a eu lieu par le passé ne change rien. Si nous ne respectons pas les exigences de Kalawun, l'armée mamelouke marchera sur nous et Acre sera détruite !

La foule se pressait maintenant, les poings levés, et chacun essayait de prendre la parole en même temps que son voisin. Will se contracta encore plus en voyant la colère gronder, ces visages pleins de ressentiment en face de lui. Il regarda le grand maître s'avancer à leur rencontre, les mains tendues par-dessus l'autel comme un prêtre essayant contre vents et marées de sauver sa congrégation. Il réalisa qu'il y avait une certaine ironie dans le fait que l'homme qui essayait par tous les moyens de sauver la ville fût celui qui l'avait mise en si grand danger treize ans plus tôt. Mais Guillaume de Beaujeu n'était plus le même homme qu'avant, lorsqu'il avait tenté de voler la Pierre noire pour déclencher une nouvelle croisade. Il avait compris l'étendue de son erreur devant l'échec du complot ; il avait même failli en mourir.

Dans les années qui avaient suivi, il avait développé ses talents de diplomate plutôt que ceux de général. Ça n'avait pas été facile et il lui arrivait encore de devoir réprimer sa passion et ses ambitions, mais il résolvait plus de crises qu'il n'en provoquait et il avait appris à écouter pour mieux diriger. Il s'était en partie défait de son énergie farouche et imprévisible, il menait ses affaires avec davantage de mesure. Guillaume voulait qu'Acre survive, que la Chrétienté maintienne sa présence en Terre sainte, et la relation de Will avec Kalawun lui offrait la chance d'y parvenir sans violence. La flotte qu'il avait fait construire des années plus tôt n'était jamais allée faire le blocus de l'Égypte, à la place il avait utilisé les bateaux pour transporter marchandises et pèlerins. Mais bien peu de gens étaient conscients du changement d'attitude du grand maître, et c'est ce qui apparaissait en cet instant où ils le haranguaient et contestaient son opinion.

— Écoutez-le, bande d'idiots ! susurra Will entre ses dents.

Puis, au milieu du tumulte, se fit entendre une voix plus puissante que les autres.

— Le maître de Beaujeu a raison, dit un homme trapu en faisant un signe de menton vers Guillaume. Nous devrions accepter les termes de Kalawun. C'est une faible concession si elle nous permet de sauver nos vies.

Le silence s'installa dans l'église.

Will regarda avec étonnement l'homme qui s'était exprimé pour défendre Guillaume. C'était la dernière personne dont il aurait attendu une telle attitude : Jean de Villiers, grand maître des chevaliers de Saint-Jean. Le Temple et l'Hôpital étaient rivaux depuis toujours. S'il y avait deux camps opposés, on pouvait être sûr que chacun choisirait le sien. Comme les Génois et les Vénitiens, cette haine était enracinée et encouragée au sein de leurs communautés respectives, elle était inhérente à leur histoire commune et sans cesse alimentée par des disputes. Will fixa la foule en retenant son souffle, certain que l'accord entre les deux grands maîtres modifierait l'issue du conseil. Mais en dépit de la surprise qui parcourut les rangs, les esprits étaient trop excités pour que le tour inattendu pris par les événements suffise à les apaiser.

— Comment trouverons-nous les fonds ? demanda l'un des magistrats. Nos citoyens ne paieront pas. De quels coffres tirerons-nous une somme pareille ?

La question souleva un tir croisé de questions et d'exclamations.

— Les fortifications d'Acre peuvent contenir un assaut ! Laissez les Sarrasins s'épuiser en vain contre nos remparts !

— Ne cédons pas à leurs revendications !

— Aucune forteresse, aucune ville quelle qu'elle soit ne peut soutenir un siège indéfiniment, répliqua Guillaume. Nous avons des faiblesses. Nous ne sommes pas invincibles.

Sa voix se cassait à force d'argumenter.

— Nous avons bien pris la ville aux Arabes il y a deux siècles ! Comme vous êtes devenus suffisants pour l'oublier… Et Dieu sait que nous n'avons pas de raison d'être suffisants. Tripoli, Antioche, Édesse, Césarée, Jérusalem…

Il martelait de son poing sa paume à chaque nom de ville qu'il prononçait.

— Toutes sont tombées entre les mains des musulmans. Acre est notre dernière place forte, par Dieu ! rugit-il en voyant quelques personnes prêtes à l'interrompre. Si nous la perdons, nous aurons perdu la Terre sainte !

— L'Occident ne nous le pardonnera pas, aboya l'évêque de Tripoli en se tournant vers l'assemblée. N'écoutez pas les Templiers. Si les Sarrasins viennent, on enverra des hommes à notre secours. L'Église de Rome ne laissera pas la Terre sainte entre les mains des Infidèles. Pas plus, ajouta-t-il d'un air illuminé, que ne le permettra Dieu.

Les yeux de Guillaume jetaient des éclairs.

— Il y a un temps pour la foi et un temps pour l'action. Seul un idiot irait sur un champ de bataille avec une bible pour unique protection. Nous sommes ici pour accomplir la volonté de Notre Seigneur Tout-Puissant, mais nos actions Le servent autant que notre piété. Nous ne pourrons pas retenir les Sarrasins avec des prières. Même si l'Occident était prêt à envoyer des hommes, ils n'arriveraient pas à temps si les Sarrasins nous attaquaient. Et c'est l'Occident, mes frères, qui a envoyé les hommes qui ont scellé notre sort. Pourquoi croyez-vous que seuls des fermiers et des bergers soient venus pour cette croisade ? Parce que personne d'autre n'en a envie !

Sa voix se brisait.

— L'Occident est pris dans ses propres guerres et dans ses propres tourments politiques. Nous sommes seuls ici, frères !

— Nous ne sommes pas tes frères, cria un chevalier Teutonique au fond. Nous n'étions pas vos frères lorsque vous avez écarté le roi Hugues de Chypre du trône et que votre cousin d'Anjou lui a succédé, ce qui a provoqué une guerre civile. Vous l'avez fait pour vous-mêmes, pour le Temple, sans prendre rien d'autre en considération. Vous et tous les grands maîtres qui vous ont précédés, vous êtes au cœur de tous les maux dont souffre ce pays ! Vous avez déclaré des guerres pour remplir vos coffres ! Pourquoi devrions-nous vous écouter maintenant ?

Guillaume recula en voyant que l'orateur recueillait un assentiment presque général. Il semblait pratiquement frappé physiquement. Il ouvrit la bouche, mais sans parler.

Will n'en pouvait plus. Il bouillonnait d'une colère folle qui le fit s'avancer.

— Vous n'êtes que des idiots, tous autant que vous êtes ! Je suis allé au Caire. J'ai vu la rage dans les yeux des musulmans. Si vous n'acceptez pas leurs exigences, je vous jure qu'il y aura une guerre et que nous la perdrons !

Il sentit qu'une main l'attrapait par le bras. C'était Theobald Gaudin.

— Ce n'est pas votre rôle, commandeur, l'avertit Theobald en peinant à se faire entendre au milieu du chaos.

— Il faut qu'ils écoutent ! lui répondit Will en désignant la foule.

Guillaume s'avançait de nouveau en demandant l'attention.

Quelqu'un jeta une pomme sur l'estrade. Elle manqua Guillaume et alla s'écraser contre le mur du fond de l'église, mais elle agit comme un signal pour Theobald Gaudin. Il lâcha Will et tira son épée.

— Il faut partir, maître, cria-t-il à Guillaume, la situation nous échappe !

— Tu es un traître, Beaujeu ! hurla quelqu'un.

Will s'empara lui aussi de son épée. Ils dépassaient les bornes. La prochaine fois, c'est une pierre ou une dague qu'ils lanceraient. À deux, Theobald et lui réussirent à faire descendre le grand maître de l'estrade. Alors que la foule se pressait contre eux sans les laisser passer, les autres Templiers dégainèrent leurs lames. Ce qui provoqua un tollé.

— Les Templiers sont des Sarrasins, pas des chrétiens !

— Ils devraient porter des croissants sur leurs manteaux, pas des croix !

— Traîtres ! Traîtres !

Malgré les insultes, ils parvinrent à écarter la foule grâce aux lames tendues devant eux et finirent par se retrouver au-dehors, dans l'après-midi grisâtre et venteux, après quoi ils se dirigèrent vers leurs montures. Pendant que les autres chevaliers montaient en selle, Guillaume se retourna et agrippa Will par la manche.

— Est-ce pour ça que nous sommes venus ?

Ses yeux étaient fiévreux et il serrait convulsivement l'épaule de Will.

— Toutes ces morts pour protéger le rêve de la Chrétienté, et nous abandonnons tout pour une pièce d'or chacun ? Est-ce pour cela qu'ils se sont sacrifiés ? Ton père ? Nos frères ? Notre peuple s'est-il noyé dans son propre sang à Jérusalem pour rien ?

Il penchait la tête comme s'il n'avait presque plus la force de la redresser.

— Comme les chevaliers de la première croisade doivent se retourner dans leurs tombes ! Eux qui ont fondé notre Ordre ! Et Dieu ? Il se détourne de nous, de notre cupidité, de notre vanité. Deux siècles et voilà comme ça finit ? Pas sur un champ de bataille, soldat contre soldat. Mais par un absurde massacre d'innocents dans leurs maisons, en pleine période de paix, un massacre perpétré par des paysans morts de faim et illettrés en quête d'une vie meilleure ?

Il eut un rire brisé.

— Est-ce vraiment comme cela que ça se termine ?

Will ne dit pas un mot. N'était-ce pas de cette façon que se terminaient la plupart des guerres, et qu'elles commençaient aussi ? Seules les pages des livres d'histoire et ceux qui voulaient être des héros se souvenaient des bannières resplendissantes et des nobles guerriers. Le peuple affrontait une réalité bien différente. Les chants et les légendes parlaient d'épées et de casques scintillants, de frères d'armes, de Dieu et de la gloire. Ils ne disaient rien des milliers, des dizaines, des centaines de milliers d'anonymes que la mort fauchait brutalement. Après deux cents ans passés à s'entre-tuer, Will ne voyait rien d'étonnant que ça se termine ainsi.

— Dieu, viens-nous en aide, marmonna Guillaume en se jetant presque à genoux.

Derrière lui, les cris de la foule qui sortait de l'église approchaient. Will et Theobald se précipitèrent vers le grand maître. Will l'attrapa pour l'empêcher de tomber. L'espace d'un instant, il maudit Everard d'être mort et de le laisser seul avec ce fardeau.

Puis il sentit la main de Guillaume serrer la sienne et il eut une conscience aiguë de sa propre force. Il était à la tête de l'Anima Templi. Il était un mari et un père.

— Ce n'est pas encore terminé, maître, dit-il en croisant le regard abattu du grand maître. Ce n'est pas encore terminé.

44

La citadelle, Le Caire

20 octobre 1290 après J.-C.

Kalawun se rua dans le jardin. Le soleil gênait sa vision. Il plaça une main devant ses yeux en s'enfonçant plus avant, dépassant des palmiers au tronc malingre et des fleurs aux couleurs criardes. Il suivit un canal creusé à même la promenade en pierre et se retrouva bientôt au centre du jardin où se trouvait un bassin poissonneux. Kalawun se laissa tomber sur un des bancs placés là et se prit la tête entre les mains. Il avait froid. Une nausée violente le secoua et il dut réprimer une envie pressante de vomir. D'habitude, les effets de sa maladie étaient pires le matin, mais désormais il les ressentait toute la journée. Les remèdes que lui donnaient ses médecins n'y faisaient rien. Et cela durait depuis des mois.

— Seigneur ?

Il entendit des bruits de pas s'approcher et se rassit. Grimaçant de douleur, il vit Khalil apparaître à travers les branchages. Le visage de son fils était lugubre et, pendant un moment, Kalawun souhaita que ce fût lui, et non Ali, qui eût succombé à cette fièvre. Ali était honnête, honorable et il respirait la joie de vivre ; il aurait pu croire en la cause. Alors que Khalil ne jurait que par la foi et le devoir, et Kalawun n'avait jamais pu comprendre sa rigidité d'esprit. Il se demandait s'il n'aurait pas dû chercher un autre successeur à la mort d'Ali. Mais de telles pensées étaient stériles. Kalawun soupira légèrement et il s'efforça de fermer les yeux. Il aimait Khalil. Et il espérait encore qu'ils puissent trouver un terrain d'entente.

— Qu'y a-t-il, seigneur ? fit Khalil en arrivant. Pourquoi avez-vous quitté le conseil ? Les hommes attendent de recevoir les ordres pour la guerre.

Il serra les dents.

— Comment les Francs ont-ils osé refuser vos conditions ? Ils paieront cher pour cet affront.

— J'avais besoin de temps pour réfléchir, Khalil. J'avais besoin d'air.

— Du temps pour réfléchir à quoi ? demanda Khalil en se plaçant devant lui.

Mais Kalawun ne répondant pas, Khalil fit un grand geste vers le palais morne et blanc derrière eux.

— Les hommes attendent, seigneur.

Kalawun s'obstinait à ne pas répondre.

— Père, s'il vous plaît, insista Khalil. Pourquoi ne répondez-vous pas ?

Kalawun croisa son regard surpris.

— J'ai pris ma décision, dit-il calmement.

— Alors, allons l'annoncer. Nous avons beaucoup de choses à préparer en peu de temps.

Khalil se tourna vers le palais mais s'arrêta en voyant que Kalawun ne se levait pas. Celui-ci leva le visage vers son fils en clignant des yeux à cause du soleil qui le meurtrissait.

— Je ne déclarerai pas la guerre aux Francs.

Khalil resta silencieux un moment, d'abord confus, puis en colère.

— Au nom d'Allah, pourquoi feriez-vous une chose pareille ? Les Francs ont refusé les termes de la sanction. Ils ont ignoré notre ultimatum. Vous devez les attaquer !

— N'oublie pas à qui tu parles, Khalil ! répondit brusquement Kalawun. Je suis sultan et ma parole fait loi.

— La cour ne vous laissera pas faire, fit Khalil en faisant les cent pas. Elle n'acceptera pas cette décision. Les Francs ont égorgé des musulmans par centaines, ils ont piétiné le traité. Vos hommes exigeront que nous agissions !

— J'ai écouté les autres quand il a fallu s'en prendre à Tripoli et j'ai toujours regretté cette action depuis. Je ne referai pas la même erreur.

Kalawun se leva avec difficulté et fit le tour du bassin. Puis il regarda le ciel et éclata d'un rire désespéré.

— Nasir me manque, dit-il en reposant les yeux sur son fils. Est-ce que tu trouves ça étrange ? Il m'a trahi, une trahison terrible, et pourtant il me manque. Je ne pense pas que je l'aurais tué s'il avait survécu à Tripoli. Je ne crois pas que j'aurais pu m'y résoudre. J'en ai tant vu mourir autour de moi. Aisha, Ishandiyar, Ali, Baybars, Nasir. Parfois, je me demande pourquoi je suis encore là. Peut-être Allah m'a-t-Il oublié, Khalil ?

Son fils ne l'écoutait pas. Il avait cessé de faire le tour du jardin et demeurait immobile.

— Vous mènerez votre peuple au combat, père. Vous marcherez sur Acre et détruirez le dernier bastion des Francs.

Kalawun leva un sourcil en se tournant vers Khalil.

— Vous le ferez, murmura Khalil, parce que c'est nécessaire et parce que c'est la seule chose à faire. Vous le ferez parce que votre peuple l'exige. Parce que les Francs le méritent. Et vous le ferez parce que si vous ne le faites pas, je dirai aux hommes qui siègent dans ce conseil que vous êtes un traître.

— Comment ?

— Je vous ai entendu ! s'écria Khalil d'une voix bouleversée par l'émotion.

Kalawun le regardait d'un air consterné.

— Quand les chrétiens sont venus, je me suis caché et je vous ai espionné ! J'ai entendu votre discussion avec le Templier, je l'ai entendu parler de toutes ces années où vous avez travaillé ensemble, contre Baybars, contre votre peuple. Contre *moi* !

Il s'animait de nouveau et agitait les mains en parlant.

— J'ai gardé le secret toutes ces semaines car je savais que votre vie serait en danger si je le révélais à quelqu'un. Je l'ai dissimulé parce que je voulais vous donner une chance de faire ce que votre peuple attend de vous. Mais maintenant je vois que je n'ai pas le choix.

Sa voix se brisait.

— Vous ne me laissez pas le choix !

— Tu me menaces ? demanda Kalawun, secoué jusqu'au tréfonds de son être.

Khalil fit un pas en avant, puis il s'arrêta.

— Vous vous êtes laissé ensorceler, père. Comment avez-vous pu travailler avec les envahisseurs venus d'Occident ? Avec un *Templier* ? Ces gens ont assassiné, ils ont souillé nos mosquées et assiégé nos villes. C'est ce qu'ils font depuis deux siècles. La seule raison pour laquelle ce chevalier veut faire la paix avec vous, c'est qu'il veut conserver la seule position en Terre sainte à partir de laquelle ils peuvent encore nous frapper. Si nous leur en laissons le temps, ils se regrouperont et essaieront de reprendre ce que Baybars et ses prédécesseurs leur ont arraché. D'une manière qui m'échappe, père, vous avez perdu de vue cette vérité. Vous vous êtes égaré en chemin.

— Pourquoi ne pourrions-nous pas faire la paix avec ce peuple ? demanda Kalawun en s'approchant de son fils et en le prenant par les épaules. *Pourquoi ?* Nous commerçons les uns avec les autres, nous partageons des idées, des inventions, et l'essentiel de ce qui est sacré pour nous l'est aussi à leurs yeux. Pourquoi faudrait-il que nous soyons ennemis ? Je sais que cette terre n'appartient pas aux Francs, je sais qu'ils l'ont prise de force. Mais nous appartient-elle ? J'étais un esclave, Khalil, je suis né à des centaines de kilomètres d'ici. Cette terre est-elle davantage la mienne que celle des Francs qui y vivent depuis des générations ? Les chrétiens et nous-mêmes sommes en guerre depuis si longtemps que nous avons oublié pourquoi nous nous battons !

— Nous nous battons parce qu'il le faut, parce que si nous ne nous battons pas les Francs prendront nos terres et nous priveront de nos moyens de subsister. Peu importe d'où vous venez, peu importe d'où vient chacun d'entre nous. En tant que sultan d'Égypte et de Syrie, vous avez maintenant le devoir envers votre peuple, le peuple musulman, de le défendre contre ceux qui cherchent à lui nuire.

Khalil s'écarta de lui.

— Et vous ferez votre devoir.

Kalawun scruta le visage inflexible de son fils pendant un long, un pénible moment. Puis finalement, vaincu, comme engourdi, il le suivit hors des jardins et revint à sa suite dans le palais. La tête comme dans du coton, il se retrouva devant la cour et, d'une voix faible, presque un souffle, il déclara la guerre aux Francs. Et l'acclamation retentissante qui résonna dans la salle du trône après qu'il eut parlé lui serra le cœur.

Dès que ce fut fait, les préparatifs furent mis en branle. Les généraux voulaient discuter la stratégie de la campagne, mais Kalawun remit cela au lendemain. Laissant la salle du trône vibrant d'excitation derrière lui, il se retira dans ses quartiers en évitant le regard de son fils. Une fois dans ses appartements, il renvoya ses serviteurs et se rendit à sa chambre. Attrapant un parchemin et une plume, il se mit à écrire. Deux jours après avoir appris que les dirigeants d'Acre avaient refusé les termes de son ultimatum, il avait reçu un message de Will lui demandant de lui accorder un peu de temps pour convaincre le gouvernement. Le grand maître, disait-il, avait écrit au visiteur de l'Ordre à Paris pour demander des fonds supplémentaires. Guillaume de Beaujeu était prêt à payer le sultan en vidant les coffres du Temple si le gouvernement ne voulait pas l'écouter. Il leur fallait juste plus de temps. Mais c'était ce que Kalawun ne pouvait plus se permettre. *Si vous ne voulez pas voir mon armée s'avancer à l'horizon*, écrivit-il furieusement, *vous devez à tout prix convaincre votre gouvernement de changer d'avis.*

Le temps qu'il finisse de rédiger sa lettre, son mal de tête était si fort qu'il avait du mal à garder les yeux ouverts.

Al-Salihiyya, Égypte, 10 novembre 1290 après J.-C.

— Comment va-t-il ?

— Pas très bien. Je lui ai donné des drogues pour calmer ses souffrances, mais je ne peux rien faire de plus. Je crains que ce ne soit plus très long maintenant.

Les hommes parlaient à voix basse, comme s'ils s'excusaient. Kalawun les entendit comme dans un rêve. Il se sentait comme dans un cocon grâce à la chaleur de son lit et aux opiacés irriguant son organisme. Il savait qu'il aurait dû être concerné par ces voix et par ce qu'elles racontaient, mais un plaisant détachement l'en empêchait. La douleur avait reflué, chassée par les drogues. C'était un point pourpre et brillant au fond de son esprit. Il le voyait, mais il était lointain. Puis le lit bougea et une main froide passa sur son front.

— Père ? M'entendez-vous ?

Kalawun voulait rester dans les ténèbres de velours mais, outre la douleur, il sentait l'inquiétude et les intentions de celui qui était à son chevet, et ces choses étaient plus proches, elles réclamaient son attention. Il entrouvrit les yeux et la douleur se rapprocha. Même si ses quartiers n'étaient éclairés que par deux brasiers, cette faible lueur suffisait à accroître son mal. Khalil était assis à côté de lui sur le lit, son visage assombri.

— Je meurs.

C'était davantage un constat qu'une question, et Kalawun se sentait toujours complètement éloigné de la scène.

Khalil détourna les yeux.

— Oui.

Il contenait son émotion.

Kalawun leva faiblement sa main et la posa sur la joue de son fils. Sa peau était douce. La jeunesse l'habitait encore et lui conférait sa grâce.

— Est-ce que tu peux faire quelque chose pour moi ?

Khalil posa sa main sur celle de son père.

— Si je peux.

— N'attaque pas les Francs. Donne-leur une chance de s'amender. Fais preuve de pitié.

Khalil se raidit.

— Nous sommes déjà engagés.

— Non, il est encore temps. Nous ne sommes pas obligés de lancer la guerre.

— Vous l'avez déjà lancée. Vous avez réuni les troupes, construit les engins de siège. Nous sommes à al-Salihiyya, père. Nous allons traverser le Sinaï.

Le regard de Kalawun passa au-dessus de lui et il s'aperçut que les murs qu'il avait pris pour ceux de son palais étaient les cloisons en tissu de son pavillon. Et tout lui revint.

Les trois dernières semaines s'étaient déroulées dans une activité folle avec les généraux qui travaillaient sans cesse à préparer l'armée pour la guerre. Kalawun n'avait pas le cœur à tout cela et chaque ordre qu'il signait pour des provisions ou des armements, chaque messager qu'il envoyait, il le faisait de mauvais gré, attendant toujours que Will réponde à sa lettre. Mais les généraux s'impatientaient, ils voulaient marcher sur Acre avant les pluies de l'hiver qui s'abattaient sur l'arrière-pays palestinien.

Une fois qu'ils auraient établi leur camp au pied des murs d'Acre, ils pourraient faire venir d'autres troupes depuis Alep et Damas. Les récoltes étaient terminées, les villes étaient parées pour les saisons à venir. Il ne pouvait y avoir meilleur moment.

— Nous devons faire demi-tour, dit Kalawun en mêlant ses doigts à ceux de son fils. Je ne leur ai pas laissé assez de temps. Campbell les convaincra.

Khalil retira sa main.

— Campbell ? demanda-t-il. Le Templier ?

— Les Francs reviendront sur leur décision. Il les convaincra.

— Non, il n'y arrivera pas, fit brusquement Khalil en se levant.

— Je lui ai écrit, dit Kalawun en luttant pour se rasseoir. Je lui ai dit que nous arrivions, qu'il fallait qu'il parvienne à faire céder son gouvernement.

— Je le sais.

Kalawun leva les sourcils.

— Comment cela ?

— Je ne suis pas stupide, père, lui assena Khalil en faisant le tour du lit. J'ai fait en sorte d'intercepter tous les messages que vous avez envoyés après avoir déclaré la guerre, ce que vous n'avez fait qu'à cause de mes menaces.

Kalawun ferma les yeux.

— Je les ai détruits, poursuivit Khalil en le regardant. Les Francs ne paieront pas parce qu'ils ne savent pas que nous venons. Et le temps qu'ils réagissent, il sera trop tard.

— Pourquoi ?

— Je devais le faire.

Khalil se rassit à côté de son père et lui prit la main. Kalawun voulut se détourner mais il était trop faible.

— Quand vous mourrez, père, je veux que notre peuple honore votre nom. Je veux qu'ils sachent que vous les aimiez, que votre amour n'a jamais failli et que vous faisiez toujours ce qui était bon pour eux. Je veux que votre nom vive dans l'histoire et que votre peuple se souvienne de vous.

— C'est parce que je l'aime que j'ai agi comme je l'ai fait, soupira Kalawun. Ne peux-tu le voir ?

— Je sais que c'est ce que vous croyez, répondit doucement Khalil. Mais c'est une illusion. Père...

Il ravala son émotion et s'obligea à regarder le visage grisâtre et sinistre de son père.

— Ce que vous et une poignée de chrétiens pensez ne compte pas. Le simple fait que ce Templier doive convaincre son gouvernement de nous dédommager pour les atrocités commises en Acre montre que son peuple ne veut pas plus de cette stupide paix que nous. Les idéaux ne nous protégeront pas, en tout cas pas tant que notre ennemi demeure sur ces terres pour nous menacer. Seule une main ferme et une épée sont à même de nous protéger des envahisseurs.

Kalawun laissa sa tête retomber sur l'oreiller.

— Nasir avait raison, souffla-t-il. Nous sommes tous des esclaves. Esclaves de notre devoir, de notre foi, de notre désir de revanche. Je ne veux plus être un esclave, Khalil, ni un guerrier.

Il ferma les yeux.

Khalil continuait de parler d'une voix passionnée et sincère, mais Kalawun n'entendait plus.

Derrière ses paupières, il quêtait la douceur et s'éloignait de l'âpreté de la peur, de la déception et des regrets. Il les fuyait, se retirait en lui-même, à la recherche de l'isolement et du confort. Allah ne l'avait pas oublié. Il sentait le moment présent l'emplir complètement, il l'accueillait avec une sérénité parfaite.

Et quelque part dans cet espace insondable en lui, Kalawun trouva ce qu'il cherchait dans les visages souriants d'Aisha et d'Ali, qu'il convoqua dans son dernier soupir pour qu'ils l'emmènent au Paradis.

Khalil resta assis à côté de son père pendant de longues minutes après que sa poitrine eut cessé de se soulever. Dans un des braseros, le charbon crépitait et envoyait de brèves gerbes d'étincelles en l'air. Khalil se pencha et prononça la Chahâda dans le creux de l'oreille de Kalawun. Quand ce fut fait, il resta encore un moment à respirer la douce odeur d'huile des cheveux de son père. Puis, son chagrin épuisé, il se leva. Dehors, l'armée attendait son nouveau général. Mais ils ne marcheraient pas ce matin. Kalawun pensait qu'ils n'auraient pas besoin de l'armée, qu'à la fin la paix prévaudrait, et les généraux ne voulaient pas retarder l'opération de crainte de tomber sur les mois les plus rudes de l'hiver. À cause de tout cela, ils n'avaient pas assez de troupes ni d'engins de siège. Khalil savait qu'il leur faudrait toutes les ressources possibles s'ils voulaient avoir un espoir de s'emparer d'Acre, et pas seulement d'Acre, mais des derniers bastions et villes où demeuraient les Francs. Non, ils ne partiraient pas tout de suite. Ils patienteraient tout l'hiver pour réunir plus de forces. Puis, une dernière campagne, une dernière impulsion massive et c'en serait terminé. Zengi, Nûreddîn, Saladin, Ayyoub, Baybars : il mettrait ses pas dans les leurs et finirait ce qu'ils avaient commencé. Il était temps de mettre un terme aux croisades.

45

Le quartier vénitien, Acre

30 mars 1291 après J.-C.

— J'aimerais que tu m'écoutes.

Occupée à ranger des draps de soie dans un coffre, Elwen s'interrompit pour poser les yeux sur Will.

— Je t'écoute. Mais tu ne me feras pas changer d'avis. Je ne pars pas.

Will s'approcha d'elle.

— Je suis sérieux, Elwen.

Elle secoua la tête tout en ôtant la couverture du lit d'Andreas et Besina.

— Moi aussi.

À voir son expression résolue, Will comprit immédiatement que ça ne servirait à rien. Il savait qu'il n'arriverait pas à la raisonner et il était énervé à la fois par son entêtement et par sa propre inaptitude à la convaincre.

— Pense à Rose, dit-il au bout d'un moment. Pense à notre fille.

— J'y pense, répondit Elwen en pliant le drap. Le médecin d'Andreas la trouve trop faible pour voyager. Il m'a dit que nous ne devrions pas prendre ce risque, et je suis d'accord.

— Est-ce qu'elle sera beaucoup plus en sécurité ici ? fit remarquer Will en se passant la main dans les cheveux. Quand ils seront là, je ne pourrai pas vous protéger.

Elwen posa le drap sur le dessus de la pile et s'approcha de lui en posant la main sur sa joue.

— Nous avons plus de mille chevaliers pour nous défendre. Acre est forte, Will. Garde la foi.

— Depuis que les bateaux ont emmené des citoyens à Chypre, nous n'avons plus que vingt mille combattants. Tu sais bien que les Mamelouks sont bien plus nombreux.

Elwen lui fit une petite moue.

— Qu'est-ce que tu veux que je fasse ? Que je prenne un bateau avec notre fille et que je parte en mer pour des mois sans médecin ni remèdes appropriés, ou que je reste ici jusqu'à ce qu'elle aille assez bien pour endurer le voyage ? En plus, ajouta-t-elle soudain, je ne partirai pas sans toi et comme tu n'es pas prêt à partir, moi non plus.

— J'ai un devoir envers cette ville, Elwen. Il faut que je reste.

— Étant ta femme, j'ai un devoir envers toi.

On frappa à la porte. Elle s'ouvrit et Catarina apparut. Elle sourit à Will puis s'approcha d'Elwen et lui parla doucement en italien. En les regardant, Will se souvint tout à coup d'Elwen faisant ressortir Catarina, alors fillette, qui les avait surpris en train de s'embrasser. Il lui semblait impossible que quinze ans se soient écoulés depuis ce jour, mais il en avait la preuve devant lui : Catarina était désormais une femme et Elwen la mère de sa fille. Il éprouva une certaine tristesse, mais il n'aurait su dire pourquoi.

— Rose est réveillée, lui dit Elwen. Je vais la voir.

Quand elles furent parties, il s'avança vers la fenêtre et regarda au-dehors. Deux hommes parlaient en bas dans la rue, leurs capes enroulées sur les épaules. L'hiver avait été rude et même maintenant, alors que le printemps était bien avancé, le fond de l'air était frais. Pendant des semaines, le grésil et la neige s'étaient abattus sans pitié le long de la côte, et mars avait été balayé de vents amoncelant de gros nuages qui projetaient leur ombre dépenaillée sur les plaines et crevaient en recouvrant les champs à l'extérieur d'Acre d'une boue glacée. La ville et les hameaux alentour avaient connu la maladie, et notamment une fièvre des plus virulentes qui avait tué plus d'une centaine d'enfants. Rose l'avait attrapée le mois précédent et Will et Elwen avaient cru pendant plusieurs semaines qu'ils allaient la perdre. Ces nuits avaient été les pires que Will eût connues de toute sa vie : incapable de dormir, il faisait les cent pas dans ses quartiers du Temple, imaginant sa fille gisant à moins d'une lieue de là, agitée de tremblements, en sueur. C'était une peur démentielle, pure : ne pas pouvoir être là, ne pas pouvoir l'aider, craindre sans cesse qu'un message l'attende à la porte de la commanderie quand il se rendrait aux matines. Mais elle était forte et avait survécu. Pour l'heure, elle se rétablissait et le temps s'adoucissait mais, au lieu d'apporter du répit, ces jours plus chauds et plus secs et ces nuits plus douces contenaient en germe une autre menace. La boue des routes se solidifiait et serait bientôt prête à soutenir le poids d'une armée. Lorsqu'il fermait les yeux, Will croyait les entendre déjà : le martèlement de milliers de bottes ; le cliquetis des brides et des cottes de mailles ; le grondement des roues des engins de siège ; le ronflement sourd des tambours.

Derrière lui, la porte grinça en s'ouvrant.

— Comment va-t-elle ? demanda Will en se tournant.

Il s'attendait à voir Elwen, mais c'était Andreas qui se tenait sur le seuil. Will le salua, gêné de se trouver dans la chambre du mercier. Au fil des ans, Andreas et lui avaient appris à vivre ensemble, mais ils n'étaient jamais devenus proches. Elwen était leur seul point commun et ils prenaient tous deux bien trop au sérieux leur rôle de protecteur vis-à-vis d'elle pour se sentir vraiment à l'aise l'un avec l'autre.

— Voulez-vous que j'attende dehors ?

Il s'était exprimé en arabe, leur seule langue commune.

Andreas écarta sa question d'une main et se rendit à son cabinet de travail, qui était vide en dehors d'une pile de papiers.

— Non, non, restez.

Il fouilla dans les documents, puis leva les yeux et inspecta rapidement la chambre presque vide.

— Elle ne sera plus à moi bien longtemps, de toute façon. Avez-vous vu Rose ?

— Pas encore. Je monterai avant de partir. Elwen préfère qu'on ne la fatigue pas trop.

Andreas marmonna quelque chose et se remit à étudier ses papiers.

— Je suppose que vous avez essayé de convaincre Elwen, non ?

— À part la frapper jusqu'à ce qu'elle perde conscience pour la jeter sur un bateau, Andreas, je crois que j'ai tout essayé.

Le marchand lui adressa un léger sourire.

— Elle a la tête dure, c'est certain. Je n'arrive pas non plus à la convaincre.

Il prit un air sérieux.

— C'est pour vous qu'elle reste, vous savez.

— Je le sais. Mais elle a aussi peur pour Rose, comme notre médecin d'après ce qu'elle m'a dit.

— Ce n'est pas une décision agréable. Mais il est sans doute préférable de braver la mer que d'attendre ce qui va se passer ici. On raconte que le sultan Khalil a deux cent mille hommes. Je ne suis pas soldat, mais je me rends bien compte qu'il sera difficile de résister à un assaut donné par une horde pareille.

Will ne répondit pas et Andreas secoua la tête.

— Eh bien, commandeur, la situation à laquelle vous allez faire face n'est pas des plus confortables, mais vous pouvez au moins être sûr d'une chose : vous avez une femme d'une loyauté à toute épreuve.

— Elle est même trop loyale, si vous voulez mon avis, répondit Will. Elle est prête à perdre tout ce qu'elle a pour moi. Elle n'a pas besoin de rester.

— L'amour rend aveugle, même au danger.

Andreas réunit ses papiers.

— Je vous l'ai déjà dit, j'ai un ami disposé à emmener Rose et Elwen loin de cette ville sur son bateau. Il se tient prêt à partir et quittera le port si l'assaut tourne mal. Mais comme beaucoup de gens dans cette ville, il espère que les fortifications tiendront. Si votre femme et votre fille le retrouvent sur les quais, elles seront en sécurité. Il les emmènera à Venise et je m'occuperai d'elles jusqu'à ce que vous nous donniez signe de vie. Je sais que vous serez pris par vos engagements lorsque l'assaut sera donné, commandeur. Mais assurez-vous qu'elles aillent au port en temps et en heure.

On entendait des bruits de pas dans le couloir et Andreas termina au moment où Elwen pénétrait dans la chambre. Elle leur sourit d'un air interrogateur.

— J'ai dit à Rose que tu montais la voir, dit-elle finalement à Will.

Will fit un signe de tête à Andreas avant de la suivre dans l'escalier biscornu qui menait à l'étage des domestiques.

Rose était emmitouflée dans une grande couverture de laine. Il sentit son cœur se serrer en voyant son teint de cire. Ses cheveux blonds s'étalaient sur l'oreiller, ternes et sans grâce. Il avait espéré qu'elle irait mieux.

— Rose, murmura-t-il en s'agenouillant au chevet de son petit lit.

Les yeux de Rose n'étaient qu'à moitié ouverts.

— Père, susurra-t-elle en cherchant à s'asseoir.

Will posa doucement sa main sur son épaule.

— Ne bouge pas, mon amour. Je voulais juste embrasser ma fille adorée. Et ensuite, je veux que tu te rendormes. Tu as besoin de te reposer.

— Dis à Catarina de ne pas partir, fit Rose d'une petite voix. Je ne veux pas qu'elle parte.

Will lui ébouriffa les cheveux.

— Tu la reverras bien assez tôt, quand tu iras mieux. Et plus tu te reposeras, plus tu te rétabliras vite.

— Tu me le promets ?

Will sourit en posant la main droite sur son cœur.

— Je te le jure.

Le coin de la bouche de la fillette se leva légèrement.

— J'accepte ton serment.

Will resta un instant à lui caresser les cheveux, jusqu'à ce que ses yeux se ferment et que sa respiration devienne régulière. Il avait les jambes pleines de fourmis à cause de sa position inconfortable mais il ne se décidait pas à bouger. Bientôt, il sentit la main d'Elwen sur son épaule.

— Tu devrais retourner à la commanderie. Ils ont besoin de toi.

Will se pencha sur sa fille et lui déposa un baiser sur la joue avant de se relever. Une fois sur le palier, il agrippa Elwen par le bras avant qu'elle ne descende l'escalier.

— Andreas a un ami qui est d'accord pour vous emmener si les défenses de la ville ne tiennent pas.

— Je sais.

— Si ça arrive, je veux que Rose et toi partiez avec lui. Même si je dois rester. Est-ce que tu comprends ?

Elwen détourna le regard.

— Oui, murmura-t-elle.

Will l'attira à lui en la serrant dans ses bras. Elwen ferma les yeux.

— J'ai peur, Will.

— Tout ira bien. Nous allons nous en sortir.

Ils restèrent un moment ainsi, aucun des deux ne voulant lâcher l'autre, puis ils finirent par se séparer et descendirent au rez-de-chaussée, main dans la main. Dans le vestibule, Catarina attendait près d'un tas de sacs et de coffres. Elwen alla vers elle et lui prit les mains.

— Papa veut que j'aille au bateau avec le premier chargement. Giovanni et les enfants m'y attendent. Tu ne viens pas avec nous ?

— Je ne peux pas, murmura Elwen.

Will, qui ne comprenait pas leur échange, mais en devinait la teneur, détourna discrètement les yeux quand Catarina se mit à pleurer. Elwen la serra dans ses bras.

— Tout va bien se passer pour Rose et moi, je te le promets. Si le siège s'éternise et que notre position devient précaire, nous nous verrons à Venise. Sinon, ton père voudra sans doute revenir. Dans les deux cas, ce n'est pas un adieu.

Catarina sanglotait encore lorsqu'elle embrassa Elwen sur les deux joues. Puis elle adressa un sourire triste à Will.

— Fais en sorte qu'elle aille bien.

Elwen resta aux côtés de Will, et Catarina sortit pour monter dans un chariot chargé de bagages et d'affaires appartenant à la famille di Paoli. Tandis que les chevaux démarraient au pas, Catarina agita la main à leur intention.

— Cette maison va être bizarre sans plus personne que Rose et moi, soupira Elwen tandis que le chariot disparaissait.

— Je croyais qu'Andreas laissait aussi quelques-uns de ses hommes ?

— Il y a Piero, son garde, qui reste, mais ce n'est pas pareil. J'aurais aimé que l'Anima Templi réussisse.

Will l'embrassa sur le front en guise de réponse.

Trois jours plus tôt, il avait réuni le Cercle une ultime fois avant que la guerre n'éclate. Il avait demandé aux membres de rassembler tous les documents et l'argent liés à l'Anima Templi. En vérité, il y avait bien peu de choses relatives à l'Ordre : le secret leur imposait de garder le moins de traces écrites possible. Les quelques documents qu'ils possédaient étaient conservés, ainsi que leur trésorerie, dans une caisse que le sénéchal conservait dans ses quartiers. Will déposa avec réticence la chronique d'Everard, qui dormait au fond d'un coffre verrouillé dans son dortoir, au milieu des autres affaires. Ça ressemblait pour l'essentiel aux mémoires erratiques d'un vieillard mais il avait l'impression de vivre une défaite. Comme si, en s'en débarrassant, il confirmait qu'Acre allait tomber et que le rêve de l'Anima Templi était terminé.

— Vous auriez dû le brûler, lui avait dit le sénéchal d'une voix bourrue en voyant sa réticence à se séparer du volume.

— Non, avait vivement rétorqué Will, c'est tout ce qui nous reste de...

Il avait voulu prononcer le nom d'Everard mais il ne l'avait pas fait afin de ne pas montrer de faiblesse au sénéchal.

— Non, avait-il répété. Nous les enverrons à Hugues de Pairaud à Paris, comme convenu. Que vos domestiques le chargent sur le bateau.

— Comme vous voudrez, avait grogné le sénéchal.

Après cela, Will était allé en personne trouver certaines de leurs connaissances, comme Elias, pour les convaincre de quitter la ville. Le rabbin avait ri avec bonne humeur et lui avait répondu qu'il n'irait nulle part tant que la paix avait encore une chance de prévaloir. Il y avait une confiance dans la voix et les manières du vieil homme qui avaient raffermi l'espoir de Will.

Et maintenant, alors qu'il se tournait vers Elwen, il essaya de faire preuve du même optimisme communicatif.

— Peut-être allons-nous y arriver, dit-il en lui prenant les mains.

Mais, à l'intérieur, une petite voix lui disait qu'il essayait juste de la rassurer. Il n'y croyait pas lui-même. Il lui pressa les mains une seconde avant de sortir à son tour. Mais il ne fit que quelques pas avant de se retourner. Elwen se tenait sur le seuil, elle frémissait à cause de la fraîcheur et ses yeux pâles brillaient à la faible lueur du soleil tandis qu'elle le regardait partir. Cette vision l'emplit d'une émotion soudaine et il revint vers elle pour la serrer une fois de plus dans ses bras. Surprise, elle eut un petit rire puis se tut. Will sentit sa main l'agripper farouchement dans le dos. Ils restèrent ainsi un long moment, simplement à se serrer.

— Je t'aime, murmura-t-il dans le creux de son cou.

Ils se séparèrent enfin et Will prit le chemin de la commanderie en laissant le quartier vénitien derrière lui.

Les gens traînaient dans la rue par petits groupes et l'on pouvait lire l'inquiétude sur leur visage. D'autres chargeaient des chariots ou attachaient des sacs sur le dos de leurs mules et de leurs chameaux avant de partir pour le port. La ville se vidait. Mais trop peu et trop lentement au goût de Will. Nombreux étaient ceux, ayant vécu les assauts de Baybars, qui n'arrivaient pas à croire que les remparts d'Acre puissent tomber, ou bien ils avaient foi en la capacité du gouvernement d'Acre à négocier avec les Mamelouks. Will savait qu'ils se trompaient.

Quand ils avaient appris la nouvelle dévastatrice de la mort de Kalawun, qui avait durement frappé Will, Guillaume de Beaujeu avait envoyé des émissaires auprès du nouveau sultan, al-Ashraf Khalil, pour essayer d'ouvrir de nouvelles négociations. Saisi de douleurs à l'estomac, Will n'avait pas pris part à l'expédition. Et heureusement pour lui, car les deux chevaliers envoyés par le grand maître n'étaient jamais revenus. Au lieu de cela, une lettre du sultan Khalil lui-même les avait avertis de ne plus envoyer de messagers ni d'offrir de cadeaux : il ne recevrait pas les premiers et n'accepterait pas les seconds. *Nous venons dans votre région réparer les maux que vous avez causés*, disait la lettre.

Peu après la lettre, des rapports d'espions leur avaient indiqué que le sultan Khalil organisait une armée comme on n'en avait plus vu depuis l'aube des croisades. Chaque

Mamelouk était appelé à combattre, de même que l'ensemble des forces auxiliaires. Les émirs d'Hamah et de Damas levaient leurs propres troupes et des milliers de simples musulmans d'Égypte, de Palestine, du Liban et de Syrie – soldats à la retraite, fermiers, jeunes dévots –, répondaient à l'appel lancé à travers les mosquées leur demandant de s'engager dans le combat. D'autres rapports du Liban leur apprirent qu'on y débitait les arbres pour en faire des engins de siège. La rumeur voulait que Khalil eût donné l'ordre d'en fabriquer plus de cent, dont certains étaient les plus grands qu'on eût jamais vus. Toute la population de Damas dut s'y mettre pour faire sortir de la ville l'un des mandjaniks, baptisé le Furieux, dans la boue et la neige. Et aujourd'hui, ces hommes et ces engins marchaient sur le dernier bastion chrétien. Le froid et la pluie qui avaient ralenti leur avancée au début du mois étaient terminés et ce n'était plus qu'une question de jours avant que cette force impressionnante n'atteigne Acre.

On avait ordonné à tous les chrétiens en âge de combattre qui se trouvaient encore en Outremer de défendre Acre. Il avait fallu pour cela abandonner les quelques places fortes encore en la possession des Francs, abandonner ces endroits indéfendables étant le seul moyen de réunir autant de soldats que possible. De toute façon, Acre était le dernier retranchement qui conservât une certaine puissance et qu'il soit peut-être possible de sauvegarder. Pour la première fois depuis des décennies, les différentes communautés de la ville faisaient front commun. Les Templiers et les Hospitaliers travaillaient avec les chevaliers Teutoniques à la préparation des défenses. Le régiment français mis en place par feu le roi Louis IX, qui comptait plus de cent arbalétriers, était en liaison avec la garnison royale laissée sur place par le roi Hugues de Chypre et l'ordre anglais de Saint-Thomas. Les Pisans et les Vénitiens fabriquaient de concert de grands mangonneaux en vue du siège, et tous les mercenaires et autres gardes des

États marchands étaient sur le pied de guerre. Quelle qu'en soit l'issue, Acre était prête au combat.

Tout en traversant la ville à vive allure, Will ressentait cette détermination. Sous la peur et l'inquiétude, il y avait aussi du défi. On le voyait à l'attitude des marchands qui clouaient des planches aux fenêtres de leurs magasins et refusaient de partir, ou à celle des femmes et des filles qui entassaient des sacs de blé dans les postes de garde situés sur les remparts. On le voyait à la lueur sépulcrale des ateliers de forgerons où résonnait toute la journée le martèlement du fer, de même que dans les écuries où les maréchaux-ferrants mettaient des fers neufs aux sabots des chevaux. Et on le voyait aux mangonneaux et aux trébuchets que des bœufs hissaient en haut des remparts où des torches brûlaient toute la nuit en projetant les ombres vacillantes des vingt mille soldats tendus par l'attente.

Will grimpa la butte de Montjoie à cheval sur les quartiers génois et vénitien, puis il s'arrêta et contempla Acre. Son regard passa au-dessus du labyrinthe de rues où des murs et des portes délimitaient les quartiers. Il s'accrocha aux flèches des églises et rebondit sur les dômes des mosquées, tomba sur les quais balayés par le vent. Puis il observa au nord le grand enclos des chevaliers de Saint-Jean avec sa grande infirmerie et derrière lui la douve qui séparait la ville du faubourg de Montmusard. Son regard s'éloigna, vola par-dessus les toits des maisons et des boutiques, par-dessus les tours de la léproserie de l'ordre de Saint-Lazare. Au-delà de Montmusard, il y avait une deuxième enceinte flanquée de tours qui doublait la première à l'intérieur des terres et faisait le tour de la ville, encerclant la péninsule d'Acre d'une gigantesque gaine de pierre. Will regarda les quartiers juif et arabe, les marchés italiens, la cathédrale et le palais royal. Il resta là un long moment, silhouette solitaire dans son manteau blanc battu par le vent, les cheveux dans les yeux, la barbe parsemée de quelques nuances grises autour de la bouche. Il embrassa toute la ville du regard et se recueillit en silence. Et il sentit monter en lui ce sentiment de défi.

Lorsque était apparu évident que les émissaires ne reviendraient plus, Will avait sans attendre réuni le Cercle pour qu'ils se mettent en relation avec leurs partisans en ville. Grâce aux musulmans d'Acre qui croyaient toujours en leur cause et avaient autant à perdre que les chrétiens si la ville venait à tomber, ils avaient pu envoyer des messages à Khalil et à ses généraux. Dans ses messages, qu'il avait écrits personnellement, Will suppliait le sultan de revenir sur sa décision, il évoquait sa longue amitié avec Kalawun et la paix dont leur peuple avait bénéficié pendant des années. Il avait proposé de l'argent, un nouveau traité de paix, la liberté pour les prisonniers musulmans. Mais il savait avant même de les envoyer qu'il n'obtiendrait pas de réponse, ses lettres elles-mêmes sentaient le désespoir et il avait une conscience douloureusement aiguë de son impuissance à éviter la guerre. Il avait l'impression que la digue qui retenait la mer depuis des années était sur le point de se briser, quoi qu'il fasse. Il avait comblé les brèches à mesure qu'elles apparaissaient mais désormais elles étaient trop grandes et rien ne pouvait empêcher l'eau de se déverser. Il ne lui restait que deux possibilités. Il pouvait laisser faire et se noyer ou faire face avec toute l'énergie dont il disposait. L'Anima Templi avait fait tout ce qui était en son pouvoir. Quel que soit l'avenir qui leur était réservé, il ne pouvait plus être le chef du Cercle en cet instant. Il devait remplir son devoir envers le peuple de cette ville, envers le Temple, envers ses amis, sa femme et sa fille : il avait le devoir de les protéger. Et il le ferait, fût-ce au prix de sa vie. Sa détermination se raffermit encore un peu plus.

L'heure était au combat. Le Temple l'avait entraîné pour des occasions comme celles-ci.

La porte de Saint-Lazare, Acre,
15 avril 1291 après J.-C.

La lune éclairait les visages des hommes qui attendaient dans l'enceinte extérieure. En respirant, les chevaux dégageaient de la brume par les naseaux. Une lumière bleuâtre baignait la douve qui séparait l'enceinte extérieure des remparts intérieurs d'un halo presque irréel. Tout le secteur était jonché de débris : rochers, amoncellement de gravats, flèches.

Par-dessus les têtes des chevaliers attroupés, Will regardait Guillaume de Beaujeu parler avec deux hommes près de la porte Saint-Lazare qui menait en ville. Tous trois étaient habillés pour la bataille mais le grand maître était de loin le plus imposant. Son surcot et son manteau serraient son haubert jusqu'aux genoux, puis flottaient autour des chausses qu'il portait sur les jambes. Des gantelets de mailles métalliques protégeaient ses mains et un camail lui couvrait le cou et la tête. Sous le bras, il portait un heaume couronné de plumes d'aigle dont les pointes avaient été teintées de henné, de sorte qu'elles semblaient être trempées de sang. Avec lui se trouvait un noble suisse qui s'appelait Othon de Grandson, responsable de l'ordre anglais de Saint-Thomas, et le maître de la léproserie de Saint-Lazare. Will détourna les yeux en entendant Robert bâiller à côté de lui. Il sentait la tension chez tous ces hommes qui attendaient le combat, même s'ils étaient pour la plupart assis en silence près de la porte de l'enceinte extérieure, car leur entraînement leur avait appris à dompter leur nervosité. Le moment venu, ils se défouleraient sur l'ennemi.

Peu après, Guillaume termina sa discussion et revint parmi les Templiers. Othon retourna lui aussi auprès des soldats de Saint-Thomas et le maître de la léproserie, après avoir donné un ordre à deux hommes qui s'en allèrent par la porte Saint-Lazare, prit position à la tête de ses hommes, qui patientaient un peu en retrait des autres troupes. Au total, cavalerie et infanterie confondues, ils étaient presque trois cents hommes.

Deux sergents aidèrent Guillaume à monter en selle, un travail qui requérait toute leur force tant le grand maître et son volumineux équipement pesaient. La défense de tout le côté nord-ouest du faubourg de Montmusard avait été confiée aux Templiers et les hommes travaillaient maintenant par groupes, dormant dans des baraquements de fortune au milieu des écuries et des maisons, courant porter vivres et messages de la commanderie à Montmusard. Lorsque les deux sergents s'éloignèrent, les chevaliers firent le signe de croix et abaissèrent leur visière. Se déplaçant en formation, ils avancèrent vers la porte extérieure. Le grand maître se trouvait à l'avant avec Theobald Gaudin et Will. Zaccaria était derrière eux avec Robert et le gonfalonier, celui qui portait haut l'étendard du Temple.

Les secondes s'égrenaient et Will sentait son cœur s'emballer. Son casque lui renvoyait sa propre respiration saccadée tandis que le monde demeurait étrangement assourdi. Il agrippa son bouclier qui brillait au clair de lune et la sangle se serra autour de ses muscles bandés. Il y eut un signal et cinq hommes de l'ordre de Saint-Lazare s'approchèrent de la porte. Ensemble, ils levèrent la grande barre en bois et ouvrirent. La herse en fer fut relevée tandis qu'on descendait le pont-levis. Will fit jouer sa mâchoire, qui lui faisait mal à force de crispation, et il braqua son regard sur la bande lumineuse qui grandissait à l'horizon. Le pont-levis s'inclinait lentement, le treuil et les poulies fraîchement huilées remplissaient leur office sans faire le moindre bruit. Dehors, le bruit de la mer ne cessait de grossir et un vent puissant s'engouffrait par la porte. Il y avait une forte odeur de sel et de boue, et des émanations humaines nauséabondes aussi, la puanteur épaisse et pénétrante des hommes confinés dans un petit espace, une puanteur composée d'une multitude d'effluves : fumier humain et animal, sueur, huile des lampes, bois brûlé, épices, viande cuite et encens. Le pont-levis fit un bruit sourd en se mettant en place par-dessus le fossé qui faisait le tour de l'enceinte extérieure. Mais ce qui emplissait le champ de vision de Will, c'était ce qui se trouvait au-delà.

À quelque distance de là, derrière les lignes de siège formées par des protections en bois et en vannerie, les Mamelouks avaient dressé leur camp. Will savait qu'il y avait plusieurs camps, chacun dirigé par un chef différent, mais la mer de tentes était si énorme, elle recouvrait un tel espacc qu'il était presque impossible de dire où finissait l'un et où commençait l'autre. Alors qu'elles formaient un ensemble bigarré de couleurs vives en plein jour, elles étaient toutes du même gris uniforme la nuit, et les seules qui se distinguaient étaient celles, plus grandes, des émirs. Entre les lignes de siège et les camps avaient été installés les engins de siège. Certains étaient petits, pas plus de cinq ou dix mètres de haut, et ils projetaient des javelots vers les remparts ou les plateformes des tours. D'autres, plus grands, servaient aux pierres et aux pots de naphte. Et il y en avait quatre d'une taille gigantesque. Ces monstres, placés à intervalles réguliers autour des fortifications, dressaient dans le ciel pâle de l'aurore leur squelette efflanqué. Pour l'heure, leurs madriers étaient au repos. Sur sa droite, un peu plus loin, Will apercevait celui qu'ils appelaient le Furieux et qui avait fait le chemin depuis Damas. Les hommes qui le maniaient étaient sous les ordres de l'émir de Hamah, dont le camp était établi près du rivage, juste en face des chevaliers. Ces dix derniers jours, le Furieux avait mérité son nom.

L'armée mamelouke était arrivée le 5 avril, marée noire submergeant l'horizon. Les derniers réfugiés, pour la plupart des chrétiens autochtones des villages alentour, s'étaient précipités en Acre pour chercher refuge, et ils apportaient avec eux des histoires de villages brûlés et de massacres. À son arrivée, le sultan Khalil s'était installé sur une petite colline au nord-est de la ville où les Templiers possédaient un vignoble. Son pavillon royal vermillon avait été monté en face d'Acre et l'armée avait rapidement pris position jusqu'à couvrir toute la région, depuis le nord-ouest de la péninsule jusqu'au rivage au sud-est. Ils avaient érigé leurs tentes, creusé des fosses et des latrines, monté les engins et vidé les pierres des chariots pour les empiler auprès des mandjaniks. À plusieurs moments durant la journée, l'armée avait cessé tout ouvrage pour prier et les croisés, qui observaient leurs progrès depuis les remparts d'Acre, avaient écouté en silence les scansions musulmanes.

Et depuis, les tambours reprenaient leur roulement à chaque aube, annonçant qu'une nouvelle journée d'offensive commençait. Les archers mamelouks lâchaient des volées de flèche contre les Francs sur les remparts tandis que toutes sortes de projectiles se fracassaient continûment contre les tours. Dans le port, les bateaux s'en allaient, emportant avec eux les femmes, les enfants, les vieillards et les malades vers Chypre, à l'abri. Mais ils étaient encore nombreux à rester, ceux qui gardaient espoir et ceux qui ne pouvaient se payer le passage. Will était retourné voir Elwen pour la supplier de partir mais elle avait refusé encore une fois alors que, jour après jour, les Mamelouks se rapprochaient des murs. Les chrétiens essayaient de repousser cette avancée en catapultant des pierres avec leurs propres engins. Mais les lignes de siège étaient protégées par des barrières de poutres attachées les unes aux autres et la plupart des pierres rebondissaient sans dommage sur cette épaisse cuirasse avant de tomber dans la fosse. Les Francs avaient lancé sept assauts vaillants depuis la mer. Le premier jour, un mangonneau à bord d'un vaisseau vénitien avait même infligé de gros dégâts au flanc droit de l'armée mamelouke. Le lendemain, trois bateaux pisans avaient attaqué le camp de Hamah en projetant des pierres avec un trébuchet mais une tempête s'était levée, obligeant les Pisans à reculer, ce qui avait fait dire à un certain nombre de soldats que les Mamelouks utilisaient la sorcellerie. Et maintenant, au bout de dix jours, les Francs commençaient à se relâcher. Il leur fallait une victoire.

Will tira son épée de son fourreau tandis que six hommes de l'ordre de Saint-Thomas se précipitaient par la porte. À la hâte, ils déroulèrent un large rectangle de tissu, très épais, à travers le pont-levis. Quand ils eurent terminé, Guillaume leva le poing en l'air. Will enfonça ses talons dans les flancs de son destrier et sortit de l'enceinte aux côtés du grand maître et de Theobald Gaudin. En face étaient disposées les barricades des lignes de siège avec la forme monstrueuse du Furieux en surplomb. Une fois sur la terre sablonneuse, le grand maître se dirigea droit vers l'engin. Derrière lui, Othon de Grandson conduisait l'ordre de Saint-Thomas et les soldats à pied de la léproserie à gauche, vers le camp de Hamah qui était surtout composé de Syriens, ainsi que de quelques centaines de Bédouins et de Mamelouks.

À la sortie du pont, le terrain montait un peu, ce qui empêchait de voir l'essentiel du camp. Au bout d'un moment, seul le Furieux demeura visible. Les hommes avançaient rapidement, dans le calme, bruits de pas et de sabots amortis par le sable. S'il y avait eu quelqu'un au niveau des lignes de siège, ils l'auraient aussitôt remarqué. Mais il n'y avait pas de sentinelles à cet endroit. Les Mamelouks s'étaient tellement rapprochés des fortifications qu'ils étaient maintenant à la portée des flèches des croisés, de sorte que tout homme qui se montrait là devenait une cible. De plus, le camp était encore endormi. Ils n'agissaient pas de nuit et ne s'attendaient pas à une action aussi audacieuse des assiégés. Les Mamelouks ne pouvaient pas savoir que, de toutes les portes situées autour d'Acre, des compagnies comme celle-ci, composées d'Hospitaliers, de Teutoniques, de Pisans et de Génois, avançaient en silence vers leurs positions.

En quelques instants, les Templiers atteignirent les lignes de siège. Six sergents, des grappins à la main, coururent le long des barricades en bois qui protégeaient le Furieux pendant que les chevaliers mettaient en place leurs chevaux bien entraînés à coups de talons dans les flancs et de petites pressions sur les rênes. La lune procurait une lumière trompeuse : dénuées de la moindre couleur, les formes semblaient s'enchevêtrer les unes dans les autres. Mais cette pénombre bleuâtre changerait bientôt. Ils allaient illuminer cette nuit.

L'espace de quelques secondes, rien ne se passa. Guillaume regarda en l'air, du côté des remparts, les plumes de son casque frissonnant dans la brise. Will suivit son regard et il entendit un petit clic au loin, puis le bruit sourd d'un mécanisme et une lumière ténue apparut dans le ciel. Elle se recroquevilla et parut suspendue en l'air pendant un bref moment, après quoi elle entama une longue parabole, comme une étoile filante grossissant à vue d'œil. Will réalisa soudain qu'elle allait manquer sa cible. Guillaume s'en aperçut lui aussi car il jura. Et, en effet, l'énorme pot de feu grégeois atterrit à quelques mètres des barrières en bois qui entouraient le Furieux au lieu d'y mettre le feu. Ce feu était censé se répandre rapidement et détruire ce mur protecteur pour permettre aux hommes d'attaquer en profitant de la confusion qui ne manquerait pas de s'ensuivre. Le pot s'écrasa bruyamment et plusieurs sergents reculèrent, craignant la conflagration, mais le feu n'avait rien à consumer sur la terre sablonneuse et il s'éteignit peu à peu malgré l'effort des hommes qui essayaient de pousser la substance enflammée sur les barricades. Guillaume se haussa sur sa selle et leva le bras pour faire signe aux hommes sur les remparts de tirer une deuxième fois, mais il n'eut même pas le temps de le faire que déjà, de l'autre côté de la barrière, des cris retentirent. Quelqu'un avait entendu l'explosion.

— Maintenant ! hurla Guillaume aux sergents qui se dépêchèrent de réprendre leur position et de lancer leurs grappins.

Tandis que les crochets métalliques se fixaient au sommet des barrières en bois, les cris se multipliaient de l'autre côté. Les sergents tirèrent de concert sur les cordes et abattirent les barrières autour du Furieux. Elles tombèrent sur le sable avec un bruit étouffé et les chevaliers s'engouffrèrent dans la brèche. Will fut l'un des premiers à s'y précipiter avec Guillaume. Les soldats syriens qui manœuvraient le Furieux étaient cantonnés à proximité et ils couraient déjà en direction des chevaliers, les armes levées. Dans le camp principal à quelque distance de là, d'autres troupes sortaient des tentes, pas totalement éveillées ni habillées. Des torches étaient allumées ici et là.

— Démolissez l'engin ! rugit Guillaume à l'intention de quelques sergents qui portaient des haches. À l'attaque ! À l'attaque ! lança-t-il aux chevaliers.

Pendant qu'un groupe de chevaliers se portait à la rencontre des Syriens, Guillaume mena le reste des troupes dans une charge farouche sur le terrain à découvert menant au camp de Hamah. Ils abordèrent les marges du camp et s'enfoncèrent dans les premières lignes de soldats toujours ensommeillés qu'ils massacrèrent sans difficulté. Sur leur gauche, les soldats de l'ordre de Saint-Thomas menés par Othon de Grandson avaient fait tomber d'autres barricades et convergeaient vers les positions des Templiers. Ils hurlaient des cris de ralliement en courant.

Will se baissa pour esquiver un carreau d'arbalète qui lui était destiné. Un homme sortit d'une tente juste devant lui, torse nu, une épée à la main. Il allongea le bras en visant le cou du cheval. Will tira sur les rênes et détourna son cheval à la dernière seconde avant de frapper l'homme avec le tranchant de son fauchon. Dans son élan, il ne trouva que son poignet mais il le sectionna d'un coup, projetant l'épée avec la main toujours cramponnée à la poignée. Le Syrien hurla en tombant à genoux et en regardant son moignon d'un air horrifié. Deux autres soldats arrivaient sur la droite de Will, qui cabra son cheval pour s'en servir comme d'une arme. Les soldats tombèrent à la renverse et le cheval leur broya les côtes de ses sabots ferrés.

Alors que de plus en plus de soldats sortaient des tentes pour venir en aide à leurs camarades, Will forma un cercle avec trois autres chevaliers. Ils portaient autant de coups que possible tout en parant ceux de leurs adversaires avec leurs boucliers. Une épée le toucha à la cuisse mais elle glissa sur la cotte de mailles sans le blesser ; une autre lacéra son manteau. Il continuait à faire bouger son cheval que son armure protégeait des coups d'épée. La sueur perlait sur son front et dégoulinait le long de ses joues, à l'intérieur du casque par les fentes duquel il voyait les Syriens qui lui faisaient face. Guillaume et Robert étaient entrés plus avant dans le camp et essayaient de gagner assez de temps pour que les sergents puissent détruire le Furieux. Et partout des hurlements, partout le bruit des épées qui s'entrechoquaient.

Will combattait rudement, méthodiquement, projetant ses ennemis au sol avant de les tuer. Ce n'étaient plus des hommes, juste des cibles à détruire. Les réflexes avaient pris le pas sur l'intellect et il n'y avait pas de place pour l'hésitation. Il était une machine alimentée par l'instinct de survie, par la peur. Il meuglait en les mettant à terre et en enfonçant sa lame dans la première partie de leur corps qui se présentait à lui. Le dernier homme devant lui s'écroula, le crâne fendu en deux jusqu'au nez. La voie était dégagée. Will lança son cheval au galop. Plus loin, il entendait des cris de panique lancés par les chevaliers. Il y avait quelque chose qui n'allait pas.

Guillaume et les autres s'étaient enfoncés plus loin dans le camp, à l'endroit où les tentes étaient le plus rapprochées. Mais à cause de la faible lumière de la lune, ils ne pouvaient pas voir les cordes qui les maintenaient debout. Les chevaux s'empêtraient dans les cordages et tombaient en faisant culbuter les chevaliers. Un cheval alla s'écraser sur une tente, qui s'effondra. Son cavalier chuta avec lui et un piquet de tente se ficha dans sa nuque. Il resta étendu là à se débattre, les jambes coincées, tandis que deux Syriens se jetaient sur lui et l'achevaient. Un autre chevalier mis à bas de son cheval, la hanche brisée par la chute, reculait devant trois Mamelouks quand il buta contre une corde et s'écroula contre un drap tendu devant une fosse d'aisances. Il termina sa course au milieu des excréments de dix jours de siège. Il se débattit un moment en essayant désespérément de s'agripper aux bords glissants de la fosse, puis trois flèches le frappèrent coup sur coup et il retomba, le poids de son armure l'entraînant au fond de cet immondice sans même pousser un cri.

D'autres chevaliers tombèrent, victimes des cordes traîtresses. Les Syriens étaient de plus en plus nombreux et ils avaient maintenant eu le temps d'enfiler leurs casques et d'attraper armes et boucliers. Guillaume, occupé à se défendre contre un groupe de Mamelouks qui menaçaient de l'encercler, hurla le signal de la retraite. Les ordres de Saint-Thomas et de Saint-Lazare se rassemblèrent autour de lui et les Templiers suivirent leur gonfanon pour sortir du camp aussi vite qu'ils y étaient entrés.

Will tournait son cheval pour rejoindre les autres lorsqu'il en vit un autre se prendre les jambes dans des cordes et jeter son cavalier à terre. Dans la chute, le chevalier perdit son casque. C'était Robert. Les autres chevaliers passaient à proximité sans se soucier de sa situation. Dans leur sillage, une masse de soldats couraient, assoiffés de sang, mis en rage par cet assaut et désireux de venger leurs camarades.

Ignorant l'ordre que lui lança Guillaume en passant près de lui, Will approcha son cheval de Robert.

— Lève-toi ! hurla-t-il au chevalier. *Debout !*

Robert, qui cherchait l'épée qu'il avait lâchée, leva la tête en l'entendant. Jetant un regard derrière lui aux soldats qui accouraient, il se releva, oublia son épée et se précipita vers Will. Celui-ci lança son cheval droit sur les Syriens, qui s'écartèrent. Puis il fit pivoter son cheval et revint vers Robert. Dans un effort suprême, celui-ci parvint à se hisser sur le cheval. Attrapant fermement la selle des deux mains, il s'allongea à plat ventre derrière Will et lutta pour maintenir son équilibre précaire tandis que Will lançait le destrier vers les lignes de siège où le sol était couvert de cadavres. Le Furieux était toujours debout. Sans feu pour les soutenir, les sergents avaient disposé de trop peu de temps pour faire autre chose qu'érafler ses poteaux massifs.

Les troupes franchirent le pont en sens inverse et s'entassèrent dans l'enceinte extérieure pendant que les archers sur les remparts envoyaient des volées de flèches sur les Mamelouks et les Syriens à leurs trousses. Quand le dernier homme fut rentré, on releva le pont et la porte fut refermée. On transporta les blessés dans l'enceinte intérieure où des médecins et des prêtres étaient chargés de les soigner. Quelques hommes s'étaient emparés de tambours et de boucliers mamelouks : on les suspendrait aux fortifications pour décourager l'armée musulmane. Mais ces petites victoires avaient été payées au prix fort. Sur les cent cinquante-deux soldats des ordres de Saint-Thomas et de Saint-Lazare qui avaient participé à l'assaut du camp de Hamah, vingt-sept n'étaient pas revenus. Quant aux Templiers, ils avaient perdu quatre sergents et dix-huit chevaliers. C'était un gâchis terrible.

À l'aube, quand ils apprirent que les autres sorties avaient obtenu des résultats similaires, leur moral tomba au plus bas.

46

Les quais, Acre

18 mai 1291 après J.-C.

Garin jouait des coudes pour se frayer un chemin sans prêter attention aux protestations véhémentes de ceux qu'il bousculait. Une femme corpulente au visage bovin refusait de se pousser.

— Attendez votre tour, dit-elle en le regardant de bas en haut.

Elle fit la moue en observant ses vêtements sales et troués et ses yeux vitreux. Garin s'approcha d'elle avec un rictus mauvais.

— Dégage, vieille bique.

Il essaya de passer l'épaule mais quelqu'un l'attrapa par la cape. Il pivota et se retrouva nez à nez avec un vieillard.

— Comment osez-vous parler ainsi à ma femme ? s'exclama l'homme. J'ai bien envie de...

Garin lui donna un coup de poing qui l'envoya rouler sur le derrière. La femme se précipita en hurlant au secours de son mari tandis que Garin poursuivait son chemin à travers la cohue.

L'aube approchait. Au-delà de la digue ouest, la mer sombre reflétait les premières lueurs matinales. Les appels des marins faisaient écho à l'animation de la foule, ponctuée de cris de bébés. La plupart des gens présents dans le port étaient des femmes et des enfants. Il y avait peu d'hommes et ceux qui se trouvaient là étaient soit très vieux, soit très riches. L'agitation était perceptible, à peine contenue, dans les regards paniqués des derniers réfugiés d'Acre qui s'entassaient, frémissants, dans l'attente d'un bateau sur lequel embarquer. Les jeunes gens, soldats et chevaliers désormais rejoints par les fermiers, se trouvaient derrière eux sur les remparts, ils défendaient encore la ville même si, au cours du dernier mois, il avait semblé de plus en plus vain d'espérer une issue favorable.

Après plusieurs autres sorties nocturnes sans succès, on avait fermé pour de bon les portes d'Acre. L'arrivée de Henry II, le jeune roi de Chypre et de Jérusalem, à la tête de deux cents cavaliers et cinq cents soldats d'infanterie, avait brièvement rassuré les esprits. Mais ses tentatives de négociation avec le sultan Khalil échouèrent et le rythme des attaques quotidiennes resta aussi soutenu, de sorte que l'optimisme ne dura guère. Depuis lors, deux tours, sur les douze que comptait Acre, la tour d'Angleterre et la tour de la comtesse de Blois, s'étaient écroulées sous les bombardements, de même que trois sections de l'enceinte extérieure près des portes Saint-Nicolas et Saint-Antoine. La veille, au matin, les dirigeants d'Acre, du moins ceux qui n'avaient pas fui à Chypre, s'étaient réunis dans la chambre des conseils du palais royal pour décider de l'évacuation finale des femmes et des enfants.

La nouvelle avait circulé et les derniers citoyens d'Acre s'étaient rendus au port en emmenant leurs affaires. Leur nombre n'avait fait qu'augmenter depuis l'après-midi précédent. Alignés le long des quais, ils avaient attendu toute la nuit. Un petit nombre de bateaux étaient partis avec une foule de passagers qui avaient tout perdu et n'avaient aucune idée de la manière dont ils se logeraient ou se nourriraient en débarquant sur un rivage inconnu. La plupart d'entre eux n'avaient jamais vécu ailleurs qu'en Acre. Laissant maris, pères et fils se battre sur les remparts pour contenir la horde féroce qui faisait tomber pierre par pierre leurs défenses, ces femmes, ces filles et ces mères montaient à bord le cœur serré. Elles cherchaient du regard des amies, des voisines auprès de qui trouver du réconfort, mais il n'y avait que des étrangères plongées comme elle en plein désarroi, le visage hagard. Tandis que le ciel s'éclaircissait, rosissait en illuminant le port d'une lumière pâle, il était évident qu'il y avait tout simplement trop de monde et pas assez de bateaux.

Haletant, Garin atteignit finalement la partie du quai où des files de femmes grimpaient à bord d'un vaisseau marchand vénitien. Sans prendre garde aux gens qui l'interpellaient pour lui signifier de reculer et d'attendre son tour, il parvint à passer devant tout le monde, heurtant ce faisant un enfant qui se mit à crier.

— Hé vous ! cria-t-il à l'un des matelots.

Celui-ci le regarda d'un air renfrogné tout en rattrapant par le bras une femme qui perdait l'équilibre sur la passerelle.

— Qu'est-ce que vous voulez ? lui demanda-t-il d'une voix rude et avec un fort accent.

— Il faut que je monte sur votre bateau, cria Garin pour se faire entendre par-dessus les vagissements de l'enfant.

Le matelot se mit à rire en se retournant vers ses camarades. Il leur dit quelque chose en italien tout en désignant Garin de la tête. Certaines des femmes sur le quai, visiblement italiennes, le regardèrent d'un air goguenard ; l'une d'elles éclata d'un rire narquois.

— Je dis que tu as une drôle d'allure pour une femme, répéta le matelot dans un anglais écorché.

Puis il commença à siffloter un air célèbre en aidant une autre femme à monter. Garin ne le quittait pas des yeux.

— J'ai de l'argent, dit-il à voix basse.

Il plongea la main dans le sac jeté sur son épaule et en sortit une bourse élimée fermée par un cordon.

— Dans ce cas, va t'acheter du courage et retourne sur les remparts. Ta place est là-bas.

Des rires et des acclamations fusèrent, meurtrissant les oreilles de Garin. Il bouillait de rage mais comprenait qu'il perdait son temps. Fourrant la bourse dans son sac, il observa les quais : plus loin, plusieurs bateaux mouillaient. L'un, le plus proche, avait des hommes à bord. C'était un petit vaisseau, guère plus qu'une pinasse, mais il y avait encore de la place. Il supposa qu'il s'agissait d'un simple passeur qui emmenait ses passagers vers les quelques grosses galères ancrées en dehors du port. Sous les huées et les quolibets, il prit la direction de cet esquif. Il y avait encore plus de femmes par là, le regard tourné avec espoir vers le bateau, mais des hommes en gardaient l'accès, brandissant leur épée et observant la population d'un œil glacial. Alors qu'il approchait, la foule s'écarta et un vieillard aux cheveux blancs, vêtu d'une robe noire, apparut. Deux hommes en robe de soie pourpre et or l'aidaient à s'installer, des évêques à en juger par leur allure : ils croulaient sous les bijoux. Garin reconnut le vieillard, c'était le patriarche de Jérusalem, Nicholas de Hanape. Quand il arriva à proximité, l'un des gardes l'empêcha d'avancer en plaçant une main autoritaire sur sa poitrine.

— Je veux acheter le passage, plaida Garin. Ils ne laissent pas les hommes monter sur les autres bateaux. Je suis blessé, je ne peux pas combattre.

Il avait accompagné ses explications d'un geste vague vers sa jambe.

— Vous ne monterez pas, lui répondit le garde.

— Pour l'amour de Dieu, je vous en supplie !

Le garde secoua la tête.

— Il y a un bateau du Temple, le *Faucon*.

Il tendait le doigt vers une immense galère située à l'avant-port, près de la digue écroulée.

— Le capitaine a rejeté son manteau et l'a réquisitionné pour son propre compte. Il accepte de l'argent en échange du passage, d'après ce qu'on m'a dit. Mais il va vous en falloir beaucoup pour le convaincre.

— Plus de cinq sequins ?

— Beaucoup plus, fit le garde avec bonne humeur.

Laissant les gardes repousser la foule tandis que s'éloignait la pinasse, avec le patriarche et les évêques à son bord, Garin se retrouva une fois de plus au milieu de la cohue. Il prit le chemin de la ville et courut dans le dédale des rues, réfléchissant très vite. La plupart des gens qu'il croisait étaient des pauvres qui n'avaient même pas pu se payer le passage lors des précédentes évacuations. Voler l'un ou l'autre n'aurait aucun sens. Il se maudit de ne pas y avoir pensé plus tôt.

Ces dernières semaines, il s'était saoulé jusqu'à l'abrutissement pour ne plus entendre le bruit horrible des attaques, les coups sourds des pierres, les roulements de tambour, les cris de ralliement, les prières ardentes, le carillonnement des cloches et les hurlements, toujours. Mais il s'était résolu à attendre, persuadé comme tant d'autres que les fortifications tiendraient. La nuit précédente, il s'était réveillé avec la bouche pâteuse dans un bordel misérable du quartier pisan pour découvrir qu'on évacuait la ville. L'estomac chaviré par le mauvais vin, il avait réuni ses quelques affaires et, tout en pensant à la France, à l'idée de refaire sa vie, il s'était rendu au port. Il ne lui était pas venu à l'esprit qu'il ne puisse pas partir.

Des nuages de fumée noire s'élevaient dans l'air à cause des incendies que plus personne ne prenait la peine d'éteindre. Plus loin, les remparts étaient en partie détruits. Les ruines de la tour d'Angleterre, une saillie de pierre au milieu des gravats, pointaient comme un mince doigt tendu vers le ciel. Cochons et chèvres, livrés à eux-mêmes, peuplaient les allées en troupeaux intimidants. Les maisons étaient vides. Tandis que Garin errait de par les rues, il croisa trois charrettes qui roulaient lentement et sur lesquelles étaient empilés des cadavres, dont certains étaient brûlés ou amputés de l'un ou l'autre membre. Des groupes de gens couraient dans le sens opposé, vers les quais. Une femme, les cheveux défaits lui tombant sur le visage, cria à deux enfants en pleurs de se dépêcher. Elle portait un bébé dans ses bras.

— Marchez plus vite !

Le plus petit, un blondinet, se mit à sangloter de tout son corps.

— Je veux papa !

La femme se figea, puis elle s'accroupit.

— Papa va nous rejoindre, dit-elle doucement. Mais il faut qu'on trouve un bateau tout de suite. Maintenant aide maman, sois un bon garçon.

Garin la regarda les embrasser tous les deux puis partir. Il pensa un instant appeler la femme pour lui dire que ça ne servait à rien : elle arriverait trop tard et tous les bateaux seraient partis. Mais avant qu'il ait pu ouvrir la bouche, ils disparaissaient par une allée. Il demeura là un moment à réfléchir à leur destin. Si les fortifications étaient brisées et que les Sarrasins entrassent, la femme serait sans doute violée avant d'être tuée. Elle était trop âgée pour qu'on en fît une esclave, elle ne valait pas assez sur un marché. On tuerait aussi son bébé, et de toute façon il mourrait sans sa mère. Les garçons, quant à eux, seraient emmenés. Des milliers d'entre eux subiraient le même sort. Cela ne souleva pas d'émotion particulière chez Garin jusqu'à ce que le visage de Rose traversât son esprit.

Il était presque sûr qu'elle était encore en ville. Il avait vu Elwen deux jours plus tôt dans une rangée de femmes se passant des seaux d'eau et de sable pour éteindre l'incendie qui se propageait depuis le début de la journée à cause des flèches enflammées et des pots de feu grégeois projetés par les Mamelouks. Elle avait le visage rougi par l'effort, une robe sale, et ses yeux cernés de noir trahissaient son état de fatigue. Will et Elwen avaient fait tout ce qui était en leur pouvoir pour qu'il restât en dehors de leur vie. Mais ça ne l'avait pas empêché de penser qu'il était le père de Rose, ni d'espérer qu'un jour il pourrait le lui prouver. Il ne savait pas trop pourquoi il en ressentait le besoin : peut-être que c'était par pure rancune, peut-être souhaitait-il simplement voir Will souffrir comme lui avait souffert. Mais il aimait à penser que c'était parce qu'il se sentait capable d'aimer un enfant, et d'être aimé en retour.

Rose et Elwen étaient-elles encore en Acre ? Ou avaient-elles trouvé un bateau ? Si elles s'attardaient en ville, Garin doutait sérieusement que Will, quelles que fussent ses occupations par ailleurs, les laisserait sans espoir de s'enfuir. Il avait dû leur réserver un passage, peut-être à bord d'un bateau du Temple. Une idée se forma dans son esprit et Garin changea de direction pour se rendre au quartier vénitien.

Quartiers généraux des Templiers, Acre,
18 mai 1291 après J.-C.

Will chevauchait au milieu des ruines de Montmusard, dirigeant son cheval au milieu des gravats et des ruines calcinées des maisons. L'atmosphère était saturée de fumée. Il la sentait irriter le fond de sa gorge, enduire ses lèvres d'une couche de cendres grises pareille à celle qui recouvrait tout le reste. Loin devant lui, les torches illuminaient les murailles et projetaient les ombres démesurées des gardes quand ils passaient à proximité des halos jaunâtres qu'elles diffusaient. Will traversa le camp des Hospitaliers. Les chevaliers aux manteaux noirs à croix blanche se déplaçaient comme des fantômes dans la pénombre. Une charrette transportait en cahotant sur le sol accidenté des hommes blessés jusqu'à l'infirmerie.

Des mules, le dos chargé de paquets de flèches, avançaient en un convoi d'une lenteur prodigieuse. Will avait croisé tout au long de son chemin des scènes similaires. Seules les couleurs des uniformes et des bannières changeaient ; l'appréhension, lisible sur les visages, était la même. Les vieilles chansons avec lesquelles les soldats s'étaient ragaillardis durant les nuits presque irréelles du siège s'étaient tues quelques jours plus tôt. Il n'y avait plus vraiment de raison de chanter maintenant.

Les sapeurs mamelouks avaient consciencieusement ébranlé les douze tours d'Acre ce dernier mois. Chaque équipe de sape, constituée d'une centaine d'hommes, creusait depuis le camp mamelouk jusqu'aux murailles et, quand ils arrivaient sous les tours, ils creusaient une caverne. Ensuite, ils entravaient les fondations de poutres auxquelles ils mettaient le feu, provoquant la chute des tours dans la caverne. Trois jours plus tôt, après une de ces opérations, toute la face tournée vers l'extérieur de la tour du Roi s'était écroulée sur elle-même. Les décombres avaient roulé dans le fossé, ce qui avait empêché les Mamelouks de passer, mais le soulagement des croisés avait été de courte durée car, à leur réveil le lendemain matin, ils s'étaient aperçus que, dans la nuit, les Mamelouks avaient tendu un tissu à l'abri duquel ils déblayaient le terrain. Flèches et pierres étaient repoussés par cette protection et les chrétiens réduits à l'impuissance n'avaient pu que les regarder tandis qu'ils enlevaient le reste de la tour du Roi.

En atteignant les quartiers généraux des Templiers, installés dans une église abandonnée avec un trou dans la toiture, Will mit pied à terre. Il tendit les rênes à un écuyer qui passait là. L'endroit était tranquille, les hommes se reposaient avant que l'assaut ne reprenne.

— Avez-vous vu Simon Tanner ? demanda-t-il à l'écuyer.

— La dernière fois que je l'ai vu, commandeur, il était à l'écurie près de l'hôpital de Saint-Lazare.

Will réfléchit un instant, hésitant à s'y rendre. Mais les écuries étaient au moins à cinq minutes à pied et il ne disposait pas d'autant de temps. Poussant un juron, il s'avança vers les portes de l'église gardées par deux sentinelles. Les chevaliers le saluèrent avec respect tandis qu'il entrait dans l'église. À l'intérieur, Guillaume de Beaujeu et Peter de Sevrey étaient penchés sur un plan des fortifications posé entre deux barriques. La lumière des torches projetait leur ombre sur les murs latéraux de la pièce. Le sol était jonché d'éclats de pierres.

Guillaume se retourna.

— Ah, commandeur ! Vous avez fait vite. Quelles nouvelles du camp du roi Henry ?

— Je n'ai pas pu arriver jusqu'au camp du roi, seigneur, répondit Will. En chemin, des chevaliers Teutoniques m'ont averti qu'il y avait des mouvements du côté des Mamelouks.

Sevrey fronça les sourcils.

— Déjà ? fit-il en soupirant. Les Sarrasins ont l'intention de nous réveiller tôt ce matin.

— Vous m'avez mal compris, maréchal. C'est toute l'armée qui se réorganise, depuis la tour du Patriarche jusqu'à la porte Saint-Antoine. La plus grosse concentration se trouve en face de la tour Maudite.

— Vous en êtes certain ? demanda Guillaume.

— Je suis monté sur les remparts pour m'en assurer. De toute évidence, ils ont commencé à se déplacer en pleine nuit. Ils sont presque au pied des murailles.

— Les autres chefs de camp sont-ils au courant ? demanda vivement le maréchal.

— On envoyait des messagers lorsque je suis parti. Je suppose qu'ils seront au courant dans les minutes à venir.

— Réveillez les hommes, Peter, ordonna Guillaume. Dites-leur que nous nous attendons à un assaut général. Regroupez-les sur-le-champ.

— Seigneur, fit le maréchal en s'inclinant.

Puis il partit.

Le visage hagard, Guillaume se tourna vers Will.

— Nous y sommes, commandeur.

La mâchoire de Will se contracta et il hocha la tête.

Guillaume regarda vers le chœur où un crucifix en argent, suspendu au-dessus de l'autel, scintillait faiblement. Son front se plissa.

— Voudriez-vous prier avec moi, William ?

Will hésita un moment.

— Seigneur, je ferais mieux de retourner aux baraquements. Pour faire en sorte qu'ils soient prêts.

— Bien entendu, fit Guillaume en secouant la tête. Préparez-vous. Nous prierons avec nos frères quand vous reviendrez.

Will se força à quitter le grand maître, après quoi il emprunta plusieurs rues au pas de charge. La nouvelle circulait déjà et les hommes se levaient.

Will trouva Simon dans les écuries à côté de l'hôpital de Saint-Lazare. Il avait l'air d'avoir peur, mais son visage exprimait aussi une sorte de détermination farouche. Il surveillait la préparation des destriers des chevaliers. Il parut soulagé de le voir arriver.

— Tu es venu chercher un cheval ?

Il se passa la main dans ses cheveux pleins de poussière.

— On raconte qu'il va y avoir une attaque. Je veux dire... plus importante que d'habitude.

— Il faut que je te parle, fit Will en l'entraînant dans la cour, à l'écart des palefreniers.

— Qu'est-ce qui se passe ? lui demanda Simon d'un air inquiet.

Il avait perdu du poids ces dernières semaines et ses traits s'étaient creusés.

— Will ? Qu'y a-t-il ?

— J'ai besoin que tu fasses quelque chose pour moi.

— Ce que tu voudras.

— Je veux que tu ailles voir Elwen et que tu t'assures que Rose et elle montent à bord de ce bateau. Je lui ai dit de partir hier mais elle m'a dit qu'elle devait boucler des malles, ou je ne sais quoi. Elle m'a promis d'aller au port cet après-midi.

Will s'interrompit un instant.

— Je ne pense pas que nous ayons autant de temps.

D'abord sous le choc de cette information, Simon finit par acquiescer.

— J'irai, ne t'inquiète pas. Même si j'imagine que ça ne plaira pas au maître des écuries que je m'absente à un moment pareil.

— Dis-lui que je t'ai donné une autre assignation.

— Je reviendrai dès qu'elle sera sur le bateau.

Simon commençait à repartir en direction des écuries, mais il fit demi-tour et saisit les mains de Will entre les siennes, dures et calleuses. Il les pressait fort.

— Dieu soit avec toi, dit-il, la voix étranglée.

— Et avec toi aussi.

Will regarda Simon s'éloigner avant de partir à son tour. Alors qu'il passait la porte Saint-Lazare, il aperçut des mots tracés au charbon sur le bois.

Non nobis, Domine, non nobis, sed nomini tuo da Gloriam. Non pour nous, Seigneur, non pour nous, mais pour que Ton Nom soit glorifié.

L'image de son père, précise, s'incrusta dans son esprit.

Quelque part au-delà des remparts, un tambour se fit entendre.

Le quartier vénitien, Acre,
18 mai 1291 après J.-C.

Arrivé devant la porte bleue, Garin s'arrêta pour reprendre son souffle. Il voulut essuyer la sueur sur son front et s'aperçut que sa main tremblait violemment. L'alcool infestait son système nerveux comme un poison. S'il avait pris le temps de réfléchir, il aurait pu piller n'importe quelle taverne abandonnée. Peut-être même y aurait-il trouvé des pièces... Mais il n'avait eu qu'une idée en tête : arriver le plus vite possible. Il serra le poing et frappa la porte en bois. Le son résonna dans la rue. Un homme tirant une charrette à main remplie de pots et de marmites passait à toute vitesse en lui jetant des coups d'œil méfiants. Garin l'ignora et entendit bientôt qu'on déverrouillait la porte. Il rabattit à la hâte ses cheveux en arrière et défroissa sa cape couverte de vomi. La porte s'ouvrit.

Rose apparut sur le seuil. Ses cheveux étaient maintenus par une petite coiffe et elle portait un manteau de voyage jaune et vert par-dessus sa robe blanche. Elle avait l'air fatiguée. Elle se renfrogna en reconnaissant Garin.

— Qu'est-ce que vous voulez ? murmura-t-elle sans ouvrir complètement la porte.

— Rose, chérie..., dit Garin en essayant de sourire. Est-ce que ta mère est là ?

Rose ne répondit pas. Derrière elle, Garin entendait quelqu'un arriver.

— Rose ! lança une voix excédée. Pourquoi la porte est-elle ouverte ? Qui est là ?

Rose tourna la tête et Garin la poussa à l'intérieur aussi gentiment que possible pour forcer le passage, sachant que si Elwen lui fermait la porte au nez il n'aurait pas d'autre possibilité d'entrer. Il referma derrière lui et rabattit le verrou. Rose s'écarta sans le quitter des yeux tandis qu'il détaillait les piles de coffres et les quelques sacs dans le couloir. Elles avaient l'air sur le point de partir.

— Sors d'ici.

Elwen venait d'arriver dans le vestibule. Son visage était empreint d'une colère visible malgré la faible lumière dispensée par la lanterne accrochée au mur.

— Rose, viens !

Elle s'approcha et posa sa main sur l'épaule de sa fille.

— Je suis sérieuse, Garin. Pars.

Garin agita lentement la tête de droite à gauche.

— Je ne peux pas.
— Pourquoi ?
La voix d'Elwen était toujours cassante, mais Garin sentit une note de peur s'y insinuer.
— Les bateaux ne prennent pas d'hommes à moins qu'ils n'aient de l'argent et il n'y a pas assez de bateaux pour tout le monde.
Il haussa les épaules.
— Je n'ai nulle part où aller.
— Je ne peux rien pour toi.
— Je pense le contraire.
Garin pencha la tête de côté en l'étudiant. Il se sentait plus confiant maintenant.
— Tu me le dois, Elwen.
Il sourit à Rose et lui fit un clin d'œil, comme si c'était un jeu.
— Notre garde, Piero, sera de retour d'une minute à l'autre, lui annonça Elwen.
Garin fit une grimace en jetant un coup d'œil à la porte.
— C'est vrai ? Eh bien je suppose que nous ne devrions pas rester ici, dans ce cas. Montez à l'étage, dit-il en avançant sur elles.
Elwen se plaça devant Rose et le regarda sans ciller.
— Si Piero te trouve ici, il te tuera. Va-t'en. S'il te plaît, Garin, tu effraies ma fille.
La colère embrasa le regard de Garin.
— *Notre* fille ! dit-il dans un chuintement en prenant Elwen par le bras et en la poussant dans l'escalier.
— Cours, Rose ! cria Elwen en se débattant et en essayant de le frapper de sa main libre. Cours !
Rose fit quelques pas de côté, hésitante, elle leva des yeux ronds sur sa mère puis se mit à courir vers la porte à l'extrémité du couloir. Garin porta alors la main à sa ceinture. Ses doigts s'enroulèrent autour du pommeau de la dague, qu'il libéra de son fourreau.
— Rose, chérie !

Il fit pivoter Elwen en lui tordant le bras et lui colla la lame contre la gorge.

— Si tu pars, je tue ta mère.

Rose se figea net. Elle fit volte-face et cria en voyant la dague contre le cou d'Elwen. Dehors, un lointain tambour emplissait de son roulement menaçant l'espace sonore.

— Bâtard, murmura Elwen, toute tremblante.

Garin sentait la bile remonter dans sa gorge. La sueur lui dégoulinait dans les yeux et son visage était agité de tics. Il n'avait pas du tout prévu ça. Il ne voulait pas que ça se passe comme ça. Il fallait qu'il arrangeât les choses, mais c'était impossible pour le moment. Elles devaient monter à l'étage pour qu'il réussisse à parler à Elwen.

— Rose, dit-il. Si tu fais ce que je te dis, tout ira bien. Je veux que tu montes à l'étage avec moi.

Immobile, la respiration saccadée, Rose hésitait. Son regard passait de Garin à Elwen. Garin fit une grimace et colla sa bouche contre l'oreille d'Elwen.

— Dis-lui de grimper là-haut, souffla-t-il à voix basse, ou je jure que je t'étripe devant elle.

Elwen sentit ses jambes se dérober sous elle.

— Fais ce qu'il dit, réussit-elle à articuler.

Lentement, Rose commença à grimper les marches sans quitter des yeux sa mère, qui la suivait, poussée dans le dos par Garin.

Arrivé sur le palier du premier étage, Garin désigna du menton une des portes.

— Qu'est-ce qu'il y a là-dedans ?

— Rien, dit Elwen. Ce sont les appartements d'Andreas. Ils sont vides.

— Vas-y, Rosie, dit-il d'une voix calme.

Elle ouvrit la porte et y entra, les yeux toujours braqués sur lui. Il faisait sombre et froid dans les appartements, avec le petit vestibule qui menait à la chambre à coucher. Il n'y restait que quelques meubles : une table, un tabouret, un grand lit. L'air qui entrait par la fenêtre était chargé de fumée, le plancher craquait sous leurs pieds.

Garin libéra Elwen.

— Allez vous asseoir près de la fenêtre.

Elwen courut jusqu'à Rose et la serra dans ses bras.

— Tout va bien, mon amour, lui susurra-t-elle. Tout va bien se passer.

— Écoute ta mère, Rose, dit Garin d'un air absent tout en fermant la porte.

Il était content qu'il y eût un verrou.

— Garin, il gèle ici, dit Elwen en se tournant vers lui. Rose a été malade. Elle va attraper la mort.

Garin regarda la fillette. Elle était toute pâle.

— Est-ce que tu as des couvertures ?

— En bas, dans un des sacs. Je vais aller en chercher.

Garin la regarda d'un air méfiant.

— J'y vais moi-même.

Il retira la clé de la serrure et la lui montra.

— Ne tente rien de stupide.

Il l'observa un moment, histoire de s'assurer qu'elle comprenait la situation, puis il sortit, rengaina sa dague et verrouilla la porte. En partant, il entendit un sanglot. Non, ce n'était pas ce qu'il avait prévu. Il se dépêcha d'aller en bas fouiller les sacs. Il finit par en trouver un rempli de couvertures et de draps et il le remontait lorsqu'il perçut un léger bruit à l'autre bout du couloir qui menait, supposait-il, à la cuisine. Reposant le sac, il marcha à pas de velours dans cette direction. Une voix d'homme appela Elwen. Il approchait.

Garin se redressa. La porte s'ouvrit et il l'enfonça d'un coup d'épaule dans l'homme qui venait d'apparaître sur le seuil. L'homme recula en portant les mains à son visage et alla buter contre une table dont les pieds grincèrent sur le sol. Garin fonça sur lui et le renversa sur la table. L'homme hurlait maintenant mais en italien et Garin ne comprenait rien de ce qu'il disait. Attrapant l'homme par les cheveux, il lui frappa la tête contre le bois pour lui faire perdre conscience mais l'effort provoqua chez lui une sorte de vertige et il ne réussit pas à y mettre autant de force qu'il en avait eu l'intention. L'homme cria puis il se lança contre Garin. Il parvint à échapper à sa prise, à se retourner et à le frapper au visage, ce qui envoya Garin contre le mur où il renversa plusieurs pots fixés à des crochets, qui éclatèrent bruyamment en tombant. Le temps de récupérer l'équilibre, et Garin plongea sur l'homme. Tous deux luttèrent un moment en tourbillonnant dans toute la cuisine. Puis l'homme s'écarta et tira son épée. Il allongea le bras vers Garin, qui fit un pas de côté et évita de justesse l'arc de cercle qui visait sa tête. Tirant sa dague, Garin la plongea entre les côtes de l'homme, remontant la lame selon une technique dont il était devenu expert.

L'homme poussa un cri. Garin sortit la lame, la fit pivoter et lui trancha la gorge en sectionnant l'artère. L'homme s'écroula par terre au milieu des débris. Pantelant, ruisselant de sueur, Garin l'étudia. Piero, supposa-t-il en essuyant la lame sur sa cape et en la remettant dans son fourreau d'un geste brusque. Il était sur le point de partir quand quelque chose retint son attention. Sur une étagère étaient alignés des pots d'herbe et d'huile ainsi que des cruches. Enjambant Piero, Garin s'en approcha et éprouva un vif soulagement en constatant qu'elles étaient remplies de vin. Il en saisit deux, se rendit dans le couloir où il s'empara du sac de couvertures et décrocha la lanterne de son crochet avant d'emprunter l'escalier.

Elwen lui jeta un regard plein d'appréhension en le voyant entrer. Elle était exactement au même endroit où il l'avait laissée, près de la fenêtre, Rose dans ses bras.

— Qu'est-ce qui s'est passé ? Qu'est-ce que c'était que ce bruit ?

— Piero est rentré, marmonna Garin en fermant la porte du bout du pied.

Posant la lanterne et les cruches sur la table, il verrouilla et rangea la clé dans la bourse à sa ceinture.

— Mon Dieu, murmura Elwen en fixant le sang qui scintillait sur sa cape. Qu'est-ce que tu as fait ?

Elle semblait hébétée mais ses yeux étaient remplis de crainte maintenant qu'elle réalisait de quoi il était vraiment capable.

— Tiens, fit Garin en détournant le regard.

Il jeta le sac à ses pieds. Voyant qu'Elwen ne réagissait pas, il désigna Rose.

— Elle a froid, Elwen.

Lentement, comme engourdie, Elwen sortit deux couvertures tandis que Garin s'asseyait sur le rebord de la table et buvait d'une traite la première carafe. Tout en enroulant une couverture sur les épaules de Rose, Elwen l'observait. Au milieu de sa confusion, il lui semblait voir une lueur d'espoir. S'il continuait à boire de cette façon, il serait plus lent, plus faible. Elle serait peut-être capable de s'attaquer à lui. Elle se raccrocha à cette idée qui lui redonna un peu de courage et s'enveloppa elle aussi dans une couverture.

Garin termina la cruche, rota et la reposa sur la table. Yeux mi-clos, il apprécia la course de l'alcool irradiant chaque partie de son corps, lui rendant une consistance solide. Son esprit s'éclaircissait.

— Je suis désolé pour Piero, dit-il à Elwen en rouvrant les yeux. Je ne l'aurais pas tué s'il m'avait laissé le choix.

— Pourquoi es-tu venu ici ? demanda-t-elle d'une voix aussi tranquille que possible. La ville ne va pas tarder à tomber. Tu mets nos vies en danger en nous retenant. Si tu te souciais tant de Rose, tu ne ferais pas ça.

Garin se pencha vers elle.

— C'est parce que je me soucie d'elle que je fais ça. Ce n'est pas juste qu'elle ne sache pas qui est son vrai père.

Rose lui jeta un regard hostile par-dessus les couvertures.

— Je sais qui est mon père, affirma-t-elle.

Garin secoua la tête.

— Non, ma chérie, je ne crois pas.

Elwen ferma les yeux.

— S'il te plaît, Garin. Ne fais pas ça. Je te donnerai ce que tu veux, mais ne fais pas ça. Nous avons de l'argent dans les sacs en bas. Prends-le. Nous n'en avons pas besoin, nous avons un bateau. Si tu pars maintenant, tu pourras payer le passage.

— Tu essaies de m'acheter ?

— Non, je...

Garin se remit sur ses pieds et s'approcha d'elle. Rose et Elwen se recroquevillèrent contre le mur et il s'arrêta, pointant un doigt accusateur.

— Qui prendra soin d'elle, de toi, quand ce sera fini ?

Maintenant, l'alcool alimentait le feu qui faisait rage en lui. Il se sentait vivant, flamboyant.

— Will ne part pas avec toi, n'est-ce pas ? Il préfère rester ici et jouer les héros plutôt que de s'assurer que sa femme et sa fille sont en sécurité. Il ne vous mérite pas, Elwen.

— Will reste parce que c'est son devoir.

— Envers le Temple ? fit Garin, incrédule. Il ne croit même pas en ce satané Temple !

— S'il déserte l'Ordre, il déserte l'Anima Templi, tu le sais bien. Le Cercle ne peut pas exister sans les ressources du Temple. S'il part, il perd toute chance de rétablir la paix. Je le comprends. Je *l'admire* pour ça.

Elwen parlait d'une voix ferme.

— C'est ce qui fait la différence entre vous deux, Garin. Will fait ce qu'il y a de mieux pour tout le monde autour de lui. Tu ne te soucies que de toi, et au diable les conséquences !

— Alors il vaut mieux que moi, c'est ça ?

— Plus que tu ne voudras jamais le reconnaître, répliqua-t-elle avec un rire narquois.

Garin secouait la tête.

— Si c'est vrai, Elwen, pourquoi es-tu venue me voir ce jour-là ? Réponds-moi !

Il criait. Elle se retourna.

— Si Will est si parfait, pourquoi as-tu écarté les jambes devant moi ?

— *Tais-toi !* hurla-t-elle en faisant volte-face. *Tais-toi !*

Rose se bouchait les oreilles et s'écartait en glissant le long du mur. Ses yeux étaient fermés. Personne ne prenait garde à elle.

— C'est pour ça que tu es encore ici, n'est-ce pas ? Pourquoi n'es-tu pas partie ? Je parie que Will t'a trouvé un bateau il y a des semaines, dès que le siège a commencé. Tu aurais pu partir mais tu es restée. Et c'est parce que tu te sens coupable, parce que tu ne supportes pas de l'abandonner comme tu l'as fait quand tu as couché avec moi.

— Non, non, non, répéta Elwen en secouant frénétiquement la tête.

— Crois-moi, je m'y connais en culpabilité. Je reconnais les affligés quand j'en croise.

Garin retourna vers la table pour s'emparer de la deuxième cruche. Il ne prit que quelques gorgées cette fois, puis il rit.

— Nous nous sentons tous tellement coupables. Toi, moi. Will. Damnés et coupables.

— Nous n'avons rien à voir avec toi, Garin. Tu es faible et cruel, tu n'es rien.

— Will a tué sa propre sœur.

— C'était un accident.

— Tu as couché avec moi.

— C'était une erreur.

— *Et moi ?* hurla Garin en lançant la cruche contre le mur.

Rose poussa un cri et Elwen se pencha pour ne pas recevoir les débris et le vin lorsque la cruche se fracassa sur la paroi en arrosant une bonne partie de la pièce.

— Je n'ai pas droit aux erreurs ? Je n'ai pas le droit qu'on me pardonne pour ce que j'ai fait ?

— Tu as toujours agi par égoïsme.

— Tu n'as aucune idée de ce que j'ai enduré, fit Garin en enfonçant son doigt dans sa poitrine. De ce que j'ai souffert. J'avais treize ans quand Édouard m'a pris à son service en promettant d'aider ma famille. Est-ce que tu sais comment mon oncle Jacques me traitait ? J'avais l'habitude de me ronger les ongles.

Il observa un instant ses ongles sales, en mauvais état, et il poussa un juron.

— Je le fais encore, reprit-il. Jacques détestait que je fasse ça. Il y voyait une faiblesse. Un jour, j'ai oublié et je l'ai fait devant lui. Il a coincé mon doigt dans la porte et m'a arraché l'ongle. Malgré tout je l'aimais, même s'il me battait. Tout ce que je voulais, c'était le rendre heureux et restaurer la fortune de ma famille. Je croyais qu'Édouard pourrait m'y aider et j'ai accepté de lui donner des informations quand il a voulu récupérer les joyaux de la couronne.

Immobile, Elwen l'écoutait avec attention.

— Quoi ?

Garin hocha la tête en voyant son expression.

— C'était moi, Elwen, j'ai trahi les chevaliers. Sans moi, les hommes d'Édouard n'auraient pas pu préparer l'attaque de Honfleur. J'ai tué mon oncle. J'ai tué le tien. Jacques et Owein sont morts par ma faute.

Elwen était livide.

— Je ne l'ai jamais dit à personne. Après ça, je me détestais, je détestais celui qui avait permis que ça arrive. Je voulais rentrer à Londres avec ma peine, mais Rook, l'homme de main d'Édouard, m'a retrouvé et m'a dit que si je ne continuais pas à travailler pour eux, si je ne me rendais pas utile, il violerait ma mère avant de la tuer. Et il l'aurait fait. Alors, pendant des années, j'ai travaillé pour Édouard en utilisant ma position dans le Temple pour qu'il obtienne ce qu'il voulait.

— *Le Livre du Graal*, dit Elwen dans un souffle.

— Édouard pensait s'en servir contre le Temple, comme une preuve d'hérésie. Il pensait qu'il pourrait forcer l'Anima Templi à lui donner l'argent et les ressources dont il avait besoin. Il avait déjà l'intention d'étendre son empire lorsqu'il était prince. Il a toujours su ce qu'il voulait.

Garin tendit le cou, semblant entendre le son des tambours et des cornes pour la première fois. Mais il reporta son regard sur Elwen.

— Puis je suis venu ici, en Outremer. J'ai connu les batailles, sauvé des vies, j'ai su ce que c'était que d'être chevalier, de se sentir fier. J'ai oublié Édouard. J'ai aidé Will à retrouver *Le Livre du Graal* et, quand Rook a essayé de nous arrêter, je l'ai tué. Et c'est là que je me suis retrouvé en prison. J'avais essayé de m'amender, et voilà que j'étais puni. Bien entendu, c'est Édouard qui m'a sorti de là.

— Et depuis, tu travailles pour lui ?

Garin se pinça les lèvres.

— Pendant des années, oui. J'ai tué, j'ai espionné en son nom.

Elwen se détourna, révulsée.

— Mais tout a changé quand j'ai vu Rose, dit-il en s'approchant d'elle. Je te le jure, Elwen. Quelque chose a changé en moi. J'ai vu que je pouvais créer la vie, et pas seulement la détruire.

Il posa la main sur ses épaules et la retourna pour voir son visage.

— Elle est de moi, n'est-ce pas ? Réponds juste à ça.

— Je ne sais pas, murmura Elwen en fixant le sol.

— Mais c'est possible ? dit vivement Garin.

Les larmes qui montaient dans les yeux d'Elwen lorsqu'elle releva la tête lui donnaient la réponse qu'il attendait. Il sourit et poussa un profond soupir.

— Laisse-moi venir avec vous, Elwen, à bord de ce bateau.

Ses mains, toujours sur elle, étaient tremblantes d'émotion.

— Laisse-moi être un père, un mari même. Laisse-moi prouver que je peux être un autre homme, un homme meilleur, que je peux m'amender. Laisse Will sauver le monde et laisse-moi te protéger, *vous* protéger. Je peux le faire. Je peux faire en sorte que tu m'aimes.

Elwen le fixa en silence une seconde.

— Tu es un menteur, dit-elle d'une voix glaciale. Un menteur et un assassin. Je ne pourrai jamais t'aimer.

Garin parut sonné, comme si elle l'avait giflé. La colère empourpra son visage.

— Tu m'as déjà aimé une fois, pourtant, dit-il, fulminant. À cette époque-là, j'étais assez bien pour toi.

Il la tira par les épaules et la plaqua sur la table.

— Je pense que je suis toujours assez bien pour toi aujourd'hui.

Ignorant ses cris de terreur, il lui saisit les mains et les tordit pour qu'elle les relevât.

— Je vais faire en sorte que tu m'aimes ! dit-il, hargneux, le souffle court, tout en soulevant sa robe et en écrasant ses seins de sa main libre.

Soudain, il sentit des poings qui lui martelaient le bas du dos. À défaut de lui faire mal, cela attira son attention. Il pivota en lançant son bras, aveuglé par l'alcool et la colère. Son poing frappa Rose à la tempe, l'envoyant rouler sur le sol où elle demeura immobile. Garin revint à la réalité en voyant sa forme blottie à terre. Lâchant Elwen, il se précipita sur elle.

— Rosie ! Rosie, je suis désolé.

Elwen se releva et d'un seul mouvement attrapa la cruche vide avant de se jeter sur lui. Elle le frappa sur le crâne et la cruche se brisa. Garin s'écroula à côté de Rose, qui recommençait à bouger. Mais au moment où Elwen, parcourue de sanglots, les mains tremblantes, fouillait dans sa bourse à la recherche de la clé, il revint à lui et se redressa. Puis il la repoussa d'une bourrade qui la fit tomber tête la première contre le coin de la table, et elle s'effondra près de Rose, désormais consciente.

— Maman !

— Tu crois partir ? rugit Garin sans plus aucune retenue. Tu crois que tu me quittes ? Tu ne vas nulle part !

S'emparant de la lanterne, il la jeta contre la porte. Le verre se brisa en relâchant l'huile. La flamme, d'abord vacillante et près de s'éteindre, embrasa finalement l'huile.

Garin recula de quelques pas tandis que Rose se penchait sur Elwen.

— Maman, réveille-toi !

Le feu se propageait rapidement à tout le chambranle. Garin observait le phénomène, sidéré.

Elwen grogna en ouvrant des yeux confus sur sa fille. Elle n'avait plus de coiffe, ses cheveux tombaient sur ses épaules et un bleu se formait sur sa pommette.

— Qu'est-ce que…, murmura-t-elle en essayant de lui caresser la joue.

Soudain, elle se rassit et regarda, catastrophée, le feu qui s'étendait à toutes les taches de vin et d'huile qu'il trouvait sur son chemin. Garin était toujours immobile. Un filet de sang coagulait à l'arrière de sa tête, là où la cruche l'avait atteint.

— Mon Dieu ! s'écria-t-elle. Qu'est-ce que tu as fait ?

Il tourna vers elle un visage grisâtre et inconsistant.

— Nous restons ici.

Porte Saint-Antoine, Acre,
18 mai 1291 après J.-C.

La scène était digne de l'enfer. Des volutes étouffantes de fumée noire s'élevaient dans le ciel à cause des pots de feu grégeois qui éclataient à travers la rue. Les chevaux hennissaient et se cabraient, la chair brûlée, avant de projeter leurs cavaliers dans la masse des hommes. Un chevalier anglais renversé par sa monture reçut un pot et sa cape s'embrasa, le transformant en torche humaine. Il se débattait en tous sens tandis que les flammes jaillissaient autour de lui. Son visage prit feu, sa peau se désagrégea en quelques instants, pareille à du suif. Les lignes mameloukes formaient un mur sans cesse mouvant d'hommes, de lances et de boucliers. Les rangs à l'arrière poussaient inexorablement ceux de devant. Les premiers soldats brandissaient de grands boucliers à l'abri desquels les archers décochaient des volées de flèches sur les chrétiens. D'autres lançaient des javelots, et les pots de feu grégeois n'en finissaient plus de s'abattre sur les défenseurs, à croire que le monde entier s'embrasait.

Will était sur son cheval à côté de Guillaume de Beaujeu. Ses bras tremblaient, son manteau était déchiré, couvert de cendres et de sang, le sien et celui des autres. Il tendit son bouclier pour repousser un javelot qui arrivait dans sa direction, la violence du coup le projeta en arrière mais il réussit à conserver son équilibre. Plus tôt, Robert et Zaccaria étaient dans les parages mais il n'arrivait plus à les voir dans ce chaos enfumé. Il ne savait pas s'ils étaient encore en vie. Le roulement simultané de trois cents tambours résonnait, démentiel, dans son casque, de même que les plaintes des hommes à l'agonie tout autour de lui. Les capes blanches des Templiers se mêlaient à celles, noires, des Hospitaliers. Jean de Villiers combattait avec vaillance aux côtés de Guillaume comme si les deux grands maîtres avaient été des frères d'armes toute leur vie et qu'il n'y avait jamais eu une once de rivalité entre eux ou les ordres qu'ils représentaient. Les soldats de Chypre commandés par le roi Henry II étaient là aussi avec les surcots rouge et or qui resplendissaient dans la lumière du soleil lorsque la fumée laissait passer quelques rayons.

Après le repli des Templiers derrière l'église, le roulement de tambours avait continué son martèlement insensé et les Mamelouks avaient lancé l'assaut. Ils avançaient comme un seul homme, comme une masse cohérente et solide. Beaucoup d'entre eux étaient morts sous les pierres jetées depuis les remparts, ou brûlés par l'huile bouillante déversée sur leurs rangs. Mais il en arrivait toujours d'autres, qui piétinaient les morts pour progresser. Les nuées de flèches qui s'abattaient sur les chrétiens étaient tout simplement trop denses pour qu'ils puissent y faire face et, en peu de temps, les Mamelouks s'étaient emparés de la tour Maudite. Ils s'étaient engouffrés dans la brèche, repoussant les troupes disséminées qui essayaient de les en empêcher, ils avaient pénétré dans l'enceinte extérieure entre les deux murailles. Certains avaient alors bifurqué sur la gauche le long des douves, vers le camp pisan où les engins de siège italiens faisaient des ravages terribles sur le reste de l'armée à l'extérieur de la ville. Une autre compagnie de plusieurs centaines d'hommes avait pris à droite en direction de la porte Saint-Antoine. Mais les chrétiens avaient eu le temps de s'organiser et les Templiers les y attendaient avec les chevaliers de Saint-Jean.

Au fil des minutes, cependant, les Mamelouks gagnaient du terrain, avançant mètre après mètre dans la rue parsemée de gravats et de projectiles. Guillaume lançait de temps à autre des cris de ralliement et les chevaliers chargeaient, mais dès qu'ils les voyaient arriver, les Mamelouks serraient les rangs de sorte qu'ils s'écrasaient contre des lignes impénétrables. C'était un combat sans espoir. Les chevaliers savaient qu'ils ne pourraient contenir longtemps un tel déploiement. Mais chaque seconde gagnée était précieuse, car elle signifiait peut-être le départ d'un nouveau bateau, c'était une femme ou une fille qui serait épargnée. C'est ce qui les poussait à persévérer malgré la douleur, malgré la terreur, c'était pour cette raison qu'ils continuaient à lever leurs épées et leurs haches contre l'ennemi. Certains hommes se battaient alors même que des flèches étaient plantées entre leurs côtes ou que des blessures provoquaient à chaque mouvement des souffrances intolérables. Ils étaient au bout de leur effort. Au bout de leur résistance.

Parmi eux, tête nue, son casque à plumes ayant disparu dans la lutte, Guillaume de Beaujeu rugissait comme un lion. Ses yeux bleus brillaient dans les premiers rayons du soleil, contrastant avec sa barbe et ses cheveux couverts de cendre, de poussière et de sang. À cause du début très matinal de l'assaut, il n'avait pas eu le temps d'enfiler sa cotte de mailles et ne portait qu'un léger haubert qui protégeait uniquement ses épaules et son torse. Il s'adressait à Dieu, lui demandant de donner la force à leurs bras et à leurs cœurs, criait que toute la Chrétienté était derrière eux, qu'on se souviendrait d'eux, qu'ils seraient honorés sur la Terre comme au Ciel et que les anges chanteraient leurs louanges. Et ses paroles enflammaient les chevaliers tandis qu'ils lançaient leurs chevaux épuisés dans les rangs ennemis et maculaient de sang le monde entier. Soudain, le métal collé à leur peau leur semblait pareil au baiser de Dieu sur leur âme.

La fumée continuait de tourbillonner. Les lignes de front mameloukes levèrent leurs boucliers et se remirent à aller de l'avant en piétinant les cadavres mutilés ou calcinés de leurs camarades, des croisés et des chevaux.

Guillaume leva son épée pour donner le signal d'une nouvelle charge.

— Avec moi ! *Avec moi !*

À ce moment, un javelot décolla des lignes mameloukes.

On aurait dit un éclair de foudre noir traversant la fumée droit vers le grand maître. Guillaume ne le vit pas arriver. Alors que ses hommes enfonçaient leurs talons dans les flancs de leurs montures et plongeaient dans le chaos, la tête du javelot s'enfonça dans son flanc, juste sous l'aisselle. Le haubert ne le protégeait pas à cet endroit et le javelot plongea d'une dizaine de centimètres dans son corps. Guillaume s'affala sur l'arrière de sa selle. Sa main lâcha son épée. Devant lui, ses hommes s'empalaient sur les lignes ennemies. À travers le brouillard que la douleur avait placé devant ses yeux, il vit deux chevaliers tomber à terre avec leurs chevaux. De sa main libre, il saisit le javelot et l'extirpa en poussant un mugissement terrible. Puis il s'effondra sur son cheval tandis que ses hommes se retiraient du mur des soldats ennemis.

Will fut le premier à le voir.

— Seigneur !

Il fit pivoter son destrier pour venir aux côtés du grand maître et il arriva juste à temps pour l'empêcher de tomber. Du sang dégoulinait du surcot de Guillaume.

— Il faut que vous alliez à l'infirmerie.

Les paupières de Guillaume papillotaient.

— Non, William, je dois mener les hommes.

— Vous ne pouvez même pas rester à cheval, seigneur.

Zaccaria et quelques autres chevaliers s'étaient rendu compte de la situation et arrivaient au galop, accompagnés du grand maître de l'Hôpital. Derrière eux, les hommes du roi Henry brandissaient leurs boucliers pour survivre à une volée de flèches qui s'abattait tout autour d'eux.

— Emmenez-le à votre commanderie, ordonna Jean. Occupez-vous de lui.

Zaccaria mit pied à terre.

— Amenez un bouclier ! lança-t-il à quatre sergents.

Will et le grand maître de l'Hôpital aidèrent Guillaume à descendre de cheval et à s'allonger sur le sol. Plus loin, les chevaliers du roi Henry entamaient une nouvelle charge.

— Jean, murmura Guillaume en lui agrippant le bras.

— Nous les retiendrons aussi longtemps que nous le pourrons, le rassura Jean.

Puis il se tourna vers Will.

— Emmenez-le.

Après quoi il se remit en selle et retourna auprès de ses hommes.

Zaccaria posa le grand bouclier que les sergents lui avaient ramené à côté de Guillaume. Ensuite, Will et lui installèrent le grand maître dessus et les sergents furent mis à contribution pour le porter. Will se tourna vers Zaccaria et trois autres chevaliers.

— Venez avec moi.

Sans dire un mot, Zaccaria grimpa sur son cheval. Will eut l'impression qu'il aurait suivi le grand maître même s'il lui avait ordonné le contraire. Laissant les autres Templiers avec les chevaliers de l'Hôpital sous le commandement de Theobald Gaudin, ils franchirent la porte Saint-Antoine. Le chemin fut pénible, les sergents avaient du mal à soulever le corps du grand maître. Tout autour des murailles, partout, on n'entendait que le roulement des tambours et le gémissement des cornes. Tandis qu'il progressait doucement à l'avant de la troupe, Will réfléchissait à la bataille, son esprit passant en revue les images des chevaliers se jetant par vagues sur les lignes mameloukes. Maintenant qu'il n'y était plus, il réalisait que ça ne pourrait plus durer longtemps. Soit les hommes mourraient les uns après les autres, soit ils seraient obligés de battre en retraite. Ce n'était qu'une question de temps. Will tourna la tête pour observer le corps prostré et ensanglanté du grand maître, qui n'était plus qu'à demi conscient, puis, tirant sur ses rênes, il alla trouver Zaccaria.

— Reste avec le grand maître. Emmène-le à la commanderie.

Zaccaria scruta Will un instant.

— Allez-vous quelque part, commandeur ?

Will arrêta son cheval, laissant les autres les dépasser.

— La porte cédera bientôt, nous le savons tous les deux, dit-il d'une voix grave. Avant que les Mamelouks ne déferlent sur la ville, je veux m'assurer que ceux que j'aime sont en sécurité. Je sais que vous vous occuperez du grand maître.

Finalement, Zaccaria hocha la tête.

— Nous reverrons-vous au Temple, commandeur ?

— Si Dieu m'épargne.

Sans rien ajouter, Will fit pivoter son cheval et le lança au galop. Derrière lui, l'un après l'autre, les chevaliers mouraient en défendant la porte Saint-Antoine.

47

Le quartier vénitien, Acre

18 mai 1291 après J.-C.

Elwen était penchée par la fenêtre pour essayer de respirer. Une fumée épaisse l'environnait, lui piquant les yeux et la gorge. Ses doigts tâtonnaient sur le mur extérieur à la recherche d'une prise, mais il n'y en avait aucune. L'air du dehors lui picotait la peau comme pour la narguer. Le mur de la maison tombait à pic dans la rue, située à près de dix mètres en contrebas. À ses pieds, recroquevillée sous le rebord de la fenêtre et enveloppée dans une couverture, Rose fut prise d'une violente quinte de toux.

Elwen se tourna vers le lit où Garin était allongé.

— Il faut que tu m'aides, lui dit-elle.

Elle maintenait d'une main le devant de sa robe, qu'il avait déchiré.

— Garin !

Ses yeux se dirigèrent lentement dans sa direction. Il avait le nez et les yeux rouges.

— Tu te casseras les deux jambes si tu sautes, marmonna-t-il d'une voix pâteuse.

— Il y a un rebord sous la fenêtre. Si tu m'aides à y descendre, je devrais pouvoir y tenir. En sautant de là, ça devrait aller. Ensuite, si tu tiens Rose par les bras avant de la lâcher, je pourrai la rattraper.

Garin recommença à étudier le plafond.

— Garin, s'il te plaît ! Nous allons mourir !

Elwen regarda la porte. Dans le vestibule, le feu s'était rapidement propagé, bloquant toute issue. Ils étaient réfugiés dans la chambre à coucher elle-même, mais il y avait de plus en plus de fumée qui entrait par l'interstice sous la porte, bien qu'elle eût essayé de le calfeutrer à l'aide d'une couverture. Elle entendait l'incendie crépiter de l'autre côté et il faisait chaud comme dans une fournaise.

— Nous mourrons de toute façon, dit Garin. Tu n'entends pas les cornes ? Ils sonnent la retraite. Je suppose que les Mamelouks ont franchi l'enceinte. Nous ne trouverons plus de bateau.

— Je te l'ai dit ! Nous avons un bateau.

— Pas moi.

— Tu peux venir avec nous, fit Elwen en allant près de lui. Nous t'emmènerons à Venise. Mais aide-nous à sortir d'ici.

Garin la fixait d'un air morose.

— Tu n'en penses pas un mot.

— Si, je te le jure.

Il se redressa en s'essuyant le nez. Ses yeux étaient injectés de sang et il avait les paupières lourdes. Il l'attrapa par le bras et l'attira à lui.

— Dis-moi que tu m'aimes, alors.

Elwen jeta un coup d'œil à Rose, blottie dans sa couverture près de la fenêtre et secouée par une toux qu'elle n'arrivait pas à réprimer.

— Je t'aime, murmura-t-elle en baissant les yeux.

Garin siffla en lui lâchant le bras.

— Tu mens, dit-il d'un air dépité. Tu ne le dis que pour sauver ta vie.

— Mon Dieu, Garin, s'il te plaît ! s'écria-t-elle. Si tu veux que je souffre pour ce que je t'ai fait, abandonnemoi ici. Mais je t'en prie, sauve ma fille. Aide-moi à la tirer de là !

Mais Garin ne répondit pas, et Elwen retourna près de la fenêtre, en proie à la peur et à la panique. Elle ne savait pas quoi faire. Ils pouvaient rester ici et suffoquer ou être brûlés vifs, ou alors elle pouvait essayer de faire passer Rose par la fenêtre, et ensuite sauter après elle. Mais si Garin avait raison, si les Mamelouks étaient en ville ? Est-ce qu'ils réussiraient à arriver jusqu'aux quais ? Tout était sa faute. Sa fille allait mourir et elle en était responsable. Portant la main devant sa bouche, Elwen fut parcourue d'un terrible sanglot. Elle ferma ses yeux déjà aveuglés par les larmes à cause de la fumée, puis elle s'assit par terre à côté de Rose, qui avait des haut-le-cœur et peinait à respirer. Dans le vestibule, elle entendait l'incendie prendre de l'ampleur. La porte commença à noircir et à craquer. Elwen prit sa fille dans ses bras et se mit à pleurer.

— Je suis tellement désolée, ma petite fille. Nous aurions dû partir quand il était encore temps.

— Ne pleure pas, maman, dit Rose en sanglotant.

Elle sortit les mains de sous la couverture et passa ses bras autour du cou d'Elwen.

— J'aime tellement ton père, Rose, autant que je t'aime, de tout mon cœur. Je ne voulais pas le quitter. Je n'ai jamais voulu le quitter. Il est dehors à se battre pour nous et moi, je l'ai trahie. J'avais mal, j'étais en colère. Je croyais que je voulais qu'il souffre. Mais ce n'était pas vrai.

Elwen tremblait de tout son corps. Elle ferma les yeux comme pour ne pas voir les fantômes qui l'assaillaient.

— Ô Dieu, pardonne-moi.

Les flammes commençaient à s'infiltrer entre la porte et le chambranle.

— S'il te plaît, doux Jésus, pardonne-moi. Laisse-moi seulement le voir une dernière fois !

Garin s'assit. Il avait l'air sonné, comme si l'angoisse d'Elwen avait effacé d'un coup son ivresse. Il se pencha et se mit à tousser. Son instinct de survie éclaircissait son esprit. Cette stupeur vierge de toute émotion le quittait, laissant place à une pulsation terrible dans son crâne et à une sensation encore plus terrible au cœur de lui : il avait l'impression de se noyer. Il se sentait anéanti et maudit par la profondeur de son ressentiment et de sa haine. Il se frotta les yeux. Il arrivait à peine à discerner Elwen et Rose, accrochées l'une à l'autre, à travers le nuage de fumée. La porte prit feu et elles hurlèrent en sentant la chaleur augmenter encore et transformer la pièce en étuve. Garin mit son bras devant son visage pour se protéger. Était-ce donc cela, l'enfer ? Était-ce comme cela que tout finissait ? Il regarda Rose et se remémora la joie qu'il avait éprouvée à simplement la regarder jouer toutes ces fois où il l'avait espionnée, imaginant qu'un jour elle courrait vers lui, qu'elle le prendrait par la main et lui sourirait. Il se souvint de ce qu'il avait vécu de bon, se rappela comme il avait rendu sa mère fière en combattant pour la Chrétienté, ou comme il avait aimé sauver Elwen de Bertrand et d'Amaury, même s'il avait lui-même organisé la mise en scène. Au milieu de la fumée tourbillonnante, il se leva et tituba jusqu'à Rose. Il la prit sous les aisselles et la releva. Elle se laissa faire mollement. Elwen cria. Garin tira la couverture pour couvrir le visage de Rose et il la hissa sur son épaule comme un sac.

— Je reviens te chercher, dit-il à Elwen.

Elwen le regardait avec stupéfaction.

— Fais-la sortir d'ici, dit-elle au désespoir.

Garin se retourna et se mit à courir en direction du foyer de l'incendie. Il eut une brève hésitation en sentant la chaleur, poussa un cri d'animal et se lança d'un coup.

Tandis qu'il disparaissait dans les flammes, Elwen s'écroula sur le sol. Ses poumons pleins de fumée l'affaiblissaient trop pour qu'elle puisse se soutenir.

— Je t'aime, Will Campbell, articula-t-elle dans un souffle en posant sa joue humide contre le plancher.

Puis elle ferma les yeux en espérant que ces mots l'atteindraient où qu'il soit.

— Je t'aime.

Le visage rougi par l'effort, haletant, Simon approchait de la maison lorsqu'il vit les flammes à la fenêtre de l'étage. Il s'arrêta. Le quartier vénitien était hors de portée des engins de siège des Mamelouks et il n'arrivait pas à comprendre pourquoi le bâtiment brûlait. La porte d'entrée s'ouvrit et quelqu'un en sortit précipitamment. C'était un homme, il criait. Ses cheveux et ses vêtements étaient en feu. Il portait sur l'épaule une couverture en train de brûler et dans laquelle était enroulé quelque chose. Il la posa par terre. En voyant un corps s'extirper de la couverture, Simon cria et se rua en courant vers la maison.

Il lui avait fallu bien plus longtemps que prévu pour arriver jusque-là. Le temps qu'il trouve le maître de l'écurie pour le prévenir de son départ, les chevaliers partaient déjà pour la porte Sainte-Antoine. Des fortifications jusqu'au quartier vénitien, le chemin était long à pied et les barricades et les postes de garde où il avait dû négocier son passage l'avaient encore davantage retardé. Au total, cela faisait plus d'une heure que Will lui avait demandé d'aller voir si Elwen allait bien.

Après avoir arraché la couverture et s'être aperçu avec horreur qu'il s'agissait de Rose, Simon se précipita vers l'homme en feu. Les narines emplies de l'odeur âcre de la chair et des cheveux calcinés, il jeta la couverture sur l'homme et le plaqua au sol. À genoux, il se brûla les mains en essayant d'étouffer le feu. Une fois celui-ci éteint, il retira la couverture et retourna l'homme, craignant ce qu'il allait voir. Bien que la moitié de ses cheveux et de sa barbe fussent brûlés et que son visage et son cou fussent abîmés, Garin était toujours reconnaissable.

Confondu, Simon se laissa aller en arrière, sur les talons. Il resta ainsi une seconde à regarder Garin remuer ses lèvres décharnées avant de se redresser. Se forçant à détourner le regard, il courut jusqu'à Rose, qui gisait toujours sur le sol.

Le visage de la fillette portait des traces noires et elle avait les cheveux tout raides à cause de la transpiration. Le feu avait sérieusement attaqué une de ses mains et un de ses avant-bras, où elle avait la chair à vif par endroits. Ses yeux étaient fermés et sa bouche ouverte, avec la mâchoire flasque.

— Mon Dieu, murmura Simon en s'agenouillant auprès d'elle et en prenant sa main valide dans la sienne. Rose, est-ce que tu m'entends ? Rose ?

— Est-ce qu'elle vivante ? Dis-moi qu'elle est vivante.

Simon tourna la tête. Il ne savait comment, mais Garin avait réussi à se mettre debout. Il chancelait, bras ballants, et poussa un cri éperdu en voyant Rose.

— Ô mon Dieu, non !

Poussant Simon, il se jeta à terre et prit son corps dans ses bras.

— Rosie ! s'écria-t-il d'une voix brisée.

Puis il tourna la tête vers le palefrenier qui le regardait, sidéré.

— Simon, fais quelque chose, l'implora-t-il. Fais-la revenir.

— Qu'est-ce qui s'est passé ? Où est Elwen ?

Le regard de Garin passa du corps inerte de Rose à la maison en feu.

— J'ai essayé de les sauver, murmura-t-il. J'ai essayé.

— Ce n'est pas vrai, fit Simon en fixant la maison. Où est-elle ? s'énerva-t-il. Dans quelle chambre ?

Mais Garin serrait frénétiquement le corps de Rose contre lui.

— Je ne voulais pas te faire de mal, mon bébé, larmoyait-il d'une voix de dément. Je ne voulais pas te faire de mal.

Le laissant là, Simon courut vers la porte d'entrée. À l'intérieur, la chaleur était insoutenable. Protégeant son visage, il avança de quelques mètres dans l'épaisse fumée qui avait envahi tout l'espace. Il ne voyait pratiquement rien. Il entendit un grondement et, en passant devant l'escalier, vit que le feu faisait rage sur le palier, à l'étage, dévorant les murs et ondoyant contre le plafond. Au bout du couloir, il y avait une porte. Simon l'ouvrit et pénétra dans une cuisine enfumée. L'endroit était sens dessus dessous. Il fit quelques pas en avant et trébucha contre quelque chose au sol. Baissant les yeux, il vit un homme gisant dans une mare de sang, la gorge tranchée. Il fit marche arrière et retourna dans le couloir. Ses yeux le piquaient. S'armant de courage, il commença à grimper l'escalier.

La chaleur lui tomba dessus d'un coup. La fournaise l'empêcha d'arriver en haut et il poussa un cri de douleur et de frustration mêlées. La sueur lui dégoulinait sur le visage. Il essaya de nouveau d'emprunter l'escalier mais la fumée le faisait suffoquer et l'aveuglait. Il ne pouvait pas aller plus loin. Tombant à genoux, Simon longea le couloir à quatre pattes pour ressortir à l'air libre. Dehors, il resta allongé un moment, le temps de reprendre sa respiration et d'y voir clair. Il s'aperçut que Rose n'avait pas bougé d'un centimètre mais que Garin était parti. Il rampait vers elle à travers les volutes de fumée qui avaient pris possession de la rue lorsqu'il vit un cavalier blanc venir vers lui.

Will descendait de cheval lorsqu'il vit Simon sortir de la maison en feu. Il courut dans sa direction mais s'arrêta net en voyant le corps de sa fille étendu sans mouvement en pleine rue. Sa gorge, sa bouche, tout en lui se bloqua en cet instant. La terreur le pétrifiait. Tout son être était raide et contracté tandis qu'il essayait de comprendre ce qu'il voyait, puis de le nier.

— Will ! l'appela Simon d'une voix rauque.

Le chevalier lui jeta un regard vide. Puis ses yeux se portèrent sur la maison et sa terreur devint liquide, elle coula en lui comme un torrent glacial.

— Elwen ! s'écria-t-il en courant vers la porte.

Simon le poursuivit.

— Non ! Tu ne pourras pas rentrer.

Il l'attrapa par la manche de son manteau. Will se débattait sauvagement en hurlant le nom d'Elwen. Il frappa Simon en pleine poitrine pour se libérer et plongea dans le bâtiment. Ses yeux, sa bouche, ses poumons se remplirent aussitôt de fumée. Il avait l'impression d'être asphyxié. Déjà l'escalier avait pris feu. Will avança quand même et commença à monter en appelant Elwen. En haut, la chaleur était insoutenable. Il mit son bras devant son visage et grogna en sentant sa peau se tirer et craqueler. Les poils au revers de sa main grillèrent en une fraction de seconde. Mais il continua de progresser, une marche après l'autre. Soudain, il entendit le bâtiment craquer : une poutre s'était écroulée à l'étage. Entouré de flammes, il dut se jeter en bas des escaliers tandis que des gerbes d'étincelles pleuvaient sur lui. Il hurla de rage, se releva et tenta de nouveau d'aller à l'étage. Mais le feu gagnait la partie, la chaleur et la fumée l'obligeaient à se mettre à genoux. Et il le détestait. Il détestait ces flammes voraces. Il détestait la faiblesse de sa propre chair. Il détestait Dieu de l'avoir fait si faible. Il y eut d'autres craquements, d'autres bruits terribles : les poutres se désintégraient les unes après les autres. Puis il sentit des bras l'agripper et le tirer hors de la maison.

Cette fois, Simon avait retrouvé toute sa force et il ne lâcha pas Will. Les deux hommes offraient un curieux spectacle, serrés l'un contre l'autre, titubant, le souffle coupé et le visage couvert de sueur. Et Will, déjà blessé et épuisé par la bataille, finit par se laisser aller dans les bras de Simon, où il se mit à hurler. Simon l'attira plus loin dans la rue, à l'écart de la porte. À l'intérieur, ils entendirent le plancher de l'étage s'écrouler et une poutre incandescente atterrit au milieu du vestibule de l'entrée. Le bâtiment était maintenant tout entier la proie des flammes. Personne n'aurait pu supporter cette fournaise.

Will le comprit et toute émotion le déserta. Il attrapa Simon par sa tunique.

— Qu'est-ce qui s'est passé ?

— Je ne sais pas, fit Simon, pantelant. La maison était en feu quand je suis arrivé.

Il détourna le regard, incapable de soutenir les yeux assassins de Will.

— J'ai essayé d'aller à l'intérieur pour chercher Elwen, mais je n'ai pas pu. C'est Garin qui a sorti Rose de là.

Il regardait en direction du corps sans vie de Rose.

— Mais il était trop tard.

Will libéra Simon.

— Garin ? Garin était là ?

Simon passa la main dans ses cheveux.

— Je ne sais pas ce qui s'est passé, Will. Il y a un homme dans la cuisine, on l'a tué. Garin était brûlé et pleurait en serrant Rose dans ses bras. Il disait plein de choses.

— Quelles choses ?

— Ça n'avait aucun sens, s'empressa d'expliquer Simon. Comme quoi il ne voulait pas lui faire de mal. Il n'arrêtait pas de l'appeler son bébé. Il avait l'air d'un fou en plein délire.

Will fixait Rose.

— Et où est-il ?

Sa voix était glaciale, dénuée de la moindre émotion. Lui-même se sentait tout vide. Un mur s'était dressé entre son cœur et lui.

— Il était parti quand je suis ressorti.

Will regarda vers l'est en entendant le mugissement des cornes porté par le vent. Une cloche commença à sonner, puis une autre.

— Ils sont entrés, dit-il avec détachement.

Il s'agenouilla près de Rose et prit sa main inanimée entre les siennes. Les yeux clos, il la porta contre sa bouche et la reposa délicatement sur sa poitrine avant de se tourner vers Simon.

— Va à la commanderie. Je veux que tu t'occupes...

Sa voix se brisa. Une fissure apparaissait dans le mur. Il ravala la boule dans sa gorge.

— Je veux que tu t'occupes du corps de ma fille. Ne la quitte pas, Simon, tu m'entends ? Tu ne la quittes pas.

— Où vas-tu ?

— Chercher Garin.

— Tu ne sais même pas où il est ! lui cria Simon tandis que Will courait jusqu'à son destrier.

— Garin est un rat, et ce bateau est en train de se noyer. Il est là où il a le plus de chances de s'enfuir. Je le trouverai au port.

— Ta femme et ta fille sont mortes, s'écria Simon d'une voix tendue. Tuer Garin ne te les ramènera pas. Sauve-toi, je t'en supplie. Viens avec moi !

Mais Will lançait déjà son cheval dans un galop enragé, ne laissant derrière lui qu'un nuage de poussière.

Les quais, Acre, 18 mai 1291 après J.-C.

L'alarme était donnée. Les cloches, les cornes et les trompes la sonnaient. Les Mamelouks étaient arrivés.

Ils déferlaient à dos de chameau et à cheval, les épées scintillant dans la lumière du matin, les capes et les armures formant une tempête aux couleurs chatoyantes. Ils déferlaient, accompagnés d'une nuée de flèches et du rythme assourdissant des tambours. Ils déferlaient à pied avec des massues, des haches et des torches qu'ils jetaient sur les toits et à la base des engins de siège. Ils déferlaient avec deux siècles de massacres et d'oppression en tête, et l'esprit de vengeance niché dans leur cœur en incitait plus d'un à se lancer dans une vraie boucherie.

Après un bref combat, la porte Saint-Antoine était tombée et les derniers Templiers, ainsi que les Hospitaliers et les soldats du roi Henry, avaient dû battre en retraite devant l'assaut des Mamelouks qui s'infiltraient désormais par milliers. Jean de Villiers était blessé. Quelques-uns de ses chevaliers l'avaient escorté vers le dernier bateau de l'Hôpital encore au port tandis que les autres se retiraient dans leur forteresse. Sur les remparts, les grands mangonneaux des Francs brûlaient. Les Mamelouks avaient dévasté le camp pisan, égorgeant tous ceux qu'ils y trouvaient, et, de là, étaient entrés dans le quartier allemand dont les Teutoniques avaient la charge et où ils poursuivirent leur carnage. Du côté de la mer, près de la tour du Légat, une autre brèche ne tarda pas à apparaître et même si les arbalétriers, laissés en ville par le roi Louis et les chevaliers anglais sous les ordres d'Othon de Grandson, se battaient sans répit, il ne fallut pas longtemps avant qu'ils soient obligés de reculer, laissant les cadavres et les camarades agonisant derrière eux.

Au port, c'était le chaos. Les derniers bateaux se remplissaient mais la plupart d'entre eux étaient déjà partis lorsque les cloches se mirent à sonner. Les soldats, fuyant la bataille, se précipitèrent sur les quais pour prévenir les derniers retardataires que la ville était tombée. Ils mirent en garde les femmes effrayées qui se pressaient là, leur disant de retourner dans leurs maisons, de se cacher et d'attendre que les violences prennent fin. Mais leurs avertissements furent rapidement couverts par les cris de terreur de ceux qui étaient à l'arrière et qui poussaient dans l'espoir de monter sur les derniers bateaux. Bientôt, ce fut une panique générale. Femmes et enfants hurlaient, certains tombèrent à l'eau. Les matelots sur les bateaux parvinrent à en hisser quelques-uns à bord et les rares femmes qui savaient nager plongèrent pour venir en secours aux enfants. Mais il y eut de nombreux noyés, des mères sombraient dans les eaux profondes en hurlant le nom de leur bébé. Le patriarche de Jérusalem, Nicholas de Hanape, qui attendait dans la pinasse que les bateaux devant lui se déplacent pour libérer le passage, ordonna à son petit vaisseau de retourner à quai, en dépit des protestations des évêques.

— Nous pouvons en sauver quelques-uns, affirma-t-il de sa voix rendue rauque par son grand âge. Il faut que nous en sauvions.

Il y avait de plus en plus de monde qui nageait vers les bateaux en partance. Quelques-uns atteignirent le vaisseau du patriarche et Nicholas de Hanape tendit la main pour les aider à monter. Mais ils furent bientôt trop nombreux.

— Ramez ! hurlait l'un des évêques à l'équipage. Ramez !

Mais les réfugiés s'agrippaient désespérément au bateau sans se soucier des cris de l'évêque. L'un des matelots tomba à l'eau et perdit une rame. Avec tant de poids supplémentaire, le bateau se mit à tanguer. L'un des évêques s'empara d'une rame et commença à taper sur les mains et les têtes pour leur faire lâcher prise. Il avait le visage empourpré et hurlait en lançant de tous côtés des yeux affolés. Mais bien qu'il fît effectivement lâcher prise à quelques personnes, les phalanges brisées ou le crâne fracassé, il était trop tard pour la pinasse. Au bout d'un moment, elle bascula sur la droite et s'emplit d'eau ; quelques secondes plus tard, elle se retournait en jetant tout le monde par-dessus bord, piégeant quelques personnes sous sa coque. La dernière chose que vit Nicholas de Hanape en prenant une dernière inspiration avant que les eaux sombres ne se referment sur lui, ce fut l'horizon enflammé et la masse grouillante des citoyens sur les quais.

C'est au milieu de ce désordre qu'arriva Will. Il parvint au petit galop à la porte de la ville. À mesure que la foule devenait plus compacte, il dut ralentir pour se frayer un passage. Il ne prêtait aucune attention aux cris de panique : ses yeux balayaient la scène à la recherche de Garin. Simon lui avait dit qu'il était blessé. Il ne pouvait pas être bien loin. Près des tavernes délabrées, il y avait plus de monde. Réalisant qu'ils ne pourraient pas monter sur un bateau, les gens retournaient en ville chercher un endroit où se cacher. Ils avaient tous en mémoire les événements de Tripoli. Ils savaient que le viol et les égorgements s'étaient essentiellement limités aux rues. Ceux qui restaient à l'intérieur jusqu'à ce que la soif de sang des soldats soit apaisée échappaient à la mort. Pour la plupart, leur seul espoir résidait désormais dans la clémence des Mamelouks.

Will manœuvrait son cheval dans la cohue, le faisant pivoter pour regarder dans son dos et sur la mer. La baie était remplie de bateaux toutes voiles dehors. Will commençait à se demander s'il ne s'était pas trompé en imaginant que Garin était venu ici et il interpella les gens pour leur demander s'ils n'avaient pas vu un homme partiellement brûlé. Des dizaines d'entre eux passèrent à côté de lui sans se donner la peine de lui répondre, puis soudain un vieillard lui indiqua les quais à l'est. Will aperçut une file de gens qui progressaient avec peine le long de la digue est vers un bateau du Temple ancré dans l'avant-port. Un homme isolé, un peu en arrière, avançait d'une démarche chancelante. Will lança son cheval à travers le port pour rejoindre l'endroit d'où la digue partait du rivage. Battue par les vagues, la digue était ancienne et en mauvais état, certaines sections en étaient si érodées que la mer passait par-dessus. Abandonnant son cheval sur le quai, Will courut au milieu des vagues d'eau bleue qui déferlaient sur le brise-lames. Sur sa gauche, la mer agitée bouillonnait : sur sa droite, l'avant-port était calme et vert. Il glissa sur les pierres visqueuses et faillit tomber du côté des gros rouleaux.

— Garin ! hurla-t-il en arrivant près de l'homme.

Il remercia le Ciel de voir celui-ci se retourner sur-le-champ.

Le visage de Garin portait la trace de graves brûlures et il avait les mains devant son visage, signe qu'elles le faisaient beaucoup souffrir. Sa tunique était presque toute calcinée ; ne subsistaient que quelques lambeaux sur sa poitrine, d'autres avaient fondu à même la peau en formant des plaies noirâtres. En apercevant Will, il fit quelques pas mal assurés en arrière, puis il se retourna et courut en remontant la file de femmes qui se dirigeaient vers le bateau du Temple avec son capitaine renégat. Will le poursuivit en bondissant d'une pierre à une autre. Jetant un regard par-dessus son épaule, Garin vit qu'il n'arriverait pas à distancer son poursuivant. Alors il fit volte-face et dégaina sa dague en même temps que Will tirait son épée.

Tous deux se figèrent un moment, séparés par une vague qui déferlait sur la digue.

Le visage de Garin était tordu de douleur et, bien qu'il eût un air de défi, il exprimait surtout la résignation.

— Eh bien, ça devait finir comme ça, dit-il d'une voix pâteuse.

Will sentit une décennie de haine exploser en lui.

— Qu'est-ce que tu as fait ? Qu'est-ce que tu as fait à ma fille ?

— Tout tourne toujours autour de toi, n'est-ce pas ? Ta femme, ta fille, ta place au Temple.

— *Qu'est-ce que tu as fait ?* répéta Will en avançant.

Garin recula pour maintenir la distance.

— Mais Rose n'était pas ta fille.

L'épée en l'air, Will s'arrêta net.

— Oh ! Elwen m'a dit qu'elle n'en était pas sûre. Mais moi, je le sais, fit Garin en posant la main sur son cœur. Je *sais* qu'elle était de moi.

— Tu mens. Qu'est-ce que tu racontes ?

— La vérité. Il n'y a personne d'autre pour te la dire. Il faut que tu saches ce que j'ai perdu. Il faut que tu comprennes.

Will secouait la tête.

— D'après toi, comment se fait-il que tu aies partagé son lit toutes ces années et qu'elle n'ait pas eu d'autre enfant ? insinua Garin. Ça n'a aucun sens, non ?

— Elwen n'aurait jamais... elle n'aurait jamais...

Mais les mots ne voulaient pas sortir, il n'arrivait pas à les prononcer. Derrière eux, quelque chose explosa dans la ville, projetant des rochers et des flammes dans le ciel. Des hurlements retentirent dans tout le port, mais aucun d'entre eux ne tourna la tête.

— Quand ? dit froidement Will. Quand est-ce arrivé ?

— Quand tu es parti à La Mecque. Elwen est venue me voir. Je n'ai pas eu à la séduire. C'est elle qui s'est offerte.

— Et tu l'as prise, murmura Will.

— Pourquoi penses-tu que tu as droit à tout ? cria soudain Garin. Qu'est-ce qui te rend supérieur aux autres ? Tu avais une place au Temple, mais ça ne te suffisait pas, n'est-ce pas ? Il fallait que tu aies davantage. Alors, quand Everard t'a recruté, tu as rompu tes vœux et tu as rejoint l'Anima Templi. Mais même là, ça ne suffisait pas. Tu as trahi le Cercle en voulant faire supprimer Baybars, tu as trahi le grand maître quand il essayait de voler la Pierre noire, alors qu'il venait de te nommer commandeur, et ensuite tu as trahi tout le monde avec une femme que tu traitais comme une putain !

Will le fixait d'un air presque absent.

— Comment es-tu au courant pour la Pierre ?

— C'est Elwen qui m'en a parlé. Elle avait peur pour toi.

Garin hocha la tête pour appuyer ses propos en voyant que cette révélation stupéfiait Will, qu'elle lui faisait mal.

— Elle t'aimait, je ne le nie pas. Elle n'a couché qu'une fois avec moi. Mais ça n'était pas une excuse pour me tenir à l'écart de Rose comme si je n'étais rien, comme si je n'avais pas le droit de connaître ma propre fille ! Que Dieu la *maudisse* !

Il pointa sa dague vers Will.

— J'aurais pu m'occuper d'elle. Je leur aurais donné une vraie vie, une bonne vie.

Will rejeta sa tête en arrière et éclata de rire en même temps que des larmes de rage, de douleur et d'incrédulité lui montaient aux yeux.

— Ah oui ? se moqua-t-il. Toi ? Garin de Lyons ? Trop faible pour faire face à son oncle, trop veule pour affronter Rook. Trop stupide pour se faire une vie, et trop incapable pour être autre chose qu'un sac à vin. Tu es jaloux de tout ce que j'ai, sale fils de pute. Tu l'as toujours été, même quand nous étions des enfants, et tu m'as toujours volé.

Will avançait sur lui.

— Tu m'as volé *Le Livre du Graal.* Tu m'as volé ma vertu dans ce bordel. Et tu m'as volé ma femme et ma fille.

— Non, Will, répondit Garin à voix basse sans bouger. Je t'ai volé bien plus que ça.

Will s'arrêta, attentif.

— T'es-tu jamais demandé ce qui t'a sauvé dans ce désert quand les Bédouins t'avaient à leur merci ? T'es-tu jamais demandé qui avait arrêté la main de cet homme ?

Garin se renfrogna et observa l'eau qui jouait entre ses pieds.

— Des années plus tard, je me demande encore pourquoi je t'ai épargné, pourquoi j'ai crié à Bertrand de te laisser en vie. Je ne sais toujours pas. Peut-être un vieux réflexe de loyauté.

Il leva les yeux sur Will.

— Ou peut-être que je ne voulais pas que tu meures sans savoir qui t'avait trahi. Dans mon esprit, je t'ai toujours imaginé mourant en sachant que ça venait de moi. Je te regardais toujours droit dans les yeux lorsque cela arrivait.

Garin eut un bref éclat rire.

— Tu vois, Will, j'ai bien un peu d'honneur en réserve, c'est pour ça que je veux que tu saches que Rook n'a jamais été mon maître. Lui aussi n'était qu'une marionnette. C'est Édouard qui tirait les ficelles.

Garin rit de nouveau, un rire plus dur, plus âpre encore.

— Et moi, je le laissais me balancer d'un côté à l'autre tandis que mes rêves s'écroulaient et que les tiens devenaient réalité. Oui, je suis jaloux de ce que tu as, une vie où le pardon et l'espoir ont toujours existé, une vie où tous les hommes ne sont pas brutaux et cruels, une vie faite de choix, où l'on ne subit pas toujours. Sais-tu que la seule fois où je me suis senti vraiment libre, c'est quand Everard m'a fait mettre au cachot ? Quand je suis arrivé en Acre pour récupérer de l'argent pour Édouard et que j'ai découvert toute cette histoire autour de la Pierre noire, j'ai compris qu'il voudrait en tirer parti et je me suis moi aussi lancé dans l'aventure. Cela faisait si longtemps que j'étais la marionnette d'Édouard que je dansais même quand il n'était pas là pour tirer les fils. Et puis j'ai découvert Rose et il n'a plus eu de prise sur moi.

Will était réduit au silence. Le poids de ces révélations l'écrasait : la profondeur de la trahison de Garin... C'était comme si tout son monde s'émiettait. Le mur protecteur derrière lequel étaient tapies ses émotions depuis qu'il avait vu sa fille morte s'effondra et il poussa un rugissement sauvage.

Tandis qu'il franchissait les derniers mètres qui le séparaient de Garin, celui-ci jeta sa dague dans les vagues.

— Maintenant tu sais ce que je ressens, n'est-ce pas ? s'écria-t-il. Tu sais ce que j'ai ressenti toute ma vie ! Ce que c'est de se sentir manipulé, trahi !

Puis il se mit à genoux, bras écartés, le torse éclaboussé par l'écume. Et ses lèvres s'ouvrirent pour esquisser un léger sourire.

— Maintenant tu comprends.

— Debout ! hurla Will en pointant la lame sur sa gorge. Debout, *bâtard* !

— C'est fini, Will. Tu ne vois pas ? C'est fini pour tous les deux. Nous avons tout perdu. Il ne nous reste qu'à mourir !

— *Debout !*

— Fais-le. Je veux que tu le fasses. Je veux en finir.

Will attrapa Garin par sa tunique déchiquetée. Tout en lui criant dessus, il l'aspergea de larmes et de postillons. Autour d'eux, la mer bouillonnait, imprégnant leurs bouches de sel.

Garin saisit le poignet de Will.

— Fais-le ! éclata-t-il en tournant la lame vers lui. *Fais-le !*

Soudain, Will s'écarta. Et, l'épée toujours à la main, il commença à s'éloigner.

Garin le regarda s'en aller, bouche bée.

— Où est-ce que tu pars ? hurla-t-il en luttant pour se remettre debout. Finissons-en !

Il resta là, les jambes tremblantes, à regarder Will partir, puis il se retourna et se mit lui aussi à marcher, lentement d'abord, puis de plus en plus vite, concentré sur le bateau du Temple qui emplissait son champ de vision. À cause du ressac, il n'entendit pas les bruits de pas derrière lui.

Garin sentit la douleur dans son dos, comme si on le frappait, puis une sensation étouffée se propagea à tout son corps, comme s'il brûlait de l'intérieur. Baissant les yeux, il vit la pointe d'une épée lui sortir de l'estomac. Puis elle disparut et pivota à l'intérieur, sectionnant ses organes d'un seul coup. Il essaya de se retourner, mais tomba à genoux sans y réussir. Il mit les mains sur le trou de son estomac et s'effondra sur le côté en se contorsionnant. Levant les yeux, il vit Will penché sur lui comme une sorte d'ange vengeur vêtu de blanc, sa lame pleine de sang, la ville en feu derrière et le soleil resplendissant tout là-haut. Il ouvrit la bouche pour respirer mais une vague arrivait au même moment et c'est de l'eau de mer qu'il avala. La vague l'emporta et il glissa de la digue dans l'eau verte de l'avant-port. Un moment passa où il fut ballotté par la houle, puis il commença à s'enfoncer peu à peu. En se noyant, Garin vit Will qui l'observait, à la surface, silhouette déformée. Enfin la mer emplit ses poumons et les ténèbres l'emportèrent.

Will traversa toute la digue et la moitié du port avant de tomber à genoux, le fauchon de son père atterrissant avec fracas sur le pavé. Il se plia en deux pour vomir, ignorant les gens qui couraient à côté de lui en espérant encore monter sur un bateau et se mettre à l'abri. Sa bile était noire à cause de la fumée qu'il avait inhalée durant la bataille, mais il avait plutôt l'impression que c'était du poison qu'il rejetait, comme si, incapable d'encaisser la confession de Garin, il la recrachait. La sale vérité. Il se faisait l'effet d'un idiot, d'un pauvre idiot. Il avait gâché sa vie à poursuivre une chimère. Aujourd'hui, cette chimère brûlait tout autour de lui et il ne lui restait rien. Son père, Everard, Kalawun, ils étaient partis, en même temps que tout espoir de paix. Il aurait pu y survivre, il aurait même pu survivre à la trahison de Garin si seulement sa femme et sa fille avaient été épargnées. Mais elles aussi étaient parties en fumée avec tout le reste.

Soudain, il leva la tête en l'air, les yeux braqués sur le ciel.

— *Qu'est-ce que tu attends de plus de moi, salopard ?* hurla-t-il à Dieu, dont il sentait le regard froid posé sur lui depuis ce ciel bleu sans fin, comme un chat qui joue avec une souris et commence à s'ennuyer.

— Sire William ?

À quatre pattes, la bave aux lèvres, Will tourna la tête pour voir qui lui parlait. Un homme voûté et barbu se tenait devant lui. C'était le vieux rabbin, l'ami d'Everard.

— Elias.

— Êtes-vous blessé ? lui demanda le vieillard en lui tendant la main. Laissez-moi vous aider.

Will se rassit sur ses talons.

— Non, fit-il en repoussant la main qu'Elias lui tendait. Non.

Il fit un effort pour se relever et ramasser son épée.

— Nous arrivons du quartier juif et nous voulions monter sur un bateau, mais il n'y en a plus, dit Elias en désignant d'un air angoissé un groupe de gens serrés les uns contre les autres derrière lui.

Il y avait quelques hommes, mais c'étaient surtout des femmes et des enfants.

— Qu'est-ce que nous pouvons faire ?

— Je ne sais pas, répondit Will en s'essuyant la bouche du revers de la main. Je ne sais pas.

Des cris retentirent aux portes de la ville. Des cavaliers mamelouks arrivaient au galop sur le port. Au désespoir, les gens se jetaient d'eux-mêmes dans l'eau pour fuir les soldats et leurs armes. Elias serra le bras de Will. En quelques secondes, un enfant qui venait de tomber fut piétiné par les chevaux mamelouks, une épée plongea dans le ventre d'une femme enceinte et une massue hérissée de pointes fracassa le crâne d'une vieille femme. Puis Will vit les hommes et les femmes devant lui crier de peur et une odeur d'urine se répandit à cause des enfants qui s'oubliaient tandis qu'Elias lui serrait frénétiquement le bras. Et quelque chose en lui se redressa, réveillant ses sens engourdis.

— Par ici, dit-il à Elias en montrant de l'autre côté du port l'entrée d'un tunnel souterrain qui courait sous la ville jusqu'à la commanderie. Allez ! le pressa-t-il en le poussant dans le dos.

Puis il s'approcha du groupe de juifs.

— Allez ! Dépêchez-vous ! leur cria-t-il.

Confus et frappés de terreur, ils n'avaient pas besoin d'autre encouragement. Will les dirigea le long des quais comme un troupeau de moutons. Quelques Mamelouks aperçurent le groupe et vinrent à sa rencontre. Will s'avança et, en tenant son épée à deux mains, il frappa un cheval sur la nuque, l'autre derrière les articulations et acheva un des cavaliers à terre.

— Courez ! cria-t-il au groupe en se baissant pour éviter une flèche.

Une deuxième le frappa au cou mais rebondit sur sa cotte de mailles. L'entrée du tunnel était droit devant. La plupart des Mamelouks étaient occupés à massacrer le gros de la foule près de la porte. Will mit à terre un autre soldat et conduisit le groupe dans le tunnel. Les chevaliers qui en surveillaient l'accès les firent entrer.

Ce n'est qu'en débouchant dans la cour baignée de lumière de la commanderie, vingt minutes plus tard, que Will réalisa combien de gens il venait de sauver. Ils étaient environ une soixantaine. Tous étaient livides et tout tremblants, mais ils étaient en vie. Le Temple, dont les remparts invincibles avaient si longtemps tenu le monde à l'écart, avait ouvert ses portes aux citoyens d'Acre. Hommes et femmes, riches et pauvres, c'était une multitude agitée qui peuplait la cour. Ils étaient des centaines.

— Will !

Il se retourna en entendant son nom mais ne vit personne qu'il reconnût.

— Will !

Il fit un cercle complet en jetant des regards alentour jusqu'à ce qu'il aperçoive quelqu'un qui fendait la foule sur sa droite. C'était Simon. Il tenait une petite fille dans ses bras. Ses cheveux blonds tombaient sur ses épaules, elle avait le visage plein de suie et clignait des yeux d'un air perdu. C'était Rose. Elle cria en le voyant et tendit les bras vers lui. L'un d'eux était rouge et la peau en était flétrie. Will courut la serrer contre lui.

— Elle a repris conscience après que tu es parti, expliqua Simon. Je la portais quand elle s'est mise à parler. Elle m'a donné la frayeur de ma vie !

Mais Will ne l'écoutait pas. Il tenait sa fille orpheline, sentait son corps frissonnant et il se laissa tomber à terre.

48

Le Temple, Acre

25 mai 1291 après J.-C.

Le tunnel était sombre et humide. Le bruit des pas sur le sol boueux se répercutait contre les murs, ainsi que le souffle des respirations et les cris étouffés des enfants. Les flambeaux projetaient leur lumière mouvante dans l'atmosphère saturée de sel. Plus de deux cents personnes progressaient dans cette pénombre moite. Certains étaient sous le coup de la stupeur, d'autres pleuraient discrètement, et d'autres enfin, renfrognés, marchaient en silence.

À leur tête se trouvait Theobald Gaudin avec plusieurs officiers et le sénéchal. Derrière eux, douze sergents tiraient des charrettes à main contenant les trésors du Temple et les documents liés à l'Ordre. Pièces, saintes reliques, joyaux, calices en or, anneaux et livres, tout était entassé pêle-mêle dans les charrettes. Quarante-deux chevaliers, vingt-sept sergents et quelques prêtres suivaient le trésor. La suite du cortège se composait de plus de cent réfugiés d'Acre. Dans ce groupe, Will avançait sans dire un mot en regardant droit devant lui. À ses côtés se trouvaient Robert, avec une cicatrice récente sur le front, et Simon. Le visage carré du palefrenier était pâle, mais il marchait d'un pas sûr en lui jetant de temps à autre des coups d'œil, ainsi qu'à Rose qui était juste derrière et tenait Elias le rabbin par la main sans quitter son père des yeux. Les brûlures à son bras avaient été traitées avec un cataplasme et un bandage de lin frais, mais son visage était plein de traînées de poussière et elle portait toujours le manteau de voyage roussi avec lequel Garin l'avait sortie de la maison. Elle avait à peine prononcé un mot depuis.

Will aperçut l'expression de Simon et, lisant dans ses pensées, il tourna la tête vers Rose. Il croisa un bref instant son regard hébété, puis il reprit sa marche. Il savait qu'il lui faudrait du temps. Mais après le soulagement oppressant qu'il avait éprouvé en apprenant qu'elle était en vie, il avait découvert que, désormais, il ne pouvait plus la regarder sans voir Elwen, son beau visage tordu par la peur et la douleur tandis qu'elle brûlait vive. Cette image repassait sans fin dans son esprit et menaçait de le briser et il avait tout simplement eu trop à faire pour pouvoir se laisser aller.

De sorte qu'il avait réprimé sa peine, confié sa fille aux bons soins d'Elias et continué à combattre, sans presque manger ni dormir.

Cela faisait sept jours qu'Acre était tombée. C'en était fini de la capitale des croisés et, avec elle, du rêve d'une Terre sainte chrétienne. Le massacre, commencé dès l'entrée des Mamelouks dans la ville, s'était poursuivi toute la journée et, lorsque le soleil s'était couché, un linceul de fumée noire était suspendu au-dessus des rues jonchées de cadavres. Acre était un charnier, une fosse commune pestilentielle à ciel ouvert, remplie d'enfants ensanglantés, d'hommes abattus pendant leur fuite et de femmes violées, puis éventrées ou décapitées. Le long des remparts, devant les portes et à l'entrée des tours, les corps des chevaliers et des soldats gisaient les uns sur les autres, à côté de ceux des Mamelouks, des Bédouins et des Syriens. Les bannières et les gonfanons, que certains agrippaient toujours dans leurs mains crispées, flottaient mollement au-dessus des tas de cadavres. Ici et là, des blessés grognaient mais des patrouilles mameloukes mirent fin à leur calvaire.

Quand la nuit était tombée ce 18 mai, des charognards sillonnaient le ciel tandis que les survivants erraient au milieu des ruines à la recherche d'un endroit où se cacher des soldats. Le sultan Khalil avait réussi à maintenir l'ordre dans son armée, mais il restait des mercenaires et des maraudeurs indisciplinés prêts à tuer, et pour eux les viols et les meurtres continuèrent. D'autres pillèrent palais, églises et magasins. Tandis que Khalil installait ses quartiers au palais royal et que ses généraux cherchaient à contrôler les hommes, des escadrons quadrillèrent la ville à la recherche des rescapés. Seuls les hommes en pleine forme ou d'un certain rang échappaient à la mort. Les femmes et les enfants par milliers furent faits prisonniers. Seuls trois bâtiments échappèrent à ces descentes systématiques : les forteresses des Hospitaliers, des Teutoniques et des Templiers, qui toutes accueillaient des réfugiés.

Toute la nuit, des cris avaient retenti à travers la ville. Debout à une fenêtre des appartements du grand maître, Will les écouta d'un air maussade pendant un moment avant qu'un prêtre ne commence à murmurer. Il se retourna juste à temps pour voir le grand maître expirer son dernier souffle. Guillaume, dont la blessure saignait abondamment, n'avait pas parlé depuis qu'on l'avait ramené, sauf pour demander comment s'en sortait la ville. Quand Theobald Gaudin lui avait dit qu'elle était perdue, le grand maître s'était renfoncé dans ses oreillers. Une larme avait perlé au coin de son œil et il était resté immobile à écouter le massacre se poursuivre derrière les murailles du Temple. On enterra Guillaume de Beaujeu le lendemain dans le verger de la commanderie. Zaccaria n'était pas présent aux funérailles. Après le décès du grand maître, il conduisit une petite compagnie de chevaliers, dont quelques Hospitaliers qui avaient trouvé refuge au Temple, à la porte de la commanderie. D'après le seul survivant, ils avaient combattu plusieurs compagnies mameloukes, avaient tué nombre d'ennemis, et Zaccaria et les Templiers hurlaient le nom du grand maître tout en se frayant un chemin à coups d'épée dans la masse des musulmans.

Le lendemain, les forteresses des Hospitaliers et des Teutoniques avaient capitulé. Les chevaliers avaient vu qu'on installait le nakkabun en vue de miner les soubassements des murailles. Ils demandèrent l'amnistie à Khalil et le sultan la leur accorda. Le Temple résista en envoyant chaque nuit, par le tunnel souterrain, quelques réfugiés prendre des bateaux pour Chypre. Les Mamelouks n'avaient aucun moyen d'empêcher ces évacuations. Ils n'avaient pas de bateaux et les vaisseaux des Francs, ancrés en sécurité dans la baie étaient armés de trébuchets capables d'envoyer des pierres sur les Mamelouks qui se seraient aventurés sur le port. Incapable de les mettre hors d'état de nuire, Khalil retira ses troupes des quais, signifiant par là que l'évasion de quelques centaines de citoyens lui était indifférente. À l'intérieur de la commanderie, les évacuations avaient lieu bien trop lentement. Ils étaient loin d'avoir assez de provisions pour une population aussi importante et, la mort du grand maître ayant créé un climat de désespoir et de fatalité, les Templiers finirent par accepter de se rendre. Avant d'en informer Khalil, le maréchal Peter de Sevrey avait ordonné à Theobald Gaudin de partir avec le trésor de l'Ordre dans le dernier bateau qui mouillait encore au port.

Lorsque les chevaliers arrivèrent à la sortie du tunnel, la porte était ouverte. Quelques hommes se lancèrent en premier pour vérifier que le port était sûr. En peu de temps, ils tuèrent les quelques Mamelouks qui faisaient une ronde et les sergents se mirent en branle, tirant les charrettes le long de la digue, suivis par les réfugiés. Dans la baie, les lanternes de la galère du Temple, le *Phœnix*, scintillaient comme de petites balises mises là pour les guider. Alors que les autres chevaliers sortaient en file, l'épée tirée, Will s'arrêta dans l'entrée.

Le sénéchal s'y trouvait avec deux hommes qui avaient aidé à convoyer le trésor. Il posa son regard impassible sur Will.

— Qu'est-ce que vous attendez, commandeur ?

— Venez avec nous, murmura Will.

Le sénéchal fit un signe de la tête aux hommes.

— Filez, leur ordonna-t-il.

Quand ils furent hors de portée de voix, il se retourna vers Will.

— Ma place est ici, avec le maréchal et les autres.

— Vous serez tué ou fait prisonnier.

— Je suis vieux, fit remarquer le sénéchal d'une voix bourrue, et j'ai vécu la majeure partie de mon existence dans cette ville. C'est ici que j'habite. Mon époque se termine. Pas la vôtre. Vous avez encore du travail devant vous.

— C'est terminé, dit Will sans passion. Nous avons perdu la Terre sainte. L'Anima Templi n'a plus lieu d'être.

— Vous avez tort, répliqua le sénéchal. Nous avons perdu notre base en Orient, mais ce n'est qu'un territoire fait de sable et de pierre. Nous avons davantage que cela. Le Temple existe toujours mais, sans grand maître, il est comme un bateau sans gouvernail. Aujourd'hui plus que jamais, vous devez vous assurer que l'Ordre ne tombe pas entre des mains mal intentionnées. Vous devez œuvrer pour la paix et poursuivre la mission du Cercle. À défaut de le faire en Outremer, vous pourrez vous rendre utile en Occident car ses royaumes sont aussi tourmentés par la guerre que ceux d'ici. Il y a des hommes sur ces trônes, commandeur, des hommes sans scrupule, avides de pouvoir, qui sont prêts à mettre en péril des nations entières pour satisfaire leur désir de suprématie. Ce sera votre tâche, comme ça l'était ici, de préserver l'équilibre et de sauver les hommes de toute race et de toute foi qui pourraient être anéantis par l'avidité et l'ignorance des autres.

Le sénéchal parlait sans ambages, d'une voix rude.

— C'est votre mission et c'est pour cela que je me suis assuré que Robert de Paris et vous voyagiez sur ce bateau. D'autres restent ici à votre place, Campbell. Faites en sorte que leur sacrifice ne soit pas vain. Maintenant, partez.

Le sénéchal ferma la porte derrière lui et Will se retrouva au-dehors, dans l'air froid. On n'entendait plus que le bruit des vagues qui se brisaient sur la digue.

À l'extérieur des murs du Temple, Acre,
28 mai 1291 après J.-C.

Le sultan al-Ashraf Khalil observait en silence les lignes de prisonniers sortir des ruines du Temple. En ce début de soirée, le soleil couchant teintait d'une lumière mordorée les murs qu'ils avaient fini par faire écrouler dans l'après-midi. Deux mille Mamelouks étaient entrés par la brèche créée pour se battre avec les derniers chevaliers et soldats à l'intérieur. Mais les murailles étaient instables à cause des galeries qu'ils avaient creusées et une partie du côté extérieur des fortifications s'était effondrée dans un grondement de poussière et de pierre, ensevelissant chrétiens et musulmans sans distinction sous des montagnes de gravats. Ce n'était pas censé se dérouler comme cela mais les négociations avec les Templiers avaient été rompues et Khalil avait décidé de passer en force.

Avec la chute du Temple, la bataille touchait à son terme. Conquise par les croisés deux cents ans plus tôt, Acre revenait enfin aux musulmans. Khalil avait envoyé un de ses généraux à Tyr pour s'emparer de la ville, bien que, d'après ses rapports, il restât peu de citoyens pour assister à la chute de la ville. Beaucoup d'entre eux avaient pris la mer en voyant à l'horizon les grands nuages de fumée au-dessus d'Acre. Sidon, Beyrouth et Haïfa partageraient bientôt le même destin et alors, ce serait vraiment terminé. Les Occidentaux n'auraient plus d'emprise sur la Palestine, ils ne pourraient plus menacer ses habitants ni s'emparer de leurs terres, ni transformer les mosquées en églises et les musulmans en esclaves. Les hommes de son armée le voyaient en héros, en vainqueur des Infidèles, il était la main armée de Dieu. Khalil acceptait ce rôle sans fausse humilité. Dans les jours à venir, il l'assumerait avec gratitude et fierté, car il était heureux de réaliser ce pour quoi il s'était préparé. Maintenant que les chrétiens étaient partis, les Mamelouks pourraient se concentrer sur les Mongols sans s'inquiéter que leurs ennemis s'allient. Khalil marchait dans les pas de Baybars et de Saladin, il refermait la cicatrice ouverte deux cents ans par les Francs. Il libérait son peuple. C'était terminé. Enfin.

Mais dans le tombeau qu'était devenu Acre, dans les rues pleines de sang où régnait l'odeur de la mort, il était difficile de se réjouir. Al-Ashraf Khalil se détourna donc des lignes de prisonniers et s'éloigna d'un air grave des ruines du Temple, le visage baigné par les derniers rayons du soleil.

Le Phœnix, *la Méditerranée,*
30 mai 1291 après J.-C.

Will était à bord du *Phœnix* et la mer bleue étalait ses charmes devant lui. Dans son dos, des hommes, des femmes et des enfants étaient blottis sur le pont. Après des jours de silence, le murmure des conversations reprenait enfin. Les gens recommençaient à manger, à soigner leurs blessures, à réconforter leurs voisins. L'atmosphère, toujours tendue, s'améliorait quelque peu. Ainsi allaient les choses. Malgré tout ce qu'ils avaient enduré, ils avaient survécu. La seule chose qu'ils pouvaient faire maintenant, c'était de continuer à survivre, quoi qu'ils aient perdu. Il ouvrit la main et regarda la bague en or dans sa paume, se souvenant des mains glaciales d'Elwen lorsqu'elle la lui avait passée au doigt pour la première fois. Il la fit rouler pensivement. Par la suite, il l'avait portée autour du cou, avec le pendentif de saint Georges. La douleur qu'il ressentait était terrible, et elle était due autant au fait d'avoir perdu Elwen que de savoir qu'elle l'avait trahi. Il sentait l'énormité de ce qui cherchait à se libérer et menaçait de le submerger. Mais il ne se laisserait pas faire. Il ne le pouvait pas.

Trois jours plus tôt, il s'était assis avec Rose à la poupe, ignorant les regards de curiosité des autres chevaliers, et il lui avait demandé de lui raconter ce qui s'était passé à la maison. Il avait fallu beaucoup de temps à sa fille pour trouver les mots. Parler la mettait à la torture, et elle n'avait pas tout compris. Mais en conservant une voix calme, enjôleuse, Will avait fini par obtenir la vérité. Maintenant, il connaissait toute l'étendue des mensonges de Garin, de l'attaque de Honfleur jusqu'à sa tentative de vol de la Pierre noire. Et par-dessus tout, il connaissait le visage de son ennemi.

Garin n'avait été qu'un pion, un pauvre pion manipulé. Le véritable traître, c'était le roi Édouard. C'était lui le loup dans la bergerie, l'instigateur de tous ses malheurs. Il avait été leur Gardien. Il était devenu leur ennemi.

Le sénéchal avait raison. Le travail de l'Anima Templi n'était pas achevé, il s'en fallait de beaucoup. Il était à la tête du Cercle et, comme tous ses prédécesseurs, il avait le devoir de le protéger. C'était pour cela qu'Everard l'avait choisi. Portant l'anneau d'or à ses lèvres, il l'embrassa tendrement, puis il le lança dans la mer. Il tourbillonna en l'air, scintillant à la lumière du soleil, avant de tomber dans l'eau et de disparaître au milieu des vagues. Will sentit quelqu'un à ses côtés.

— Rose est réveillée, lui dit Simon en s'appuyant au rebord de la galère. Elle est dans la soute, elle te demande.

— J'y vais dans un instant.

Simon hocha la tête et posa sa main sur son épaule avant de s'éloigner.

Will inspira profondément et sentit sa détermination se renforcer. Il avait toujours Rose. Qu'elle soit ou non sa fille, il l'aimait. Il avait Simon et Robert, et, quelque part en Écosse, il lui restait de la famille. La lettre froissée de sa sœur Ysenda était pliée dans sa bourse, rescapée de la commanderie. Il n'était pas seul. L'esprit empli du souvenir de la lande et de la pluie, Will tourna le dos à l'Orient et regarda vers l'ouest, vers chez lui. C'était là-bas qu'il assouvirait sa vengeance.

NOTE DE L'AUTEUR

Je me suis efforcée d'être aussi fidèle que possible à l'histoire en écrivant ce roman, mais comme l'histoire ne se plie pas aussi bien aux exigences du récit qu'on pourrait le souhaiter, j'ai dû user dans une certaine mesure de la licence artistique. Les dates en particulier se sont souvent révélées problématiques alors que j'essayais d'intégrer une histoire et des personnages de fiction dans le cadre des événements réels. Il m'a parfois fallu prendre des libertés avec des détails pour rendre l'intrigue plus fluide et plus facile à lire. Par exemple, à ce moment de l'histoire du Temple, le poste de sénéchal n'existe plus, mais comme ses charges sont reprises par un officier qui avait, comme Theobald Gaudin, le statut de grand commandeur, je l'ai conservé pour éviter une confusion inutile. La ville d'al-Bireh fut attaquée par les Mongols durant l'hiver 1275 et le siège était déjà levé lorsque les forces de Baybars arrivèrent sur place. En quittant Acre, le roi Hugues III s'est d'abord retiré à Tyr au lieu d'aller directement à Chypre et il aurait fallu un peu plus longtemps que je ne le décris pour que la nouvelle de l'achat des droits au trône de Jérusalem par Charles d'Anjou atteigne la ville. En 1277, le mois de mouharram tombait en juin au lieu d'avril et Tripoli, assiégé à la fin du mois de mars 1289, ne tomba qu'au bout de presque un mois devant les troupes de Kalawun.

Ma version du décès de Baybars est fictive ; Baraka Khan n'a pas pu empoisonner son père car il est resté au Caire quand Baybars est parti pour la campagne d'Anatolie, mais la mort du sultan a cependant fait l'objet de nombreuses spéculations. Plusieurs chroniqueurs affirment que Baybars est mort après avoir avalé du koumys empoisonné. Ils suggèrent que les astrologues l'ont prévenu d'une éclipse lunaire, augure de la mort d'un roi ; pour se sauver, Baybars aurait décidé d'empoisonner un prince ayyoubide qui l'avait soutenu contre les Mongols avant de le mécontenter. Ensuite, les détails diffèrent mais il semble que Baybars aurait bu par erreur la coupe de poison destinée au prince. D'autres sources disent qu'il est mort d'une blessure reçue durant la campagne, ou bien d'une maladie. Quelle que soit la cause réelle de sa mort, Baybars n'est pas mort instantanément : il souffrit treize jours d'agonie. Pour ceux qui souhaiteraient en apprendre davantage sur les détails historiques, j'ai compilé une bibliographie.

La chute d'Acre, en 1291, tombée aux mains des forces musulmanes dirigées par le sultan al-Ashraf Khalil, signait la fin des croisades lancées deux siècles plus tôt en France par le pape Urbain II. Theobald Gaudin, le grand commandeur, conduisit les chevaliers qui l'accompagnaient à la forteresse de Sidon, où il fut élu grand maître. Là, les rescapés survécurent un mois mais durent battre en retraite lorsque les Mamelouks arrivèrent. Gaudin prit la mer pour Chypre avec le trésor de l'Ordre, ne laissant qu'un petit groupe de chevaliers basés sur une petite île à quelques kilomètres de la côte. Les Templiers y maintinrent une garnison pendant douze ans, mais les dernières places fortes franques en Terre sainte furent prises par les Mamelouks dans les mois qui suivirent.

Acre fut abandonnée et resta en ruine pendant des années tandis que les citoyens qui avaient survécu au siège disparurent dans les prisons, les camps de travail et les harems des Mamelouks. Certains prisonniers, dont des chevaliers des ordres militaires, furent échangés contre des rançons, d'autres se convertirent à l'islam. Des décennies plus tard, des pèlerins aperçurent des Templiers travaillant comme bûcherons près de la mer Morte.

Le sultan Khalil ne survécut pas longtemps à ses victoires sur les Francs. Fin 1293, il fut assassiné par ses propres généraux, peu après avoir proclamé le djihad contre les Mongols. Son frère cadet, al-Nasir Mohammad, lui succéda. Le sultanat mamelouk continua à régner sur le Moyen-Orient jusqu'à ce que les Turcs ottomans le renversent en 1517.

En Occident, la volonté de reprendre aux musulmans les territoires perdus ne s'évanouit pas tout de suite après la chute d'Acre, mais tous les projets de croisades avortèrent et les échos de cette période de l'histoire du monde résonnèrent des deux côtés de la mer durant des siècles. Nous en ressentons encore les conséquences.

Robyn Young
Brighton, mars 2007

LISTE DES PERSONNAGES
(* signale les personnages réels)

*ABAQA : ilkhan mongol de Perse (1265-1282)

AISHA : fille de Kalawun, mariée à Baraka Khan

*AL-ASHRAF KHALIL : fils de Kalawun, sultan d'Égypte et de Syrie (1290-1293)

ALESSANDRO : chevalier du Temple, garde personnel de Guillaume de Beaujeu

AMAURY : garde royal de Hugues III

ANDREAS DI PAOLI : marchand de soie vénitien

ANGELO VITTURI : marchand d'esclaves vénitien, fils de Venerio

*ARGHOUN : fils d'Abaqa, Ilkhan à partir de 1284

*ARMAND DE PÉRIGORD : grand maître du Temple (1232-1244)

*AS-SALIH ALI : fils de Kalawun

*BALIAN D'IBELIN : bailli d'Hugues III en Acre

*BARAKA KHAN : fils de Baybars, marié à Aisha. Sultan d'Égypte et de Syrie (1277-1279)

*BAYBARS BUNDUKDARI : sultan d'Égypte et de Syrie (1290-1277)

BERTRAND : garde royal de Hugues III

CARLO : chevalier du Temple, garde personnel de Guillaume de Beaujeu

CATARINA : fille d'Andreas

CECILIA DE LYONS : mère de Garin

*CHARLES D'ANJOU : frère de Louis IX, roi de Sicile et de Naples (1266-1285), roi de Jérusalem (1277-1285)

CONRADT VON BREMEN : marchand de chevaux allemand

DAWUD : émir mamelouk

*ÉDOUARD Ier : roi d'Angleterre (1272-1307)

ELIAS : rabbin et libraire

ELWEN : femme de Will

EVERARD DE TROYES : prêtre du Temple et chef de l'Anima Templi

FATIMA : femme de Baybars, mère de Salamish

FRANCESCO : chevalier du Temple, garde personnel de Guillaume de Beaujeu

GARIN DE LYONS : ancien chevalier du Temple à la solde d'Édouard Ier

*GÉRARD DE RIDEFORT : grand maître du Temple (1185-1189)

*GRÉGOIRE X : pape (1271-1276)

GUIDO SORANZO : constructeur naval génois

*GUILLAUME DE BEAUJEU : grand maître du Temple (1273-1291)

GUY : conseiller royal de Hugues III

HASAN : ancien camarade d'Everard de Troyes, mort à Paris en 1266

*HENRY II : fils de Hugues III, roi de Chypre (1285-1324), roi de Jérusalem (1289-1291)

*HUGUES III : roi de Chypre (1267-1284), roi de Jérusalem (1269-1277)

*HUGUES DE PAIRAUD : visiteur du Temple basé à Paris

IDRIS : Assassin syrien

ISABEL : mère de Will

ISHANDIYAR : émir mamelouk

JACQUES DE LYONS : chevalier du Temple et oncle de Garin, ancien membre de l'Anima Templi, mort à Safed en 1266

*JEAN DE VILLIERS : grand maître de l'Hôpital (1284-1293)

*KALAWUN AL-ALFI : émir mamelouk, lieutenant de Baybars et beau-père de Baraka Khan, sultan d'Égypte et de Syrie (1280-1290)

KAYSAN : mercenaire qui protège les pèlerins en Arabie

*KHADIR : devin de Baybars

*LOUIS IX : roi de France (1266-1270)

LUCA : garçon génois, frère de Marco

*LUCIA : comtesse de Tripoli

MAHMUD : émir mamelouk

MARCO : jeune homme génois, frère de Luca

*MARIE D'ANTIOCHE : cousine de Hugues III et prétendante au trône de Jérusalem

MARY : sœur de Will, décédée en Écosse dans son enfance

MICHAEL PISANI : marchand d'armes pisan

NASIR : camarade de Kalawun et officier des Mansuriyya

*NICHOLAS IV : pape (1288-1292)

*NICHOLAS DE HANAPE : patriarche de Jérusalem

NIZAM : femme de Baybars, mère de Baraka Khan

OMAR : ancien camarade de Baybars, décédé lors d'un attentat perpétré par les Assassins en 1271

*OTHON DE GRANDSON : noble suisse

OWEIN AP GWYN : oncle d'Elwen et ancien maître de Will, décédé à Honfleur en 1260

*PETER DE SEVREY : maréchal du Temple

*PHILIPPE IV : roi de France (1285-1314)

*RABBAN SAUMA : ambassadeur de l'Ilkhan Arghoun

RENAUD DE TOURS : armurier français

ROBERT DE PARIS : chevalier du Temple

*ROBERT DE SABLÉ : grand maître du Temple (1191-1193)

*ROGER DE SAN SEVERINO : bailli de Charles d'Anjou en Acre

ROOK : anciennement à la solde d'Édouard Ier, tué par Garin en 1268

ROSE : fille de Will et Elwen

*SALAMISH : fils de Baybars

SCLAVO : logeur génois

SÉNÉCHAL, LE : officier du Temple et membre de l'Anima Templi

SIMON TANNER : sergent du Temple

*TATAWUN : commandant mongol

*THEOBALD GAUDIN : grand commandeur du Temple

USAMAH : émir mamelouk

VELASCO : prêtre du Temple et membre de l'Anima Templi

VENERIO VITTURI : marchand d'esclaves vénitien, père d'Angelo

WILL CAMPBELL : commandeur des chevaliers du Temple et membre de l'Anima Templi

YSENDA : jeune sœur de Will

YUSUF : émir mamelouk

ZACCARIA : chevalier du Temple, garde personnel de Guillaume de Beaujeu

GLOSSAIRE

ACRE : ville sur la côte palestinienne conquise par les Arabes en 640 après J.-C. Elle tomba aux mains des croisés au début du XIIe siècle et devint le principal port du royaume latin de Jérusalem. Acre était dirigé par un roi, mais à partir de la deuxième moitié du XIIIe siècle, l'autorité royale fut contestée par les nobles et la ville, avec ses vingt-sept quartiers séparés, fut gouvernée essentiellement par une oligarchie.

ANIMA TEMPLI : « Âme du Temple » en latin. Groupe fictif à l'intérieur de l'ordre du Temple, fondé par le grand maître Robert de Sablé en 1191, à la suite de la bataille de Hattin, pour protéger le Temple de la corruption. Il est composé de douze membres choisis parmi les Templiers et d'un gardien chargé de trancher les querelles. Le but de l'Anima Templi est de réconcilier les chrétiens, les musulmans et les juifs.

ASSASSINS : secte extrémiste fondée en Perse au XIe siècle. Les Assassins faisaient partie de la branche ismaélienne des musulmans chiites. Au fil des ans, ils se répandirent dans divers pays, dont la Syrie. Là, sous l'impulsion de leur célèbre chef Sinan, le « Vieux de la Montagne », ils instaurèrent un État indépendant dont ils gardèrent le contrôle jusqu'à ce que Baybars les incorpore dans les territoires mamelouks.

AYYOUBIDES : dynastie ayant régné sur l'Égypte et la Syrie durant les XIIe et XIIIe siècles, responsables de la création de l'armée d'esclaves mamelouks. Saladin était de cette lignée et c'est durant son règne que les Ayyoubides connurent leur apogée. Le dernier Ayyoubide fut Touran Chah, tué par Baybars sur ordre du commandant mamelouk Aibeq, qui mit fin à la dynastie ayyoubide et initia le règne des Mamelouks.

BAILLI : représentant d'un roi ou d'un autre dirigeant.

BERNARD DE CLAIRVAUX, SAINT : (1090-1153). Moine et fondateur du monastère cistercien de Clairvaux en France. Il a très tôt soutenu les Templiers et les aida à créer la Règle de l'Ordre.

BESANTS : pièce en or de la période médiévale, frappée pour la première fois à Byzance.

CHEVALIERS DE SAINT-JEAN : Ordre fondé à la fin du XIe siècle, qui doit son nom à l'Hôpital Saint-Jean-Baptiste-de-Jérusalem. Également connu sous le nom d'Ordre hospitalier, sa vocation initiale était de soigner les pèlerins chrétiens. Mais, après la première croisade, les objectifs des Hospitaliers changèrent du tout au tout. Ils conservèrent leurs hôpitaux, mais leur principale préoccupation fut la construction et la défense de châteaux en Terre sainte, le recrutement de chevaliers et l'acquisition de terres et de propriétés. Ils jouirent d'une puissance et d'un statut similaires à celui des Templiers, et les deux Ordres furent souvent rivaux. À la fin des croisades, les chevaliers de Saint-Jean établirent leur quartier général à Rhodes, puis à Malte, où ils prirent le nom de chevaliers de Malte.

CHEVALIERS DU TEMPLE : Ordre de chevaliers formé au début du XIIe siècle, après la première croisade. Établi par Hugues de Payns, qui avait fait le voyage à Jérusalem avec huit autres chevaliers français, l'Ordre fut baptisé d'après le Temple de Salomon, où il était installé à l'origine. Les Templiers suivaient à la fois la règle religieuse et un code militaire strict. Leur raison d'être initiale était de protéger les pèlerins chrétiens en Terre sainte, mais ils excédèrent néanmoins très largement leur mission première par un dynamisme économique et militaire en Moyen-Orient comme en Europe. Ils développèrent l'une des organisations les plus florissantes et les plus puissantes de leur époque. Il y avait trois catégories différentes de Templiers : les sergents, les chevaliers et les prêtres. Seuls les chevaliers, qui prononçaient les trois vœux de chasteté, de pauvreté et d'obéissance, portaient les habits blancs distinctifs arborant la croix rouge.

CHEVALIERS TEUTONIQUES : Ordre militaire de chevaliers semblable à ceux des Templiers et des Hospitaliers, dont l'origine est allemande. Les Teutoniques furent fondés en 1198 et ils furent responsables en Terre sainte de la défense des terres situées au nord-ouest d'Acre. Vers la seconde moitié du XIIIe siècle, ils conquirent la Prusse où ils se basèrent par la suite.

COMMANDERIE : nom latin pour les domaines administratifs des ordres militaires, qui ressemblaient à des manoirs avec des quartiers de domestiques, des ateliers et, habituellement, une chapelle.

CROISADES : mouvement européen de la période médiévale initié pour des raisons à la fois économiques, religieuses et politiques. La première croisade fut prêchée en 1095 par le pape Urbain II à Clermont, en France. L'appel à la croisade fut lancé pour aider l'empereur byzantin à défendre ses terres envahies par les Seldjoukides turcs, qui avaient pris Jérusalem en 1071. Les Églises romaine et grecque orthodoxe étant divisées depuis 1054, Urbain vit là une opportunité de réunifier les deux Églises et, ce faisant, d'augmenter l'emprise du catholicisme en Orient. L'objectif d'Urbain ne fut atteint que brièvement, et de manière imparfaite, avec la quatrième croisade en 1204. En deux siècles, plus de onze croisades pour la Terre sainte furent lancées depuis les rivages d'Europe.

DJIHAD : littéralement « combattre », en arabe. *Djihad* peut être interprété à la fois au sens physique et spirituel. Au sens physique, il s'agit de la guerre sainte pour défendre et diffuser l'Islam. Au sens spirituel, c'est la lutte intérieure de chaque musulman contre les tentations du monde.

ÉMIR : équivalent arabe de commandant, également utilisé pour certains hommes de haut rang.

ENCEINTE : fortifications autour d'un château.

ENGINS DE SIÈGE : toute machine utilisée pour attaquer les fortifications durant les sièges.

FAUCHON : courte épée à la lame incurvée, utilisée avant tout par les soldats d'infanterie.

FEU GRÉGEOIS : inventé par les Byzantins au VIIe siècle, le feu grégeois était un mélange de bitume, de salpêtre, de soufre et de naphte utilisé pendant les combats pour incendier bateaux et fortifications.

FRANCS : au Moyen-Orient, le terme de Francs (*al-Firinjah*) s'applique à tous les chrétiens. En Occident, c'est le nom d'une tribu germanique qui conquit la Gaule au VIe siècle, donnant son nom à la France.

GRAND MAÎTRE : chef de l'ordre militaire. Le grand maître des Templiers est élu à vie par un conseil d'officiers du Temple. Jusqu'à la fin des croisades, il était basé dans les quartiers généraux de l'Ordre en Palestine.

HADJ : pèlerinage annuel à La Mecque que les musulmans doivent faire au moins une fois dans leur vie durant le mois de Dhou al-Hijja, le douzième mois du calendrier islamique (calendrier lunaire). Un autre pèlerinage, la Oumrah, peut être réalisé à n'importe quel moment.

HAUBERT : robe en tissu de maille annulaire.

KA'BA : littéralement « cube », en arabe. Bâtiment de pierre situé au centre de la Grande Mosquée de La Mecque et vers lequel les musulmans se tournent pour prier. Il semble que c'était déjà un lieu saint pré-islamique pour les tribus arabes, mais il est devenu central dans le culte musulman lorsque Mahomet a enchâssé la Pierre noire dans le sanctuaire et l'a dédié à l'Islam. Selon la tradition musulmane, la Ka'ba aurait été construite par Adam, puis reconstruite par Abraham et Ismaël. C'est le lieu le plus saint de l'Islam, autour duquel les musulmans tournent en rond durant leur pèlerinage.

KEFFIEH : foulard que portent les Arabes.

MADRASA : école religieuse dédiée à l'étude de l'Islam.

MAMELOUKS : littéralement « esclave », en arabe.

MARÉCHAL : dans la hiérarchie du Temple, chef militaire.

MECQUE (LA) : Ville d'Arabie Saoudite, lieu de naissance de Mahomet et ville sainte de l'Islam.

MONGOLS : peuple tribal et nomade qui vivait à l'est, dans les steppes d'Asie, jusqu'à la fin du XIIe siècle où Gengis Khan les unifia. Il établit sa capitale à Karakorum et son empire s'étend jusqu'en Asie, en Perse, au sud de la Russie et en Chine. La première grande défaite infligée aux Mongols fut l'œuvre de Baybars et Qutuz à Ayn Djalut en 1260. L'empire mongol connut un déclin progressif au cours du XIVe siècle.

MUSULMANS CHIITES et SUNNITES : deux branches de l'Islam qui se séparèrent lors du schisme survenu à la mort de Mahomet à propos de son successeur. Les Sunnites, qui constituaient la majorité, pensaient que personne ne pouvait réellement succéder à Mahomet et désignèrent un calife pour diriger la communauté musulmane. Les Sunnites révèrent les quatre premiers califes nommés après la mort de Mahomet, dont ils suivent la ligne de conduite, la voie (*sunna*), celle que tout Musulman doit suivre selon eux. Pour les chiites (*shi'ah*), l'autorité est détenue par l'imam, qu'ils considèrent comme l'héritier du Prophète, descendant de la lignée d'Ali, gendre de Mahomet et quatrième calife, le seul qu'ils révèrent car ils rejettent les trois premiers califes et les traditions de la croyance sunnite.

PALEFROI : cheval léger utilisé pour les courses quotidiennes.

PIERRE NOIRE : relique sacrée enchâssée dans le coin est de la Ka'ba à La Mecque, que les pèlerins embrassent ou touchent durant les rites du pèlerinage. En 929, les Qarmates (des chiites ismaéliens) s'emparèrent de la Pierre noire et la sortirent de La Mecque en exigeant une rançon. Elle ne retrouva sa place que vingt-deux ans plus tard.

POURPARLERS : discussion pour débattre les points d'une querelle, le plus souvent les termes d'une trêve.

PRENDRE LA CROIX : partir en croisade. Terme dérivé des croix en tissu données à ceux qui prêtaient serment pour devenir des croisés.

RÈGLE, LA : la Règle du Temple a été écrite en 1129 avec l'aide de saint Bernard de Clairvaux au concile de Troyes, où le Temple fut formellement reconnu. C'était un règlement à la fois religieux et militaire qui définissait la manière dont les membres de l'Ordre devaient se conduire dans toutes les situations. La Règle fut augmentée de divers ajouts au fil des ans : au XIIIe siècle, elle comptait plus de six cents clauses, dont toutes n'avaient pas la même importance, mais auxquelles les Templiers devaient se plier sous peine de sanctions allant jusqu'à l'expulsion.

RÉPUBLIQUES MARITIMES : villes-États marchandes d'Italie : Venise, Gênes, Pise.

RICHARD CŒUR DE LION : (1157-1199). Fils d'Henry II et d'Aliénor d'Aquitaine, Richard fut roi d'Angleterre en 1189 jusqu'à sa mort en 1199, mais il passa peu de temps dans son royaume. Avec Frédéric Barberousse et Philippe Auguste, il conduisit la troisième croisade destinée à reprendre Jérusalem à Saladin.

ROMAN DU GRAAL : cycle populaire de romans en vogue aux XIIe et XIIIe siècles, dont le premier fut *Joseph d'Arimathie*, écrit par Robert de Borron à la fin du XIIe siècle. À partir de cette époque, le Graal, dont on pense que le concept trouve son origine dans la mythologie pré-chrétienne, fut christianisé et introduit dans la légende arthurienne. Le poète français Chrétien de Troyes, qui influencera par la suite des écrivains tels que Malory et Tennyson, le rendit célèbre au XIIe siècle. Au siècle suivant, on vit se multiplier les œuvres évoquant le thème du Graal, dont le *Parzival* de Wolfram von Eschenbach qui inspirera à Wagner son opéra. Les romans étaient composés en vers dans une langue vernaculaire et combinaient des thèmes à la fois historiques, mythiques et religieux.

ROYAUME DE JÉRUSALEM : fondé en 1909 à la suite de la prise de Jérusalem par les premiers croisés, le royaume latin de Jérusalem fut dirigé au départ par Godefroy de Bouillon, un comte franc. La ville devint la nouvelle capitale des croisés, mais elle fut perdue et reconquise à plusieurs reprises dans les deux siècles qui suivirent, jusqu'à ce que les musulmans s'en emparent définitivement en 1244, et c'est Acre qui remplit alors le rôle de capitale. Les croisés créèrent trois autres États à leur arrivée : la principauté d'Antioche et les comtés d'Édesse et de Tripoli. Zengi, à la tête des Seldjoukides, fit tomber Édesse en 1144. La principauté d'Antioche revint à Baybars en 1268, et Tripoli l'année suivante, et, en 1291, ce fut au tour d'Acre, la dernière ville d'importance tenue par les croisés, signant la fin du royaume de Jérusalem et de la mainmise de l'Occident sur le Moyen-Orient.

SALADIN : (1183-1193) d'origine kurde, il devint sultan d'Égypte et de Syrie en 1173, en sortant victorieux de plusieurs luttes de pouvoir. Saladin mena son armée contre les Francs aux Cornes d'Hattin et leur infligea une lourde défaite. Il reconquit une grande partie du Royaume de Jérusalem créé par les chrétiens au cours de la première croisade. Ces derniers ripostèrent en lançant une troisième croisade, au cours de laquelle il s'opposa à Richard Cœur de Lion. Saladin était un héros pour tous les musulmans, mais il provoquait aussi la crainte et l'admiration des croisés pour son courage et sa vaillance.

SALAT : Prière rituelle faite cinq fois par jour par les musulmans.

SARRASINS : Au Moyen-Âge, terme utilisé par les Européens pour désigner l'ensemble des Arabes et des musulmans.

SÉNÉCHAL : dans la hiérarchie du Temple, poste juste en dessous de celui du maître. Il avait tout pouvoir pour régir les domaines en l'absence du maître.

SURCOT : vêtement long et sans manches en soie ou en lin, porté en général par-dessus une cotte de mailles ou une armure.

VÉLIN : parchemin utilisé pour écrire, le plus souvent fabriqué à partir de peau de veau.

VISITEUR : poste créé au sein de la hiérarchie du Temple au cours du XIIIe siècle. Après le grand maître, le visiteur commandait toutes les possessions du Temple en Occident.

BIBLIOGRAPHIE SÉLECTIVE

Malcolm Barber, *Le Procès des Templiers*, Taillandier, 2007.

Malcolm Billings, *The Cross and the Crescent : A History of the Crusades*, BBC Publications, 1987.

John Chancellor, *The Life and Times of Edward I*, Weidenfeld & Nicolson, 1981.

Paul Crawford, *The Templar of Tyre : Part III of the 'Deeds of the Cypriots' (Crusade Texts in translation)*, Ashgate Publishing, 2003.

Aryeh Grabois, *The Illustrated Encyclopedia of Medieval Civilization*, Octopus, 1980.

Edwin S. Hunt et James M. Murray, *A History of Business in Medieval Europe : 1200-1550*, Cambridge University Press, 1999.

Helen Nicholson, *The Knights Templar : A New History*, Sutton Publishing, 2001.

David Nicolle, *A History of Medieval Life : A Guide to Life from 1000 to 1500AD*, Chancellor Press, 2000.

Paul Piers Read, *The Templars*, Weidenfeld & Nicolson, 1999.

Steven Runciman, *Histoire des croisades*, Tallandier, 2006.

Ninian Smart, *The World's Religions*, Cambridge University Press, 1989.

Peter Spufford, *Power and Profit : The Merchant in Medieval Europe*, Thames & Hudson, 2002.
Peter Thorau (trad. P.M. Holt), *The Lion of Egypt : Sultan Baybars I and the Near East in the 13th century*, Longman, 1987.
Times Atlas of European History, Times Books, 1998.
James Wasserman, *The Templars and the Assassins : The Militia of Heaven*, Inner Traditions, 2001.
Terence Wise, *The Wars of the Crusades : 1096-1291*, Osprey Publishing, 1978.
Michael Wolfe (éd.), *One Thousand Roads to Mecca*, Grove Press, New York, 1997.

Achevé d'imprimer par GGP Media GmbH, Pößneck
en Juillet 2010
pour le compte de France Loisirs,
Paris